역사
와
과학

역사
와
과학

인간 정신문화와 물질문명은 어떻게 상호작용해왔는가

한헌수·임종권 지음

인문서원

역사와 과학은 어떻게 상호작용해왔는가

인류의 역사와 과학은 어떻게 발전했는가? 이는 역사가 과학을 발전시킨 것인지, 아니면 과학이 역사의 변혁을 일으킨 것인지에 대한 질문일 것이다.

원시인들은 동물과 다름없이 자연의 생존 법칙에 따르며 살았다. 그러나 고대 인류는 식량을 구하고 천적으로부터 생명을 지키기 위한 간단한 도구를 만들 줄 알았다. 인류는 다른 동물들과 달리 도구를 만드는 지식을 이용하여 적자생존의 자연 상태에서 살아남을 수 있었다. 그런데 인류는 단지 생존에 멈추지 않고 자연을 지배하기 위한 과학과 기술을 발전시켰다. 생각할 줄 알고 체험과 관찰을 통해 지식을 습득한 덕분이었다. 이 지식을 통해 인류는 끊임없이 물질문명과 정신문화를 발전시켜왔다. 처음에는 기억으로 지식을 축적하고 언어로 지식을 전달했지만, 세월이 흐르면서 쌓인 지식을 다 기억에만 담아둘 수 없었다. 이 문제를 극복하기 위해 인류는 문자를 만들었다. 인류의 역사는 이렇게 시작했다.

고대 인류가 가장 먼저 부딪힌 문제는 자연의 법칙이었다. 해와 달 그리고 날씨, 식물의 생성과 성장 등 자연현상에 대한 이해는 과학의 출발점이었다. 그러나 그 표현 방식은 신화와 종교였다. 여기서 초월적이고 전능한 존재인 신이 등장했다. 고대 인류의 문명과 문화가 종교에서 출발한 것은 바로 이런 이유에서였다. 이처럼 처음부터 정신문화와 물질문명은 서로 분리되어 인류 역사를 만들어온 것이 아니었다. 인간이 무형의 영혼과 유형의 육체를 지닌 것처럼 정신과 자연은 원래 둘이 아니라 하나였다. 그러므로 고대에서 신화와 종교는 곧 과학이었던 셈이다. 고대 그리스 지식인들이 자연철학이라고 한 바와 같이 과학과 철학은 분리된 영역이 아니라 상호 융합된 영역이었다. 이런 방식으로 역사가 과학을 낳고 과학은 역사를 변화시켰다. 예컨대 계몽주의 시대가 과학혁명의 길을 열어줌으로써 역사는 산업화 시대로 접어들었다. 시대의 흐름이 과학을 촉진한다. 그리고 과학은 다시 시대의 흐름을 변화시킨다.

이 책은 역사와 과학이 어떻게 상호작용을 하면서 현대에 이르렀는가를 밝히는 데 목적이 있다. 더 나아가 현대 과학이 인류 역사를 더 발전시킬 것인지, 아니면 파괴할 것인지에 대한 답을 제시하고자 한다. 그동안 역사와 과학에 관한 여러 종류의 저서가 출간되었으나 대부분 과학기술사에 머물렀다. 이러한 한계를 극복하고자 인문학자와 과학자가 각기 다른 학문 분야의 시각에서 벗어나 융합의 관점에서 인류 문화와 문명의 전개 과정을 살폈다. 역사 분야는 서양사학자 임종권, 과학 분야는 공학자 한헌수가 맡았다. 이 책이 인문학과 자연과학의 학문 간 융합의 지침이 되기를 바라며, 이 책의 출판을 기꺼이 맡아주신 인문서원 양진호 대표와 재단법인 마음동행에 거듭 감사를 드린다.

2022년 겨울, 한헌수·임종권

차례

제1장

신화와

종교

1

우주와 인류

　지금 지구는 80억 명의 인류가 지배하며 살아가고 있다. 인류는 스스로 지구의 주인으로 여긴다. 그래서 지구 자원을 모두 자신들이 활용할 자격이 있고 이를 관리해야 할 책임도 있다고 생각한다. 인류는 지구 자원을 마음대로 남용하면서 편안한 삶을 추구해왔고 그로 인해 생겨난 환경문제도 스스로 해결해야 한다는 점을 인식하고 있다. 그러나 인류가 진짜로 지구의 주인일까? 지구는 생겨난 지 수십억 년이지만 현생인류는 탄생한 지 수만 년에 불과하다. 세상에 아무것도 없다가 생겨난 것은 없다. 우주도 마찬가지다. 지금의 우주도 무엇인가로부터 시작되었다. 그 근원을 밝혀보고 싶은 호기심을 넘은 욕망은 인류의 탄생에서부터 시작되었지만, 과학적 관찰과 탐구의 도구가 없었던 오랫동안 하늘의 운행 법칙은 인간으로서는 알 수 없는 신의 영역에 속한 것으로 여겨져왔다.

　하늘과 땅은 어떻게 생겨났고 낮과 밤은 왜 반복되는 것일까. 우주 만물은 누가 무슨 이유로 만들었으며 인간은 어떻게 탄생했을까. 이러한 의문은 고대 인류의 역사에서 가장 원초적이고 근본적인 질문일 것이다. 인류는 오래전부터 인간과 우주 그리고 주변의 자연세계에 대해 많은 생각을 해왔다. 중국 시인 굴원은 시가집 『초사』에 실린 「천문」에서 태초의 우주와 인간 그리고 자연의 탄생에 대해 다음과 같이 표현하고 있다.

> 태초의 일, 누가 들려주었을까? 형체가 없던 하늘과 땅, 어떻게 생겨났나? 해와 달이 뜨는 이치, 그 누가 알 수 있나? 혼돈의 그 모습, 무슨 수로 볼 수 있나?[1]

　우주 만물에 대한 이러한 궁금증을 설명해주기 위해 생겨난 것이 바로 신화와 종교다.[2] 인류는 우주와 자연법칙을 이해함으로써 자연을 지배하며 살아갈 수 있다는 것을 경험으로 알았다. 이런 점에서 우주 탄생과 자연법칙을 설명해주는 신화와 종교는 곧 인류의 가장 오래된 과학적 지식이었다. 종교는 초월적인 의미를 지니고 있다. 인간은 알지 못하는 자연현상 그리고 우주와 생명체의 탄생을 초월적 상상으로 설명하고자 했다. 그것이 종교 형태를 띠게 되었고, 다시 인간의 지적 충족을 위해 과학적 도구를 창조하기에 이른다. 따라서 모든 과학은 바로 상상의 결과물이다.

　고대 인류는 과학적 지식이 없었기 때문에 우주 탄생과 인류의 기원은 신비스러운 신화로 전승되다가 문자로 기록되었다. 그러나 인간은 자연에 관한 끊임없는 과학적 탐구와 경험을 통해 문화와 문명을 일으키고 발전시켜왔다. 인류의 역사는 정신적인 지식, 예컨대 종교, 음악, 미술, 철학 등 인문과학뿐 아니라 생물학, 천문학, 수학, 건축학, 화학 등 자연과학과 더불어 밀접한 상호작용을 통해 발전해왔다. 인류의 역사에서 과학은 인문학과 동떨어져 설명될 수 없고, 마찬가지로 인문학 역시 과학과 관련짓지 않고 설명될 수 없다. 인간은 끊임없이 생명의 기원을 알고 싶은 호기심에 의하여 자신들의 근원을 탐구했다. 이러한 지식은 종교로 표현되었지만, 궁극적으로 인간의 상상력에 의한 과학의 출발점이기도 했다. 자연에 대한 신화적 설명은 분명 인간의 상상에서 만들어진 것이지만 그 내용은 과학이었다. 그러므로 신화는 고대 인류가 나름대로 우주와 자연 그리고 사물을 이해하고 표현하는 방식이었으며 우주와 세상의 탄생에 대해 고대 인류가 만들어낸 상상물이었다.[3] 예컨대, 기독교 성경의 「창세기」는 우주와 지구의 탄생 그리고 인간을 비롯한 모든 생명체의 탄생에 대해 다음과 같이 설명하고 있다.

태초에 하느님이 천지를 창조하시니라. 땅이 혼돈하고 공허하며 흑암이 깊음 위에 있고 하느님의 영은 수면 위에 운행하시니라. 하느님이 이르시되 빛이 있으라 하시니 빛이 있었고 빛이 하느님이 보시기에 좋았더라. 하느님이 빛과 어둠을 나누사 하느님이 빛을 낮이라 부르시고 어둠을 밤이라 부르시니라. 저녁이 되고 아침이 되니 이는 첫째 날이니라. 하느님이 이르시되 물 가운데에 궁창이 있어 물과 물로 나뉘라 하시고 하느님이 궁창을 만드사 궁창 아래의 물과 궁창 위의 물로 나뉘게 하시니 그대로 되니라. 하느님이 궁창을 하늘이라 부르시니라. 저녁이 되고 아침이 되니 이는 둘째 날이니라. 하느님이 이르시되 천하의 물이 한곳으로 모이고 물이 드러나라 하시니 그대로 되니라. 하느님이 뭍을 땅이라 부르시고 모인 물을 바다라 부르시니 하느님이 보시기에 좋았

더라. (『창세기』, 제1장 1~10절)

물론 우주와 생명체를 신이 창조한 것으로 묘사되어 있지만 오늘날 같은 과학적 지식이 없던 먼 과거에, 신화는 곧 종교의 주제이자 고대 인류의 과학이었다. 한스 크리스천 폰 베이어는 『원자 길들이기』에서 다음과 같이 말하고 있다.[4]

어느 날 물리학자 레오 실라드가 친구 한스 베테에게 일기를 쓰고 싶다면서 '책으로 공개하지 않겠지만, 그냥 하나님을 위해서 진실을 기록할 생각이야.'라고 말했다. '하나님은 모든 진실을 알고 있지 않을까'라고 베테가 말하자 실라드는 '물론 그분은 진실을 알고 있겠지만, 내가 그 진실을 어떻게 이해하고 있는지 모를 거야.'라고 답변했다.

우주가 끊임없이 움직이는 엄청나게 많은 미립자들로 구성되어 있다는 원자론은 그 기원이 고대 그리스로 거슬러 올라간다. 그런데 오늘날 우리는 기술 발달로 인해 눈에 보이지 않는 원자를 실제로 감지할 수 있게 되었다. 사진으로 찍을 수도 있고 심지어 원자 하나하나씩 옮길 수도 있다. 2천여 년 전 철학자 데모크리토스가 원자를 상상한 이래 처음으로 원자의 세계가 드러난 것이다.

이처럼 우주의 탄생과 법칙을 이해한다는 것은 곧 과학의 시작을 의미한다. 최초 인류가 상상했던 우주는 무엇일까. 왜 우주가 생겨났으며 인간은 우주 속에서 어떤 의미를 지니고 있는가. 이 본질적인 물음이 인간의 과학 탐구의 시작이었다. 인류의 기원에 대해 종교적인 신화에서 설명하는 바에 의하면 인간은 초월적 존재인 신의 창조물이다. 따라서 인간은 모든 생명체 가운데 가장 우위에 군림하는 존재이며 우주의 중심을 차지하고 있다. 인간 존재의 가치와 의미는 결국 신과 연결되어 이해되었다.

우주의 탄생이 우연에 의한 것이라는 상상은 인간에게 존재하지 않았다. 우주는 우연에 의해 생겨나지 않았으며 우연의 법칙에 의해 운행되지도 않는다고 생각했다. 인간은 태초부터 우주 밖에 존재하는 초월적 신과 연결되어 있다고 믿었다. 종교는 이런 면에서 고대인에게 단지 상상이 아닌 실질적인 현실의 문제였다. 신화와 종교는 초월적 신을 설명해주면서 인간에게 우주 법칙을 합리적으로 이해하도록 해준 최초의 과학서라고 말할 수 있지 않을까.

인간에게 보이지 않고 오직 추상적으로 감지할 수 있는 법칙이 존재한다. 추상이라는 것은 인간의 상상 행위에 속하지만, 이것이 과학을 낳게 한 기초다. 예컨대 죽음을 생각해보자. 인간이 단지 죽음을 거쳐 소멸해버린다면 아마도 인간은 추상의 단계로 나아가지 못할 것이다. 죽음이 종교를 탄생시킨 원동력이라고 한다면 일정한 시기, 즉 시간의 개념은 인간의 삶에서 가장 중요한 위치를 차지한다. 인간은 시간을 측정하여 우주의 일정한 법칙을 이해하고 그럼으로써 삶과 죽음의 본질을 알고자 했다. 최초 인간의 시간 단위는 물론 해와 달이었다. 하루의 시간은 해가 떠 있는 낮과 달이 떠 있는 밤의 연속이다. 하루의 시간과 그것이 연속적으로 이어진 세월을 측정한 달력은 어떤 이유로 만들어졌을까. 우리가 사용하고 있는 달력은 서기 16세기에 기독교에 의해 만들어졌다. 예수 탄생을 기원으로 삼아서 그 이전을 기원전(B.C.), 그 이후를 기원후(A.D.)로 표기한다. 이처럼 종교는 인간과 영원에 존재하는 초월적 존재인 신을 연결해준다. 이것은 인간이 우주와 깊은 연관을 맺게 해주는 과학적 사고와의 연결이기도 하다. 영원과 현세는 신과 인간을 연결하는 종교와 신화의 주요 주제이면서 인간의 상상이 만들어낸 최초의 과학이기도 한 것이다.

한편 종교는 인간으로 하여금 또 다른 사고를 갖게 한다. 바로 지혜다. 지혜는 과학적 지식에 머물지 않고 인간의 내면을 성찰하게 한다. 그것은 선과 악을 구별하는 것이며 아울러 과학적 지식을 어떻게 활용할 것인가를 인식시켜준다. 조로아스터교는 기독교와 마찬가지로 선과 악의 투쟁이 인간의 기원보다 더 오래되었다고 규정한다. 조로아스터교는 신을 지혜를 주관하는 자, 아후라마즈다라고 불렀다. 선과 악은 모두 신의 속성이고 태초부터 이 둘은 서로 투쟁을 하게 된다. 그 전쟁터 한가운데에 인간이 등장하여 서로 선과 악을 두고 싸워왔다. 신화적 사고는 인간의 역사 이래 지혜라고 하는 보편적인 주제를 담고 있다. 인류의 진화를 다룰 때 과학자들은 우생학 혹은 골상학 등 신체적 특징에 집중한다. 직립 자세, 큰 뇌, 도구를 만들고 사용할 줄 아는 손가락 등이다. 기원전 180만 년 이후 동아프리카에서 발견된 가장 오래된 화석 가운데 호모하빌리스는 '손재주가 있는 사람'이라는 뜻이다. 그러나 인간의 정신적 특징은 상상이다. 인류는 상상의 신화에서 우주와 자연 그리고 인간 자신에 대한 근원적인 문제, 본질적인 원칙을 찾았다. 그러므로 신화는 우주와 만물이 투영된 집단의 기억이다. 카를 융은 신화를 인간 의식

속에서 작용하는 지혜로 인식하고 이 잠재된 무의식의 힘이 과학을 만들어낸다고 말했다.

인류 역사에서 현실적인 과학의 이미지와 무의식적인 신화의 이미지는 상호작용의 관계를 맺고 있다. 모든 인류의 문화는 결국 신화적인 이미지를 담고 있다. 말하자면 문명은 우주와 자연의 만물에 대한 인간의 근원적인 지혜에서 출발한 것이다. 지혜는 인간만이 지닌 특징이다. 자연의 이치와 우주의 법칙을 알게 된 인간은 생각하고 말하고 도구를 만들고, 이를 이용하여 문명을 일으켰다. 문명은 과학이 현실화된 실질적인 현상이다. 이렇게 과학과 기술은 인간의 지혜로부터 출발하여 발전해왔다. 그렇다면 우주의 탄생과 자연법칙을 신화에서는 어떻게 설명하고 있을까. 먼저 동양의 신화를 살펴보자. 기원전 2세기경 중국에서 편찬된 『회남자』는 태초의 우주를 이렇게 설명한다.

옛날 하늘과 땅이 생겨나지 않았을 때, 다만 어슴푸레한 모습만 있었고 형체도 없이 어두컴컴하기만 했다. 혼돈이 지속되다가 그 속에서 두 명의 신이 생겨났다. 이 두 신이 각기 하늘과 땅을 만들었고 하늘과 땅이 갈라진 세상에는 어둠과 밝음이 구분되자 마침내 혼돈을 거치며 처음으로 동서남북 등 여덟 곳의 방위가 분명해졌다.[5]

이 신화에서 우주는 태초에 혼돈과 암흑의 상태에 놓여 있었다. 이는 기독교 성서의 「창세기」에 나오는 태초 우주의 모습과 똑같다. 그러나 기독교 성서에는 하느님이라는 창조주가 있지만, 중국 신화에서는 창조주 없이 저절로 천지가 생겨난다. 중국의 대표적인 창조 신화는 반고의 신화다. 혼돈 상태에 있던 우주에서 작은 덩어리가 생겨나 마침내 거대한 사람의 모습으로 변한다. 혼돈이 우주의 최초 근원이며 최초의 생명인 거인, 반고를 낳았다. 반고는 혼돈의 알 속에서 몸을 웅크린 채 깊은 잠에 빠져 있었다. 그렇게 반고는 1만 년 동안 잠들어 있었고, 세상 역시 혼돈 안에 반고와 함께 갇혀 있었다. 다시 8천 년이 지나자 반고는 드디어 잠에서 깨어났다. 반고가 깨어나자 혼돈은 크게 흔들렸다. 혼돈의 알을 깨고 나오려는 반고의 몸부림으로 인해 혼돈 속에 뒤엉켜 있던 온갖 기운이 그를 감싸고 소용돌이쳤다. 마침내 반고가 알을 깨뜨리고 밖으로 나오자 그를 휘감고 소용돌이치던 기운들도 혼돈에서 빠져나와 서로 뒤엉켰던 것이 위아래로 갈라지더니 하늘과 땅으로 나뉘었다. 하늘은 날마다 높아졌고 땅은 더 낮아졌다.

반고도 엄청나게 커져서 하늘과 땅의 사이가 9만 리나 되었다. 반고는 머리로 하늘을 떠받치고 발로 땅을 딛고 우뚝 섰다. 세월이 흘러 반고는 늙고 쇠약하여 결국 쓰러지고 말았다. 반고의 숨결은 구름과 바람이 되었으며 목소리는 우레, 왼쪽 눈은 해, 오른쪽 눈은 달, 손과 발은 산, 피는 강물, 힘줄은 길, 살은 논밭으로 변했다. 그리고 머리털과 수염은 별, 몸에 난 털은 풀과 나무, 이와 뼈는 쇠붙이와 돌, 골수는 보석으로 변했으며 그가 흘린 땀은 비가 되어 땅을 적셨다. 이렇게 하여 이 세상이 생겨났다. 이러한 방식의 신화를 '시체화생설' 혹은 '거인화생설'이라 하는데, 거인의 죽음으로 천지 만물이 생겨난다는 신화는 바빌로니아 신화에서도 나타난다.[6] 모든 신의 어머니인 거인 티아마트는 마르두크와 젊은 신들에게 살해당하고, 이들 살해자는 티아마트의 육체를 절단하여 몸통을 하늘과 대지로, 머리를 산과 강으로 만든다. 인도 신화의 거인 푸루샤, 게르만 신화의 거인 이미르도 다른 신들에게 죽임을 당하고 그 몸은 절단되어 하늘과 대지, 바다와 산으로 만들어진다.

고대사회의 대표적인 신화들은 메소포타미아문명, 인더스문명, 황하문명, 이집트문명 등 인류 4대 문명을 중심으로 전개되어왔다. 이들 지역은 고대 인류 문명의 발상지인 만큼 신화도 풍부하다. 이집트문명은 아무래도 피라미드가 가장 먼저 떠오를 것이다. 피라미드는 고대 인류의 과학이 집중된 거대 건축물이다. 당시 이집트인들은 어떤 생각으로, 혹은 어떤 이유로 거대한 피라미드를 건축했을까. 물론 그들은 수학이나 물리학 등 기초적인 과학 지식 없이 피라미드를 건축할 수 없었을 것이다. 그러나 피라미드의 이미지는 외형적으로 드러난 과학적 이미지가 아니라 순전히 종교적인 혹은 신화적인 이미지다. 신들은 창조를 통해 인간에게 우주와 자연법칙을 설명한다. 이러한 종교적 관점에서 보면 신은 인간의 상상과 정신에 내재되어 있는 과학의 원천이다. 인간은 신의 가르침에 대답하고 증명하려고 노력한다. 신에 대한 인간의 대답은 예술로 표현되기도 하지만[7] 신화에는 인류 공통의 고유한 경험이 존재한다. 그런 점에서 신화는 순전히 허구로 구성된 것이 아니라 독특한 과학적 논리로 구성된 것이다.

모든 창조 신화에서는 태초에 혼돈이 먼저 존재하고 이후 어둠과 빛 그리고 하늘과 땅, 이어서 인간과 자연이 생겨난다. 그러므로 혼돈이 창조의 근원인 셈이다. 오늘날 카오스이론에서 말하는 카오스는 바로 신화가 묘사하는 우주 탄생의 근원, 즉 혼돈과 같다.[8] 우리나라의 제주도 무속 신화에서도 태초에 하늘과 땅이 뒤섞여 온 우주가 캄캄했으며 혼돈이 지배하고 있었다고 전한다. 어느 민족이나 창조 신화는 존재한다. 인간은 사고력과 관찰력으로 자신의 존재와 우주 또는 자연이 어떤 관계인가를 의식하게 된다. 그리고 끊임없이 일정하게 운행하는 해와 달, 별과 달리 자신이 속한 자연은 계속 변화한다는 사실을 알게 된다. 이런 변화를 경험한 인간은 주변 세계에 눈을 돌리고 관찰하게 된다. 예컨대 고대 수메르 도시국가 신관들은 천체의 변화를 관측했다. 메소포타미아문명의 수메르 신화는 우주와 자연이 어떻게 신과 연결되었는지를 보여준다. 수메르 신의 계보에서 남무 여신은 하늘과 땅을 낳은 어머니다. 점토판에 표현된 남무 여신은 하늘의 신 안과 대지의 여신 키를 낳았다. 안과 키 사이에서 태어난 엔릴은 하늘과 땅 사이의 대기를 관장했다. 신들은 서로 힘을 합쳐 새로운 생명체와 자연을 창조한다. 지하수와 연못의 신 엔키는 안과 남무 여신 사이에서 태어났다. 그리고 달의 신 난나와 측량의 신 닌아주는 엔릴과 곡물의 여신 닌릴 사이에서 태어났다. 특히 엔키는 지혜의 신이었다. 인간은 바로 엔키의 작품이었다. 엔키는 작은 신들의 우두머리 웨일라를 잡아 죽인 후 그 피를 점토와 섞어 인간을 만들었다. 그리고 인간에게 신들의 노역을 맡겼다. 이렇게 해서 인간은 열심히 노동해 얻은 물건을 신에게 제물로 바치게 되었다. 이처럼 수메르 점토판에 새겨진 신화는 우주 탄생과 인간 창조를 설명해주고 있다.

이집트 피라미드도 이러한 관찰의 결과물이다. 피라미드는 고대 이집트인의 세계관과 우주관에 따라 건설되었다. 이집트인들은 5천 년 전이나 500년 전이나 별 차이 없는 생활 방식을 이어왔다. 이들은 수천 년이 흐르도록 똑같은 방식으로 농사짓고 똑같은 음식을 먹고 똑같이 생활하며 똑같은 신을 섬겼다. 매년 되풀이되는 계절, 끝없이 펼쳐진 사막과 지평선, 늘 변함없이 흐르는 나일강 등 단조로운 자연환경과 항상 변하지 않는 태양, 달, 별의 모습은 인간에게 변함없이 존재하는 영원성을 심어주었다. 불멸의 영원성은 곧 종교와 결부되어 이집트인들은 영원이라는 이상향을 추구했다. 인간이 죽지 않고 영원성에 포함돼 있다고 믿었던 이집트인들은 마침내 피라미드를 건설했다. 피라미드에는 이처럼 영원성의 우주관이 담겨 있다. 인간의 이러한 경험은 신화로 후대에 전해졌으며 종교를 담당한 사제들은 우주의 비밀을 보다 정확히 알기 위해 계속해서 태양과 달과 별을 관찰했다.

그렇다면 우주의 탄생과 인간의 출현을 설명해주는 이집트의 창조 신화에 대해 알아보자.[9] 헬리오폴리스 신화에서는 태초의 혼돈 오그도아드[10]에서 아툼(혹은 라)이 출현하여 혼돈의 세계에 질서를 세운다. 피라미드 텍스트가 전하는 다른 형태의 신화에서는 아툼이 자기 몸에서 최초의 한 쌍 신을 탄생시킨 것으로 묘사되어 있다. 이때 출현한 신이 공기의 신 슈와 비의 여신 테프누트다. 이들이 결합하여 대지의 신 게브와 하늘의 여신 누트를 낳았다. 그리고 게브와 누트는 오시리스와 이시스, 세트와 네프티스를 낳았다. 이로써 이집트 신화의 아홉 신, 즉 엔네아드가 모두 만들어진다. 그런데 이집트 역사 초기에 제1왕조가 멤피스를 새 수도로 정하면서 신권정치를 통해 멤피스가 종교 중심지가 된다. 그리하여 멤피스의 작은 신 프타가 창조의 중심 역할을 한 신으로 부각된다. 멤피스 신화 문헌에는 프타가 아툼을 낳았고 '말씀'으로 엔네아드를 창조한 것으로 기록되어 있다. 프타는 생각과 말씀을 통해 신들을 만들어냈고 혼돈의 세계에 질서를 부여했다. 프타의 창조 신화는 "프타가 만물을 창조한 뒤에 쉬었노라."로 끝나는데, 이는 기독교 성경의 「창세기」에 나오는 창조 내용과 같다. 프타와 아툼을 동일시한 전승은 창조자 아툼에 대한 헬리오폴리스 신화와 우주론적 세계관에 기초한 신화를 발전시킨 멤피스 신화가 결합되어 이뤄진 것이다. 그리고 인간 창조에 대해서는 이집트 문헌에 크눔이 도자기를 빚는 물레 위에서 인간을 창조했다는 이야기와 다양한 활동이 기록되어 있다.[11]

이집트 신화에는 우주론을 담은 창조 이야기가 가득하다. 태초에 혼돈의 암흑 바다 누가 있었다. 어느 날 바다에서 벤벤이라는 언덕이 솟아올랐고 그 언덕에서 아툼이 스스로 존재하여 최초 신이 되었다. 그는 주위에 빛을 만들었으며 빛은 곧 태양신 라가 되었다. 라는 지혜의 여신 마트를 낳았으며 마트는 스스로 우주 창조의 법칙이 되었다. 이로써 창조신 아툼과 최초의 빛이자 태양신 라 그리고 우주 창조의 법칙 마트가 삼위일체를 이룬다. 이어서 아툼이 기침하여 공기의 신 슈와 비의 여신 테프누트를 낳았고 슈와 테프누트는 결혼하여 대지의 신 게브와 하늘의 여신 누트를 낳았다. 누트의 자식이 하늘의 주인이 될 것이라는 예언을 들은 태양신 라는 게브와 누트 사이에 공기의 신 슈를 두어 1년 360일 동안 서로 만나지 못하게 했다. 그러나 누트의 부탁으로 토트가 달의 신 콘수와 내기하여 달빛을 5일 동안 세상에 비추자 마침내 게브와 누트는 5일 동안 5명의 자식을 출산했다. 이후 1년은 365일이 되었고 항상 보름달이었던 달은 빛을 잃어 주기적으로 변하게 되었다. 이들 사이에 태어난 자식이 오시리스, 이시스, 세트, 네프티스, 호루스다. 이집트인들은 우주는 법칙과 조화, 진리의 여신 마트가 다스린다고 믿었다. 태초에 우주가 탄생할 때부터 자연의 법칙을 유지하여 세계를 안전하게 해준 신이 마트였다. 낮과 밤, 계절, 자연의 끊임없는 순환은 바로 마트가 만든 법칙이었다.

인도 신화에서도 태초 우주는 혼돈이었다. 베다[12] 창조 신화를 살펴보면 태초의 원시 바다에서 시작한다. 바다는 넓고 깊고 어두웠다. 그때는 아무것도 존재하지 않았으며 얼마간 시간이 흐른 뒤 바다는 황금 알을 만들어 아홉 달 동안 물 위로 떠웠다. 아홉 달이 지나자 어느 날 황금 알이 열렸고 그 안에서 프라자파티가 나왔다. 중성의 존재인 그가 1년간 휴식하고 나서 침묵을 깨고 첫 번째 뱉은 말이 지구가 되었다. 두 번째 말은 계절을 나누는 하늘이 되었다. 세상에서 혼자였던 그는 외로움을 견디지 못해 자신을 둘로 나눠 남자와 여자가 되었고 이들은 불, 바람, 해, 달, 새벽이라는 자식 다섯을 낳았다. 이와 같이 동서양의 모든 신화는 태초의 혼돈으로부터 우주가 탄생하고 인간을 비롯해 만물이 창조된 과정을 전하고 있다.[13]

오늘날 현대인들은 대폭발이라는 빅뱅으로부터 지구와 해, 달 그리고 우주의 무수한 별들이 생겨났다는 사실을 잘 알고 있다. 신화는 오늘날 현대 과학이 밝혀준 바와 같이 우주의 탄생과 만물의 생성을 마치 동화처럼 고대로부터 인간에게 전해준 과학이었다. 이는 과학적 실험과 연구를 통해 어느 날 갑자기 생겨난 것이 아니라 고대 인류의 역사 속에서 인간의 상상을 통해 생겨난 것이다. 그리하여 인간은 끊임없이 우주의 법칙을 이해함으로써 시간이라는 우주의 운행 법칙을 알아내기 시작했다. 우주 운행의 법칙을 정확하게 알기 시작한 것은 망원경 등 도구들이 발명된 후지만 그 이전에 우주에 대한 상상에서 시작되었다. 인간이 눈으로 직접 망원경을 통해 별과 우주를 살펴본 것은 불과 수백 년에 지나지 않는다.

시간과 날짜 그리고 태양과 달의 운행에 대한 지식을 얻기 위해 고대인들은 어떤 방식으로 관찰하고 천문학의 기초를 세웠을까. 중앙아메리카의 마야인은 우주 천체를 관찰하여 달력을 만들었다. 중앙아메리카 고대문명 가운데 가장 발달된 문명과 문자를 지녔던 마야인은 세계는 창조와 파괴가 무한히 반복된다는 순환적 우주관을 갖고 있었다. 이에 관한 문헌으로는 과테말라 고지대에 존재했던 키체왕국의 문집 『포폴 부흐』(번역하면 '공동체의 서', 달리 말하면 '회의록')를 들 수 있다.[14] 이 신화 역시 창조주의 우주와 인간 창조로부터 시작한다.

마야력은 2만 6천 년 전의 과거와 미래의 태양 궤도까지 판독하여 제작된 달력이다. 드레스덴 사본에는 지구의 일식, 월식과 금성의 삭망 주기를 비롯해 태양계의 운행과 별들의 궤도까지 정밀한 천문 계산법이 실려 있다. 지구가 태양을 한 바퀴 도는 데 걸리는 시간을 365.2420일로 계산했으며 태양의 자기장 변화 주기를

1,366,560일로 기록했는데 오늘날 과학으로 측정된 주기 1,366,040일과 큰 차이가 없을 정도로 정교하다. 또 달의 공전 주기는 29.528395일로 계산되어 있고 일식과 월식도 정확하게 기록되어 있다. 특히 마야인은 금성과 지구의 회합주기를 584일로 계산했는데, 이는 오늘날 과학으로 측정된 583.092일과 거의 차이가 없다. 더욱이 현대 과학으로도 잘 파악되지 않는 은하계도 측정했다. 마야인은 태양계를 넘어 우주력 혹은 은하력이라고 하는 은하계의 운행원리도 알고 있었다.

마야 사제들은 수학과 천문학을 이용해 두 종류의 달력을 만들었다. 촐킨력이라 불리는 260일 주기의 달력과 하아브력이라 불리는 365일 주기의 태양력이 그것이다. 하아브력은 1년을 20일씩 18개월로 나누고 한 해 마지막에 5일을 추가로 두었다. 촐킨력과 하아브력이 같이 출발해 맞아떨어지는 날은 1만 8,980일이다. 이것을 365일로 나누면 52년이 된다. 이처럼 천문학에 탁월한 과학 지식을 가졌던 마야인은 시간과 공간을 구분 없이 서로 얽혀 있는 것으로 이해했다. 그리고 이들은 지구가 다른 천체들과 관련해 어디에 위치하고 있는지도 알고 있었다. 촐킨력의 지표와 숫자는 천체의 움직임을 계산하는 역법체계의 기초 단위이며 장기력은 평균 584일인 금성 주기뿐 아니라 지구 자전축과 관련되어 있다. 지구 둘레를 도는 금성의 주기적 순환은 581일에서 597일로 약간의 편차를 보이고 있는데, 마야인은 이 편차에 주목하여 이 작은 변화의 이유를 알고자 많은 노력을 기울였다. 현대 천문학자들도 그 이유에 대해 아직 파악하지 못하고 있다. 또 마야인의 수체계는 20진법이며 0의 개념을 인류 최초로 사용했다. 이 원리는 오늘날 전자계산기에 응용되고 있는 2진법과 유사하다.

다음으로 인류 과학 문명의 또 다른 시작은 불이었다.[15] 인간은 모든 생명체 가운데 유일하게 불을 사용할 줄 아는 존재로 빙하기 같은 혹독한 추위 속에서도 불 덕분에 생존할 수 있었다. 그래서 불은 인간 문명과 가장 밀접한 관계를 지니고 있다. 즉 인간과 동물의 차이를 나타내주는 과학적 지표인 것이다. 불이라는 강대한 에너지의 덕택으로 인간은 자연의 준엄한 제약으로부터 비로소 해방되어 자연을 지배하기 시작하면서 오늘의 문명사회를 구축할 수 있었다. 그러나 불은 없어서는 안 될 중요한 요소인 동시에 욕망의 도구로서 나아가 전쟁을 낳고 탐욕의 척도로 변질될 수 있는 것이기에 인류 공동의 과제가 되기도 한다.[16] 우연한 자연현상에서 불을 발견한 인간은 이것을 과학적 지식보다 신화로 설명하고자 했다. 인간이 불을 사용하게 된 이야기는 그리스신화에서 다뤄진 가장 흥미 있는 주제 가운데 하나다. 이제 불에 관한 이야기를 살펴보자.[17] 그리스신화의 프로메테우스 이야기는 가장 인간적인 휴머니즘이 넘친다. 그리스 최고의 신 제우스는 불을 숨겨서 인간이 보지도, 사용하지도 못하게 했다. 이 야만의 시대에서 인간은 다른 동물보다 신체적으로 약하여 항상 두려움 속에 살아야 했다. 추위에 떨면서 야수에게 쫓기며 살아가야 하는 불쌍한 인간을 보고 이를 측은하게 여긴 프로메테우스는 불을 회향나무 가지에 숨겨 지상으로 가져온다. 그로 인해 프로메테우스는 제우스로부터 캅카스산맥 정상에 있는 바위에 쇠사슬로 묶여 매일 독수리가 간을 쪼아 먹게 하는 벌을 받는다. 밤이 되어 간이 모두 재생되면 다시 아침에 독수리가 와서 또 쪼아 먹는 벌이 무려 3만 년 동안 지속된다.

한편 제우스는 불을 획득한 인간에게도 재앙을 내리기 위해 기술·공예·대장장이의 신 헤파이스토스에게 여자를 만들라고 명령한다.[18] 헤파이스토스는 여자 판도라를 만들어 프로메테우스의 동생 에피메테우스[19]에게 데려간다. 그와 결혼한 판도라는 절대 열어 보지 말라는 선물 상자를 두고 호기심을 참지 못해 그것을 연다. 그 순간 이 세상의 모든 재앙과 형벌이 시작된다. 제우스는 인간이 불을 사용한 대가로 업보인 불행을 안겨준 것이다.[20] 이처럼 신화와 인간의 역사는 서로 얽혀 있다. 역사는 인간의 정신과 실질적인 경험 그리고 이를 바탕으로 발전된 문화와 문명, 즉 과학과 철학 등을 기록한 것이다. 프랑스의 신화학자 장 피에르 베르낭에 따르면 헤시오도스의 프로메테우스 신화는 고대 그리스인이 신에게 희생 공물을 바치는 의례에 관한 이야기다.[21] 이 의례는 신과 인간이 서로 소통하기 위해 제단에 불을 피우고 제물인 짐승을 태우는 의식을 행한다. 이때 연기와 함께 향료의 향기가 하늘까지 올라가면 인간의 세계와 신의 세계 사이에 길이 열리고 신과 인간의 교류가 이뤄진다. 인간은 짐승의 살과 내장을 자기 몫으로 한 반면, 신들은 먹을 수 없는 뼈를 자기 몫으로 한다. 뼈는 불에 타 연기가 되어 승화된 형태로 신들에게 전해진다. 즉 신들은 죽음과 전혀 무관한 영원불멸의 존재이지만 인간은 죽음을 맞을 수밖에 없는 존재다.

과거 황금시대에 신과 인간은 동일 종족으로서 아무런 본질적 차이가 없었다. 또 인간에게는 늙음과 노동이 없었고 여성도 존재하지 않았는데, 이 신화는 신과 인간이 서로 분리되어 어떻게 다른 존재가 되었는지를 설명하고 있다. 결국 프로메테우스가 행한 첫 공희의 결과로 인간은 공희를 바침으로써 신과 의사소통하고 자기 몫이 된 고기를 불로 요리해 먹어야 하는 존재가 되었다. 그리고 프로메테우스의 행위에 대한 제우스의 보복에 따라 인간은 농사를 짓고 노동을 함으로써 대지에서 인간만의 식물인 곡물을 생산하고 그것을 먹지 않으면 안 되게 되었다. 또 제우스로부터 판도라를 선물로 받은 결과, 여성과 결혼해 자신의 씨를 재생산해야 할 운명에 놓였다. 즉 이것이 인간 존재의 기본 특성이며 한편으로 인간을 신과 구별하는 동시에 다른 한편으로는 인간을 짐승과 구별해주기도 하는 것이다. 베르낭은 이렇게 프로메테우스 신화를 인간 존재의 기본 조건을 설명해주는 것으로 해석했다. 이와 동시에 그는 생각할 줄 알고 선견지명을 가진 자인 프로메테우스와 나중에야 생각하는, 즉 뒤늦게 비로소 깨닫는 자인 에피메테우스 형제를 통해 이 양자가 결합한 것이 곧 인간의 지혜라는 것을 보여준다. 마지막으로 프로메테우스가 훔친 불은 예전의 불, 말하자면 하늘의 불과 똑같은 것이 아니라는 지적은 그것이야말로 인간 문화를 형성하기 위한 스페르마(불씨)라는 것을 의미한다. 아울러, 바슐라르는 만년에 미완의 유고에서 프로메테우스 신화에 대해 다음과 같이 말한다.

불을 가져온 자는 빛을, 은유적인 의미가 밝음인 정신의 빛을, 즉 의식을 가져온 것이다. 프로메테우스가 인간들에게 주기 위해 신들로부터 훔친 것은 의식인 것이다. 불-빛-의식의 선물은 인간에게 새로운 운명

의 길을 연다. 이 의식이라는 숙명 안에서 자신을 유지하는 것은 얼마나 괴로운 의무인가.[22]

신화에서 영웅은 집단의 이익과 번영을 위해 영웅적인 행위를 한다. 대개 신화 속의 고대 영웅은 문화 영웅과 정복 영웅으로 분류되는데, 문화 영웅은 각 부족에게 필요한 문화, 예컨대 불 사용법, 농사법, 수레 만드는 법, 혹은 문자, 건축 기술, 각종 생활에 필요한 도구 등을 가르쳐주는 존재다. 그렇다면 인류의 역사는 어떻게 시작되고 문명은 어떻게 탄생하여 진보해왔는가. 그리스신화는 기독교의 성서와 마찬가지로 인간 역사의 시작과 그 발전 단계를 신화적으로 설명한다. 프로메테우스는 인간이 창조되기 전에 지상에 거주하던 티탄족 신이었다. 그는 대지에서 흙을 조금 떼어내 물로 반죽하여 인간을 신의 형상과 같이 만들었다. 프로메테우스는 인간이 두 발로 걷도록 했고 다른 동물은 다 얼굴을 밑으로 숙이고 지상을 바라보게 한 반면, 인간만이 얼굴을 들어 하늘과 별을 바라보게 했다. 프로메테우스와 에피메테우스 형제는 인간을 만들거나, 인간과 그 밖의 다른 동물들에게 살아가는 데 필요한 능력을 주는 일을 위임받고 있었다. 에피메테우스는 능력을 주는 일에 착수했고 프로메테우스는 이 일이 다 되면 그것을 감독하기로 했다. 그래서 에피메테우스는 여러 동물에게 용기, 힘, 속도, 지혜 등 여러 가지 선물을 주기 시작했는데, 어떤 것에는 날개를 주고 다른 것에는 손톱이나 발톱, 또 다른 것에는 단단한 껍질을 주었다.

그러나 만물의 영장이 될 인간의 차례가 오자 에피메테우스는 이제까지 자신의 자원을 몽땅 탕진했으므로 인간에게는 줄 것이 남아 있지 않았다. 당황한 그는 형인 프로메테우스에게 도움을 청했다. 아테나의 도움을 받아 하늘로 올라간 프로메테우스는 태양 수레에서 불을 훔쳐 인간에게로 가지고 내려왔다. 이 선물 덕택에 인간은 다른 동물보다 월등한 존재가 되었다. 이제 인간은 불을 사용해 무기를 만들어 다른 동물들을 정복할 수 있었고, 도구를 사용하여 토지를 경작할 수 있었다. 게다가 거처를 따뜻하게 하여 기후가 다소 추운 곳에서도 살 수 있었으며 나아가 여러 가지 예술을 창조하고 상거래의 수단이 되는 화폐를 만들 수 있었다.

제우스는 두 형제에 대해서는 하늘로부터 불을 훔친 외람된 짓을 벌하고, 인간에 대해서는 그 선물을 받은 죄를 벌하기 위해 여자를 창조했다. 이렇게 탄생한 판도라[23]에게 아프로디테는 미를 주었고 헤르메스는 설득력을, 아폴론은 음악 등을 각각 주었다. 에피메테우스는 프로메테우스로부터 제우스와 그의 선물을 경계하라는 주의를 받았는데도 그녀를 기꺼이 아내로 맞아들였다. 에피메테우스의 집에는 한 개의 상자가 있었는데 판도라는 그 상자 속에 무엇이 들어 있는지 알고 싶었다. 그래서 어느 날 상자 뚜껑을 열고 들여다본 순간, 인간을 괴롭히는 무수한 재앙들이 빠져나와 멀리 사방팔방으로 날아가버렸다. 판도라는 놀라 뚜껑을 덮었지만, 상자 속에 들어 있던 것은 이미 다 날아가고 오직 희망만이 남아 있었다.

이렇게 해서 이 땅 곳곳에 인간들이 살게 되었는데, 최초의 시대는 죄악이 없는 행복한 시기로서, 황금시대라고 불렸다. 진리와 정의가 행해졌고 위협이나 벌을 주는 관리가 없었다. 배를 만들기 위한 산림의 벌채도 없었고 성곽을 쌓는 일도 없었다. 칼이나 창이나 투구 같은 것도 없었다. 대지는 인간이 노동하지 않더라도 인간에게 필요한 모든 것을 생산했다. 항상 봄의 계절만 있을 뿐이고 씨를 뿌리지 않아도 꽃이 피었으며, 시내에는 우유와 술이 흐르고 노란 꿀이 상수리나무에서 떨어졌다.

다음에는 은의 시대가 왔다. 이 시대는 황금시대만은 못했지만, 다음에 온 청동시대보다는 나았다. 제우스는 봄을 단축하고 1년을 4계절로 나누었다. 그때부터 인간은 추위와 더위를 참고 견뎌야 했고, 비 때문에 가옥이 필요하게 되었다. 최초의 주거지는 동굴이었지만 이제 나뭇가지로 엮어 만든 오두막집으로 바뀌었다. 농작물도 재배하지 않으면 자라지 않았다. 농부는 씨를 뿌리지 않으면 안 되었으며, 소는 쟁기를 끌어야 했다. 다음에는 청동시대가 왔는데, 이 시대는 인간의 기질이 전 시대보다 훨씬 거칠었고 걸핏하면 서로 무기를 들고 싸우려 했다. 그러나 아직 극심하리만큼 사악하지는 않았다.

가장 무섭고 나쁜 야만의 시대는 철의 시대였다. 죄악이 홍수처럼 넘쳐흘렀으며 겸양과 진실과 명예는 헌신짝처럼 사라졌다. 대신에 사기와 간사한 지혜와 폭력과 사악한 탐욕이 나타났다. 뱃사람은 배에 돛을 달아야 항해를 할 수 있었으며 수목은 산에서 벌채되어 배의 용골이 되었다. 이제까지는 공동으로 경작되던 땅이 분할되어 사유재산이 되기 시작했다. 인간들은 땅의 표면에서 산출되는 것에 만족하지 않고, 그 내부까지 파서 광물을 끄집어냈다. 이렇게 생산한 철과 금(뇌물)을 무기로 인간들은 전쟁을 일으켰다. 사위와 장인, 형제와 자매, 남편과 아내는 서로 믿지 못해 의심하기 시작했으며 자식들은 재산을 상속받기 위해 부친이 죽기를 바라는 등 가족의 사랑도 땅에 떨어졌다. 살육의 피가 땅을 적시자 신들은 마침내 대지를 저버렸다. 제우스는 이런 상태를 보고 크게 노하여 신들을 소집했다. 신들이 모이자 제우스는 지상의 무서운 상태를 설명한 뒤 지상의 인간들을 다 멸하고 그들과는 다른, 더 살 가치가 있고 신을 더 숭배하는 새로운 종족을 만들 작정이라고 선언했다. 이렇게 인간이 원시 상태에서 점차 문명사회로 발전해나간 단계를 신화에서는 구체적으로 설명하고 있다.

2

상상의 과학, 신화

　지금까지 살펴본 인류의 신화는 문명의 시작을 보여주고 있다. 신화의 중심지인 이집트, 메소포타미아, 중국, 그리스, 인도 등 고대문명 발상지에서 과학의 기초인 문자, 청동, 철, 유리, 종이, 수레뿐 아니라 천문학이 발전했다. 이제 인간은 신화의 단계를 넘어 문자의 시대, 즉 역사의 시대로 접어들면서 본격적이고 체계적으로 과학을 탐구하기 시작했다. 문자 기록은 오랜 세월 인간이 탐구하여 기록해온 지식의 축적이자 보고다.

　우주를 향한 인간의 호기심과 탐구력은 그칠 줄을 몰랐다. 천체의 운행이 날씨와 시간을 알려주기 때문에 인간은 고대부터 천체를 관찰하는 데 큰 노력을 기울였다. 농경사회인 우리나라도 예로부터 천체를 끊임없이 관찰하여 얻은 천문 지식으로 시간과 절기를 알아내서 과학적인 농경을 발전시켰다.[24]

　천체를 관측할 때 인간의 눈은 한계가 있다. 그래서 예외 없이 망원경을 사용하여 천체를 관측한다. 망원경은 인간이 천체를 탐구하려는 노력의 결과이며 그 목적에 따라 망원경 자체의 형식, 사용법, 수단, 부속 장치 등 여러 종류가 발명되었다. 가장 기본적인 천체 관측법은 접안경으로 보는 실시 관측이다. 접안경을 사용하여 태양, 달, 행성 등의 표면 현상이나 혜성의 수색, 엄폐, 식, 변광성을 관측하는 것이다. 접안부에 특별한 장치를 붙이는 일이 많은데, 천체가 자오선을 통과하는 시각과 고도를 관측하는 자오의, 아스트롤라베, 천정의, 천체의 좌표 결정을 위한 자오환 등에서 각각 독특한 정밀 측미경이 사용된다. 다음으로는 사진 관측이다. 대물경의 초점 면에 사진 건판을 장치하는 것으로, 이는 매우 다양한 천문 관측에 사용된다. 다음으로 광전 관측이 있다. 이는 사진 건판 대신에 광전자증배관을 장치하는 관측으로, 광량을 전기량으로 변환하여 정밀하게 나타낼 수 있으므로 주로 천체의 광도 측정, 예를 들면 변광성, 야천광, 황도광을 살피는 데 사용된다. 2종 필터나 3종 필터를 통해 사진을 찍거나 광전측광을 함으로써 천체의 색깔을 관측하기도 한다. 마지막으로 천체 분광 관측이 있다. 이는 대물경 초점부에 분광 장치를 붙이는 것으로, 천체의 넓은 범위에 걸친 물리적 성질을 조사하기 위한 중요한 관측이다. 프리즘이나 격자를 대물경 전면에 가득 채워 장치하는 방식의 분광 관측도 있다. 태양을 관측할 때에는 빛이 충분히 강렬하므로 프리즘보다 분해능이 높은 광학격자가 사용되는데, 이것으로 태양 표면의 여러 현상을 관측한다든지 특수 필터를 통한 단색광으로 태양의 전면 또는 코로나 등의 특수 부분을 관측할 수도 있다. 천체로부터 방사되는 전파는 빛과 비교하면 공간에서의 흡수, 산란을 받는 일이 적기 때문에 은하계와 우주의 구조, 항성의 진화 등의 연구에 중요한 자료가 된다. 따라서 오늘날 거대한 전파망원경이 여러 곳에 건설되었다.

인간은 고대부터 천체의 모습을 통해 시간뿐 아니라 날짜, 기후 혹은 길흉의 문제를 예측하기도 했다. 고대 바빌로니아문명에서 별자리는 인간의 운명을 예측하는 점성술로 활용되었다. 이집트문명과 잉카문명에서도 천체 관측이 활발하게 이루어졌으며, 천체의 운행에 의한 시간을 측정하여 농경이나 일상생활에 필요한 달력을 만들었다. 이집트 피라미드와 잉카 천문대, 그리고 영국 스톤헨지 등의 거석 유물들은 춘분과 추분 등 태양의 위치에 따른 시간의 변화를 보여준다. 특히 나침반이 나오기 전까지 북극성, 북두칠성, 남십자성 등의 별자리는 어두운 밤에 방향을 알려주는 역할을 했다. 천체의 별자리를 이용하여 원하는 방향으로 여행과 항해를 할 수 있게 됨으로써 인류 역사는 다른 곳의 문명과 교류하며 더욱 발전할 수 있었다. 기원전 1만 5000년경에 만들어진 프랑스 라스코 동굴 벽화는 밤하늘을 그린 지도였다. 지상의 특징을 그린 바벨로니아 점토판은 기원전 7000년에서 기원전 2500년 사이에 만들어진 것이며, 최초의 세계지도는 기원전 600년경 점토판에 새겨졌다. 이 최초 지도를 그린 인물은 그리스 고대 도시 밀레투스의 아낙시만드로스로 알려져 있다. 이후 그리스의 에라토스테네스는 '지리학(Geography)'이라는 용어를 만들었고 지구 둘레를 정확히 계산하여 현재 우리가 사용하고 있는 한대 2개, 온대 2개, 열대 1개 등 모두 5개 기후대로 나누었다. 또 프톨레마이오스는 원추투영법을 사용하여 둥근 지구를 묘사하고 위도와 경도를 제안했다. 훗날 1569년에 메르카토르가 이 원추투영법을 개량하여 메르카토르도법을 고안했다. 도로지도는 기원전 1만 1600년경 이집트에서 처음 제작되었으며 1904년 미국의 랜드 맥널리가 현대적인 도로지도를 발행했다. 지구의는 기원전 2세기경 그리스의 크라테스가 처음 만들었고 현존하는 최고의 지구의는 1492년 독일의 마르틴 베하임이 제작했다.

이처럼 천체 관찰은 획기적인 이동의 발전을 가져왔다. 인류는 이곳저곳으로 왕래하며 서로 영향을 주고받음으로써 역사의 진보를 이룰 수 있었다. 육지에서뿐 아니라 바다에서 항해할 때 가장 중요한 것은 방향이다. 그래야 멀리 항해를 할 수 있다. 바다에서 방향을 알려주는 것은 북극성 등 밤하늘의 별자리였다. 메소포타미아, 페르시아, 그리스 사람들은 현재 우리가 사용하고 있는 방향체계인 1회전 360도 개념과 하루를 시, 분, 초로 나눈 시간 개념을 고안했다. 별을 보고 방향을 알 수 있다는 것을 안 후 여행자들은 자신의 위치와 가야 할 방향을 정확하게 찾을 방법을 탐구했다. 고대 등대에 관한 기록은 기원전 6~5세기경 그리스 항구에 설치된 등표, 그리고 항해 지표로 횃불과 연기가 사용되었다고 전하고 있다. 이후 최초로 알려진 알렉산드리아 파로스 등대가 세워졌다. 이후 그리스의 식민도시 시게움에 등대가 건설되면서 지중해 해도가 등장했으며 이어서 항해 장비로는 천체의 높이나 각거리를 재는 기구인 아스트롤라베, 90도 눈금이 새겨져 있는 부채 모양의 천체 고도 측정기인 사분의 등이 그리스에서 만들어졌다. 서기 11세기경에는 중국에서 자기 나침반이 제작되었다. 포르투갈에서는 기원전 2세기에서 서기 15세기까지 삼각법이 발달하여 1480년에 정오의 태양 각도로 위도를 알아내는 표를 만들었다. 이렇게 다양한 측정기가 만들어진 덕분에 뱃사람들은 배의 속도를 정확하게 계산할 수 있었으며, 해상용 정밀

시계인 마린 크로노미터의 발명으로 경도를 위도와 마찬가지로 정확히 측정할 수 있었다. 그리스에서는 천체를 관측하여 다음 시기 곡물의 작황을 예상하는 등 고대부터 천체 관측 지식을 기반으로 천문학이 발전했다. 이집트 프톨레마이오스왕조의 학자인 에라토스테네스는 지구의 크기를 측정하기도 했다. 그리스인은 지역에 따라 북극성의 높이가 다르다는 사실을 토대로 지구가 원처럼 둥글다는 것과 해가 가장 높이 떴을 때의 고도가 90도라는 것을 알게 되었다. 그리하여 알렉산드리아에서는 하짓날의 남중 고도가 82.8도인데, 이는 시에네와 알렉산드리아의 위도 차에 따른 것으로 이를 이용하여 지구의 둘레를 구할 수 있었다.[25]

이처럼 인간은 천체를 관찰함으로써 자연의 법칙을 이해하게 되었다. 인간이 자연법칙을 알게 되었다는 것은 곧 문명 발전을 의미한다. 인류는 원시 고대사회부터 자연에 대한 두려움에서 출발하여 초월적인 존재를 믿게 되었고 그로 인해 자연법칙에 관한 공상적이고 신비적인 형태를 띤 체계적인 설명이 만들어졌다. 이 체계적인 설명이 곧 신화다. 신화는 인간 상상력의 창조물이지만 인류 문명의 기초가 된다. 자연법칙, 해, 달, 별, 땅, 바다 그리고 인간과 모든 생명체 등 우주 생성에 관한 이야기들이 신화에 기록되어 있다. 문명은 이렇게 상상에서 비롯된 것이다. 또한 고대 그리스 철학자들은 모두 과학자였으며 데카르트, 파스칼 등 근대 유럽의 철학자들 역시 과학자였다. 인간의 상상 영역에서 시작한 과학은 고대부터 문명과 문화의 원동력이 되어 오늘날까지 인류 역사와 함께 발전해왔다.

3

호기심, 탐구의 힘

   인간은 하늘을 더 자세히 관찰하고 싶어 했다. 그리하여 네덜란드의 한스 리페르스헤이가 처음으로 굴절망원경을 발명하자 이탈리아의 갈릴레오 갈릴레이가 이를 응용하여 새로 만든 망원경을 통해 하늘을 자세히 관측하기 시작했다.[26] 천체는 시간과 계절에 따라 일정하게 바뀌므로 이를 관측함으로써 생활에 응용하기도 했다. 먼저 시간이다. 가장 널리 쓰였던 것은 해시계로, 태양의 운행을 살피면 시간을 알 수 있다. 이를 응용하여 자오선상에 있는 천체를 관측함으로써 해당 위치의 표준시를 알 수 있다. 그다음은 농사다. 농사는 파종 시기가 가장 중요하다. 인간은 별자리의 운행을 관측하여 농작물의 파종 시기를 비롯해 농작물이 잘 자랄 수 있는 시기를 알아냈다. 동아시아에서는 태양 위치에 따른 24절기에 맞춰 농사 시기를 정했다. 이어서 지리학이 발전했다. 태양과 별자리의 위치, 방향을 측정하여 현재 위치의 방위를 알 수 있으며 사분의나 육분의 등이 이러한 용도로 쓰였다.[27] 또 행성 탐사선에서는 황도면의 북극과 남극에 있는 천체를 기준 좌표로 하여 이를 관측하는 센서를 탑재함으로써 우주 항해에 필요한 방향을 알아낼 수 있다.

나침반과 항해술이 발전한 이슬람 세계의 나시르 알딘 알투시는 이전보다 개선된 행성 모델과 프톨레마이오스 천문학을 발전시켰을 뿐 아니라 논리, 수학, 삼각법, 생물학 및 화학에서 많은 업적을 남겼다.[28] 이렇게 발전한 천문학은 12세기에 이슬람이 지배하던 이베리아반도를 통해 유럽으로 전해졌으나 처음에는 그리 널리 사용되지 않았다. 13세기에 들어 유럽인들은 본격적으로 천문관측의를 알맞게 변형시키기 시작하여 천문 관측 원판에 점성술에 관한 정보를 추가하고 이슬람식 시간 간격을 편집하여 유럽에 맞게 시간 간격을 새로 새겨 넣었다. 이슬람인이 사용했던 기도와 관련된 정보는 유럽인에게는 필요 없기 때문에 삭제되었다. 천문학자라면 기본적으로 사용법을 알아야 했을 정도로 천문관측의는 15~16세기 유럽에서 가장 널리 사용된 천문 관측 도구였다. 15세기 유럽에서 천문관측의는 독일과 몇몇 지방에서만 활발히 제작되었으나 17세기부터는 여러 지역에서 만들어졌다. 천문관측의의 제조는 매우 정교해 전문성을 요하는 작업이기 때문에 소수의 장인에 의해 다양한 형태의 천문관측의가 만들어졌다. 금속 천문관측의는 매우 비싸서 오직 고위층 사람들만 사용할 수 있었으며 대신 인쇄술의 발달에 따라 종이로 만들어진 천문관측의가 많은 사람들에게 보급되었다. 하지만 17세기 중엽이 지나자 천문관측의 사용이 줄기 시작했다. 추시계의 발명으로 더 편리하고 정확한 시계가 생기고 망원경과 같은 획기적인 발명품들이 사용되면서 천문관측의는 점차 사라지게 되었다. 한편 이슬람과 유럽에서 발전한 천문관측의는 17세기 유럽의 예수회 선교사들을 통해 '혼개통헌'이라는 이름으로 중국에 전래되었다.

흔히 천문학의 역사를 말할 때 자연과학 중에 가장 오래된 학문이라는 표현을 쓴다. 그도 그럴 수밖에 없는 것이 천문학이 고대에는 생존과 직결된 학문이었기 때문이다. 고대 이집트인은 시리우스가 해가 뜨기 직전에 나타나면 나일강이 범람하는 계절이라는 것을 배웠고 중국인은 북두칠성이 인간의 죽음을 관장한다고 믿었다. 아일랜드의 뉴그레인지 신석기 돌무지무덤이나 한국의 고인돌 돌지도, 마야문명의 천문대 등 고대 천문학은 지구 전역에서 동시다발적으로 발생했다. 이 당시 천문학은 천체의 규칙적인 운동을 파악하는 것을 목적으로 삼았다. 이러한 규칙성을 알아야 해가 뜨고 지는 것을 이용해 시간을 측정할 수 있고, 달력을 만들어 농사는 물론 추운 겨울 날씨나 홍수 등 기후변화에 대비해나갈 수 있었다. 또 일식, 월식 같은 천문 현상들을 보며 종교 의식을 행하기도 했다. 영국의 스톤헨지가 거대한 달력이었다는 주장이 나오는 것도 이 때문이다. 달력은 고대 천문학이 틀을 잡아놓은 것이고 점성술이나 오늘의 운세도 고대 천문학의 산물이다. 별자리들도 메소포타미아의 목동들이 만들어놓은 것이 전해 내려온 것이다.

그런데 이렇게 발전하던 천문학은 고대 그리스 시대를 전후로 동양과 서양의 방향이 달라지기 시작했다. 그리스 외에도 이집트, 메소포타미아의 고대인들은 독자적으로 천문학을 발전시켜나갔는데 특히 오늘날 같은 과학적인 방법으로 천문학을 연구한 학자들은 그리스인이었다. 천문학을 과학적 학문으로 발전시킨 그리스 천문학자들은 우주를 정확하게 관측하는 데 노력하면서 기하학적 모형을 만드는 데에도 관심을 두었다. 탈레스가 일식을 예측해 전쟁을 멈추게 한 것은 기원전 585년의 일이었다. 아낙시만드로스는 최초의 해시계와 세계지도를 고안했고 아테네의 메톤은 기원전 432년 메톤주기를 만들었다. 메톤과 동시대인인 에우크테몬은 태양이 적도에서 가장 멀어졌을 때를 정확하게 관측했다. 플라톤은 기원전 380년경 지구가 둥글며 우주의 중심이 지구라고 상상했으며 크니도스의 에우독소스는 동심천구설을 주장했다. 칼리포스는 기원전 330년 메톤주기의 4배인 새로운 주기를 찾아내고 에우독소스의 이론을 발전시켰다. 아리스토텔레스는 월식을 관측하다가 달에 드리운 그림자가 둥근 것을 보고는 지구가 둥글다는 것을 발견하여 기원전 350년경 『천체론』을 썼다. 기원전 135년경 히파르코스는 별의 목록을 작성하면서 별의 등급을 기록했으며 안티키테라 기계가 만들어진 것도 이 무렵이었다. 2세기경 프톨레마이오스는 그리스 천문학을 집대성하여 유럽에 '알마게스트'라는 이름으로 알려진 『천문학 집대성』을 출간했다. 특히 이슬람은 유럽에서 사라진 그리스의 지식들을 유럽에 다시 소개하는 중요한 역할을 했다. 이슬람 천문학자들은 기도 시간을 재기 위해 역법을 발전시켰다. 그 결과 천문학자 오마르 하이얌은 1년이 365.24219858156일이 되는, 그레고리력보다 정확한 역법을 만들었다.[29] 하늘의 수많은 별자리는 인간에게 우주 천체에 대한 상상을 낳게 하여 별과 하늘과 관련된 많은 신화와 이야기, 점성술 등 종교적 의식을 발전시켰다. 이 상상이 곧 우주를 이해하는 천문학의 기초가 되었다. 메소포타미아문명 시대부터 별자리를 토대로 한 점성술이 발전했던 이슬람의 천문학이 그 예다.[30]

1175년 크레모나의 게라르도가 아랍어판 『알마게스트』를 라틴어로 번역함으로써 유럽에 천문학 지식이 널리 퍼지게 되었는데, 이 저서는 천문학이 과학과 수학 그리고 철학이 결합한 결과물이라는 것을 보여준다.[31] 그후 1451년 트레비존드의 게오르기우스는 교황 니콜라오5세의 그리스어판을 기반으로 하여 『알마게스트』를 라틴어로 번역하고 주석을 썼다. 이 판본은 천문학의 성서로 자리 잡아 코페르니쿠스와 갈릴레이도 교과서로 사용할 정도였다. 『알마게스트』를 토대로 천문학을 연구한 코페르니쿠스는 1543년 『천구의 회전에 관하여』를 펴내 기존의 천동설을 뒤집었다. 그리고 갈릴레이는 1610년 망원경으로 달의 표면과 토성의 모양, 금성의 위상 변화, 목성의 위성을 관측하여 지동설의 근거를 찾아냈다. 이후 요하네스 케플러는 1609년 첫 번째와 두 번째에 이어 1619년 세 번째 케플러의 법칙을 발표했는데, 코페르니쿠스의 이론은 천체 운동을 완벽하게 묘사하려면 주전원들이 필요했으나 케플러의 발견으로 인해 주전원들의 필요성이 사라지게 되었다. 18세기 초 조반니 도메니코 카시니는 토성 고리의 틈을 발견하고 토성의 위성 4개를 발견했다. 그리고 아이작 뉴턴이 중력의 개념을 통해 케플러의 법칙을 유도해내자 지구상에서 벌어지는 일과 태양계에서 일어나는 일이 별개가 아님이 알려짐으로써 과학혁명이 일어났다.

레온하르트 오일러는 뉴턴의 이론을 발전시켜 1748년 섭동을 이용해 행성의 궤도를 연구했고, 조제프 라그랑주는 1772년 라그랑주점을 발견하여 섭동이론을 발전시켰다. 1781년에는 윌리엄 허셜이 천왕성을 발견했으며 같은 해 샤를 메시에는 103개 성운, 성단의 목록인 메시에 천체 목록을 발표했다. 여기에 자극받은 허셜은 1786

년에 수많은 성운, 성단의 목록을 발표했다. 피에르 시몽 라플라스는 1799년 그간의 수학 발전을 종합하여 『천체역학』에서 뉴턴역학을 새롭게 서술했다. 1859년 로베르트 분젠과 구스타프 키르히호프는 스펙트럼을 분석하여 원소를 찾는 방법을 발견했는데, 그후 이 방법은 천문학에서 널리 쓰이게 된다. 1888년에는 존 드레이어가 허셜의 성운, 성단 목록을 보완한 NGC(New General Catalogue)를 만들었다. 성운 중에 나선 모양이 있다는 것이 알려지자 그 정체에 대한 논쟁이 1920년 할로 섀플리와 히버 커티스 사이에 벌어지기도 했다. 그후 1924년 에드윈 허블이 안드로메다은하가 우리은하 바깥에 있음을 발표함으로써 우리은하 내부에 있는 성운과 우리은하 외부에 있는 은하 사이에 차이점이 있다는 것이 밝혀졌다. 1929년 허블이 발견한 은하 간 적색편이는 팽창우주론에 크게 이바지했다. 1963년 겉보기에 별과 비슷하나 매우 멀리 떨어져 있는 퀘이사라는 천체가 발견된 데 이어 1965년 아노 펜지어스와 로버트 윌슨이 우주 전역에 퍼져 있는 마이크로파를 발견한 이후 이 마이크로파는 우주배경복사라는 이름을 얻고 빅뱅이론의 근거가 되었다.

특히 중세 시대 유럽의 수도원은 학문 연구의 중심지였으며 우수한 인재들이 수도원과 교회에 모여들어 신학뿐 아니라 철학과 물리학, 천문학 등을 연구했다. 지동설을 주장한 코페르니쿠스, 이를 입증한 갈릴레이와 케플러 등의 천재 과학자들은 모두 교회 사제였다. 이들의 관심은 천체 운행의 법칙을 알아내는 것이었고 그 근원에 대해 질문하기에는 당장 알아내야 할 숙제들이 너무도 많았다. 중세 유럽 학문은 경전, 장소, 지식 등 세 가지의 결합이라는 특징을 지니고 있다. 기독교 주교들은 종교적인 가르침을 설파하고 교육받은 성직자들을 확보하기 위해 성당 근처에 학교를 설립했다. 대성당 학교와 대수도원은 고대 문화와 과학을 보전, 연구하는 데 큰 역할을 했다. 대부분의 수도원이 도서관을 짓고 많은 문헌을 보관했다. 또 필사실을 따로 두어 수도사들이 경전을 필사하면서 교육과 학문 연구를 담당했다.[32] 이처럼 고대부터 종교는 과학, 철학, 문학 등 학문과 예술의 중심이었다. 자연과 종교의 역사적인 상황이 곧 과학이라는 새로운 학문을 발전시킨 것이다. 종교적인 의식은 음악과 미술, 문학을 발전시켰고 신전 건축은 과학의 기초가 되었다.[33]

고대와 중세의 연구자들에게는 태양계에 속한 행성들의 운행 규칙을 찾아내는 것이 가장 시급한 과제였는데, 계절과 시간에 따른 별들의 위치를 찾아내는 일이 그 시작이었다. 천문학을 뜻하는 'astronomy'가 별을 의미하는 'astro'와 자리 정리를 의미하는 'nome'의 합성어인 것을 보면 쉽게 이해할 수 있다. 당연히 모든 별자리가 지구를 중심으로 배열되었다. 그리고 태양을 중심으로 별자리를 배열하게 된 것은 16세기 중엽 코페르니쿠스의 태양중심설이 받아들여진 뒤였다. 당시에 태양중심설이 받아들여질 수 있었던 것은 지구중심설을 기반으로 만들어진 항해력이 멀리 대양을 건너 항해할 때 맞지 않는다는 것이 입증되었을 뿐 아니라 1609년 망원경 관측을 통해 태양중심설을 설명할 수 있었기 때문이다.

이후 인간은 별자리 관측을 통해 없던 별이 생겨나고 있던 별이 사라지는 것을 보면서 별이라고 하는 것이 영원무궁한 것이 아님을 알게 되었다. 그러면서 이 우주가 어떻게 탄생했는지에 대한 의문을 갖게 되었다. 그러나 근대에 이르기까지 구체적인 연구는 진행되지 못했다. 유럽의 경우 기독교의 창조론이 지배하는 사회였기 때문에 아직 천체 운행을 측정할 수 있는 장비가 개발되지 못했다. 동양의 경우 우주의 근원에 의문을 갖기보다는 주로 우주 운행의 법칙을 밝히고 이를 생명의 원리에 적용하려고 했다. 현대에 이르러 우주 근원에 대한 연구가 가능하게 된 것은 측정 장비의 도움이 컸다. 대표적인 것이 20세기 최고 천문학자 에드윈 허블의 이름을 딴 허블우주망원경이다.[34] 허블우주망원경은 대기권의 방해를 피해 배경광의 영향을 없애고 해상도가 높은 영상을 얻기 위해 나사(NASA)에서 만든 것으로 1990년부터 대기권 밖 저궤도에서 우주를 관측하고 있다. 2.4미터의 주거울과 예비거울로 구성되어 근자외선, 가시광선, 근적외선 스펙트럼을 관찰한다. 나사에서는 이외에도 콤프턴 감마선 관찰위성, 찬드라 엑스선 관찰위성, 스피처우주망원경과 함께 거대관찰위성을 구성하여 우주의 움직임을 관찰하고 있다.

이런 관측 장비들의 도움으로 찾아낸 것이 우주가 팽창하고 있다는 사실이다. 현대에 이르기까지 '우주는 팽창도, 수축도 하지 않는다'는 생각이 지배적이었고 아인슈타인도 정적 우주론을 주장했다. 그런데 아인슈타인과 동시대의 학자인 소련의 알렉산드르 프리드만과 벨기에의 조르주 르메트르가 극도의 고밀도 상태에 있던 원시원자가 폭발하면서 우주가 시작되었다고 주장했다.[35] 이를 증명한 사람이 바로 허블이다. 허블은 관측을 통해 은하들이 지구에서 점점 멀어지고 있다는 사실을 입증했다. 이를 계기로 아인슈타인이 정적 우주론을 철회했고, 많은 과학자들이 우주의 탄생 시점에 무슨 일이 있었는지 다양한 가설을 세우고 입증하는 연구를 진행했다. 그 결과, 우주가 대폭발로 인해 만들어졌다는 빅뱅이론이 현대 우주론으로 자리 잡게 되었다.

이처럼 천체의 움직임, 우주와 자연의 원리를 알게 됨으로써 인간은 어디든 자유롭고 안전하게 지구를 돌아다닐 수 있게 되었다. 바다에서 방향을 알아낼 수 있는 나침반은 원거리를 항해할 수 있는 대항해시대를 열었다. 동시에 지구가 둥글다는 지리 지식은 유럽인이 작은 대륙에서 벗어나 아프리카, 아메리카, 아시아 등 지구 곳곳을 누비며 식민지를 개척하고 지배하도록 이끌어 오늘의 세계를 만들었다.[36] 이러한 역사 발전은 바로 하늘의 별들에 대한 인류의 호기심과 종교적 상상력에서 비롯된 천문학의 결과였다. 인류는 이제 우주와 천체에 관한 지식으로 태양계를 누비고 다니는 우주 탐험 시대를 만들어가고 있다.

그러나 우주는 여전히 많은 수수께끼를 안고 있다. 시작이 있으면 끝도 존재하는 법이다. 한편에 우주의 창조와 종말의 법칙이 있다면 다른 한편에는 신비로운 존재, 즉 원자가 있다. 원자는 어느 곳에나 존재하고 모든 것을 구성하고 있다. 그리하여 물리학자 리처드 파인만은 과학의 역사를 '모든 것이 원자로 되어 있다'로 간단히 정의할 수 있다고 말한다.[37] 원자는 우주의 모든 것을 구성할 뿐 아니라 어느 곳에나 존재한다. 인간의 몸은 엄청난 수의 원자로 구성되어 있을 뿐 아니라 죽으면 다시 원자로 분해되어 다른 생명체를 구성하게 된다. 한마디로 우리 몸을 구성하고 있는 원자들이 모두 재활용된다는 의미다. 원자에 대해 좀 더 알아보면 불교에서 말하는 윤회

사상을 과학적으로 이해할 수 있다. 우리의 몸속에 존재하는 원자들은 몸을 구성하기 전에 오래전 아주 먼 행성으로부터 온 다른 생명체의 일부일 수도 있다. 또는 예전에 죽은 사람들의 몸속 원자들로 이뤄진 것일 수도 있다.[38] 수레바퀴처럼 돌고 도는 영겁회귀의 법칙, 과거의 어떤 원인에 의해 그 결과가 빚어지는 인과법칙은 불교와 힌두교에서 윤회, 업보 등으로 불린다. 힌두교에서는 이런 현상을 카르마, 즉 행위의 법칙이라고 한다. 불교와 힌두교에 따르면 우리의 영혼은 현재 우리 삶이 시작되기 전 과거에도 여러 번 살아왔다. 그리고 우리가 죽은 후에도 미래에 환생하여 새로운 삶을 반복한다. 이렇게 인간의 삶은 끊임없이 돌고 돈다. 카르마는 마치 중력과 같은 비인격적 법칙이며 인과법칙에 따라 현재의 존재는 모두 다른 곳에서 나온 결과물이다. 이것이 바로 환생이다. 카르마에 의해 환생을 거듭하는 윤회(삼사라)를 거쳐 최종 모크샤(moksha), 즉 해탈에 이르게 된다.[39]

힌두교는 기원전 2000년경 시작되었다. 아리아인은 이 종교를 통해 인류 문명을 일으켰다. 이 내용을 기록한 것이 베다다. 베다는 먼 옛날 시간과 죽음의 저 너머에서 온 삶의 진리를 현자들이 들었던 것들이 중심을 이루고 있다. 현자는 어떤 목소리가 말한 것을 최초로 들은 사람들이다.[40] 『리그베다』는 '저 멀리 그곳에 무엇이 있는가?'라는 질문으로 시작한다. 이 질문은 곧 시간을 넘어 우주의 시작과 끝에 관한 질문이다.

그때는 존재도 없었다. 그 너머에는 공기도 없었고, 하늘도 없었다. 그 유일자는 숨도 쉬지 않고, 그러나 그 자체가 숨이 되었다. 그것과 동떨어져서는 아무것도 존재하지 않았다. 신들은 이 세상이 만들어진 다음에 나타났다. 그렇다면 누가 아는가? 그것이 어디로부터 처음 존재하게 되었는지. 이 최초의 창조자가, 그 모든 것을 만들었는가. 아니면 그것을 만들지 않았는가. 그의 눈, 가장 높은 하늘에서 이 세상을 지배하는 그의 눈은 정말로 아는가. 혹은 어쩌면 알지 못하는가.[41]

　이처럼 종교는 우주를 설명해준다. 인더스문명에서 종교적이긴 하지만 무한 혹은 무 등 수학과 천체물리학 개념들이 발전한 것은 절대로 우연이 아니다. 종교적 사고가 곧 과학을 낳고 문명의 시대를 열어 역사가 진보하게 된 것이다. 우리가 죽은 후 몸속에 있던 원자들은 모두 흩어져 다시 새로운 것에 재활용되며 영원히 존재한다. 전생에 나는 무엇이었는가? 이 종교적 질문에 우리는 과거라는 시간 속에 살았던 인물을 생각하게 된다. 인간은 이렇게 태초의 시작을 생각해왔다. 우주의 시작은 무엇인가? 이에 대해서는 종교적이 아닌 과학적인 답변이 있어야 한다.

4

신의 창조와 빅뱅

우주가 팽창하고 있다는 것을 관측하자 자연스럽게 생각하게 된 것은 우주를 반대로 수축시켜나가면 하나의 작은 덩어리가 되지 않겠는가 하는 것이었다. 무한대의 에너지를 품고 있던 아주 작은 덩어리가 어느 순간 대폭발을 일으켜 계속 퍼져나가고 있다는 가설에서 출발한 것이 대폭발이론, 즉 빅뱅이론이다. 이 가설은 알렉산드르 프리드만의 제자인 미국의 조지 가모브가 허블과 프리드만 그리고 르메트르의 연구 결과를 토대로 1956년에 제안한 것이다. 하나의 작은 덩어리였을 때 우주에는 공간 개념도, 시간 개념도 있을 수 없었다. 당연히 움직임도 없었다. 왜 이런 대폭발이 일어났는지는 알 수 없지만, 대폭발 후 시간이 지나면서 공간이 계속 확장하고 있다는 것이 정설로 되어 있다. 대폭발 후 먼지 상태로 팽창해가다가 4억 년이 지나 먼지들이 뭉치면서 최초의 별들이 만들어지기 시작했다. 이렇게 팽창한 우주의 지름은 약 930억 광년으로 추정되고 있다.

그렇다면 정말 빅뱅이 있었는지, 그렇다면 그 시점은 언제인지에 대한 과학적인 입증이 가능할까? 빅뱅이론이 현대 우주론의 표준이

된 것은 이에 관해 많은 과학적인 증거를 가지고 있기 때문이다. 빅뱅을 증명하는 증거들은 스펙트럼 분석법, 구심력과 만유인력의 동적 계산법, 온도 측정법, 그리고 도플러 효과나 강한 중력장으로 인해 발생하는 적색편이를 측정하는 방법을 사용하여 얻어진다. 예를 들어 허블우주망원경을 통해 우주의 스펙트럼을 측정하면 빅뱅이 발생한 시점을 추정할 수 있다. 허블이 처음 망원경을 들여다보기 시작했던 1919년, 우리에게 알려진 은하는 우리은하 하나뿐이었다. 별들은 모두 은하의 일부이거나 멀리 떨어진 주변의 기체 덩어리라고 여겼다. 허블은 그런 생각이 틀렸다는 사실을 밝혀냈다. 그로부터 10년 동안 허블은 우주가 얼마나 오래되었고 얼마나 큰가라는 두 가지 근본적인 문제에 도전했다. 그 문제를 해결하기 위해서는 은하들이 서로 얼마나 멀리 떨어져 있고, 그것들이 우리로부터 얼마나 빨리 멀어져 가고 있는가를 알아내야 했다. 적색편이는 은하가 멀어져 가는 속도를 알려주었으나 은하가 얼마나 멀리 떨어져 있는가는 알려주지 못했다. 이것을 알아내기 위해서는 '표준 촛불'이 필요했다. 이 기준이 있어야 다른 별들의 밝기와 상대적인 거리를 측정할 수 있다. 이 측정법을 알아낸 사람이 헨리에타 리비트라는 여성 천문학자다. 리비트는 세페이드 변광성이라고 알려진 형태의 별이 마치 심장박동처럼 일정한 리듬으로 진동한다는 사실을 알아냈다. 북극성이 바로 세페이드 변광성이다.[42] 리비트는 하늘의 다른 곳에 있는 세페이드 변광성들의 상대적 크기를 비교하면 서로 얼마나 떨어져 있는가를 알아낼 수 있다는 사실을 발견했다. 이는 세페이드 변광성들을 표준 촛불로 사용할 수 있다는 의미였다.[43] 허블은 리비트가 고안한 우주 자와 베스토 슬라이퍼가 측정한 적색편이를 이용하여 두 별의 거리를 측정했다.

허블은 「나선 성운 속의 세페이드 변광성」이라는 논문에서 우주는 우리은하만이 아니라 수많은 독립적인 은하, 즉 '섬우주'들로 구성되어 있다는 사실을 밝혀냈다. 그리고 먼 곳에 있는 은하의 스펙트럼을 측정하기 시작했다. 그는 윌슨산천문대에 새로 설치된 100인치 후커망원경을 이용하여 하늘의 모든 은하가 우리에게서 점점 멀어져 가고 있다는 사실을 알아냈다. 더욱이 은하가 멀어져 가는 속도와 거리는 서로 비례했다. 즉 은하가 멀리 있을수록 더 빨리 멀어져 간다. 이는 곧 우주가 모든 방향으로 빠르고 균일하게 팽창하고 있다는 뜻이자, 우주가 한 곳의 점에서 시작되었다는 사실을 나타낸다. 우리가 그동안 알고 있던 것처럼 우주가 안정되고 고정되어 있고 영원히 텅 빈 공간이 아니라 태초가 있었고 따라서 종말이 있다는 것이다.[44] 기독교 구약성서에서 설명하고 있는 태초와 종말의 존재가 과학적으로 확인된 순간이다. 종교의 창조론 혹은 종말론이라는 신화적 설명은 인간이 상상으로 만들어낸 이야기이지만 우주 만물의 이치는 같았다. 단, 차이가 있다면 합리적이고 과학적인 설명이냐, 추상적인 설명이냐. 어찌 됐든 인류의 역사는 과학의 결과로 진보하고 발전하지만, 과학은 인간의 상상 속에서 탄생한다. 그리고 인간은 스스로 생각하는 방향으로 나아간다. 인간의 사고는 곧 과학이며 이 과학이 역사의 원동력으로 작용하는 것이다.

빅뱅에 의해 만들어진 우주가 계속해서 점점 더 빠른 속도로 팽창하고 있다면 과연 미래에는 어떻게 될 것인가? 하는 궁금증이 생기지 않을 수 없다. 우주의 운명에 대해서는 다음의 3가지 가설이 유력하다. 첫 번째는 폐쇄우주론으로, 팽창하던 우주가 어느 시점이 되면 빅뱅과 반대로 순식간에 오그라들 것이라는 가설이다. 이를 빅립(Big Rip)이라 하는데, 3초 만에 우주의 기본 공간이 확보되었던 것과 마찬가지로 몇 초 만에 모든 우주가 하나의 덩어리로 뭉칠 것이라는 예측이다. 두 번째는 개방우주론으로, 우주가 가진 에너지가 완전히 소모될 때까지 끝없이 팽창할 것이라는 가설이다. 우주의 모든 에너지가 고갈됨으로써 우주 온도가 극저온 상태가 되어 죽은 우주가 될 것이라는 예측이다. 세 번째는 평탄우주론으로, 우주가 일정한 크기까지 팽창하다가 확장을 멈출 것이라는 가설이다.[45] 모두가 수십억 년 뒤의 일이라 아직 가설일 뿐이고, 앞으로 우주 연구가 진행되면서 또 다른 가설들이 등장할지 모른다.

태초에 존재하던 극고밀도의 물체가 폭발하면서 모든 것이 완전한 먼지 상태로 급팽창한다. 이 먼지 상태의 물체들은 각자 다른 에너지를 가지고 큰 물체가 작은 물체를 흡수하기도 하고 서로 뭉쳐서 큰 덩어리를 만들기도 하면서 퍼져나간다. 이 과정에서 47억 년 전에 항성으로 진화하던 초신성 하나가 폭발하면서 하나의 핵을 형성하게 된다.[46] 이 핵은 수소가 헬륨으로 전환되는 핵융합 과정에서 발생하는 엄청난 에너지를 가지고 주변의 물체들을 흡수하면서 태양으로 진화한다. 그리고 초신성이 폭발하면서 핵에서 멀리 떨어져 나간 파편들도 큰 에너지를 가진 조각을 중심으로 뭉치면서 행성이 되는데 태양의 중력에 의해 붙들려 있는 행성들로 태양계를 형성하게 된다. 따라서 태양계는 태양의 에너지 입자가 도달하는 범위 안에 있는 행성들로 이뤄져 있다.

태양계는 은하계에 속해 있다. 지구가 태양을 중심으로 365일 주기로 초당 29.76킬로미터 속도로 공전하는 것과 마찬가지로, 태양도 은하계의 중심을 약 2억 5천만 년 주기로 초당 250킬로미터 속도로 공전하고 있다. 태양계에는 태양을 중심으로 8개의 행성이 있다. 각 행성은 달과 같이 행성의 주위를 도는 위성, 아직 행성이 못 된 소행성, 얼음 먼지로 구성되어 행성 주변을 큰 타원으로 도는 혜성, 그리고 별똥별이라 불리는 유성 들로 이뤄져 있다.

지구의 형성 과정도 태양과 거의 같다. 지구는 초신성의 폭발로 인해 태양의 핵과 함께 태어난 큰 에너지의 파편을 핵으로 해서 주변에 있던 덩어리들을 흡수해 만들어졌다. 이 과정에서 광물들이 녹고 무거운 철 성분이 행성의 중앙으로 가라앉아 뭉쳐서 지구의 핵을 구성했다. 이와 같은 과정을 통해 만들어진 원시 지구의 겉모습은 거칠고 어떤 생물도 살 수 없는 상황이었다. 온도는 극고온과 극저온을 오갔으며 언제 어떤 행성들이 떨어질지 모르는 불안정한 상태였다. 원시 지구를 감싸고 있던 대기는 화산 폭발 과정에서 분출된 산소 없는 화산가스(SO_2, Ar, N_2, CH_4, NH_3 등) 및 소행성과 위성에서 만들어진 우주먼지와 가스로 구성되어 있었다. 또한 원시 바다는 지구가 형성되고 나서 점점 그 열이 식어가자 화산 폭발로 생겨난 수증기가 낮은 온도로 인해 액체로 변해 모이면서 만들어지기 시작했다. 지구의 표면은 화산 폭발로 생겨난 마그마 바다가 저온에 굳어지면서 형성되었다. 이렇게 굳어진 덩어리들은 지구 내부의 폭발로 인한 맨틀의 움직임에 따라 합쳐지고 나누어지기를 반복한다. 이런 과정을 거쳐 3억 년 전 지구 표면에 하나의 거대한 대륙인 판게 아가 형성되었다. 이때 같이 형성된 하나의 바다를 모든 것을 감싼 다는 의미의 판탈라사해라고 한다. 이후 지각 이동에 따라 판게아가 갈라져 지금과 같은 5대양 6대주가 생겨나기 시작한 것은 약 6,500 만 년 전으로 지금까지도 대륙 이동이 진행되고 있다. 북아메리카와 유럽이 매년 2센티미터 정도 멀어지고 있는 것이 그 증거다.

우주 탄생에 대해 가장 유력했던 가설은 우주가 암흑물질에서 시 작했다는 것이다. 과학자들은 우주의 상당 부분을 차지하고 있지만 무엇인지 정의할 수 없다는 의미에서 이름 붙여진 암흑물질이 우주 를 만들어냈다고 생각한 것이다. 이에 대해 과학적인 단서를 처음으 로 제시한 사람은 스위스의 천문학자 프리츠 츠비키다. 츠비키는 1933년 윌슨산천문대에서 코마라는 거대한 은하단을 관측하다가 그 중심을 공전하는 은하들의 속도가 물리법칙을 넘어선다는 사실 을 발견했다. 예를 들어 돌멩이를 실에 매달아 돌리면 돌멩이는 밖 으로 뛰쳐나가려는 힘(원심력)을 갖게 되는데 그보다 더 큰 힘(구심 력)으로 실을 붙들고 있어야만 돌멩이를 놓치지 않을 수 있다. 돌멩 이를 더 빠르게 돌리면 원심력이 붙드는 구심력보다 커져서 결국 뛰쳐나가게 된다. 그런데 코마의 중심에서 물리법칙보다 빠르게 회 전하면서도 뛰쳐나가지 않는 현상을 찾아낸 것이다. 이 현상이 발생 하는 이유에 대해 츠비키는 무언가 보이지 않는 물질들이 은하단의 중심에 흩어져 있어서 추가적인 구심력을 만들어내는 것이라고 설 명하면서 이를 암흑물질로 추정했다.

츠비키의 가설은 놀라운 것이었지만 지속적인 관심을 끌어내지는 못했다. 그러다가 1977년 미국 애리조나주에 있는 키트피크천문대에서 일하던 천문학자 베라 루빈이 이와 유사한 현상을 발견했다. 물리법칙에 따르면 은하의 중심에 가까운 별의 공전 속도가 바깥쪽을 도는 별의 속도보다 빠른 것이 일반적인데, 은하 바깥쪽 별의 공전 속도가 중심 가까이에 있는 별의 속도와 비슷한 경우를 찾아낸 것이다. 무엇인가 이 별에 힘을 주는 것이 존재해야 가능한 일인데 빛도, 전파도 발생하는 물체를 찾아볼 수가 없었다. 암흑물질이 존재한다는 가설이 다시 살아난 것이다. 결국 암흑물질이 존재할 것이라는 가설은 앞의 예에서 알 수 있듯이 보이지 않지만 중력을 만들어내는 무엇인가가 있다는 것 외에 달리 설명할 방법이 없었다. 그러다가 찾아낸 방법이 중력을 가진 물체는 마치 렌즈와 같이 빛의 진행 방향에 왜곡을 일으키므로 이런 현상이 발생하는지를 관측해 보자는 것이었다. 개기일식 때 태양의 반대편에 있는 행성을 관측하니 그 행성이 대칭으로 두 개로 보이는 현상이 나타났다. 즉 중간에 존재하는 어떤 강한 중력을 가진 물체가 그 행성에서 나오는 빛을 양쪽으로 우회시켜 두 개로 보이도록 만든 것이다. 이와 같은 관측은 허블우주망원경의 발명으로 인해 가능해졌으며 이런 현상들이 다수 보고되면서 우주에 암흑물질이 존재한다는 것이 증명되었다.

우주의 탄생에 관한 현대 과학의 설명은 태초에 암흑물질인 혼돈의 암흑 바다 누가 있었다고 하는 고대 이집트의 창조 신화와 거의 유사하다. 이는 과학적 지식이 신화를 만들어낸 것이 아니라 신화에서 과학이 출발했다는 것을 의미한다. 다시 말하면 역사의 과정에서 인간의 호기심과 상상이 과학을 만들어냈고, 역사는 이 과학 덕분에 진보해왔다. 이 점을 보다 분명하게 입증할 수 있는 증거는 인류가 수렵채집 시대에서 문명을 낳은 농경시대로 접어든 것에 대한 인류 역사의 설명에서 드러난다.

5

생명체 탄생: 우연인가, 자연법칙인가

지구가 형성되는 과정에서 지구 내부에서 계속되던 폭발이 잦아들면서 지각의 표면도 점차 안정을 찾아갔다. 원시 대기에 산소가 생겨나고 원시 바다도 산소 농도가 증가하기 시작했다. 지구의 환경을 시대별로 구분하면 지질에 따라 선캄브리아시대(46억 년~5억 7천만 년 전), 고생대(5억 7천만 년~2억 4,500만 년 전), 중생대(2억 4,500만 년~6,500만 년 전), 신생대(6,500만 년 전~현재)로 나눌 수 있다. 지각의 형태가 지금과 같은 모습으로 변화하기 시작하면서 신생대에 접어들었는데 지구 환경이 지금처럼 안정된 것은 대략 1만 년 전부터였다.

지구의 환경 변화에서 가장 중요한 변곡점은 산소다. 지금 지구를 감싸는 공기는 질소 78%와 산소 21%, 그리고 나머지 1%는 아르곤, 네온, 이산화탄소, 오존 등으로 구성되어 있다. 질소는 식물의 단백질 합성에 필요한 성분이며 호흡에 필요한 산소가 만들어지기 시작한 것은 약 23억 년 전이었다. 그런데 38억 년 전의 생물 화석이 발견된 것을 보면 산소가 충분치 않아도 생존이 가능한 단세포 미생물이 먼저 지구에 출현했다는 사실을 알 수 있다. 어찌 됐든 23억 년 전 지구에 산소가 충분히 공급되는 계기를 만들어준 것은 광합성이 가능한 시아노박테리아(남세균)였다. 남세균이 폭발적으로 증가하면서 광합성을 통해 지구에 산소 폭발을 일으킨 것이다. 대기 중 산소의 증가는 바다에도 큰 영향을 끼쳤다. 원시 바다는 화산 폭발 등으로 인해 생긴 대기가 액체로 떨어져 모인 것이기 때문에 강한 산성을 띠고 있었고 여기에 대기 중에 떠돌던 이산화탄소까지 쓸려들어와서 생명이 생겨날 수 없었다. 그러나 지구가 안정되면서 이산화탄소는 거의 퇴적물로 쌓여 사라지고 대기 중 산소가 바다에 녹아들면서 중성으로 변하게 되었다.

지구에 생명체가 탄생한 흔적은 화석에서 찾아볼 수 있다. 셰일, 사암, 석회암 등에 퇴적된 화석은 그 생물이 어느 시대의 것인지를 알 수 있게 해준다. 화석을 분석해보면 대기에 산소가 생겨나기 전에도 생명체가 존재했다는 것을 알 수 있는데, 생명체를 기준으로 지질시대를 구분할 때는 가장 큰 구분 단위인 이언(Eon)을 사용하여 시생이언, 원생이언, 현생이언으로 구분한다. 시생이언과 원생이언은 산소 혁명이 발생한 약 20억 년 전을 기준으로 구분되고 현생이언은 육상생물이 나타난 시점인 5억 년 전을 기준으로 구분된다. 즉 시생이언은 지구가 생겨난 45억 년~20억 년 전, 원생이언은 20억 년~5억 년 전이고, 현생이언은 이후 고생대와 중생대와 신생대로 세분된다. 시생이언에서 생명체가 생겨난 기원은 대개 두 가지 가설로 설명된다. 하나는 운석 충돌설이다. 약 40억 년 전 운석이 충돌하면서 발생한 에너지에 의해 지구에 존재하던 메탄, 암모니아, 수소 등과 화학반응을 일으켜 서로 다른 성질을 가진 입자들을 둘러싼 작은 구체의 형태로 단세포가 만들어졌다는 가설이다. 다른 하나는 심해열수구 근처에 있던 유기물이 황철석을 촉매제로 하여 원시세포로 화학적 진화를 했다는 주장이다. 원시세포는 아직 미숙한 핵을 갖고 있어서 원핵세포라고 하며 완전한 핵을 가진 진핵세포와 구분된다. 시생이언 동안에 만들어진 화석에서는 대부분 원핵생물이, 그리고 원생이언에서는 단세포 진핵생물과 다세포 진핵생물이 등장했다.

5억 년 전에 지구 온도가 상승하면서 시작된 현생이언은 아직 대기 중에 산소가 부족하고 이산화탄소가 지배적이었던 시기다. 이런 이유로 생물들은 바다에서 살았으며 이후 다양한 종류의 바다생물이 생겨났다. 그러다가 4억 6천만 년 전에 빙하기로 추정되는 지구 환경의 급격한 변화로 인해 생물의 50% 이상이 멸종한 1차 대멸종 사태가 발생했고, 이후 기후가 회복되면서 육상생물이 등장하게 되었다. 그러다가 다시 한번 지구 생물들에게 위기가 닥치는데, 3억 6,500만 년 전에 발생한 2차 대멸종 사태는 여러 차례의 운석 충돌로 인한 것이었다. 운석이 충돌하면서 발생한 먼지로 인해 지구 환경은 다시 원시 상태에 가깝게 변하고 말았다. 이를 회복하는 데 수백만 년이 걸렸을 것으로 추정된다.

운석 충돌로 인한 대멸종의 시기를 넘어서면서 다시 많은 생물이 등장했으나 2억 4,800만 년 전부터 이전의 두 번보다 훨씬 강력한 3차와 4차 대멸종 사태가 발생했다. 수천만 년에 걸쳐 당시 생물의 98%에 달하는 종이 사라진 것은 판게아가 갈라져나가는 대지각변동과 함께, 알래스카 지역에서 거대한 현무암 분출이 이어져 이산화탄소와 유독가스가 지구를 장시간 덮고 있었기 때문이다. 이후 지구는 앞에서 설명한 바와 같이 남세균에 의한 산소 폭발이 일어나면서 쥐라기와 백악기에 걸쳐 다양한 해양생물과 육상생물뿐만 아니라 조류가 넘쳐나게 되었다. 그러다가 다시 온난한 지구 환경에서 전성기를 누리던 공룡과 같은 거대 동물과 식물은 6,500만 년 전에 발생한 거대 운석과의 충돌로 인해 5차 대멸종 사태를 겪게 된다. 이를 극복한 지구는 이제 포유류가 번성하는 신생대에 접어들면서 인류의 탄생을 맞을 준비를 하기에 이른다. 그리하여 인류의 전 단계인 영장류는 2천만 년 전에 등장했고 현생인류의 조상은 신생대 제4기를 지나는 20만 년 전에 출현했다.

알프레트 베게너는 1912년 지구의 대륙이 한때 하나의 거대한 대륙(판게아)이었기 때문에 식물과 동물이 서로 섞여 살 수 있었으며 그후에 대륙들이 서로 떨어져 지금의 위치로 움직여 갔다는 이론을 발표했다.[47] 지질학자들은 그의 이론을 반박하면서 화석 분포 문제는 필요한 곳에 육교가 있었기 때문이라며 선사시대 바다를 대부분 북아메리카와 유럽, 브라질과 아프리카, 동남아시아와 오스트레일리아 그리고 오스트레일리아와 남극대륙을 잇는 가상적인 육교로 채워버렸다.[48] 오랫동안 지질학자들은 지구의 대륙이 어떤 이유로 움직이는지를 알지 못했다. 영국 지질학자 아서 홈스는 지구 내부의 방사능물질 붕괴로 인한 열 때문에 대류현상이 일어나 대륙이 움직인다는 것을 밝혀낸 최초의 학자였다.[49] 오늘날 우리가 알고 있는 이론은 기본적으로 그의 이론에서 출발한 것인데, 이 주장은 많은 과학자의 비판과 지지를 받으며 논란거리가 되었다.[50] 그러나 공교롭게도 석유회사에서 일하는 지질학자들은 석유를 찾아내는 과정에서 판구조론에 나오는 표면 운동을 이미 알고 있었다. 이렇게 하여 지구 표면이 8~12개의 대형 판과 약 20개의 작은 판으로 구성되어 있으며 그 판들이 서로 다른 방향과 속도로 움직이고 있다는 사실이 판명되었다.[51]

한편 소행성은 화성과 목성 사이에 띠를 이루어 공전하고 있는 암석 덩어리들이다. 우주에서 얼마나 많은 소행성이 떠돌아다니는지 정확히 모르지만 약 10억여 개로 추산된다. 1801년 처음 소행성이 발견된 이후 2001년까지 겨우 2만 6천여 개의 소행성이 확인되었을 뿐이다. 태양계에 존재하는 소행성들의 궤도를 확인할 수 있지만 어떤 이유로 궤도에서 벗어나 지구에 부딪히는지는 그 누구도 알지 못하고 있다. 지금으로부터 6,500만 년 전에 공룡을 비롯해 지구의 동물 절반이 갑자기 사라져버렸다. 공룡은 수백만 년에 걸쳐 서서히 멸종되었을 것으로 추정되었다. 그러나 1970년 이탈리아 움브리아주 구비오 인근의 보타치오네 협곡에서 백악기와 제3기 석회석층 사이에 붉고 얇은 점토층이 발견되었다. 지질학에서 K-T 경계라고 불리는 두 지질시대의 경계는 바로 공룡이 사라진 시기와 거의 같았다.[52] 이 점토층을 발견한 지질학자 월터 앨버레즈는 이것이 공룡 멸종과 어떤 관계가 있는지에 대해 관심을 가졌다. 물리학자인 아버지 루이스 앨버레즈와 함께 점토층 샘플을 연구한 결과 이리듐의 양이 보통 값의 300배가 넘었고 여러 다른 지역에서 가져온 샘플에서는 무려 500배가 넘기도 했다. 이렇게 백악기-제3기의 토질에서 급격하게 이리듐의 양이 증가했다는 것은 지구에 어떤 재앙이 일어났다는 것을 나타낸다. 앨버레즈 부자는 이 재앙이 지구에 소행성이 충돌한 결과라고 결론지었다. 그 이전에도 소행성이 지구에 충돌하여 공룡이 멸종했다는 이론이 나오기는 했지만 천천히 수백만 년에 걸쳐 일어난 현상으로 이해하고 있었다.[53] 그러나 앨버레즈 부자는 단 한 번의 충돌로 인한 폭발로 일어난 것이라고 주장했다. 소행성 충돌로 엄청난 화재가 발생했고 그 때문에 발생한 엄청난 양의 재가 햇빛을 가려서 결국 모든 공룡이 죽어버렸다는 것이다. 2001년 K-T 경계에 생긴 퇴적층을 분석한 결과, 지구에 1만 년 이상 햇빛이 가려진 기후가 계속되었다는 것이 밝혀졌다.[54] 이로 인해 공룡이 순식간에 멸종되었다는 주장이 사실로 확인되었다.

이렇게 지구는 움직이고, 땅속에서 타오르고, 또 우주에서 소행성들이 떨어져 거대한 폭발을 일으켜왔다. 이런 열악한 환경 속에서도 생명체는 살아 있었다. 섭씨 80도 이상에서 사는 미생물이 발견되었으며 무려 섭씨 113도에 이르는 심해열수구에 붙어사는 피롤로부스 푸마리라는 생명체도 있다.[55] 지구에서 가장 혹독한 환경에서도 물과 화학 에너지만 있으면 생명체가 살고 있는 것이다. 지구상의 모든 생명체는 이런 열악한 환경에서 생겨나서 그 여건에 적응한 것들만 지금까지 살아남았다. 인간도 마찬가지다. 지금까지 우주 전체에서 생물체가 존재하는 행성은 지구뿐이라고 알려져 있으나 우리은하에서 얼마나 많은 행성에 또 다른 생명체가 살고 있는지는 아무도 모른다. 인간에게 주어진 공간은 상상조차 하기 어려운 우주의 크기에 비하면 한 점도 안 된다. 인간은 4억 년 전 바다에서 육지로 올라와 산소로 호흡하면서 살기로 한 생물체에 속한다. 이는 지구상에서 생물체가 살 수 있는 공간의 99.5%를 포기한 셈이다.[56] 지구에 생명체들이 번성하면서 인류 탄생의 서막이 열린다.

지구는 생명체가 살기 좋은 여건을 갖추고 있는 행성이다. 지구에 존재하는 천연 원소 92종 가운데 흔한 원소는 30여 종이며 생물에게 필수적인 원소는 10여 종에 불과하다. 생물체가 살아가는 데 절대적이고 가장 흔한 원소는 지각의 50%를 차지하고 있는 산소이지만, 겨우 지각의 0.048%를 차지하는 탄소는 생명의 핵심을 이루는 단백질과 DNA를 만들어내는 데 절대적으로 필요한 원소다. 탄소가 없었다면 생명체도 존재하지 않았을 것이다.[57] 인간뿐 아니라 지구의 모든 생명체는 지구에 존재하는 원소들을 이용하여 존재하면서 진화해왔다. 지구 환경은 인간과 다른 생명체에게 생존하기 적당한 것이라기보다 특히 '인간'에게 적당하다. 지구의 환경 덕분에 인간이 생겨났기 때문이다.[58] 이 점을 어떻게 설명해야 할까. 과학적으로 인간 탄생에 필요한 여러 자연적인 조건을 설명할 수 있겠지만 이러한 여건들이 어떻게 인간 탄생의 원인이 될 수 있었는가에 관해서는 우연 외에 다른 어떤 법칙으로도 이해하기 어렵다.[59] 이 문제를 우연이라고 인식한다면 이것은 초월적 존재인 '신'에 의한 설명, 즉 종교적 신화일 수밖에 없다.

생명체가 탄생하려면 먼저 생명의 기본 재료인 아미노산, 아미노산이 특별한 순서로 연결된 단백질, 그리고 단백질의 복제에 필요한 DNA가 있어야 한다. 단백질은 DNA 없이 존재하지 못한다. 여기서 생명의 기원을 얘기하려면 우연성을 전제하지 않을 수 없다. 단백질과 DNA가 서로 돕기 위해 동시에 생겨났을까? 그런데 이러한 변화는 자연의 필연성에서 출발한다. 말하자면 조건이 적당하면 어느 곳에서나 생명체가 출현한다는 것이다. 이것은 생존을 위한 인간 생명의 놀라운 회복력, 즉 서로 다른 여러 종류의 조직들을 모으는 인간 육체의 놀라운 능력이다.[60] 인간을 비롯해 모든 생명체는 여러 원소의 집합체에 불과하다. 우리는 탄소, 산소, 질소 등 여러 원소를 조합하면 생명체의 기본적인 화합물을 만들 수 있다. 그러나 생명이 어떻게 시작되었는지는 여전히 알 수 없는 영역에 속한다. 이런 원소들이 어떻게 자연스럽게 저절로 조합되어 생명체의 기초가 될 수 있을까. 그런데 저절로 일어났다. 그리고 생명의 역사는 지금까지 38억 5천만 년을 기록하고 있다. 적당한 조건만 주어지면 박테리아 수준의 생명이 진화하는 것을 입증할 수 있다는 주장이 나오기도 했다. 이 주장에 따르면 생명은 화학적 우연이 아닌 필연이라는 결론에 이르게 된다.[61] 그러나 지구에 떨어진 운석들 가운데 호주의 머치슨 마을에 떨어진 운석에서 74종의 아미노산이 발견되었는데 그중 6종은 지구 생명체의 단백질에 들어 있는 것이었으며 수많은 유기화합물도 있어서 적당한 환경에 떨어지면 생명이 출현하기에 충분한 요소를 모두 갖추고 있었다.[62] 이런 주장에서 지구의 생명이 외계에서 왔다는 논리가 나오게 되었지만 생명의 출현에 대해 충분한 답은 될 수 없었다.

생명체가 왜, 어떻게 생겨났는지 아직 알 수 없으나 단 한 번 출현했을 뿐 여러 번 반복하여 생겨나지는 않았다. 지구상의 모든 식물과 동물은 같은 원시 생명체에서 출발했다. 40억 년 전 지구상에 존재한 화학 원소들이 서로 결합하여 원시 생명체가 되었고 이 생명체들은 스스로 분리되어 유전을 통해 후손을 만들어냈다. 이것이 바로 대탄생이다. 결국 식물과 동물 등 모든 지구상의 생명체는 하나인 셈이다.[63] 원시 생명체는 지구의 환경 변화에 따라 점차 진화하기 시작했다. 원시 생명체가 복잡하게 진화하는 데 오랜 시간이 걸린 것은 충분한 양의 산소가 없었기 때문이다. 말하자면 지구에서 산소의 양이 늘어남에 따라 충분한 양의 에너지를 얻을 수 있게 되자 새로운 핵과 세포기관을 가진 새로운 세포가 급격하게 등장한 것이다.[64] 이후 이 진핵세포생물은 10억 년에 걸쳐 복잡한 다세포생물로 진화했다. 이렇게 해서 오늘날 인간과 동물, 식물 등 지구의 생물들이 출현하게 되었다. 지구에서 가장 우수한 종인 인류가 언제, 어떻게, 어디서 생겨났는지는 오늘날에도 여전히 모두에게 궁금한 사안일 수밖에 없다. 그렇다면 무엇을 인류의 기준으로 삼을 것인지가 정의되어야 한다. 인류를 판단하는 기준은 DNA 분석 기법이 개발되기 전까지는 찰스 다윈이 정의한 대로 큰 뇌, 작은 치아, 직립보행, 그리고 도구의 사용이라는 4가지 조건이었다. 뇌가 크다는 것은 유원인의 뇌 부피가 400CC 정도이고 현생인류의 뇌 부피가 1,400~1,600CC인 것을 기준으로 판단한다. 직립보행 여부는 척추의 모양과 발의 모양으로 판단하는데 사람은 S자형이고 유원인은 C자형이다.

19세기에 다윈의 진화론이 발표되기 전까지 인간은 신이 창조한 영적인 존재였다. 그러나 인간도 원숭이로부터 진화했다는 이 이론으로 인해 많은 사람들이 인간에 관해 새롭게 인식하기 시작했다. 자연에 관한 지식이 점차 발전함에 따라 생명체의 기원도 신의 영역에서 자연의 영역으로 넘어오게 되었다. 다윈의 진화론은 인류 역사를 전반적으로 다시 해석하게 해준 획기적인 과학이었다. 인간을 신의 창조물로 여기고 지구상의 모든 생명체 가운데 가장 신성한 영적 존재로 보았던 종교적 믿음이 의심받게 된 것이다. 이때부터 과학자들은 인류의 조상을 찾기 위해 생명체의 흔적을 지닌 화석을 분석하기 시작했다. 인류로 추정되는 가장 오래된 화석은 치아와 얼굴의 구조가 비슷한 사헬란트로푸스 차덴시스로 700만~600만 년 전의 것이다. 그다음은 직립보행을 한 흔적이 있는 오스트랄로피테쿠스 아파렌시스의 화석으로 400만~300만 년 전의 것으로 추정된다. 그 뒤를 잇는 것이 300만~240만 년 전의 오스트랄로피테쿠스 아프리카누스의 화석으로 사람과 비슷한 손과 치아를 갖고 직립보행을 한 흔적이 있다. 무엇보다 뇌의 크기가 커서 뇌 용량이 현대인의 3분의 1 정도다. 이후 발견된 240만~160만 년 전의 호모속에 속하는 화석은 호모하빌리스다. 이들의 뇌 용량은 현대인의 절반 정도인 600~750CC로 커졌고 턱이 짧아진 특징을 갖고 있어서 최초의 인류 화석으로 구분된다. 그다음으로 현생인류인 호모사피엔스의 조상이라고 추정되는 호모에렉투스의 화석은 150만~20만 년 전의 것이다. 이들은 다른 화석들이 아프리카에서만 발견된 것과 달리 다른 지역에서도 발견돼서 아마도 아프리카에서 밖으로 이주한 것으로 보이며 뇌 용량이 900~1,000CC로 커졌다. 이들이 인류의 조상이라고 말하는 것은 이들이 발달한 석기를 사용하여 집단으로 사냥하고 최초로 불을 사용한 흔적을 남겼기 때문이다. 그리고 이들보다 진화한 화석은 네안데르탈인의 것으로 독일 네안데르탈 계곡에서 발견되었다 하여 그 이름을 갖게 되었는데 20만~2만 8천 년 전의 것으로 추정된다. 이들은 뇌 용량이 현대인과 거의 비슷하며 유럽과 서아시아에 살면서 도구를 만들어 사용하고 집단생활을 하면서 언어를 사용했을 뿐 아니라 매장의 풍습이 있었다. 이를 근거로 네안데르탈인은 나름의 문화를 가지고 있었을 것이라고 추측되고 있다.

아프리카에서 발견된 호모사피엔스 화석은 13만 년 전의 것이 가장 오래된 것이지만, 호모사피엔스는 네안데르탈인과 비슷한 시기인 20만 년 전쯤에 나타났을 것으로 보고 있다. 호모속에 속하는 호모하빌리스와 네안데르탈인 그리고 호모사피엔스는 일정 기간 지구상에 공존한 것으로 보인다. 따라서 한동안 네안데르탈인이 호모사피엔스로 진화했다는 주장이 있었는가 하면 둘 사이에는 아무런 교류가 없었다는 주장도 있었다. 그런데 최근에 DNA 분석 기술을 사용해 분석한 결과를 보면 네안데르탈인이 호모사피엔스의 조상은 아니지만 호모사피엔스와 네안데르탈인 사이에 유전적 교류가 있었던 것으로 입증되었다.

가장 최근인 4만 5천 년 전에서 1만 5천 년 전까지 살았던 인류의 화석은 프랑스 남서부 도르도뉴의 레제지 마을에 있는 크로마뇽 동굴에서 발견되었다. 발견된 동굴의 이름을 따서 크로마뇽인이라 부르는데 이들은 호모사피엔스가 분파하여 생겨났다. 이들은 발견된 동굴에 남아 있는 800여 점의 라스코 동굴 벽화로 유명하다. 이들이 살았던 지역이 네안데르탈인과 겹치고 이 시기에 네안데르탈인이 멸종했다는 사실이 확인되었다. 그래서 아마도 크로마뇽인에 의해 네안데르탈인이 멸종한 것이 아닌가 추정하기도 한다. 이렇게 출현하여 수백 명에 불과하던 호모사피엔스는 신생대 제4기 말인 1만 5천 년 전쯤에 이르러 수만 명으로 증가했다. 이들이 지구 전체에 어떤 경로를 거쳐 분포하게 되었는지는 궁금한 사안 중 하나다. 가장 대표적인 주장으로는 인류가 아프리카에서 출현해 지구 전체로 퍼져나갔다는 완전대체론과 아프리카, 유럽, 아시아 등 지구 곳곳에서 별로도 출현했다는 다지역연계론이 있다. 어느 것이 옳다고 단정하기는 어렵지만 대개 완전대체론이 널리 사용되고 있다. 완전대체론에 의하면 인류가 아프리카에서 전 대륙으로 퍼질 수 있었던 것은 그동안 지속해온 빙하기로 인해 대륙이 연결되어 있었기 때문이다. 호모사피엔스가 아프리카에서 출발하여 유럽대륙에 살고 있던 다른 호모속들을 정복하면서 아시아로 이동했다가 다시 알래스카와 북아메리카를 거쳐 남아메리카까지 퍼져나갔다. 또 호주대륙의 경우에는 빙하기로 해수면의 높이가 내려가면서 솟아 나온 대륙붕을 따라 인도차이나반도에서 이동한 것으로 알려져 있다. 이때는 한반도에서도 걸어서 서해를 건널 수 있었고 일본과의 사이에 있는 대한해협도 마찬가지였다.

인류는 걸어서 해안을 따라, 혹은 바다를 건너 살기 좋은 장소를 찾기 위해 끝없이 유랑했다. 그러다가 마침내 각자 알맞은 정착지를 찾아내 살게 되었다. 그러나 사실상 인류는 다른 생물에 비교해 적응성이 매우 떨어진다. 더위와 추위, 메마른 사막이나 높은 산악지대 등 열악한 환경을 견뎌내는 능력에서 인간은 형편없다. 비교적 온화한 날씨에서도 인간이 소비하는 열량의 절반은 체온 유지에 사용된다. 인간은 생존을 위해 이러한 환경을 극복해야 했다.[65] 인간이 기후와 지리 여건에 적응하는 능력을 갖추게 된 것은 인간만의 독특한 능력 덕분이었다. 바로 도구를 만들 수 있는 손과 직립보행이 가능한 발 등 신체적 특징과 두뇌의 발달이다. 이러한 신체 조건을 이용하여 포식자인 동물들에 비해 매우 약한 체력으로 주어진 환경에 적응해나가면서 인간은 점차 도구를 이용해 최고의 포식자 지위에 오르게 된다.

6

인간의 출현

지구의 역사 45억 년을 하루 24시간으로 치면 생명체의 탄생 시간은 이렇다. 새벽 4시경 최초의 아주 단순한 단세포생물이 출현했다. 그로부터 16시간 동안 아무런 발전이 이뤄지지 않았다. 그리고 저녁 8시 30분쯤, 지구에는 불안정한 미생물을 제외하면 거의 생물체가 존재하지 않았다. 그런 후 마침내 해양식물이 등장하고 20분이 지나자 해파리와 함께 에디아카라 생물군이 출현했다. 밤 9시 4분쯤 삼엽충이 헤엄치며 나타났고 곧이어 버제스 이판암의 생물이 생겨났다. 그다음 밤 10시 직전에 땅 위에 사는 식물이 출현했다. 이제 하루 24시간 가운데 2시간도 남지 않았을 때 육상동물이 지구를 걸어 다니기 시작했다. 밤 10시 24분이 되면서 오늘날 우리에게 석탄을 제공해주는 거대한 석탄기 숲으로 덮였다. 그리고 처음으로 날개 달린 곤충이 날아다녔다. 공룡은 밤 11시 직전에 나타나 45분쯤 지구를 지배하다가 자정까지 21분을 남겨두고 갑자기 사라져버렸다. 이제 지구에 포유류 시대가 온 것이다. 인간은 자정을 1분 17초 남겨둔 시각에 등장했다.[66]

이처럼 지구의 역사 45억 년 가운데 인간의 역사는 극히 짧은 시기다. 인류는 모든 생명체 가운데 가장 늦게 나타났다. 기독교 성서의 「창세기」를 보면 우주가 탄생하고 지구의 만물이 다 창조된 다음 맨 마지막 날에 인간이 만들어진다. 고대인들은 이러한 생명체 생성의 시기를 어떻게 알았을까. 따지고 보면 종교는 추상적이지만 그 내용은 지극히 과학적이다. 모든 종교적 언어의 표현은 상징성을 지닌 까닭에 글자 그대로 해석할 수 없다. 과학은 절대적인 진리를 말하지 못한다. 단지 종교가 알려준 것들에 대한 사실을 밝혀낼 뿐이다. 종교의 경전들은 그 너머에 무엇이 있는지를 우리에게 알려주지만 과학은 그 너머의 개념조차 알지 못한다. 분명한 것은 무수한 현상이 존재하며 인간은 그것을 정신작용으로 해석한다는 것이다.[67] 인류 역사와 함께 시작한 신화적 사고는 비과학적이라고 생각되지만, 오히려 과학이 신화의 사실을 추적하는 것처럼 보인다. 신화적 역사는 인류의 보편성을 띠어왔으며 인류의 출현에 관해서도 과학이 모르는 그 너머의 이야기를 전해주고 있다.

인간이 가장 늦게 지구에 나타나기 전까지 무수한 생명체가 생겨났다가 사라졌다. 그 종류를 따지면 300억 종 혹은 4조 종이라는 주장도 있지만 분명한 것은 지구에 존재했던 생물 가운데 99.99%가 멸종했다는 것이다.[68] 고등동물의 경우 종의 평균 수명은 약 400만 년에 불과하며 인간도 대략 이 정도로 생존해왔다.[69] 지구 역사를 순서대로 나열하면 4억 6천만 년 전 오르도비스기 멸종, 3억 6,500만 년 전 데본기 멸종에서 각각 80~85%의 생명체가 멸종했고 2억 1천만 전 트라이아스기와 6,500만 년 전 백악기에는 각각 70~75%의 생명체가 사라졌다. 페름기에는 동물 95%, 곤충 30%가

멸종하는 등 엄청난 규모의 대량 멸종이 발생했다.[70] 이렇듯 생명체가 생존하기에 극히 어려운 환경에서 인간은 다행스럽게 적응력이 뛰어나 지금까지 존재하고 있는데, 그 이유를 따지자면 첫째 다른 생명체들보다 뒤늦게 출현한 것, 둘째 인간의 정신적인 활동을 들 수 있다.[71]

'손재주가 있는 사람'을 뜻하는 호모하빌리스는 조잡한 도구를 최초로 만들어 사용한 호모속이다. 그러나 인간의 특성을 이러한 신체적인 것보다 정신적인 것으로 규정하는 것이 더 옳은 일일 것이다. 인간의 특성은 일차적으로 신화적 목적과 법칙에 따라 삶을 꾸려나간다는 것이다. 인간과 동물을 구별해본다면 인간은 생존의 법칙에서 벗어나 죽음이나 사랑 같은 정신적인 의미에서 자신의 삶을 이끌어간다. 도구 사용 혹은 가옥 짓기, 먹이 구하기 등 생존을 위한 경제활동에서 인간은 동물과 달리 확연히 정신적 사고나 의식에 따른다. 예컨대 장례 의식과 가족애, 그리고 신의 존재나 '저 너머 세상'을 상상하는 심리적 작용이다. 이러한 심리적 욕구는 종교와 신화로 이어진다. 여기에 또 다른 사고가 작용한다. 자신이 공동체에 속한 존재임을 알게 된다. 개인보다 이 공동체의 질서를 우선시하며 개인은 사라져도 공동체 사회는 존속한다는 것을 인식하면서 자신을 둘러싸고 있는 주변 세계를 살피게 된다. 인간은 이렇게 정신적인 작용으로 문명을 이뤄간다.

인류와 연관이 있는 호모속에 속하는 호모하빌리스와 호모에렉투스가 출현한 시기는 각각 240만~160만 년 전과 150만~20만 년 전으로 추정된다. 이 시기의 지구는 북반부의 만년설 지대로부터 습지대와 온난한 지대까지 다양한 기후대가 형성되어 있었다. 호모하빌리스와 호모에렉투스는 모두 기후가 온난한 아프리카대륙 남부 지역에서 출현했다. 호모속들이 출현하기 전의 아프리카대륙에는 울창한 산림이 발달하고 소와 양, 말 같은 초식동물들이 넘쳐났다. 이들을 무리를 지어 계절에 따라 이동하면서 살았다. 오스트랄로피테쿠스 아프리카누스 같은 유원인들은 안전을 위해 나무에서 살며 집단생활을 했다. 그러다가 산림이 초원으로 변하면서 포유류의 종류와 개체수가 증가했고 자연스럽게 이들을 잡아먹는 포식동물들이 생겨났다. 초원이 넓어지면서 유원인들이 나무에서 내려오게 되었는데 이 시기에 호모하빌리스가 출현했다. 이때를 180만 년 전쯤으로 보고 있다.

호모하빌리스는 나무에서 내려와 평지에 살면서 의식주 문제에 직면하게 되었다. 이들은 식물을 채취하거나 동물을 사냥하여 식량을 구해야 했으며 다른 포식동물들과 먹이 경쟁을 해야 했다. 또 기후변화에 따라 몸을 따뜻하게 할 의복과 동물의 공격을 피할 수 있는 거주처가 필요했다. 이들은 이전의 유원인과 달리 자연 상태의 물질을 그대로 도구로 사용한 것이 아니라 다양한 모습으로 다듬어 사용했다. 이를 뗀석기라고 하는데 대부분 찍개의 형태로 자르거나 찌를 때 사용할 수 있도록 만든 것이다. 이들은 손으로 작업하기 힘든 것을 도구를 이용하여 손쉽게 해결할 줄 아는 지혜가 있었다. 도구를 이용해 사냥한 동물의 가죽을 벗겨서 옷을 만들어 입었고 동물의 뼈로는 또 다른 도구를 만들었다. 하지만 이들의 도구는 투박하고 정교하지 못했다. 또 아직 언어가 만들어지지 않아서 아주 원시적이고 단순한 얼굴 모양, 손발 놀림, 몸짓 등으로 의사를 소통했을 것으로 추정된다. 이러한 상황을 고려하면 이들은 작은 동물을 사냥하거나 죽은 동물을 먹거나 동물의 사냥물을 빼앗는 식으로 먹이를 구했을 것이다.

뒤이어 지구상에 등장한 호모에렉투스는 '직립하는 사람'이라는 의미로 명명되었는데 실제로는 호모하빌리스도 직립보행을 했다. 다만 호모하빌리스의 화석보다 먼저 발견돼서 직립보행 인류의 조상이라는 명칭을 갖게 되었다. 이들은 이전에 등장했던 유원인이나 호모속과는 다른 몇 가지 중요한 특징이 있다. 첫 번째는 불을 사용했다는 것이다. 이들이 사용한 도구는 소위 구석기로 이전의 것들과 큰 차이가 없지만 불을 사용한 것이 커다란 차이를 만들었다. 두 번째는 간단한 형태의 언어 사용이다. 이는 집단생활을 하면서 문화가 생겨날 수 있는 기반을 형성했다는 의미다. 세 번째는 동굴 생활이다. 이들의 흔적은 동굴에서 많이 발견된다. 호모에렉투스가 당시 존재하던 다른 호모속들과 비교해 신체적으로 강하지 못함에도 불구하고 살아남을 수 있었던 것은 커다란 뇌를 가지고 있어서 좀 더 지혜로웠으며 불을 이용한 식사를 할 수 있었기 때문이다. 호모에렉투스의 또 다른 특징 중 하나는 이들의 유골이 아프리카를 벗어나 북경 등 여러 지역에서 발견되고 있다는 점이다. 어떤 방법으로 이동했는지는 알 수 없지만, 인류가 여러 지역에 퍼지면서 독자적인 진화를 이루어갔을 것으로 생각할 수 있다. 호모에렉투스에 이어 새롭게 등장한 것이 네안데르탈인이라 불리는 호모네안데르탈렌시스다. 이들은 현생인류의 조상인 호모사피엔스와 시대적으로 일부 겹치고 유전적인 혼합도 이루어진 것으로 추정되고 있다. 이전의 호모속들과 비교해 이들의 삶을 추정할 수 있는 다양한 근거들이 남겨져 있다. 다양한 석기를 만들었고 무엇보다 찌를 수 있는 창을 만들었다. 또 불을 이용해 음식을 데워 먹었으며 이로 인해 소화에 필요한 에너지를 뇌 용량을 키우는 데 사용할 수 있었다. 뇌 용량의 크기가 지능을 나타내지는 않으나 이들의 뇌 용량은 현대인보다 큰 것으로 확인되고 있다.

네안데르탈인의 가장 큰 특징은 언어를 사용하고 문화를 만들었다는 점이다. 언어를 사용한 흔적은 혀의 근육과 후두부를 연결해주는 설골의 존재에서 추정이 가능하고 문화를 만든 흔적으로는 이들이 매장 의식을 행하면서 죽은 자들의 무덤을 만들고 부장품을 함께 묻는 풍습을 가졌다는 것에서 찾을 수 있다. 인류학자들은 이와 같은 장례 의식의 흔적을 통해 이들이 이미 초보적인 종교 개념을 가졌던 것으로 추정하고 있으며 연장자를 우대하는 공동체 문화가 형성되었던 것으로 판단하고 있다. 이들은 언어로 소통하면서 서로 협력하여 자신들보다 크고 사나운 포식동물들까지도 사냥했다. 이들의 신체 조건은 현생인류보다 훨씬 우수하여 사냥에 유리했을 것이다. 이들이 문화를 가졌다는 증거는 채색한 벽화에서 찾을 수 있다. 무엇인가를 기념하고 표현하려고 시도했다는 것은 문화의 가장 큰 요소 중 하나이기 때문이다. 이들 네안데르탈인에게 죽음의 개념은 이 세상 외에 '저 너머 세상', 즉 정신세계, 우리가 사는 지상의 다른 편으로 간다는 의미를 지녔다.[72] 주검을 붉은 황토로 칠한 것은 사후에 이어지는 생명을 상징하며,[73] 이는 인류의 상징적인 사유가 출현했다는 점을 나타낸다. 상징은 여기저기 흩어진 것을 하나로 모으는 것을 의미한다. 고대인에게 상징적인 사유는 곧 죽은 사람을 매장하는 방식이다. 가장 권위를 지닌 인물은 무덤이 거대하다. 죽음에서 시작된 인간의 사유는 곧 종교와 신화로 상징되고 이것이 문화와 문명의 시작이 된다.[74]

네안데르탈인은 다른 호모속들과 달리 아프리카 남서부 지역에서는 발견되지 않고 비교적 추운 지역인 유럽대륙과 영국, 서아시아 및 아프리카 북부에서 발견되고 있다. 이를 근거로 호모속에 속하는 인류의 조상들이 오래전에 여러 지역으로 퍼져나가면서 지역별로 독자적인 진화를 이루어냈고 피부색도 다양해졌을 것이라고 추정하기도 한다. 이들은 동굴 생활과 함께 뼈로 만든 움막 생활도 했던 것으로 알려져 있다. 즉 집을 짓기 시작한 것이다. 불을 다룰 줄 알아서 움막 안에 화로를 만들어 사용했다. 그리고 이 움집 안에서 투박한 형태의 바늘로 옷을 바느질해 만들어 입었다. 공동체를 형성하여 의식주 문제를 해결하면서 질서를 세우는 인류의 생활 모습을 갖추게 된 것이다. 이렇듯 나름의 원시 문화를 만들며 살았던 이들을 호모사피엔스의 한 부류로 인정하여 호모사피엔스 네안데르탈렌시스라고 부르기도 한다. 이들은 호모사피엔스가 등장하면서 자취를 감추게 되는데 그 이유로는 호모사피엔스에게 멸종당했다는 설부터 질병으로 인해 사라졌다는 설까지 다양하다.

생각하는 인간, 호모사피엔스

　현생인류의 조상인 호모사피엔스가 언제 등장했는지는 발견된 유골에 따라 달라지고 있지만 대개 20만 년 전쯤으로 추론하고 있다. 이 시기는 네안데르탈인이 유럽과 아프리카 북부에 분포해 살고 있었고 호모사피엔스는 아프리카 중남부에서 출현했다. 이들은 동시대를 살던 네안데르탈인에 비해 뼈도 가늘고 근육도 약했다. 하지만 이들은 네안데르탈인보다 우수한 지능을 가졌으며 더 날카롭고 성능이 우수한 도구들을 만들어 사용했다. 그리고 발달된 언어를 사용하면서 몇몇 가족이 같이하는 수준을 넘어 수백 명의 집단을 구성하여 함께 식물을 채집하고 사냥했다. 초기에는 힘이 없어 작은 동물들만 사냥했지만, 나중에는 아무리 큰 동물이라도 집단으로 협력하여 사냥할 수 있었다. 또 이들은 찌르는 사냥법뿐 아니라 던지는 사냥법도 사용했다. 창을 멀리 던지기 위해 아틀라틀이라는 발사 기구도 만들어 사용했다. 이들은 이러한 도구를 개발하여 사용함으로써 신체적 약점을 극복하고 네안데르탈인과의 싸움에서 이길 수 있었다.

　호모사피엔스는 다른 호모속들과 달리 큰 집단을 형성하면서 공동체 결속을 다졌고 언어를 통한 소통 방법으로 공동체의 유대감을 강화했다. 이러한 인종적 우수함을 바탕으로 호모사피엔스는 아프리카를 넘어 유럽과 아랍 그리고 인도네시아까지 진출하여 다른 호모속들을 제압했다. 이들이 개체수를 늘리며 세계 여러 지역으로 뻗어나가던 7만 5천 년 전, 지구는 거대 화산의 폭발로 인해 매우 춥고 건조한 빙하기가 반복적으로 계속되고 있었다. 이로 인해 식물의 상당수가 사라지고 식량 확보가 어려워지면서 많은 동물이 멸종했지만, 호모사피엔스는 특유의 적응력으로 살아남았다. 다시 위기가 닥친 것은 1만 3천 년 전 거대 혜성이 지구에 부딪혀 빙하기가 시작되면서였다. 혜성 충돌로 인해 발생한 산불이 두꺼운 먼지층을 만들었고 이 먼지층은 지구를 1천 년 동안 둘러싸서 햇빛을 차단해버렸다. 이로 인해 지구의 온도가 현대의 평균 온도인 14도에 비해 4~5도 낮아짐으로써 식물이 거의 죽어 식량을 구하지 못한 동물들이 멸종했다. 지구의 평균 온도가 1도 오르내리는 것은 지구 환경에 엄청난 변화를 초래한다. 현재의 기후변화가 지난 2천 년 동안 1도 상승한 데 비해 불과 100년 만에 1도 상승하면서 발생하고 있다는 것을 생각하면 4~5도의 변화가 얼마나 큰 것인지를 알 수 있다.

먼지층이 걷히면서 지구에 새로운 환경이 만들어졌다. 1만 년 전에 북반부 온도가 20도 정도 뚝 떨어진 소빙하기(영거드라이아스기)가 있었으나 온도가 서서히 상승하면서 해수면도 다시 높아졌다. 대기 중의 이산화탄소 농도도 지금보다 훨씬 적은 300ppm 이하로 우수했다. 그리고 몬순기후가 발달하면서 대기 순환이 원활하게 이루어졌다. 또 지구의 대기와 해양 환경에 가장 큰 영향을 끼쳤던 초

대형급 화산 폭발도 빈도가 줄어들었다. 이처럼 지구 환경이 안정화하면서 인간이 살기에 적당한 환경이 조성된 것이다. 이때에는 다른 호모속은 모두 사라지고 호모사피엔스만 살아남았다. 상대적으로 우수하고 공격적이었던 호모사피엔스가 다른 호모속들을 모두 멸종시켰을 것으로 추정하고 있다. 이들은 사냥감이나 물을 얻기 위해 강과 가까운 동굴 등에 주거지를 마련하고 마찰로 얻은 불을 능숙하게 다루었다. 그리고 이때부터 토기를 만들어 사용했다. 특히 호모사피엔스는 종교와 예술 의식을 발달시켰다. 네안데르탈인과 마찬가지로 주검을 매장했는데 작은 돌이나 동물 뼈 등으로 만든 장신구를 함께 묻기도 했다. 동굴 벽에 다양한 형태의 문양이나 선, 동물 등을 그리거나 새겨놓기도 했으며 돌과 진흙, 동물 뼈나 뿔 등을 재료로 조각상을 만들기도 했다. 이들이 새겨놓은 많은 조각상 및 동굴에 그려놓은 암벽화는 이들의 예술적 수준과 다양한 경제활동, 신앙 등을 밝힐 수 있는 중요한 자료다.[75]

인간의 특징은 죽음과 삶 그리고 자신들을 둘러싸고 있는 자연과 우주를 향한 보편적인 상상과 영혼, 정신에서 나타난다. 종교나 신화에서 인간은 자신들에게 근원적인 문제와 본질적인 원칙을 찾는다. 시간의 개념을 우주에서 알아내어 이를 자연법칙에 적용한다. 이러한 추상적 개념을 이해한다는 것은 인간이 현실적인 실체만을 추구하는 존재가 아니라는 점을 보여준다. 우주와 자연의 법칙은 단지 현상에 불과하다. 그러나 이 법칙을 정신적인 것으로 이해하면 진리 혹은 인간 정신이 된다. 예컨대 인간이 진화하여 점점 지능이 발달하고 이에 따라 더 정밀하고 유용한 도구들의 발명이 늘어남으로써 생활 방식이 크게 진보한다. 이것을 문명이라 부르는데, 여기에는 두 가지 관점이 있다. 물질적인 문명인가, 아니면 정신적인 문화인가. 먼저 인류의 시작인 에덴동산을 생각해보자.[76]

에덴동산은 최초의 인간 아담이 살던 담장으로 둘러싸인 기쁨의 정원으로 그 한가운데에 선악을 알게 해주는 선악나무와 영원한 생명을 주는 생명나무가 있다. 인간은 동물과 달리 선과 악을 구별할 줄 안다. 아담과 이브는 선악과를 따 먹고 나서 선과 악을 구별할 줄 아는 존재로 거듭난다. 선과 악을 구별할 줄 안다는 것은 인간이 곧 이성적인 존재임을 나타낸다. 생명나무는 무엇을 의미할까. 인간의 의지에 따라서 영생할 수도 있고 빨리 죽을 수도 있다. 인류는 무한한 생명을 향해 끊임없이 도전해왔다. 모든 과학은 사실상 인간의 영원한 생명에 초점이 맞춰져 있고 종교의 목적도 마찬가지다.

아프리카 중남부에서 출현한 호모속들은 유럽대륙과 아시아대륙으로 퍼지기 시작했다. 이어서 인도네시아를 거쳐 호주대륙으로, 그리고 알래스카를 거쳐 북아메리카와 남아메리카까지 이주했다. 이처럼 인류의 대륙 간 이주가 가능했던 것은 여러 차례의 빙하기를 거치면서 해수면이 낮아짐에 따라 대륙을 연결하는 대륙붕이 물 밖으로 드러나 있었기 때문이다. 이렇게 대륙 곳곳에 퍼져 살게 된 인류는 기원전 8000년경 소빙하기를 거치면서 농경 생활을 시작했다. 대륙마다 시간의 차이는 있지만 거의 모든 대륙에서 이때쯤 농경 생활의 흔적이 확인된다. 인류가 정착 생활을 하기 전 구석기시대에는 농사를 하지 않았어도 야생 곡물이 있는 지역에 불을 놓아 토질을 개선하는 화전을 일구었을 것으로 보고 있다. 이후 씨를 뿌리고 가꾸는 농경 생활의 초기에도 이와 별다른 차이는 없었을 것이다. 그러나 가장 큰 차이는 야생 곡물 중에서 먹기 좋은 종자를 골라 파종을 시작했다는 것이다. 가장 오래된 곡물인 소맥이나 밀을 파종했고 자라난 곡물은 적당한 시기에 잘라서 주로 갈아 먹었을 것으로 추정된다. 또 기원전 8000년경의 유적지에서 무화과나무가 발견되었는데 이를 최초의 재배작물로 보고 있다. 무화과나무는 접붙이기로 쉽게 번식시킬 수 있는 식물이기 때문이다.

추운 빙하기에 인류는 수렵채집 생활을 하기가 어려웠다. 그러다가 기원전 1만 2000년경에 지구가 차츰 따뜻해지자 현생인류는 동굴 생활에서 벗어나게 되었다. 그리고 녹은 땅에 곡식을 심고 수확하는 농사를 지으면서 먹이를 찾아 여기저기 떠돌아다니던 생활을 멈추고 한곳에 정착했다. 오랫동안 우리는 인류의 농경 생활과 정착을 문명의 출발점이라 생각하고 이것을 인류 역사의 시작으로 여겼다. 그렇다면 고대 인류가 이룩한 정신적 업적은 무용지물이 되고 만다. 인간의 상상과 사유는 아무런 의미가 없는 것일까. 농사를 짓고 도시를 건설하고 온갖 도구를 만들어 자연을 정복해나가는 과정에서 인간이 스스로 생각할 줄 아는 능력을 갖춘 것일까? 만일 문명이 인간의 정착 생활에서 비롯된 것이라면 정신문화는 물질문명이 낳은 것으로 보인다. 그러나 최근 튀르키예와 시리아 중간 지역에서 고대 유적지가 발견되었다. 조사해보니 그 연대가 기원전 1만 2000년경으로 밝혀졌다. 바로 흙더미에서 발견된 괴베클리 테페 유적이다. 이 고대 도시 유적에서 엄청나게 많은 동물 뼈가 발견되었는데 그것은 바로 신전에 바쳐진 제물이었다. 이 유적은 그동안 우리가 알고 있던 문명 탄생의 원인에 대한 생각을 바꾸어놓았다. 인류는 자연현상을 경외하며 우주와 만물의 탄생을 초월적 존재인 신의 작품으로 생각했다. 그리고 생존을 위해 신의 힘에 의지하여 살고자 했다. 그래서 인류는 고대부터 자연스럽게 종교를 중심으로 살게 되었다. 괴베클리 테페 유적은 바로 이 점을 보여주고 있다. 인류는 신을 모시는 신전 주위에 모여 살면서 자연스럽게 한곳에 정착한 것이다. 그리고 먹이를 찾아 이리저리 옮겨 다니는 수렵채집에서 벗어나 농사를 짓는 생계 방법을 선택하게 되었다. 말하자면 인류가 농경을 위해 정착하면서 신전과 도시가 세워지고 문명의 역사가 시작된 게 아니라, 종교 생활을 위해 정착하다 보니 농사를 짓게 되었고 도시가 세워지면서 문명이 발전했다는 것이다. 이리하여 오늘날 고고학자들은 기존의 학설을 뒤엎고 종교 중심의 사회문화적인 공동체가 먼저 생겨난 후 그 공동체를 바탕으로 농업과 문명이 시작된 것으로 보고 있다.[77]

이렇게 하여 인간의 생활 방식이 정착으로 변하자 도시 공동체 생활을 위한 질서와 규칙이 생겨나고 통치를 위한 정치가 시작되면서 지배계층과 피지배계층, 부자와 빈자 등 새로운 사회계급이 발생했다. 문명의 역사가 시작한 것이다. 그리고 정착의 중심지에 거대한 신전을 짓기 위한 건축술이 발전하게 되었다. 당시 건축은 모든 과학의 총체였다. 이집트의 피라미드를 살펴보자. 피라미드의 각 면은 정확히 동서남북 방향을 가리키고 있다. 영국 그리니치천문대는 9분 정도 기울어져 있으나 피라미드의 남북 방위는 겨우 3분 오차가 있을 뿐이다. 나침반도 없던 4,500년 전에 어떻게 정밀 측정을 했는지는 지금도 정확히 모르지만, 고대 이집트인이 아주 오랫동안 천문과 기후, 측량과 수학 등 여러 분야의 과학을 연구했다는 증거다. 이집트 피라미드는 엄청나게 크고 기하학적으로 완벽한 모습이며 건축물의 수평 등이 매우 정밀해 찬탄을 자아내게 한다. 인상이 매우 압도적이라 동시대 이집트인은 물론이고 주변 국가와 후대의 문명, 특히 유럽에 큰 영향을 끼쳤다. 이집트 최대의 피라미드로 불리는 쿠푸 왕의 대피라미드는 2.5톤 무게의 사각 돌 300만 개를 사용했다. 피라미드 같은 거대한 건축에는 반드시 수학과 기하학 지식이 필요하다. 이집트인은 주로 나일강 주변에서 농경 생활을 하며 살았기 때문에 농지 경계선을 확정하려면 측량 기술과 기하학을 알아야 했다. 또 나일강 범람 시기를 예측하려면 천문학과 역법 지식이 필수였다. 수천 년 동안 반복된 나일강의 범람은 이집트인에게 시대를 초월한 천문학, 기하학 지식과 풍부한 노동력을 제공했다. 이들은 피라미드를 건설할 때 이런 능력을 활용했디. 석기시대가 막 끝난 고대에 건축된 이집트 피라미드는 현대 과학으로도 설명하기 어려운 많은 의문점을 지니고 있다. 이집트인은 농경 생활을 하면서 모든 자연의 힘에 일정한 인격을 부여했다. 그들은 자연의 힘을 일종의 신들이라고 여겼으며 이 신들이 지상에서 살아가는 모든 사람의 생활에 직접 영향을 준다고 믿었다. 거대한 신전을 건축하려면 고도의 과학기술이 필요하다. 이집트문명의 거대한 피라미드와 신상, 메소포타미아문명의 여러 도시 건축물, 그리고 인더스문명의 모헨조다로 도시 등은 신과 인간의 관계가 곧 자연과학으로서, 물질문명을 탄생하게 한 인문과학으로서 정신문화의 기초가 되었다는 점을 보여준다. 이렇듯 과학은 인류 역사 속에 포함되어 인간 정신 속에서 시작되고 발전해왔다. 인류의 모든 문명의 도구들은 이런 식으로 탄생했다. 예컨대 식량 생산은 간접적으로 도구, 철기 등 문명의 이기가 발전하기 위한 선행조건이었다.[78]

인류가 수렵채집에서 농업으로 이행한 것은 기원전 9500~기원전 8500년경이었고, 밀을 재배하고 염소를 가축화한 것은 기원전 9000년경이었다. 인류가 점점 지능이 발달하여 수렵채집이나 가축을 기르는 것보다 농경 생활이 더 편리하다는 것을 알게 된 것은 아니다. 인류는 농업혁명 훨씬 이전부터 자연의 비밀을 알고 있었다. 사냥할 동물과 채집할 식물에 관해 잘 알아야 생존할 수 있었기 때문이다. 농경 생활이 인간에게 안락한 생활을 주지는 않았다. 오히려 농경 생활은 수렵채집 생활보다 더 고된 노동을 필요로 했다. 농경인들은 수렵채집인들보다 체격이 작고 영양 상태가 좋지 않았으며 심각한 질병을 더 많이 앓았고 평균적으로 더 젊은 나이에 죽었다.[79] 수렵채집인들은 농경 생활을 할 때보다 더 활기차고 다양한 방식으로 시간을 보냈고 기아와 질병의 위험도 적었다. 반면 농경인들은 수렵채집인들보다 더 열악한 식량을 먹고 살아야 했다.[80] 말하자면 이스라엘 역사가 유발 하라리에 의하면 농업혁명은 역사상 최대의 사기였던 것이다.[81] 그렇다면 왜 인간은 손쉬운 수렵채집 생활을 버리고 더 힘든 농경을 택했을까.

첫째, 인구가 늘어나 이전보다 더 많은 식량이 필요해졌다. 기원전 1만 년경 수렵채집 생활을 하던 인구는 500만~800만 명이었는데 서기 1세기 농부의 숫자는 2억 5천만 명으로 증가했다.[82] 소수의 집단이 여기저기 돌아다니며 그때그때 필요한 식량을 구하려면 인구가 적어야 한다. 인구가 많아지면 이동하기도 쉽지 않고 많은 식량을 구하기도 어렵다. 수렵채집 인구가 증가한 것은 살기 좋은 여건이 형성되었기 때문일까? 그렇지 않다. 오히려 생존 여건이 좋지 않기 때문에 수렵채집인들은 신에 의존하려는 종교심으로 인해 신전이 세워진 한곳에 모이게 되었다. 그리고 먹거리를 해결하기 위해 농경을 하기 시작했다. 강물이 흐르는 땅은 간단한 도구로 땅을 파고 씨앗을 뿌릴 수 있었지만, 많은 식량을 얻기 위해 더 넓은 경작지가 필요해지자 소를 이용해 딱딱한 땅을 경작지로 개간하게 되었다. 그리고 인구가 증가하고 농경지가 점점 더 넓어지자 도시가 발전하기 시작했다. 인간 공동체 사회가 더더욱 복잡하게 변해간 것이다. 둘째, 인구가 늘어난 농경인들은 여러 도구, 특히 발전한 무기를 들고 수렵채집인 지역을 침범하여 이들 지역에 농경 생활을 이식하게 되었다. 이렇게 시작된 농경 생활은 과거 수렵채집 생활보다 훨씬 힘들고 노예 같은 노동의 연속이었다. 그럼에도 불구하고 고대인들은 왜 농경 생활을 버리지 못했을까. 유발 하라리는 이렇게 설명한다.[83] 작은 변화가 축적되어 사회를 변화시키는 데 여러 세대가 걸리고 그때쯤이면 자신들이 과거에 살았던 방식을 아무도 기억하지 못하기 때문이다. 또 인구 증가로 인해 다시 수렵채집 생활로 돌아가기 어려웠다.

농경 생활은 인류가 두 발로 걷기 시작한 이래로 가장 큰 생활의 변화를 만들어낸 사건이다. 먹을 것을 찾아 이동하는 유랑 생활이 일정한 지역에 머무는 거주의 형태로 바뀌면서 공동체에 커다란 변화가 생겼다. 첫 번째 변화는 비옥한 땅이 필요하게 되었다는 것이다. 이전에는 자연에서 자라난 열매를 따 먹으며 이동하면 되었기 때문에 땅을 가질 필요가 없었다. 누구든지 먼저 발견하여 얻으면 그뿐이었다. 그러나 농경 생활에는 비옥한 땅이 필요했다. 한 번 수확하면 다음 수확 때까지 견뎌야 했기 때문에 충분히 넓은 땅이 필요했다. 두 번째는 노동력이다. 이전에는 먹을 것이 필요할 때 이동해서 사냥하면 되었지만, 농산물을 심고 가꾸고 수확하는 모든 과정에서 노동이 필요하고 경작하는 면적이 넓어야 했기 때문에 혼자서는 할 수 없는 상황이 되었다. 여러 사람의 노동력이 확보되어야 했다. 세 번째는 한곳에 계속 머물러야 하기 때문에 집을 짓고 살아야 했다. 동물 뼈와 가죽 또는 나무와 풀을 가지고 지은 집은 사계절을 견뎌내기가 쉽지 않았을 뿐 아니라 동물들의 공격에 대해서도 안전하지 않았다. 집을 더 튼튼하게 지어야 할 필요성이 생겨났다. 그리고 네 번째는 농사에 필요한 다양한 도구를 만들어야 했다. 수렵 생활에 적합하게 만든 도구들은 땅을 경작하기에 부적당했다. 그리고 사냥하러 나갈 시간적인 여유가 없어지면서 동물을 잡아 집에 가두고 기르는 목축을 시작하게 되었다. 많은 노동력이 필요한 농경은 전적으로 인간의 힘으로만 감당하기 어려웠다. 인간의 힘을 대체할 다른 노동력을 확보해야 했다. 그래서 가축을 이용한 농경법과 각종 농기구가 발명되었다.

역사는 마치 자전거처럼 쉬지 않고 페달을 밟아야 앞으로 나아간다. 페달을 멈추면 곧바로 넘어지고 만다. 이럴 경우, 인간은 그동안 쉬지 않고 발전시켜온 문명을 다시 과거로 되돌릴 수 있을까. 오늘날에도 자동차, 컴퓨터와 온갖 가전제품을 보면 계속 단점을 보완하여 더 성능이 좋고 사용하기 편리하게 만들어져 나온다. 한번 새로운 것이 발명되면 인간은 이를 끊임없이 발전시켜나간다. 인류 역사에서 과학은 이렇게 멈추지 않고 계속 발전해나갔다. 정신문화는 때때로 퇴보하기도 하지만 반면에 한번 생겨난 물질문명은 결코 퇴보하는 일이 없었다. 인간은 이제 자연 상태로 돌아갈 수 없게 되었다. 인간은 이러한 변화에 적응하면서 비옥한 땅을 찾아 물이 풍부한 강가로 모여 살게 되었다. 서로 좋은 땅을 차지하기 위해 경쟁이 생겨날 수밖에 없었고 서로 뺏고 뺏기는 분쟁이 다반사가 되었다. 가족의 수는 노동력뿐 아니라 이런 다툼에서 이기는 힘이 되었다. 좋은 땅을 차지하기 위한 경쟁은 당연히 한 지역 내에서만 벌어지지 않았다. 다른 지역의 비옥한 땅을 빼앗기 위한 전쟁이 벌어지기도 했다. 전쟁에서 이기면 땅만 빼앗은 것이 아니라 그 지역에 사는 사람들을 노예로 취하여 노동력을 확보할 수 있었다. 반대로 전쟁에서 패하면 땅을 빼앗기고 온 가족이 노예가 되어야 했기 때문에 씨족 공동체의 결속력은 대단했다. 씨족 여럿이 부족을 형성하여 공동체의 규모가 커지면서 재산의 개념이 생겨나자 부족 내의 갈등을 해결할 질서를 세워야 했다. 더구나 다른 부족과의 전쟁에 나서기 위해서는 특별한 군사조직과 지도력이 필요했다. 그렇다 보니 자연스레 지도자를 중심으로 통치조직이 만들어지면서 신분제도가 생겨났다. 그렇다면 문화 발전은 농업혁명에서 시작된 것이 틀림없다. 그러나 인간이 정착 생활을 하면서 도시를 세우고 정신문화를 발전시켜나간 것을 농경으로 인한 생산 증대라는 경제적 요인, 혹은 인구 증가라는 물질적 요인, 혹은 과학의 발전으로만 설명하기에는 문제가 있다. 왜냐하면 이러한 요인들이 인간 역사를 움직이는 주체가 아니기 때문이다. 이념이나 감정 등 인간의 정신적인 문제로 인해 역사가 바뀐 일이 많았다. 역사에서 물질과 정신은 항상 분리된 두 개가 아니라 하나로 결합된 특징을 지니고 있다.[84] 물질과 정신이 각기 구별된다는 이기이원론 사상에 따라 유럽 중세 시대는 기독교가 지배하는 신본주의 사회가 1천 년 동안 이어졌고, 르네상스 이후 물질과 정신은 '하나'라는 이기일원론 사상에 의해 본격적으로 과학과 물질문명이 발전하게 된다. 동양도 마찬가지다. 전자는 성리학, 후자는 실학사상이다. 역사에서는 물질문명에 앞서 정신문화가 원동력이 되는 일이 많았다.[85]

함께 사는 법을 알다

농경 생활이 시작되기 전의 공동체는 규모가 몇 가족을 넘지 않는 씨족 단위였다. 무리지어 이동하기에 적당했으며 작은 짐승을 사냥하기에 충분했다. 씨족 단위였기 때문에 자연스레 경험 많은 연장자가 지도력을 발휘하여 젊은이들을 통솔할 수 있었다. 특별히 개인의 소유가 필요하지 않았고 모두가 공동으로 얻고 공동으로 나누는 생활을 했다. 씨족 안에서 계급이란 것은 존재하지 않았다. 다만 연장자가 필요한 지혜를 전하는 수준이었다. 또 씨족은 모계사회였다. 집단생활을 하면서 일부일처의 개념이 없었다. 특히 모든 것을 공동으로 사용하면서 소유의 개념도 없었기 때문에 집단의 중심은 아이를 낳고 관리하는 여자였다. 공동 노력과 공동 분배가 원칙이던 원시공동체는 성별과 나이에 따라 주어진 역할을 감당하는 것이 질서의 전부였다.

농경 생활이 시작되면서 씨족의 규모가 부족 단위로 커졌다. 수확한 작물을 가족별 노동량에 따라 분배하면서 사유재산이 출현했다. 그리고 각자 경작할 농지의 경계를 나눌 필요가 생겼다. 개인의 재산과 생명에 침해가 되는 일들이 생겨났다. 공동체에 필요한 우물을 파거나 집을 짓기 위해서는 많은 노동력을 동원해야 했다. 다른 부족의 침입에 대항하기 위해, 혹은 다른 부족을 침략하기 위해 싸워야 할 일도 생겨났다. 이러한 필요성이 인류의 생활에 큰 변화를 일으켰다. 농경과 정착 생활을 하면서 도시가 발전하고 왕국과 제국이 출현하는 데 불과 몇천 년밖에 걸리지 않았다. 서로 협력해야 하는 공동체 사회의 원동력은 신화였다. 종교 의식을 위해 신전을 건설하고 그 주변에 많은 사람이 모여들면서 이들이 먹을 수 있는 많은 식량이 필요해짐에 따라 농사를 짓는 정착 생활이 시작되었다. 이러한 변화를 이끈 힘이 종교였던 것처럼 종교 의식이나 신을 설명하는 신화가 이들 정착민의 공동체를 이끌어갔다. 인간은 우주 만물을 창조하고 이를 주관하는 위대한 신과 먼 옛날 조상에 관한 이야기 등 많은 신화를 지어냈다. 우리에게 단군신화 혹은 주몽이나 박혁거세, 김알지 등 여러 건국신화가 존재하듯 이 신화에 의해 정착민들은 혈통의 동질성과 함께 공동체의식을 갖게 되었다.

수렵채집사회에서는 모계사회였으나 농경사회에서는 부계사회로 전환되었다. 왜냐하면 노동력이 수렵채집보다 더 많이 소요되는 농경사회에서 여성의 노동력보다 남성의 노동력이 더 중요했기 때문이다. 집단혼에서 일부일처제로 변하자 각자 사유재산이 생겨났다. 또 농토를 확장하기 위해 잦아진 전쟁으로 인해 남성이 모든 권력을 쥐게 되었다. 신체 특성상 남성의 완력이 여성보다 강하고 여성은 출산을 해야 하기 때문에 남성에게 의존할 수밖에 없었다. 한편 공동체의 여러 가지 문제들을 책임지고 앞장서서 해결해줄 지도자와 그를 도와줄 조직이 필요했다. 씨족일 때에는 최고 어른이 그 일을 감당했지만, 부족으로 커지면서는 가장 강성한 씨족의 어른이 그 책임을 맡게 되었다. 다른 씨족의 대표들은 그를 돕는 장로가 되었다. 이런 체계가 발전한 것이 관료조직이다. 사유재산이 생기면서 빈부격차가 발생하자 부자와 가난한 계급이 나타났다. 적게 가진 사람은 수확한 곡식으로 다음 수확 때까지 생계를 유지할 수 없었기 때문에 많이 가진 사람에게 빚을 지고 노동력으로 이를 갚아야만 했다. 전쟁에서 포획한 포로는 노예의 신분으로 분배되었다. 전쟁에 나가기 위해 군사조직이 만들어지면서 관료조직과 상하 관계가 형성되어 신분제도가 만들어졌다. 이렇게 형성된 질서는 관습으로 이어지고 규범이 되었다. 시시비비와 잘잘못은 씨족장이나 부족장이 관습에 따라 판단하고 그에 적합한 처분과 형벌을 내렸다. 형벌은 대부분 태형이나 추방 같은 신체형과 재산 몰수 같은 재산형으로 구분되었는데 이러한 관습은 부족들이 연합하여 국가를 만드는 시점인 기원전 3000년경에 이르기까지 계속되었다.

이렇게 인간 사회가 발전하면서 강력한 질서를 확립하고 거대한 왕국과 제국의 영토를 유지하기 위한 신성한 법칙이 만들어졌다. 여기에서 신화가 강력한 힘을 발휘했다. 유대인의 하느님이 유대인 지도자 모세에게 내려준 십계명은 신이 내려준 신성한 법이자 계명이었다. 마찬가지로 바빌로니아왕국의 함무라비법전은 사회질서가 보편적이고 영원한 원칙에 기초하여 신이 내린 신성한 계명임을 보여준다.[86] 공동체 사회 혹은 국가, 더 나아가 제국의 통치는 모든 구성원의 협동이 동원되어야 가능하다. 그러므로 통치자는 신성한 신의 대리자라는 절대적인 권위를 인정받아야 한다. 함무라비법전은 왕의 통치를 받는 신민 모두가 위계질서에서 자신의 위치를 받아들이고 그에 맞게 행동하면 기꺼이 통치에 협력할 수 있을 것으로 전제하고 있다. 통치자는 모든 사람의 협력에 대한 대가로 더 많은 식량을 제공하고 적의 공격으로부터 보호해줌으로써 안전하게 살아가도록 해준다. 신화는 자연과학의 원리에 기초를 두지 않는다. 신화는 합리성이나 정당성도 없는 원리를 내세우며 인간 사회의 질서를 모두 신성시하고 절대화한다. 인간 역사에서 가장 절대적인 진리는 과학이 아니라 바로 종교 혹은 신화의 원리였다. 사실상 오늘날에도 이슬람교, 기독교 등 이러한 원리가 우리 사회를 지배하고 있지 않은가.

인류가 지구상에 출현하면서부터 가장 무서워했던 것은 자연환경이다. 두뇌가 발달하지 못했고 아직 언어도 미숙하여 서로 소통하지 못하던 상황에서 동굴 생활을 하며 야생에서 식물을 채취하고 동물을 사냥해야 했다. 특히 인류에게 비가 쏟아지고 천둥과 벼락이 내리치는 것은 공포 그 자체였을 것이다. 더구나 누군가 아프기라도 하면 무슨 이유인지 알 수도 없고 나이가 들어 움직이지 못하는 사람이 생기면 어떻게 처리해야 하는지도 몰라서 당황스러울 수밖에 없었을 것이다. 자연현상에 대한 공포는 세월이 지나면서 경외심과 믿음으로 바뀐다. 자연현상을 이기고 견뎌내는 거대한 나무나 커다란 돌을 대단한 존재로 생각하게 되고 무엇인가 어려움이 있을 때 도움을 줄 힘이 있지 않을까 해서 의지하는 마음이 생겨났다. 그렇게 해서 생겨난 것이 하늘을 주관하는 신에게 제사를 지내는 제천의식이며, 해와 달과 별 그리고 강과 나무나 돌에 깃든 영혼들이 인간을 해치지 않고 나쁜 일이 생기지 않도록 지켜주기를 바라며 믿음의 대상으로 삼는 애니미즘이다. 고대인들은 불이나 바람, 벼락이나 폭풍 같은 자연현상도 무엇인가 영적인 존재의 힘에 의해 생겨났다고 믿었으며 이런 것들 모두가 인간처럼 영혼이 깃들어 있다고 생각했다. 애니미즘과 유사한 성격을 가진 것이 토테미즘이다. 토테미즘은 여러 가지 자연물 중에 자신의 씨족을 지켜주는 특정한 동물이나 자연물을 찾아서 숭배하는 것이다. 이렇게 선정된 동물이나 자연물이 토템이다. 예를 들면 힘이 센 곰이 자신의 씨족을 보호해준다고 믿고 곰의 모습을 따라 치장하거나 곰의 먹이를 제공하는 의식을 행하는 것이다.

애니미즘과 토테미즘이 언제 생겨났는지는 확실하지 않으나 네안데르탈인이 죽은 사람을 매장하면서 부장품을 같이 묻은 것을 보면 특별한 종교 의식이 행해졌던 것으로 추정할 수 있다. 처음에는 그 공동체에서 최고 연장자나 힘 있는 지도자가 이런 의식을 주관했을 것이다. 그러다가 부족에게 숭배의 대상이 생겨나면서 이 대상과의 특별한 소통 능력을 가진 주술사가 중요한 지도자로 떠올랐다. 주술사는 먹이를 구하러 떠나는 사람들의 안전을 지켜주도록, 다른 부족의 침입을 막아주도록, 아픈 사람의 병이 낫게 해주도록 기도하는 역할과 함께 숭배의 대상이 원하는 것을 사람들에게 전하는 역할도 했다. 신과 사람의 중간에서 말을 전하는 역할은 곧 권력이 되었다. 애니미즘과 토테미즘은 주술사가 다양한 제사 방법을 만들어내고 이를 체계화하면서 샤머니즘의 형태로 나타난다. 주술사, 즉 샤먼은 제사의 방법으로 춤과 노래 그리고 주문을 만들어 이를 반복적으로 외우기도 하고 초자연적인 힘을 빌려 병을 고치기도 한다. 동양에서는 무당에 해당한다. 샤먼이 등장함으로써 무속신앙이 완성된 형태를 보이게 된다.

9

문명의 원천, 불

　인간의 문명은 불로부터 시작된다. 불은 인간을 지구상 모든 생명체의 최상위에 군림하게 한 가장 유익한 도구였다. 인류는 번개나 혹은 건조기에 발생한 산불을 보고 큰 두려움을 느꼈을 것이다. 그러나 자연적으로 발생한 불에 구워진 짐승의 고기는 그동안 날로 먹었던 생고기와 비교되지 않을 만큼 맛이 좋았으며, 추운 날씨에 몸을 따뜻하게 하거나 맹수를 쫓아내는 데 유용했다. 이러한 불의 효능을 알게 된 인간은 적극적으로 이를 이용하기 시작했다. 그리하여 단단한 나무와 부드러운 나무를 마찰시켜 불을 피우는 방법을 발견하게 되었다. 현재까지 알려진 가장 오래된 불을 피운 흔적은 이스라엘 텔아비브 인근의 케셈 동굴에서 발견된 30만 년 전 화덕이다. 지구상의 모든 생명체 중에서 인간만이 유일하게 불을 사용할 줄 안다. 불의 사용은 곧 문명의 시작인 셈이다. 불이 인류에게 준 가장 큰 변화는 음식을 요리해 먹을 수 있다는 것이었다. 음식을 날 것으로 먹으면 소화하기도 어렵고 영양 섭취도 원만하지 않아 영양실조로 인해 질병에 취약했다. 불로 음식을 요리해 먹은 인간은 충분한 영양분을 더 많이 섭취함으로써 두뇌가 발달하여 현재 인간의 뇌 수준이 되었다.[87] 처음에는 모닥불에 굽는 방법으로 요리를 했는데 기원전 2만 9000년경에 화덕으로 발전했다. 또 처음에는 모닥불이 유일한 난방 형태였으며 12세기 이전까지는 굴뚝이 없었다.[88] 불은 인간의 주거 형태에도 혁명을 일으켰다. 동굴 생활을 하다가 난방이 쉬워지자 지상에 가옥을 지어 살게 된 것이다. 난방 방식 역시 철을 사용하게 되면서 철제 난로가 제작되어 사용되었다. 최초의 철제련 흔적은 기원전 1700~기원전 1400년경으로 추정되는 소아시아의 히타이트 유적지에서 발견되었다. 기원전 800~기원전 700년경 중국인이 처음으로 생산한 주철은 여러 공업 분야에 응용해 사용되었고 유럽에서는 서기 4세기경에 이르러 일반적으로 사용되었다.[89] 도구의 관점에서 역사를 구분할 때, 돌과 나무를 다듬어 수렵채집 생활에 활용했던 기원전 8000년경까지를 구석기시대로 보고 있다. 이후 농경 생활을 시작하면서 식량과 물을 담아두거나 음식을 데우기 위해 토기를 만들어 사용했던 시기를 신석기시대라고 부른다. 토기는 진흙으로 모양을 만들고 장작불 타는 온도인 600~800도에서 구워 만든 것으로 겉면에 빗살과 같은 무늬를 새겨 넣기도 했다. 토기는 채집한 과일이나 곡식, 물을 담아둘 수 있어서 생활상 큰 발전이 이뤄졌다.

식량을 담아두고 저장할 수 있는 용기가 생겼다는 것은 인간의 생활문화 면에서 큰 진전이었다. 농업이 시작되면서 그릇을 최초로 사용했다고 여겨졌으나 2만 년 전 수렵채집인이 이미 만들어 사용한 것으로 밝혀졌다. 저장용 토기는 2만 년 전부터 사용되었는데 가장 오래된 것이 중국의 토기다. 그리스 고전기에 유행했던 적화 도기와 흑화 도기의 기법이나 이야기 그림은 중기 신석기의 세스클로 유적지와 후기 신석기의 디미니 유적지에서 출토된 토기 그리고 청동기시대 미노아 및 미케네 토기의 영향을 받아 발전한 것들이다.[90]

이와 달리 유약을 바른 도자기 제작 기술은 중국이나 한국 등 동양에서 일찍부터 발전했다. 원래 유약은 고대 이집트인이 1만 년 전부터 사용하기 시작했으며 중국에서는 기원전 1600년경부터 유약을 이용한 도자기를 만들어 사용했다. 중국과 한국에서는 일찍부터 일상생활에 도자기가 널리 사용되었지만 일반적으로 유럽 등 다른 지역에서는 금속이나 나무로 만든 용기들이 사용되었다.[91] 유럽 최초의 도자기는 1709년 독일에서 만든 마이센자기다.[92] 유럽에서 도자기가 제작되기 이전에는 주로 구리, 황동, 철, 강철 그리고 목재가 가장 흔하게 사용된 용기 재료였다. 대개 가난한 피지배층은 목재로 만든 식기를 사용했고 귀족이나 부자는 철, 은, 금 등 금속으로 만든 것을 사용했다. 식품의 저장, 보관은 1만 4천 년 전부터 햇볕에 말리는 방법이 사용되었는데 그후 소금에 절이는 방법이 나타났고 기원전 7000년경에는 중국과 중동 지역에서 알코올의 방부 효과를 이용하여 식품을 저장했다.[93] 저장하기에 가장 좋은 식량은 빵이었다. 빵의 역사는 대개 정착 생활과 생산 경제가 이루어진 신석기시대부터 시작한 것으로 추정된다.[94] 농경 생활과 함께 시작된 신석기시대부터 인류는 노동의 강도를 줄일 수 있는 도구들을 만들어 사용했다. 도구를 만드는 재료는 구석기시대와 마찬가지로 자연에서 얻을 수 있는 돌과 동물 뼈 그리고 단단한 나무였지만 이것들을 다듬는 방법과 사용하는 방식이 달라졌다. 땅을 파기 위해 사용하는 돌보습과 돌팽이에는 오랜 시간 사용할 수 있도록 손잡이를 만들어 붙였고 사냥을 위한 창에는 돌을 날카롭게 갈아서 사용했다. 또 생선 가시로 바늘을 만들고 실을 꼬기 위해 작은 돌에 구멍을 내어 가락바퀴를 만든 것을 보면 짐승의 털이나 삼베와 같은 식물 재료로 옷감을 만들었을 것으로 추정된다.[95] 짐승의 털을 이용해 실을 만든다는 것은 옷을 얻기 위해 짐승의 가죽을 벗기지 않아도 된다는 의미다. 특히 양털을 이용한 직물이 발전했다.

짐승을 가축으로 기르면서 주기적으로 털을 깎아 실을 만들 수 있게 되었다. 이집트와 같은 춥지 않은 지역에서는 나무껍질을 벗겨 바늘로 묶거나 이것들을 얽어서 수피포를 만들었다. 정교해진 바느질 기술 덕분에 가죽 의복도 다양한 형태로 만들어 입었을 것으로 보고 있다. 아쉽게도 당시의 의복과 이에 관한 기록이 남아 있지 않지만, 기원전 5000년에서 기원전 500년까지의 생활상을 보여주는 스위스의 호상 가옥 유적에서 발견된 베틀로 미루어볼 때 제작 기술이 신석기시대 말부터 생겨난 것으로 보인다. 동물 털을 압축해서 만든 천은 기원전 8000년경 중동 지역에서 처음 등장했다. 하나의 바늘과 실로 여러 매듭이나 루프를 만들어 패브릭을 만드는 기법인 니들 바인딩(needle binding)은 기원전 6500년경 팔레스타인에서, 그후 본격적인 방직은 기원전 6500년경 고대 이집트에서 시작되었다. 이 밖에 중국의 누에고치 실로 짠 비단, 인도의 목화 실로 짠 면직, 일본 삼베 등이 고대인의 의복으로 널리 사용되었던 천이다.

농경 생활 이전에는 임시 거처를 마련해 살았지만, 농경 시대에는 장기간 거주할 수 있는 움막을 짓고 살게 되었다. 더위와 추위에 견딜 수 있도록 땅을 파서 방을 만들고 기둥의 기초를 세웠다. 지붕은 비와 눈과 바람에 견딜 수 있도록 큰 나뭇가지나 풀을 엮어서 고정했다. 집 안에는 화덕을 만들어 요리를 하고 난방을 했다. 농사를 지어 얻은 곡식은 갈판에 올려놓고 갈돌로 밀어서 가루로 만들어 먹었다. 또 농사를 강가에서 짓기 시작하면서 물고기를 낚기 위해 낚싯바늘과 돌그물추를 만들어 사용했다.

제2장

문명의

시대

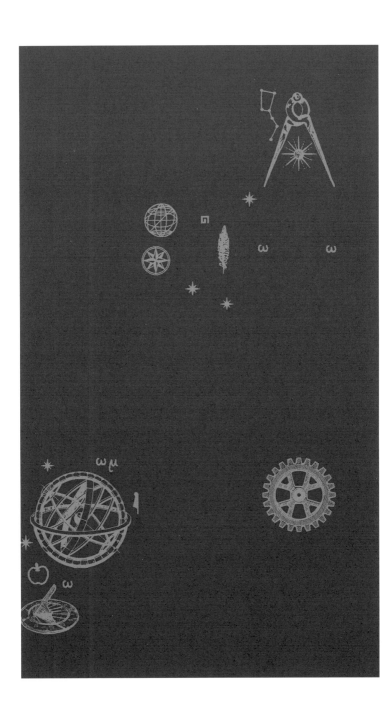

1

정착 생활

농경 생활을 시작하면서 사람들은 강 근처의 비옥한 땅으로 모여들기 시작했다. 특히 마르지 않는 큰 강 주변의 지류와 바다로 이어지는 삼각지 주변의 땅에 많은 사람이 정착하여 마을이나 도시를 건설했다. 이런 지역에 모여 사는 사람들은 신에게 제사를 지내고 종교 의식을 행하기 위해 사원을 건설했다.[1] 이렇게 하여 농사짓기 쉬운 강 유역에 문명이 발달하면서 지역마다 독특한 생활문화와 질서를 위한 사회체계를 갖추게 되었다. 제일 먼저 생겨난 것이 중동지역에 있는 유프라테스강과 티그리스강 유역의 메소포타미아문명이고 비슷한 시기에 아프리카 북동부에 있는 나일강 유역의 이집트문명이 생겨났다. 그리고 뒤이어 중국 황하 유역의 황하문명과 인도 북서부 인더스강 유역의 인더스문명이 등장했다. 4대강 유역은 북위 32도 근처에 위치해서 기후가 온화했으며 긴 강을 따라 넓은 비옥한 땅이 펼쳐져 있었다.

4대강 유역에서 시작한 고대문명은 시간이 지나면서 큰 변화를 거쳤다. 기원전 3500년경 메소포타미아문명을 세운 수메르인의 국가는 기원전 2300년경 아카드인에 의해 무너졌다. 이후 아카드인은 다시 기원전 2000년경 우르인에 의해 멸망했다. 그리고 함무라비왕으로 유명한 바빌로니아가 기원전 1800년경부터 300여 년간 이 지역을 지배하다가 뒤이어 아시리아와 신바빌로니아가 400여 년간 통치했다. 그다음 최대의 강성대국인 페르시아가 기원전 539년에 등장하여 지금의 튀르키예까지 점령했으나 기원전 330년 알렉산드로스대왕에게 정복당했다. 기원전 2600년경에 세워진 인더스문명은 기후변화 등의 이유로 기원전 1900년경에 자취를 감추었으나 이후 메소포타미아 지역에 살던 아리아인이 기원전 1500년경에 이주하여 인더스강 유역에 살다가 기원전 1100년경에는 갠지스강 유역까지 점령하여 왕조를 세웠다. 한편 기원전 7000년경부터 황하 유역에서 농경 생활을 해오던 중국인은 기원전 3000년경부터 용산문화를 일으켜 기원전 2070년경에 하왕조를 수립했고 이후 기원전 1600년경 상왕조(은나라), 기원전 1046년경 주왕조 시대로 접어들었다. 그리고 춘추전국시대를 거쳐 마침내 기원전 221년에 중국의 최초 통일국가인 진나라가 수립되었다.

이들 고대문명 사이의 관계는 시간적·공간적 거리에 따라 탄생하고 발전했다. 황하문명과 인더스문명은 각각 다른 세 개의 문명과 멀리 떨어져 있었을 뿐 아니라 시간적으로도 차이가 있다. 따라서 이들 두 문명은 다른 문명들과의 교류 없이 독자적인 발전과 흥망을 이어갔다. 그러나 이집트문명과 메소포타미아문명은 거리상으로 매우 가깝고 시간적으로도 동시대라서 잦은 접촉으로 수많은 전쟁을 치르며 발전해나갔다. 특히 두 문명 사이에 놓여 있던 팔레스타인 지역을 어느 문명이 지배하느냐에 따라 전략적 우위가 정해졌기 때문에 그 지역에 자리 잡고 있던 유대인은 항상 큰 시련을 겪을 수밖에 없었다. 이와 같은 문명들 사이의 관계는 인류의 수가 두 배 이상 많아지는 시점에 등장한 그리스가 에게해 연안의 주도권을 잡는 기원전 400년경까지 지속되었다.

문명과 문화라는 말은 같이 사용되기도 하지만 그 차이에 대한 구분은 필요하다. 두 단어 모두 사람들이 오랜 기간 살아오면서 만들어낸 생활 형태를 의미하지만 문화는 생활을 지배하는 정신적 가치를, 문명은 물질적 혹은 기술적 결과물을 이야기할 때 사용된다. 예컨대 정신문화, 물질문명이 그것이다. 그러나 기술 발전은 정신적 가치와 떼어놓고 설명할 수 없다. 한 사회가 어떤 정신적 가치를 추구하느냐에 따라 물질적·기술적 진보가 이루어지거나 반대로 퇴보하는 것을 역사 속에서 수도 없이 볼 수 있기 때문이다. 과학은 인간이 상상한 결과물이다. 생존에 필요한 도구를 발명한 것이 과학의 시작일 테지만, 과학의 역사를 좀 더 거슬러 올라가면 자연현상과 죽음을 이해하고자 하는 인간의 호기심에서 비롯되었다. 그렇다면 과학이란 무엇인가.

과학이란 자연세계를 지배하기 위한 인간의 '행위체계'가 아닌 자연세계와 자연현상을 합리적이고 체계적으로 이해하고 기술 및 설명하는 '지식체계'로 정의되어왔다.[2] 이런 견해에 따라 흔히 기원전 6세기 초반 고대 그리스에서 활동했던 탈레스를 비롯해 이른바 밀레투스학파의 자연철학자들이 최초의 과학자로 거론되어왔다. 자연현상에 대한 초자연적 설명을 거부하고, 합리적 비판과 토론의 전통을 세웠던 이들의 역할에 주목한 것이다. 이처럼 과학은 애초부터 자연의 이치와 인간의 생각이 결합한 것이다. 과학은 인간 삶의 방식을 변화시켰고 이것이 인류 역사를 결정지었다. 자연을 탐구하는 과학과 인간을 탐구하는 인문학은 서로 다른 언어를 사용한다. 인문학은 일상언어를, 자연과학은 수학을 언어로 삼는다. 두 학문의 대화 사이에 수학이 곧 경계선이다. 그러므로 자연과 인간을 통합적으로 이해하기 위해서는 수학을 통해서만 가능하다. 그리스 철학자들은 모두 자연과학자였다. 피타고라스와 아르키메데스는 철학자이면서 수학자였고 아리스토텔레스 역시 철학자이면서 역학, 물리학 등 여러 학문의 틀을 창시한 과학자였다. 이는 자연을 탐구하는 일이 사색하는 일과 연결되어 있다는 것을 알려준다.[3] 말하자면 인문학은 사유 정신이고 과학은 실험 정신으로서 이 둘이 합해져야 우주 만물과 인류의 역사에 관한 통합적인 이해가 가능한 것이다. 그렇기에 자연과학을 자연철학이라고 불렀다.[4] 데카르트가 말한 "나는 생각한다. 고로 존재한다."에서 생각은 정신이고 존재는 물질이다. 과학은 곧 생각과 서로 다른 영역이 아니라 같은 것이다. 예컨대 실체(물질)와 본질(생각)은 각각 분리된 것이 아니라 하나로 결합해 있다. 컵은 실체이고 그 본질은 물을 담는 것이다. 이 말은 궁극적으로 정신문화와 물질문명이 서로 결합하여 인류 역사를 이루어왔다는 의미다. 4대강 유역에 생겨난 문명의 특징은 물질문명과 정신문화가 함께 발전하면서 시작되었다.[5] 이런 점에서 문명과 문화는 인류의 역사를 통해 총체적으로 이해된다.

　물질문명 면에서는 농경 생활에 필요한 도구 제작 기술의 발전을 들 수 있다. 이에 따라 인간이 집단으로 모여 사는 도시가 형성되었고 강을 이용한 교통수단이 발달했다. 정신문화 면에서는 사회체계와 가치관의 발전을 들 수 있다. 지배자와 피지배자가 구분되는 신분제도 중심의 사회질서가 수립되고 이에 따라 사회를 유지하는 정신적 가치가 법과 종교의 형태로 확립되어 발전했다. 사람들이 모여 살게 된 이유는 자연과 외부인의 위협으로부터 자신의 생명을 보다 안전하게 지키는 것이 첫 번째였고 농경 생활을 시작하면서부터는 자신의 재산을 안전하게 지키는 것이었다. 따라서 법은 기본적으로 생명과 재산의 안전을 지키는 것으로부터 출발한다. 이집트문명에서는 기원전 3000년경 정의와 도덕의 신 마트에 따른 민법이 만들어졌다. 메소포타미아문명에서는 기원전 2100년경 최초의 법전인 우르남무법전이 만들어졌다. 이후 기원전 1792년부터 40여 년간 바빌로니아를 통치한 함무라비 왕이 이를 발전시킨 바빌로니아 법을 비석에 새겨서 전국 곳곳에 세워두었다. 함무라비법전은 지금의 민법과 상법, 형법에 해당하는 282조로 구성되어 있다. '눈에는 눈, 이에는 이'라는 말은 그대로 복수하라는 의미가 아닌 손해 이상의 형벌을 가하면 안 된다는 기준을 정한 것이다. 함무라비법전은 당시의 신분제도에 따른 차등적 형벌 조항이 포함되어 있지만 최저임금을 정해주는 등 약자를 보호하는 기준을 제시하고 있기도 하다. 이 법전은 메소포타미아문명의 지배권이 어느 족속에게 넘어가든지 상관없이 1천 년 이상 지속해서 지켜졌다. 법전을 만든 함무라비 왕은 법의 권위를 보여주기 위해 신에게서 이 법을 전달받는 그림을 법전을 새긴 비석에 같이 새겨 넣었다.

기원전 1300년경 이집트와 메소포타미아 중간에 놓인 팔레스타인의 유대인들은 신을 섬기는 법과 도덕적 인간관계를 설명하는 율법(십계명)을 만들어 지켰다. 이 율법도 모세가 그들의 신인 야훼에게서 직접 전달받은 것이라고 선포함으로써 누구도 그 권위에 도전할 수 없었다. 이와 같이 이집트문명과 메소포타미아문명에서는 신의 절대성에 의해 사회질서와 통치자의 권위를 위한 법을 세웠지만, 고대 중국의 황하문명에서는 도덕적 가치에 의한 질서를 중시했고 재판관의 도덕적 기준에 의해 판결이 내려졌다. 이후 기원전 500년 경에 공자가 세운 유가사상이 질서 유지의 기초가 되었으며 그 계보를 이은 법가가 행동에 따라 엄격하게 상벌을 주는 법률체계가 필요함을 주장하면서 최초의 통일국가 진나라에 이르러서야 법이 만들어졌다.

선과 악의 구별, 이성을 바탕으로 한 합리적 사고체계인 문화는 전적으로 종교로부터 시작되었다. 마찬가지로 인간의 생활 도구인 물질문명도 신화에서 시작되었다. 인간 사회는 농업시대에 접어들면서 점점 진보하여 씨족이 부족으로 확대되고 지배계급과 피지배계급 등 사회계층 분화가 이뤄졌다. 지배계급은 대개 신으로부터 특별한 능력을 부여받았다고 여겨진 제사장들이었다. 고대사회의 통치 방식은 제정일치였다. 고조선의 통치자 단군도 제사를 담당한 제사장이면서 동시에 통치자였다.

최초의 정치조직은 수십만 년 전 혈연 공동체인 씨족사회에서 시작되었을 것으로 추정된다. 농업시대로 접어들면서 도시 중심으로 정치제도가 발전하기 시작했다. 기원전 4000년경 수메르문명의 우르, 우루크, 아카드, 바빌로니아 그리고 그리스의 아테네, 트로이 등이 그 대표적인 도시국가였다. 중국에서는 기원전 2070~기원전 1600년경 하나라의 수도 사에 이어 은나라 수도 은허 등이 대표적인 성읍국가로 발전했고[6] 우리나라에서는 고조선의 왕검성 등을 꼽을 수 있다.

도시국가 형태에서 벗어난 최초의 영토국가는 기원전 3100년경 메네스 혹은 나르메르로 알려진 통치자에 의해 통일된 이집트다. 이렇게 권력을 지닌 통치자와 국가가 형성되면서 지배계급과 피지배계급이 생겨났다. 귀족제는 원래 가장 뛰어난 사람들이 다스리는 정부를 의미했으나 점차 특권계층에 의한 통치를 의미하게 되었다. 기원전 7세기 그리스 도시국가가 그 예다. 아테네, 스파르타 등 이들 도시국가에서는 특권계층이 자신들의 지위를 이용하여 권력과 부를 쌓아 금권정치를 했다. 이집트와 중국의 상왕조 등 초기 국가에서 통치는 대개 신정정치였다. 통치자는 신의 대리자 혹은 신의 후손으로 여겨졌기 때문에 신성시되었다. 이들은 각 부족이 믿고 있는 애니미즘과 토테미즘을 이용하여 신화를 만들어냈다.[7] 각 부족이 믿는 애니미즘과 토테미즘의 신앙 대상이 자신들의 조상과 어떤 관계가 있으며 자신들에게 어떤 능력과 권한을 주었는지를 이야기로 엮어내고 이를 부족들이 믿게 만들었다. 처음에 신화는 단순히 신앙 대상들과의 연계성을 과장되게 설명하는 정도였지만 권력이 강화되고 부족들을 통합하는 국가와 왕이 생겨나면서 우주와 인류의 탄생에 관한 내용까지 포함했다. 우리의 단군신화도 마찬가지다. 구전으로 이어져 내려오던 민족 신화를 고려 시대 일연이 고려의 역사성과 정통성을 설명하기 위해 『삼국유사』에서 정리한 것이 단군신화다.

이야기를 요약하면 다음과 같다.

> 기원전 2333년 하늘의 제왕인 환인이 천하에 뜻을 둔 아들 환웅에게
> 천부인 3개와 무리 3천을 주고 태백산 신단수로 내려 보내 신시를 만
> 들어 환웅천왕이 되어 다스리게 했다. 바람과 비와 구름을 다스리는 풍
> 백과 우사 그리고 운사를 거느리고 곡(穀), 명(命), 병(病), 형(刑), 선, 악
> 등 무릇 인간의 360여 가지의 일을 주관하며 인간을 다스리고 교화했
> 다. 이때 사람이 되기를 소망하던 곰 한 마리와 호랑이 한 마리가 환웅
> 에게 사람이 되게 해달라고 빌자 '신령스러운 쑥 한 타래와 마늘 스무
> 개를 먹고 백 일 동안 햇빛을 보지 아니하면 곧 사람이 될 것이다'라고
> 말했다. 곰은 그대로 해서 여인(웅녀)이 되었고 호랑이는 포기하고 말
> 았다. 웅녀가 아이를 갖기를 원하자 환웅이 잠시 사람으로 변해서 결혼
> 하여 낳은 아이가 단군왕검인데, 단군은 당고(요임금)가 즉위한 지 50
> 년인 경인년에 아사달에 도읍을 정하고 조선을 세웠다.

이런 이야기는 사실을 입증하기 어려운 것이지만, 이 나라는 하늘
의 황제가 세운 나라라는 정통성을 강조하면서 다른 나라나 민족보
다 우월하다는 자부심을 심어주었다. 민족 신화 중에서 가장 오래된
것은 메소포타미아 지역에서 가장 먼저 문명을 이루어낸 수메르의
신화다. 수메르신화는 기원전 5000~기원전 3000년경의 것으로, 유
프라테스강 유역에 세워진 각 부락마다 각기 수호신이 있는데 그중
에서 50명의 신이 모여 아눈나키라는 최고 회의를 연다. 이 회의에
서 7인이 선정되어 각각 다른 순위의 품계를 가진다. 하늘의 신인

안이 최고 신이고 바람과 폭풍의 신 엔릴, 대지의 신 닌후르사그, 물과 문화의 신 엔키, 달의 신 난나, 태양과 정의의 신 우투, 그리고 사랑의 신 인안나가 그 뒤를 잇는다. 이들은 각각 주어진 역할을 하면서 세상을 다스린다. 수메르인은 부족마다 자신들을 지키는 신이 있고 세상의 모든 일을 주관하는 신들의 도움으로 자신들의 안전과 번영이 지켜진다고 믿었다.

이와 유사한 신화가 나일강 유역의 이집트에도 생겨났다. 이들 신화는 세월이 지나면서 점점 더 정교해지고 풍부해졌다. 그전 신화가 세상을 주관하는 신들의 이야기였다면 기원전 4000~기원전 2500년경에 만들어진 이집트신화에는 죽음과 사후 세계를 주관하는 신들의 이야기가 포함된다. 나일강 범람과 천체 운행의 관계를 살피면서 자연현상을 주관하는 신들의 이야기를 만들었다. 수메르신화에서처럼 세상사를 주관하는 신들이 있고 죽은 후 사후 세계로 인도하는 신들이 추가된다. 이집트인은 죽은 후에도 영혼이 살아 있어서 사람의 몸이 보전되어 있으면 다시 살아날 수 있다고 믿었다. 이러한 믿음으로 이집트인들은 미라를 만들고 미라가 다시 살아나 영생을 누리도록 하기 위하여 피라미드를 건설하게 된 것이다. 각각의 신들을 담당하는 제사장들이 있어서 제사 의식이 발달하고 사제들이 큰 권한을 행사했다. 당시에는 제사장이 가장 뛰어난 지식인이어서 관료의 역할도 했고 심지어 신전을 지키는 군사를 거느리고 전쟁에 참여하기도 했다.

후에 생겨난 중동과 그리스의 신화들은 모두 이집트신화의 영향을 받아 유사한 구조의 이야기로 구성되었다. 신들이 주고받은 이야기가 경전이 되었다. 그리고 사람들의 기도를 신에게 전하고 신의 명령을 사람들에게 전하는 사제의 신분이 생겨났으며 신들을 섬기는 의식이 생겨났다. 종교의 형태를 갖추게 된 것이다. 자연현상별로 신이 있다고 믿었기 때문에 종교는 다신교가 대부분이었다. 다만 기원전 2000년경에 등장한 유대교는 유일신인 여호와(야훼)를 섬겼다. 다신교에서는 찾아보기 어려운 유일신의 천지창조 이야기가 생겨났고 이로 인해 신 중의 신인 여호와로부터 선택을 받았다는 믿음은 유대인에게 그 어느 민족보다 우수하고 강하다는 자부심을 갖게 했다.

이후 많은 신화가 종교로 발전했는데, 미신이나 신화가 아닌 종교로 인정받기 위해서는 신앙의 대상인 신, 경전, 신도, 사제 그리고 의식이라는 5가지 요건을 갖추어야 했다. 특히 신과 인간 사이에서 매개 역할을 하는 사제는 정치권력자와 대등하거나 혹은 오히려 우위에 서는 권력을 누리기도 했다. 당시 사제들은 주술 행위를 통해 신의 뜻을 알아내는 역할도 해야 했다. 신화가 종교로 발전하는 과정에서 종교 의식에서 도덕성이나 인간성을 무시한 야만적인 행위들이 포함되었다. 중동 지역에서 오랫동안 성행했던 바알교와 아세라교에서는 왕과 여사제, 참여자와 사제 사이에 난교가 이루어지기도 했으며 아시리아와 팔레스타인 가나안 지방의 몰록교에서는 사람을 희생물로 바치는 의식이 진행되기도 했다. 이러한 의식은 왕이나 지배자를 절대시하는 도구로 사용되었으며 인도의 힌두교에서는 사람의 신분을 구분하는 통제 수단으로 활용되기도 했다.

이러한 과정을 거치면서 고등 종교가 출현했다. 고등 종교는 건강하고 건전한 생활을 하도록 이끌고 이웃들과의 화평한 공존 방법과 삶의 정도를 가르친다. 이런 고등 종교로는 기독교와 불교, 이슬람교가 있다. 기독교는 유대교에서 발전해 나온 것으로 기원전 4년경에 탄생한 예수를 그리스도, 즉 구세주로 믿고 유대교의 구약과 예수의 가르침을 기록한 신약을 경전으로 한다. 불교는 기원전 500년경에 고타마 싯다르타가 평등과 자비를 가르치며 만든 종교로 불경을 경전으로 한다. 싯다르타를 석가족의 성자라는 의미의 석가모니라고 부른다. 이슬람교는 한참 후인 서기 610년, 아랍의 메카에서 출생한 무함마드가 당시 최고신인 알라의 가르침을 가브리엘 대천사로부터 전해 듣고 창시한 종교다. 무함마드의 가르침을 기록한 코란을 경전으로 한다. 고등 종교는 종교와 정치의 분리를 원칙으로 하지만 고대에 종교가 국교여서 정치를 지배한 시대도 있었고 최근까지도 종교 원리주의자들이 정치를 좌지우지하는 국가들이 있다.

기독교의 뿌리가 된 유대교는 유일신인 야훼를 섬기며 야훼가 유대인을 선택하여 백성으로 삼았다는 선민사상의 믿음을 가졌다. 유대인들은 야훼가 선지자 모세에게 직접 내린 십계명과 모세가 쓴 5권의 책, 즉 모세오경(토라)을 경전으로 삼아 이에 적힌 제사 의식을 따랐다. 기원전 15세기경 인도에서 시작된 브라만교는 베다라는 경전을 믿는 다신교로 4성계급 체계인 카스트제도에 따라 철저히 신분 세습을 지키는 것이 특징이다. 33위의 신이 인간의 죄에 대해 벌을 주고 참회하면 용서해주는데 신들 사이에는 별다른 격의 차이가 없다. 공물을 바치는 행위를 통해 신과 소통하면서 삶의 힘을 얻고 생을 지속할 수 있다고 믿으며 번잡한 제사와 수행을 중시한다. 불교는 인간은 윤회의 세계에서 생과 사를 끊임없이 되풀이할 수밖에 없는데 인간의 참자아와 우주의 궁극적 실재를 아는 신비적 지식을 통해 해탈할 수 있다고 가르치며 쾌락주의를 피하여 중도를 따라 수행하는 것을 중시한다. 조로아스터교는 기원전 6세기경 자라투스트라가 창시한 것으로 예배 의식은 신전의 불을 보는 것이다. 선은 진리와 정의, 생명의 속성을 가지고 있고 악은 파괴와 불, 죽음의 힘이며 오직 선의 추종자들만이 새 창조에 동참하기 위해 부활한다는 것이 이 종교 신자들의 믿음이다. 조로아스터교는 페르시아의 국교가 되었다가 거의 사라지고 인도에서 파르시교로 남아 지금까지 이어지고 있다.

이외에도 종교는 아니지만 기원전 6세기경 춘추전국시대에 살았던 공자의 가르침을 믿고 따르는 유교가 있다. 당시 조상과 귀신을 섬기던 시절, 공자가 가르친 삼강오륜에서 경천사상을 종교적 관점에서 체계화한 것이다. 공자는 신에 대한 교리나 예배 의식을 제시하지 않았고 다만 하늘과 천명에 경외심을 가지라고 가르쳤다. 그러나 후대들이 제사 행위를 통해 인간의 외형적이고 절차적인 관계를 설정하여 건실한 윤리성을 강화하려고 시도한 것이 종교 형태를 띠게 된 것이다. 따라서 내세관이 없고 충, 효, 인의 이념으로 삶의 의미를 찾는 일에 관심을 가지며, 스스로 본분을 자각하고 실천하여 평화와 행복을 찾자는 '수신제가치국평천하' 사상을 담은 사서(논어, 맹자, 대학, 중용)와 삼경(시경, 서경, 역경)을 경전으로 삼는다.

농경문화를 기반으로 나일강 유역의 이집트문명과 티그리스-유프라테스강 유역의 메소포타미아문명 등을 건설한 고대인들이 남긴 문헌은 종교적 행동 양식을 통해 만들어진 것으로 제의라는 개념으로 정의된다. 제의란 사회 구성원들이 신전에서 제사장에 의해 거행되는 일련의 종교적 행위에 참여하는 과정과 방법을 지칭한다. 제의를 통해 고대인들은 자연계에서 일어나는 재난과 초자연적 현상을 초월자의 힘을 빌려 통제함으로써 공동체의 안정과 번영을 도모하려 했다. 기원 신화는 어떤 관습이나 이름의 유래, 사물의 기원을 인간의 상상력에 의한 방법으로 설명하는 것이다. 예컨대 수메르의 엔릴과 곡괭이 신화는 신이 인간에게 농사 도구를 만들어 선물했다고 설명한다. 의례 신화는 유대교의 율법서처럼 윤리적 혹은 도덕적 특징을 강조한다. 영웅 신화는 위대한 영웅들의 탄생과 업적을 묘사하기 위한 것이다. 대개 영웅 신화는 트로이 등 유명한 고대 도시 이름과 관련된 경우가 많다. 한편 종말론 신화에서 무시간적·초역사적 시공간 속에서 일어나는 것으로 생각되는 사건들, 즉 인간 언어로 설명할 수 없는 초자연적 사건을 경험할 때 인간은 신화적 사고 체계에 의존하게 된다. 바로 이때 인간은 신화의 상징적 개념을 통해 이미지를 전달받는다. 이로써 인간은 언어체계의 한계를 극복하게 되며 신화는 상징적 영역으로 확대된다.

신화와 종교는 인간에게 선을 강조한다. 선이 없는 악의 세계는 파멸일 뿐이다. 그런데 이러한 선악의 기준은 절대적인 가치를 지녀야 통치자뿐 아니라 누구나 이를 반드시 실천해야 한다는 의무감을 갖게 해준다. 그래야 이 가치는 인간 사회의 질서를 유지해주는 기능을 할 수 있다. 예컨대 기독교의 십계명이나 함무라비법전에 명시된 법률은 신의 가르침으로서 반드시 준수해야 할 절대성을 지니고 있다.[8] 신화와 종교는 인류의 사회질서와 삶의 가치관, 인간관계에서 지켜야 할 도덕과 윤리를 확립하는 기준이 되었다. 종교는 더 나아가 물질문명의 근원인 자연에 관한 지식을 탐구하는 방식을 전해주었다. 이렇게 정신문화와 물질문명이 결합하여 우리가 역사에서 말하는 소위 인류 4대 문명이 시작한 것이다.

2

풍족해진 물질

4대강 유역에서 농경 생활을 중심으로 하는 문명이 생겨나면서 농사와 공동생활에 필요한 과학기술이 발전했다.[9] 농경 생활은 채집 수렵 생활보다 더 부지런해야 했다. 채집과 수렵 활동은 필요할 때 식량을 찾아 움직이면 되었지만, 농사는 1년 내내 무엇인가 준비하고 일하지 않으면 안 되었다. '노동'이라는 개념이 생겨난 것이다. 먹거리를 위해 계획적으로 움직이지 않으면 원하는 것을 얻을 수 없었다. 수렵채집 생활을 할 때 인간은 그날그날 살아갔다. 식량을 미리 저장하여 폭우가 내리거나 태풍이 와서 식량을 구할 수 없는 날에 대비하지 않았다. 가장 큰 이유는 식량을 저장할 줄 몰랐기 때문이다. 또 필요한 식량을 바로 구할 수 있기 때문에 미리 내일을 걱정할 필요가 없었다. 고대 인류의 생활 방식은 아주 단순했지만 고민하며 살지 않아도 되기에 오늘날처럼 스트레스를 받는 일이 거의 없었다. 이들에겐 자연재해와 질병이 가장 무서운 것이었다. 자연스럽게 초월자인 신에게 의지하고자 했기 때문에 종교적인 의식이 일상사였다. 사제가 모든 권력을 가질 수밖에 없는 사회였다.

그렇게 신전과 종교 의식을 중심으로 살아온 인간이 정착해 농경을 시작하자 그동안 생각할 필요조차 없었던 여러 문제가 생겨났다. 농사는 기후가 가장 중요하다. 가뭄이나 홍수를 겪으면 식량을 얻을 수가 없다. 농경사회에서 인간이 제일 먼저 걱정해야 할 것이 기후 문제였다. 이제 내일을 걱정하며 살아야 했다. 농부는 한 해 추수를 마치고 나면 다음해의 식량을 위해 또 노동해야 했다. 이제 농업시대의 인간은 미래라는 개념을 갖게 된 것이다. 수렵채집 생활보다 농사짓는 일에는 훨씬 많은 노동력이 필요했다. 가축을 이용한 노동력과 각종 농기구가 고안되었다. 인간은 늘 미래를 걱정하면서 쉬지 않고 노동하며 살아가야 했다. 농사에 필요한 물을 경작지에 대기 위해 댐을 건설하고 강의 수위를 점검해 홍수에 대비해야 했다. 농경 생활을 하면서 생겨난 이 모든 걱정이 더욱 과학을 발전시킨 요인이었다. 추수한 곡식을 실어 나르는 수레를 만들고 측량 기술과 농사법을 익혔다. 사람이 많아지면 사회가 복잡해지기 마련이다. 물질적인 관계는 인간의 특수한 삶의 형태를 형성하고 그것을 일정한 방향으로 유지해나가게 한다. 새로운 경제 원칙이 등장하면 일정한 생산양식과 분배 법칙이 발흥하여 기존의 경제 법칙과 대립하고 따라서 전혀 다른 사회조직이 필요하게 된다. 이와 더불어 새로운 사고방식과 관념이 탄생한다. 생산양식이 수렵채집에서 농업 생산으로 변화하면서 기존의 공동 생산, 공동 분배라는 경제 원칙이 무너지고 이에 따라 사회 변화가 생긴다. 사유재산제도와 가족제도 그리고 계급 분화와 통치의 발전이 그것이다.

생산양식의 변화에 따른 사유재산의 등장은 공동체의 분화를 일으켰다. 가족마다 각자의 집과 경작지를 갖게 되고 집의 경계인 울

타리가 생겨났다. 경작지 구분이 필요해져서 측량 기술이 발전했다. 사유재산은 국가 세금과 직결되는 것이어서 농지를 정확히 구분하고 나누는 것은 중요한 일이었다. 특히 강이 범람하여 경계가 사라지면 이를 다툼 없이 구분해주어야 했다. 이집트에서는 기원전 2500년경에 강의 높이를 측정하기 위해 인간 신체를 기준으로 삼았다. 팔꿈치에서 가운뎃손가락 끝까지를 1큐빗, 손의 길이를 1핸드, 손바닥의 넓이를 1팜, 손가락의 길이를 1핑거, 손가락의 두께를 1디지트, 발의 길이를 1푸트로 정했다. 면적은 10×10=100큐빗을 1아로우라로 사용했다. 또 이집트에서는 작도법을 만들어냈다. 피라미드의 바닥 면을 네 변의 길이가 거의 정확하게 일치하고 90도로 맞추어진 정사각형으로 만들었다. 이런 기술은 기하학의 발전으로 이어져서 기원전 1700년경에 작성된 『린드 파피루스』를 보면 원주율 π의 계산법이 나온다. '원의 넓이는 지름의 9분의 1을 뺀 후 지름을 제곱한다.' 지금 사용하는 원주율 3.14159과 0.02 정도의 차이가 날 뿐이다. 중국에서는 기원전 2000년경부터 측정 단위를 만들어 사용했는데 이를 표준화한 것은 기원전 300년경의 진나라 때다. 길이는 1척(15.8cm)을 기준으로 1장=10척, 1척=10촌, 1촌=1부로 정했고 부피는 량을 단위로, 무게는 형을 단위로 정했다. 후에 기원전 200년경 한나라에 이르러서는 다양한 도량형을 이야기로 설명한 『구장산술』이 편찬되었다.

농사에서 가장 필요한 것은 시간과 계절을 정확히 아는 것이다. 언제 씨를 뿌리고 언제쯤 홍수가 나는지를 알아야 했다. 고대 이집트 농부들은 씨 뿌릴 봄이 온 것을 초저녁 해가 질 때 북두칠성의 모양과 북쪽 하늘 위로 지나가는 별자리를 보고 알았다. 특히 이들은 가장 밝은 별인 시리우스가 해 뜨기 전 동쪽 지평선에 나타나면 나일강이 범람하는 시기라는 것과 이 일이 365일을 주기로 반복된다는 것도 알았다. 1년을 365일로 정한 태양력의 시작이었다. 또 달은 모양이 완전히 한 주기 바뀌는 데 약 29일 13시간이 걸린다는 것을 알아내어 이를 한 달로 정했다. 이들은 1년을 3계절로 구분하고 한 계절에 네 달을 배열했다. 그리고 한 달은 10일씩 3주로 나누었다. 윤달이 없어서 지금의 태양력과는 4년마다 1일씩의 차이가 있지만 거의 정확한 달력을 만들어냈다. 이러한 물질문명의 발전 과정을 보면 일정한 종교적·신화적 요소를 띠고 있다. 예컨대 메소포타미아문명의 주인공인 수메르인은 농경 생활을 하며 웅장한 신전, 율법, 문학, 쐐기문자 등을 만들어낸 수준 높은 문명인이었다. 그런 만큼 농경에 필요한 각종 기술, 과학과 관련된 신화가 많다. 인류 문명을 창시한 신으로 숭배된 엔릴은 자신의 명령에 따를 여러 신을 만들고 이들에게 각종 식물과 가축, 땅을 경작하는 데 필요한 농기구들을 만들게 했다. 지혜의 신 엔키는 벽돌의 신 카브타에게 곡괭이와 벽돌을 만들게 하고 집과 가축우리를 지었다. 특히 엔키는 인안나에게 수메르문명을 이루는 수백 가지 문명의 도구들의 목록을 만들어주었다. 이처럼 신화에서 엔키는 인류 문명을 일으킨 신으로 묘사되고 있다.[10] 한편 중국의 신화에서 염제는 불의 신인 동시에 농업의 신이다. 그의 생김새는 소머리에 사람의 몸을 하고 있다. 염제가 태어나기 전에 인간은 들과 산을 뛰어다니며 먹을 것을 구하는 수렵채집 생활을 했다. 염제 시대에 인구가 늘어나면서 사냥과

채집만으로 먹고 살기 힘들어 사람들이 굶어 죽었다. 염제는 식량이 부족하여 죽어가는 인간을 보고 먹을 것을 많이 생산하기 위해 농업을 생각해냈다. 이리하여 인간은 농업시대로 옮겨 가게 되었다. 염제 이전 수렵채집 시대에 태호 복희씨는 그물을 만들어 고기 잡는 법을 인간에게 가르치고 새그물을 만들어 새 잡는 법도 가르치는 등 수렵 방법을 인간에게 알려준 신이었다. 이처럼 인류 문명의 발전은 인간의 지혜가 아니라 신이 가르쳐준 덕분으로 설명되어왔다. 이렇게 신화와 종교는 고대부터 인류 역사에서 문명 발전의 중심을 차지하고 있었다.

농경 생활에서는 촌락을 구성하여 공동생활을 하게 되었다. 사람들이 모여 살다 보니 공동으로 사용할 우물을 파야 했고 비가 와도 지나다닐 수 있도록 길을 만들어야 했다. 가족이 함께 모여 살기 위한 큰 집도 필요했다. 관료들이 머무르며 일하는 궁궐과 제사를 지내기 위한 신전도 지어야 했다. 특히 지배자의 상징이자 관료들의 권위를 나타내는 궁궐과 신에게 제사하는 신전은 정성을 다해 거대하게 건축해야 했다. 거대한 건축물을 만들기 위해서는 수직과 수평을 측정하는 기술, 즉 정확한 수직 각을 측정하는 방법을 알아내야 했다. 지금까지 알려진 최초의 자는 아시리아에서 발견된 4,650년 된 구리 도구다. 줄자는 기원전 3000년경 고대 이집트에서 처음 사용되었는데 매년 범람하는 나일강의 물이 빠지면 강 주변 경작지의 경계를 다시 정하기 위해 밧줄을 당겨 경계를 설정하는 일을 맡았던 측량 기사의 도구였다.[11] 한편 무게를 재는 저울은 기원전 2000년경 인더스강 유역에서 유래한 것으로 알려져 있다. 정확한 무게를 재기 위한 과학적인 저울은 천평칭 저울과 똑같은 원리로 움직이는 로베르발 저울로 1669년 프랑스에서 만들어졌다. 이어서 용수철저울은 1770년경 영국에서, 수정진동자저울은 1959년 미국에서 처음 만들어졌다. 가장 정확한 저울은 1980년 미국에서 만들어진 디지털 저울이다.

또 농업시대에 잉여 생산물이 생기자 무역과 상업 등 시장경제가 시작되면서 셈법이 필요하게 되었다. 주로 10진법 혹은 60진법 등이 사용되었다. 물건을 사고파는 방식은 초기에 주로 물물교환이었으나 점차 상업과 무역이 활발해지자 돈이 만들어졌다. 기원전 2000년경 조개껍질, 소금 등이 구리, 금, 은 같은 귀금속과 똑같은 값을 지닌 상품화폐 역할을 했다. 중국에서는 기원전 2000년경 천연 조개껍데기인 패폐로 시작하여 칼처럼 생긴 도폐와 삽처럼 생긴 포폐가 등장했다. 한나라 왕망 시기에는 오늘날의 열쇠처럼 생긴 오수전을 비롯한 다양한 형태의 화폐들이 발행되었다. 그러나 이런 형태의 화폐들은 모서리가 있어 몸에 상처를 내기도 하고 무거워서 휴대하기도 불편했기 때문에 계속 사용되지 못했다. 가운데에 네모난 구멍이 있는 둥근 형태의 방공원전이 등장하여 오랫동안 가장 보편적인 화폐 형태를 유지하며 사용되었다. 원나라와 명나라 때 잠시 지폐가 등장하기도 했지만 이 역시 오래 통용되지 못했다. 이후 구멍이 없는 원전이 등장하여 금속화폐의 최종적인 형태를 유지하게 되었으며, 오늘날까지 이어지고 있다. 역대 중국의 왕조들은 수많은 화폐를 발행했는데, 그 발행 이유는 크게 2가지다. 첫째, 새로 세워진 왕조는 개국을 기념하기 위해 새 화폐를 발행했다. 그리고 같은 조대

내에서도 새 임금이 등극하면 이를 기념하기 위해 새 연호전을 발행한 경우가 허다했다. 둘째, 부족한 재정을 충당하기 위해 남발한 경우다. 잦은 대외 정벌이나 자연재해로 인해 재정이 바닥났을 때 우선 위기를 모면하기 위해 임시방편으로 품질이 불량한 화폐를 대량 남발하여 혼란을 초래했다. 그리고 이로 인해 화폐 가치가 폭락하면 다시 새 화폐를 발행하여 위기를 모면하려 했다. 조선시대의 대표적 화폐인 상평통보는 중국에도 널리 알려진 화폐였다.[12] 청나라 정부가 이 화폐의 형태를 모방하여 만든 상평식전이 있을 정도였다.

다음으로 오늘날 현대인이 전자계산기를 사용하기까지 그 이전에는 주로 주판이 사용되었다. 최초의 주판은 기원전 2500년경 메소포타미아에서 만들어졌으며 최초의 아날로그 컴퓨터로 알려진 그리스의 안티키테라 기계는 기원전 100년경에 나왔다. 이후 1614년 영국에서 로그, 1621년 독일에서 최초 계산기가 등장했다. 그리고 1820년 프랑스에서 아리스모미터가 개발됨으로써 사칙연산이 가능해졌다. 한편 기원전 3000년경부터 이집트에서는 몇 톤에 달하는 돌 250만 개를 230미터 길이의 정사면체 바닥에 147미터 높이까지 쌓아서 피라미드를 세웠다. 기원전 2000년경 키프로스에서는 3톤짜리 돌 5천 개를 쌓아서 방파제를 건설했다. 무거운 돌을 들어 올릴 목적으로 거중기를 만들었다. 거중기는 10미터 이상 높이의 두 축에 가로축을 연결하고 그 가로축에 도르래를 걸었다. 또 건축을 위해 벽돌을 만들어 사용했다. 기원전 3000년경까지는 진흙에 볏짚을 섞어서 형태를 만든 후 햇볕에 말려 사용했지만 기원전 300년경부터는 1천 도의 불에 구워 만들었는데 그 강도가 콘크리트보다 두 배 이상 단단했다. 또 돌을 다듬는 기술이 발달하여 거대한 돌을 적당한 크기로 잘라 사용할 수 있었다. 이를 위해 자동 톱을 만들어 사용했는데 물레방아의 회전운동을 직선 왕복운동으로 전환하는 방식(현대의 크랭크축) 혹은 소를 앞뒤로 움직이게 하는 방식을 이용한 것이었다.

이러한 대규모 공사와 농산물의 이동에 필요했던 것이 바퀴다. 최초의 바퀴는 기원전 3500년경 도자기를 만들 때 쓴 물레였다. 기원전 3000년경 이전에 이미 무거운 것을 옮기는 데 둥근 통나무가 이용되었고 마찰을 줄이기 위해 썰매가 사용되었다. 썰매를 둥근 통나무 축 위에 올려 짐을 나르다가 발명된 것이 바퀴였다. 기원전 3000~기원전 2500년경에 수메르인이 소나 말이 끄는 수레를 만듦으로써 사람과 무거운 물건을 운반하는 데 획기적인 변화를 이뤄냈다. 기원전 2000년경에 아리아인이 두 마리의 말이 끄는 전차를 만들었고 기원전 1674년에는 힉소스인이 이 전차를 앞세워 이집트를 점령하여 100여 년간 지배할 수 있었다. 당시 전사들이 빠르게 이동하는 말 뒤에 올라서서 자유로이 무기를 사용할 수 있게 만든 전차는 지금의 탱크와 같은 위력을 발휘했다. 기원전 800년경 말 등에 올라타는 기술이 생겨나기까지 전차는 절대적인 힘을 발휘했다. 기원전 2000년경에는 새로운 형태의 바퀴가 등장했다. 바로 바큇살 바퀴로, 축대를 끼우는 중심 바퀴통에 4~6개의 바큇살로 테두리 바퀴를 연결한 형태였다. 이는 원판형 바퀴보다 가벼워 빠르게 굴러가고 충격 흡수력도 좋았다. 히타이트인과 이집트인이 바큇살 바퀴를 전차를 제작하는 데 활용했다. 히타이트인은 전투력을 갖춘 전차를 이용한 최초의 민족으로 4개의 바큇살 바퀴와 말 사육 능력을 활용해 전투력을 높였다. 전차 중간에 바퀴가 달려 있어서 세 명의 병사가 탈 수 있었고 나귀가 아닌 말이 끌고 달리기 때문에 전차의 속도가 빨랐다. 목축을 주된 생계 수단으로 삼은 히타이트인은 인류 역사상 최초로 철제 도구와 무기를 사용한 민족이다. 이들은 메소포타미아 문화를 수용하고 하티 문화와 아시리아 문화를 혼합하여 독창적인 정치, 법, 종교, 문학, 미술, 기술을 발전시켰다. 특히 철 제련술을 개발하여 수준 높은 철기를 바탕으로 소아시아 지역을 약 500년 동안 지배하다가 기원전 1200년경 멸망했다. 이러한 히타이트 철기 문화의 영향을 받아 바큇살 바퀴를 단 전차가 이집트에서도 제작된 이후 그리스-로마 시대에도 이용되었다.[13] 히타이트인의 철기 문화는 스키타이인에 의해 동아시아까지 전파되어 중국의 춘추전국시대에 전차가 전쟁에서 주요한 역할을 했다. 전차의 확산은 바큇살 바퀴의 확산과 발달을 가져왔다. 기원전 1000년경 영국의 켈트인은 바퀴 테두리에 철판을 둘러 테두리가 닳아 없어지는 것을 완화했다. 1870년대에 이르러 와이어 휠과 고무 타이어가 발명될 때까지 바큇살을 가진 바퀴는 큰 변화 없이 쓰였다. 이후 바큇살 바퀴가 더욱 확산하여 수차, 톱니바퀴, 물레바퀴 등으로 다양하게 응용되면서 바퀴 문명의 새로운 역사가 펼쳐지게 된다.

　수레는 물건을 힘들이지 않고 옮기고 사람을 목적지까지 빠르게 이동할 수 있게 해준다. 그러나 수레는 단순히 이동 수단에 그치지 않고 수레가 다닐 수 있도록 건설한 도로가 여러 지역의 도시를 형성하게 하는 원동력이 되었다.[14] 도시가 건설되자 사람들의 거주지가 도시와 외곽으로 구분되면서 자연스럽게 직업의 분화가 일어나 인류 문명에 변화를 일으키는 데 수레가 커다란 역할을 했다. 또 수레는 장거리 여행과 원정을 가능하게 해서 국가 간의 무역이 활발하게 이뤄지게 했으며 이로써 거대한 제국이 탄생하는 밑바탕이 되었다. 수레를 타고 도로를 오가는 사람들 덕분에, 뿔뿔이 흩어져 살며 소수 집단의 경험에만 의지하던 인류는 서로의 지혜와 경험을 모아 소통할 수 있었다. 끊임없이 개량된 수레는 기차의 발명으로 산업혁명의 주역이 되어 현대사회의 기틀을 만들었으며, 오늘날에도 발달한 수레 형태인 자동차는 인류의 통합을 더욱 가속화하고 있다.[15]

　도로 외에 대규모 물자의 이동은 강을 통해 이루어졌다. 중국의 황하강과 양자강, 인도의 갠지스강과 인더스강, 이집트의 나일강, 메소포타미아의 유프라테스강과 티그리스강 등 인류의 4대 문명이 발달한 강들은 배로 사람과 물자를 옮기는 교통 중심지였다. 그리스와 로마 문명은 강 대신 지중해를 중심으로 해상무역을 통해 발전했다.[16] 육로 교통은 도로를 건설하려면 많은 인력과 장비가 갖춰져야 했다. 이러한 토목공사는 고대에 제국이 아니면 개별 국가로서 감당하기 어려웠기에 강이나 수로를 통한 교통로가 발전하게 된 것이다. 강을 중심으로 농업이 발전하게 된 것은 농작물 재배에 절대적으로 필요한 물 때문이었다. 그러나 강 주변 지대는 홍수의 공포가 뒤따랐다. 물의 범람을 막고 관개용수의 사용을 편리하게 하기 위한 치수가 필수적이었다. 그리하여 이들 문명 지역에서는 강의 범람 시기 및 계절의 순환을 알기 위해 천문학과 역법이 발전했다. 그리고 강의 범람 이후 농지를 다시 구획하기 위해 삼각측량과 기하학과 토목이 발달했으며 수학뿐 아니라 사유재산이 생겨나면서 이를 기록할 문자가 발명되었다. 원시시대에는 자연과 우주, 인간 탄생의 기원을 설명해주는 종교 혹은 신화가 과학의 역할을 했으나 농업시대에는 생활에 필요한 실용적인 과학이 발달했다. 메소포타미아 사람들은 고도의 수학 능력을 발휘했는데 주로 60진법과 10진법을 합친 것이었다. 원주를 360도, 그리고 해시계와 물시계를 사용하여 1분을 60초, 1시간을 60분, 하루를 24시간, 한 주를 7일, 1년을 12개월로 정했다. 수학은 표와 문제풀이로 구성되었으며 제곱, 제곱 루트, 세제곱 루트, 역수 등에 관한 표와 방정식과 순수수학을 사용했다. 또 관개수로를 설계하는 방법을 다룬 수학서도 있었다. 메소포타미아 사람들은 도시, 왕궁, 신전, 운하 등 주로 건축과 토목공사를 위한 기하학이나 삼각법에 정통했다. 이 밖에 무게, 길이 등을 재는 표준제도가 발달하는 등 과학은 실용적인 학문으로서 활용되었다. 이러한 과학 지식은 그리스에 전해져 그리스 문명을 탄생시켰다. 이집트인 또한 응용과학에서 선구적인 역할을 했다. 이집트인이 사용한 태양력에서 1년은 30일을 한 달로 한 12개월이며 1년 끝에 5일을 추가했다. 로마 시대에 그 오차를 바로잡은 것이 바로 율리우스력이다. 이 달력의 오차를 다시 1582년에 고쳐서 오늘날의 달력(그레고리력)이 되었다. 문명은 이렇게 인간 생존을 위해 자연현상을 관찰하고 또 생활에 필요한 각종 도구 제작 기술을 발전시켜나갔다.

고대 과학기술이 인류 역사에 미친 획기적인 변화는 무엇일까. 일단 농업으로 증가한 인구의 식량난이 해결되었을 뿐 아니라 각종 자연재해로부터 안전하게 지낼 수 있는 가옥과 건물 그리고 각종 생활 도구가 발명되어 인간은 혹독한 육체노동으로부터 해방될 수 있었다. 과거 수렵채집 생활을 하던 시대보다 평균 수명이 증가함으로써 인구 증가가 더욱 가속화하여 씨족이나 부족 사회가 국가로 발전해나갔다.[17] 생존을 위한 노동에 매달리던 인간은 과학기술의 발전 덕분에 여유로운 생활을 하게 되어 점차 철학, 문학, 예술 등 정신문화가 발전하게 되었다. 수렵채집 시대에 인류는 수시로 집을 옮겨 다녀야 했다. 짐을 운반할 마차나 가축이 없어서 사람이 등에 지고 다녀야 했다. 집도 임시 거처나 동굴 같은 자연물을 이용하여 언제나 편하지 못했다. 또 날씨와 계절의 변화를 예측하지 못해 자연재해에 속수무책이었다. 늘 불안과 위험이 뒤따랐다. 그러나 농업 시대에는 이 모든 문제가 해결되었고 인간은 이제 자연 상태에서 벗어나 본격적인 과학기술 문명으로 접어들게 되었다.[18]

그렇다면 인구 증가와 더불어 과학기술 시대로 들어선 인류는 이전 자연 상태보다 더 행복하다고 볼 수 있을까. 사실상 역사학자들은 이에 부정적이다. 마르크스주의는 물질문명의 발전으로 인해 가진 자(유산자)와 갖지 못한 자(무산자)의 계급으로 분화하여 불평등 사회가 도래했다고 단언한다. 이 때문에 지배와 피지배의 역사가 계속되어왔다고 보고 진정한 평등이 이뤄지는 이상적인 세계를 원시 공동체 사회(수렵채집 생활)로 규정한다. 농업이 재산의 사유제, 이로 인한 가족제도와 계급 분화를 초래했고 인간을 노동에 시달리게 했다고 한다면 왜 인간은 이를 포기하지 않았을까? 유발 하라리의 다음 주장을 살펴보자.

　　작은 변화가 축적되어 사회를 바꾸는 데는 여러 세대가 걸리고 그때쯤
이면 자신들이 과거에 다른 방식으로 살았다는 것을 아무도 기억하지
못하기 때문이다. 인구 증가 때문에 돌아갈 다리가 불타버렸다는 것도
한 이유였다. 쟁기질을 도입함으로써 마을의 인구가 1백 명에서 110명
으로 늘었다고 가정해보자. 이중 자신들이 자발적으로 굶어 죽는 것을
선택함으로써 나머지 사람들이 과거의 좋았던 시절로 돌아갈 수 있도
록 할 열 명이 있었겠는가? 돌아갈 길은 없었다. 덫에 딱 걸리고 말았
다.[19]

　그리하여 인류는 여기서 사회제도와 과학기술의 발전을 생각했
다. 어쩔 수 없이 행복했던 과거로 돌아가는 것이 불가능해지자 인
간은 이러한 노동 문제를 해결하기 위해, 그리고 갈수록 증가하는
인구의 식량 문제를 충족하기 위해 가축과 농기구를 사용함으로써
노동력을 줄이고 동시에 더욱 효율적인 농업 생산을 위해 과학기술
발전에 몰입하게 되었다.[20] 농업과 정착 생활에는 식수와 관개용수
가 절대적으로 중요하다.(이것이 4대강 유역에서 고대문명이 발전한 이유
다.) 그래서 하천과 강의 범람을 막고 물을 필요에 따라 농지에 공급
하는 치수 기술이 발달했다. 한편 상업과 교역을 위한 육상 운송에
는 많은 어려움이 따랐다. 마차가 개발되었을지라도 도로가 충분히
닦이지 않으면 운송에 한계가 있을 수밖에 없었다. 또 한 번에 많은
물량을 육로로 운송하려면 많은 인력과 가축이 필요하고 먼 거리를

가려면 날씨 등 온갖 장애물이 도사리고 있었다. 고대 도시들은 주로 강 주변에 세워져서 강이나 하천을 이용한 운송수단이 발달하기 시작했다. 수로를 이용한 운송은 육로를 이용한 운송보다 훨씬 쉬웠다. 더욱이 수로 운송은 더 많은 물량을 실을 수 있을 뿐 아니라 바람이나 물의 흐름을 이용하기 때문에 운송에 필요한 노동력도 그만큼 줄었다.

고대에는 도로보다 수로가 더 많이 개척되었는데 메소포타미아 수메르인이 기원전 3500년경에 처음으로 용수로를 건설했다. 선박이 오갈 수 있는 최초의 가항수로는 기원전 510년경 페르시아 다리우스1세가 나일강과 홍해를 연결한 수로로 추정된다. 기원전 3세기에는 중국에서 대운하가 건설되었고 이어서 송나라 교유옥이 984년에 최초의 현대식 수문을 제작했다. 석기시대에는 단순히 통나무를 타고 이동하거나 가죽 주머니에 공기를 집어넣고 물에 띄워 이를 타고 다녔을 것으로 보고 있다. 그러나 기원전 4000년경 문명시대에 들어서는 통나무를 갈대로 엮어서 배를 만들었다. 기원전 3000년경 이집트에서 피라미드나 오벨리스크 건설에 필요한 수십 톤의 돌들을 멀리서 운반해 오기 위해 60미터 길이의 거대한 배를 건조한 것을 보면 당시 배를 만드는 조선술이 얼마나 뛰어났는가를 알수 있다. 톱니형 닻은 기원전 1000년경에 만들어진 것으로 보이며 배의 방향을 조정하는 장치로 배의 후미에 설치되는 선미타는 기원전 1세기 진한 시대의 중국에서 사용되었다. 이와 같이 건조된 배는 기원전 1500년경부터 크레타섬과 그리스 반도 그리고 이오니아와 팔레스타인으로 둘러싸인 에게해 주변에서 해상무역이 크게 발달하게 만들었다. 기원전 1200년경에는 팔레스타인에 있던 도시국가 페니키아가 에게해와 아프리카 북부까지 넘나들며 무역 강국으로 등장했다. 이때 만들어진 배는 주로 사람들이 배 밑에서 양쪽으로 노를 짓는 방식이었는데 메소포타미아 지역에서 발견된 기원전 2900년경의 그림에 사각돛을 단 선박이 등장하는 것을 보면 당시에 돛을 이용한 배를 제작했음을 알 수 있다.[21] 이후 돛을 위주로 하고 노를 보조 동력으로 사용하는 갤리선이 등장하여 중세에 이르기까지 사용되었다.

선박은 인간이 지리적 한계를 극복할 수 있는 이동 수단이었다. 선박을 이용하여 사람들은 육로보다 훨씬 원활하고 빠르게 먼 곳까지 이동할 수 있었을 뿐 아니라 이로 인해 무역과 인적 교류가 활발해져 문명 발전이 더욱 촉진되었다. 이러한 획기적인 변화는 15세기부터 항해술과 선박 제조 기술의 발달에 힘입어 일어난 대항해시대에 본격적으로 시작되었다. 각기 고립되어 발전해왔던 지역들이 해로를 통해 상호 소통하면서 전 지구적인 네트워크가 구축되었다. 이를 통해 사람과 상품, 가축과 농작물 등이 먼바다를 넘어 이동했고 지식과 정보, 사상과 종교가 교환되었다. 그러나 평화적인 교류가 이루어진 만큼이나 무력 충돌, 경제적 착취, 환경 파괴, 종교 탄압이 일어났다. 이러한 복잡다기한 과정을 통해 온 세계가 하나의 흐름 속에 합류하는 진정한 의미의 세계사 혹은 지구사가 탄생한 것이다.[22]

또 문명의 발전을 특징짓는 것 중 하나는 의복이다. 고대 이집트는 온난하고 건조한 지역이었기 때문에 노예들은 대부분 벗은 채로 살았다. 일반인은 아마포(쉔티)를 허리에 두르는 정도였으며 온몸에 두르는 옷을 입은 것은 대개 왕족과 귀족이었다. 추울 때 양털이나 짐승 가죽으로 만든 옷을 입을 수 있는 것도 왕족과 귀족뿐이었다. 고대 메소포타미아 지역은 이집트보다 추운 날씨였다. 이들이 남긴 그림을 보면 대부분 반팔 옷을 입었고 긴팔에 온몸을 감싸는 옷은 귀족들만 가능했다. 고대문명 시대에 한동안 사람들은 식물에서 얻은 직물로 옷을 만들었다. 동물 털에서 실을 만드는 모직 기술은 기원전 1000년경에야 본격적으로 활용되기 시작했다. 기후가 비슷한 인더스문명의 의복 문화도 이집트와 같은 수준이었다.

황하강 유역에서는 견직물 문화, 인더스강 유역에서는 면과 염색물 문화, 유프라테스강 유역에서는 모직물 문화, 나일강 유역에서는 아마직 문화가 특징적으로 이루어졌다. 직물 발상기의 상태는 이집트의 기원전 4000년경 파이윰 유적지와 바다리 유적지에서 출토된 평직 마포, 메소포타미아의 기원전 4000년경 수사 유적지와 이란의 시알크 유적지에서 출토된 평직 마포, 인도의 기원전 3000년경 모헨조다로 유적지에서 출토된 천염면직물, 중국의 기원전 3000~2000년경으로 추정되는 서음촌 채도 유적에서 출토된 견각과 기원전 1500~1100년경 은나라 때의 청동제 도끼와 술잔에 부착된 평직·능직의 견직물 단편, 남아메리카 안데스 지역의 기원전 4000~1200년경으로 추정되는 와카 프리에타 유적에서 출토된 편물, 어망, 평직물 등을 통해 유추할 수 있다.

그 뒤의 발전 상황은 중국의 기원 전후 연대인 한나라 때 호남성 장사시 마왕퇴 유적에서 출토된 평견·나·사·기·자수·금과 메소포타미아 신전 유적의 기원전 500년에서 서기 400년경으로 추정되는 평직·능직·철직·무직·파일직의 염직물 등을 통해 알 수 있다. 출토된 직물 유품을 통해 발상 초기의 직물 조직은 평직이며 그것이 각종 무직과 사자직 등의 변화조직 직물로 발전한 것을 알 수 있다. 뒤이어 능직과 그 변화조직, 평직과 능직의 문직물인 화려한 5색 선염사에 의한 금(錦)이 제작되었다. 파일직은 고대 메소포타미아의 카우나케스 제직에 기원을 둔다면 그 제직 연대가 기원전 2900년경까지 올라간다. 이 파일직은 후대 융단과 벨벳 제직의 선구다. 직물의 삼원조직 중 주자직이 제직된 것은 1200년경으로 발상지는 페르시아로 추정된다. 주자직의 유품은 페르시아의 레이에서 처음 출토되었는데 이것은 셀주크왕조(11~13세기)의 것으로 보인다. 주자직이 중국에 전해진 것은 송나라 때이고 이것이 단(緞)으로 발전해 화려한 견직물의 극을 이루었다. 페르시아는 주자직 제직 이전인 5세기경에 이미 중국의 경금(經錦) 기술을 토대로 이를 전환하여 많은 색의 색사를 사용할 수 있는 위금(緯錦)을 제직해 세계 직물 발전에 공헌했다. 페르시아의 이러한 활동은 메소포타미아에서 발달한 직물 기술의 영향을 받고 이어서 중국·시리아·로마·이집트 등의 제직 기술을 흡수함으로써 이루어진 것으로 여겨진다. 그보다 중요한 것은 그들의 집요한 성격과 선천적인 예술성을 들 수 있다. 위금은 중앙아시아 아스타나 고분군에서 많이 출토되어 그 실상을 보여준다. 유프라테스강 상류 지역인 이라크 북부의 원시 농경 유적지(자르모)에서 출토된 실을 만들 때 사용된 방추는 인류의 가장 오래된 방적 기술의 역사를 보여준다.

농경사회에 이르러 인류는 모직이나 마직, 면직 등 제대로 된 옷감으로 옷을 만들어 입었다. 이 가운데 중국에서 생산된 견직, 즉 비단은 과학기술 발전 이전에 가장 훌륭한 옷감이었다. 서로 알지 못했던 동양과 서양은 바로 이 비단이라는 옷감으로 만나게 된다. 물론 청동기와 철기 제작 기술은 고대부터 동양과 서양이 서로 영향을 주고받으며 발전했지만, 본격적인 두 문명의 만남은 비단에서 시작되었다. 미지 상태에 있던 동양에 관한 소식이 유럽에 알려지게 된 것은 로마제국 아우구스투스 치세의 기원전 1세기로 중국을 지칭하는 세레스(Seres) 혹은 세라(Sera)라는 명칭이 생겨났다.[23] 로마 시대에 거친 모직보다 부드러운 비단은 가장 값비싼 진귀품으로 모든 귀족이 갖고 싶어 한 선망의 옷감이었다. 오늘날 중국을 뜻하는 차이나(China)는 기원전 3세기의 진나라에서 유래한 것이다.[24] 이 신비한 옷감으로 인해 유럽과 동양은 서로 교통하면서 또 다른 문명 세계가 존재한다는 것을 알게 되었다. 그리하여 실크로드가 생겨나 동서 문명과 문화가 서로 교류하고 영향을 주고받음으로써 인류 역사를 발전시켰다.

15세기까지 중국은 자연과학과 기술 분야에서 유럽보다 훨씬 발전한 선진국이었다. 유럽에서 중국으로 들어온 것보다 중국에서 유럽으로 수출한 것이 더 많았다. 자석나침반과 이를 이용한 항해술, 종이, 인쇄술, 도자기 그리고 화약이 그것이다. 사실상 동양의 문명이 미개한 유럽의 문명을 일깨워준 것이다. 유럽이 봉건제에서 벗어나 자본주의와 근대화를 이룩한 것은 동양 문명과 문화의 덕택이었다. 이 사례는 과학기술이 단지 생활에 편리한 이기에 그치는 것

이 아니라 인류 역사 발전의 획기적 전환점을 이룬다는 것을 보여
준다. 이러한 유럽의 역사 발전에 대해서는 다음 장에서 살펴보도
록 하겠다.

3

만드는 기술

인간이 살아가는 데 가장 필수적인 것은 식량과 물이다. 인류 문명이 4대강 유역에서 발생한 것도 이러한 이유에서다. 인구가 증가하여 도시가 세워지면 수렵채집 시절보다 더 많은 식량이 필요하게 되고 이를 해결하기 위해서는 농업이 필수적이었다. 그러나 농업은 이전보다 훨씬 많은 노동력이 있어야 하므로 인간의 힘만으로는 부족할 수밖에 없었다. 그리하여 인간은 가축이나 바람 등 자연 동력을 이용하게 되었고 또 여러 종류의 도구를 만들어 사용했다.[25] 한편 같은 혈족 중심으로 무리를 이루어 살던 시절과 달리 도시는 혈통이 다른 많은 사람이 모여 살았기 때문에 복잡한 사회질서가 생겨났다. 새로운 생활 방식을 갖게 되면서 지식을 기록하거나 장사, 채무, 생산물 숫자 등을 적어두기 위한 문자가 만들어졌다.[26] 문자는 인류가 지식을 기록하여 후세에 전함으로써 과학기술을 더욱 발전시킬 수 있는 계기를 마련해줬다. 무엇보다 석기 혹은 나무로 도구를 만들어 쓰던 시대에서 벗어나 더 튼튼하고 단단한 청동기와 철기를 사용하면서 급속도로 문명이 발전해나갔다. 청동기의 사용은 호모에렉투스가 불을 사용한 이래 인류가 불을 자유롭게 다룰 수 있게 되었다는 것을 의미한다.[27] 인간이 필요로 하는 에너지는 주로 나무 등 땔감에서 얻었다. 그러나 청동기와 철기 제작에는 과거 석기와는 비교할 수 없을 만큼 많은 에너지가 필요했다. 석기시대에는 돌로 만든 도끼로 나무를 베었지만, 청동기와 철기시대에는 청동기와 철기 도구로 많은 땔감을 얻을 수 있었을 뿐 아니라 단단한 화강암 등 암석을 자르고 다듬어서 튼튼한 건축물을 지을 수 있었다. 청동기와 철기로 무장한 고대 왕국들은 국가의 권위를 상징하는 수많은 신전과 왕궁을 지었다. 중국이 성벽은 단단한 석재로 축조하고 왕궁이나 가옥은 주로 목재를 사용한 반면, 메소포타미아문명과 이집트문명, 인더스문명, 잉카문명 등에서는 석재 혹은 진흙으로 만든 벽돌을 이용하여 건축물을 지었다. 나무나 흙으로 지은 건축물은 화재와 물에 약해 쉽게 무너지는 경우가 많았지만, 피라미드나 신전, 궁전 등의 석조건물은 자연재해에 강해서 오늘날까지 남아 있을 정도다.

인류 역사에서 이름난 제국 이외의 수많은 국가에서도 나무는 존재의 조건이었다. 그러나 숲을 적절하게 다루지 못할 때 적지 않은 문제가 발생했다. 지나친 벌목은 산사태와 물 부족을 낳았으며, 어떤 국가는 숲 제거가 멸망의 원인으로 작용했다. 이처럼 숲은 어떻게 다루느냐에 따라 인류의 생명을 유지시켜주기도 하지만 멸망시키기도 할 만큼 문명사에서 매우 중요한 비중을 차지한다. 그러나 지금까지 숲과 문명의 관계를 진지하게 검토한 연구는 거의 없다. 특히 아시아 국가들의 변화를 숲을 통해 검토한 예는 극히 드물다. 아시아에서 고대부터 현재까지 중요한 위치를 차지한 중국도 예외가 아니다.[28] 숲은 인류의 삶의 터전이자 문화의 밑거름이었다. 숲은 유럽에서는 야만을 의미했고 동양에서는 문명의 상징이었다.[29] 일반적으로 숲은 인간에게 과일 혹은 사냥감 등 먹거리뿐 아니라 집을 지을 목재와 추위를 막을 땔감을 제공했다.[30] 숲을 이용하여 인류는 문명을 발전시켜왔으나 한편으로 숲은 야만의 세계이기도 했다. 숲은 인간이 생명을 지켜나갈 수 있는 안전한 장소가 아니었다. 그래서 유럽에서 사막이란 말은 곧 숲을 의미했다.

나무와 돌은 동양과 서양 건축문화의 특징을 보여준다. 목조건물은 지붕의 무게가 비교적 가벼워 창을 넓게 내고 밖이 환하게 보이는 구조여서 주로 건물 외부보다 내부 장식에 치중한 면이 많다. 반면 석조건물은 하중이 매우 무거워 창을 좁게 만들 수밖에 없다. 그리하여 유럽에서는 실내보다 밖에서 바라보는 건물 외형에 더 많은 치장을 한다. 유럽 도시에 광장이 많은 것도 이 때문이다. 유럽은 석조건물의 폐쇄성으로 인해 집 밖 활동이 많아 생활문화가 동적이나, 동양은 집 안 활동이 많은 편이라 생활문화가 정적이다.

인류 역사에서 가장 획기적인 전환점은 약 50만 년 전부터로 알려진 불의 이용이다. 불을 이용하게 된 인간은 지구상의 다른 생물과 구별되는 특별한 존재로서 점차 자연의 제약을 극복해나갈 수 있었다. 불을 다루는 기술의 핵심은 온도의 조절이다. 불의 온도를 높이는 기술을 찾아내면서 청동기시대를 맞을 수 있었다. 청동기는 기원전 3500년경 메소포타미아문명과 이집트문명에서 사용하기 시작했다. 뜨거운 불을 피우고 재를 정리하다가 구리가 녹아 뭉쳐져 있는 것을 발견하면서부터였다. 이후 구리와 주석을 10:1의 비율로 합치면 단단한 동을 만들 수 있다는 것을 알게 되면서 도끼와 방패, 단검과 창 그리고 술잔 등을 만드는 데 사용했다. 이후 곡식 담는 그릇, 거울, 주전자 등 다양한 물건을 만들어 사용하게 되었다. 이때 부터 금속을 직업적으로 다루는 장인들이 생겨났다. 인간은 철의 존재도 기원전 3000년경부터 알고 있었다. 그러나 철광석을 녹여서 고급 철을 얻으려면 1,400도 이상으로 온도를 올릴 수 있는 고로가 필요한데, 이 기술은 기원전 400년경에야 중국에서 발명되었다. 따라서 기원전 400년경 이전에는 질이 떨어진 철을 사용했지만 그럼에도 철의 사용은 전쟁과 농업에서 큰 변화를 일으켰다. 철은 첨가되는 탄소의 비율에 따라 강도가 결정되므로 더 단단하고 길고 날카로운 칼과 창을 만드는 경쟁이 이뤄졌다. 청동기를 만드는 기술이 생겨나면서 금과 은 같은 귀금속을 가공하는 기술도 발전하기 시작했다. 금과 은은 1그램으로 0.0001밀리미터까지 얇게, 3천 미터까지 길게 만들 수 있는 유연성이 있기 때문에 다양한 형태로의 변형이 가능하다. 무엇보다 쉽게 구하기 어렵고 색이 변하지 않아서 화폐나 장식물로 사용되었다. 은은 기원전 2500년경 중국의 은나라에서 금과 함께 화폐로 사용되었다. 은은 접촉하는 물질에 따라 색이 바뀌는 약점이 있어서 금보다 가치를 인정받지 못하지만 650여 개 이상의 이물질에 반응하는 특성으로 인해 산업용과 건강용으로 많이 활용되었다.

또 불을 다루게 되면서 흙을 굽는 기술이 발전했다. 신석기시대에는 주로 햇볕에 말린 토기가 사용되었지만 4대강 문명 시대에는 600~800도의 불에 구운 토기가 등장했다. 신석기시대의 토기는 빗

살과 같은 단순한 흠집을 내거나 손잡이를 붙이는 방법으로 제조되었다. 그러나 4대강 문명 시대에는 토기에 색을 칠하고 그림을 그려서 구웠다. 토기가 단순히 곡물을 담아두는 그릇에서 장식의 목적으로도 사용되기 시작한 것이다. 이후 불의 온도를 800~1,000도까지 올릴 수 있는 기술이 개발되면서 토기에 비해 훨씬 단단하고 물에 풀어지지 않는 도기를 생산할 수 있게 되었다. 그러나 여전히 물에 약해서 포도주를 오래 담아두기는 어려운 수준이었다. 도기를 만드는 기술은 벽돌을 만드는 데도 사용되어 기원전 3000년경 이집트와 메소포타미아 지역에서는 색과 그림을 새겨 넣어 생산된 벽돌로 집을 화려하게 장식했다. 또 고온의 불을 다루기 시작하면서 기원전 1500년경 이집트에서 투명한 유리를 만들어냈다.[31]

4

지식의 저장고, 문자

그러나 무엇보다 인류의 역사 시대를 열게 만들어준 것은 문자의 발명이다. 기원전 3200년경 이집트와 수메르에서는 물체의 형상을 본떠 만들어서 표현에 제약이 많았던 상형문자로부터 글자의 구조를 만들어냈다. 그리고 기원전 1500년경 중국에서는 한 가지 소리마다 한 글자로 표현하는 음절문자가 생겨났으며 기원전 1100년경 페니키아에서는 소리를 정해진 글자의 조합으로 표현하는 알파벳을 만들어 사용하기 시작했다. 이로 인해 역사시대가 시작되었다. 이와 같은 문자들은 구석기시대에는 돌과 바위 등에 돌이나 뾰족한 뼛조각으로 새겨 넣었으나 4대강 문명 시대에 들어선 기원전 2500년경 이집트에서는 동물 가죽이나 진흙으로 만든 판, 양피지와 함께 파피루스의 껍질을 사용했고, 중국에서는 대나무를 잘라 엮어 만든 죽간을 사용했다.

문자만큼이나 문명의 발전에 공헌한 것이 숫자의 발명이다. 고대 인류는 숫자를 하나, 둘 그리고 많다는 의미의 셋까지밖에 세지 못했다. 그러다가 구석기시대에는 동물 뼈나 나무에 눈금을 새겨서 수를 표시했고 신석기시대에는 작은 돌과 큰 돌을 이용하여 계수하고 이 돌들을 토기에 담아 기록을 대신하기도 했다. 이후 돌의 수만큼 항아리의 겉면에 막대 표시를 새겨 넣었으나 점차 점토에 쐐기 모양의 선을 새겨 기록하는 방법으로 발전했다. 이를 쐐기문자라고 하는데 짐승의 개수를 표현하다가 짐승의 종류도 표현하면서 문자로 발전했다. 이러한 표시 방법이 기원전 3000년경 이집트에서 사용된 상형숫자다. 피라미드는 수많은 돌을 쌓아야 하는데 돌의 개수를 막대로 표시하는 것이 불가능하기에 이집트인들은 10단위로 그림을 그려서 숫자를 나타냈다. 메소포타미아문명에서는 바빌로니아 시대인 기원전 2000년경에 이르러 60진법의 숫자를 사용했다. 수메르인은 6진법과 10진법을 섞어 썼다. 6진법은 오늘날 우리가 하루를 24시간으로 나눈다거나 원을 360도로 나누게 하는 유산을 남겼다. 또 다른 유형의 기호는 사람, 가축, 토지, 날짜 등을 나타냈는데 두 유형의 기호를 결합하여 더 많은 기록을 보존할 수 있었다.

초기 단계에서는 빚의 액수와 재산의 소유권을 기록한 숫자에 한정되었다. 이러한 상형숫자는 나라마다 만들어서 사용했는데 지금 우리가 사용하는 인도-아라비아숫자는 서기 400년경 인도에서 만들어져 700년경 아랍으로 건너가면서 세계적으로 사용되게 되었다. 한편 잉카제국에서는 키푸라고 불리는 색색의 끈을 매듭짓는 방법(결승문자)이 사용되었다. 하나의 키푸는 수백 개의 줄과 수천 개의 매듭으로 만들 수 있었다. 각기 다른 색을 지닌 각기 다른 줄에 각기 다른 매듭을 지음으로써 대량의 수학적 기록을 남길 수 있었다.[32] 문자와 숫자의 표기 방법이 만들어진 것은 역사의 기록이라는 측면뿐 아니라 일반인의 생활에도 커다란 변화를 끌어냈다. 개인 재산과 상거래를 장부에 기록하면 관청의 인증을 받아 법적인 보장을 받을 수 있었고 각종 상거래를 편리하게 해주어 상업과 무역업의 발전에 크게 기여했다. 아라비아숫자가 인도에서 만들어진 것도 인도 지역에서 발달한 무역 거래를 간단하게 표기하는 방법이 필요했기 때문이다. 현대의 수학적 문자체계인 2진법은 0과 1로만 구성된다. 이제 이진부호는 현대인이 컴퓨터라는 인공지능을 사용하는 한 인간의 모든 정신세계를 지배할 것이다. 0을 처음 사용한 사람들이 인도인이다. 그리스에서는 일찍이 기하학이 발전했으나 인도에서는 수를 이용한 대수학이 발달했다.[33]

농경사회에서는 과학과 더불어 종교에 의한 정신문화도 진보했다. 앞서 설명한 바와 같이 우주와 자연현상을 설명하는 종교적 신화는 집단적인 도시 생활 속에서 발생한 인간 사이의 관계 그리고 사회질서와 가치관 등 어떻게 생각하고 어떻게 살아가야 하는가에 대한 철학과 종교관을 발전시켰다. 이에 따라 종교 제의와 경전이 발전했는데, 예컨대 이스라엘 유대교의 구약성서,[34] 인도 힌두교의 우파니샤드와 불교 경전, 중국의 노장사상과 유교 등이다.[35] 이러한 종교 혹은 사상은 인간과 인간관계를 중시하나 우파니샤드는 인간과 물질의 관계를 중시한다.[36] 궁극적으로 종교는 도덕의 수호자로서 기능했고 인간 공동체를 통제하는 법을 제공했다.[37]

인간의 자연에 대한 이해 그리고 살아가는 방식은 정신의 영역이다. 예컨대 고대 이집트인은 언제나 되풀이되는 계절, 끊임없이 도는 태양과 달과 별, 매일 변함없이 흘러가는 나일강을 바라보며 우주 속에 영원성이 있다고 생각하고 영원불멸의 삶을 추구했다. 이들이 피라미드를 세운 것도 이러한 이유에서다.[38] 메소포타미아문명에서는 수많은 문학적인 신화가 인간의 정신적 가치관을 가르치고 있는데 그 가운데 기원전 2600년경 점토판에 기록된 우루크를 다스렸던 왕 길가메시의 서사시는 죽음과 삶을 통해 영생을 얻기보다 '지금 이 순간을 잡아라'라는 현세적 삶을 가르치고 있다.[39] 수학에서 무한대 혹은 0은 불교에서 마하와 무의 개념이다. 불교 경전인『반야심경』에서 '색즉시공 공즉시색'의 귀결은 산스크리트어 원문을 보면 "이 세상에서 물질적 현상에는 실체가 없으며, 실체가 없기 때문에 바로 물질적 현상이 있게 되는 것이다. 실체가 없다 하더라도 그것은 물질적 현상을 떠나 있지 않다. 또 물질적 현상은 실체가 없는 것으로부터 떠나서 물질적 현상인 것이 아니다. 이리하여 물질적 현상이란 실체가 없는 것이다. 대개 실체가 없다는 것은 물질적 현상인 것이다."라고 되어 있다.[40]

공(空)이란 무를 체득한 경지다. '없음'(0)이 존재한다는 것, 이 의미를 유럽인들은 17세기 이후에야 이해하게 된다. 무는 철학적·종교적 의미이면서 수학이란 과학의 의미이기도 하다. 우주가 곧 무에서 생겨났듯이 무는 곧 물질인 셈이다. 이처럼 과학이란 물질문명이 정신에서 나온 것이라고 정의한다면 문명과 문화는 분리될 수 없는 '하나'가 된다. 피타고라스를 비롯한 고대 그리스 철학자들은 물론이고 유럽의 데카르트, 파스칼 등이 수학자 및 물리학자이면서 철학자였던 것처럼 과학과 철학은 서로 구별되지 않았다. 역사는 과학과 종교, 철학의 연결 고리에서 발전하고 진보해왔다. 오늘날 인류의 종교가 4대 문명 지역에서 발생한 것은 바로 이러한 역사적 맥락에서다. 수학의 발전은 곧 과학의 기초가 되었다. 마찬가지로 문자는 곧 지혜와 지식의 원천이다. 문자는 농업시대에 생산구조의 변화로 인해 필연적으로 탄생했다.[41] 문자는 단지 과학적 지식에 관한 기록에 멈추지 않고 문학, 철학 등 인간의 정신세계를 나타내는 용도로 발전했다. 그리고 인류는 문자를 통해 여러 지식을 후대에 전함으로써 다시 처음부터 시작해야 하는 수고를 덜어주었다. 문자 덕분에 지식은 더욱 발전할 수 있었다. 문자 없이 과학은 발전할 수 없었을 것이며 인류 역사 역시 후대에 전달되지 못했을 것이다.

제3장

동서양의
정신문화

1

지중해 세계

　기원전 4000~기원전 2500년경 사이에 간격을 두고 4대강 유역에서 생겨난 고대문명은 인구가 두 배 이상 증가한 기원전 400년경에 이르기까지 커다란 변화 없이 명맥을 이어갔다. 이집트문명은 왕조를 바꾸어가며 명맥을 이었고 메소포타미아문명은 인근 지역에서 발흥한 새로운 민족들이 힘을 키울 때마다 지배 세력이 바뀌는 과정을 반복하면서 기원전 500년경 등장한 페르시아에 의해 통합되었다. 그리고 황하문명과 인더스문명은 영역을 두 배 이상 넓히면서 독자적인 발전과 흥망을 거듭했다.

　인구가 증가하면서 기원전 1600년경에 이르러 4대강 유역 이외의 여러 지역에도 새로운 도시들이 생겨나기 시작했다. 에게해를 낀 펠로폰네소스반도 남쪽의 도시국가들이 점차 세력을 키워 성장하자 바로 근접해 있는 이집트문명과 메소포타미아문명은 이들 신생 도시국가의 도전에 직면하게 되었다. 기원전 500년경부터는 펠로폰네소스반도의 도시국가들이 바다 건너 튀르키예 북부를 넘나들면서 페르시아와 경쟁했고 기원전 330년경에는 신흥 도시국가들을 통합한 마케도니아의 알렉산드로스대왕이 강력한 군사력으로 페르시아와 이집트를 점령한 데 이어 중앙아시아를 거쳐 인더스문명까지 진출함으로써 인류 역사상 최초로 동서 문명 교류의 길을 열었다.[1] 이후 기원전 150년경부터 이탈리아반도의 도시국가 로마가 크게 성장하여 지중해에 이어 아프리카 북부와 이베리아반도를 지배하자 이집트문명과 메소포타미아문명은 쇠퇴해갔다. 이로써 지중해 패권을 장악한 로마제국의 시대가 시작되었다.

지중해 시대의 시작은 그리스 문명의 탄생이다. 그리스 문명은 메소포타미아와 이집트 등 오리엔트문명의 영향을 받아 꽃피운 에게문명과 미케네문명을 거쳐 오리엔트문명과 다른 독창적인 문명으로 발전했다. 말하자면 그리스 문명은 고립된 문명이 아니라 오리엔트와 그리스가 포함된 청동기시대의 문명이다.[2] 오리엔트의 강대국들이 쇠퇴하면서 지중해에서 힘의 공백 상태가 나타났는데 바로 이 상황에서 도시국가인 폴리스와 민주주의 등 독자적인 문명 세계를 구축해나갔다. 그리스는 지중해를 이용하여 여러 식민도시를 건설함으로써 지중해 일대를 하나의 문명 세계로 형성하는 기초를 닦았다.[3] 흔히 그리스-로마 문명을 가리켜 지중해 세계라는 지리적 명칭을 사용한다.[4] 그리스와 로마는 지중해 연안의 자연 조건을 공유한 관계로 주민들의 생활양식이 거의 같았다. 또한 바다를 이용하는 교통수단이 발달하여 지중해 연안 주민들의 정착과 이주 형태 그리고 주민들의 관계가 그 어느 지역보다 강한 해양성을 띠었다. 지중해라는 지리적 조건을 이용하여 그리스 세력은 크게 확대되었으며 마침내 기원전 5세기경 오리엔트 강자인 페르시아를 물리치고 지중해를 지배했다. 그리스 문화가 오리엔트까지 퍼져 성립된 헬레니즘 문화

는 로마에 계승됨으로써 유럽 고전 문화 형성의 기반이 되었다.[5]

4대강 유역에 자리 잡지 못한 사람들은 정착할 다른 땅을 찾아 먼 여정에 나섰다. 이들은 따뜻한 해양성기후이면서 이집트, 메소포타미아와 가까운 에게해 주변의 크레타섬과 펠로폰네소스반도 해안 그리고 튀르키예 해안을 따라 자리 잡았다. 특히 크레타섬은 기원전 3000년경부터 문명을 이룰 정도로 인구가 증가했고 펠로폰네소스반도에는 기원전 1700년경부터 그리스인이 중심이 된 미케네, 티린스, 필로스 같은 도시국가들이 생겨났다. 이 지역은 이집트나 메소포타미아와 같이 큰 강 주위에 발달한 비옥한 땅이 없어서 많은 사람이 모여 살기가 쉽지 않았기 때문에 주로 해변에 도시국가를 세우고 해상무역에 종사했다.

에게문명은 미노스왕의 이름을 딴 미노아문명과 그리스, 트로이를 포함한 미케네문명으로 구분된다. 크레타섬을 중심으로 발전한 미노아문명은 오리엔트의 영향을 받으면서 기원전 3000년경 청동기시대로 접어들었으며 기원전 2000년경에는 선형문자 A를 사용했다. 미노아문명은 기원전 2000년경 비약적인 발전으로 전성기를 맞이했는데 정교한 도자기가 제작되고 크노소스에 복잡한 방과 낭하로 된 궁전이 건설되었으며 기원전 1450년경에는 선형문자 A 대신 B가 나타났다.[6] 그러나 기원전 1400년경에 이르러 미노아문명은 크노소스궁전이 파괴되어 멸망하고 말았다.

크레타섬에 정착한 사람들은 기원전 1400년경 펠로폰네소스반도에 있던 미케네의 침략으로 멸망할 때까지 에게해의 해상무역을 장악하며 이집트문명과 메소포타미아문명을 결합한 크레타문명을 주변 도시국가들에 전파했다. 미케네문명은 전체가 트로이처럼 고대 오리엔트의 최서단 주변부 문화의 성격을 띠고 있었다. 이것은 그리스 문명이 오리엔트의 문명에 속하여 그 영향을 받고 발전했기 때문이다.[7] 선형문자 B가 해독됨으로써 이 문자를 사용한 미케네문명의 주인공이 그리스인의 선조라는 것이 밝혀졌다. 이들 그리스인은 펠로폰네소스반도에 많은 도시국가를 건설했는데 이 가운데 미케네 왕국이 황금의 미케네로 불릴 만큼 가장 강성했다. 미노아문명을 이어받은 미케네문명은 해상무역이 발전하여 히타이트, 페니키아, 이집트 등과 교류하면서 번영을 누렸다.[8]

크레타섬을 차지한 미케네는 에게해의 해상무역을 장악하기 위해 튀르키예 서북부에 위치한 트로이와 격렬하게 경쟁했다. 결국 이 두 국가는 기원전 1200년경 트로이전쟁을 치르게 되었다. 미케네의 아가멤논을 중심으로 한 연합군이 트로이를 침략하여 10년 동안 싸웠고, 지루하게 지속되던 전쟁은 목마를 이용한 기만전술로 연합군이 승리하면서 끝났다. 이 이야기는 실화가 아닌 전설처럼 구전으로 전해 오다가 기원전 8세기의 시인인 호메로스가 서사시『일리아스』와 『오디세이아』로 기록에 남김으로써 알려지게 되었다. 미케네인은 제우스와 포세이돈 등의 신을 섬겼고 사회구조는 왕 아래 전사계급과 관료인 서기 그리고 상인과 농민, 노예 등의 계급으로 이뤄져 있었다. 미케네문명은 그리스 반도 전역으로 퍼져나가 새로운 생명력을 얻어 화려하게 꽃피웠다. 도자기, 금속 세공 등 새로운 예술 형식이 생겨나 지중해를 중심으로 퍼져나갔다. 그러나 이 같은 과정을 통해 에게해 연안을 통합했던 미케네도 같은 그리스 종족인 도리아인에 의해 기원전 1100년경 멸망당하고 만다.

　도리아인의 남하로 미케네문명은 완전히 몰락하여 선형문자 B도 사라졌다. 그리하여 그리스 역사는 300년 동안 이른바 암흑기에 접어들었다. 이 시기 그리스인의 생활이나 사회를 알 수 있는 문서가 없고 말기에 쓰인 호메로스의 『일리아스』와 『오디세이아』가 당시 그리스인의 생활상을 조금이나마 전해주고 있어 이 시기를 호메로스 시기라고 부른다.[9] 이 문명은 그후 3천 년이 지나서야 하인리히 슐리만에 의해 발견되었다. 그러다가 에게문명도, 미노아문명도, 미케네문명도 아닌 새로운 그리스 문명이 탄생하기에 이른다.[10] 도리아인의 국가인 스파르타가 펠로폰네소스반도로 남하하여 기름진 땅 라코니아와 크레타섬에 자리 잡자 일부 무리는 이를 피하여 아테네가 있는 아티카 지역으로, 그리고 다른 무리는 에게해의 섬과 소아시아로 이주했다. 이들 그리스 이주민이 자리 잡은 소아시아 해안에 인접한 섬들은 이오니아라고 불렸고, 이들은 미케네문명과 오리엔트문명을 융합하여 이전보다 더 발전한 문명을 이룩했다.

　이들 그리스 이주민은 주로 해안 지역에 거주했기 때문에 침략자들에게 쉽게 공격당했다. 그래서 이들은 적으로부터 방어하기 위해 성을 쌓고 도시적인 생활체제, 즉 폴리스를 건설했다.[11] 고대 그리스는 이전과 마찬가지로 도시국가들이 델포이를 중심으로 동맹을 맺은 연합체여서 하나의 제국 형태를 이어가던 이집트문명과 메소포타미아문명과는 다른 지배 형태를 가졌다. 연합체에 속한 도시국가들은 각기 독자적으로 통치되었으며 대부분의 도시국가에서 시민들은 각자 자신의 토지를 분배받아 경작하는 사유재산을 보장받았다.

그러나 농토 비율이 적어서 대신 무역업과 무역 상품을 만드는 수공업이 발달했다. 도시가 각자 지분을 가진 귀족과 수공업자 그리고 농민 들로 구성되었기 때문에 왕의 권력이 절대적일 수 없는 시민 공동체가 형성될 수 있었다. 이런 이유로 도시 한복판에 아고라라는 광장을 만들었고 이 아고라를 중심으로 정치적인 활동과 공공 활동이 이루어졌다. 모든 시민은 언제나 모든 논의에 참여할 수 있었다. 그리스의 폴리스는 종교적·경제적 유대로 결합하여 법에 의해 규정된 완전한 독립성과 주권을 가진 시민공동체였다.[12] 같은 그리스 종족이지만 독립성이 강한 도시국가들을 하나로 묶어 결속하게 만드는 데 큰 역할을 한 것은 이들이 가진 종교였다. 이들은 하늘의 신인 제우스를 비롯한 신들을 섬기는 신전을 도시의 중앙에 건축했으며 국가적인 혹은 개인적인 행사가 있을 때마다 신전에서 제사를 올렸다. 연합체에 속한 도시국가들의 결속을 다지기 위해 델포이에 있는 아폴론 신전 앞에서 4년마다 모든 소속 국가들이 참여하는 체전을 개최했다. 그 기간에는 서로 전쟁을 하지 않는 전통을 만들었다. 이후 이는 근대 올림픽으로 발전한다. 이들은 스스로 헬레네인이라 불렀는데 이는 그들이 섬기던 신들 가운데 프로메테우스의 맏손자인 헬렌의 후손이라고 생각했기 때문이다.

많은 도시국가 중에 가장 강력한 세력으로 부상한 것은 아테네와 스파르타였다. 이 두 도시는 식민도시를 건설하며 세력을 넓혀갔다.[13] 그리스 연합체는 튀르키예 서부의 이오니아에 있는 도시국가들로까지 영향력을 확장했다. 새로 건설된 식민도시는 보통 모시(母市)와 정치적으로 독립적이었으나 방언과 습속, 정치제도, 관직명,

제사 등 거의 그대로 본래 폴리스를 따랐을 뿐 아니라 사람과 물자의 교류가 빈번하여 서로 긴밀한 유대 관계를 유지해나갔다. 그리하여 소아시아 식민도시들을 비롯해 서부 지중해부터 흑해까지 그리스 세계가 형성되었다. 이탈리아 남동부 해안의 수많은 그리스 식민도시를 로마인은 마그나 그라이키아라고 불렀는데 그리스라는 명칭은 여기에서 유래되었다. 이렇게 지중해와 소아시아의 식민도시들과 본토 도시들은 무역과 교류를 통해 발전해나갔다. 그리스 폴리스들은 대개 노예 노동력을 이용한 가내 공업 중심의 상공업을 발전시켜 크게 부흥했다. 특히 소아시아 리디아로부터 화폐가 전해져 그리스 도시국가들은 저마다 화폐를 주조하여 상업과 무역을 활성화함으로써 경제적으로 번영했다. 이 가운데 아테네는 라우리온이라는 은광을 소유하여 화폐 주조에 가장 유리했다. 이를 바탕으로 아테네는 군사력 유지와 경제 발전 그리고 문화적 풍요를 누렸다.[14]

그러나 기원전 550년경 메소포타미아와 튀르키예 지역을 통합한 페르시아가 이오니아의 도시국가들까지 점령하여 복속시켰다. 당연히 해상무역을 통해 그 지역에 영향권을 행사하던 그리스와 마찰이 있을 수밖에 없었다. 이오니아의 도시국가들이 페르시아의 간섭에 저항하여 반란을 일으키자 그리스가 이들을 지원했다. 이에 분노한 페르시아는 반란을 평정한 후 그리스 본토를 공격했다. 기원전 490년 페르시아 군대는 아테네에서 북동쪽으로 약 42킬로미터 떨어진 마라톤에 상륙했다. 이는 아테네뿐 아니라 그리스 전체의 위기였다. 그러나 아테네에 적대적인 폴리스들은 이 기회를 이용하려 했다. 그래서 지원을 약속했던 스파르타 역시 군대를 보내지 않자 아테네는 홀로 페르시아와 싸울 수밖에 없었다. 아테네가 강적 페르시아와의 전쟁에서 승리한 것은 중장보병이라는 아테네의 독특한 군대 덕분이었다. 중장보병의 밀집대형은 기원전 7세기에 나타났으나 기원전 6세기 후반 아테네에서 무겁고 값비싼 청동제 흉갑 대신에 마(麻)나 가죽 또는 금속 등의 장점을 살린 가벼운 흉갑이 발명되어 사용되었다. 밀집대형의 견고성에 기민한 기동성이 첨가되어 그 위력을 페르시아 군대는 감당하지 못했다. 마라톤전투의 승리에는 바로 이 달리는 중장보병이 절대적인 역할을 했다. 중장보병의 출현은 아테네 민주정치의 발전을 촉진한 중요한 요인이었다.[15]

기원전 480년 페르시아는 두 번째 그리스 정벌에 나서서 그리스 지역을 거의 점령했지만 이번에도 살라미스해전과 플라타이아전투에서 패하고 말았다. 이 전쟁의 결과, 에게해 주변 도시국가들은 모두 그리스의 영향력 아래에 놓이게 되었고 델로스동맹을 주도한 아테네가 이 지역의 중심이 되었다.[16] 이에 불만을 품은 아테네의 맞수 스파르타는 펠로폰네소스반도의 도시국가들과 마케도니아를 연합한 펠로폰네소스동맹을 결성하여 델로스동맹과 패권을 다퉜다. 기원전 431년에서 기원전 404년까지 진행된 전쟁은 스파르타의 동맹국이자 보이오티아 지방의 맹주인 테베가 아테네의 오랜 동맹국 플라타이아를 침범하면서 시작된 그리스 세계의 내전이었다. 이 전쟁에서 그리스의 대다수 도시가 처참하게 무너지고 아테네가 항복하면서 전쟁이 끝났다.[17] 아테네를 대신하여 패권을 잡은 스파르타는 각 폴리스에 군대와 감독관을 파견하고 많은 공납을 요구하는 등 억압적인 정책을 펼쳤다. 페르시아에서 왕위 쟁탈전이 벌어지자 스파르타는 이 틈을 이용해 소아시아를 공격했으나 실패하여 막대한 손해를 입었다. 그러자 과거 스파르타를 적대시한 폴리스들이 테베 중심으로 결속했다. 마침내 스파르타와의 전쟁에서 승리한 테베가 강자로 부상했지만, 아테네와 같이 발전된 문명을 지니지 못한 탓에 쇠퇴하고 말았다. 펠로폰네소스전쟁 이후 아테네, 스파르타, 테베 사이의 패권 다툼은 그 누구에게도 결정적인 승리를 안겨주지 못했고 폴리스들 사이에 자유와 독자적인 독립을 고무시켜 대립과 분쟁으로 무정부 상태를 초래했다. 그리스 폴리스들은 이로 인해 시민공동체 정신을 상실하면서 결국 기원전 4세기 후반에 신흥 세력인 마케도니아의 지배를 받게 되었다.[18]

2

헬레니즘과 알렉산드로스 대왕

마케도니아는 그리스 종족의 일부가 기원전 800~기원전 700년경 악시오스강 유역의 비옥한 땅에 정착하면서 시작되었다. 점차 주변 지역들을 흡수하면서 발전했지만 큰 세력으로 성장하지는 못했다. 아테네와는 멀리 떨어져 있어서 정치 문화도 달랐고 언어도 진한 사투리를 사용하여 소위 2등 국가 취급을 받았다. 그러다가 아테네와 스파르타가 싸울 때 양쪽을 번갈아 도와주면서 힘을 키웠고 기원전 350년경 필리포스2세 시대에 이르러 그리스 전 지역을 통합하게 되었다. 필리포스2세의 뒤를 이은 알렉산드로스는 당대 최고의 학자인 아리스토텔레스에게서 철학, 의학, 과학을 배워 높은 학식을 갖춘 걸출한 인물이었다. 그리스 전역의 안정을 다진 후 알렉산드로스는 당대 최대의 국가인 페르시아와 이집트를 차례로 점령하고 중앙아시아와 인도 북부까지 통합하면서 기원전 324년에 대제국을 건설했다.

알렉산드로스를 대왕이라 칭하는 데 모두가 주저하지 않는 것은 그의 용맹함과 학식 그리고 그가 가진 철학 때문이다. 무엇보다 그는 점령하는 지역마다 그리스의 발전된 학문과 문화를 심어주려 했고 점령지 백성들을 노예가 아닌 알렉산드로스제국의 시민으로 대하려 했다. 또 페르시아의 높은 문명을 인정하고 그리스의 문화와 조화를 이루면서 헬레니즘 문화를 꽃피우게 했다. 그는 인종과 종교를 초월한 완전한 하나의 나라를 꿈꾸었다. 그의 뒤를 이어 이집트를 통치하게 된 프톨레마이오스1세는 알렉산드리아에 무세이온이라는 학문 연구기관을 만들어 과학기술을 연구할 수 있게 했다. 그러나 알렉산드로스대왕은 아쉽게도 기원전 323년에 33세의 나이로 사망하고 말았다. 대제국이 미처 제대로 시작도 하기 전에 세상을 떠난 것이다. 그가 죽자마자 그의 제국은 40여 년 동안의 계승 전쟁을 거쳐 프톨레마이오스의 이집트, 셀레우코스의 메소포타미아와 중앙아시아, 안티고노스의 마케도니아로 각기 분할되고 만다.

이때 새로운 세력이 등장하는데 바로 지중해의 중앙에 위치한 이탈리아반도의 로마다. 로마는 마케도니아가 만들어지던 시기인 기원전 800년경 티베리스강 유역의 비옥한 땅에 라티움인이 모여 살면서 형성된 작은 마을에서 시작되었다. 주변에 이주해 와서 정착한 에트루리아인과 그리스인 등 다양한 민족들을 통합하면서 기원전 753년 로물루스가 왕국을 건설했다. 다양한 민족들의 결합체이다 보니 주도권 다툼이 지속되어 기원전 500년경 왕정이 몰락하고, 다툼을 종식할 방법으로 2명의 집정관을 두어 견제와 균형을 통한 권력 분점을 실현하려는 공화정이 수립되었다. 집정관은 귀족들로 구성된 원로원의 자문을 받도록 하고 집정관에 평민도 임명될 수 있게 개방했으며 전쟁과 화의 등 국가 중대사와 고위직의 선출은 켄투리아회(일종의 상원)에서, 하위직의 선출은 트리부스회(일종의 하원)

에서 결정하도록 했다. 당시로서는 찾아보기 힘든 독특한 민주적인 통치 방법이 등장한 것이다.

로마는 이와 같은 정치체계를 통해 공동체의 단결력을 높이면서 얻은 힘으로 이탈리아반도 안의 도시국가들을 하나씩 통합해나갔고 기원전 281년경에는 반도 전체를 통일했다. 이후 지중해 연안의 지역들을 식민지로 만들면서 로마를 위협할 수 있는 요소들을 제거함과 동시에 필요한 식량과 공산품을 확보했다. 이처럼 로마는 정복과 침략을 통한 약탈 경제를 기반으로 성장해나갔다. 자연히 이에 반발이 있을 수밖에 없었다. 가장 강력하게 반발한 곳이 바로 아프리카 북부에 위치한 카르타고였다. 기원전 264년부터 기원전 146년까지 120여 년간 세 차례의 포에니전쟁을 치르는 동안 로마는 카르타고의 한니발 장군에게 위협받기도 했지만 결국 카르타고를 멸망시키고 이베리아반도와 시칠리아까지 점령하면서 지중해의 패권을 차지했다.

카르타고와 함께 로마와 격돌할 수밖에 없었던 또 하나의 대국은 알렉산드로스제국이었다. 로마가 이탈리아반도를 통합하자 위협을 느낀 마케도니아는 포에니전쟁이 벌어지자 카르타고의 한니발과 동맹을 맺었다. 알렉산드로스제국은 당시 알렉산드로스 사후 3개의 왕국으로 쪼개져서 분할 통치가 이루어지고 있었다. 이들 사이에 세력 다툼이 극심해지면서 로마로서는 이들을 평정할 좋은 기회였는데 마케도니아의 한니발과의 동맹이 좋은 구실을 준 셈이었다. 기원전 214년부터 기원전 148년까지 네 차례 이어진 마케도니아와의 전쟁에서 승리함으로써 로마는 자연스럽게 지중해의 중심이 되었다.[19] 이후 이집트와 튀르키예 지역까지 정복하여 지중해의 패권을 장악한 로마제국은 서기 476년 게르만족에 의해 멸망할 때까지 이어갔다.

그리스 문화는 인간적이고 현세적이며 합리적이고 지적이다. 그리스에서 철학이 발전한 것은 바로 이러한 문화적 특성에서 비롯된 것이다. 특히 그리스 과학은 자연과학과 인문학이 따로 분리된 것이 아니라 하나로 결합된 학문이었다.[20] 그러면서 이와 대조적으로 그리스 문화는 정열적이고 종교적인 면도 지니고 있었다.[21] 그리스 문화의 현세적인 특징을 가장 잘 보여주는 것이 올림포스 신들이다. 그리스인은 우주와 자연에 신비로운 영적인 것이 있다고 생각했다. 그래서 번갯불의 신 제우스를 비롯해 바다를 관장하는 포세이돈, 태양의 신 아폴론 등 우주와 자연을 관장하는 여러 신을 신봉하면서 이들 신과 인간이 연관된 많은 신화를 탄생시켰다. 수학의 창시자인 철학자 피타고라스는 오르페우스교 신자 집단의 지도자였는데, 이 종교는 디오니소스 신앙을 순화해 만들어진 종교로서 도덕적이고 금욕적인 생활을 영위하면 영원한 행복을 누릴 수 있다고 가르쳤다. 오르페우스교는 채식과 금주를 강조하고 양이나 소의 가죽 등 동물성 원료로 만든 옷을 입지 못하게 했다. 그리고 신자들은 신발을 신지 않는 등 가난하고 검소하게 살았다. 이 종교는 그리스로부터 지중해 여러 지역으로 널리 퍼져 이탈리아 남부와 시칠리아에 뿌리내렸으며 피타고라스를 통해 플라톤 철학에, 그리고 플라톤으로부터 후세의 종교적 성격을 지닌 철학에 전해졌다.[22] 피타고라스는 청년기에 이집트와 메소포타미아 지역을 여행하면서 이 두 문화권으로부터 영향을 받았다. 특히 그가 '만물은 수'라고 한 것을 보면 수학에 관해 많은 것을 배운 것으로 보인다.[23] 그리하여 그는 수를 우주의 모델로 삼고 수의 양과 형상이 자연의 형식을 결정한다고 보았다. 그리고 수는 양적인 크기뿐 아니라 기하학적인 모양도 지니고 있어서 수를 자연물의 형식인 동시에 형상이라고 생각했다.

　피타고라스학파는 우주가 달 아래의 우라노스, 달 위의 코스모스 그리고 신들이 사는 올림포스 세계로 이뤄져 있다고 보았다. 그리고 지구와 천체 등 우주 모두가 구형이며 구형이 가장 완벽한 것은 기하학적 입체이기 때문이라고 주장했다. 천체가 구형이며 원운동을 해야 한다는 이들의 주장은 아리스토텔레스를 거쳐 케플러가 행성의 타원운동을 발견할 때까지 인간의 사고를 지배했다. 피타고라스학파는 자연수와 분수로 된 유리수를 연구했는데 그 가운데 다각수와 완전수를 집중적으로 탐구했다. 다각수에는 1, 3, 6, 10과 같이 정삼각형을 만들 수 있는 점의 개수를 나타내는 삼각수가 있다. 특히 피타고라스학파는 10을 테트락티스라고 부르며 신성한 수로 여기고 기도를 올렸다고 전해진다. 또 정사각형을 이루는 점의 수를 나타내는 1, 4, 9 등과 같은 사각수에도 관심을 가졌으며 이외에 오각수, 직사각형 수, 사각형을 밑바탕으로 하는 피라미드 수, 정육면체를 바탕으로 하는 수 등 여러 가지 다각수를 연구했다. 파타고라스학파는 어떤 자연수의 약수 합이 그 수보다 작은 수는 불완전수이고, 약수의 합이 그 수보다 큰 것을 초과수, 약수의 합이 그 수와 같은 수를 완전수라고 했다. 그리하여 6, 28, 496, 8128이 완전수라는 것을 밝혀냈고 이 완전수들은 모두 연석하는 정수의 합으로 나타낼 수 있다는 것을 알아냈다.[24] 모든 자연현상을 지배하는 수학 법칙이 존재하며 자연을 연구하는 것은 곧 자연 속에 숨어 있는 수의 조화를 밝혀내는 것이라고 여긴 피타고라스학파의 자연관은 천문학의 사상적 바탕이 되었다. 이에 따라 17세기 독일의 수학자·천문학자 케플러는 태양계를 지배하는 수의 조화가 존재할 것이라고 믿고 연구한 결과, 마침내 행성 운동에 관한 케플러 제3법칙을 발견하게 되었다. 이처럼 자연을 수의 조화로 파악하려 하면서 유리수만이 수의 전체라고 믿었던 피타고라스학파는 무리수를 찾아내고 만사가 자연수에 근거한다는 자신들의 기본 가정이 흔들림으로써 큰 혼란을 겪어야 했다.[25] 피타고라스학파가 오늘날 $\sqrt{2}$라고 표기하는 새로운 수의 표현을 이해할 수 없었던 것은 수는 세는 것의 산물이고 이를 가능하게 하는 자연수, 그리고 측정을 위해 필연적인 단위 길이의 비로서의 유리수만이 전부라고 생각했기 때문이다. 수학사에서 무리수의 발견은 산술과 기하의 통합이라는 측면에서 증명될 수 있다. 무리수의 발견은 수학적 성향의 귀족 철학자들인 피타고라스학파가 당시 귀족 사회의 상징이었던 기하평균 $a:b=b:c$를 다루는 데에서 비롯되었다. 피타고라스학파는 수의 기본인 1과 2의 기하평균인 $1:x:2$인 x를 구하려고 하다가 고민 끝에 정사각형의 한 변과 대각선의 비를 유리수로 표현할 수 없다는 것을 알게 되었다.[26]

결국 피타고라스학파는 산술 맥락에서 해결되지 못한 수 관계의 모순을 기하학적으로 해결하기 위해 수 개념인 유리수에 대해 기하학적으로 해석했다. 예컨대 직선 위에 서로 다른 O와 I가 있어 OI가 길이 단위이도록 각각 0과 1로 나타낸다면 그 길이 단위의 이동으로 모든 정수는 이 직선 위의 한 점으로 나타낸다. 원점 O의 오른쪽에 양의 정수를, 왼쪽에 음의 정수를 위치시킨다. 한편 분모가 q인 분수는 단위 구간을 q등분할 때의 각 분점으로 표현되므로 모든 유리수 역시 이 직선 위의 한 점에 대응하게 된다. 초기 수학에서는 직선 위의 모든 점을 이런 식으로 완전히 덮을 수 있다고 생각했다.[27] 이처럼 피타고라스학파가 수학에서 절대 진리를 추구한 것은 수학만이 가장 객관적·합리적·논리적인 절대 진리의 학문이며, 수학에는 그 어떤 개인적인 생각이나 의견이 개입될 수 없다고 믿었기 때문이다.[28]

그리스신화에는 이집트와 메소포타미아 지역에서 만들어진 것들과 팔레스타인 지역에서 그리스와 로마보다 훨씬 먼저 만들어진 것들이 함께 어우러져 있다. 로마신화는 그리스신화를 많이 차용하여 이름만 다를 정도로 별 차이가 없어 보인다. 그리스신화는 세상에서 벌어지는 일마다 주관하는 신이 있다는 점에서 이집트신화와 많이 유사하다. 유대교를 제외한 문명들은 거의 신화를 기반으로 한 다신교였고 종교의 형태를 갖추지 못했기 때문에, 그리스와 로마에서도 신화에 나오는 신들을 섬기는 수준 이상의 신학을 확립하지 못했다. 그리스신화에서는 천지를 창조한 신이 없다. 태초 우주의 카오스 상태에서 최초로 생겨난 것이 가이아(대지), 타르타로스(지하세계), 에로스(사랑), 에레보스(암흑)와 닉스(밤)다. 이렇게 생겨난 것들 위에서 생겨나는 사물마다, 벌어지는 일마다 담당하는 신들이 생겨난다. 이렇다 보니 신의 수가 수십이 넘는다. 그리스신화는 세계의 역사를 신들이 탄생한 '카오스 시대'와 신과 반신반인과 인간이 서로 교류했던 '크로노스와 레아의 시대' 그리고 신들의 활동이 제한된 영웅의 시대인 '제우스와 헤라의 시대'로 구분하는데 시대마다 일일이 기억할 수 없을 만큼의 신들이 등장한다. 제우스의 부인과 애인만 하더라도 헤라(결혼의 여신), 데메테르(대지의 여신), 메티스(지혜의 여신), 므네모시네(기억의 여신) 등 10명이 넘는다. 이들 이름에서 볼 수 있듯이 생명의 근원, 낮과 밤, 사랑 같은 추상적인 것들도 주관하는 무엇인가가 있다고 믿으며 신으로 의인화했다.

따라서 그리스신화에는 세상의 종말도 없다. 어찌 보면 세상이 돌아가는 이치에 관한 궁금증을 신들을 임명함으로써 설명해보려 한 듯하다. 신들은 불멸하는 존재이지만 사람과 같이 남성과 여성으로 구분되었고 운명에 복종해야 했다. 또 이들은 사람과 결혼하여 자식을 낳을 수도 있었다. 이런 면에서 이들은 인간과 같은 격이었지만 높은 덕성을 가지고 있는 존재로 존중되었다. 그리스인은 사람에게 영혼이 있다고 생각하고 죽은 후에 사후 세계로 내려가는데 장례를 치르지 않으면 사후 세계에 가지 못하고 유령으로 떠돈다고 믿었다. 이집트와 메소포타미아 지역에서 믿던 다신교들이 아직 원시적인 종교 형태를 벗어나지 못했듯이 이들에게서 영향받은 그리스에서도 신들에게 제사를 드리는 방법은 그러한 형태를 벗어나지 못했다. 신전을 세우고 신의 동상을 세운 제단 위에서 동물을 제물로 바친 다음 제사가 끝나면 그 고기는 참가자들이 나눠 먹고 내장은 태워서 연기로 하늘에 바치는 번제의 형태를 취했다. 혹은 음식이나 술, 귀금속을 제단에 올려놓으면 사제가 취하여 관리비로 사용했다. 봉헌물은 포도주와 함께 바쳐졌고 이런 의식은 신전에서뿐 아니라 각

가정 등에서도 행해졌다. 제사 의식에서는 신을 찬미하는 찬가를 부르고 기도를 낭송했을 뿐 아니라 포도주를 나눠 마시며 춤을 추는 축제도 포함되었다. 호메로스의 『일리아스』에 의하면 모든 권력자는 전쟁에 나가기 전과 후뿐 아니라 특별한 일이 있을 때 먼저 신전에서 제사를 드렸다. 신전에서의 제사가 공동체를 단결시키는 수단이 되었음을 알 수 있다.

그리스인은 자유롭게 사색하고 만물의 근원을 탐구하려 했다. 그들은 오리엔트에서처럼 실제 응용을 위해 지식을 탐구하거나 자연과 인간 세계에서 일어나는 현상들을 신이나 신비한 힘의 작용으로 이해하고 설명하려 하지 않았다. 지식을 응용하여 현실에 적용하기보다 지식 그 자체를 탐구했으며 객관적이고 합리적인 사고에 치중하여 지식을 일정한 이론으로 정리하고 체계화하는 데 몰두했다. 이러한 그리스인의 자세는 자연의 법칙과 원리를 이해함으로써 영원에 도달하기 위한 것이었다. 그리스인의 지식 사랑(philosophia)은 학문의 기초가 되어 유럽 철학과 과학의 원천이 되었다.

이렇듯 신화는 당시 사람들이 가졌던 세상이 돌아가는 이치에 관한 궁금증에 대한 답이었다. 이러한 궁금증을 전설 같은 신화에서 찾지 않고 이성적 사고를 통해 찾아보려 한 사람들이 철학자들이다. 자연현상과 세상사의 이치에 대한 궁금증을 생각하는 일이 학문이 된 것이다. 철학은 전통적인 관념을 비판적 시각에서 해석함으로써 자유와 합리성을 추구한다. 고대 그리스에서는 민주적인 사회 분위기에 힘입어 사물의 이치에 대한 생각을 자유롭게 주장할 수 있었기 때문에 철학이 생겨날 수 있었던 것으로 보인다. 초기 철학자들은 하늘의 섭리와 물질의 원질에 대한 생각에 집중했다. 그러다 보니 자연스럽게 신화에 나오는 신들에 대한 의문을 제기하게 되었다. 그리스철학은 기원전 6세기경 아나톨리아반도의 서부(이오니아)에 있는 식민도시 밀레투스를 중심으로 일어났다. 이오니아학파로 불리는 초기의 자연철학자들은 우주를 형성하고 있는 만물의 근원이 무엇인가를 밝히는 데 노력했다.

그리스철학을 이끌었던 탈레스가 세계의 원질이 물이라고 주장한 이래 공기, 불 등 다양한 주장이 나왔으나 이런 주장에 관해 답을 도출할 때까지 합리적이고 논리적인 과정을 거친 것이 곧 과학의 시작이었다. 탈레스의 제자 아낙시만드로스는 물보다는 무엇인가 설명할 수 없는 1차적 원질인 무한자가 존재한다고 상상했다. 아낙시메네스는 공기, 피타고라스는 수가 원질이라고 주장했으며 엠페도클레스는 한 개가 아닌 물과 불과 공기와 땅의 4가지, 아낙사고라스는 서로 다른 수많은 종자가 원질이라고 강조했다. 이런 이론들을 종합한 데모크리토스는 모든 만물은 질적으로 동일하나 형태상으로는 더 나누는 것이 불가능한 원자로 구성된다고 추론했다. 이에 힘입어 크세노파네스는 다신교 신화에 나오는 신들에 대한 믿음을 비판하면서 모든 것이 흙에서 나와 흙으로 돌아가며 비물질적 존재인 신이 태어난다든지 죽는 것은 있을 수 없는 이야기라고 주장했다. 특히 헤라클레이토스는 '만물유전', 즉 만물은 끊임없이 변화한다고 믿었다. 반면에 파르메니데스는 변화는 환상이며 실재는 하나의 단일하고 부동·불변인 실체라고 생각했다. 우주의 근원과 만물의 형성을 문제로 삼은 자연철학자들은 데모크리토스의 원자론에 이르러 정점에 이른다.

　그리스철학의 관심이 자연에서 인간 세계로 전환된 것은 기원전 5세기경 소피스트가 등장하면서였다. 페르시아와의 전쟁 이후 아테네 등에서 발전한 민주정치는 시민들의 능력에 대한 신뢰를 바탕으로 생겨난 것이다. 시민들은 이에 상응하는 교양과 지식을 갖추어야 정치 무대에서 이름을 알릴 수 있었다. 그래서 상대방을 논리적이고 합리적으로 설득시킬 수 있는 '말의 기술'이 시민들에게 가장 중요시되었다. 소피스트는 여러 곳을 다니면서 시민들에게 필요한 지식과 수사학, 웅변술을 가르치는 순회 교사였다. 경제적으로 번영하고 민주정치가 발달한 아테네에 많은 소피스트가 모여들었다. 가장 대표적인 인물이 프로타고라스다. 그는 '인간이 만물의 척도'라고 말하면서 보편적인 지식을 인정하지 않았다. 소피스트들은 기성 도덕과 종교에 회의를 느끼고 시대가 요구하는 지식과 토론에서 이기는 기술에 역점을 두었기 때문에 궤변학파로 비난받기도 했다. 이들은 기성 도덕과 종교, 법률 등이 갖는 타당성에 도전하여 가치의 혼란을 부추겼지만 결과적으로 인식론과 윤리학을 연구하게 하는 계기가 되었다. 이런 가운데 소크라테스가 나타나 인간이 우수(아레테)하려면 덕의 본질을 알고 깨달아 실천해야 한다고 주장하면서 타당한 진리를 찾아 탐구하는 이상주의적이며 목적론적인 철학을 가르쳤다. 그는 델포이 아폴론 신전의 격언인 '너 자신을 알라'를 외쳤다. 사실 이 말은 '네가 인간임을 알라'라는 의미로서 신과 다른 존재임을 암시한 것이다. 그러나 진리와 참된 도덕의 인식에 도달하기 위한 이런 주장으로 인해 청년들을 현혹하고 기성 종교를 부정한다는 오해를 받아 결국 시민 재판에서 사형선고를 받았다. 그의 제자인 플라톤은 소크라테스로부터 보편적 진리와 도덕의 존재를 배우고 수학자 피타고라스로부터 오르페우스교의 영향을 받았으며 아테네에서 아카데메이아를 열어 제자들을 양성했다. 플라톤의 제자이자 알렉산드로스대왕의 스승인 아리스토텔레스도 이데아의 존재를 믿었으며 창조를 시작한 존재로 '부동의 원동자(primum movens)'가 있다고 생각했다.

모든 사회계층이 민주적 방식의 토론에 참여할 수 있었던 그리스의 정치 환경에 힘입어 그리스 철학자들은 세상의 물질적인 부분과 정신적인 부분에서 가질 수 있는 거의 모든 질문에 대해 생각할 수 있었다. E. 호프만이 "그리스철학은 세계관적으로 사고해야 할 거의 모든 문제를 제기했고 오늘날 그 답을 찾기 위해 우리가 따라가야 할 길도 다 제시하고 있다."고 말할 정도였다. 실제로 이 시기의 철학은 논리학, 형이상학, 윤리학, 심리학, 우주론 등 거의 모든 현대 학문 분야의 주제를 다루면서 그 답을 제시했다. 또 물질세계의 구성에 대한 추론과 함께 인체의 구성에 대한 질문도 던짐으로써 놀라운 과학 발전도 이뤄냈다.

아리스토텔레스의 제자인 마케도니아의 알렉산드로스대왕은 철학자들의 자유로운 학문 연구의 중요성을 알았고 자신이 점령한 지역들을 문명화하려고 애썼다. 역시 아리스토텔레스의 제자이자 알렉산드로스의 후계자인 프톨레마이오스1세는 후세들의 교육을 위해 대학자 스트라토를 초빙하고 좀 더 조직적인 연구를 목적으로 기원전 3세기경 알렉산드리아에 대규모 학문 연구기관인 무세이온을 건립했다. 서양에서는 자유로운 시민의 권리가 보장된 그리스에서 철학자들이 자연현상과 물질 구성의 원리에 대한 질문을 던지며 자연철학을 정립하던 시기, 중국에서는 입신양명을 위한 사람들과의 관계에 치중한 유학이 정립되고 발전해가는 대조를 보인다. 한편 서양에서는 이집트문명과 메소포타미아문명이 세계의 주도권을 에게해의 마케도니아와 지중해의 로마로 넘겨주던 시점에, 중국에서는 춘추전국시대를 마무리하며 천하를 통일하려는 노력이 진행되고 있었다.

3

고대 그리스와 무세이온의 자연철학자들

그리스 과학을 이해하려면 먼저 그리스 철학자들의 사상부터 살펴봐야 한다. 대표적인 그리스 철학자 플라톤과 아리스토텔레스는 자신들의 철학체계를 정립하는 과정에서 우주의 구조와 물질, 운동에 관한 사유를 발전시키고 이를 체계화했다.[29] 이후 유럽에서 16~17세기에 과학혁명이 일어나기까지 이 두 철학자의 사상을 바탕으로 과학 활동이 이뤄졌다. 이처럼 과학은 처음부터 철학의 한 분야로 시작된 것이며 인간의 사유와 상상이 결합하여 발전해왔다. 철학과 과학이 합쳐진 학문이 바로 자연철학이다.

기원전 650년경 탈레스를 필두로 철학자들은 신화와 무속이 지배하던 신 중심의 시대를 인간 중심의 시대로 옮겨놓는 계기를 만들었다. 이 시기의 철학자들은 존재, 지식, 가치, 이성과 인식의 문제를 다루면서 모든 자연현상과 인간관계를 원인과 결과로 설명하려고 했다. 그러다 보니 자연스럽게 과학의 원리를 찾는 것이 철학의 주된 연구 대상이 되었던 것이다. 유럽인들은 이들의 철학을 자연철학이라 부르며 오늘날 물리학, 화학, 천문학 같은 분야를 지칭했다.[30] 자연철학이란 용어가 19세기 중반까지 유럽에서 사용된 것을 보면 유럽인들은 과학을 철학의 한 부분으로 생각했다. 이렇게 과학을 철학에 속한 학문으로 인식하게 한 인물이 바로 플라톤과 아리스토텔레스다. 플라톤 철학체계의 핵심은 바로 이데아론이다. 이데아(Idea)란 물질로 구성된 현실 세계와 다른 이상적인 비물질세계다. 인간의 육체는 물질로 구성되어 있지만 영혼은 비물질적인 존재다. 이처럼 자연은 물질적인 존재와 비물질적인 존재가 결합되어 있다. 인간의 육체는 곧 영혼을 가둬둔 감옥 같은 것이다. 물질세계는 불완전한 반면, 이성의 세계인 이데아는 완전한 세계다. 그러므로 인간이 볼 수 있는 모든 사물은 이데아의 복제된 모형인 허상이며 실재는 이데아에 존재한다. 플라톤은 이러한 이데아론으로 자연세계를 설명했다. 참된 세계는 감각을 초월한 이데아의 세계라는 것이다. 인간은 동굴 속에 입구를 등지고 묶여 있는 상태이며 동굴 벽에 비친 동굴 밖 진짜 사물의 그림자를 보고 있는 것이나 다름없다. 그러므로 인간은 쇠사슬을 끊고 동굴 밖으로 나와서 진정한 이데아 세계를 보아야 한다는 것이다.[31] 『티마이오스』에서 플라톤은 우주가 어떻게 생겨났는지, 세상은 어떤 물질로 구성되어 있는지에 관한 문제와 수학의 중요성을 강조했다.[32] 이에 대해 플라톤은 다음과 같이 설명했다.

신은 물과 공기를 불과 흙 사이의 중간에 놓고서 이것들을 가능한 한, 그것들이 서로에 대해 같은 비례 관계를 갖게 하여 불이 공기에 대해 갖는 비(比)는 공기가 물에 대해 갖는 비이고, 공기가 물에 대해 갖는 비는 물이 흙에 대해서 갖는 비이도록 하여 묶은 다음, 천구(天球)를 볼

수 있고 접촉할 수 있는 것으로 구성했다.[33]

플라톤은 이데아와 감각으로 인지된 사물을 이해하기 위해 수학을 사용했다. 수학은 이데아를 자연에 적용하는 데 유용한 수단이다. 그의 말대로 '신은 언제나 측정하고 있다'. 이처럼 플라톤이 수학의 중요성을 강조한 것은 수학이 수와 완벽한 도형 같은 가상의 대상을 설명해주기 때문이다. 또 수학은 경험적인 방법을 동원하지 않고 순수한 논리로만 증명할 수 있으며 이렇게 증명된 수학적 명제가 곧 완벽한 진리라고 플라톤은 생각했다.

플라톤은 『티마이오스』에서 목적론적 세계관을 보여주는데, 우주는 창조자의 작업의 결과물이고 이전의 무질서한 혼돈 가운데에 있던 물질적 질료에 기하학적 비례가 부여됨으로써 질서 있고 조화로운 상태가 되었다고 말한다. 우주의 창조자가 이렇게 완벽한 우주를 만든 것은 선함의 의지이자 표상이다. 플라톤이 설정한 유일신이자 창조자 데미우르고스는 혼돈 상태에서 무질서하게 흩어져 있던 물, 불, 공기, 흙의 4원소로 수학적 비례를 적용하여 몸체를 만들고, 다음에 우주의 혼을 부여하여 살아 있는 생명체로 만들었다.[34] 4원소는 원래 엠페도클레스가 제시한 것으로, 플라톤은 이를 수용하고 여기에 수학적인 체계를 적용하여 우주 생성을 설명했다.[35] 이처럼 플라톤은 『티마이오스』를 통해 우주가 신의 목적론적 계획에 따라 창조되었고 신의 선함과 아름다움을 닮은 유일한 천구(天球)이며 인간이 우주의 질서와 조화를 본받으면 인간과 국가의 선이 자연스럽게 이뤄질 것이라고 보았다.[36]

탈레스가 모든 물질의 근원은 물이라고 주장한 이래 자연철학자들은 자연 물질의 근저, 즉 가장 기본이 되는 물질이 무엇인가에 대한 질문에 답하려고 했다. 아낙시메네스는 만물의 근원이 공기라고 생각했다. 공기는 압축되는 응축화 과정을 통해 바람, 구름, 물, 흙, 돌이 되고 희박화 과정을 통해 불이 된다고 주장했다. 피타고라스는 만물의 근원이 수라고 생각했고 현의 길이와 진동수의 관계를 찾아내 화성학을 정립했다. 이 과정에서 모든 수는 정수의 비로 표현하는 것이 이상적이나 분수로 표현할 수 없는 무리수가 존재한다는 것을 발견했다. 엠페도클레스는 만물의 근저가 한 가지가 아닌 물, 불, 공기, 흙의 4가지라고 생각했다. 모든 물질의 성질은 이들의 당김와 밀어냄에 의한 결합 비율로 결정되며 뼈는 물:불:공기:흙의 비율이 0:4:2:2이고 피는 1:1:1:1로 구성된다고 주장했다. 데모크리토스는 원래부터 존재했던 더 이상 쪼갤 수 없는 원자들이 무수히 많이 결합하여 만물이 만들어진 것이며 이들의 결합 비율에 따라 물체의 정체성이 결정된다고 생각했다. 자연현상 또한 원자들의 결합 과정에서 발생하는 것이라고 설명했다.

자연철학자들이 자연 물질의 근저에만 관심을 가졌던 것은 아니다. 히포크라테스는 신체의 구조와 구성에 대한 궁금증을 가지고 당시까지의 의학을 체계화했다. 그는 인체가 피와 점액 그리고 황담즙과 흑담즙으로 구성되어 있다고 추측했다. 이 4가지 요소는 봄, 여름, 가을, 겨울에 대응하는 따뜻함, 차가움, 습함, 건조함의 상태 값을 가질 수 있고 이들의 균형이 이루어지면 건강하고 그렇지 않고 불균형해지면 병이 생겨난다고 설명했다. 아리스토텔레스는 동물의 해부학적 구조에 관한 책을 저술했고, 프락사고라스는 동맥과 정맥의 차이를 알아냈다.

이러한 질문에 답하는 과정에서 자연철학자들은 천문학과 기하학을 비롯한 다양한 과학 분야에서 놀라운 성과를 만들어냈다. 모든 물질의 근저는 물이라고 주장했던 탈레스는 기하학에 관한 놀라운 이론들을 제시했다. 그는 이집트와 메소포타미아 지역에서 만들어진 측량법과 기하학을 발전시켜 5개의 기하학 정리를 내놓았다.

1. 원은 지름에 의해 이등분된다.
2. 두 직선이 만나서 생긴 맞꼭지각의 크기는 서로 같다.
3. 원주 위의 한 점과 지름의 양 끝점을 잇는 선분으로 이루어지는 각은 직각이다.
4. 한 변의 길이와 그 양 끝각이 같은 두 삼각형은 합동이다.
5. 이등변삼각형의 두 밑각의 크기는 같다.

천기를 과학으로 해석한 아낙시만드로스는 지구는 높이가 직경의 3배인 원통으로 우주에 떠 있는 물체라고 생각했다. 또 천둥은 바람이 만들어내는 소리, 번개는 구름이 갈라지는 현상으로 인식했고 일식은 태양을 구성하는 바퀴의 구멍이 막힐 때 생기는 현상으로 설명했다. 피타고라스는 지구중심설이 부동의 진리이던 당시에 태양중심설을 주장했다. 우주의 중심에 불(태양)이 있고 그 주변에 지구가 있으며 지구는 태양을 중심으로 돌고 있다고 해석했다. 이후 에우독소스는 태양과 달 그리고 행성들이 모두 원형으로 등속운동을 한다는 동심천구설을 내세웠다. 피타고라스는 천문학뿐 아니라 수학에서도 큰 공헌을 했다. 삼각법을 만들었고 홀수, 짝수, 소수와 완전수 같은 수의 개념을 정리했다. 또 현의 길이와 소리의 관계인 주파수 개념을 세워서 음계를 정리했다. 이러한 자연철학의 흐름은 철학의 중심을 자연현상에서 인간으로 돌리려고 시도했던 소크라테스 이후의 헬레니즘 철학에서도 이어졌다. 소크라테스의 제자인 플라톤은 체계적인 철학 교육을 위해 아카데메이아를 설립했다. 그는 우주의 구성을 이분화하여 영원불변한 이데아의 세계와 그 복제품으로 늘 불안정하여 변화무쌍한 현실 세계로 구분했다.

플라톤의 제자이자 알렉산드로스대왕의 스승인 아리스토텔레스는 리케이온이라는 학교를 설립하여 제자들을 가르쳤다. 플라톤이 수학을 강조하여 이후 자연을 연구하는 서양 학자들에게 큰 영향을 끼쳤다면 아리스토텔레스는 플라톤보다 더 광범위한 주제들에 관한 연구를 진행하여 후세에 여러 분야에 지대한 영향을 미쳤다. 그는 논리학과 수사학, 윤리와 도덕 등의 형이상학적인 인문학뿐 아니라 물리학과 생물학 그리고 동물학까지 다양한 분야를 가르치면서 책을 남겼다. 그는 플라톤의 철학이 지나치게 추상적이고 이상적이며 수학적이라 보고 실제적인 경험을 강조했다. 아리스토텔레스는 플라톤과 달리 사물의 본질인 형상이 따로 이데아로서 존재하는 것이 아니라 질량 속에 존재한다고 생각했다. 다시 설명하면 플라톤은 실재와 본질이 각각 구분된다(이기이원론)고 생각한 반면 아리스토텔레스는 실재와 본질이 구분되지 않고 하나(이기일원론)라고 주장한 것이다. 인간의 정신과 육체는 각기 다른 것인가, 아니면 하나인가. 즉 정신과 육체는 분리된 것인가, 하나로 결합된 것인가. 이 철학적 명제는 인간과 세상 이치에 관한 이해에서 근원적인 것이었다. 플라톤의 이기이원론 사상과 아리스토텔레스의 이기일원론 사상은 각기 다른 역사의 근원이 되었고 이로 인해 후에 신본주의 세계와 인본주의 세계로 나뉘게 된다.

아리스토텔레스는 학문 분야를 논리학, 형이상학, 자연사, 윤리학으로 구분하고 수사학과 정치학을 윤리학에 포함시켰으며 시학을 따로 독립시켰다. 자연사는 오늘날 자연과학에 해당하는 분야로 물리, 천문, 심리, 동물, 광물 등이 이에 포함되었다. 아리스토텔레스는 특히 자연사 분야에서 실험적이고 경험적인 방법을 사용했는데 이는 정치학에도 적용되었다. 이러한 사상은 의술이 의학 수준으로 발전하는 데 큰 영향을 미쳤다. 예컨대 히포크라테스는 마술적이고 주술적인 요소를 배격하고 질병에 대한 정확한 임상 관찰을 통해 의학 발전의 기틀을 마련했다. 또한 아리스토텔레스는 인간이 사는 지상계와 천체들의 영역인 천상계로 세계를 구분하고 플라톤이 제시한 물질론을 수용하여 지상계는 4원소로, 천상계는 제5원소인 에테르로 구성되어 있다고 주장했다. 그에 따르면 천상계는 원운동을 하고 지상계는 직선운동을 하는데 이를 변형시키려면 외부의 힘이 필요하다. 힘이 재료(대상)에 가해지면 형상(변위)이 만들어지는데 그 형상(운동)은 힘을 가한 목적을 표현하게 된다. 아리스토텔레스는 이 논리를 인간 세계에 대입하여 '세상은 목표를 향해 발전하는 조직적인 체계'라고 생각했다. 특히 지상계의 구성 요소에 대해 플라톤이 정다면체로 원소들을 설명했던 것과 달리, 인간이 직접 경험하여 확인할 수 있는 특성들을 바탕으로 원소들을 설명했다. 예컨대 경험의 감각은 따뜻함, 차가움, 축축함, 건조함이며 불은 건조하고 따뜻한 성질을 가진 원소로 설명하는 식이었다.[37] 이와 더불어 아리스토텔레스는 지상계의 다양한 변화들을 운동론으로 설명했는데 모든 변화를 운동의 결과라고 여겼고 위치 이동뿐 아니라 생물의 탄생, 성장, 사멸도 운동에 포함했다. 이렇게 다양한 운동과 변화에 대해 그는 자신의 전반적인 철학체계에서 중요하게 여겼던 4가지 원인론을 사용했다. 질료인, 형상인, 동력인, 목적인의 4가지 원인을 상정하고 이를 규명하는 것에 중점을 두었다. 이에 따라 운동을 설명하는 과정에서 운동의 원인, 즉 무엇 때문에 운동이 일어나는가를 설명하는 것이 가장 중요했다. 아리스토텔레스는 이러한 질문에 의해 자연의 변화를 경험적으로 이해할 수 있도록 구체적인 증거를 제시했다. 이후 학자들은 이를 더욱 세밀하게 발전시켜나갔다. 그의 이러한 학문적 관점은 경험적 자연관을 만들어냈다. 즉 경험을 분류하면 자연의 숨겨진 질서를 알 수 있다는 것으로 실제로 수백 종의 동물 해부를 통해 유기체를 고등에서 하등의 순서로 분류해냈다. 이렇듯 아리스토텔레스는 정치학, 시학, 윤리학, 형이상학 등 전통적인 철학 분야와 우주론, 운동론, 물질론, 동물학, 기상학 등 오늘날의 자연과학 분야까지 연구하여 많은 저서를 남김으로써 2천여 년간 서양 과학을 지배했다.

마케도니아의 알렉산드로스는 동료들과 함께 당대 최고의 학자인 아리스토텔레스에게서 학문을 배웠다. 알렉산드로스 이후 이집트 지역을 차지한 프톨레마이오스1세는 플라톤과 아리스토텔레스가 학교를 세워 교육했던 것처럼 후세를 위한 학교인 무세이온을 알렉산드리아에 설립했다. 이후 그의 아들 프톨레마이오스2세가 거대한 도서관을 학문 연구기관으로 완성했다. 무세이온에서는 전 지역에서 수집한 다양한 종류의 문서들을 50만 권 이상 모아서 파피루스에 그리스어로 옮겨 적고 책으로 만들었다. 그때까지 히브리어로 양피지 등에 기록되어 있던 구약성서도 이곳에서 그리스어로 번역되어 지금까지 전해질 수 있었다. 또 동식물원, 천문대 및 각종 물리학, 천문학 실험실과 함께 동물 해부실도 운영했다.

이렇게 체계적인 연구 환경이 갖추어지면서 무세이온에서는 많은 자연철학자들이 논리학, 형이상학, 윤리학, 심리학, 우주론과 함께 오늘날 우리가 일반적으로 사용하고 있는 원자, 영혼, 형상, 속성, 인과, 개념, 판단, 추리, 증명, 가설 등과 같은 대부분의 학문적 개념을 정리할 수 있었다. 사람의 몸을 해부하는 것을 터부시하는 문화에서 헤로필로스와 에라시스트라토스는 수많은 사람의 인체를 직접 해부하고 관찰하여 많은 기록을 남겼다. 헤로필로스는 심지어 600여 명의 죄수를 산 채로 해부했다고 비난받을 정도로 열정적이었다. 이를 통해 그는 뇌가 대뇌와 소뇌로 구분되며 지성이 뇌에 있다는 사실을 밝혀냈을 뿐 아니라 그간 동맥은 공기가 차 있다는 주장과 달리 혈액으로 차 있다는 것도 알아냈다. 이 밖에도 그는 내장 기관의 구성을 알아냈을 뿐 아니라 심장의 박동을 측정하기도 했다. 에라시스트라토스는 인체 생리 현상 및 질병의 원리를 밝히려고 노력했으며 모세혈관을 찾아냈다.

현대 기하학의 대부분은 무세이온에서 완성되었다고 해도 과언이 아니다. 유클리드는 『기하학 원론』에서 기하학을 체계화했다. 이 책은 기하학과 산술에 관한 내용으로 총 13권으로 이뤄져 있는데 1~4권은 평면기하학, 5~9권은 정수론, 10~13권은 입체기하학을 다룬다. 23개의 정의와 5개의 공리 그리고 5개의 공준을 기본으로 465개의 수학 명제를 증명해놓았다. 유클리드는 직관적으로 받아들일 수 있는 공리를 참으로 간주하고 이로부터 연역적으로 명제(정리)를 이끌어냈다. 그리고 포괄적인 추론과 논리를 통해 그 명제들이 성립된다는 것을 입증하는 방법론을 제시해서 학문 연구의 모델을 만들었다. 무세이온에서 가장 많은 전설을 남긴 아르키메데스는 기하학과 물리학 분야에서 많은 업적을 남겼다. "발 디딜 땅과 지렛대만 준다면 지구도 들어 올릴 수 있다"는 유명한 말을 남겼듯이 지렛대 원리를 발견했다. 이어서 그는 공의 체적, 표면적, 부력 등을 수식으로 정리해냈으며 성벽을 쌓아 적의 침입에 대응하던 당시에 성벽 건축 기술과 함께 수백 킬로그램의 돌을 수백 미터까지 날려 보내는 투석기를 발명하기도 했다. 아르키메데스는 금의 무게를 물의 부피로 측정하는 방법을 찾아내면서 "유레카"를 외친 것, 로마 군대가 시라쿠사에 쳐들어왔을 때 태연히 수학 문제를 풀고 있다가 로마 병사에게 '내 원을 밟지 말라'고 해서 죽은 것으로도 유명하다. 한편 크테시비오스는 물풍금을 만들어 피스톤 펌프의 원리를 설명했다. 헤론은 신전에 입장할 때 사용하는 자동 성수기와 신전의 문을 여닫는 자동 개폐기를 만들었다. 필론은 물을 퍼올리는 기계와 함께 물시계도 만들었다.

천문학은 당시 일반인들에게도 무척 인기 있는 학문이었다. 무세이온의 천문대는 많은 사람의 사랑을 받았다. 그리스인은 북극성이 지역에 따라 위치가 다르다는 것을 발견하고 지구가 둥글다고 생각했다. 아리스타르코스는 우주의 중심에 태양을 놓는 태양계 모형을 제안했다. 특히 그는 『태양과 달의 크기와 그 거리』라는 책에서 지구의 반지름과 함께 지구 중심에서 태양과 달까지의 거리뿐만 아니라 태양과 달의 크기도 계산해 기록했다. 에라토스테네스는 지구가 구형이라 가정하고 삼각측량법을 이용하여 지구의 둘레를 계산하는 방법을 제시했다. 호의 길이와 중심각의 크기가 비례한다는 사실을 이용하여 멀리 떨어진 두 도시에서 본 태양의 위치각 차이로 지구 둘레가 4만 5천 킬로미터라고 계산해냈다. 나아가 그는 자신 외에는 나눠지지 않는 수인 소수를 찾는 방법을 제안했다.

본질적으로 합리성과 논리성에 기초한 그리스의 자연과학은 헬레니즘 시대에 현대 과학의 기초라고 할 수 있을 만한 발전을 이루었다. 프톨레마이오스왕조 치하의 알렉산드리아에서는 헬레니즘 문화를 중심으로 학문이 장려되고 군사 기술이 크게 발전했다. 화살 발사대 등 비도구(飛道具), 성을 쌓는 축성법, 식량 공급법, 도시 방어법, 공성법 등이 개발되었다. 또 길이, 부피, 무게 등의 도량형 단위가 정해지기도 했다. 이 밖에 해시계, 물시계, 투석기, 양수펌프, 기중기, 화차 및 복활차를 이용한 권양기, 치차를 이용한 기계가 제작되는 등 그리스 시대와 달리 과학기술 면에서 많은 진전이 있었다. 프톨레마이오스왕조의 이집트가 로마의 지배를 받게 되었을 때 기원전 48년 카이사르의 군대가 실수로 불을 질러 4만여 권이 소실되었으나 세라페이온과 세사리온 신전의 도서관들은 무사하여 명맥을 이을 수 있었다. 한참 후인 서기 391년 알렉산드리아의 주교 데오빌로가 종교적인 이유로 알렉산드리아 도서관을 파괴하면서 연구의 맥이 끊겼다. 그러다가 642년 알렉산드리아를 점령한 이슬람 세력이 그때까지 남아 있던 자료들을 아랍의 바그다드와 이베리아반도의 코르도바로 옮겨 연구하기 시작하면서 헬레니즘 철학과 과학의 연구 성과가 맥을 잇게 되었다.

종교와 신화는 우주와 인간 그리고 만물을 초월적 존재인 신에 의해 창조된 것으로 설명하지만 이 역시 고대인에게 나름대로의 과학이었다. 이후 점차 종교적 설명이 신비적인 방식에서 벗어나 소위 철학이라는 합리적이고 논리적인 방식으로 발전하게 된 것이다. '신화는 곧 과학'이라는 명제가 이에 부합한다.[38] 궁극적으로 종교, 철학, 과학은 하나로 연결된 인식체계이며 자연 탐구 방식이다. 흔히 과학과 기술을 구별하지 않고 동일한 개념으로 이해하는 경우가 많다. 그러나 과학과 기술은 엄연히 다른 영역이다. 동양과 서양을 막론하고 인류 문명에서 과학은 항상 종교나 철학의 영역에서, 그리고 기술은 생활의 영역에서 각자 다르게 발전해왔다. 과학은 형이상학적인 개념이나 기술은 형이하학적이다. 과학의 탐구는 추상적인 인간의 상상을 통해 이뤄지고 기술은 실질적인 경험에 기초한다. 이러한 추상과 실제라는 두 영역이 하나로 융합된 것은 르네상스 시대 이후, 즉 근대에 접어들면서부터다. 과학과 기술이 하나로 합쳐진 결과가 곧 산업혁명이다.

종교와 신화가 과학에 끼친 가장 중요한 공헌은 바로 달력이다.[39] 이는 고대문명의 농경 생활에서 날씨와 계절의 변화를 정확히 알기 위해서는 필수적인 것이었다. 이처럼 고대사회에서 종교는 우주와 자연현상을 파악하고 이해하려는 인간의 과학적 노력이었다. 종교는 오랜 세월 인간이 경험한 것에 바탕을 두고 있으나 과학은 관찰과 합리적인 인식에 근거를 두고 있다. 고대의 인류 문명은 바로 이 두 가지 방식에 의해 발전했다.

예컨대 메소포타미아와 이집트에서는 자연현상을 전적으로 초자연적인 원인에 의한 것으로 설명했다.[40] 그리스인들은 신화를 통해 자연을 인격화하고 신격화하여 자연현상을 설명하려 했다. 자연현상을 주관하는 신들이 있다고 믿었으며 인간의 안전을 위해 신을 섬겨야 한다고 생각했다. 우주 만물의 기원을 처음 설명한 기원전 8세기경의 헤시오도스는 태초에 커다란 공간이 있었는데 거기서 대지와 에로스가 탄생하여 불멸의 존재인 모든 신이 탄생했다고 설명했다. 그러나 기원전 600년경에 이르러서는 만물의 원질이 존재한다는 것을 알게 되면서 우주 만물을 주관하는 것이 신이 아니라 어떤 물질이라고 생각했다. 자연철학자들이 나타나 그 물질적 존재가 물(탈레스), 불(헤라클레이토스), 공기(아낙시메네스), 로고스, 지성(아낙사고라스) 그리고 더 분할할 수 없는 불변의 원질인 원자(레우키포스)라고 주장했다. 레우키포스를 현대 원자론의 선구자라고 부르는 이유가 바로 여기에 있다. 이처럼 과학의 기원에 대해 설명할 때 흔히 고대 그리스까지 거슬러 올라간다. 고대 그리스 자연철학자들이 자연현상을 신의 행위나 인간적인 감정이 아니라 자연계의 현상만으로 합리적으로 설명하려 했기 때문이다.

이집트, 메소포타미아를 중심으로 한 고대문명의 영향을 받아 탄생한 그리스 문명은 이처럼 인류가 태초부터 경험하고 관찰해온 우주 만물에 관해 합리적·논리적으로 설명하고자 했다. 이것이 곧 서양 과학의 시작이다. 이런 점에서 동양 과학은 서양과 비교할 때 보잘것없는 것으로 알려져 있다.

그러나 사실은 이와 다르다. 동양 과학이 서양보다 뒤처졌다는 선입관이 생긴 것은 동양 과학이 서양 과학과 다른 모습을 띠고 있기 때문이다.[41] 서양 과학은 동양과 달리 복잡한 역사 과정과 다양한 문화적 영향의 결과다. 고대 그리스인과 고대 중국인은 자연을 바라보고 이해하는 방식이 달랐다. 고대 그리스 자연철학자들이 우주 만물을 구성하는 물질이 무엇인지에 대해 논쟁하며 현상과 실재를 구분하려 했다면, 고대 중국의 자연철학자들은 성찰을 통해 자연에서 일어나는 현상이 인간 세계에 어떻게 구현되는지를 알고자 했다. 즉 서양에서 자연과 인간을 구분했다면 동양에서는 자연과 인간을 구별되지 않는 하나로 인식한 것이다. 그리하여 동양 과학은 자연과 인간이 서로 연결된 사상체계로 발전해왔다. 동양의 관점에서 볼 때 서양의 과학은 인간과 연결된 사유의 학문이 아니라 분리된 다른 형태의 학문이었다.[42]

지금까지 살펴본 바와 같이 고대문명의 과학은 단순히 학문에 머물지 않고 일상생활에 필요한 기술 발전을 촉진함으로써 인류 역사가 발전할 수 있는 기초가 되었다. 과학과 기술이 발전한 민족과 사회가 그 시대의 중심 역할을 하면서 주변 지역의 지배 세력으로 군림하며 크게 번영했다. 역사의 발전은 인간의 과학적 사고가 그 원동력임을 보여준다. 과학과 역사의 상호작용은 동양에서도 마찬가지였다. 과학에 대한 동양과 서양의 인식 차이가 존재하지만, 그 상호작용은 서양이나 동양이나 똑같았다.

4

고대 중국 철학과 과학

에게해를 둘러싼 그리스 지역에 사람들이 모여 살기 시작하던 기원전 1600~기원전 1000년경 중국에서는 전설적인 하나라가 사라지고 은허를 수도로 한 상나라가 등장했다. 이들은 거북의 등껍질이나 소의 어깨뼈에 새긴 갑골문자를 남겼다. 갑골문자는 주로 제사장이 점을 친 기록으로 누구의 부탁으로 무슨 점을 쳤는지를 표시했는데, 제사를 지낸 이들이 왕인 것으로 보아 상나라는 신정국가였던 것으로 보인다. 점친 내용이 전쟁이나 사냥을 나가도 되는지, 언제 농사를 시작해야 하는지, 건강은 어떤지, 남아를 출산할 수 있는지를 포함하고 있어서 일상을 하늘의 뜻(천명)에 따르려 했던 문화를 보여준다. 이들은 인간의 삶과 소통하는 인격적 신인 상제(上帝)를 믿었을 뿐 아니라 자연현상은 신의 조화이며 자신들을 지켜주는 것은 조상신이라 믿는 신앙의 단계를 갖추고 있었다.

뒤이어 기원전 1000년경에서 전국시대까지 700여 년간 유지된 주나라가 들어서면서 조상신이 상제보다 우위를 차지하게 되었다. 천명은 조상신이 가르쳐주는 것이라는 생각으로 바뀌면서 가문을 중시하는 풍조가 뿌리를 내리기 시작했다. 고대 중국에서는 어떻게

든 조상을 잘 섬겨서 조상의 돌봄으로 주요 관직에 오르거나 부자가 되는 것을 제일 중요하게 생각했다. 이러한 사고는 주나라 후기에 들어서면서 펼쳐진 춘추시대와 전국시대의 상황으로 인해 더 강화되었다. 춘추시대에는 130여 개가 넘는 제후국들이 싸움을 벌였고 전국시대도 7웅이 할거하면서 전쟁으로 밤을 지새우던 시기였다. 전쟁으로 나라가 망하고 흥하던 때라 이 시기의 최고 가치는 부국강병이었다. 잦은 전쟁으로 인한 혼란을 극복하기 위한 사상을 내세운 다양한 사상가들이 출현했는데 이를 제자백가 시대라고 한다. 지배자들은 이들 사상가 가운데 자신의 뜻에 맞는 자를 선택하여 통치술에 활용했다. 유학은 이때 등장한 사상 중 하나로 이를 공부하는 학자들을 사람들은 유사라고 불렀다. 왕의 모든 권한이 큰아들에게 승계되는 종법제도가 수백 년 넘게 시행되면서 왕의 수많은 자식들은 대부분 유사가 되어 6가지의 기예를 연마하며 출사의 기회만을 엿볼 수밖에 없었다. 유사들은 다양한 철학과 세상을 경영하는 전략을 설파하면서 자신을 드러내려 했는데 공자와 관중도 그들 중 하나였다. 춘추시대인 기원전 551년 노나라에서 출생한 공자는 전설로 내려오던 요순우 시대의 삼황오제가 펼친 이상적인 정치와 조카를 왕으로 성실하게 보필한 주공 단을 모델로 삼았다. 그는 인간의 기본적인 가치가 인의 실천과 예의 정진에 있다고 주장했다. 이에 따라 공자는 모든 것을 관계로 설명하면서 사람과 사람, 사람과 하늘, 사람과 조상 사이에 지켜야 할 규범을 만들어 가르쳤다. 또 그는 사회질서를 위한 보편적 교육의 필요성을 강조하고 교육받은 자가 통치해야 한다고 가르치며 지적 민주주의를 설파했다. 그가 가르쳤던 조상에 대한 예법은 후에 맹자와 순자로 이어지면서 하나의 종교 의식으로 발전하여 유교가 되었다.

고대 중국 철학은 세상의 모든 원리를 음양오행설로 설명한다. 모든 자연의 원소는 음과 양의 두 가지 기운으로 구성되며 이 기운들이 뭉치고 흩어지면서 추동력을 만들어낸다. 또 각 기운은 수, 화, 목, 금, 토의 다섯 가지 행으로 나뉜다. 따라서 세상의 모든 것은 다섯 가지로 구분이 가능하게 된다. 5색(색상), 5취(냄새), 5곡(곡식), 5방(방향), 5음(음악의 기본음), 5륜(인간관계) 등이 모두 같은 예다. 유가를 이은 도가는 원시적 과학과 마술도 포함하고 있어서 철학과 종교가 혼합되어 있다. 도가는 자연의 도(질서)를 모르고는 인간 사회의 도가 실현될 수 없다는 사상과 자연세계의 신을 숭배하는 샤머니즘이 결합한 사상체계를 이루고 있다. 이들은 음과 양의 조화가 잘 이루어지면 육체가 보존되고 신선의 반열에 들 수 있다고 믿었기 때문에 육체를 연단할 호흡 훈련, 방중술, 체조, 약물 조제법 등을 만들어냈다. 특히 도가에 의하면 자연의 흐름에 맡겨 모든 본성이 만족하게 하는 것을 무위라 하는데 무위의 상태는 관찰을 통해 얻어진 경험에 의해서만 가능하다. 그래서 도가사상가들은 자연의 순환을 관찰하면서 변화와 진화, 적자생존의 원리를 제시하려 했고 실제 경험이 진정한 본성을 알게 해준다는 실험 정신을 강조하면서 장인과 기술자를 존중했다.

이어 등장한 묵가는 모든 사람이 서로 사랑하면 세상의 고통이 사라진다는 겸애의 사상을 가르쳤다. 묵가사상가들은 작은 단위로 분할되어 모두가 동등한 힘과 재화를 가진 원시공산사회가 되면 평화롭게 공존하는 세계가 될 것이라며 최초의 무정부주의적 사상을 주장했다. 그래서 이들은 누구를 공격하여 이득을 취하는 일은 하지 않았으며 공격받는 사람들을 도와주어야 한다는 철학으로 성을 지키는 수성술을 연마하여 공격받는 쪽을 도우며 이동하는 삶을 추구했다. 또 이들은 도가, 음양가와 함께 논리적 사고의 중요성을 인식하여 광학, 기하학, 역학 등의 기초를 연마하기 위해 노력했다.『묵자』에는 '운동의 정지는 저항력으로 일어나고 저항력이 없으면 운동은 절대 정지하지 않는다'는 운동의 법칙과 '모든 종은 어떤 근원들을 내포한다. 그리고 이 근원들은 물속에 있을 때 미세한 유기체가 되고 물과 육지가 접하고 있는 장소에서 그것들은 개구리와 굴들의 옷[일종의 조류]이 된다.'는 진화론이 펼쳐져 있다.

이외에 한비자는 법을 중시하는 통치가 세상의 질서를 잡을 수 있다는 법가사상을 펼쳤다. 손자는 전술과 전략뿐 아니라 정치와 경제, 외교 전반에 걸쳐 처세술을 가르치는 병가사상을 정립했다. 당연히 춘추전국시대에 최고의 철학은 병가사상이었다. 병가사상은 한나라 이후 삼국시대에 그 진가를 발휘한 이야기를 많이 남겼다. 도가와 묵가는 과학적 사고를 중시하는 부분도 있었다. 그러나 중국철학은 기본적으로 서양의 과학철학과 많은 차이가 있다. 고대 중국의 과학은 물질과 세계의 근본을 보이지 않는 이념적인 것에서 찾으려 했기 때문에 헬레니즘 시대에 발전한 수학이나 기하학 등의 눈에 띄는 업적이 많지 않다. 그럼에도 은나라 때에는 태음태양력을 만들어 사용했다. 주나라 때에는 윤달을 집어넣어 정교한 달력을 제작했으며 이러한 성과를 이어받아 후한대에는 유홍이 달의 운동이 등속이 아니라는 것을 발견하고 일식과 월식의 예보가 가능한 건상력을 만들어냈다. 이 시기에 철기시대가 열리면서 전쟁 무기와 생활용품을 생산하는 기술이 매우 발달했다.

천문 연구는 고대부터 점성술의 목적으로도 이루어졌지만 농사를 위한 절기를 맞히는 것이 주된 목적이었다. 천문 연구에서는 수학이 필수적인 도구로 사용되었다. 주나라 때에 설립된 대학에서는 수학을 6대 교육 과목 중 필수 과목으로 정해서 모든 관리가 수학을 공부하도록 했다. 기원전 300년경에는 천문서이자 수학서인 『주비산경』이 편찬되었는데 여기에는 분수와 제곱근을 계산하는 방법과 함께 삼각측량법을 통한 길이 계산법 등이 기술되어 있다. 이어 기원전 200년경에 장창이 편찬한 『구장산술』은 수학을 264개의 문제 풀이를 통해 가르치고 있다. 이 책은 총 9장으로 문제들을 구분하여 실제적인 예제를 제시하며 해결 방법을 학습하도록 했다. 예를 들어 '정사각형 모양의 성벽으로 둘러싸인 마을이 있다. 성벽의 중앙에는 각각 북문, 남문, 동문, 서문이 있다. 북문을 나와서 북쪽으로 20보 간 곳에 느티나무가 있다. 또 남문을 나와서 남쪽으로 14보 간 곳에서 서쪽으로 1,775보를 가면 처음 느티나무가 보인다. 이 성벽의 한 변의 길이는 얼마인가?'와 같은 방식이다.

고대 중국에서는 다른 고대문명들과 달리 도로 건설에 많은 노력을 기울였다. 주나라 때 도로를 '숫돌처럼 평탄하고 화살처럼 곧게' 만들었다는 기록이 있고 기원전 250년경 진나라에서는 도로의 폭은 물론이고 수레바퀴의 크기까지 통일했다. 진시황은 전국의 동서남북을 연결하는 '치도'라는 간선도로를 건설하면서 길 안내를 위한 나무를 심거나 비석을 세워 이정표로 삼았다. 특히 진시황은 북방 유목민족의 침입을 막기 위해 2,700킬로미터에 달하는 만리장성을 쌓았다. 이때 건설에 필요한 도량형을 통일했는데 길이는 1척=15.8cm(이후 한나라에 이르러 23.1cm로 바뀜), 1장은 10척, 1척은 10촌, 1촌은 1부로 정했다. 부피는 량을 단위로, 무게는 형을 단위로 사용했는데 1형=15극으로 정하고 천평을 이용해 측정했다.

청동기시대에서 철기시대로 넘어오면서 다양한 농기구와 전쟁 무기가 정교하고 발전한 형태로 제작되었다. 철기용품이 청동기용품보다 훨씬 강하고 수명이 길 뿐 아니라, 철의 매장량이 구리보다 훨씬 많아서 제작 비용이 싸고 제작 과정도 간단하여 철기가 청동기를 대체할 수 있었다. 철기가 처음 만들어진 것은 기원전 600년경 춘추전국시대이고, 그후 불의 온도를 풀무를 이용해 1,400도 이상으로 올리는 고로 기술이 개발된 것은 기원전 400년경 진나라 때였다. 동물의 힘을 이용해 밭을 갈 수 있는 쟁기나 솥과 같은 다양한 생활용품이 철기로 제작되어 보급되었다. 무엇보다 전쟁 무기의 획기적인 발전이 이루어졌다. 말을 타고 손을 자유롭게 사용할 수 있게 해주는 등자와 활보다 사용하기 편하고 사정거리가 긴 석궁으로 무장한 전투병단이 구성되었다. 그리고 야금술을 개발하여 크롬도금을 함으로써 날카로운 칼이 제작되었는데 이 칼을 ㄱ자 모양의 격창으로 만든 무기가 전투에 사용되었다. 쇠뇌는 1킬로그램의 대형 화살을 방아쇠를 사용해 사정거리 270미터까지 발사하는 강력한 무기였다. 이와 함께 50킬로그램의 돌을 사정거리 270미터까지 날려 보내는 선풍포, 일종의 리프트와 같이 높이 올려서 적을 관측할 수 있는 등수레도 제작되었다. 이로 인해 지하 광산을 개발하는 시추와 채광 기술이 발달했는데 소금 채취를 위해 대나무로 지하 600미터까지 굴착하기도 했다.

철을 생산하기 위해 불의 온도를 높이 올리는 기술은 자기를 만드는 데 활용되었다. 토기와 도기는 물에 취약하고 깨지기 쉬워서 불편했다. 그러나 토기를 1,100~1,400도의 온도로 구울 수 있게 되자 기원전 200년경부터는 코발트 유약을 칠하여 구운 청자와 백자 같은 높은 품질의 도자기가 생산되었다. 이와 함께 가옥도 구운 벽돌로 튼튼하게 지어졌다.

이외에도 고대 중국에서는 많은 생활 기술이 발전했다. 넓은 대륙에서 밤낮으로 이동하기 위해서는 방향을 잃지 않는 것이 매우 중요했는데 수레가 회전하더라도 수레 위의 조각상은 동일한 방향을 유지할 수 있도록 차동기어를 사용한 지향성 수레가 등장했다. 또 대나무를 잘라 엮은 죽간 대신에 기원전 300년경 마포와 마승을 원료로 초지를 만들어 사용되었다. 인류 역사의 발전에 획기적인 역할을 한, 특히 유럽의 근대화를 일으킨 종이는 기원전 105년에 한나라의 채륜이 만든 것이다. 종이가 만들어지면서 깃털에 먹물과 같은 염료를 찍어 글을 쓸 수 있게 되었다. 기원전 200년경에는 몽염이 짐승 털로 붓을 만들어 필기도구의 발전을 이루어냈다. 한반도에서는 서기 384년 백제의 마라난타가 제지술을 습득하여 종이를 생산하기 시작했다. 종이와 함께 중국에서 만들어진 가장 중요한 발명품 중 하나는 나침반이다. 천연자석이 물 위와 같이 회전 가능한 곳에 놓였을 때 항상 같은 방향(북쪽)을 가리키는 것을 이용하여 기원전 2

세기에서 서기 100년경 한나라에서 풍수지리 목적으로 세계 최초의 나침반이 만들어졌다.

그러나 동양의 과학은 서양과 달리 자연과 인간을 분리하지 않고 하나의 철학 개념으로 통합되었다. 그리하여 인간 삶과 우주의 원리를 결합해 하나의 법칙을 만들어냈는데 그것이 바로『주역』이다.[43] 우주에 존재하는 모든 사물은 서로 공간적으로 자타주객(自他主客) 관계로, 시간적으로는 피차인과(彼此因果) 관계로 존재한다.『주역』의 효제(爻題)는 이러한 공간적 의미의 토효(土爻)와 시간적 의미의 초효(初爻)를 통해 우주 만물의 변화를 보여준다. 즉 모든 사물은 시공상의 인과주객 관계에서 벗어나지 않으며 음양은 천지 만물이 존재하는 기본 원리다. 인간이 살아가고 있는 물질 우주는 음양으로 설명할 수 있다는 것이 동양 자연철학의 기본이다.[44] 그러나 우주 만물을 단지 음과 양으로 설명하는 데에는 한계가 있다. 그래서 봄(소양), 여름(태양), 가을(소음), 겨울(태음)의 사상으로 우주 만물을 설명한다. 오행은 사상과 같다. 토(땅)는 목화금수, 즉 4계절인 봄, 여름, 가을, 겨울의 변화가 일어나는 배경인 동시에 계절과 계절을 이어주는 매개체다. 이렇게『주역』은 음양오행설로 우주 만물을 이해한다. 또 동양의 자연철학은 인간 삶도 다름없이 우주처럼 일정한 법칙이 적용된다고 보았다. 예컨대 상(象)은 하늘과 땅 그리고 그 사이에 있는 모든 것들의 모습을 가리킨다. 그런데 이것들을 여덟 개의 범주로 분류했기 때문에, 그 상에는 유사성과 차이를 기초로 하는 일정한 규칙과 법칙이 존재한다고 할 수 있다. 이 일정한 규칙과 법칙을 이용하여 인생의 여러 가지 문제를 해명하고자 했기에 수가 이용되었다. 작괘를 할 때는 반드시 수를 더하고 빼야만 괘를 얻을 수 있으므로 수가 없으면 점을 칠 수가 없다. 이처럼 『주역』은 그리스 자연철학자들이 수학 연구에 집중했던 바와 마찬가지임을 보여준다.[45] 궁극적으로 『주역』은 서양의 고대 과학과 다름없이 우주 만물의 변화와 원리를 설명해주는 동양의 자연철학이자 과학이다. 한나라 때 완성되었다고 알려진 『주비산경』은 중국에서 가장 오래된 수학서로 피타고라스 정리와 똑같은 내용의 설명을 담고 있다. 『구장산술』은 유클리드의 『기하학 원론』과 비교될 정도로 그 수준이 매우 높다. 이처럼 종이, 나침반, 화약, 야금술, 각종 병기 등 동양에서는 고대부터 서양과 달리 인간 생활에 필요한 많은 기술이 발전했다.

과학은 아주 오랫동안 기술과는 다른 영역으로 인식되어왔다. 과학이 지식을 추구하는 데 비해 기술은 인간의 물질생활에 도움이 되기 위한 활동이기 때문이다. 이와 달리 과학은 인간이 주위 환경을 통제하기 위한 특정한 행동 양식으로 정의되기도 하는데, 이에 따르면 고대부터 인간이 금속을 다루거나 효율적으로 농사짓는 방법 등을 알아낸 것도 과학의 영역에 포함되는 활동으로 볼 수 있다. 이러한 관점에서 본다면 동양의 과학은 고대 그리스는 물론 유럽의 과학보다 훨씬 발달한 셈이다.[46] 중국에서는 수학, 천문학, 기상학, 지리학과 지질학뿐만 아니라 물리, 화학, 생물학 등 거의 모든 분야에서 놀라울 정도로 수준 높은 과학적 성과가 있었으며, 그것들과 관련된 기술적 성과도 매우 많았다. 예컨대 송원 시대의 수학 수준은 방정식 풀이에서 세계 제일이었으며 르네상스 이전 시기 내내

중국인들은 세계에서 가장 정확하고 지속적인 천체 관측 결과를 남겼다.[47]

5

로마제국 시대

　알렉산드로스제국 후예들과의 싸움에서 승리하여 지중해 패권을 장악한 로마는 인접한 헬레니즘 문화의 영향을 받아 철학과 과학, 문학과 예술 분야에서 큰 업적을 남겼다. 특히 넓은 영토를 관리하기 위한 도로와 대형 건축물 건설 기술과 함께 응용과학 기술이 다양하게 발전했다. 로마시대에 과학은 이론보다 공중위생과 토목공사 및 수로, 도로망 등의 건설에서 특색이 발휘되었다.[48] 로마 건축은 그리스 양식에 실용적인 것을 가미했고 돔이라는 독자적인 지붕 형식을 사용했다. 돔형 건축의 대표적인 것이 아우구스투스 치세에 건설된 판테온신전이다. 특히 로마인은 콘크리트 공법을 발명하여 도로와 교량을 비롯해 각종 건축물을 튼튼하게 건조할 수 있었다. 로마 건축의 석축 기법은 매우 다양하며 새로운 기술의 반복적인 실험을 거쳐 과거 어느 시대보다 뛰어난 건축물을 낳았다.[49] 한편 히포크라테스와 함께 고대의 가장 중요한 의학자로 꼽히는 갈레노스의 의학은 르네상스 시대에 부활하여 근대 의학 발달에 큰 영향을 끼쳤고 외과에 관한 의학서를 저술한 켈수스 역시 르네상스 시대에 이르러 널리 알려지고 재평가되었다.

이처럼 로마시대의 과학은 주로 건축과 의학 분야에서 두드러지게 발전했다. 이는 로마제국이 정복 국가로서 전쟁을 끊임없이 치러야 했고 광대한 지역을 통치하기 위한 도시 건설에 치중했기 때문이다. 이러한 역사 속에서 성장한 로마는 그리스시대의 과학 지식을 그대로 수용하여 이를 전쟁과 정복 지역의 효율적인 지배를 위해 활용하는 데 그쳤다.[50] 카이사르는 지역마다 다른 역법을 통일하여 율리우스력을 제정하고 4년마다 한 번씩 윤년으로 하여 평년은 365일, 윤년은 366일로 정했다. 이 역법은 400년 동안 3년이 더 길어지고 1년의 길이가 10일 달라져 그 정확성이 떨어졌지만 1582년 교황 그레고리우스13세가 춘분일을 3월 21일로 맞춘 현재 우리가 사용 중인 그레고리력을 만들 때까지 계속 사용되었다. 로마인은 독창적인 사고보다 제국인답게 종합적이고 포괄적인 지식을 더 좋아했다. 그리하여 세네카는 천문, 기상, 지리, 물리 등 자연현상에 대한 백과사전적 지식을 모은 『자연 탐구』를 발간했다. 플리니우스는 그리스-로마시대의 거의 모든 책에 나오는 2만여 건의 항목에 관한 해설집 『박물지』(전 37권)를 저술했다. 이 저서는 중세 시대 유럽인에게 지식의 원천이 되어 주요 수도원 도서관마다 이를 필사하여 보관했다. 『박물지』는 그 가치에 대해 비판을 받기도 하지만[51] 로마 문화를 알 수 있는 사료적 가치를 인정받고 있다.[52] 플리니우스는 이 책 서문에서 "나의 이야기는 사물들의 자연, 달리 말하자면 삶에 관한 이야기"라고 밝혔다. 이는 이 책의 주제가 '자연, 곧 인간의 삶'에 관한 지식이라는 것을 의미한다.[53] 즉 『박물지』는 인간이 이용할 수 있는 자연에 관한 개설서인 셈이다.[54] 한편 로마 최고의 자연철학자 루크레티우스는 『사물의 본성에 관하여』에서 원자론적인 물질관을 설명하면서 '무로부터 아무것도 생겨나지 않으며 원래 물질은 원자로 되어 있고 영원히 존재한다'고 주장했다. 그에 따르면 원자는 움직일 때 빈 공간이 필요하기 때문에 진공이 존재하고 원자가 서로 분리 또는 결합하는 과정을 통해 여러 가지 물체가 생겨난다는 것이다. 그는 또 진공 속에서 모든 물체는 똑같이 낙하한다고 주장했으나 그리스 자연철학자들의 이론을 뛰어넘지는 못했다.

서기 4세기경에 기독교를 국교로 받아들이면서 로마시대의 과학은 암흑기에 접어들었다. 기독교인들은 합리적 사고보다 하느님의 계시를 더 중시하여 자연철학자들처럼 사물의 이치를 연구할 필요가 없고 오직 하느님의 창조와 선을 믿어야 한다고 강조했다. 이러한 기독교적 가치관이 지배하게 되자 로마시대의 과학은 모든 자연의 법칙과 질서는 창조주 하느님이 지배한다는 종교적 목적에 따라 전개되었다. 종교적 진리를 설명하는 실례를 찾기 위해 자연현상이 이용된 것이다. 이렇게 로마 과학은 그리스의 자연철학을 이어가지 못하고 암흑기에 접어들고 말았다.[55]

로마는 넓은 영토를 효과적으로 관리하기 위해 교통로의 확보에 주력했다. 로마에서 세계 도처로 이어지는 돌로 포장된 간선도로의 길이만 해도 8만 킬로미터였으며 자갈로 포장된 도로까지 합하면 15만 킬로미터에 이르렀다. 특히 기원전 312년부터 건설하기 시작한 아피아가도는 최장 직선 구간의 길이가 42킬로미터에 달할 정도였다. 도로에 배수로가 설치되었으며 지나다닐 수레의 무게를 고려해 도로의 두께는 1미터 정도로 했다. 또 습지는 둑을 세워서 물의 유입을 막았고 강과 골짜기는 다리를 만들어 건넜으며 산은 터널을 뚫어 도로를 직선화했다.

이와 함께 대형 건축물을 만든 기술은 지금의 시각으로 봐도 놀라울 정도다. 가장 대표적인 것이 로마의 판테온신전이다. 판테온신전은 기원전 3000년경 이집트의 메네스 왕이 멤피스에 15미터 높이로 건설했던 것을 서기 125년 로마에 재건한 것이다. 지름이 43.3미터인 돔을 만들기 위해 4,535톤의 콘크리트가 사용되었는데 이 어마어마한 중량을 6.4미터 두께의 원통형 벽 안에 있는 여덟 개의 기둥이 받쳐주는 구조다. 돔에서 가장 높은 곳의 두께는 1.2미터로 하여 하중을 분산시켰다. 다음으로 로마의 건축술을 자랑하는 것은 수로다. 로마는 점령한 도시들에 로마처럼 물을 공급하는 수로를 만들었다. 지금까지 남아 있는 수로 중에서 수로 기술을 가장 잘 보여주는 것은 프랑스 아비뇽 수도교다. 3층 구조의 48미터 높이에 약 48미터가 남아 있는데 원래는 총 길이가 50킬로미터에 달했다. 수로의 시작점과 끝점 높이의 차가 20센티미터에 불과하도록 축조되었다. 이를 위해 수십 톤의 무게를 들어 올릴 수 있는 5중 도르래가 이용되었다. 한편 기원전 1500년경 이집트에서 사용된 투명 유리 제작법은 기원전 70년경 로마에서 핸드블로잉 기술이 발명되면서 병을 만드는 데 사용되었다. 그리고 병 바닥을 잘라 틀에 맞추어 창문으로 사용되기 시작했다. 유리의 주성분은 비결정 구조를 갖는 이산화규소로 구조 내에 구멍이 있는데 고온 상태에서도 이 구멍이 원자 운동의 버퍼 역할을 해서 잘 깨지지 않는 성질이 있다. 이후 유리 제조공들은 서기 400년경 묽게 녹은 유리를 크고 평탄한 돌판에 올려 창유리를 만들었다.

이 시기에 농업에서도 큰 발전이 이루어졌다. 귀리, 보리, 완두, 콩과 같은 새로운 곡물들이 재배되기 시작했다. 또 삼포식 농법을 도입하여 3분의 1 기간은 춘파지로 늦봄에 파종해 가을에 수확하고 3분의 1 기간은 추파지로 가을에 파종해 초여름에 수확하고 나머지 3분의 1 기간은 휴경지로 땅을 쉬게 함으로써 농지의 토질을 보전하고 더 많은 생산을 할 수 있었다. 또한 마구(안장과 멍에)가 개발되고 무거운 철제 쟁기 및 보습이 널리 사용되면서 농업 생산성이 획기적으로 향상했다.

제4장

충돌과

교류

1

비단에 매혹된 유럽

기원전 500년경을 전후로 동양과 서양에서 철학이 체계화되고 계승, 발전하면서 자연현상을 과학적으로 해석하려는 노력이 이어졌다. 결과적으로 철학의 발전은 자연현상을 무속신앙으로 해석하던 관행에서 벗어나게 해주었다. 그리고 농경 기술과 의술, 건축과 전쟁 무기 분야에서도 놀라운 발전이 이뤄졌다. 13세기 이전 몽골제국이 출현하기까지 유럽과 동양은 서로 모르고 지내왔다. 그리스와 로마의 고전시대에 중국은 미지의 세계였다. 중국에 관한 소식이 유럽에 알려지게 된 것은 아우구스투스 시대로 이때 세레스 또는 세라라는 중국 명칭이 출현했다. 이 명칭은 의미상으로 '비단 국민' 또는 '비단 나라'를 뜻한다.[1] 중국 비단은 매우 값진 진귀품으로 로마 귀족들이 가장 선호한 최상의 옷감이었다.

고대에 멀리 떨어진 지중해와 중국에서 각기 시대 상황에 따라 연구되고 개발된 물품들이 여러 경로를 통해 교류되기 시작했다. 가장 중요한 통로가 된 것이 실크로드다.[2] 실크로드는 공식적으로 흉노족에게 쫓겨나 아프가니스탄 지역에 나라를 세운 월지족에게 한나라 황제인 무제가 기원전 139년 장건을 파견하여 길을 개척하면서 시작된 것으로 알려져 있다. 이후 한나라와 로마는 상업 교류를 시작하여 중국은 비단, 철기, 동기, 칠기 등을 수출하고 로마는 향료, 옥 등의 장신구와 말, 동식물을 수출했다. 이를 통해 중국의 야철 기술과 우물 파기 기술이 중앙아시아를 거쳐 유럽에 전파되었다. 이렇게 시작된 길은 이후 안전성이 확보되면서 가장 큰 이익을 가져다주는 비단이 오가는 길이라 하여 실크로드로 불리게 되었다. 실크로드는 중국의 장안에서 돈황, 천산산맥의 남쪽 기슭 또는 곤륜산맥의 북쪽 기슭을 돌아 파미르고원과 이란고원을 가로질러 이스탄불과 아테네, 로마, 카이로로 연결되었다. 이 길은 다양한 물품의 교환 통로가 되었을 뿐 아니라 불교, 조로아스터교, 기독교, 마니교 등의 종교와 문화 교류의 통로도 되었다.

동서 문화 교류와 인류 역사 발전에서 실크로드의 중요성은 매우 크다. 이 길을 따라 중국에서 고대 오리엔트 국가, 그리스, 로마제국, 페르시아제국, 이슬람 제국, 티무르제국에 이르기까지 수많은 민족과 국가 들이 흥망성쇠를 거듭하면서 인류 역사를 오늘에 이르게 했다. 고대 메소포타미아문명을 비롯해 황하문명, 인더스문명, 그리스·로마 문명, 스키타이 문명, 불교 문명, 페르시아 문명, 이슬람 문명 등 인류 문명 모두가 실크로드를 통해 서로 교류하며 발전했다. 실크로드를 통해 전파된 청동기 문화는 동양 문명에 큰 전환점을 가져다주었고, 중국 종이의 유럽 전파는 종교개혁과 르네상스 시대를 열어 유럽을 근대화로 이끌었다. 이처럼 인류 역사 발전에 중추적 역할을 한 실크로드는 동서 3대 간선과 남북 5대 지선으로 이루어졌다. 그 가운데 오아시스 육로는 동서 교류를 주도하며 가장 핵심적인 역할을 했다.[3] 실크로드는 육로뿐 아니라 해로도 있었다. 서기 200~100년경 로마의 배가 이 해로를 통해 인도와 중국 연안까지 와서 물품을 교류하고 인도에 로마인 거류지를 만들었으며 반대로 중국인들이 이 해로를 통해 로마를 오고 갔다. 해양 실크로드는 로마, 그리스, 이집트에서 페르시아, 인도, 동남아시아, 중국, 일본, 조선에 이르기까지 수많은 국가와 민족의 상호 교류를 촉진함으로써 인류 역사 발전에 큰 기여를 했다.[4]

중국이 서양에 전달한 것은 종이 제조법, 인쇄술, 나침반, 야금술 및 도자기, 비단 짜는 기계, 철로 만든 쟁기와 편자 등이다. 중국이 서양에서 가져온 것은 해시계와 물시계, 의술, 나사, 크랭크축, 식물 등이다. 이와 같은 교역에서 가장 중요한 것은 금융 기술이었다. 농경시대가 시작되면서 생겨난 사유재산제는 거래라는 개념을 만들어냈다. 4대강 유역의 문명에 남겨진 각종 기록을 보면 특정 물건에 가치를 매겨서 가져오고 그 가치에 상응하는 물건을 내주는 물물교환부터 물건 값에 이윤을 추가해 가치를 정하는 상거래, 물건이나 돈을 빌려주고 이자를 붙여 돌려받거나 물건을 담보로 돈을 빌려주는 금전거래, 대금을 종이 화폐나 어음으로 지급하는 신용거래 등 거의 모든 금융거래 형태가 이 시기에 이루어졌음을 알 수 있다. 특히 지중해를 중심으로 상업이 발전하면서 자금을 조달하고 투자를 대신해주는 대부업이 생겨났다.

2

유럽 문화의 탄생

　기원전 7세기경에 티베리스강 기슭의 작은 도시국가로 출발했던 로마는 5세기에 걸쳐 오리엔트를 포함한 전 지중해 세계를 정복하고 이를 통합하여 유럽, 아프리카, 중동을 아우르는 거대한 제국을 건설했다. 로마는 지중해를 중심으로 그리스 고대 문화에 라틴 문화를 융합하고 이와 더불어 기독교를 수용하여 오늘날의 유럽 문화를 탄생시킨 주역이다. 이렇게 로마제국이 성장할 수 있었던 것은 그리스와 마찬가지로 기원전 500년경에 왕정을 무너뜨리고 귀족과 평민이 협력하는 공화정을 세워 모든 시민의 힘을 합칠 수 있었기 때문이다. 로마는 공화정체제를 통해 평민과 귀족 간에 투쟁과 타협을 반복하며 로마 특유의 정치체제를 수립했다. 이 과정에서 로마가 만들어낸 법체계, 군사체제, 문화는 현대에 이르기까지 중요한 모델로 자리 잡았다.

　로마의 탄생에 대한 신화는 기원전 1200년경의 트로이전쟁으로 거슬러 올라간다. 그리스군의 목마를 이용한 위장 전술로 트로이가 전멸당하고 왕의 사위 아이네이아스는 아프로디테의 도움으로 살아남아 로마 근처로 도망쳤다. 그후 아이네이아스의 아들이 그 땅의 왕이 되어 도시국가 알바롱가를 건국하기에 이른다. 400년이 지나 기원전 800년경 알바롱가의 왕이 죽자 왕의 동생이 형의 딸인 레아 실비아를 무녀로 만들어 쫓아내고 왕에 올랐다. 이때 군신 마르스가 잠든 레아 실비아에 반해 그녀를 취하고 쌍둥이 아들을 낳았다. 이들이 로마 건국의 시조인 로물루스와 레무스다. 이 사실을 알게 된 왕은 레아 실비아를 감옥에 가두고 쌍둥이 아들들을 바구니에 담아 티베리스강에 버리고 말았다. 떠내려가던 쌍둥이를 늑대가 건져내어 젖을 먹여 살려냈다. 마침 근처를 지나가던 양치기가 발견하고 데려가 키우게 되었다. 그들이 자라서 그 지역의 지도자로 성장해나갔다. 후에 자신들이 어떻게 버려졌는지를 알게 된 쌍둥이 형제는 어머니를 찾아가지만 어머니가 이미 죽었다는 것을 알고 어머니를 학대한 알바롱가 왕을 죽이고 만다. 다시 티베리스강으로 돌아온 형제는 도시국가를 건설하기로 한다. 강가에 있는 7개의 언덕을 둘로 나누어 로물루스는 팔라티누스 언덕을 중심으로, 레무스는 아벤티누스 언덕을 중심으로 다스렸다. 양쪽이 서로 세력을 키워가는 과정에서 레무스가 경계를 넘어서자 로물루스가 이에 대응하다가 레무스를 죽여버렸다. 그리고 두 지역을 통합하여 로물루스는 자신의 이름을 딴 도시국가 로마를 건국하게 된다. 이때가 기원전 753년이다.

이때 이탈리아반도는 이미 기원전 1200년경부터 수많은 민족이 살면서 이들의 도시국가들이 세워져 있었다. 그리스 반도에서 정착하지 못한 그리스인을 비롯해 북쪽에서는 켈트인과 게르만인이 내려와 있었으며 로마의 주변에는 에트루리아인이 가장 큰 세력을 형성하고 있었다.[5] 에게해 중심의 해상무역이 활발하여 그리스는 이탈리아반도에 자신들의 위성도시를 건설하고 무역 거점으로 활용하고 있었다. 팔레스타인의 도시국가 페니키아도 지중해 전체를 상대로 활발한 무역 활동을 하고 있었다. 이러한 교류로 인해 아테네 주변 도시국가들의 발달한 정치제도가 소개되면서 도시국가들은 이와 유사한 제도를 채택하고 있었다. 이들은 그리스처럼 도시국가 연합을 만들어 서로 협력하면서 종교 행사를 통해 결속을 다지고 외부의 공격에 공동으로 대응했다. 그리스와 에트루리아라는 두 개의 강력한 세력 사이에서 탄생한 로마는 시작부터 그리스의 정치제도를 따라 왕과 100명으로 구성된 원로원, 평민 대표들이 참여하는 민회가 상호 협력하여 국정을 운영하는 공화정 형태를 띠었다.[6]

초대 왕 로물루스는 주변을 침략하여 영토 확장에 힘썼고 점령지의 귀족들에게 원로원 자리를 내어주면서 라틴동맹으로 통합을 이루려 했다. 계속된 정복 전쟁으로 원로원은 자리가 늘어날 수밖에 없었고 몇 대의 왕을 거치면서 200명으로 확대되었다. 왕은 원로원에서 선출했는데 여러 민족이 섞인 원로원 내에서 자신들에게 유리한 출신을 왕으로 선출하려는 세력 다툼이 심각해졌다. 그러면서 왕이 암살당하는 일도 생겨났다. 마침내 루키우스 브루투스의 반란으로 기원전 509년 로마제국은 왕정을 종식하고 그리스의 공화제를 받아들였다. 민회에서 선출된 최고지도자인 집정관 2인은 원로원의 견제를 받았다. 그런데 집정관이 원로원 회원인 귀족이다 보니 집정관이 자신을 선출한 민회보다 원로원과 밀접한 관계를 갖게 되면서 원로원과 민회가 자주 충돌했다. 민회의 대표인 호민관을 선출하여 집정관과 원로원을 견제하도록 했지만 이 또한 유명무실해지면서 귀족들의 권한은 커지고 평민들은 더 소외되었다. 반목이 계속되면서 외세의 침입으로 도시 전체가 침탈당하는 일까지 벌어지자 원로원과 민회는 서로 타협을 했다. 기원전 367년에 제정된 리키니우스법은 집정관 중 한 명을 평민 중에서 선출하고 민회에서 내각을 대표하는 관료들을 선출하게 함으로써 평민들의 정치참여를 강화했다. 로마제국의 정치 중심인 원로원에 대한 평가는 다음과 같다.

> 로마 원로원은 국가의 상징으로서 가장 존귀한 존재이며 일관성과 현명함, 통일성과 조국애, 견고한 권력과 단호한 용기를 가진 인류 역사상 최고의 정치기구였다. 원로원은 전제정의 강력한 힘을 공화정으로 향하게 할 줄 알았고 원로원이 지배한 전성기 로마는 대외적으로 역사상 가장 강력한 국가였다. 특히 모든 로마 시민은 법률 앞에서 권리와 의무가 평등하고 누구나 원로원 회원이 될 수 있다는 열린 정치를 보장함으로써 시민들의 화합과 단결은 물론 귀족과 평민의 신분 차별에 의한 갈등도 해소해나갔다.[7]

이렇게 열린 정치를 통해 로마는 강력한 내부 단결을 강화함으로써 다시 통일 전쟁에 나서서 유명무실해졌던 라틴동맹을 로마연합으로 발전시켜나갔다. 로마연합에 합류한 도시들을 연결하기 위해 기원전 312년 아피아가도가 건설되기 시작했다. 이후 로마는 주변 도시국가들을 점령하여 로마연합에 포함시킬 때마다 지속적으로 가도를 설치했다. 이를 통해 신속한 군대 파견과 물자 운송이 가능해졌다. 로마는 계속된 정복 전쟁에서 승리하고 외부의 침입을 성공적으로 막아내면서 기원전 272년에 이르러 북쪽 제노바에서 최남단까지 드디어 이탈리아반도 전체를 아우르는 거대한 동맹체제를 완성했다.

이제 지중해로 눈을 돌린 로마는 지중해로 진출하기 위해 이탈리아반도 주변의 3개 섬에 대한 지배권을 쟁취하는 데 몰두했다. 그중 시칠리아섬은 이탈리아와 맞닿아 있을 뿐 아니라 지중해의 중앙에 있어서 지중해를 장악하는 데 핵심 거점이었다. 또한 코르시카섬과 사르데냐섬도 빼놓을 수 없는 지리적으로 중요한 위치를 차지하고 있었다. 그런데 이 주요 거점들을 차지하고 있던 국가가 아프리카 북부의 카르타고였다. 카르타고는 이미 아프리카 북부의 해안선과 이베리아반도 남부의 해안선을 따라 위치한 도시국가들을 모두 지배하고 있었다. 지중해의 패권을 놓고 두 나라가 싸운 전쟁이 기원전 264년에서 기원전 146년까지 세 차례에 걸쳐 있었던 포에니전쟁이다. 결국 밀고 밀리던 전쟁에서 로마가 승리하여 지중해 전역을 아우르는 대국으로 성장했다.

지중해 연안 국가들을 통합하면서 로마는 경제적으로도 급성장했다. 이전까지는 균등하게 분배받아 귀족과 평민의 경제력에 큰 차이가 없었는데 식민지의 농장들과 노예들이 귀족들에게 귀속되면서 귀족들은 더욱 큰 부자가 되고 농민들은 몰락하여 빈부의 격차가 심각한 부작용이 초래되었다. 귀족들로 구성된 원로원이 기득권층이 되고 원로원을 집정관이 좌지우지하게 되자 새롭게 등장한 군대 지도자들이 전쟁에 참여한 평민들을 등에 업고 개혁을 주도해나갔다. 이때 등장한 이들이 폼페이우스와 그라쿠스 그리고 카이사르다.

이들 3인이 공동 집정관인 삼두체제가 세워졌다가 카이사르의 권력이 강화되자 원로원의 노회한 정치인들이 그를 가만두지 않고 정치적 야망을 키우던 그의 심복 마르쿠스 브루투스를 내세워 암살했다. 이후 이들을 평정하고 정권을 잡은 카이사르의 양아들 옥타비아누스가 공화정의 호민관이자 집정관이자 원로원 1인자가 되었다. 그는 이에 멈추지 않고 원로원이 가졌던 비상대권과 함께 군사 지휘권 및 식민지 통치권 모두를 갖는 명실상부한 황제가 되면서 공화정을 종식하고 제정 로마 시대를 열었다.[8] 역사가는 로마제국의 힘의 원천이었던 공화정이 무너지는 장면을 이렇게 묘사했다.

> 로마 시민은 마르쿠스 만리우스에게 서슴없이 사형을 선고했다. 만리우스가 로마 시민들에게 떨친 명성은 형장에 사람들을 모이게 한 것 외에 아무런 소용이 없었다. 이때 사형을 요구한 시민들은 성채의 바위를 보지 못했고 패망의 위기에서 조국을 구한 애국자가 사형집행인 망나니의 칼날에 맡겨진 것을 말없이 지켜만 보고 있던 바위의 침묵 속에 담긴 경고조차 알지 못했다.[9]

여기서 마르쿠스 만리우스는 갈리아 군대가 로마 시내의 마지막 방어선인 카피톨리움 요새까지 침입하여 망국의 위기에 직면했을 때 성벽에 올라 로마를 구한 영웅이었다. 이러한 애국 영웅을 선동에 속은 로마 시민들이 분노하며 죽음으로 몰아간 장면을 로마 공화정 몰락의 상징으로 표현한 것이다.

정권을 장악한 옥타비아누스에게 원로원은 군사 지휘권을 비롯해 속주의 관리·통제권을 부여하고 아울러 '존엄자'라는 의미의 아우구스투스라는 칭호를 부여했다. 이로써 로마제국의 초대 황제가 된 옥타비아누스는 아우구스투스로 불리게 되었다. 아우구스투스는 내란으로 인한 정치적·사회적 혼란을 종식하고 로마제국을 평화와 안정기에 접어들게 했다.[10] 그는 곡물 배급, 건물 건설, 공적 오락을 로마 시민에게 제공하는 등 애민 정책을 펼쳤고 아울러 프린키파투스라는 신체제에 입각하여 정치적 안정을 꾀했다. 한편으로는 상하수도 시설 건립, 플라미니아가도를 비롯한 많은 도로의 재건축을 통해 인구 100만 명에 이른 대도시 로마의 위상을 갖춰갔다. 마침내 그는 100여 년간 지속된 내란을 종식하여 '팍스 로마나', 즉 로마의 평화와 안정을 확립했다.[11] 기원전 31년 악티움해전 승리로 오랜 내전을 끝낸 아우구스투스가 군대, 재정, 통치권을 모두 장악함으로써 공화정 통치 원칙의 근간이 붕괴되고 말았다.

그런데 아우구스투스의 1인 지배는 공화정의 외피를 그대로 유지한 채 시작되었기 때문에, 제국의 통치권은 분명히 한 사람에게 집중되었지만 그 권력이 어떤 방식으로 실행되어야 하는지, 또 누구에게로 이어져야 하는지 명확하지 않았다. 아우구스투스는 황제의 권한을 강화하고 혈통으로 왕위를 계승하는 전통을 세우려 했으나 원로원과 결탁한 궁중 암투가 심각한 상태에서 네로와 같은 잔혹한 황제가 나타나자 시민들이 반란을 일으켜 황제를 축출하는 일까지 발생했다. 네로가 죽자 원로원은 원로원에서 존경받던 네르바를 황제로 추대했고 이후 혈통이 아닌 능력에 따라 선왕이 후대 왕을 지명하는 전통이 생겼다.[12]

이러한 전통을 이어가며 맞이한 로마제국의 전성기가 서기 96년에서 180년까지 지속된 5현제 시대다. 네르바에서 트라야누스, 하드리아누스, 안토니누스 피우스, 마르쿠스 아우렐리우스로 이어진 5현제는 원로원과 국가를 위한 사심 없는 타협 정치를 펼쳐서 영토 확장뿐 아니라 국민의 복지와 안전, 평화를 유지하며 로마제국을 반석 위에 올려놓았다.

3

로마의 철학과 과학

소크라테스, 플라톤, 아리스토텔레스로 이어지는 그리스 헬레니즘 철학은 알렉산드로스대왕의 정복 전쟁 전선을 따라 사방으로 전파된 반면에 사방의 다른 종교와 철학이 유입되었다. 계속되는 전쟁으로 인해 개인의 안전과 평화가 중요한 관심사가 되자 이에 맞추어 철학의 주제도 변해갔다. 사물의 본질이 무엇인지를 묻던 헬레니즘 철학은 아리스토텔레스 이후 크게 에피쿠로스학파, 스토아학파, 회의학파의 3가지 학파로 나뉜다. 에피쿠로스학파는 마음의 평정 상태(아타락시아)를 추구했다. 에피쿠로스는 모든 사물은 더 이상 나눌 수 없는 무수한 원자들로 구성되며 이들은 자유의지를 가지고 선택하고 기피할 수 있다고 주장하면서 자신의 쾌락을 추구하며 사는 것이 가장 바람직하다고 가르쳤다. 제논이 시작한 스토아학파는 당시 다른 철학들과 달리 신도, 사람도, 심지어 정욕 등과 같은 생각조차도 모두 물질로 보는 유물론적 세계관을 가르쳤다. 스토아학파의 주장에 의하면 우주의 질서는 로고스에 의해 만들어지고 모두가 각자의 위치를 지키면서 조화를 이루는 법칙을 지켜가게 된다. 그러므로 이들은 로고스에 대응하여 사람의 행동을 지배하는 법칙이 곧 이성이라고 강조하며 이성에 순응하며 살 때 자연에 순응하며 살 수 있다고 설파했다.[13] 세상의 모든 것은 나쁘고 좋은 것이 없으며 이를 어떻게 사용하고 판단하느냐가 중요하기에 사물에 대해 부동심(아파테이아)을 가져야 진정한 행복을 느낀다는 것이다. 이러한 스토아철학은 금욕을 강조한 윤리학에 가깝다.[14] 한편 회의학파는 세상의 어떤 것도 확실한 것은 없으며 심지어 지금 자신이 인지하고 생각하는 것도 확신할 수 없는 것이라고 가르쳤다. 이에 따라 회의학파는 플라톤부터 모든 철학자가 주장한 것을 의심했으며 모든 것에서 판단을 유보하고 부정도, 긍정도 하지 않았다.

이와 같은 헬레니즘 철학이 로마로 유입되었다. 로마는 건국 이후 가장 강력한 국가연합체를 이루고 있던 북쪽의 에트루리아와 남쪽의 그리스로부터 정치적·문화적으로 많은 영향을 받고 있었다. 로마인들은 일찍부터 에트루리아인의 기술을 습득하고 그리스인의 철학, 문화를 받아들여 실용적이면서 과학적인 사고방식에 익숙해 있었다. 로마는 영토를 급속히 확장하면서 넓어진 영토와 증가한 인구를 관리하고 운영하기 위한 정치체계를 만들고 도로 건설과 건물 건축에 큰 노력을 기울였다. 이러한 배경하에서 철학 사조를 스토아학파가 주도하고 키케로와 세네카가 이를 발전시켰다. 키케로는 스토아학파의 전통에 따라 이성을 우주를 지배하는 힘으로 생각하면서 자연법을 강조했다. 더 나아가 그는 특수한 경우에 적용할 수 있는 실정법도 그 효력의 기준을 자연법에 두기도 했다. 세네카는 인간의 이성이 타락하여 질서가 파괴되는 경우에 강제적 규범이 필요하다고 주장했다. 그리스의 철학이 로마로 건너오면서 합리적이고 이성적인 것들이 강조되고 실용적인 것들이 발전하게 된 것이다. 로마인의 실용적인 사고방식에 따라 철학은 확장해가는 영토를 효과적으로 통합하고 다스리기 위한 법의 형태로 표현되었다. 로마인은 개인의 권리를 보장받기 위한 법에 의한 조정에 익숙해져 있었다. 이에 따라 공화정을 구성하는 원로원과 민회, 집정관 등 지배층은 각자의 역할과 권한에 대하여 평민 계층과의 타협을 통해 기원전 451년 12표법을 만들어 성문화했다. 이러한 전통에 따라 이후 갈등이 생길 수 있는 모든 분야에 적용 가능한 법들이 제정되었는데 '로마의 문명은 법의 문명이다'라는 말이 생겨날 정도였다. 로마법은 현대 법체계의 근간이 되어 오늘날 유럽의 통합된 법체계의 근거가 되었다.[15]

아쉽게도 로마는 헬레니즘의 문화와 예술을 폭넓게 받아들였으나 과학에 관한 관심은 크지 않았다.[16] 대신 앞에서 언급한 것처럼 로마는 대규모 건축 사업에 필요한 측량과 계산 기법을 크게 발전시키는 한편, 의학과 같은 실제적인 분야에 많은 노력을 기울였다. 이에 따라 철학과 과학을 탐구하려는 로마인들이 무세이온으로 가서 공부했다. 중세 초기까지 사용된 의학체계를 정립한 갈레노스도 무세이온에서 의학의 기초를 닦았다. 그는 인간 신체가 소화기관(간 중심), 호흡기관(폐와 심장), 신경기관(뇌 중심)으로 구성되고 각 기관은 자연의 정령, 생명의 정령, 영혼의 정령이 영양분을 제공한다고 생각했다. 또 무세이온에서 연구된 기하학과 각종 과학기술은 로마에서 대형 건물을 건축하거나 도로를 건설하는 데 사용되었다. 포에니 전쟁 당시 최고의 과학자이자 무기 전문가인 아르키메데스가 침략자 로마 병사들로부터 무세이온을 지키려다가 죽임을 당하자 이를 애석하게 여긴 로마의 마르켈루스 장군이 그의 묘비에 '원기둥에 구가 내접한 그림'을 새겨 넣었다는 일화는 너무도 유명하다. 그럴 정도로 로마는 무세이온을 과학과 철학의 보고로 인식하고 있었다.

5현제 시대의 마지막 황제인 마르쿠스 아우렐리우스 때에는 세계 인구가 3억 명에 가까워졌다. 유럽 중북부에 자리 잡은 다양한 종족들은 세력을 키워가면서 끊임없이 로마의 국경을 침입했다. 대표적인 종족이 게르만족이다. 또 알렉산드로스에 의해 멸망했던 페르시아는 사산왕조에 이르러 메소포타미아 지역을 평정하고 동쪽에서 로마를 괴롭혔다. 이런 외부 침략이 계속되는 와중에 아우렐리우스 황제가 5대나 이어온 양자제도를 무시하고 친아들 코모두스를 후계자로 지명하면서 로마 평화기는 종식되고 말았다. 이후 로마제국은 약 1세기에 걸친 살육과 혼돈의 시대를 맞게 되었다. 무능하고 잔인한 코모두스는 결국 근위대장과 측근에 의해 살해되었고 그후 1년 사이에 근위대가 옹립한 두 황제도 살해되자 판노니아속주 총독인 카르타고 출신 세베루스가 로마로 진군하여 제위에 올랐다. 근위대장 마크리누스가 그의 아들 카라칼라 황제를 암살하고 제위에 올랐으나 무능했다. 이에 카라칼라의 외가 사람들이 마크리누스를 죽이고 에메사의 태양신 신관이던 14세의 엘라가발루스가 제위에 올랐다. 그러나 그 역시 병사들에게 살해되고 사촌동생인 세베루스 알렉산데르가 황제로 옹립되었다. 그는 원로원과 화해하고 로마 고대 전통을 존중했지만 게르만족과의 전쟁 때 군대의 반란으로 죽임을 당했다. 이후 서기 235년부터 284년까지 26명의 황제가 번갈아 제위에 오르는 등 그야말로 혼돈의 정치가 판을 쳤다.[17] 이러한 정치적 혼란이 거듭되자 로마제국은 점차 쇠락하기 시작했다.

군인황제시대가 끝나고 서기 284년 황제가 된 디오클레티아누스는 제국의 혼란과 무질서를 수습하고 개혁을 단행하여 제국을 안정시키려 했다. 군대의 추대로 황제가 된 그는 4개의 수도를 만들고 50여 년간 4분통치(테트라키아)를 시도했다. 메디올라눔(밀라노), 니코메디아(튀르키예 지역), 아우구스타트레베로룸(독일 트리어) 그리고 시르미움(세르비아 지역)에 2명의 황제와 2명의 부제를 두고 제국을 행정적으로 구분하여 통치하되, 자신이 최고권을 장악하고 황제 유고 시에 부황제가 그 뒤를 잇도록 함으로써 황제 계승에 군대가 개입하지 못하도록 했다.[18] 그리고 그는 네 명의 통치자들이 각기 담당 지역에서 외적의 침입을 막고 내부 반란을 평정하여 국가를 유지하는 역할을 하도록 했다. 디오클레티아누스의 행정과 군대 개혁에는 막대한 국가 재정이 필요해서 세금을 더 많이 거둬들일 수밖에 없었다. 그리하여 그 경비를 관할 속주에 할당하면 속주는 다시 각 도시에 분배해서 필요한 세금을 거둬들였다. 이같이 늘어난 세금을 견디지 못한 소농과 소작인 들이 토지를 포기하고 대지주에게 보호를 구하는 경우가 크게 늘어났는데, 이로써 콜로누스라고 불리는 토지에 예속된 소작제가 나타났다.[19] 디오클레티아누스가 퇴위한 후 4명의 통치자들 사이의 권력투쟁은 필연적이었고 결국 내전으로 이어졌다. 서기 313년 오랜 내전을 평정한 콘스탄티누스가 단일 황제가 된 이후 로마는 최대의 영토를 다스리며 안정을 되찾았다. 그러나 콘스탄티누스대제가 330년 비잔티움을 콘스탄티노폴리스로 명명하고 수도를 옮긴 이후 테오도시우스1세가 죽자 로마제국은 동로마와 서로마로 분리되었다. 서로마제국의 수도가 라벤나로 옮겨지면서 원래 수도인 로마의 정치적 중요성은 상실되었다. 로마는 유럽과 지중해 중심으로 강력한 제국으로 확장되어가면서 여러 이민족이 로마에 속하게 되자 정체성이 점차 희미해져갔다. 이로 인해 전쟁에서 공을 세워 세력을 키운 여러 이민족 출신 무장들 사이에 권력투쟁이 빈번하게 발생하자 로마제국은 예전처럼 안정적이지 않게 되었다. 그럼에도 로마제국은 포용적인 이민족 정책을 통해 보편적인 유럽 문화의 기틀을 마련했다. 로마제국이 멸망한 후 로마 전통의 계승자를 자처한 게르만족이 국호를 신성로마제국으로 정한 것도 로마제국이 유럽의 여러 민족에게 남긴 유산이다.

로마인들의 성향은 과학을 탐구하기보다 생활의 즐거움을 찾는 쪽이 강했다. 특히 넓은 식민지에서 들어오는 풍부한 물품 덕분에 생활이 여유롭다 보니 자연스럽게 나타난 것이 쾌락주의였다. 대표적인 것이 기원전 200년경부터 시작된 검투 경기다. 수십에서 수백 명 규모이던 검투사가 5현제 시대 이후 1만 명까지 늘어날 정도로 수십 개의 검투사 양성소가 있었으며 검투 경기장만 해도 200여 곳에 달했다. 기원전 73년 검투사 70여 명을 이끌고 스파르타쿠스가 일으킨 반란으로 거대한 내전을 경험했음에도 불구하고 로마인들의 오락을 즐기는 성향은 바뀌지 않았다.[20] 이러한 성향의 또 다른 현상은 수없이 많았던 공동목욕탕이다. 지중해의 온난한 기후로 인해 이들은 몸을 의복으로 특별히 가릴 필요가 없었으며 수많은 전쟁 등으로 인해 성적으로 윤리적인 기준이 존재하지도 않았다. 그렇다 보니 동성애를 위시한 여러 가지 변태성욕이 지금으로서는 상상도 할 수 없을 만큼 만연했다. 심지어 로마 시민들이 군대에 나가는 것도 피하는 지경에까지 이르기도 했다. 4개의 수도를 만들고 지역별로 국방을 책임지게 했지만, 로마인들이 국경을 지키기에는 영토가 너무 커졌기에 용병을 고용하거나 국경 근방의 식민지인에게 방어를 맡기는 일이 일상이 되어갔다. 그러나 한편으로 화려함을 추구하는 국민 성향으로 인해 건강과 의학에 대한 연구는 활발해졌다. 예컨대 갈레노스와 같은 의학 연구자들이 위생학 분야에서 성과를 낼 수 있었다. 이와 달리 대부분의 과학기술 분야는 침체기에 빠질 수밖에 없어서 대철학자 키케로가 '로마에는 과학이 없고 측량술만 있다'고 한탄할 지경에 이르게 되었다.

로마가 동서로 나뉘고 황제가 동로마로 옮겨 가자 서로마는 무주공산이 되어 황제가 힘을 잃고 군벌들이 권력을 장악했다. 국경을 제대로 수비하는 것도 버거웠던 서로마는 마침내 서기 410년 서고트족에게 로마가 함락되어 약탈당하고 수모를 겪자 야만족으로 멸시했던 게르만족을 정규군에 편입시켰다.[21] 376년 고트족이 다뉴브강을 건너올 수 있게 도와준 발렌티아누스 황제의 이러한 무모한 결정은 결국 서로마의 파멸을 가져왔는데 '고트족의 위대한 친구'로 불린 동로마의 테오도시우스1세 역시 그 책임을 면할 수 없었다. 훈족의 침입은 반달족, 고트족, 게르만족, 롬바르드족 등 유럽 민족의 대이동을 일으켜 로마제국을 하루아침에 대혼란에 빠뜨리고 유럽 전체를 무법천지 상태로 만들었다. 알다시피 동양의 흉노족으로 알려진 훈족은 원래 중국의 북방 지역 초원에 살던 유목민으로 끊임없이 중국을 침략하여 괴롭혔다. 이 때문에 진시황은 이들의 침략을 막기 위해 만리장성을 쌓았고 기원전 129년에 이르러 한나라 무제가 대규모 군대를 보내 대대적으로 흉노족을 토벌했다. 이후 서기 89년 북흉노가 후한에 의해 멸망한 데 이어 남흉노는 후한 말 조조에 의해 점령되어 지배받다가 결국 한족과 동화되었다. 그러다가 남흉노 왕의 후손인 유연이 나라를 세우고 사마중달의 후손이 세운 서진을 멸망시키자 중국은 5호16국시대의 혼란을 겪게 되었다. 이후 407년 산서성 지역에 북하가 건국되었으나 431년 선비족의 국가 북위에게 멸망당해 역사에서 사라졌다. 이 흉노족이 4세기 유럽에 나타난 것이다.[22] 유럽인에게 비친 훈족은 어떤 모습이었을까. 당시 로마 군인이자 역사가인 암미아누스 마르켈리누스는 훈족을 다음과 같이 묘사했다.

그들의 잔인성은 다른 모든 종족을 능가한다. 그들은 쇠붙이로 갓 태어난 아기의 얼굴에 깊은 상처를 내어 솜털의 싹을 모두 없애버린다. 그래서 그들은 수염도 매력도 없이 마치 내시처럼 늙어 보인다. 그들은 몸이 땅딸막하고 사지는 건장하며 목덜미는 두텁다. 그들의 육중한 몸에는 공포감을 자아낸다. 그들은 마치 두 발 달린 동물 같거나 다리의 난간 가장자리에 있는 나무통처럼 그리 세련되지 못한 모습을 하고 있다. (…) 흉노족들은 음식을 조리하지도 않고 양념도 넣지 않은 채 먹는다. 그들은 갓 태어난 가축의 날고기로 영양을 보충하고는 말등에 누워서 한동안 휴식을 취한다. 그들은 묘지를 사용하지 않은 것처럼 주택도 이용하지 않는다. 그들은 삼베나 쥐털을 나뭇가지로 꿰매서 입는다. 그들에게 실내복이나 외출복이 따로 없다. 그들은 한번 빛바랜 옷을 입기만 하면 헤어질 때까지 벗는 법이 없다. (…) 그들은 말 위에서 떠나는 법도 없고 식사를 할 때나 음식을 먹을 때도 발을 땅에 대지 않는다. 그들은 말을 탄 채 말목에 기대어 잠을 자며 이런 자세로 편안히 갖가지 꿈을 꾼다.[23]

당시 황제인 로물루스 아우구스툴루스는 꼭두각시로서 섭정인 아버지 오레스테스가 실권을 잡고 있었는데 오레스테스는 게르만족의 수장인 오도아케르와 내통하고 있었다. 이런 상황에서 476년 오도아케르가 오레스테스를 죽이고 황제를 폐위하자 서로마는 아무 저항 없이 멸망하고 말았다. 그렇게 해서 이탈리아반도 전체를 장악한 오도아케르가 이탈리아 왕으로 등극했다.

서로마제국의 멸망에 대해서는 여러 원인이 제시되고 있는데 대략 내용은 이렇다. 첫째, 기독교의 유포와 국교화다. 로마제국은 다민족, 다문화 사회였다. 그랬던 제국이 기독교를 국교로 삼으면서 여러 민족의 종교가 탄압받고 이로 인해 고조된 불만이 폭발했다는 것이다.[24] 고트족의 역사를 쓴 요르다네스가 강조한 것처럼 고트족이 서로마제국에 맞서 무기를 든 것은 로마인이 식량을 구하기 힘든 척박한 토지에 머물게 하거나 개 혹은 혐오 동물의 고기를 먹게 하고 자식들을 노예로 삼았기 때문이다. 전통적으로 로마 황제는 게르만족의 풍습과 전통을 존중하면서 로마제국의 동맹으로 여겼다. 그런 반면 게르만족을 인간보다 동물에 가까운 야만족으로 여긴 로마인이 많았다. 그리스 출신 역사가 조시무스는 "콘스탄티누스대제가 야만인에게 문을 열어주었다. 이것이 로마제국의 멸망 원인이다."라고 기록했다.[25] 둘째는 경제적 요인으로 정복 전쟁으로 말미암아 약탈 경제, 즉 노예 노동력과 약탈 재물에 의존하다 보니 생산 경제가 발전하지 못했고 정복 전쟁이 종식되자 경제난에 봉착했다는 것이다. 셋째는 서로마 말기에 이르러 다민족으로 구성된 군대의 취약성으로 인해 외적의 침입을 방어하지 못했다는 점이다.[26] 다음으로 넷째, 국교화된 기독교의 만행이다. 일신교인 기독교는 여러 민족의 고유한 신들을 우상숭배로 배척했다. 더욱이 로마 기독교인들은 여러 민족의 신전을 파괴함으로써 로마제국을 구성한 민족들의 원망을 고조시켜 로마제국에 대한 충성심을 약화시키는 결과를 초래했다. 그리하여 기독교는 '문명의 파괴자'라는 오명을 남겼다. 440년경 수사(修士) 살비아누스는 이렇게 기록했다.

> 로마제국의 파국 원인은 제국 내부에 있다. 이런 비극은 기독교도를 포함한 로마인들의 죄악 때문이다. 이 죄악 탓에 야만인들이 제국을 지배하게 되었다. 로마인들은 밖에 있는 적보다 더 사악한 적을 내부에 갖고 있었다.[27]

이처럼 서로마제국은 내부 문제로 인해 훈족의 침입에 이은 게르만족의 대이동과 침입을 막아내지 못하고 멸망했다. 서로마제국의 멸망 이후 유럽은 혼란과 살상, 방화, 약탈이 판치는 무법천지가 되고 말았다. 이는 유럽 중세 시대의 시작이자 기독교 보편세계가 도래하는 원인이 되었다. 그렇다면 서로마제국이 망한 유럽의 상황은 어떠했을까? 로마 속주 갈라이키아에 있는 아쿠아이 플라비아이의 주교였던 히다티우스는 이렇게 당시 상황을 묘사하고 있다.

> 야만인들은 스페인에서 광기를 터뜨렸다. 전염병의 재앙 역시 맹위를 떨쳤다. 포악한 착취자들이 도시에 숨겨둔 재화를 약탈하고 이와 더불어 기근이 더욱 심해지자 사람들은 인육으로 배를 채웠다. 어머니는 자식을 죽여서 요리해 먹었다. 기근, 칼, 전염병 등으로 죽은 사람의 시체를 먹는 데 익숙해진 야수들은 산 사람까지도 공격하여 잡아먹었다. 이처럼 칼, 기근, 전염병, 야수 등 네 가지 재난은 유럽 도처에서 맹위를 떨쳤고 하느님의 선지자를 통한 예언이 현실로 나타났다.[28]

로마제국이 멸한 다음 야만족의 침입과 약탈, 살상이 일상화되어 버린 유럽은 다음과 같은 상황에 의해 기독교가 지배하는 중세 사회가 시작되었다. 먼저 무장한 기사들이 로마 통치자를 대신하여 새로운 지배자가 되었다. 주민들은 기사들이 자신들을 약탈자로부터 보호해주는 대가로 자발적으로 그들에게 예속되었다. 그리고 흑사병의 재앙과 갑작스러운 로마제국 멸망 그리고 무법천지에 종말 의식을 강하게 느낀 주민들은 정신적으로 교회에 더욱 의존하게 되었다. 이러한 두 요인에 의해 유럽은 기사와 교회가 지배하는 기독교 보편세계인 봉건사회가 성립되기에 이르렀다.[29]

4

신이 지배하다

로마제국 멸망 이후 혼란 시기에 여러 야만족의 오랜 침략과 약탈, 살인 등으로 인해 유럽 인구는 급속히 줄어들었다. 예전에 경작되었던 광대한 토지는 잡초 덤불로 뒤덮였다. 이렇게 황폐해진 토지가 다시 개간되기까지는 한 세기 이상 걸렸다.

야만족 가운데 유럽에 가장 큰 피해와 영향을 준 종족은 노르만족이다. 스칸디나비아 일대에 살던 노르만족은 인구가 증가하여 식량이 부족해지자 서기 7세기에 배를 타고 남하하기 시작했다. 노르만족은 강 지류를 따라 내륙 깊숙한 곳까지 진출하여 약탈과 방화, 살인을 일삼다가 영국 남부와 프랑스 서부 해안뿐 아니라 지중해의 안쪽 지역에 정착하게 되었다.[30] 노르만족의 침략으로 초토화되었던 909년 당시 한 주교는 유럽의 모습을 이렇게 묘사했다.

당신들의 눈앞에 주님의 진노가 폭발하는 것이 보인다. (…) 인기척이 없는 시가, 파괴되거나 잿더미가 된 수도원, 그리고 황폐해진 들판 외에 아무것도 없다. (…) 곳곳에서 강자는 약자를 압박하고, 사람들은 닥치는 대로 서로 잡아먹는 바다 고기를 방불케 한다.[31]

또 스웨덴 지역의 노르만족이 슬라브족이 살던 키이우 지역에 진출하여 새로운 도시국가들을 건설하는 등 서기 1000년경에 이르러서는 지금 유럽의 형태가 거의 만들어졌다. 이렇게 서로마제국 멸망 이후 훈족의 침략에 따른 민족대이동과 이슬람 세력, 노르만족, 마자르족 등 침략자들의 잇따른 약탈과 파괴, 살인으로 조성된 공포와 죽음의 시기가 곧 중세 유럽을 만들었다.[32]

로마가 이집트를 복속시키고 기세를 올리던 기원전 4년, 로마의 속주인 팔레스타인에서 예수가 탄생했다. 로마 치하에 있지만 유대교가 지배하던 이 땅에서 유대교 하느님의 아들이라 자칭하며 포교를 시작한 예수는 신성모독죄로 십자가에 매달려 처형되고 말았다.[33] 그러나 그의 인류 평등과 사랑, 구원 사상은 당시 가난과 수탈에 시달리던 민중에게 복음이 되었고 12사도와 걸출한 신학자 바울에 의해 로마가 점령한 전 지역으로 순식간에 퍼져나갔다.

교회가 점점 성장하자 각 지역에서 모인 대표들 중에서 장로와 집사 들이 사도의 정통성을 잇는 것으로 행세하며 조직을 만들어갔다. 서기 2세기에 감독제도가 생겨 감독이 여러 장로를 교육하고 지도하여 각 교회의 교인들을 돌보게 하는 형태로 제도화되었다. 로마, 콘스탄티노폴리스, 안티오키아, 알렉산드리아 그리고 예루살렘 등 주요 도시 중심으로 설치된 5대 교구별로 주교(감독)가 등장하여 교회를 관장했다. 이 가운데 로마교구는 자신들이 교회의 수장이라는 수위권을 주장하며 교회의 통일성과 일치성을 위해 주도권을 행사하려 했다. 그러자 로마가 동서로 분리되는 시점에서 동로마 수도에 있던 콘스탄티노폴리스교구가 동방정교회로 완전히 분리해 나갔고 안티오키아교구는 약화되어 후에 역사에서 사라졌다. 예루살렘 교구는 교회 정치나 행정에 휘둘리지 않고 교회의 원형을 보전하려 애쓰면서 서민적인 교회 공동체를 형성했으며, 알렉산드리아교구는 그리스적 요소가 농후하여 학문적이고 고행과 수도를 강조하는 특색을 띠게 되었다.

이렇게 성장한 교회는 마침내 로마의 정치와 충돌했다. 로마 황제는 신으로 우상화되고 있었기에 하느님 외의 다른 신을 섬기지 말라는 기독교 교리를 인정할 수 없었다. 유대교를 지역 종교로 인정해주긴 했지만 로마까지 와서 전도하는 행위는 로마 황제의 권위에 도전하는 것으로 생각할 수밖에 없었다. 게다가 기독교가 무정부주의에 부도덕한 난교, 식인, 근친상간을 하는 반사회적·반국가적 집단이라는 오해로 인해 박해를 피할 수 없었다. 로마시를 불태운 네로 황제 때는 화재를 일으켰다는 누명을 씌워 기독교도들을 무차별 학살하기도 했으며 이후 별 통제를 하지 않다가 아우렐리우스 때에 다시 참혹한 박해를 가했다. 디오클레티아누스 때에도 기독교 세력이 커지자 교회가 로마 내의 국가가 되면서 로마의 힘이 쇠약해진다는 이유로 대대적인 탄압이 가해졌다. 그러나 콘스탄티누스대제가 어머니의 권유에 따라 기독교를 정식 종교로 인정하게 되는데 이때 기독교인 수가 전체 인구의 약 10%까지 증가하여 기독교 세력이 크게 성장했다.[34] 303년 디오클레티아누스 황제가 기독교를 아예 말살하려고 대대적인 기독교인 소탕전을 벌였으나 결국 실패하자, 콘스탄티누스는 기독교와 화해하고 그들을 로마제국에 포용하려 한 것이다. 그리고 콘스탄티누스대제의 아들[35] 콘스탄티우스2세와 발렌스, 테오도시우스는 기독교 교회를 정치적으로 이용하기 시작했다. 로마제국의 황제는 기독교 황제의 모범을 제시받았는데, 황제가 '진리의 적'을 복종시키고 모든 사람에게 진정한 믿음의 법률을 선포하며 모든 사람을 구원의 길로 가도록 노력한다는 것 등이었다.[36] 이러한 황제의 노력에 반대하는 자들은 철저하게 탄압받았다.[37] 콘스탄티누스대제는 50년 동안 논란을 일으켜온 교리 문제를 해결하기 위해 325년 니케아공의회를 열어 성부와 성자가 동격이라는 아타나시우스파의 주장을 정통 교리로 받아들이고, 이에 반대하여 예수의 신성을 부정하는 아리우스파를 이단으로 정죄함으로써 삼위일체론을 확립했다. 이어서 동방은 유월절을 기준으로, 서방은 주일을 기준으로 부활절을 확정하고 교회의 정통성을 규정했다. 이후 황제들은 정통 교리를 따르지 않는 자들을 처벌하고 신앙의 자유를 박탈함으로써 많은 저항을 불러일으켰다. 337년 제위에 오른 콘스탄티누스대제의 셋째 아들 콘스탄스1세는 다음과 같이 법을 선포했다.

미신을 금지한다. 제물을 바치는 미친 짓을 폐지한다.[38]

그리고 380년 테오도시우스 황제가 기독교 외의 모든 종교를 금지하는 일련의 법을 발표함으로써 기독교는 로마제국의 국교가 되었다.[39] 이에 따라 이교도의 신전 영역에 있던 무세이온과 도서관들은 알렉산드리아 주교인 데오빌로에 의해 모두 파괴되고 말았다. 이로써 로마제국의 통치를 받는 모든 사람은 황제를 신으로부터 지상을 다스릴 왕권을 부여받은 자로 여기게 되었다. 황제는 신적 존재로 추앙받아 가톨릭교회의 최고 책임자가 되었다. 기독교는 로마의 모든 것을 지배했다. 성탄절, 부활절, 주일 등 기독교의 시간과 교회가 사람들의 모든 일상생활을 지배하기에 이르렀다.[40] 소위 '과학의 암흑기'가 시작된 것이다. 기독교 교회는 본디 장로들에 의해 운영된 신자들의 작은 모임에 지나지 않았다. 그러나 점차 이 신앙 공동체가 성장함에 따라 교회 관리자는 도시와 주변 농촌의 행정을 맡는 관청 기능까지 행사하면서 주교라고 불리게 되었다. 교세의 확장에 힘입어 로마제국 내의 모든 도시는 주교를 갖게 되었으며 교회조직은 로마제국의 행정조직에 의해 확대되어갔다.

도시와 주변 농촌 교회를 관장하는 주교가 교회조직의 핵심을 이루었고 그들의 권위는 사도전승에 기반을 두었다. 그리고 각 주 수도에는 대주교, 이보다 위로는 수좌대주교가 있었다. 수좌대주교는 로마, 안티오키아, 알렉산드리아에 3명이 있었으나 이후 콘스탄티노폴리스과 예루살렘이 추가되어 모두 5명으로 늘어났다. 이 가운데 로마 수좌대주교가 가장 우위를 차지했는데, 이는 로마 교회가 사도 베드로에 의해 설립되었고 로마가 가장 오래된 수도이기 때문이었다. 그러나 제2의 수도 콘스탄티노폴리스가 건설되자 로마 교회와 우위를 다투게 되었다. 로마 수좌대주교는 서방에서 황제권이 약해짐에 따라 그 권위가 점차 상승하여 교황으로 불리게 되었다.[41] 기독교 교회는 이렇게 로마제국에 의해 성장하면서 성경과 교리를 완성하고 보편교회로서의 면모를 다져갔다. 그러다가 서로마제국이 게르만족의 침입으로 멸망하자 유럽의 역사는 새로운 국면을 맞았다. 로마제국 대신 권력을 장악한 게르만족의 문화와 그리스-로마 문화, 그리고 여기에 기독교 문화가 상호 융합함으로써 비로소 유럽 문화가 탄생하게 되었다. 이 시대를 기독교 보편사회라고 부르며 로마제국에 의해 하나의 문명권으로 통합되었던 지중해 세계는 유럽 세계, 동로마제국의 비잔틴 세계, 아라비아반도에서 일어난 이슬람 세계의 3대 문화권으로 나뉘게 된다. 11세기까지 유럽 세계는 비잔틴 세계나 이슬람 세계에 비해 문화적으로 후진성을 면치 못했다. 특히 민족대이동기에는 무질서와 혼란, 잔인한 폭력으로 인한 암흑기였다. 그러나 중세에는 유럽적인 문화가 발전하여 유럽인에게 정신적·문화적 공동체의식과 유대감을 심어주었다. 이러한 유럽 문화와 의식의 주체는 바로 프랑크왕국과 중세 사회였다.[42]

로마 황제들은 전통적으로 숭배해온 신들을 버리고 기독교 하느님을 새로운 신으로 수용함으로써 로마의 번영과 평화가 다시 도래할 것으로 기대했다. 그러나 기독교 국교화는 잠시 번영과 평화를 가져다주었을 뿐, 말 그대로 짧은 휴식기에 불과했다. 기독교는 로마제국의 가짜 동맹이었다. 말하자면 기독교 교회는 로마제국을 자신들의 힘을 키워줄 터전으로 삼았을 뿐이었다. 기독교는 타 종교에 배타적이고 폐쇄적인 성향이 매우 강한 종교였다. 그러나 중세에 이르러 유대인의 종교라는 폐쇄성에서 벗어나 모든 인류에게 개방된 보편 종교로 발전해나갔다.

서로마제국을 멸망시킨 게르만족에는 여러 분파가 있었다.[43] 로마의 국교가 된 기독교 종파 중에서 아타나시우스파인 동고트족은 로마의 경내에 살 수 있었고 아리우스파[44]인 프랑크족은 로마 경계의 북쪽에서 살아야 했다. 동고트족은 로마의 변경을 책임지도록 로마군에 용병으로 편입되었는데 이들의 수장인 오도아케르가 서기 476년 로마를 멸망시키고 이탈리아반도 전체를 지배했다. 오도아케르를 물리치고 동고트왕국을 세운 테오도리크는 콘스탄티노폴리스에서 교육받아 그리스 문화와 로마의 제도를 존중했다. 그는 라벤나를 수도로 정하고 동로마의 총독 비슷한 지위를 행사하면서 30년 동안 군사 통솔권만 장악하고 행정은 종래의 로마 관리들에게 맡겨 이탈리아의 질서와 안정을 도모했다. 그러나 테오도리크 왕 사후 동로마의 유스티니아누스 황제가 서로마 영토를 회복하기 위해 20년 동안 (535~554) 전쟁을 벌인 끝에 동고트왕국은 멸망하고 말았다. 이탈리아에서 황제권을 회복한 유스티니아누스 황제가 죽자 아리우스파에 속한 롬바르드족이 이탈리아 북부에 침입하여 파비아를 수도로 정하고 롬바르드왕국을 세웠으며, 동로마제국은 라벤나에 총독을 두고 시칠리아와 이탈리아 남부를 다스렸다.

이러한 상황에서 교회의 중요성이 증대하여 가톨릭교도들의 보호자로서 교황의 지위도 크게 높아졌다. 교황 레오1세는 서방의 모든 가톨릭교회에 대한 수위권을 선언하고 훈족 아틸라 왕과 협상하여 로마 약탈을 방지하기도 했다. 또 로마 행정 기능이 마비된 민족대이동기에 교회와 기독교인들은 게르만족과의 교섭을 통해 시민 보호와 게르만족 교화에 힘쓰고 그들에게 로마 문화를 전달하는 데 큰 역할을 담당했다. 한편 원주지인 라인강 하류에서 남쪽으로 이동하여 갈리아를 차지한 프랑크족은 주변 지역을 정벌하여 세력을 크게 떨치고 프랑크왕국을 세웠다. 프랑크왕국을 건설한 메로빙거왕조의 창건자 클로비스1세는 왕국의 모든 주민이 기독교인인 까닭에 이들과 교회 성직자들의 지지를 받기 위해 자신도 가톨릭으로 개종했다. 이로써 프랑크왕국은 교회와 결합하여 유럽의 주도적인 세력으로 발전해나갈 수 있었다. 클로비스1세 사망 후 프랑크족 관습에 따라 왕자들 사이에 영지 분할 문제로 골육상쟁이 벌어졌다. 그러다가 7세기 말 왕국의 실권이 재상인 카롤루스 마르텔에게 넘어갔다. 그리고 그의 아들 피핀3세가 왕을 몰아내고 카롤링거왕조를 열었다. 한편 이때 로마교회와 동로마교회는 성상 금지 문제로 동서로 분열되었다. 비잔틴제국 황제 레오3세가 726년에 성상 파괴령을 내린 것은 대토지를 소유하고 성상 숭배가 강한 수도원 세력을 억제하기 위해서였다. 반면에 서로마가 멸망하자 비잔틴으로부터 독립하려 한 로마교회는 게르만족을 교화하기 위해 성상 사용을 매우 중요시했다. 교회의 동서 분열은 불가피한 것이었다.[45]

이 같은 상황에서 롬바르드족의 침입이 끊이지 않아 위기에 처한 로마 교황은 프랑크왕국에 도움을 요청했다. 이때 피핀3세가 자신의 왕위 계승을 인정해달라고 하자 교황 스테파노2세는 직접 프랑크왕국으로 가서 피핀3세의 머리에 기름을 부어줌으로써 정식 왕으로 승인하는 대관식을 거행했다. 이렇게 해서 메로빙거왕조가 무너지고 카롤링거왕조가 시작되었다. 교황으로부터 왕으로 인정받는다는 것은 왕국의 모든 주민이 지상을 다스리는 왕의 정통성을 인정하고 이에 복종한다는 정치적 의미가 담겨 있었다. 피핀3세는 교황에게 정통성을 인정받은 대가로 교회의 수호자로서 교회에 충성을 맹세하고 롬바르드족을 정벌하여 중부 이탈리아의 영토를 교황에게 기증했다. 이것이 바로 1870년까지 이어온 교황령이다. 중세 교회의 보편적 지배권은 이렇게 이뤄졌다.[46] 중세 유럽의 교황권 확립은 지배자인 프랑크왕국과 교회의 정치적 결탁으로 이뤄진 것으로 보이지만 사실상 야만족의 침략과 사회 혼란으로 정신적 불안이 증폭되자 기독교 하느님에게 구원의 손길을 갈망하는 신앙이 그 밑거름이 되었다. 대부분의 유럽인이 유일신 하느님의 전능함에 의지하고자 하면서 교회에 더욱 복속되어갔다. 당시의 대혼란이 사람들에게는 악마의 농간으로 보였다.[47]

이런 연유로 기독교 국가에서 왕이 되기 위해서는 교황의 형식적인 승인을 얻어야 하는 것이 전통이 되었고 이를 계기로 교회와 세속 권력의 결탁과 흥정, 다툼과 분쟁이 계속되었다. 피핀3세의 아들 카롤루스대제(샤를마뉴)는 이베리아반도를 넘어 유럽대륙으로 진출하려는 이슬람 세력을 억제하는 한편 정복 전쟁에 성직자를 동반하여 정복 지역 민심을 수습하게 하고 새 교구를 설치했다. 그리고 피레네산맥을 넘어 이베리아반도의 이슬람 세력을 공격했는데, 큰 성과를 얻지는 못했지만 카탈루냐에 변경주를 설치하여 이슬람 세력과의 완충지대로 삼았다.[48] 카롤루스대제가 800년 성탄절에 로마를 방문하여 미사에 참석하자 교황 레오3세는 그에게 서로마제국의 왕관을 씌워주었다. 카롤루스대제 사망 후 프랑크왕국은 서프랑크(프랑스)와 중프랑크(이탈리아)와 동프랑크(독일)로 3등분되었는데, 동프랑크가 교황과 협력하면서 신성로마제국이라 불리게 되었다.

교황에 의해 야만족 출신이 서로마제국 황제로 등극한 이후 사회 혼란이 평정되고 가톨릭교회를 매개로 로마와 게르만족의 성격을 띤 중세 유럽의 새로운 질서가 수립되었다. 카롤루스대제의 대관식은 교회와 국가의 긴밀한 유대 강화를 의미하지만 이런 관계는 이후 신성로마제국의 출범과 더불어 교권과 황제권의 분쟁 씨앗이 되고 말았다. 카롤루스대제는 영토 확장뿐 아니라 서로마제국의 몰락으로 완전히 침체된 문예를 부흥시키는 데 노력했다. 그는 색슨족인 앨퀸 등 각지의 학자들을 모아 궁정 학술원을 설립하고 그리스와 로마의 고전을 비롯해 라틴어 문법, 논리학 등을 연구 및 강의하게 했다.[49] 이에 따라 수도원에서는 고전 작품의 필사와 연구가 활발해졌다. 이를 일컬어 카롤링거 르네상스라고 한다. 그리하여 서로마제국 붕괴 후 세상과 동떨어져 있던 수도원은 핵심적인 학문 연구기관으로서 유럽 중세 문화의 중심이 되었다. 부활절을 정확히 계산하려는 노력에서 발달된 역법과 수학은 음악과 항해학, 기후학, 농학, 의학 등 다양한 학문의 토대가 되었다.[50]

기독교는 초기 발전 과정에서 무세이온을 폐쇄하는 등 과학기술 발전에 걸림돌이 되기도 했지만, 신학을 연구하는 수도원을 만들어 후에 학문 연구와 대학의 기초가 되게 했다. 수도원은 교회의 사치와 세속화에 대항하여 개혁운동의 일환으로서 알렉산드리아의 주교 아타나시우스 때부터 동굴이나 고지대에서 금욕하며 신학 연구에 전념했다. 라틴어 성경 번역자 히에로니무스와 대철학자 아우구스티누스 등이 모두 수도원 출신으로, 700년 이후 우수한 인재들이 수도원에 모여 학문 연구에 몰두했다. 15세기에 르네상스가 일어나기까지 기독교가 지배 사상이 되면서 모든 학문은 신학의 보조 기능에 불과했기 때문에 자연철학을 연구하기란 어려웠다. 그러나 수도원에 모인 우수한 인재들은 자연스럽게 아랍에서 넘어온 그리스 철학과 과학에 관심을 가지고 연구하게 되었으며 후에 르네상스의 과학과 철학을 이끌어가는 인물들이 이로부터 배출되었다. 한편 유럽의 인구가 팽창하면서 흑해 북쪽에 자리 잡은 슬라브족이 남하하여 동로마를 괴롭히기 시작했는데, 9세기에 동로마의 동방정교가 슬라브족에게 전파되면서 동유럽 지역도 기독교 세력권이 되었다. 당시 기독교 문명을 앞선 것으로 여겨서 기독교 국가가 되는 것을 문명국이 되는 것으로 인식한 것도 유럽 전체의 기독교화에 큰 몫을 담당했다.

5

이슬람의 등장

팔레스타인 남쪽에 위치한 아라비아반도는 북부의 척박한 사막지대와 남부의 비교적 비옥한 농경지대로 구분된다.[51] 북부 지역은 오아시스를 중심으로 유목민들이 떠도는 생활을 했기 때문에 나라를 형성할 여건을 갖추지 못했다. 그러나 지금의 예멘과 오만에 해당하는 남부 지역은 기후가 쾌적한 덕분에 농산물과 고급 향료 등의 생산물을 주변 대제국들에 판매하여 경제적으로 여유로웠기 때문에 로마인들은 이 지역을 아라비아 펠릭스, 즉 '행운의 아라비아'라고 불렀다. 다만 기원전 1000년경부터 사바, 마인, 카타반, 아우산 같은 많은 왕국이 서로 경쟁한 탓에 이집트와 같은 제국을 만들지는 못했다. 지리적으로 반도의 남쪽 끝이 홍해를 사이에 두고 이집트와 거의 맞닿아 있어서 사바왕국과 마인왕국은 이집트 남쪽(지금의 수단과 에리트레아 등)에도 영토를 갖고 있었다. 이 지역에서 생산된 향료는 로마에까지 판매되었는데, 중국에서 로마로 이어지는 실크로드가 있었듯이 우바르(오만)에서 마리브(예멘)를 거쳐 이집트, 시리아, 로마로 이어지는 연장 2,400킬로미터의 인센스로드(Incense Road)가 만들어졌다. 이 지역 사람들은 인센스로드에서 만나게 되는 실크로드 상인들을 통해 세계 문물의 발전에 대한 많은 정보를 얻고 세상의 변화에 민감하게 대처하면서 교역으로 세력을 키워갔다. 고대의 실크로드는 중앙아시아의 사마르칸트, 테헤란, 바그다드, 팔미라를 거쳐 카이로 혹은 비잔티움으로 이어졌다. 인센스로드는 우바르에서 마리브를 거쳐 메카, 메디나, 타부크, 와디룸을 지나 페트라에서 카이로와 가자, 다마스쿠스로 이어졌다.

인센스로드의 중앙에 있는 메카는 무역 거점일 뿐 아니라 아랍인의 조상인 아브라함의 아들 이스마엘이 정착했던 도시라는 전승으로 인해 아랍인에게는 중요한 의미를 갖는 곳이었다. 서기 500년경에 들어서면서 해적 때문에 해상무역이 어려워지자 메카는 육상 운송로가 필요했던 동로마에도, 페르시아에도 아주 중요한 무역 거점이 되어 크게 번창했다. 다신교를 섬기는 이집트와 페르시아에 둘러싸인 아라비아반도에서는 자연스럽게 다신교 문화가 지배하고 있었다. 이런 환경에 있던 메카에서 570년 무함마드가 태어났다. 그는 40세가 되던 610년 메카의 히라 동굴에서 기도하다가 가브리엘 천사의 계시를 받고 알라만을 유일신으로 섬겨야 한다는 이슬람 신앙을 갖게 되었다.[52] 그리고 제사장의 권한과 통치권을 가진 최고지도자가 되어 강력한 리더십으로 메디나를 차지한 데 이어 메카를 점령하고 632년 사망하기까지 아라비아반도 대부분을 통합했다.[53]

그의 대를 이은 칼리파들은 교세 확장을 위한 정복 전쟁에 나서서 이집트를 비롯한 아프리카 북부 전체와 페르시아의 대부분 지역, 이베리아반도의 전 지역을 차지했다. 이러한 정복 전쟁으로 인해 동로마제국의 영향권에 있던 지역들이 이슬람권으로 바뀌었다. 특히 기독교 성지인 예루살렘이 있는 팔레스타인을 무슬림이 지배하면서 기독교인의 성지순례 길이 막히게 되었다. 예루살렘은 유대교와 마찬가지로 스스로를 아브라함의 후손이라 생각하는 무슬림에게도 성지이기에 이를 놓고 기독교와 이슬람교는 강력하게 충돌할 수밖에 없었다. 또 하나 중요한 의미를 갖는 도시는 무세이온이 있는 알렉산드리아였다. 그때까지 명맥을 유지해오던 무세이온은 642년 무슬림이 알렉산드리아를 정복하면서 가치를 상실하고 말았다. 당시 칼리파인 오마르는 무세이온의 책들에 대해 '만약 그 내용이 코란에 어긋나지 않는다면 우리는 그 책들이 필요없고, 만약 그 책들이 코란에 어긋난다면 모두 없애버려라'라고 명령했다.[54] 그럼에도 이때 상당한 자료들이 이베리아반도의 코르도바와 아랍의 바그다드로 옮겨졌다. 역대 칼리파들은 학문과 예술을 장려하고 학자 양성에 지원을 아끼지 않았다.[55] 또한 아랍인은 동서의 중개무역을 독점하여 무역을 크게 발전시켰으며 이에 따라 바그다드, 카이로, 코르도바와 같은 대도시가 번영을 누렸다. 아랍 상인들은 동으로 중앙아시아와 인도를 거쳐 중국과 한반도에까지 이르렀다.[56] 중세 유럽인은 이들을 사라센이라 불렀고 중국에서는 대식인(大食人)이라 불렀다.

아랍인들은 무역이 주산업이었다. 이들은 사막이 대부분인 육로와 아라비아반도를 둘러싼 바다의 해로를 통해 이집트와 페르시아, 인도와 중국에 이르기까지 교역했다. 이런 길고 긴 육로와 해로에서 가장 중요한 것은 길을 잃지 않는 것이고, 따라서 하늘의 별을 관찰하는 천문학과 배를 만드는 기술이 가장 중요한 실용 학문이었다. 또 교역을 위해서는 숫자와 셈법에 익숙해야 했고 기록에 능해야 했다. 이 같은 배경을 가진 아랍인들에게 무세이온에 있는 무수한 과학 서적은 매우 놀라운 것일 수밖에 없었다. 칼리파 알마문은 바그다드에 관측소와 대학을 설립하고 그리스와 인도의 과학 및 철학 저작들을 아랍어로 번역하게 했다. 이슬람이 지배한 지역들은 헬레니즘 문화와 페르시아 문화의 전통이 깊이 뿌리내린 곳인 데다 동으로는 인도와 중앙아시아를 거쳐 중국까지 주변의 여러 문화를 수용할 수 있었다. 그리하여 이슬람 세계는 이를 기반으로 아랍 문화를 발전시켜나갔다. 이슬람 문화에서 가장 두드러진 분야는 바로 과학이었다. 의학 분야에서는 그리스를 앞서서 안질, 마마, 홍역에 관한 의학서는 18세기까지 최고의 권위를 인정받았다.[57] 물리학에서는 광학이 발달했고 화학 분야에서는 연금술의 형태로 발전했다. 천문학은 이론적으로 헬레니즘을 능가하지 못했으나 훌륭한 관측소와 관측기구들을 발명했다. 수학에서는 인도의 숫자를 채택하여 아라비아숫자를 만들고 인도로부터 '0'의 개념을 도입했다. 아랍인이 천문학만큼 관심을 가지고 연구한 분야가 수학이다. 이들은 그리스 과학자들이 만들었던 삼각법을 실질적으로 완성해냈다. 특히 수학자 알콰리즈미는 대수학을 비롯해 이차방정식, 사칙연산, 십진법 그리고 '0'의 개념을 정립했다. 숫자에 '0'을 도입함으로써 수학은 한 차원 높은 경지에 올라섰다.[58] 오늘날 계산 절차를 뜻하는 용어인 '알고리즘'은 그의 이름에서 유래된 것이다.

　무슬림이 무세이온을 점령한 후 반이슬람 서적은 없애버렸으나 코르도바와 바그다드로 옮겨진 대부분의 중요한 자료들은 아랍어로 번역하여 활용했다.[59] 이들은 그뿐 아니라 로마와 중국과 인도의 과학기술도 모두 코르도바와 바그다드로 모아서 연구하고 활용했다. 아리스토텔레스, 히포크라테스, 유클리드, 아르키메데스 등 뛰어난 그리스 철학자들과 과학자들의 업적이 후대에 전해질 수 있었던 것은 이들의 과학과 학문에 대한 적극적인 작업 덕분이라 할 수 있다. 이러한 자료 연구를 통해 지구가 구형이라는 것이 증명되어 천구의가 제작되었다. 이들이 세운 마라가천문대는 세계 최초의 체계적인 천문 관측을 통해 '하킴 천문표'를 만들어 후일 서방의 대항해시대를 열게 해주었고 중국과 한국의 태음력 발전에도 큰 영향을 끼쳤다. 이들은 이를 이용하여 태양의 움직임을 보고 메카의 방향을 정확히 측정해 그쪽을 향해 기도할 수 있었다. 특히 태양과 별의 관측을 통해 수많은 별을 찾아냈는데 지금 우리가 사용하는 별자리 이름의 70% 이상이 아랍어에서 유래된 것이다. 고대 과학철학의 뒤를 이어 물질의 근본을 연구한 사람은 자비르 이븐 하이얀이다. 그는 인간은 영혼과 육체로 구성되었고 모든 물체는 휘발성과 비휘발성 성분으로 구성되며 모든 금속은 수은과 유황의 증기가 배합되는 비율로 만들어진다고 주장했다. 금속은 4원소와 4원성의 배합이므로 이들의 배합을 조율함으로써 어떤 것이든 만들 수 있다고 생각했던 그의 주장에 의해 도금술과 유리 제조 기술이 발달했다. 특히 아세트산과 시트르산 추출 과정에서 알코올 증류법을 개발하여 아라크라는 증류주를 만들었는데, 이는 나중에 몽골을 통해 고려 말에 전파되어 소주의 기원이 되었다. 이런 화학 실험들이 이루어지면서 염색 기술도 발전하여 아랍인들은 화려한 색상의 옷감을 만들 수 있었다.

아랍인이 발전시킨 학문 분야로 의술을 빼놓을 수 없다. 히포크라테스와 갈레노스의 의술은 그들이 남긴 의학 서적들의 번역본을 통해 알라지에게 계승되었다. 알라지는 20여 권의 의학서를 저술하여 예방의학과 외과수술의 발전에 크게 기여했다. 알라지의 뒤를 이어 이븐시나는 의료 백과사전인『의학 전범』을 저술하여 의학을 집대성했다. 이 책과 함께 무슬림 의사들이 집필한 36권의 처방서는 후에 원나라 황실의 주요 의서로 활용되었는데, 심지어 원나라의 국가 의료기관인 광혜사에 무슬림 의사들이 근무한 기록이 남아 있다. 한편 아랍인은 사막에서 먼 곳을 내다보는 기술의 필요성 때문에 광학에 특별한 관심을 가졌다. 이븐 알하이삼(알하젠)은 그리스의 유클리드가 주장한 물체 인식에 관한 메커니즘, 즉 사람의 눈에서 나온 광선을 물체가 반사한 것을 눈이 보는 것이라는 주장이 잘못되었고 제3의 광원이 물체에 부딪쳐 반사된 것을 사람의 눈이 인식하는 것이라는 사실을 입증했다. 이를 통해 그는 안구 해부도를 완성했다. 또 광선이 수면을 통과할 때의 입사각과 반사각에 대한 이론을 정립하고 유리의 굴절률을 이용하여 오늘날 우리가 쓰는 안경의 원리를 밝혀냈다. 한편 삼면이 바다로 둘러싸인 아라비아반도에서 해상무역을 위해서는 배의 건조 기술과 항해술 개발이 필수적이었다. 삼각돛을 이용하여 역풍에 맞서 앞으로 진행하는 방법을 개발했는데, 이는 이후 대항해시대에 사용되었다.

제5장

동양이 서양을

깨우다

β $S=a^2$

1

종이와 인쇄술 그리고 나침반과 화약

유럽인들은 문명과 문화 발전에서 동양을 앞서 있다고 굳게 믿고 있다. 특히 근대 이후 과학의 발전을 토대로 한 물질문명과 철학, 예술 등 정신문화에서 동양은 미개 상태에서 벗어나지 못했다고 단정한다. 대부분의 유럽 역사학자가 고대부터 동양은 끊임없이 유럽의 문명과 문화의 영향을 받아왔다며 동양을 여전히 미개한 세계로 묘사함으로써 이러한 선입관이 유럽인에게 깊이 각인되어왔다. 이러한 왜곡된 역사 인식이 바로 오리엔탈리즘이다. 그러나 유럽 역사가들이 주장한 바와 같이 유럽이 동양의 발전에 영향을 끼친 것이 아니라 바로 동양이 유럽의 발전에 절대적인 영향을 끼쳐왔다. 만일 동양의 문화가 유럽에 전파되지 않았더라면 유럽은 지금도 동양에 비해 미개한 상태에 놓여 있을지 모른다. 유럽을 깨운 주인공은 바로 동양을 대표하는 중국과 인도 문화다.

진나라가 중국을 통일한 지 14년 만인 기원전 207년에 멸망한 이후, 항우와 유방이 싸운 초한전쟁에서 유방이 승리하고 기원전 206년 한나라를 세웠다. 이후 한나라는 기원전 9~서기 23년 잠시 왕망에 의해 신나라로 바뀌었다가 220년까지 존립했다. 신나라도 외척에 의해 이름을 빼앗겼던 시기지만 한나라 말기에는 환관들까지 가세하여 혼란기를 겪다가 조조(위)와 유비(촉), 손권(오)의 삼국시대를 거치고 나서 위나라를 물려받은 사마염의 서진이 다시 통일을 이루었다. 그러나 이도 잠시였다. 곧바로 16개의 나라가 일어나 싸운 5호16국시대(304~439)와 남북조시대(420~589)의 혼란기를 거쳐 수나라가 589년에 통일을 이뤘지만 고구려 원정에 실패함으로써 수나라 역시 618년 당나라에 의해 멸망하고 말았다. 당나라는 한나라 멸망 이후 시작된 오랜 혼란을 잠재우고 중원을 통합하여 각종 제도를 정비하면서 대제국으로서의 면모를 갖췄다. 그러나 당나라가 후기에 접어들면서 혼란에 빠지자 또 수많은 나라가 일어나 5대10국시대(907~960)가 전개되었다. 이를 평정하고 새로 수립된 송나라(960~1279)는 중국 역사상 가장 평안하고 문화적으로 발달했던 시기로 기록되고 있다.

이와 같은 중원의 패권 다툼이 일어나는 동안 북방의 몽골 지역에서는 여러 민족이 생멸하면서 끊임없이 중원으로 남하하려 시도하고 있었다. 대표적인 유목민족이 바로 흉노족이었다. 진나라가 중국을 통일하기 이전부터 중원을 괴롭힌 흉노족은 중국이 분열되었을 때나 자신들의 힘이 커졌을 때는 여지없이 중원으로 내려왔다. 이들 종족은 힘이 약할 때는 중국에 조공을 바치며 협력하다가 틈틈이 혼란을 틈타 중국을 끊임없이 괴롭혔다. 이러한 흉노가 내분으로 남과 북으로 나뉘자 마침내 89년 한나라가 북흉노를 바이칼호의 서쪽으로 몰아냈다. 북흉노는 서쪽으로 이동하며 계속 세력을 넓혀 갔다. 이 과정에서 게르만족을 압박하여 서로마로 이주하게 만들고 로마를 괴롭히다가 결국 멸망에 이르게 했다. 북흉노가 사라진 서북방 지역(지금의 네이멍구자치구 일대)을 차지한 것은 아무르강과 대흥안령산맥 일대에 살던 선비족이었다. 이들은 16국시대와 남북조시대에 북위를 세웠는데 북제, 북주, 수나라, 당나라까지 이어지면서 중원의 한족에 융화되고 말았다. 그러자 중화 문화에 흡수된 선비족으로부터 돌궐족이, 이어서 당나라 때 거란족이 각각 독립해 나갔다.

돌궐족은 선비족과 달리 수나라와 적대적인 관계를 형성하며 북방을 괴롭혔다. 이로 인해 수나라는 돌궐족의 침입을 막기 위한 장성을 쌓고 그들의 수장인 가한을 무시하는 태도로 일관했다. 당나라 역시 계속해서 돌궐과 부딪쳤는데 630년 당 태종이 대군을 일으켜 돌궐을 멸망시키자 남은 돌궐족은 서쪽의 위구르 지역에 정착하게 되었다. 학자들은 돌궐족을 튀르크족의 한 줄기로 보고 있다. 위구르의 돌궐족은 서쪽으로 이동하여 800~900년경에 러시아 남부와 키이우 지역까지 영토를 넓혔고, 그 분파인 셀주크튀르크족은 남쪽으로 이동하면서 이슬람교로 개종했다. 이 민족은 이후 세력을 확대하여 셀주크제국과 뒤이어 오스만제국을 세우고 동로마제국을 끊임없이 괴롭히다가 결국 1453년 콘스탄티노폴리스를 함락함으로써 동로마제국을 멸망시켰다. 당나라에 의해 밀려난 돌궐족과 오스만제국의 직접적인 연관성은 추정일 뿐이지만 서로마와 동로마가 흉노족(훈족)과 돌궐족(튀르크족)에 의해 멸망했다는 것은 흥미로운 사실이다. 이와 같이 중원을 차지하기 위한 패권 다툼이 엎치락뒤치락하는 사이에도 세상을 바꾸는 기술들이 개발되었다. 이 가운데 몇 가지를 살펴보자.

첫 번째는 자기나침반이다. 서기 100년경 중국인은 천연자석이 물 위와 같이 회전 가능한 상태일 때 항상 같은 방향을 가리키는 것을 발견하고 그 방향이 북쪽인 것을 알아냈다. 초기의 나침반은 자철광이나 천연자석을 이용한 것으로 풍수지리를 알아맞히는 데 사용되기도 했다. 그후 나침반은 아랍 세계에 전해져 850~1050년 사이에 항해용으로 사용할 수 있게 되면서 항해술 발전에 큰 공헌을 했고 1200년대에는 유럽에 전파되어 대항해시대를 준비할 수 있게 해주었다.[1] 나침반을 이용한 대항해시대는 유럽이 아프리카, 아메리카, 아시아, 태평양 등 전 세계로 뻗어 나갈 수 있게 하여 유럽의 제국주의 시대를 열었다.

두 번째는 인쇄술이다. 초기에는 한 판에 한 면을 새겨 넣는 방식의 목판 인쇄술이 개발되었다.[2] 배나무나 대추나무로 판을 만들고 써 넣을 페이지의 초안을 얇은 종이에 붓으로 그려서 판에 붙인 후 양각을 만들고 먹물을 발라 찍어내는 방식이었다. 이때까지 일일이 필사하던 것을 이제 다량 복사할 수 있게 된 것이다. 중국에서는 868년 당나라에서 금강반야바라밀경을 목판으로 찍어냈고, 우리나라에서도 704~751년경 통일신라시대에 무구정광대다라니경을 목판으로 인쇄했다. 종이의 사용과 함께 인쇄술의 발전은 학문 연구에서 동서양 간에 확연한 차이를 만들었다. 이로써 중국은 당대 세계 최고의 문화를 꽃피울 수 있었다. 그런데 한 페이지를 한 판에 새겨 넣는 작업은 제작 과정이 매우 불편할 수밖에 없었고 한 글자의 수정을 위해서도 한 판을 다시 제작해야 하는 어려움이 있었다. 이런 어려움을 해결하는 방법이 송나라 필승에 의해 1041~1048년경 발명되었다. 글자 단위로 양각하고 이 글자들을 조합하여 판을 만드는 조판 기술이 고안된 것이다. 실크로드를 통해 아랍과 유럽에 전달된 이 기술은 철로 만든 글자로 조판하는 기술로 발전했다. 인쇄술과 종이는 서적 출판 부수를 획기적으로 늘림으로써 종교개혁의 발판을 만들어주기도 했다. 아이러니하게도 조판 기술을 처음 만든 중국에서는 2만 개가 넘는 글자 수로 인해 큰 발전을 만들어내지 못한 반면, 대소 문자에 숫자까지 합해도 50개가 안 되는 유럽에서는 인쇄술이 획기적으로 발전할 수 있었다.

세 번째는 흑색화약이다. 황, 숯가루, 초석(질산칼륨)을 10:15:75로 혼합하여 만드는 방법을 도교 연단술사가 발명했는데, 초기에는 귀신 문화에 익숙한 환경으로 인해 축제 때 귀신을 쫓아내기 위한 불꽃놀이 폭음탄으로 사용했다. 그러다가 1천 년이 지나면서 화약을 이용한 무기 개발을 시도했고 화력을 갖춘 무기는 유럽으로 건너가서 본격적으로 만들어졌다. 그러나 초기에 중국에서 만들어진 화약 무기도 당시로는 놀라운 성능을 발휘했다. 북송 시대에는 화약을 사용해 화살을 먼 거리까지 날릴 수 있는 석화시를 만들었다. 또 순식간에 불을 뿜는 무기인 화염방사기와 함께 화력은 미미했지만 엄청난 폭음과 함께 쇳조각이 날아가는 벽력포가 등장했다. 이어서 화약을 쇠로 싸서 쇠를 폭파해 파편을 날려 보내는 진천뢰도 제작되었다. 이런 무기들은 후에 몽골이 유럽을 침공할 때 공포심을 조성할 목적으로 사용되기도 했다. 중국이 가장 먼저 화약을 만들었지만 이를 대포, 총 등 근대 무기로 활용한 것은 역시 유럽이었다. 적어도 15~16세기까지 유럽은 과학과 기술 면에서 중국 등 동양보다 후진적이었다. 중세 유럽에서는 영주들 사이에 끊임없이 전투가 반복되었다. 이뿐 아니라 많은 영주들과 왕들이 출전하여 이슬람 세력과 오랜 세월 십자군전쟁을 치르는 과정에서 유럽인들은 중국으로부터 건너온 화약 제조법을 익혀 마침내 대포와 총기를 만들어냈다. 이 신무기들은 칼과 창을 사용하는 기사계급을 무용지물로 만들어 중세 봉건제가 무너지고 자본주의 경제체제로 이행하는 데 결정적인 촉매 역할을 했다. 1340년, 유럽 국가 대부분이 여전히 칼과 창으로 전쟁을 치르던 시기에 영국 더비 백작과 솔즈베리 백작은 스페인 타리파전투에서 아랍인들이 대포를 사용하는 것을 목격했다. 두 백작은 그 전투에서 본 대포에 큰 인상을 받고 영국군에게 이를 알렸다. 이렇게 해서 몇 년 후 대포를 만들게 된 영국은 프랑스와 벌인 크레시전투에서 처음 대포를 사용했다.[3] 이후 화약을 이용한 대포와 총은 유럽에 급속도로 퍼져 전쟁뿐 아니라 지배구조까지 변화시켰다. 그리고 인류가 오랜 세월 유지해온 농업경제가 시장경제로 이행함으로써 본격적인 물질문명의 시대가 도래하게 되었다. 물질문명은 과학기술을 획기적으로 발전시켰고 인간의 삶과 사고방식도 크게 바꾸어놓았다.

한편 중국의 기술 발전에서 빼놓을 수 없는 것이 토목 기술이다. 드넓은 중국 대륙은 크게 3개의 강이 서에서 동으로 흐른다. 맨 위의 황하, 중앙의 회수 그리고 남쪽의 양자강이다. 이 강들은 비옥한 농토를 제공할 뿐 아니라 국가의 통치와 물류의 이동에도 매우 긴요한 고속도로 역할을 했다. 따라서 이들 강을 잇기 위한 운하 건설은 역대 모든 왕조의 숙원 사업이었고 수나라 이후 명나라 때까지 수천 킬로미터에 이르는 운하가 건설되었다.

이처럼 나침반, 인쇄술, 화약은 중국에서 처음 발명된 것이지만 이것들을 이용해 역사의 대변혁을 일으킨 곳은 유럽이었다. 중세 유럽이 기독교 보편세계에 갇혀 있는 동안 과학을 비롯해 모든 학문이 침체되어 암흑기를 보내고 있었다. 이 어두운 역사에 빛을 준 것은 기독교가 아니라 중국, 인도 등 아시아에서 발명된 과학이었다. 역사가들은 야만에서 문명으로 이행하는 과정이 곧 역사라고 말한다. 이러한 역사 발전을 이끈 핵심으로 농업, 청동과 철 등의 야금술, 과학기술, 중앙집권적 정치체제 등이 꼽히지만 그 가운데 가장 중요한 것은 문자와 지식의 보급이다. 특히 문명과 야만을 구분해주는 것이 바로 문자다. 지식이 곧 힘이다. 문자와 인쇄술은 역사의 원동력으로서 인간 힘의 원천인 지식을 전파했다. 문자와 지식을 가진 민족이 문명을 일으켜 역사를 발전시켰고 또 지식을 많이 갖춘 민족과 국가가 세계를 지배했다.[4]

지식의 보급은 종이와 인쇄술이 갖춰져야 한다. 지식을 얻으려면 책을 보아야 한다. 유럽에서는 귀족이나 가톨릭 성직자 들이 지식을 독점하여 지배층으로 군림했다. 대개 책은 필경사나 수도사가 큰 비용과 오랜 시간을 들여 양가죽이나 소가죽에 일일이 손으로 필사해 만들었기 때문에 가격이 너무 고가라서 귀족이 아니면 엄두도 낼수 없었다.[5] 그러나 종이는 값이 저렴하여 서민들도 종이로 제작된 책을 쉽게 사서 볼 수 있었다.[6] 중국과 한반도에서 종이와 인쇄술이 일찍부터 발전했지만 지식 보급이 이뤄지지 않은 것은 첫째 한자 공부의 어려움과 둘째 지배층의 지식 독점 때문이었다. 책을 습득할 수 있어도 한자를 익히기 위해서는 많은 시간과 세월을 보내야 했다. 경제적 여유가 있어야 한자를 익혀 지식을 습득할 수 있는 여건에서 지배층 외에 농민들이 글을 읽고 지식을 쌓는 것은 거의 불가능했다. 특히 조선에서는 피지배층이 글을 배우는 것이 금지되어 지식 보급은 사대부와 승려 등 특정 계층에 국한되었다.[7] 반면 유럽에서는 종이와 인쇄술과 쉬운 글자로 인해 지식 보급이 급속도로 확산되어 지적 혁명이 일어났다. 그 결과가 바로 종교개혁이다.

　문자는 있지만 종이와 인쇄술이 발달하지 못하면 지식 보급은 소수의 사람에게 국한된다. 유럽이 그러했다. 성경은 양피로 만들어지고 라틴어로 되어 있어서 일반인은 성경을 읽지 못했다. 이로 인해 올바른 성경 지식이 보급되지 못해 교회와 성직자의 부패를 초래했다. 이러한 상황에서 종이와 인쇄술을 통해 누구나 읽을 수 있는 성경이 만들어짐으로써 교회와 성직자의 타락이 널리 알려지고 새로운 지식이 전해지게 되었다. 요하네스 구텐베르크가 1450년경 마인츠에서 도입한 금속 활판 인쇄술로 똑같은 서적을 다량으로 찍어낼 수 있었다. 여기에 종이 제작 기술이 발전하여 저렴한 종이를 대량 생산할 수 있게 된 결과 책과 팸플릿이 다량으로 출간되었다. 종교개혁 시기인 1518~1524년 사이 독일에서 간행된 서적이 7배나 증가했으며 1520년 독일과 스위스의 62개 도시에서 출판물이 간행될 정도였다. 쾰른, 뉘른베르크, 슈트라스부르크, 바젤, 비텐베르크, 아우크스부르크가 대표적인 출판 중심 도시들이었다. 30여 권에 달하는 루터의 저서가 30만 부 팔리고 종교개혁에 관한 팸플릿이 수십 판이나 거듭 출판되는 등 당시 최고 베스트셀러가 되었다.[8] 1450년대에는 면죄부가 가장 많이 인쇄되었지만 1520~1530년대에는 프로테스탄트 팸플릿이 많이 인쇄되었다.[9] 1550년경에 이르면 프로테스탄트 저술가들이 약 1만 종에 달하는 팸플릿을 출간하여 '서적 없이 종교개혁은 없다'고 할 정도로 대중에게 급속히 퍼져나갔다.[10]

인쇄술과 종이가 없었을 때 유럽인들은 90% 이상이 지식과 정보의 습득을 구전에만 의존하고 있었다.[11] 16세기 중세 유럽에서 책과 팸플릿은 오늘날 TV와 같이 사회적·정치적 변화의 강력한 도구였다. 문자 해독을 크게 확산시키는 데 출판업자들이 절대적인 공헌을 한 것이다. 이처럼 인쇄술과 종이가 인류 역사에서 최고의 지식 혁명의 원천이 됨으로써,[12] 유럽은 1천 년간 이어져 온 기독교 보편세계를 무너뜨리고 기독교 신앙이 아닌 이성과 과학이 지배하는 근대로 나아갈 수 있었다.

2

수학의 나라, 인도

기원전 2000년경 집집마다 상수도가 연결되고 목욕 시설을 갖추었던 거대한 계획도시 모헨조다로와 하라파를 유적으로 남기고 인더스문명은 원인 불명의 이유로 사라졌다. 이후 기원전 1500년경 북쪽의 아리아인이 전차를 앞세워 들어오기 시작하면서 현지에 거주하던 드라비다족은 동쪽의 갠지스강 일대로 밀려났다.[13] 이렇게 밀고 들어온 아리아인은 기존의 인더스문명 위에서 베다 문명을 만들어냈다. 이들은 인도인과의 구별을 위해 철저한 신분제도인 카스트(브라만, 크샤트리아, 바이샤, 수드라)를 시행했는데 그 구분에도 들어가지 못하는 계급인 불가촉천민, 즉 접촉해서는 안 되는 수준의 천민도 있었다. 수드라나 불가촉천민은 상위 계급이 죽여도 아무런 죄가 되지 않는 관습이 인도에는 아직도 남아 있다. 이 같은 신분제도와 다신교 신앙인 브라만교를 기반으로 베다 경전이 만들어져서 오랫동안 인도 사회를 지배했다.

인구가 증가하면서 베다 시대 후기인 기원전 900년경부터 인더스강과 갠지스강 주변에 여러 왕국이 생겨났다. 이들이 각자 세력을 확장하기 위해 계속 전쟁을 일으키자(16대국시대) 각 계층은 이 틈바

구니에서 자신들의 권한을 더 키우기 위해 투쟁을 벌였다. 중국이 고대 주나라 이후 혼란을 거듭했던 것과 유사한 현상이 벌어지고 있었다. 오랜 기간 대혼란과 엄격한 신분제도에 지쳐 있던 사람들에게 기원전 500년경 네팔의 작은 왕국의 왕자였던 고타마 싯다르타가 모든 사람은 평등하고 자비를 베풀어야 한다는 교리를 내세운 불교를 전파했다. 이 불교가 민중 사이에 널리 퍼지자 기원전 322년 인도를 통일하여 마우리아왕조를 창건한 찬드라굽타는 불교를 수용하여 더욱 발전시켰다. 그의 대를 이은 아소카 왕은 중앙아시아와 유럽까지 불교를 전파했다. 이후 쿠산왕조를 거쳐 새로 들어선 굽타왕조는 집권 세력의 힘을 강화하기 위한 방편으로 불교를 배제하고 전통 신앙인 브라만교를 강화하면서 왕권을 신성화했다. 이후 브라만교는 주변의 여러 종교와 융합하여 힌두교로 발전하면서 오늘날 인도의 주된 종교로 자리 잡았다.

베다 시대가 문학의 꽃을 피운 시대였다면, 굽타 시대는 학문과 미술이 크게 발전한 시대였다. 바빌로니아 천문학과 그리스 수학의 영향을 받은 인도는 수학 분야에서 걸출한 업적을 남겼다. 고대 인도인은 수학을 천문학에 필요한 도구로 연구하고 사용했다. 그들이 인도-아라비아숫자를 발명한 덕분에 오늘날 우리가 간단하고 편리하게 산수를 배울 수 있다. 현대의 산수와 대수학은 대부분 산수, 대수학, 삼각법을 주로 연구했던 인도에 뿌리를 두고 있다. 고대 인도의 수학은 기원전 3000년경 인더스강 계곡에 자리 잡았던 하라파와 모헨조다로에서 시작되었다. 벽돌 가옥과 도로, 하수 시설 등 계획 도시로 이루어진 이들 유적지에서 발견된 문서에는 교역 상황, 무게와 길이, 벽돌 제작 방법 등이 기록되어 있다. 그러나 하라파와 모헨조다로는 점점 쇠퇴하여 기원전 1500년경 인도유럽어를 사용하며 유목 생활을 하던 북쪽의 아리아인에 의해 멸망된다.[14] 기원전 4세기경 기호로 기록된 하라파 언어를 당시의 문법학자 파니니가 산스크리트어로 기록한 것이 오늘날까지 전해지고 있다.[15]

고대문명의 수학은 사회적으로 필요한 현실적인 문제를 해결하기 위해 시작되었다. 특히 고대 인도의 수학은 종교와 언어학으로부터 많은 영향을 받아 특유의 내용으로 구성되었다.[16] 예컨대 기원전 800년경 '끈의 법칙'으로 알려진 베다 문헌 술바수트라스는 동양 수학의 뿌리로 알려진 힌두교 경전으로 간단하고 명백한 평면 도형의 명제부터 도형의 작도법, 제단의 작도법과 같은 기하학적 내용뿐 아니라 피타고라스 정리와 활용, 도형의 변형, 분수와 무리수, 연립·부정방정식과 같은 대수적 내용을 포함하고 있다.[17] 이 문서의 최초 기록자들 가운데 성직자 바우다야나는 수학을 사용하여 종교 의식의 규정을 제정하고 제물을 바치기 위한 제단을 정확하게 세운 인물이다. 그의 문헌은 건축에 필요한 다양한 측정 단위와 밧줄, 자, 대나무 지팡이 추, 원을 그리는 구멍이 뚫린 대나무 자 등 측량 도구들을 설명할 뿐 아니라 넓이의 결합과 변형 방법, 기하학 이론과 개념, 성질, 명제, 정리 및 원리 등을 자세히 기록하여 세계 최초의 독창적인 기하학 문헌으로 알려져 있다. 다음의 인용문을 보자.

한 정사각형의 대각선으로 만든 정사각형의 넓이는 본래 정사각형 넓이의 두 배다.

한 직사각형의 대각선 길이의 밧줄이 만드는 정사각형의 넓이는 직사각형의 수평 변과 수직 변이 만드는 두 정사각형의 면적의 합과 같다. 다음과 같은 변을 갖는 직삼각형이 관찰된다. 3과 4, 12와 5, 15와 8, 7과 24, 12와 35, 15와 36.[18]

이뿐 아니라 바우다야나는 $\sqrt{2}$의 근삿값은 '주어진 길이에서 3분의 1만큼 늘이고, 다시 이 3분의 1을 1/4만큼 늘이는데, 그 늘인 4분의 1의 34분의 1만큼 작게 하면 이것이 정사각형의 대각선의 값이 된다'라고 시적으로 표현했다.

이것을 기호로 표현하면, $\sqrt{2} ≒ 1/3+(1/3)(1/4)-(1/3)(1/4)(1/34)=\frac{577}{408}$ =1.414215686이다. 이 계산은 $\sqrt{2}$의 값과 비교해볼 때, 소수점 다섯 자리까지 정확하다. 이런 계산은 기원전 15세기의 바빌로니아인이 60진법으로 표현한 계산과는 다르다는 것을 보여준다. 그리고 나중에 12세기의 이슬람 수학자가 계산한 값과 같다. 또 술바수트라스에 수록된 아파스탐바의 문서는 기원전 600년경 바우다야나의 수학 내용의 일부를 확대해 구성된 것으로 세 수의 짝인 {3, 4, 5}, {5, 12, 13}, {8, 15, 17} 그리고 {12, 35, 37}로 이뤄진 길이를 가진 세 개의 끈을 이용해 직각삼각형을 만드는 법칙이 기록되어 있다. 이처럼 고대 인도에서 기하학이 발전한 것은 사원의 설계와 제단의 크기를 정확히 해야 하기 때문이었다.[19] 이 밖에 베다 경전에는 기하학의 정리와 다양한 형태의 제단 건축에 관련된 계산법이 수록되어 있다. 아리아바타는 스물세 살 때인 서기 500년경 『아리아바티야』에서

기하학과 대수학을 정리했다.[20] 이 책에서 그는 원주율, 삼각법, 방정식, 제곱근과 세제곱근 등을 계산하는 방법을 제시했고 삼각비의 사인 개념을 최초로 정리하면서 다른 삼각함수에 관한 표를 계산해 기록했다. 그는 원주율을 계산하는 방법을 다음과 같이 제시했다. '4와 100을 더한 다음 8을 곱한 후에 62,000을 더하라. 이 값은 지름이 20,000인 원의 둘레의 길이와 같다. 이 규칙으로 지름과 원의 둘레의 길이 사이의 관계를 알 수 있다.' 이에 따르면 원주율은 3.1416으로 소수점 세 자리까지 정확하다. 특히 그는 등차수열에서 수열의 합을 구하는 문제와 수열 첫 항과 공차와 합이 주어졌을 때 항의 수를 구하는 문제, 제곱과 세제곱 급수의 합을 구하는 공식도 기록했다. 이어서 이차방정식의 풀이법, 정수에서 부정방정식($ax+b=cy$)의 해, 연립2차방정식의 해, 선형방정식의 해, 복리 계산, 시간의 계산, 삼각법 그리고 세계 최초로 사인 함수표를 만들었다. 다만 정확하지 않은 구면 삼각법 등이 수록되어 있고 거의 증명이 없어서 정확하고 꼼꼼한 책이 아니라는 평가도 있다. 이 밖에도 그는 지구가 둥글고 자체 축을 중심으로 회전하며 태양의 주위를 타원궤도로 돌고 있다고 주장했으며, 하루의 시간을 매우 정확히 계산했을 뿐 아니라 미적분학의 기초 개념을 창안하고 이를 달의 운동에 적용하여 일식과 월식도 정확하게 계산해냈다.

7세기의 수학자 브라마굽타는 해가 여러 개인 2차부정방정식(예: $ax^2 \pm c=y^2$)의 정수해를 구하는 방법을 찾아냈고 원에 내접한 사각형의 넓이와 대각선의 길이를 구하는 공식을 만들었다. 또 그는 자릿수를 이용한 10진수의 곱셈법을 만들어 설명했는데 오늘날 컴퓨터에서 곱셈기를 만들 때 사용하는 방법과 같다. 이러한 그의 업적은 0이라는 숫자와 음수에 대한 연구로 이어졌다. 불교에서 말하는 무량수(無量數)와 공(空)은 인도 수학의 무한대와 영을 의미하는 것이다. 이러한 업적은 『브라마스푸타시단타』라는 책으로 정리되었는데, 이 책이 아랍 상인들에 의해 전파되고 아랍어로 번역되어 세상에 소개되었다. '0'의 개념, 아라비아숫자는 아랍인이 만든 것으로 알려져 있지만 실제로는 인도에서 만들어져 전파된 것이다.

이 시기에는 수학과 함께 천문학과 의학도 발전했다. 아리아바타는 원주율의 값을 이용하여 지구의 둘레를 계산했다. 그는 이를 바탕으로 지구가 자전을 한다고 주장하면서 태양과 달을 비롯한 천체의 운행을 관찰한 기록을 남겼다. 동시대의 바라하미히라는 지구의 중력에 관해 연구한 기록을 남겼을 뿐 아니라 『수리야시단타』를 기초로 해서 575년 『판카시단티카』를 저술하기도 했다. 이 책에는 삼각법의 몇 가지 공식과 정확한 사인함수표가 있고, 파스칼 삼각형의 공식과 4차 마방진 등이 있다. 『시단타』는 다섯 가지 종류가 있는데 모두 산스크리트어 시로 쓰여 있으며, 증명 없이 수수께끼 같은 법칙으로 된 천문학 개요서다. 여기에는 결혼의 택일이나 전쟁터에 나가는 왕의 운세 등에 관한 내용뿐 아니라 천체의 운행과 그것이 인간에 미치는 영향, 지리, 건축, 신상의 제작, 정원의 설계, 여러 형태의 인간과 동물의 성격 등이 기록되었다.

순열과 조합을 최초로 연구한 12세기 수학자 바스카라차리아2세는 『자연철학의 수학적 원리』에서 고전역학과 만유인력의 법칙을 제시한 영국의 아이작 뉴턴보다 훨씬 이전에 '지구가 물체를 그 무게에 따라 끌어당긴다'는 인력의 법칙을 기록했다. 그는 베다 시대부터 내려오던 의학서 『아유르베다』를 보완한 약학서 『나바니타캄』, 『하스트야아유르베다』와 『아슈바샤스트라』 같은 수의학서 등 많은 의학 서적도 저술했다. 우자인천문대 대장으로 근무했던 브라마굽타는 당시 천문학 연구의 성과를 집대성하여 628년 『브라마스푸타 시단타』에서 역법 계산과 천문학에서 발생하는 부정해석 등을 다루었다. 그후 바스카라차리아1세 때에 와서 수학에서 법칙들의 결과를 증명하는 것의 중요성을 알게 되었다. 이때부터 법칙에 대한 의미 있는 유도 과정이 있는 공식만을 사용했다. 따라서 어떤 공식의 결과는 검증까지 확장되었고, 더욱 정확한 논리로 수학을 전개했다. 바스카라차리아1세는 아리아바타의 업적을 확장하고, 기호와 숫자, 고차방정식의 해, 부정방정식의 해, 사인함수의 근삿값, 사인함수표를 더욱 정확하게 계산했다. 자이나교의 마지막 수학자로 기초 수학을 저술한 마하비라는 영, 제곱, 세제곱, 제곱근, 세제곱근, 급수, 평면기하학과 입체기하학, 원의 내부에 접하는 사각형과 타원의 넓이를 계산하는 공식, 고차방정식의 해, 부정2차 및 3차와 고차방정식의 해 등을 연구했다. 또 그는 음수의 제곱근이 존재하지 않는다고 주장했다.

인도 수학의 역사에서 가장 널리 알려진 수학자로는 바스카라차리아2세를 꼽는다. 그가 천문기관의 책임자로 일하면서 저술한 '아름다운 사람'이란 뜻의 『릴라바티』는 인도 산술에 관한 대부분의 지식이 기록된 기념비적인 책으로 평가받는다. 그는 이외에 1150년 『천체계의 왕관』과 『종자산술』을 저술했다.[21] 달의 움직임이나 일식과 월식의 시간을 예측하기 위해서는 극도로 정밀한 계산이 필요했고, 그는 이런 계산을 하기 위해 미적분학의 기초 개념을 적용해 문제를 풀었다. 그는 사인함수의 미분을 발견한 데 이어 미분 단위가 무한소가 되는 1초를 33750으로 나누는 시간까지 계산했다. 따라서 미분계수의 발견, 도함수의 발견, 특별한 평균값 정리와 롤의 정리를 언급했다. 또 그는 π의 정확한 계산, 지구의 자전 길이 계산, 구면 삼각법, 삼각함수의 공식 등을 연구하여 집대성했다.

한편 기원전 326년에는 알렉산드로스대왕이 인도 북서부를 일시적으로 정복하여 인도와 그리스의 문물이 교류할 수 있는 길이 열렸다. 그후 인도에 통일국가로 마우리아제국이 세워졌는데 제국의 전성기에 통치한 아소카 왕 시대에는 인도의 중요한 도시마다 커다란 돌기둥을 세웠다. 이 돌기둥에는 가장 오래된 인도-아라비아숫자와 기호가 새겨져 있다. 이 시대에 무한의 연구로는 자이나교의 수학이 있다. 그들은 모든 수를 셀 수 있는 수, 셀 수 없는 수 그리고 무한으로 분류했다.[22] 무한은 다섯 가지 다른 형태로 인식했다. 한 방향 무한, 양방향 무한, 넓이의 무한, 어디서나 무한 그리고 영구적인 무한으로 나누었다. 또한 기호를 고안하고 처음으로 0을 의미하는 '슈냐(shunya)'를 사용했다. 기초적인 지수 법칙, π의 계산($\pi = \sqrt{10}$), 4차방정식, 대수의 계산, 수열, 파스칼 삼각형, 순열과 조합 등의 내용이 있다.

앞서 말했듯이 인도인이 발명한 수체계와 숫자를 서유럽으로 전파한 이는 아랍 상인들이었다. 인도의 수체계가 상행위에 편리한 시스템이라는 것을 알아차렸기 때문이다. 인도-아라비아숫자와 기호의 역사는 기원전 3세기경 아소카 왕의 비문에서 발견된 카로슈티 문자로부터 시작된다. 1과 4, 10과 20을 나타내는 특별한 기호가 있었고 덧붙이는 방법으로 100까지 표현했다. 기원전 250년경 아소카 왕 시대의 돌기둥에 새겨긴 브라흐미문자는 한층 발전된 표현으로 10, 100 등 10의 거듭제곱수를 위한 표현이 있었다.[23] 서기 9세기의 괄리오르 수는 오늘날 수체계와 비슷하며 그후 우리가 사용하는 기본 필산법은 아랍인들에 의해 사용되었다. 페르시아 수학자 알콰리즈미는 825년 발간한 저서에서 위치의 값으로 0을 사용하여 완전한 인도-아라비아숫자체계를 다루었다. 그리고 인도-아라비아숫자체계는 마침내 아랍 상인들에 의해 서유럽으로 전해지게 되었다.

인도 문화가 독자적인 것처럼 인도 수학 역시 독자적으로 구축되었다. 종교적이고 명상적인 기질의 인도인은 그들의 방식대로 수학을 계승하여 표현했으며 현대 수학에 많은 영향을 주었다. 인도 수학자들은 천문학과 수학 지식을 운문의 형식으로 작성했다. 그러나 종교적 전통에 얽매여 현대화되지 못한 것이 인도 수학의 단점이자 한계였다. 인도인은 메소포타미아, 헬레니즘 세계와 교류하면서도 그들의 영향을 그대로 받아들이지 않고 독자적으로 문화와 수학 지식을 구축하여 전통적인 방법으로 발전시켰다. 고대부터 근대에 이르기까지 승려들에 의해 엄청난 양의 수학 지식이 생산되고 축적되었다. 또 승려들은 문자와 기호를 발명하여 사고를 구체화하고 더 정확히 표현할 수 있게 도와주었다. 계산 방법으로는 간단한 기호의 숫자와 계산에 필요한 도구가 아주 편리했다. 그들은 조그마한 칠판에 대나무로 만든 펜과 흰 잉크로 숫자를 썼다. 인도 사회는 일찍부터 상업과 측량이 발달해서 정밀한 계산 기술이 필요했다. 그러나 중세 이후 수학이 계속 발달하지 못한 것은 카스트제도로 신분이 엄격하게 구별되어 승려와 왕족만이 수학을 독점적으로 연구했기 때문이다. 어쨌든 인도 수학자들은 일찍이 수학을 독자적으로 구축하면서 십진법, 계산법, 방정식, 대수학, 기하학, 삼각법 등의 연구로 수학 발전에 크게 공헌했다. 그들이 다른 문화권의 영향에도 불구하고 독창성을 유지할 수 있었던 것은 그 어느 문화권보다 종교철학과 천문학, 언어학의 영향을 강력하게 받았기 때문이다. 그리하여 그들은 계속 수학을 계승, 발전시켜 인류에 유용한 인도-아라비아 숫자체계와 계산법을 창안할 수 있었다. 고대 그리스 수학이 자연현상의 진리를 탐구하기 위해 공리적이고 연역적인 방법으로 발전했다면, 고대 인도 수학은 종교와 언어학의 영향으로 양적이며 계산적이지만 원리와 법칙을 통해 문제를 해결하는 특징을 보여준다.

3

중국 수학의 원리

　기원전 11세기경부터 독자적으로 시작된 중국 수학은 논리적 체계를 갖추지 못했지만, 양적이고 계산적인 원리를 지니고 있다. 그리스의 수학이 철학자들의 자연에 관한 개인적 관찰을 통해 발전해 나간 반면, 중국의 수학과 과학은 경험적이고 실험적이며 산발적으로 이뤄진 특성을 띠고 있다.[24] 이집트와 바빌로니아의 수학이 생존에 필요한 문제를 해결하기 위한 것이었다면 그리스 수학은 철학에서 시작되어 발전했다. 인도 수학의 원천은 종교였으며 페르시아와 아랍의 수학은 천문학과의 밀접한 관련 속에서 발전했다.[25] 그리고 중국 수학은 천체의 운행을 통해 한 해의 주기를 연구하는 역법에서 시작되었다.

　중국 수학은 크게 큰 숫자와 음수 둘 이상의 숫자체계, 대수, 기하학, 숫자 이론, 삼각법 등 독자적인 특징을 지니고 있다. 특히 한나라 때 수학이 크게 발전하여 『구장산술』과 『주비산경』은 일상생활에서 다양한 수학 문제를 푸는 상세한 과정을 기록하고 있다.[26] 이 산수책들은 유클리드 분할뿐 아니라 역원소도 포함하고 있으며 가우스 소거법과 호너의 법칙 그리고 디오판토스 방정식의 모듈화 방법과 유사한 절차의 내용을 담고 있다.[27]『구장산술』에서는 정다각형의 극한으로 원주율을 구했으며 무한 등비급수의 극한과 비슷한 생각을 바탕으로 원주율이 3.1416이라는 값을 얻어 3.14를 사용했다. 또 소수를 사용하고 입체를 분해하여 입체의 부피를 계산했다. 중국 고대 수학자들은 그리스 자연철학자들과 마찬가지로 수를 통해 만물의 구조를 이해할 수 있다고 믿었다. 이에 따라 만물을 분류하고 연구하여 그 구조를 이해하는 데 중점을 두었다.[28] 이러한 중국의 수학은 그리스와 같은 시대에 이루어졌다. 고대 중국의 수학교육은 3천 년이 넘는 오랜 역사를 가지고 있으며, 그동안 수많은 뛰어난 수학자들이 육성되었다.『설문해자』,『한서』,『예기』등의 문헌을 보면 기원전 2000년경 하나라 시대와 상나라 시대부터 수학이 시작되었으나 본격적으로 수학의 체계적인 틀이 마련된 것은 주나라 시대로 추정되고 있다.[29] 예컨대 주나라 시대에 피타고라스 정리가 증명되었고 파스칼 삼각형에 대한 지식은 파스칼 이전 중국에도 존재했던 것으로 나타났다.[30] 주나라 문왕의 아들 주공 단이 저술한『주례』를 보면 서주 시대에 당시의 관리 자제들을 위해 여섯 가지 기술을 뜻하는 육예, 즉 예(禮), 악(樂), 사(射, 활쏘기), 어(御, 승마), 서(書), 수(數)를 교육했다. 이 육예 교육은 수나라 이전까지 이어졌으며 서와 수는 기초 지식으로 소학 과정에서 배웠는데 이 가운데 수가 수학이었다.[31]

중국 수학은 주로 세금을 걷기 위해 논과 밭의 면적을 측정하거나 노동력을 계산하고 곡식을 분배하는 등 국가의 필요에 따라 실용성과 제도적인 성격을 띠고 있다. 이런 이유로 일상적·실무적 성격에 치우쳐서 수학의 기본 이론으로 발전하지 못했다. 또 중국 수학서는 유교의 영향을 받아 경전 취급을 받았기 때문에 책의 수학적 내용을 비판하거나 새로운 풀이 방법을 개발하지 못했다.[32] 특히 역법 계산이 매우 중요해서 날짜를 세는 법을 배우는 것이 필수적인 일이었기 때문에 당시 수 이론으로 우주 해석을 한 중국적인 천명관을 반영하여 하늘(천간)과 땅(지지)에 홀수와 짝수를 대응시켰다.[33]

중국에서 '수'와 '술'은 서로 관련되어 수술(數術)이라고 불렸다. 수술의 내용은 천문, 역수, 오행, 점복, 지리, 측량, 기하, 수법 등 자연과학 지식뿐만 아니라 종교 지식까지 다양했다. 그러나 유교의 영향으로 수학을 실용적인 학문이라며 천시하고 수를 이용해 점을 치는 종교적인 행위에 더 치중하여 한나라 때까지도 크게 진전되지 못했다.[34] 즉 한나라 때의 수학교육은 주나라 때의 수학교육과 별 차이가 없었다. 한나라 때에는 저자 미상의 『산수서』와 『구장산술』이 수학교육 교과서로 사용되었는데, 이 교과서들은 계산 위주의 문제풀이 중심이었고 개념화의 논리는 없었다. 당시 수의 개념은 음양오행으로 세계를 표현하는 수단으로 사용되었으며 논리적인 증명은 없었다. 그렇지만 고대 중국에서 수학교육의 목표는 단지 문제 풀이에만 치우친 것이 아니라 논리적 사고를 키우고 추론 능력을 키워주는 것도 포함되어 있었다.[35]

이처럼 중국에서 수학은 주로 실용적인 학문으로서 활용되었다. 수 교육이 주로 소학에서 이루어졌다는 것은 수학이 어린 나이부터 배워야 할 현실적인 것이었음을 알려준다. 수나라와 당나라 수학교육의 목표는 당시 가장 낮은 계급인 문무관 9품의 관사를 뽑아 수학과 관련된 국가행정을 보게 하는 것이었다. 송나라 때에 산학제도가 부활한 시기가 있었으나 공식 제도로는 없었다. 수학교육의 주체가 국가기관이 아니었으므로 민간 학자들에 의해 수학교육이 활발하게 이뤄졌고 특히 인쇄술의 발달로 『십부산경』을 비롯한 많은 수학서가 간행되어 수학의 황금기를 맞게 되었다.

4

유럽에 전파된 동양의 발명품

로마의 멸망에서 중세 초기에 이르는 시대에 온 대륙에 수립된 국가들은 세력 확장을 위해 끊임없이 전쟁을 벌이면서 서로 교류하고 문물을 주고받았다. 이 시대의 세계를 크게 나눠보면 유럽대륙의 기독교 보편세계, 아라비아반도와 페르시아와 중앙아시아를 포함하는 이슬람 세계, 인도 세계, 중국 등의 동아시아 세계로 구분할 수 있다. 이들은 실크로드와 인센스로드 그리고 다양한 해로를 통해 서로 특산품을 교환하면서 다양한 문화도 함께 전파했다. 해로를 통해 중국과 인도, 인도와 동남아시아, 인도와 아랍이 다양하게 연결되었고 이 해로들은 팔레스타인 지역을 지나 다시 모든 육지로 연결되었다. 다만 아메리카대륙은 인구가 그리 많지 않아 잉카문명 외에 특별한 세력이 일어나지 않았으며 다른 문명권과 지리적으로 독립되어 특별한 교류가 이루어지지 못했다.

초기 동양 문명이 유럽에 전해진 통로는 실크로드였으나 8~9세기경부터는 실크로드를 통한 육로 교역이 쇠퇴하고 해상을 통한 교역이 활발해졌다. 이것이 바로 해상 실크로드다.[36] 유럽이 지중해를 벗어나 인도양을 통해 중국과 한반도 그리고 일본까지 교류함으로써 동양 문명이 유럽에 전해졌다. 그 결과 유럽은 중세의 암흑기를 벗어나 근대화의 첫걸음인 문예부흥, 즉 르네상스를 맞이했다. 해상 실크로드를 통해 동양 문명을 수입하기까지 유럽 문명은 그야말로 지중해 세계에 갇힌 우물 안의 개구리에 불과했다.[37]

아랍 세계에서 유럽으로 전해진 것들 가운데 수차와 풍차가 있다. 600~700년경에 아랍의 수차와 풍차가 유럽에 보급되어 자연 동력을 이용하는 계기를 만들었다. 또한 아라비아반도와 인도에서 해상 무역을 위해 삼각돛을 이용하는 선박 기술이 유럽에 전해져서 9세기부터 활용되기 시작했다. 삼각돛은 바람의 방향과 상관없이 원하는 방향으로 운항하게 해주는 것이어서 장거리를 이동하는 데 필수적인 도구가 되었다.

중국 세계가 무역로를 통해 유럽에 전한 것들은 종이, 화약, 나침반을 포함한 매우 선진적인 것들이었다. 장거리 항해에서 배의 방향을 조정하는 선미타는 사람들이 큰 노를 바닷물 속에 넣어 조정하는 수고를 없앴다. 이미 중국은 대양을 항해할 만큼 발전된 항해술과 항해에 필요한 과학 지식을 갖추고 있었던 것이다.[38] 한편 기원전 4세기경 북방 유목민들이 개발한 쇠편자와 등자가 8세기경 유럽에 전해져서 기마병을 탄생시켰다. 그리고 동양에서 개발된 바퀴 버팀목, 수직의 날, 수평의 보습 쟁기 등과 같은 새로 개발된 농기구도 함께 유럽에 전해졌다. 또한 마구(안장과 멍에)로 무거운 철제 쟁기 및 보습을 소나 말에게 채워 농사에 사용할 수 있게 되었다. 말을 탈 때 두 발을 디딜 수 있는 등자는 별것 아닌 것처럼 보이지만 이 작은 기구 하나가 인류 역사를 바꾸어놓았다. 유럽에서 훈족으로 알려진 유목민 흉노족이 유럽을 초토화할 때 위력을 발휘한 것이 기마 전술이다. 고대 세계에서 가장 막강한 군사력을 지녔던 로마제국은 기마병이 아닌 밀집형 보병 부대로 유럽과 지중해 세계를 지배했다. 그런 로마제국을 여지없이 무너뜨려 유럽을 대혼란 속으로 몰아넣은 흉노족의 주된 무기가 바로 기마병이었다. 로마 기병은 등자가 없어 두 다리로 말을 조여서 타야 했다. 이렇게 말을 타다 보면 너무 힘이 많이 들고 말을 전투하기 위해 움직이면 쉽게 넘어졌다. 그러나 유목민들은 그렇지 않았다. 말에 등자를 달아 말을 자유자재로 몰 수 있었다. 보병과 기마병의 싸움은 오늘날 소총수가 탱크와 맞붙어 싸우는 격이었다. 등자를 가진 기마병으로 유럽을 침략한 흉노족은 쉽게 로마 군대를 격파하고 민족대이동을 일으켰다. 작은 기술의 차이가 이렇게 엄청난 역사 변혁을 일으킨 것이다. 유럽인이 등자를 사용하게 된 것은 약 400년이 지난 8세기에 이르러서였다. 중세 기사들이 말을 타고 제대로 된 힘을 갖추게 된 것도 등자 덕분이었다. 등자와 종이, 화약, 나침반 등의 동양 발명품이 유럽을 비롯해 전 세계의 역사를 바꾸어놓을 줄은 아무도 몰랐다. 그렇다면 이러한 발명품들을 갖춘 동양에서는 왜 유럽보다 근대화가 늦었는가.

이는 지리적 환경과 사회체제의 차이에서 비롯된 것으로 알려져 있다. 예컨대 유럽은 토지가 척박하여 농작물은 물론 많은 물자가 충분히 생산되지 못했다. 거기다 유럽 인구가 증가하여 살기 위해서는 다른 부족과 국가를 약탈하거나 이슬람 세계 혹은 중국 등 동양과의 무역을 통해 필요한 물자를 충당해야 했다.[39] 그렇게 하기 위해서는 무역이나 정복 전쟁을 끊임없이 하면서 바다와 육지로 멀리가야 했다. 나침반이 전래되기 전에 유럽인들은 육지와 가까운 지중해를 벗어나지 못했다. 육로는 너무 멀고 험할 뿐 아니라 도적의 위험을 감수해야 했으며 한 번 오가는 데 긴 세월이 걸려서 육로 교역을 위해서는 목숨을 내놓아야 했다. 그러나 중국과 한국 등 아시아 지역은 필요한 모든 물자를 자급자족했기 때문에 그런 모험을 하지 않아도 되었다. 자급자족 상태에서 굳이 먼바다를 항해할 필요가 없으니 나침반을 이용한 해양 진출이 거의 없었고, 또 동양에서는 유럽처럼 국가들 간에 전쟁이 많지 않아서 화약을 이용한 총과 대포 등의 무기를 만들 필요가 없었다. 단, 종이와 인쇄술의 경우에는 지식의 지배층 독점 그리고 한자의 어려움이 지식 보급에 장애로 작용했다.

인도는 유럽과 중국의 해로를 연결하는 중앙에 위치하여 로마와 아랍, 중국의 해상무역에서 가교 역할을 했다. 인도에서 생산하는 향료와 함께 350년경 세계 최초로 설탕을 결정화하여 세계에 전파하기도 했다. 특히 불교는 교역로를 따라 아시아 전역에 전파되어 오늘날까지 주요 종교로 자리 잡게 되었다. 유럽에서 만들어진 물품이 타 지역에 전파된 것으로는 해시계와 물시계, 목생 치료법, 나사, 크랭크축, 그리고 다양한 식물들이 있다.

1000년경을 지나면서 여러 경로를 통해 동서양이 만나 직접 부딪치게 되었다. 여전히 농업이 주된 산업이었지만 다른 문화권과의 다양한 교역이 비중을 높여가서 상업을 통한 부의 축적이 여기저기서 이루어졌다. 특히 이탈리아반도 북부의 도시국가들은 지중해와 유럽대륙을 연결하는 상권을 장악하면서 큰 경제력을 쌓아갔다. 이와 같은 발전에 따라 유럽뿐 아니라 인도 등지에도 산업별 조합인 길드와 학문 연구를 전문으로 하는 대학이 나타났다. 이런 과정에서 아랍어로 번역된 고대 철학과 문학, 과학 서적들이 라틴어로 번역되기 시작했으며 이를 통해 유럽대륙에 실증을 강조하는 과학철학자들이 대거 등장하게 되었다.

　이러한 동서 문화권 간의 교류는 결국 충돌을 피할 수 없었다. 문명 간 충돌은 인류 역사의 극적인 상황을 만들어낸다. 한 문명이 다른 문명과 싸워 이길 때 세계적으로 새로운 시대가 열리는 법이다. 바로 이러한 사례가 1757년 인도와 영국, 즉 유럽 문명과 인도 문명 간의 충돌이다.[40] 이슬람권의 성장은 기독교권과의 충돌로 이어져 200년에 걸친 십자군전쟁이 벌어졌고 중국 북방의 몽골은 단 100만 명의 군대로 중앙아시아, 북유럽과 동유럽을 침공하여 동서양을 통합하는 대역사를 만들었다. 몽골의 대륙 대통합은 실크로드라는 안전한 교역로가 만들어지는 계기가 되었다. 이 교역로를 통해 동서양의 문물과 함께 철학, 종교의 교류도 이루어지면서 새로운 세력권들이 형성되어 중앙아시아와 인도까지 이슬람 세력권으로 편입되었다. 또 이슬람권의 세력이 성장하면서 이를 결집한 오스만제국이 동로마제국을 멸망시켰다. 지역적으로 보면 대혼란과 전쟁이 계속 이어졌지만, 이는 이제 지구 전체에서 다른 세계와의 교류가 불가피하며 서로 소통하는 방법을 찾아가는 과정이 시작되었음을 의미하는 것이었다. 그리고 다양한 문화와 기술 교류를 통해 자연현상에 대한 과학적 해석이 가능해지면서 신에 대한 관심이 인간에게로 넘어가는 르네상스를 불러일으켰다. 이러한 시대 배경하에서 유럽

에서는 대항해시대가 시작되고 중국에서는 북방 민족이 중원을 지
배하는 시대, 그리고 인도는 이슬람 제국이 다스리는 시대를 맞게
되었다.

5

이슬람 과학과 유럽

    서로마의 멸망을 계기로 유럽 세계의 중심이 지중해에서 대륙 중 북부로 넘어감에 따라 해상무역의 중심도 아랍 세력이 장악하고 있 는 지중해에서 유럽 북쪽의 발트해와 북해로 이동했다. 따라서 지중 해 연안에서 대륙과의 연결의 정점에 있는 베네치아, 제노바, 피사 같은 도시들이 그러했던 것처럼 유럽 북부의 북해 근방에 있는 뤼 베크, 브레멘 같은 도시들이 상업 도시로 크게 발전했다. 북의 브뤼 주와 남의 베네치아를 연결하는 샹파뉴 역시 그중 하나였다. 지중해 연안의 도시들은 같은 기독교 세력인 비잔틴제국뿐 아니라 이슬람 세력권인 바그다드, 다마스쿠스, 카이로 등과 교역하면서 대륙의 동 서 프랑크, 영국과도 교역로를 연결했다. 반면 북해 연안의 도시들 은 주로 영국과 플랑드르, 네덜란드와의 교역을 주도해나갔다.

    11세기 유럽은 자급자족 농업경제 중심으로 전반적인 안정을 찾 으면서 밖으로는 이슬람 세력에 대한 반격과 팽창을 시도하며 발전 해나갔다. 그러다가 12~13세기에 이르러 기독교적이며 봉건적인 중세 문화가 꽃을 피웠다. 그러나 14세기부터 15세기까지 성장하던 유럽 봉건제도는 기근, 흑사병, 장기간의 전쟁, 농민 반란 등으로 인해 전반적으로 위기를 맞았다. 이러한 위기는 십자군전쟁으로 동서 문화 교류가 활발하게 진행된 결과였다. 유럽은 10세기부터 11세기까지 노르만족, 이슬람, 훈족 등 이민족의 침입이 종식되고 게르만족의 대이동 이후 처음으로 안정을 찾았다. 이로써 인구가 계속 증가하고 개간과 간척 사업이 활발하게 진행되어 식량 생산이 늘어났다. 사회 안정, 인구 증가, 경작지 확대는 농업 생산력을 증대시켜 잉여 생산물을 낳았다. 이는 시장경제와 도시의 발달로 이어져 상업이 활기를 띠게 되었다. 특히 십자군전쟁은 원격지 무역이 부활하여 제노바, 피사 등의 이탈리아 도시들을 중심으로 상업과 무역이 크게 발전하는 계기가 되었다.

유럽이 중세에서 근대로 이행하게 한 상업 부활과 도시 발전의 기반은 바로 동서 무역이었다. 십자군전쟁으로 이슬람권인 동방 세계와 연결되면서 향신료와 견직물, 설탕, 각종 염료 등이 유럽에 유입되어 상업과 무역이 활발하게 이뤄지고 그 중심 시장이 도시로 발전했다.[41] 로마제국 시대의 도시 대부분은 가톨릭 주교관구의 중심으로서 인구가 주변 농촌보다 약간 많았으나 상업은 발전하지 못했다. 그 밖에 농촌보다 인구가 많았던 곳은 봉건 영주의 성채가 있는 곳으로 이 역시 영지 관리 중심지에 지나지 않았다. 그러나 이런 도시나 성채는 대체로 교통 중심지였기 때문에 십자군전쟁으로 인한 상업 부활에 따라 자연스럽게 이곳들에 시장이 생기고 상인들이 몰려들었다. 상인들은 처음에 성채나 주교관구 도시에 일시적으로 머물다가 나중에 성채 밖에 거류지를 세우고 성벽이나 보루를 축조하여 새로운 부르구스(burgus)를 만들었다. 이렇게 새로 생긴 부르구스, 즉 성채가 상공업 도시로 발전한 것이다.[42] 상업에 종사하며 부를 축적한 이들을 '성채인'이라는 의미의 부르겐시스(burgensis)라고 불렀는데 여기서 후에 '가진 자'를 의미하는 부르주아라는 용어가 생겨났다. 상인들 주변에는 물품의 하적과 수송, 선박과 수레 등의 운송수단 제조 등에 종사하는 많은 수공업자, 노동자가 모여들었다. 이에 따라 공업이 발전하여 이들을 중심으로 부르주아지라는 새로운 시민계급이 생겨났다. 이와 같이 형성된 성채 사람들의 신분은 봉건제에는 없던 새로운 것이었다. 상인들은 상인들끼리, 수공업자들은 수공업자들끼리 일종의 조합인 길드를 만들어 서로 정보를 교환하면서 자신들의 이익을 지키기 위해 독점적 지위를 누렸으며 정치적인 역할도 마다하지 않았다. 대부분의 도시는 12세기 중엽까지 자유와 자치권을 획득했으며 특허장으로 문서화되었다. 그 내용은 신분의 자유와 경제활동에 필요한 여러 자유였다. 이처럼 중세 도시는 자유와 더불어 영주 재판권이나 교회법으로부터 해방되어 독자적인 재판권과 사법권을 가진 특수한 법적 구역이 되었고, 시 참사회라는 독자적인 행정기관과 시민군 등을 가진 자치체제를 이루었다.[43]

상인들은 상대를 가리지 않았다. 이들은 지중해를 통해 이슬람이 지배하는 아랍 세계와 교류하는 한편 십자군 원정을 지원했으며 동로마제국의 수도인 콘스탄티노플을 수탈하는 데 큰 몫을 하기도 했다. 이러한 과정에서 아랍인이 무세이온에서 가져가 아랍어로 번역했던 많은 서적들을 유럽으로 들여왔다. 동로마가 이슬람 제국에 의해 망할 때 콘스탄티노플에 있던 그리스의 유물과 보물도 다시 이탈리아로 옮겨졌다. 또 이들 상인은 이렇게 축적한 재원으로 성곽을 다시 짓고 거대한 성당을 건축하고 미술품을 제작하는 데 아낌없이 돈을 사용했다. 특히 피렌체와 베네치아는 도시 전체가 예술품이라 할 만큼 많은 투자가 이루어지면서 건축 예술의 꽃을 피웠다.

유럽으로 옮겨진 무세이온의 연구 결과들은 아랍어에서 다시 유럽의 언어로 번역, 소개되어 유럽의 지적 발전의 밑거름이 되었다. 또 이슬람 세력이 무세이온에서 이베리아반도의 코르도바로 가져갔던 과학 서적들을 이슬람 세력을 축출하는 과정에서 확보하기도 했다. 이렇게 획득한 그리스 과학과 철학 자료들은 유럽 학자에 의해 번역되었다. 크레모나의 게라르도는 프톨레마이오스의 아랍어판 『알마게스트』, 이븐시나의 『의학 전범』, 아리스토텔레스의 『자연학』, 유클리드의 『기하학 원론』 등 92권의 서적을 번역하여 소개했다.

고대 그리스 철학자와 과학자 들이 저술한 기록과 함께 이슬람의 과학 서적들이 번역되어 소개되자 유럽은 갑자기 지식이 폭발하는 상황이 초래되었다. 이로 인해 플라톤 철학을 필두로 그리스 자연철학이 되살아나고 아리스토텔레스의 우주 영원성과 결정론에 관한 생각이 보편화되었다. 더욱이 이슬람의 천문학과 삼각돛을 이용해 바람 방향과 상관없이 전진할 수 있는 항해술은 유럽이 대양을 향해 나아가는 계기를 마련해주었다.

유럽의 과학이 기독교의 영향으로 암흑에 싸여 있는 동안, 이슬람 세계는 그리스 과학과 자연철학을 받아들여 이를 더욱 발전시켜나가고 있었다. 이슬람 세계는 동쪽으로 인도와 중국, 서쪽으로 유럽과 접하고 있었기 때문에 일찍부터 그리스와 동양 그리고 인도 문명의 영향을 받았다. 반면 15세기 르네상스 시대에 접어들기까지 유럽은 가장 낙후된 지역이었다. 유럽 역사가들은 흔히 비유럽 지역의 문명을 과소평가하고 백인 우월주의에 사로잡혀 동양 문명의 우월성을 폄훼하거나 축소하고 심지어 왜곡하기도 했다. 과학혁명이 유럽에서 일어났다는 자부심으로 인류 문명사를 유럽에 맞춰 서술한 것이다. 그러나 유럽이 근대 과학혁명을 일으킬 수 있었던 것은 바로 동양의 우수한 문명을 수용하고 영향을 받았기 때문이다.

유럽이 고대 그리스 과학과 학문을 계승하여 근대 과학을 발전시킨 것처럼 알려져 있으나 그 바탕에는 이슬람 문명에 대한 잘못된 편견이 자리하고 있다. 유럽이 기독교의 영향을 받아 이슬람교를 적대시한 것이 그 원인으로 지적되는데, 원래 고대 그리스 과학과 인간 중심의 자연철학은 유럽의 중세 암흑기 동안 이슬람 문명 안에서 존립하다가 15세기경 유럽에 다시 전해진 것이다. 그 결과가 바로 르네상스다. 사실 그리스 과학과 자연철학은 신본주의적인 기독교에 의해 유럽에서 철저하게 배척되었다. 그리스 헬레니즘의 인본주의와 기독교 신본주의는 서로 양립할 수 없는 사상이었다. 인간을 이성적 존재로 파악한 인간 중심의 그리스 철학은 자연과학의 발전을 가져왔지만, 인간과 우주 만물을 하느님의 창조물로 본 기독교 신본주의는 하느님의 창조 섭리에 어긋나는 자연과학을 배척하고 인간의 이성을 부정했다.[44] 유럽인들은 이를 무시하고 자신들이 소크라테스, 플라톤과 아리스토텔레스 등 고대 그리스 자연철학자의 직계 후손이며, 이슬람 학자들은 단지 그리스 철학을 번역하고 전달하기만 했을 뿐이라고 말한다. 다시 말해 고대 그리스의 전통을 재

발견하여 이를 발전시킨 당사자가 바로 유럽인 자신들이라는 것이다.[45] 그러나 중세 유럽 세계는 기독교가 지배한 암흑기에 하느님의 말씀 외에 그 어떤 과학과 철학도 금지했던 반면, 이슬람 제국은 고대 그리스 과학을 흡수하여 독자적인 과학을 발전시켰고 이렇게 발전시킨 과학 지식과 그리스 철학이 다시 유럽으로 전달된 것이다.[46] 그러므로 유럽의 근대 과학혁명은 유럽 문명 자체의 산물이 아니라 전적으로 이슬람과 인도 및 중국 등 동양 문명에서 비롯된 것이라고 말할 수 있다.

이슬람 세계에 설립된 도서관은 수백 개에 달했던 것으로 추정된다. 이베리아반도의 코르도바에만 도서관이 70개나 세워졌고 수십만 권의 장서가 소장된 도서관도 여러 군데에 있었다. 10세기 이집트 알렉산드리아의 '지혜의 집'에는 200만 권의 도서가 있었으며 그중 과학 서적만 1만 8천여 권에 달했다.[47] 이 시기 중세 유럽에는 도서관이 거의 없었다. 그나마 책이 소장된 곳은 가톨릭교회의 수도원 등에 불과하여 수도승 외에 일반인이 지식을 쌓고 과학을 탐구하기란 어려웠다. 또 유럽 교회는 성서 외에 일반 서적을 제작하는 것을 통제하여 지식은 성직자에 국한되었다. 14세기 프랑스 파리대학교 도서관에 소장된 도서는 2천여 권에 불과했다.

이처럼 이슬람 세계에서는 지식인들의 과학 탐구가 활발하게 이뤄졌다. 이슬람 통치자들은 고대 그리스 철학과 과학 서적의 번역 사업 외에 특히 천문학에 큰 관심을 보였다. 이는 이슬람 문명에서 천문학이 종교적 의미를 띠는 것이기 때문이었다. 이로 인해 이슬람 세계에서는 점성술이 발달했다. 바그다드의 칼리파 알마문이 828년경에 최초의 천문 관측소를 세운 후 여러 장소에 관측소가 건립되었다. 이 가운데 페르시아 과학자이자 천문학자 나시르 알딘 알투시의 감독하에 1259년 카스피해 인근에 세워진 마라가천문대는 천문학, 수학, 지리학 등 각종 과학 서적과 자료를 보관하고 있었고, 정교한 천문 관측 장비를 제작할 수 있는 주조소까지 갖추고 있었다. 천문대는 과학 연구기관이자 학자를 양성하는 교육기관으로 발전했다. 이슬람의 종교 의식인 기도와 라마단 행사에는 정확한 시간과 방향 그리고 달력이 필요했다. 그래서 이슬람교도들은 항상 복잡하고 정교한 천문표를 필수적으로 지녀야 했다.[48] 휴대용 천문 관측기구인 아스트롤라베는 아시아와 유럽에 전해졌는데 유럽인들은 이 기구를 이용하여 아메리카대륙을 발견하기도 했다.

대수학, 알고리즘, 0이라는 숫자는 바로 알콰리즈미의 업적이다. 그는 『알자브르(al-jabr)와 알무카발라의 계산』이라는 수학서를 저술했는데, 이 책은 유럽에 'algebra'라는 이름으로, 동양에는 '대수학'이라는 이름으로 각각 전해졌다. 알콰리즈미는 현대적인 방식의 기호체계를 사용하지 않았으나 산수 계산을 대수적 원리로 체계화하여 대수학의 아버지가 되었다.[49] 방정식의 일반적인 풀이 방법은 중세 유럽에서 널리 연구되었으며, 이탈리아의 타르탈리아와 카르다노에 이어 노르웨이의 아벨과 프랑스의 갈루아에 이르러 방정식의 대수적 해법에 관한 연구가 완성되었다. 무엇보다 중요한 알콰리즈미의 업적은 인도-아라비아숫자를 도입하여 최초로 사용한 것이다. 5세기경 인도에서 출현한 0은 과학에서 가장 획기적인 성과 중 하나로 꼽히며, 0을 사용하는 기수법으로 숫자 표시와 사칙연산이 용

이해졌다. 유럽에서는 0과 무한의 개념을 1천 년이 넘도록 생각하지 못했다. 아라비아숫자는 10세기 후반 베네딕트회 수도사였던 오리야크의 제르베르에 의해 유럽에 알려졌고[50] 15세기 이후 유럽 전역에서 사용되었으며 17~18세기 근대 수학의 초석이 되었다.

르네상스 시대 유럽 대학에서 필수 도서였던 의학서『치유의 서』는 10세기경의 의사이자 철학자 이븐시나가 저술한 것이다.[51] 유럽에서 아비센나라고 알려진 이븐시나는 이슬람식으로 그리스 철학과 우주론을 해석하고 당시의 모든 지식을 집대성했다. 그는 수학, 음악, 천문학, 광학 등의 분야에서 수백 권의 저서를 남겼다.[52] 그중『의학 전범』은 생리학, 위생학, 병리학, 치료학, 약물학을 다룬 백과사전으로 동서양 의학사에서 가장 큰 영향력을 끼친 서적으로 알려져 있다.[53] 이 책은 12세기부터 17세기까지 약 600년간 프랑스와 이탈리아의 모든 대학에서 의학 연구의 기본서로 사용되었으며 19세기 초까지 프랑스 몽펠리에의과대학에서 강의 교재로 사용되었다.[54] 이븐루시드 역시 천문학자이자 의사로서 모든 학문 분야에 많은 업적을 남긴 12세기 이슬람 과학자다. 그는 아리스토텔레스의 방대한 저서에 주석을 남겨 이슬람 철학과 과학 발전에 크게 이바지했다. 특히 그는 플라톤 철학에 치우쳤던 이븐시나의 사상을 비판하고 아리스토텔레스의 인식론을 토대로 이슬람 철학을 재해석하여 신앙보다 이성을 더 중시했다. 합리적이고 이성을 중시한 그의 사상은 13세기 유럽에 전해져 지식인들에게 막대한 영향을 끼쳤다. 유럽에서 그는 아베로에스라는 이름으로 알려졌으며 아리스토텔레스의 철학을 합리적으로 해석한 그의 학풍을 따르는 이들을 아베로에스주의자라고 불렀다.

　이처럼 유럽의 철학과 과학은 이슬람 세계로부터 물려받은 것이며, 특히 유럽의 의학은 전적으로 이슬람 의학의 영향을 받아 발전했다.[55] 고대사회에서처럼 이슬람의 과학 역시 종교적 여건 속에서 시작되고 발전하여 유럽 근대 과학 발전에 절대적인 영향을 끼쳤다. 이슬람 과학은 11세기경 절정에 이르렀다. 곳곳에 세워져 과학 탐구의 요람이 된 이슬람 사원과 궁전, 병원, 도서관, 학교, 천문 관측소는 많은 과학자에게 활력을 불어넣었다. 이러한 이슬람 과학은 십자군전쟁을 통해 전파되어 암흑에 싸인 유럽에 새로운 빛을 비추었다. 그리하여 유럽에서는 특히 자연현상과 물리적 현상을 수식을 이용해 설명하려는 시도가 생겨났다. 지구 자전의 가능성과 함께 우주 공간의 진공상태 가능성이 논제가 되었으며 운동 법칙을 정량적으로 표현하려고 시도했다. 이탈리아 수학자 피보나치는 『산반서』에서 아라비아숫자체계를 이용해 순열과 대수의 문제들을 풀었다. 천체 관측도 크게 발전했다. 7세기에 고안된 원판형 천체 관측기를 이용하여 지평선에 놓인 태양과 별들의 높이를 비롯해 일몰 및 일출 시간을 정확히 측정했다. 광학 분야에서는 빛의 굴절률에 대한 연구 성과를 토대로 1260년경 안경을 만들었고 햇빛을 모아 불을 붙일 수 있는 연소용 거울 등을 고안해냈다.

　이와 같이 철학과 과학 연구가 활성화되고 전문 인력의 필요성이 대두되면서 신학 연구가 핵심인 수도원학교와 별도로 일반 학문을 교육하는 대학교가 만들어지기 시작했다. 볼로냐대학교가 1088년에 의학과 법학을 중심으로, 옥스퍼드대학교가 1096년 철학과 과학을 중심으로, 파리대학교가 1215년에 철학과 과학을 중심으로 설립되었다. 대학교는 신학과 법학 그리고 의학을 전공으로 두었다. 각 전공의 기초 공통 과목으로는 3문학(문법, 수사학, 논리학)과 4과학(수학, 기하학, 천문학, 화성학)이 포함되었다. 대부분 대학교의 학부 교육 기간은 4~5년으로 이 과정을 마치면 교생이 되고 추가로 수년 동안의 수련 과정을 거치면 교수가 될 수 있었다. 수련 과정은 대학교별로 차이가 있었는데 13세기를 지나면서 파리대학교를 필두로 학사, 교사, 박사 과정으로 정규화했다. 학생의 신분은 사회적으로 보장되었으며 길드에서 학비를 제공하는 혜택이 있었다. 그리고 대학교는 우니베르시타스(Universitas)라는 명칭을 갖게 되면서 교회와 국가로부터 최소한의 간섭만 받는 특별한 지위가 인정되었다. 1300년경 이전에는 소수의 학교에 대한 기록만 있었는데 14세기부터 공립 혹은 사립 학교에 대한 기록이 많이 나타난다. 정확히 어느 때부터인지는 명확하지 않지만, 특정 전문 직업군에서 읽고 쓰는 능력의 필요성이 대두됨에 따라 학교라는 개념이 널리 알려졌다.

12~13세기 이탈리아 북부 도시인 키오자에서는 판사, 법률가, 행정관, 문관과 승려 중에 읽기와 쓰기를 모두 못 하거나 한 가지만 할 수 있는 사람이 종종 있었다. 그래서 1333년 키오자 정부는 판사를 비롯한 공무원은 직무를 수행하기 위해 읽기와 쓰기를 반드시 할 수 있어야 한다는 법령을 제정했다. 이를 보면 그 이전보다는 이후에 학교가 많이 생겨난 것으로 보인다. 여러 가지 기록을 살펴보면 도시국가들 혹은 개별적 차원에서 교사를 고용해 여러 가지 교육을 시행했음을 알 수 있다. 한 예로 이탈리아 중부 도시인 피스토

리아의 1304년 기록에 라틴어 개인 교사가 언급되어 있다. 피스토리아는 1322년에 문법, 논리학, 작문법을 가르치는 공립 교사를 고용했고 1353년에는 아바쿠스학교를 추가했다. 르네상스 시대 이탈리아에는 대학교와 더불어 성직자를 양성하는 교회학교, 도시국가에서 만든 라틴학교와 아바쿠스학교가 있었는데, 이 중에서 아바쿠스학교는 르네상스 시대에 신분의 중요도가 달라진 상공인들을 중심으로 자신들의 아들을 교육시키고 사업에 필요한 인력을 키우기 위해 수학을 주로 가르치는 학교 형태로 나타났다.[56]

14세기 유럽 경제에 나타나기 시작한 많은 변화는 궁극적으로 수학에 영향을 미쳤다. 르네상스로 알려진 이후 두세기 동안의 문화적인 흐름은 특히 이탈리아에 충격을 주었기 때문에 우리가 르네상스 수학을 논할 때에는 이탈리아에서 시작해야 한다. 중세 이탈리아의 상인들은 동쪽의 먼 나라들로 가서 그곳 상품을 이탈리아로 가지고 와 이익을 남기고 팔았다. 이러한 교역 상인들은 물건의 값과 항해에 따른 이익을 결정하기만 하면 되므로 수학이 그다지 많이 필요하지 않았다. 그런데 14세기 초 십자군전쟁의 영향으로 상업 혁명이 퍼져나감에 따라 이러한 상업체계에 커다란 변화가 생겼다. 새로운 조선 기술과 훨씬 안전해진 해로는 중세의 교역 상인들을 르네상스의 정착 상인들로 바꾸었다. 이 '신인류'는 이탈리아의 집에 있으면서 여러 항구를 여행하며 거래하고 선적을 수행할 사람을 고용하여 무역을 했다. 그리하여 중요한 이탈리아 도시들에는 국제적인 무역회사가 발달하기 시작했으며 그들은 전임자들보다 더 복잡한 수학이 필요하게 되었다. 이 새로운 회사들은 신용장, 지폐, 약속어음과 이자 계산을 다루었다. 다양한 업무의 회계 관리 방법으로 복식회계가 이용되었다. 사업은 더 이상 단일의 투자로 이루어지는 것이 아니라 서로 다른 여러 항구에서 연속적으로 많은 선적에 의한 물류의 흐름이 되었다. 대부분 물물교환에 바탕을 두었던 중세의 경제는 금융 경제로 바뀌게 되었다. 이탈리아 상인들은 새로운 경제 환경을 다루기 위해서는 수학을 쉽게 습득할 방법이 필요했으나 그들이 필요로 하는 수학은 대학교에서 가르치는 4과의 수학이 아니었다. 그들에게는 계산하고 문제를 해결할 새로운 도구가 필요했다.[57] 이러한 필요에 따라 전문 수학자인 아바키스트 집단이 14세기 초 이탈리아에 등장했는데, 이 전문가들은 앞에서 언급한 새로운 학교에서 상인들의 아들에게 필요한 수학을 가르칠 교재를 직접 썼다. 피보나치의 『산반서』는 10세기 후반에 알려진 인도-아라비아숫자 (1~9), 알콰리즈미의 9세기 대수학과 그에 포함된 0의 개념, 자릿수 개념(일의 자리, 십의 자리, 백의 자리 등), 주판을 사용하지 않고 계산하는 법 등 서로 다른 네 가지 수학 개념을 소개했다.[58]

14세기와 15세기 동안 아바키스트들은 이슬람의 방법들을 여러 방면으로 확대했다. 특히 그들은 복잡한 대수 문제들을 다루는 새로운 방법을 발전시키고 대수 법칙을 이차 이상의 방정식 분야로 확대한 약자와 기호 들을 소개했다. 더 중요한 점은 이들이 실제적인 문제를 해결하는 데 대수가 어떻게 이용되는지를 가르치는 것을 전 유럽에 일반화시켰다는 것이다. 아바쿠스 교재를 공부하여 대수적인 능력이 증대된 것은 유럽 학자들이 고대 그리스 수학 교재들을 재발견하는 계기가 되었다. 이렇듯 유럽에서 대수와 그리스 기하학의 조합은 17세기에 새로운 해석적인 기술로 발전하여 현대 수학의 기초가 되었다.[59] 유럽에서 대학교와 각종 학교가 설립됨으로써 이슬람 및 동양의 과학을 수용하여 축적된 지식과 자유로운 연구 분위기가 르네상스의 기초가 된 것이다.

인류 역사에서 과학과 기술의 발전을 오늘날과 같은 기준에서 보면 안 된다. 인류가 단순하게 돌을 깨서 만든 타제석기를 사용하던 구석기시대는 약 250만 년 동안 이어졌고 돌을 갈아서 만든 마제석기를 사용한 신석기시대는 지금으로부터 불과 1만 년 전으로 인류 역사의 99.8%가 구석기시대에 해당한다. 인류의 문화는 아주 느리게 긴 세월을 거쳐 발전해온 것이다. 기원전 3000년경부터 문자가 만들어지면서 인류의 지식은 급속도로 증가했다. 오늘날의 인류 문화는 지식 축적의 결과인 셈이다. 역사에서 본격적인 과학의 시대는 바로 17세기 르네상스 시기부터 시작되었다고 할 수 있다. 과학과 기술의 발전 속도에 따라 인류 역사는 발전해왔다. 과학이 역사를 발전시킨 것인가? 아니면 역사적 상황이 과학을 발전시킨 것인가? 이 질문에 대해 역사가는 인간의 정신문화가 과학적인 물질문명을 발전시켰다고 말한다.[60]

앞서 설명한 바와 같이 인류의 과학 지식은 고대부터 신봉해온 종교적 사고로부터 시작되었다. 이를 토대로 하여 인간 생활이 변화함에 따라 기술이 발전하게 되었다. 르네상스 이후 시작된 인류의 근대 과학은 이러한 인간 사고의 역할을 분명하게 보여준다. 지식의 습득으로 사고의 지평이 넓어짐에 따라 우주와 자연 그리고 신과 인간에 관한 생각이 변하면서 인류의 역사는 새로운 전환기를 맞게 된다. 중세까지 인간의 생각을 지배한 것은 종교, 즉 신이었다. 인간의 모든 사고와 생활 방식은 종교에 의해 결정되었다. 그러나 16세기에 이 같은 신본주의적 사고가 무너지면서 정신적인 관념에서 벗어나 물질적인 현실에 눈을 돌리게 된다. 우주의 중심은 신이 아니라 인간이라는 인본주의가 인간을 지배한다. 이제 신의 나라가 아니라 현세적 삶이 인간의 궁극적 목적이 된 것이다.

제6장

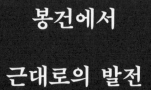

봉건에서

근대로의 발전

1

몽골의 등장

11세기에 들어서면서 500여 년에 걸쳐 전 세계의 역사를 바꾸는 3대 전쟁이 발생했다. 첫 번째는 1096년부터 1291년까지 8차에 걸쳐 계속된 십자군전쟁이고, 두 번째는 13세기에 중국의 중원을 차지하고 유럽의 헝가리까지 진격하여 세계 최대의 영토를 차지한 몽골의 침공이다. 세 번째는 이슬람 제국들을 통합한 오스만제국이 1453년 동로마제국의 수도 콘스탄티노플을 함락시킨 전쟁이다. 오스만제국은 이를 계기로 유럽의 기독교 세력을 위협하는 거대 제국으로 발전했다.

기독교 성지인 예루살렘은 7세기에 이슬람 세력권에 들어갔지만, 유럽 기독교인들은 예루살렘 순례를 필생의 소원으로 삼고 순례에 나섰다. 동로마제국이 지배하는 지역을 지나면 이슬람 지역을 지나야 했다. 여행길에 도적이나 극단적인 이슬람교도들을 만나 봉변을 당하는 일이 다반사였다. 이러한 사정으로 인해 해당 지역 칼리파들의 동의를 얻어 길목마다 순례자들이 안전하게 쉬어갈 수 있는 수도원을 짓거나 호위병을 모아 순례자들과 함께 이동하게 하기도 했다. 교황권이 절정에 달한 11세기에 접어들어 튀르키예 지역 대부분을 상실하며 위축되고 있던 동로마는 이를 만회하기 위해 유럽의 교황과 기독교 국가들에 군대 파견을 요청했다. 교황 우르바누스2세는 이를 시리아와 팔레스타인의 튀르크족을 공격하여 예루살렘 성지를 탈환하고 비잔틴교회를 로마교회에 통합할 절호의 기회라고 여겼다. 그래서 1095년 11월 프랑스 클레르몽공의회에서 동방 교회를 이슬람교로부터 보호하고 성지를 회복하자고 호소하면서 이 성전에서 전사한 자들은 모두 천국에서 보상을 받을 것이라고 주장했다. 그리하여 우르바누스2세가 구성한 1차 십자군이 출발한 것은 1096년 이른 가을이었다.[1]

영주와 기사 들은 땅의 확보를 위해, 농토가 없어 떠돌아야 하는 사람들은 새로운 기회를 찾아서, 교황은 성지를 지키는 성전을 명목으로 세속의 권력들을 통제하기 위해 십자군에 참전했다. 그렇다 보니 동로마의 도움 요청은 뒷전이었다. 심지어 4차 십자군은 동로마 수도인 콘스탄티노플로 진격하여 도시를 점령하고 약탈을 자행함으로써 동로마의 명맥을 일시적으로 끊어놓기까지 했다. 11세기부터 13세기까지 200여 년 동안 8차에 걸쳐 십자군은 육상과 해상을 통해 출병했다. 십자군전쟁으로 부를 축적한 도시들은 베네치아와 제노바, 피사 등 주로 이탈리아 해안 지역의 도시들이었다. 이 도시들은 십자군과 물자를 실어 나르고 물자를 생산, 제공하고 용병들을 모아 전쟁에 참여한 대가로 점령지의 상업 거점들을 차지하면서 큰 부를 축적했다. 십자군전쟁 기간에 향신료뿐 아니라 아랍의 과학기술이 유럽으로 전파되었으며 아랍의 항해술과 나침반, 배 건조 기술 그리고 중국과 인도에서 전해 받은 설탕과 철과 모피 등도 유럽에 전파되었다. 11세기 유럽 사회는 전반적으로 안정기에 접어들면서 이슬람 세력에 대한 반격과 팽창을 시도하고 안으로는 봉건적인 농촌 경제와 길드 중심의 도시 경제가 발전했다. 이러한 사회경제적 발전을 바탕으로 12~13세기에 기독교적이며 봉건적인 중세 문화가 절정을 이루었다. 그러나 14세기부터 15세기에 걸쳐 유럽의 봉건사회가 붕괴하기 시작했다. 13세기까지 계속 성장하던 봉건 경제가 전반적으로 위축되고 심각한 기근, 가공할 흑사병, 장기간에 걸친 전쟁과 농민 반란이 발생하여 영주제가 위기에 직면했다. 도시에서도 부유한 상인과 금융가 들이 폐쇄적인 도시 귀족으로 변함으로써 하층민 폭동이 끊이지 않자 길드 중심의 도시 경제가 위기에 부딪혔다. 또 봉토를 매개로 한 주종 관계가 흔들리고 왕권을 중심으로 한 중앙집권적 통일국가, 즉 절대주의 국가가 수립되기 시작했다. 13세기 권력의 정점에 있었던 교황권도 14세기에 교회 대분열로 쇠퇴하면서 점차 종교개혁의 물결이 퍼지기 시작했다. 중세 봉건사회가 무너지면서 종교개혁과 함께 유럽은 점차 근대로 이행해나갔다. 이는 십자군전쟁에서 비롯된 새로운 변화의 움직임이었다.

한편 1162년 중국 북방의 유목 부족에서 태어난 테무친은 1206년 주변의 모든 유목민을 통합하여 몽골제국을 건설하고 칸의 자리에 올라 칭기즈칸(위대한 왕)이라 불렸다. 당시 중국 중원을 통일한 송나라의 북쪽은 서하와 금나라가 지배하고 있었다. 칭기즈칸은 인접한 서하와 금나라를 수차례 공격하여 서하를 멸망시켰고 이어서 황하 이남으로 몰아낸 금나라도 그가 죽은 후인 1234년에 멸망하고 말았다.

칭기즈칸은 금나라와 전쟁 중이던 1219년 중앙아시아로 진출하여 이란과 아프가니스탄 지역을 차지하고 있던 호라즘의 수도 사마르칸트를 점령했다. 이 여세를 몰아 서진을 계속한 몽골은 흑해를 돌아 헝가리 그리고 북쪽의 러시아를 휩쓸었다. 칭기즈칸부터 쿠빌라이칸까지 5대에 걸쳐 이들이 차지한 영토는 중동의 호라즘, 서하, 페르시아, 러시아, 크림반도, 볼가강 유역까지 동서양을 통틀어 역사상 최대 크기였다. 몽골은 1279년 남송을 멸망시키고 원나라를 건국한 뒤 이어서 한반도의 고려를 조공 관계로 복속시켰다. 소수민족인 몽골이 어떻게 이런 엄청난 정복 전쟁을 계획하고 수행할 수 있었는가에 대해서는 많은 견해가 있다. 신화화된 부분도 있지만 칭기즈칸의 지도력이 바탕이 된 것은 사실이다. 칭기즈칸은 부족들을 통일하면서 일자무식에 모든 것을 전쟁으로 해결하는 데 익숙한 유목민들을 다스리기 위해 몽골문자를 만들고 법전(야사)을 제정했다. 특히 교역에 관심이 많아서 상법을 중시했으며 안전한 교역로를 확보하려고 노력했다. 그가 정복 전쟁에 나서기 시작한 것은 주변 국가들을 평정하여 나라를 안정시키려는 목적도 있었지만, 교역로를 확보하기 위해서는 이에 방해되는 세력을 무력으로 제압할 수밖에 없었기 때문이다.[2]

몽골군이 적은 수의 병력으로 장거리 전쟁에서 승리할 수 있었던 요인으로는 다음의 몇 가지를 꼽을 수 있다. 첫 번째는 기동력이다. 이들은 1인당 4~5마리의 말을 끌고 다니며 별도 보급 부대의 지원 없이도 말 위에서 먹고 자며 싸우는 승마 기술로 단련되었다. 이들의 전진 속도는 하루에 100킬로미터에 달했는데 이는 현대전에서도 거의 불가능한 수준이다. 두 번째는 조직력이다. 기병 위주의 10명에서 10배씩 1만 명까지 10진법 편제를 구성했고 철저한 상명하복의 명령체계를 작동했다. 세 번째는 우세한 무기를 들 수 있다. 이들은 몇백 미터 전방에 있는 적의 갑옷을 뚫을 수 있는 각궁을 사용했다. 또 화약을 장착하여 천둥 같은 소리를 내는 노포로 위협했으며 화염방사기 같은 신무기도 선보였다. 네 번째는 탁월한 전략이다. 호라즘과 같이 건국된 지 얼마 되지 않아 결속력이 약한 나라를 공격할 때는 이간계를 썼으며 첩자를 통한 심리전을 벌여 지도부를 흔들었다. 또 어느 정도 투항할 시간을 준 뒤 반항하는 경우에는 무자비하게 진멸하고 순종하여 항복하는 경우에는 관용을 베풀면서 자신들의 군대에 편입시켰다. 다섯 번째는 병사들의 의식화다. 몽골 병사들은 정복 전쟁이 세계를 통합하라는 하늘의 명이라는 종교적 사명감과 도덕적 우월감으로 세뇌되었다. 따라서 이들은 죽음을 두려워하지 않았고 무자비한 살상도 서슴지 않았다.

몽골은 대륙을 관통하는 모든 지역을 통합하면서 칭기즈칸의 소망대로 안전한 교역로를 만들었다. 만주와 한반도에서 출발하여 중원, 중앙아시아, 러시아와 서유럽에 이르는 실크로드를 안정적으로 확보한 것이다. 실크로드 진출이 중국의 경우에는 정치적·군사적 목적이었던 데 반해 몽골은 경제적 목적이 주된 것이었다. 여기에 유목민 국가와 중앙아시아 국제 상인들의 이해관계가 일치했다. 유목민의 군사력과 상인의 상업력 결합이 실크로드를 존속시킨 가장 중요한 '힘'이었다. 결국 이 양자의 결합으로 몽골제국이 탄생하고 세계사의 통합에 결정적 전기가 마련되었다.[3] 몽골은 제국을 관리하기 위해 역참제를 시행하고 무역선 관리를 위해 항주(항저우)와 천주(취안저우)에 시박사를 설치했으며 운하를 보수하거나 새 운하를 건설하기도 했다. 이러한 노력의 성과로 마르코 폴로가 1271년 베네치아를 떠나 육로로 북경에 도달한 뒤 양주에서 해로로 베트남, 수마트라, 인도를 돌아 아라비아해를 통해 1295년 다시 베네치아로 돌아오는 여행이 가능했던 것이다.[4]

　이와 같이 동서를 관통하는 교역로를 통해 이슬람의 발전된 천문학, 역법, 수학, 지도학 등과 같은 지식과 함께 금과 은이 동양으로 다량 유입되었다. 이와 함께 라마교가 성행하던 몽골에 경교, 이슬람교, 기독교 같은 종교가 들어와 최초로 세계화가 시작되었다.[5] 육상과 해상을 통한 국제 교역의 증대는 기존의 화폐제도에도 변화를 가져왔다. 몽골제국은 중국을 정복한 뒤 교초를 유일한 유통수단으로 정하고 동전을 법적으로 금지함으로써 역사상 최초로 지폐에만 의존하는 화폐 정책을 시행했다.[6] 또 파스파문자를 만들어 제국 내에서 공용 문자로 사용했다. 그리하여 몽골제국의 지배 영역에는 다종의 민족과 문화가 공존하게 되었다.[7] 몽골 통치자들은 그런 다양성과 차이를 획일화하지 않고 본속주의(本俗主義)를 존중하여, 그리고 관리상 편의를 위해 다양한 '집단'을 통해 통치를 펼쳤다. '여러 종류의 사람'을 뜻하는 색목인(色目人)을 우대한 것은 몽골제국의 유연한 세계관 내지 문화적 포용성을 보여준다. 그러나 이슬람 세계와의 잦은 교류로 몽골 귀족과 이슬람 상인 간에 유착 관계가 생겨나자 이를 이용해 이슬람이 세력 확대를 꾀하기도 했다. 팍스 몽골리카, 즉 세계화의 부작용으로 1350년경에는 유럽에서 전파된 흑사병이 중국 전역을 휩쓸어 대륙 인구의 30%가 사망했다. 그러나 몽골제국 시대에 유라시아의 민족들은 긴밀한 접촉과 교류를 통해 세계에 대한 지식과 인식의 지평을 넓혔고, 이로써 '세계지도'와 '세계사'가 탄생하게 되었다.[8]

한편 몽골은 1279년 남송을 멸망시킨 후 중원에 원나라를 건국하여 약 90년 동안 다스렸다. 이들은 중원을 정복한 후에 철저히 지배자로 군림하면서 한족의 자존심을 완전히 무시했다. 몽골은 한족을 철저히 차별하여 몽골인〉색목인〉한인〉남송인 순서의 계급을 유지했으며 지방마다 다루가치(몽골인 감독관)를 두고 지배했다. 또 과거제를 폐지하여 송나라 출신 사대부가 정계에 진출할 길을 막았고 이에 따라 유교의 역할이 현저히 약화되었다. 한반도의 고려 역시 최씨 무신정권이 강화도 항전을 이끌었으나 결국 패하고 굴욕적인 부마국이 되고 말았다. 이렇게 대제국을 건설한 몽골족은 유목민의 습성을 그대로 가지고 있어서 큰 영토를 안정되게 다스리기에는 역부족이었다. 몽골에 의한 세계관 확대를 바탕으로 정화의 대원정이나 콜럼버스의 신대륙 발견이 가능했지만, 그 결과는 판이했다. 유럽과 비유럽의 엇갈린 운명은 내륙과 해양을 어떻게 인식하느냐 하는 관점의 차이에서 비롯된 것으로, 몽골은 능력이 없어서가 아니라 의지가 부족했기 때문으로 분석되고 있다.[9]

칭기즈칸이 죽은 후 장자상속이 아닌 모든 자녀에게 균등 분배하는 관습으로 인해 영토가 분할되고 그 과정에서 지분 싸움이 일어날 수밖에 없었다. 중원에 원나라를 세웠지만 홍건적의 난을 틈타 주원장이 반기를 들고 군사를 일으키자 결국 몽골 초원으로 밀려나고 명나라가 수립되었다. 그후에 몽골의 세력은 크게 약화하여 1634년 만주족이 세운 청나라 태종에 의해 병합되고 말았다. 칭기즈칸 사후에 몽골 영토는 원나라 외에 4대 한국(汗國)으로 분할되어 각기 임명된 칸에 의해 통치되었다. 북아시아와 동유럽 일대를 차지한 킵차크한국은 카잔한국, 카자흐한국, 크림한국 등이 분리해 나간 후 1502년 모스크바대공국에 의해 멸망했고, 중앙아시아 북부를 차지한 오고타이한국은 1310년 내부 분열로 국력이 약해져서 차가타이한국에 합병되었다. 중앙아시아 남부를 차지한 차가타이한국은 1370년 티무르제국에 흡수되자 이를 동차가타이한국(모굴리스탄한국)이 계승하여 18세기 초까지 이어졌다. 이란과 이라크 일대를 차지한 일한국은 1335년 와해되고 원래 있던 나라들이 다시 생겨났다. 몽골이 팍스 몽골리카 시대를 열었지만, 해상 팽창이 본격적으로 추진될 무렵 유럽과는 정반대로 중국이 해상에서 후퇴한 것은 동서양의 역사 흐름을 크게 바꾸었다.[10] 몽골의 지배를 받은 원나라 때 중국 밖 세계에 눈을 떴던 중국은 명나라 때 정화의 대원정을 시도했으나 이내 해양 시대를 포기하고 말았다.[11] 반면 몽골제국의 지배를 받지 않았던 유럽의 나라들은 대항해시대를 열어나갔다.[12]

중국과 유럽이 각기 다른 선택을 했던 이유는 무엇일까. 우선 중국은 농업경제가 압도적인 비중을 차지한 국가였다. 상업과 공업을 천시한 중국은 유교 전통과 배외주의의 영향으로 해상무역을 도외시하며 조공 무역만으로도 충분하다고 인식했다.[13] 유럽과 아시아는 지리적·사회경제적 조건이 달랐다. 우선 아시아 지역은 자급자족할 만큼 충분한 물자가 생산되었다. 필요한 물자를 자체적으로 생산했기 때문에 유럽이나 중앙아시아 등 다른 지역과의 무역의 중요성을 크게 인식하지 않았다. 반면 유럽은 척박한 토지와 기후 여건상 농작물도 밀, 호밀, 보리 같은 밭작물이 대부분을 차지했다. 인구 증가에 따라 꾸준히 불모지를 개간하여 농토를 넓혔으나 여전히 충분하지 못했다. 여기에 종교적 요인도 작용했다. 유럽이 해양 시대를 열어나간 것은 물론 나침반의 도입으로 원거리 항해가 가능해진 것이 가장 직접적인 이유이겠지만, 그보다 십자군전쟁 이후 이슬람 세력과의 적대 관계로 인한 종교적 요인이 주된 동기가 되었다.[14] 나아가 봉건적 영주제와 농업경제가 붕괴하고 시장경제가 발전함에 따라 새로운 무역 항로를 개척해야 하는 시대 환경도 유럽이 신대륙을 찾아 나서게 된 주요 요인 중 하나였다.[15]

유럽의 대항해시대는 다음의 세 가지 조건에서 비롯되었다. 첫째 나침반을 이용해 원거리 항해를 할 수 있다는 점, 둘째 지리학의 발전, 마지막으로 대항해를 시도한 모험정신이다. 과학의 뒷받침이 있더라도 모험을 하려는 의지와 정신이 없으면 과학은 쓸모가 없는 것이고, 반면 의지가 있더라도 과학 발전이 이뤄지지 않으면 새로운 역사를 만들어갈 수 없다. 대항해시대는 인간 정신과 과학의 결합이 만들어낸 역사적 산물이다. 나침반, 제지법, 화약, 인쇄술은 중국의 4대 발명품이다. 이 발명품들이 유럽의 암흑기인 중세 시대를 무너뜨리고 르네상스, 대항해 그리고 근대 과학의 시대로 나아가게 했다. 이렇게 역사를 변화시킨 결정적 동기는 역시 사고의 전환이다. 중세 유럽을 지배한 신본주의 사상은 현실적인 삶보다 내세의 삶을 더 중시했다. 이로 인해 유럽인들은 과학을 잊고 오로지 천국을 위한 기독교 신앙에 얽매여 살았다. 그러나 비잔틴제국이 오스만제국에게 멸망당한 후 그곳의 많은 학자들이 유럽으로 넘어와 그리스 고전 문화를 바탕으로 한 인본주의 사상을 전파했다. 인본주의 사상은 내세를 추구하는 신본주의의 영적인 삶을 배척하고 물질적인 삶을 추구한다. 그리하여 유럽인들은 종교적인 생활에서 벗어나 과학기술을 발전시켜 현실적인 삶의 개선을 꾀하게 되었다. 이러한 가치관의 변화가 곧 르네상스이며 근대화의 첫걸음이었다.[16]

2

대항해시대의 개막

서기 1000년경을 지나면서 있었던 대규모 전쟁들만큼이나 역사와 사회에 큰 변화를 만들어낸 것은 과학기술과 상업의 발전이었다. 최초로 자연의 힘을 생산에 이용한 것은 시냇물과 바람을 이용한 물레방아와 풍차로, 인간과 동물을 노동에서 해방시켜준 일등 공신이었다.[17] 아랍 세계에서 넘어온 물레방아와 풍차 기술은 노동생산성을 높이는 데 크게 기여했다. 특히 12세기에 유럽으로 전파된 풍차는 바람의 방향에 따라 날개 방향이 바뀌는 형태로 성능이 개선되었고 제분과 제재, 제포와 제염에 활용되었다. 13세기에는 발로 돌리는 베틀이 발명되어 직물 생산이 급증했는데, 발로 돌리는 대신 풍차를 이용하는 방법이 개발되면서 자연 동력을 활용할 수 있게 되었다. 14세기에는 금속을 두드려 물건을 만드는 단조용 해머를 작동시키는 데 활용되었고 15세기에는 광산이나 염전의 양수펌프에도 이용되면서 거의 모든 산업 분야에서 동력으로 활용되었다.

지중해를 중심으로 한 십자군전쟁 동안에는 선박 건조술과 항해술이 크게 발전했다. 15세기 초 이슬람권에서 전파된 삼각돛을 활용하여 만들어진 소형 범선 카라벨라는 빠른 속도가 장점이었다. 이것을 발전시켜 포르투갈의 엔히크 왕자가 돛대 3개에 사각돛과 삼각돛을 달아 바람 방향과 상관없이 원하는 방향으로 운항할 수 있는 카라카를 개발했다. 카라카는 높은 선루와 바우스프릿(범선 앞쪽으로 쭉 뻗은 장대)을 특징으로 한다. 여기에 중국에서 전파된 선미타를 발전시켜 위와 아래에 두 개 설치한 방향타로 배의 방향을 간편하게 바꿀 수 있는 기술도 개발되었다. 이로써 유럽인은 지중해와 북해를 벗어나 대양으로 향할 준비를 갖추게 되었다.

선박 건조술과 함께 항해술도 크게 발전했다. 중국에서 전파된 나침반은 1200년경부터 항해에 사용되기 시작했다. 초기에는 물 위에 바늘을 띄우고 자석을 붙였다 뗀 후 바늘의 방향을 읽어야 하는 불편함이 있었다. 정확하게 입증되지는 않았지만 1302년 플라비오 조이아가 이 불편함을 없애기 위해 지금과 같이 회전축에 바늘을 고정한 건식 나침반을 만들면서 모두가 쉽게 사용할 수 있게 되었다. 그리고 낮에는 태양의 고도를 이용해 시간을 측정하고 밤에는 별을 이용해 시간을 측정하는 도구인 아스트롤라베도 항해의 필수품이었다. 이와 함께 해도 제작 기술이 발전했다. 항해하려는 목적지까지의 거리와 방향을 정확히 측정함으로써 해안선과 항구, 피신처 등을 명확히 알 수 있었고 그동안 지그재그로 운항하던 해로를 직선거리로 이동하는 것이 가능해졌다. 현존하는 가장 오래된 해도는 1275~1300년 사이에 제작된 것으로 추정되는 피사 해도인데, 영국과 네덜란드 등을 향한 안전한 원거리 항해가 보장됨으로써 지중해와 북해를 연결하는 상업이 크게 발달하는 계기가 되었다. 또 실패하긴 했지만 1291년 제노바의 비발디 형제가 지브롤터해협을 지나 대서양 항해를 시도할 수 있었다.

실제로 대항해의 문을 연 것은 중국 명나라 시조 주원장의 아들 영락제다. 영락제는 이슬람교도로 추정되는 정화(본명 마화)에게 명령하여 새롭게 조공을 바칠 나라들을 바다를 통해 알아보도록 했다. 이에 따라 정화는 길이가 44장(약 137미터)이고 폭이 18장(약 56미터)인 모선을 중심으로 62척의 함선에 총 2만 7,800명이 탑승한 대함대를 이끌고 7차에 걸친 원정을 수행했다. 1405년의 1차 원정에서는 베트남과 인도네시아를 돌아 인도의 캘리컷까지 다녀왔고, 3차 원정 때는 페르시아만의 호르무즈와 아라비아반도 남쪽의 아덴까지 진출했다. 또 5차 원정에서는 아프리카대륙 동쪽 해안의 말린디까지 가서 사자, 표범, 얼룩말, 코뿔소 등과 같은 동물을 실어 왔다. 그리고 7차 원정에서는 메카까지 다녀왔다. 중국은 고대부터 폭넓은 해상 활동을 벌였는데, 대륙의 통일국가가 수립된 후 막강한 국력을 바탕으로 해외의 국가들을 정복하고 조공을 바치게 함으로써 중화주의를 확고히 하려는 것이 주목적이었다. 주로 해외로부터 황제와 지배계급을 위한 향료, 보석 등의 사치품을 충족하기 위해 대항해의 필요성을 갖고 있었다.[18] 대규모 함대의 대항해를 가능하게 했던 것은 바로 항해도다. '정화 항해도'로 알려진 이 해도에는 연안 항해법과 해양 항해법이 기록되어 있다.[19] 정화는 나침반으로 방위를 잡고 지형을 살펴서 위치를 알고 바다의 생김새를 관찰하여 계절풍의 성질을 이용해 안전하게 항해할 수 있었다. 12~13세기경 아랍인들도 중국에 뒤이어 나침반을 사용했는데, 별의 고도를 관측하기 위해서는 아라비아식 관측기인 '카말'을 사용했다.[20] 따라서 정화는 인도양과 아라비아해를 항해할 때 아랍인으로부터 배운 천문 항해법을 사용한 것으로 보인다.[21] 정화가 뛰어난 항해술로 인도양을 항해하고 있던 때, 유럽에서는 포르투갈 왕자 엔히크의 탐사대가 해안선을 따라 아프리카대륙 서안을 항해하고 있었다. 그들은 1434년 정화가 마지막 항해를 마친 후 10여 년이 지나서야 겨우 베르데곶에 도달했다. 이는 연안항법에 의한 것이었고 탐사대는 대양을 횡단하는 기술을 전혀 모르고 있었다. 그로부터 50여 년이 지난 1498년 바스쿠 다가마가 아프리카 최남단의 희망봉을 돌아 아프리카 동부 모잠비크에 도착했을 때도 여전히 예전의 항법을 사용하고 있었다. 바스쿠 다가마는 계속 북상하여 말린디에 가서 그곳 추장으로부터 소개받은 이븐 마지드의 도움을 받아 인도 캘리컷에 도착했다. 바스쿠 다가마는 이때 정화가 사용한 항해 기술을 접하게 되었다.[22] 이처럼 정화가 원거리 대항해를 할 수 있었던 것은 뛰어난 항해술과 고도로 발달한 조선 기술 덕분이었다. 중국에서 최초로 발명된 선미타는 기술적으로 유럽보다 1천 년이나 앞선 것이었다.[23]

한편 대항해시대가 열리면서 해상무역 경쟁에서 가장 중요한 도구가 된 것이 대포다. 중국에서 전파된 화약이 아랍으로 넘어와서 대포가 만들어졌는데 처음 기록에 등장한 것은 몽골군에 맞선 1260년 아인잘루트전투에서 맘루크왕조의 군대가 사용한 것이었다. 이를 응용해 개인이 쓸 수 있도록 만든 소총은 1356년에 에스파냐 군대가 사용했다. 유럽에서 화약 병기가 화포 형태로 등장한 것은 백년전쟁 초기인 1346년 크레시전투 때였다. 화력이 약해서 공성탑을 쓰러뜨리기 위해 사용하는 수준이었는데 이후 대포의 장약을 조절하여 성을 공격하거나 방어하는 데 유용하게 사용되었다. 이후 꾸준히 개량되어 후스전쟁 때는 대포에 바퀴를 달고 말이 끌게 해서 이동이 가능해졌다. 1453년 오스만제국 군대가 콘스탄티노플을 공격할 때는 69문의 바실리카포(우르반대포)를 동원하여 전쟁을 압도했다. 사석포인 바실리카포는 구경이 760밀리미터로 이를 운반하기 위해서는 200명의 병사와 60마리의 소가 필요할 정도로 거대했다. 하지만 사거리가 부정확하고 3발 이상 연속 발사가 어려웠으며 반동으로 인한 안정성 등의 문제가 있었다. 이후 1550년경에 타르탈리아가 포탄의 탄도학을 세우면서 탄환이 포신을 떠난 후의 궤적을 직선 감속, 곡선 감속, 직선 낙하 운동으로 설명하고 이를 목표점에 떨어뜨리기 위한 장약의 양과 발사각 계산법을 제시했다. 후에 갈릴레이가 운동 법칙을 정립하면서 발사체가 포물선 궤도로 운동함을 입증하며 이 방법을 수정했다. 이와 같은 화약 무기는 아랍인에 의해 원나라에 전해졌고 네덜란드 상인에 의해 일본에도 전해져서 1550년경부터 한반도에 침입한 일본 왜구들이 사용하게 되었다. 그리고 1592년 임진왜란을 일으켜 한반도를 쑥대밭으로 만들었다.

유럽에서 대항해를 시작한 것은 이미 해상무역이 발달했던 나라들이 아닌 포르투갈과 에스파냐였다. 특히 포르투갈은 땅이 척박하여 농작물을 생산하기 어려울 뿐 아니라 대륙 끝에 놓여 있어서 상업의 중심에서 비켜나 있어야 했다. 이런 이유로 포르투갈의 왕들은 서쪽의 대서양으로 진출해 새로운 영토를 확보하고자 했는데 엔히크 왕자가 이끄는 탐사대가 아프리카 서안을 따라 항해하면서 1446년 북위 8도의 기니까지 다녀왔다. 이를 시작으로 1488년 바르톨로

메우 디아스가 아프리카 최남단의 희망봉을 발견한 데 이어 1492년에는 크리스토퍼 콜럼버스가 아메리카 원주민들이 살고 있던 카리브해의 여러 섬을 발견했다. 콜럼버스는 에스파냐의 이사벨 여왕을 설득하여 대서양 탐험에 나섰는데, 이때 이사벨 여왕에게 기사와 제독 작위, 발견한 땅을 다스리는 총독의 지위 그리고 얻은 총 수익의 10분의 1을 줄 것을 제안했다. 이 제안이 받아들여져 콜럼버스는 1492~1504년 사이에 아메리카대륙까지 4차례 항해하게 되었다.

대항해시대의 개막은 기존 유럽 국가들의 경제력 순위에 큰 변화를 일으켰다. 먼저 대항해의 선두 국가인 포르투갈과 에스파냐가 유럽의 강자로 부상했다. 포르투갈의 엔히크 왕자는 아프리카에 탐험대를 보내 1419년에 마데이라제도를 발견하고 다음해부터 식민지화를 시작했다. 이것이 엔히크 왕자의 해외 진출 및 탐험 사업에서 첫 성과라고 할 수 있다.[24] 뒤이어 뛰어든 에스파냐는 파올로 토스카넬리가 제작한 눈금이 그려진 지도에 자극받아 항해를 떠난 콜럼버스를 통해 아메리카대륙을 차지하게 되었다. 포르투갈은 동남아시아에서 향료 무역을 독점했다. 반면 에스파냐는 아메리카에서 금과 은을 가득 싣고 와서 엄청난 부를 축적했으며 해상무역을 독점하기 위해 대포를 설치한 전함을 만들어 해상 강국으로 떠올랐다.[25] 그 뒤를 이어 신대륙 개척에 나선 나라가 영국이다. 영국도 섬나라로서 경제력을 키울 만한 자원이 풍부하지 못했다. 그래서 포르투갈과 에스파냐의 해양 개척을 보면서 해군력을 강화해 바다로 나갈 준비를 서둘렀다. 당시 교황청과 대립하던 헨리8세는 교회 재산을 몰수해 확보한 재원을 모두 함대 건설에 투입했으며, 청동대포를 갑판 아래에 설치하고 발사 시의 충격을 완화하는 레일까지 만든 막강한 전투력의 전함을 만들어 대항해에 뛰어들었다. 또 기존 나침반의 오차를 보정하는 방법을 개발했는데, 물리학자인 윌리엄 길버트가 지구를 하나의 큰 자석이라 보고 진북(북극점)과 자북(자석의 북극) 사이에 존재하는 편차를 고려해 북쪽 방향을 정확히 찾아냈다. 이렇게 과학적인 방법으로 전함과 항해술을 만든 영국은 엘리자베스1세 때인 1588년 스페인의 무적함대를 격파하여 해양 패권을 차지했다. 그후 네덜란드도 해상무역에 뛰어들어 동인도회사를 통해 해상 강국으로 발돋움하면서 유럽의 해외 진출의 중심지가 되었다. 세계 역사의 대변혁이 시작된 것이다. 아프리카, 아메리카, 인도, 동아시아 등 세계 곳곳이 유럽의 식민지 혹은 점령지가 되어 미국 등 그동안 지구상에 존재하지 않았던 여러 국가가 생겨났다.

아시아보다 후진성을 면치 못했던 유럽이 세계 최강으로 부상한 것은 대항해 덕분이다. 대항해는 과학과 기술의 결정체로서 고대 철기의 등장과 마찬가지로 인류 역사를 크게 변화시켰다. 이제 인류 역사는 지역에서 벗어나 세계로 확대되었다. 이와 더불어 과학과 기술의 발전이 더욱 가속화되어 마침내 근대 체제로 발전해나갔다. 서양이 이렇게 대항해시대를 열어가는 동안 중국은 유럽보다 먼저 대항해를 추진했는데도 왜 도중에 중단했을까. 15~18세기 중국은 내부의 물길을 틔운 대운하가 번영한 '대운하 시대'였다. 이는 제국으로 하여금 해양을 완전히 차단하지는 않지만 그렇다고 적극적으로 개방할 수도 없게 만드는 결정적인 요인으로 작용했다.[26]

대항해시대가 열리면서 유럽은 지중해와 북해를 넘어 전 세계로 진출하여 부와 자본을 축적했다. 이로써 유럽은 근대적이고 세계적인 규모의 자본주의체제가 본격적으로 발전하게 되었다. 15세기부터 대항해시대와 지리상의 발견으로 촉발된 이러한 현상을 가리켜 상업혁명이라고 부른다.[27] 유럽 국가들은 새로 열린 세계 시장을 두고 치열한 경쟁을 벌이며 식민지 획득을 위해 총력전을 벌였다. 독자적인 문화와 역사 발전의 길을 걸어왔던 국가와 지역 들이 이제 직접적인 접촉을 통해 밀접한 연관성을 갖게 되었다. 그리하여 유럽이 세계사의 흐름을 주도하며 일방적인 팽창과 침략의 역사가 시작되었다. 신대륙에서는 잉카문명, 마야문명 등 토착 문명이 완전히 파괴되고 유럽 문화가 고스란히 이식되었으며 아시아의 국가들은 홍수처럼 밀려온 유럽 문화에 격심한 혼란과 진통을 겪어야 했다.

3

인도와 동아시아 세계

    인도에서는 굽타왕조가 멸망한 이후 대륙 통합을 이루지 못하고 여러 왕국이 난립하며 무굴제국이 등장할 때까지 분열의 시대를 겪고 있었다. 이런 틈을 타서 8세기 이후 300여 년 동안 이슬람 세력이 인간 평등 교리와 개종하면 세금을 감면해주는 혜택을 내세워 끊임없이 포교를 시도했다. 튀르크계의 가즈니왕조와 구르왕조에 이어 1206년 인도 북부의 핵심 도시인 델리를 수도로 한 이슬람 왕조(델리 술탄 왕조)가 수립되었다. 기원전 1500년경 전차를 몰고 내려와서 인더스강과 갠지스강 유역을 지배했던 아리아인은 이제 같은 경로를 통해 들어온 중앙아시아의 튀르크계 이슬람 세력에게 인도의 지배권을 넘겨주고 지배를 받게 되었다.

    인도를 북쪽에서 접근할 수 있는 통로는 지금의 파키스탄 쪽으로 열려 있는 펀자브뿐이었다. 동쪽은 히말라야산맥이 60% 이상을 막아주고 삼면이 바다로 둘러싸여 있기 때문이다. 덕분에 1230년경 그토록 거셌던 몽골도 인도를 점령하지 못했다. 특히 인도는 땅이 광대하고 많은 민족이 살고 있어서 물리적·종교적 통합이 어려웠다. 델리 술탄 왕조도 약 320년 동안 지배하면서 남부 지역까지 영토를 확장하지는 못했으며 힌두교도들을 이슬람교로 개종시키는 것이 거의 불가능하다는 것을 인정할 수밖에 없었다. 따라서 카스트제도의 힌두교는 인도인의 생활 중심으로서 변함없는 지위를 유지했다. 또 권력투쟁으로 인해 왕조가 다섯 번이나 바뀌는 바람에 경제적으로든 과학적으로든 뚜렷이 남긴 업적이 거의 없었다. 다만 이 시기에도 향신료와 뛰어난 품질의 옷감을 수출하면서 중국과 유럽을 잇는 중개무역의 역할을 담당했다. 그러나 델리 술탄 왕조는 역시 중앙아시아에서 일어난 티무르왕조의 침략을 받았다. 아무런 혈연관계도 없었지만 티무르는 자신이 칭기즈칸의 후예라고 자처하면서 사마르칸트에 티무르왕조를 세웠운 후 1398년 가장 큰 인도 영토를 차지하고 있던 왕국을 약탈했다. 이후 소왕국으로 전락한 델리 술탄 왕조가 결국 티무르왕조의 후예인 무굴제국에 의해 멸망함으로써 델리 시대가 마감되었다.

중국에서는 960년 송나라가 들어서면서 문화 발전의 꽃을 피웠다. 송나라가 당나라 이후 50년 동안의 혼란을 잠재우고 건국하여 안정을 찾으면서 중원을 지배하던 철학의 틀이 유학의 훈고학에서 주자학으로 옮겨 갔다. 훈고학은 경전을 문자적으로 해석하여 의식과 절차에 얽매였기 때문에 민중의 생활 속에 자리 잡지 못하고 불교에 밀려나 있었다. 이와 같은 상황을 극복하는 방법으로 등장한 것이 경전 속에 담긴 성현의 뜻을 이해하고 실천하는 것이 중요하다고 주장한 주자학이다. 정이와 주희 같은 대철학자들이 불교의 개념을 섞어 유교의 틀을 다잡았으며 송나라는 이를 기반으로 문치를 위해 과거제를 발달시키면서 중앙집권을 강화하고 국가를 효과적으

로 통치할 수 있었다.[28]

정치의 안정에 힘입어 농업 생산성이 증대되고 산업이 발달하면서 전국을 연결하는 세밀한 운하망이 구축되었고 이를 통해 국내외 교역량이 역대 최고조에 달했다. 이와 같이 교역이 발달하면서 자연스럽게 상인들의 목소리가 커지고 상업 도시들이 발달하자 대륙 인구가 2배 증가하여 1억 명에 이르렀다. 수도인 개봉의 인구가 100만 명에 달할 정도였다. 특히 해상무역이 중요해짐에 따라 해군력도 크게 강화되었는데 후에 원나라로 이어지면서 더 큰 발전을 이뤘다. 해군력이 강화될 수 있었던 것은 600여 명의 승선이 가능한 300톤급 선박의 건조가 가능했기 때문이다. 나침반을 이용해 정확한 방향을 측정하는 항해술도 발전했을 뿐 아니라 화약을 이용한 병기를 사용하기도 했다. 풍부해진 재원은 귀족들의 시서화 문화를 발전시켰고 목판 인쇄술의 발전으로 누구든지 책을 쉽게 구할 수 있게 됨에 따라 일반 서민들까지 이런 문화를 즐길 수 있었다.[29] 더욱이 국가가 전반적으로 자유로워지면서 과학기술도 크게 발전했다. 특히 송나라 시대에 가장 획기적인 발전은 철을 만드는 기술이었다. 좋은 철을 만들려면 용광로의 불 온도를 높여야 하는데 목탄 대신 석탄을 이용하는 방법을 통해 효율성을 증대시켰다. 철은 주로 군사 무기로 사용되었기 때문에 국가에서 생산을 독점했으나 철의 생산이 쉬워지자 민간에서도 철을 생산할 수 있게 되어 다양한 농기구 등 철제 상품이 운하를 통해 전국 각지에 유통될 수 있었다. 또 불의 온도를 높여 품질 좋은 자기의 생산도 가능해졌다. 이에 당대의 예술적인 조형미가 더해진 청자와 백자가 최고의 수출품이 되었다. 다음으로는 농업 기술의 발전이다. 벼의 생산량을 늘리기 위해 다양한 품종을 개발하여 그 수가 200여 종에 달할 정도였다. 특히 강남에서는 쌀과 보리를 이모작하는 농사법을 개발하여 수확량을 획기적으로 늘렸다. 벼농사가 어려운 지대에는 차를 심어 이를 절실히 필요로 하는 북방 민족들에게 비싸게 팔았고 면화와 같은 특수작물을 재배하면서 방직 기술이 크게 발전했다.

이와 같이 송나라 시기에 인구 증가와 함께 농산물과 공산품의 생산이 증대되자 자연스럽게 무역업이 크게 발전했다. 인도를 거쳐 유럽 상인들이 들어왔고 동남아시아의 많은 나라에서도 상인들이 항구를 통해 들어왔다. 이에 따라 10여 개의 국제 교역 항구가 생겨났다. 교역을 하면서 무거운 동전을 가지고 다니는 것이 불편하자 상인들은 교자라는 세계 최초의 지폐를 사용했다. 이 밖에도 화약을 이용한 무기 개발과 더불어 온보 치료법도 크게 발전했다. 당나라 때까지는 신체에 이상이 생기면 그 부위에 약을 투입하는 양생법이라는 대증요법을 사용했는데, 온보 치료법은 환자의 체내에 질병에 대한 저항력이 생겨나도록 일정 기간 관리하는 자연 치유법으로 한방의 기초가 되었다. 이처럼 송나라는 중국 역사에서 많은 발전을 이뤄냈지만 1200년 내부 개혁에 실패하고 지나치게 문치에 매달리면서 국방력의 약화를 초래했다. 결국 1279년 몽골의 침공으로 송나라가 멸망하고 이어서 원나라가 100여 년을 통치하게 되었다.

원나라는 몽골이 전 세계를 휩쓸고 서역과의 교역로를 확보해놓은 상태에서 북방 민족이 최초로 중국 전역을 다스린 국가였다. 유목민의 자유분방한 기질, 무엇이든 쉽게 받아들이는 개방성과 함께 서역까지 진출해 알게 된 이슬람과 기독교 세계의 과학 문물에 대한 지식이 과학기술 발전에 큰 도움이 되었다. 상업의 중요성을 잘 아는 몽골족이기에 원활한 유통을 위해 송나라가 연결해놓은 운하들을 재정비하고 내륙 어느 곳이든 바다로 연결되는 통로를 만들어 일본과 고려 그리고 인도와 유럽까지 이어질 수 있게 했다. 그리하여 실크로드와 해상 항로를 통한 동서양의 교류가 더욱 활발해져서 정화의 대원정이 7차에 걸쳐 이루어지고 마르코 폴로의 『동방견문록』이 저술되게 된 것이다. 안전하고 안정된 교역로의 발달로 원나라의 경제력은 당시 세계 최고의 위세를 떨쳤고 원거리 교역의 편의성을 위해 중통원보교초, 지원통행보초 같은 지폐와 함께 어음을 사용하도록 하여 금융업이 크게 발달하는 계기가 되었다.

동서양의 교류를 통해 들어온 이슬람의 과학기술은 원나라의 천문학과 농업, 수학, 의학, 측량술의 발전에 큰 영향을 끼쳤다. 천문학자 곽수경은 태음태양력을 365.2425일로 계산했는데 지금 우리가 사용하는 그레고리력과 26초밖에 차이가 나지 않는다. 서역에서 새로운 곡물들과 함께 당근, 튤립, 레몬, 멜론, 설탕, 솜 등의 고급 작물이 들어와서 농업의 다양성이 증대되었으며 수로의 확충을 통해 농업 생산성도 크게 높아졌다. 서역으로는 유럽에서는 보지 못했던 칠보, 유리 제품과 함께 도자기와 약재를 수출했다. 한편 문화적으로는 송나라와 큰 차이가 있을 수밖에 없었다. 원나라는 도교를 억제하고 라마교를 신봉했다. 유교를 기반으로 한 과거제는 폐지했다가 부활시켰지만 송나라 귀족들이 발전시킨 시서화 문화는 시들해졌다. 그러나 페르시아와 인도 등지에서 소개된 요리법은 중국의 음식 문화를 세계적인 것으로 만들었고 다양한 복식과 종교는 중국 문화가 다양성을 갖도록 하는 데 큰 기여를 했다.

원나라에 이어 들어선 명나라는 주원장과 아들 영락제까지는 북방 민족의 흔적을 지우고 유교 문화를 부흥시키며 백성의 어려움을 덜어주는 정치를 펼치려고 했다. 영락제는 정화를 서역 탐험에 일곱 차례나 파견하면서 인도와 유럽뿐 아니라 동남아시아의 여러 나라와 활발히 교역하려고 했다. 그러나 명나라는 상업과 교역의 발달이 위조화폐의 원인이 되고 잘못된 풍습이 들어오는 이유라고 판단하여 지폐나 동전 대신 은을 통화로 활용하기 시작했으며 공적인 교역을 극히 제한하고 조공무역으로 대체했다. 따라서 그간 교역을 통해 큰 재원을 확보했던 상인들은 새로운 활로를 찾아 필리핀과 인도차이나 각지로 이주해 뿌리를 내렸고 지금까지도 그 나라에서 경제력을 행사하며 살고 있다. 중국과의 교역을 통해 필요한 물품을 조달받던 일본과 인도 및 유럽의 일부 상인들은 사적인 밀무역을 통해 이를 해결했다. 이와 같은 명나라의 정책은 대항해시대를 열고 신세계를 개척하던 유럽의 신생 제국들과는 반대되는 것으로, 이를 기점으로 유럽과 동양의 발전에 큰 차이가 생겨나게 되었다. 그러나 과학기술 분야에서 전혀 진보가 없었던 것은 아니다. 『중국의 과학과 문명』으로 대표되는 조지프 니덤의 작업은 과학사학자뿐만 아니라 중국학 연구자, 과학자, 역사학자, 나아가 대중에게 중국에 대한 새롭고 풍부한 이해를 제공하여 중국 과학에 대한 새로운 시각을 보여주고 있다. 예컨대 과학은 오직 서양 문화의 전유물이라는 생각이 크게 흔들리게 되었다. 중국은 물론이고 한국과 일본에서도 전통

과학이 존재했으며, 이후 어느 시기인지는 특정하기 어려워도 근대 과학이 등장했고 그것이 지금까지 이어져 오고 있다는 것이다.[30]

명나라 후기인 1663년경에 송응성이 저술한 산업 백과사전인 『천공개물』을 보면 당과 송, 원을 거쳐 명나라까지 중국 과학기술이 큰 발전을 이루었음을 알 수 있다. 상편에는 곡물 재배 기술과 비단, 면, 마의 방직 기술 및 염색 기술, 곡물 가공법, 소금 제조 기술, 제당과 양봉 기술이 설명되었다.[31] 중편에는 벽돌과 기와 및 도자기의 제조 방법, 야금 주조법, 수레와 선박 제조 기술, 석회와 석탄 채취법, 철과 동의 채취와 제련, 단조 및 주조 기술, 기름 만드는 제유 기술, 제지 방법이 기술되었다. 하편에는 5종 금속의 채굴 및 제련 방법, 병기 제조법, 단청 안료의 생산 기법, 양조 기술, 주옥의 채취와 가공 기술도 실렸다. 용광로의 제작, 철을 이용해 다양한 물품을 제작하는 기술과 함께 특히 광산의 갱도를 만드는 기술은 다른 문화권에서 찾아보기 힘든 당대 최고의 것이었다. 아쉽게도 이러한 선진 과학기술이 명대 이후로 큰 진전을 이루지 못하고 말았다. 더욱 아쉬운 것은 세계화 과정에서 중국의 기술들이 유럽에 전파되어 유럽의 과학과 산업 발전에 크게 기여했으나, 16세기 이후에는 유럽 국가들의 과학기술 발전이 중국을 능가하여 동양을 침탈하고 식민지화하고 말았다는 것이다.

제7장

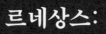

르네상스:

천상에서 지상으로

1

근대적 인간의 발견

　요동치던 세계가 16세기를 지나면서 자리를 잡았다. 14세기 중반에 세계 인구의 30%를 사망하게 한 흑사병의 후유증이 치유되면서 인구가 5억 명을 넘어섰다. 이 시기 유럽은 신성로마제국을 중심으로 민족주의가 태동하며 국경들이 정비되어갔다. 에게해 주변과 아랍 그리고 중앙아시아는 오스만제국을 중심으로 한 이슬람 세력들이 장악했다. 인도는 티무르왕조의 후예들이 무굴제국을 세워 통치하기 시작했으며 중국은 명나라가 자리를 잡았다가 17세기에 만주족에게 다시 중원을 내주어 청나라가 들어섰다. 몽골의 대륙 대통합과 대항해시대가 열리면서 오스트레일리아와 아메리카대륙이 발견되었고 유럽의 제국들은 아프리카와 아메리카를 식민지로 만들기 시작했다. 그리고 아랍 세계에서 들여온 그리스 철학과 과학, 예술의 유산이 르네상스로 꽃피기 시작한 데 이어 실증주의 철학이 힘을 얻으면서 과학기술이 대학을 중심으로 눈부시게 발전했다. 과학기술의 발전은 산업의 발전으로 연결되어 이를 기반으로 종교개혁이 일어나면서 유럽은 근대 사회를 향한 큰 걸음을 내디뎠다. 그러나 대륙 지향적인 무굴제국의 인도와 명나라에서 시작한 조공무역으로 인해 해양 개척을 포기한 중국은 식민지 경쟁은 꿈도 꾸지 못했다. 그렇다 보니 과학 발전이 정체되고 농업에만 의존하여 국가 경쟁력이 유럽 국가들에 비해 현저히 뒤처지게 되었다.

중세에 상업이 활발해지고 몽골의 대륙 대통합과 대항해시대가 열리면서 만들어진 상업 도시는 동양과 서양 모두에서 발달했다. 그러나 동양과 서양의 도시 발전 양상은 달랐다. 유럽의 도시들은 에게해와 지중해 일대의 옛 도시국가들이 그랬던 것처럼 자유와 시민의 권리를 중시하는 전통에 따라 독립적인 국가 형태로 발전했다. 그러나 중국의 도시들은 중앙집권적인 틀을 벗어나지 못했고 누가 통치 세력이 되느냐에 따라 상업이 번창하기도 했지만 명나라 이후로는 큰 발전을 만들어내지 못했다.

르네상스는 유럽과 동양의 발전에 차이를 만들어내는 계기가 되었다고 할 수 있다. 12~13세기에 걸쳐 이슬람 점령 지역의 탈환 과정에서 유입된 고대 자료와 이슬람의 과학 지식, 그리고 1453년 콘스탄티노플이 오스만제국에게 함락될 때 로마로 빼돌린 수많은 고대 자료는 유럽인들에게는 새로운 충격이었다. 기독교의 절제 사상과 신 중심 사상, 즉 신본주의가 사회 전체를 지배하고 있던 때에 기독교 이전의 찬란했던 유럽 문화가 소개되면서 고대의 인간을 중시한 예술 작업에 눈뜨고 고전에 관심을 갖게 되었다. 그리하여 인문주의자들은 중세 시대에 금기였던 인간 육체가 지닌 아름다움을 다시 발견하고 이를 생생하게 묘사했을 뿐 아니라 인간의 개성적인 내면도 깊이 파고들었다. 이러한 인간의 발견은 신에 의존하지 않고 스스로 사고하고 행동할 수 있는 이성을 지닌 근대적인 인간형을 탄생시켰다. 15세기 이탈리아 철학자 피코 델라미란돌라의 『인간의 존엄성에 대하여』는 르네상스 시대의 본질적인 인간상을 보여준다.

> 신은 창조의 마지막 날에 인간을 만들었다. 그것은 인간으로 하여금 우주의 법칙을 인식하고 우주의 아름다움을 사랑하고 우주의 위대함을 찬양하게 하기 위해서다. 신은 일정한 장소나 일정한 일에 인간을 결박하거나 쇠사슬과도 같은 필연성으로 인간을 묶어놓지 않고, 욕망하고 행동할 자유를 인간에게 주었다. 신은 최초의 인간인 아담에게 말했다. 나는 너를 세계 중심에 있게 했으니, 그것은 네가 보다 더 쉽게 세계의 모든 사물을 관찰할 수 있게 하기 위해서다. 내가 너를 하늘에 속하지도 않고 땅에 속하지도 않는 존재로, 또 죽을 운명에 있지도 않고 불사의 존재도 아닌 존재로 만들었던 것은 오직 네가 자유롭게 스스로를 형성하고 스스로 극복할 수 있게 하기 위해서다. 너는 동물의 경지로 떨어져버릴지도 모르나 또한 신에 가까운 존재로 재생할 수도 있는 것이다. (…) 오직 인간에게만 스스로 자유의지에 따라 성장하고 발전할 수 있는 가능성이 주어졌으며 너는 자신 속에 우주의 생명의 싹을 지니고 있다.[1]

이처럼 교회가 지배했던 중세와 달리 그리스 고전 문화에 대한 유럽인의 관심이 인간에 집중되면서 인간에 대한 새로운 인식이 싹트게 되었다. 먼저 이슬람을 통해 오랫동안 교회로부터 배척받아온 아리스토텔레스의 저서가 유럽에 소개되었는데 그의 사상은 인간과 자연, 즉 신의 세계와 물질세계를 분리하지 않은 이기일원론적 원리를 지니고 있었다. 그리하여 영적 세계와 물질세계를 분리하여 영적 삶을 강조한 플라톤의 이기이원론에 따라 신 중심의 삶을 추구했던 중세 유럽인들은 자연 속에서 신의 섭리를 찾는 것이 아니라 자연을 있는 그대로 보고자 했다. 이러한 사상은 13세기 도미니크회 수도사 토마스 아퀴나스에 의해 시작되었다. 그의 사상은 과학적 기준을 충족해줄 신학의 엄격하고 정확한 개념에 바탕을 두었다. 그는 신학의 우월성을 주장하면서도 전적으로 이성에 바탕을 둔 철학의 상대적 정통성과 자율성을 옹호했다. 철학자가 이성의 도움을 받아 이해하려 하는 실재와 신학자가 해석하는 계시는 모두 하느님에게서 나온다고 믿었다. 따라서 그에 따르면 믿음의 진실성은 이성이 자연스럽게 인식하는 원리와 어긋나지 않는다.[2] '선을 행하고 추구하며 악을 피해야 한다'는 공리는 이성이 인간의 자연 성향을 통해 그 내용을 이해할 수 있는 선의 개념에 근거했다. 결국 '인간 행위에서 선과 악은 이성 관계 속에서 결정'되며 이성에 따라 행동하는 것이 결정적인 윤리라는 것이다.[3] 그에게 인간 존재는 합리적인 동물일 뿐 아니라 사회적·정치적 동물이기도 했다. 또 그는 모든 존재가 질료와 형상으로 이루어졌다는 아리스토텔레스의 질료형상론에 따라 정신을 몸의 형상으로 이해할 수 있다(이기일원론)고 믿고, 정신과 육체가 각기 분리된다는 플라톤의 이기이원론에 맞섰다. 이렇게 토마스 아퀴나스는 육체를 무시하고 전적으로 영혼의 중요성만 강조하며 영적 존재인 신에게 매달리게 했던 중세 신학 사상에 새로운 변화를 주었다. 그리하여 그리스 고전의 인본주의 사상이 유럽에 전파되자 근대적인 자연과학이 싹트고 자연과 인간 육체의 아름다움을 문장이나 화폭에 자유롭게 묘사하기에 이르렀다. 이렇게 함으로써 인문주의자들은 인간을 종교적 속박으로부터 해방되어 스스로 사고할 수 있는 이성적 존재로 인식하게 해주었다.[4]

이런 관심에 불을 지핀 이들은 상업 도시의 지배층이었다. 이들 대부분은 원래 영주였던 사람들로 교역에 투자해 큰 재산을 모으면서 고대 예술의 복원과 고대 과학기술의 연구에도 투자하기 시작했다. 이들은 비교적 자유로운 신분임에도 불구하고 교회와의 관계를 중시했기 때문에 성당을 건축하는 것으로 자신들의 신앙심을 증명하려 했고 성경의 인물들을 그림이나 조각상으로 만들어 성당을 장식했다. 이뿐 아니라 개인적으로 예술가를 고용하여 자신들의 자화상을 제작하는 등 당시 사람들을 표현하기 시작했으며 공격에 필요한 무기와 성을 지키기 위한 건축 기술을 개발하려고 과학자를 육성했다.

이와 같은 분위기는 이탈리아의 피렌체, 밀라노, 로마, 베네치아 등에서 시작되었으며 프랑스와 네덜란드, 영국, 독일 등으로 전파되어 17세기까지 지속되었다. 이 시기에 민족별로 자국어 문화에 대한 인식이 발달하고 국민 의식이 살아나면서 많은 작품이 쏟아져 나오기 시작했다. 이를 계기로 민족주의가 생겨났다. 또 과학기술에 대한 체계적인 연구가 이루어지면서 실증철학이 등장했다. 이는 종교적인 내세주의적 사고가 현세주의적 사고로 전환되는 계기가 되었다. 이에 따라 지난 1,200년 동안 유럽의 정치와 문화를 지배해온 로마교회에 대해 개혁을 요구하는 종교개혁이 일어나 프로테스탄트 교회, 즉 개신교가 생겨났다. 이로써 하느님과 가톨릭교회가 지배하던 중세가 개인의 신앙과 인간 이성을 중시하는 근대로 옮겨 가기 시작했다. 르네상스를 계기로 이러한 엄청난 변화들이 일어났지만, 르네상스를 문예부흥에 한정하여 생각하면 북부의 스칸디나비아반도까지는 영향이 미치지 못했다는 지역적 한계가 있었다.[5] 그리고 문예 활동의 측면에서 보면 이를 주도한 것이 자본이 있는 교회와 궁정 중심이어서 그 외의 계층은 문화적 혜택을 공유하지 못하고 여전히 불안한 정치 상황에서 점성술과 마술 등의 비이성적이고 비과학적인 생활을 할 수밖에 없었다는 계층적 한계가 있었다.

그렇지만 르네상스 정신은 인간과 자연의 가치를 중시하면서 과학과 이성이 지배하는 근대성의 시대를 열었다. 르네상스 시대 사람들은 하늘나라가 아니라 지상의 나라에 눈을 돌리고 인간도 신처럼 선과 악을 구별할 줄 아는 이성을 가졌다고 믿었을 뿐 아니라 신처럼 자연을 관찰하여 새로운 것들을 창조할 능력을 지니고 있음을 알았다. 인류의 역사는 이제 신의 섭리가 아니라 과학과 이성에 의해 결정되기 시작했다. 초월자 신 대신 이성과 과학의 힘을 지닌 인간이 우주의 주인이 된 것이다. 이러한 사상적 변화는 인류가 종교에 의해 자연을 이해하고 문명을 탄생시켜왔던 고대와 마찬가지로, 인간의 정신문화가 과학이라는 물질문명을 이끌어가는 것이 역사의 섭리임을 보여준다.

2

인본주의 사상: 문학과 예술

르네상스는 문예부흥이자 학예부흥이었다. 가장 대표적인 성과로는 자국어로 쓴 문학작품들이다. 메디치 가문의 지원을 받은 마르실리오 피치노는 고대 그리스와 이집트 시대의 이야기를 그리스어로 저술한 책들을 라틴어로 번역해 집대성한 『헤르메스주의 전집』을 만들었다. 그 내용은 연금술과 마법에서 철학과 종교, 도덕까지 다양한 내용을 망라하고 있지만, 일종의 지혜서로 당대에 널리 소개되어 헤르메스주의를 유행시킬 정도로 인기를 끌었다.

이어서 많은 문학작품이 쏟아져 나왔다. 단테의 『신곡』, 보카치오의 『데카메론』,[6] 세르반테스의 『돈키호테』, 라블레의 『가르강튀아』와 『팡타그뤼엘』 등과 같은 소설, 몽테뉴의 『수상록』, 에라스무스의 『우신 예찬』, 토머스 모어의 『유토피아』 등과 같은 수상집, 그리고 코하노프스키의 『만가』, 페트라르카의 『칸초니에레』[7]와 『아프리카』 등과 같은 시집이 출간되었다. 이와 함께 많은 희곡 작품이 등장했다. 에스파냐에서는 로페 드베가의 「과수원지기의 개」, 칼데론 데라바르카의 「사랑, 명예, 권력」을 필두로 수많은 연극이 공연되었다. 영국의 위대한 극작가인 셰익스피어는 37편의 희곡과 2편의 서사시 그리고

154편의 소네트를 남겼다. 대표적인 4대 비극으로「햄릿」,「오셀로」, 「리어왕」,「맥베스」, 희극으로는「말괄량이 길들이기」,「한여름 밤의 꿈」,「베니스의 상인」등이 있으며, 역사극으로는「리처드2세」,「헨리4세」,「헨리5세」,「리처드3세」등을 들 수 있다. 당대에 셰익스피어만큼이나 천재적인 작가로 인정받았던 벤 존슨도 기질희극「십인십색」을 비롯해 많은 작품을 남겼는데「십인십색」의 초연에 셰익스피어가 배우로 출연한 일화가 유명하다. 이들 문학작품은 신흥 부르주아가 주도했으며 인간 평등, 남녀평등과 자유연애, 물질적인 생활을 추구하면서 중세의 교회와 봉건제도를 조소하거나 인간의 깊은 내면을 표현했다.

르네상스는 기독교 세계관에서 벗어나 자연세계에 대한 철학적 사고를 넘어 물질세계의 원리를 파악함으로써 근대 과학의 시대를 연 인간 정신 혁명이었다. 유럽의 중세를 1천 년 이상 지배했던 시대정신이자 정치사상인 기독교는 팔레스타인에서 탄생한 예수로부터 시작되었다. 유대교의 나라 이스라엘이 기원전 440년경 신바빌로니아에 의해 멸망한 이후 유대인들은 자신들을 정치적으로 구원해줄 메시아가 올 것이라 믿으며 400년을 기다렸다. 그사이 팔레스타인의 주인은 여러 차례 바뀌었고 로마제국이 다스리던 때인 기원전 4년 예수가 탄생하여 자신이 그 메시아라고 주장하며 당시 상황에서는 이해할 수 없었던 사랑의 정신을 전파했다. 그의 주장을 신성모독으로 생각했던 유대인들은 그를 십자가에 못 박아 죽였는데, 예수를 구세주라고 믿는 기독교가 로마제국의 국교가 되면서 유대인들은 기독교의 적이 되어버렸다.

예수의 죽음 이후, 기독교는 도전적인 선교 활동을 통해 로마를 포함한 지중해 연안 도시들로 교세를 확장해나갔다. 서기 200년경에는 세력이 커지자 그간 여기저기서 산발적으로 전해온 제자들의 기록을 하나의 책으로 묶어 경전(신약)을 만들고 교리를 세웠다. 황제를 신이라고 생각하던 로마에서 하느님이 유일신이라고 믿는 기독교인들은 수차례의 모진 탄압을 겪으면서도 교세를 확장하여 313년 기독교가 종교로 공인된 후 391년에는 로마의 국교가 되기에 이르렀다. 이때부터 기독교는 하나의 정치 세력으로 부상하여 시대를 지배하는 정신적인 기준으로 작용하게 되었다. 이후 로마가 동서로 분열되고 로마의 수도가 콘스탄티노플로 옮겨지면서 교회의 수장이 로마와 콘스탄티노플 두 곳에 생겼다. 이로 말미암아 여러 가지 갈등으로 인해 로마가톨릭교회와 동방정교회로 분리되고 말았다.

교회의 세력이 확장되면서 교회 권력과 세속 권력 간의 협력과 반목이 중세까지 이어졌다. 한편 교회가 확장되면서 세속화 현상이 심화되었다. 게다가 7세기부터 이슬람 세력의 확장에 대응하기 위한 십자군전쟁 등의 이유로 교회가 면죄부를 판매하고 성직을 판매하는 등 극심한 부패 행위까지 등장하기에 이르렀다. 이러한 일이 가능했던 것은 교회가 라틴어로 기록된 성서를 다른 언어로 번역하는 것을 금지하고 성서 해석에 대한 권한을 독점하면서 신도들을 우민화했기 때문이다. 이러한 교회의 파행적 행위를 바로잡기 위해 교회 개혁을 요구하는 목소리가 커지기 시작했다. 교회의 방해에도 불구하고 12세기 초 프랑스 상인 왈도가 성서를 프랑스어로 번역하여 말씀 전파에 노력하면서 이에 동조하는 왈도파라는 새로운 기독교파가 생겨났다.[8] 성서학자인 위클리프는 성경의 진리와 교황의 권력 그리고 성찬에 대한 3권의 책을 통해 '성경만이 진리'라고 주장했다. 이후 등장한 얀 후스는 프라하에서 비성서적인 교회법을 파기해야 한다고 설파했다. 또 바른 기독교 정신을 정치에 구현하자는 운동도 일어났는데 대표적인 인물이 피렌체의 시장으로서 기독교 원리에 맞는 정치를 시도했던 지롤라모 사보나롤라다. 그는 이를 통해 교회 내의 윤리적 배교성 문제를 해결하기 위해 노력했다. 종교개혁은 다각도로 부패한 로마가톨릭교회를 정화하고자 마르틴 루터에 의해 1517년 10월 시작되었지만, 이미 그 이전에 많은 선구자들이 있었다. 앞에서 말한 영국의 위클리프, 프랑스의 왈도, 체코의 얀 후스 등이 바로 그들이다.[9]

그러나 이러한 시도들은 큰 성공을 거두지 못했다. 교회는 비성경적 운영을 계속하며 성당 건축을 위해 면죄부 혹은 성물을 다시 만들어 팔기도 했다. 이 문제로 고민하던 마르틴 루터는 1517년 10월 31일 독일 비텐베르크에서 교회의 잘못을 지적한 '95개 논제'를 발표하여 전 유럽에 큰 파문을 일으켰다. 이로 인해 1521년 파문을 당하고 생명의 위협을 받자 그는 바르트부르크로 피신했는데 거기서 신약을 독일어로 번역하여 반포했다. 그는 기독교 교리의 핵심은 '오직 성경, 오직 믿음, 오직 은혜로 인한 구원'이라고 주장하면서 개신교의 효시인 루터교의 창시자가 되었다. 이후 지금까지 독일은 루터교회가 주류를 이루고 있다. 마르틴 루터에 이어 등장한 츠빙글리는 1523년 스위스에서 67개 항의 교회 개혁 요구안을 발표했고, 칼뱅은 1536년 스위스에서 『기독교 강요』를 출판하고 구원의 은혜를 강조하면서 교회 개혁을 단행했다. 칼뱅의 신학을 따라서 장로교와 침례교가 생겨났다.

루터와 칼뱅 등의 종교개혁운동은 영국 교회의 개혁운동에도 직접적인 영향을 미쳤다. 영국에서는 로마가톨릭교회의 간섭과 비정상적인 운영에 반감이 싹터 있었고 이미 위클리프가 성경을 영어로 번역하는 등 개혁을 위한 구체적인 노력이 전개되고 있었다. 당시 캔터베리교구의 대주교인 토머스 크랜머가 개혁운동을 주도했으며 1549년 예배의 규범을 설명한 『성공회 기도서』를 영어로 발간하여 라틴어가 아닌 누구나 이해할 수 있는 영어로 예배할 수 있게 했다. 이와 같은 과정을 거쳐 영국 교회는 로마가톨릭교회에서 분립했는데 캔터베리 대주교가 교회의 수장이 되고 개신교의 전통을 따르지만 가톨릭 신부가 갖는 성사의 권한은 인정하는 독특한 체계를 택했다.

종교개혁가들이 세속적인 권력까지 누리던 교회의 권위를 부정하면서 유럽 전체가 큰 혼란에 빠졌다. 그리고 새로운 사상과 질서가 생겨났다. 십자군전쟁 이후 대포와 화약, 무역과 상공업 그리고 도시 발전으로 자급자족 농촌경제에서 시장경제로 이행하면서 봉건사회가 붕괴하기 시작했다. 봉건사회가 가톨릭교회의 존재 기반이었던 만큼 봉건사회의 붕괴는 곧 교회 세력의 약화로 직결되었다. 왕권을 중심으로 중앙집권적 통일국가 체제가 강화되자 상대적으로 지방 영주와 교황의 권력은 약화되었다. 14세기에 일어난 아비뇽유수와 교회 대분열은 바로 교황 권력의 쇠퇴를 보여준다.[10] 이에 따라 교황의 권위가 크게 추락하자 각국에서 국가교회주의 추세가 강하게 나타났다. 새로운 세력으로 등장한 왕과 몰락의 길을 걷는 봉건귀족은 '돈의 궁핍'에 시달리면서 교회의 재산을 탐내고 로마 교황에게 유출되는 돈을 가로채려 했다. 장원제도의 붕괴로 농노 신분과 봉건적 부담으로부터 해방된 농민들은 십일조 같은 교회세에 대해 회의적으로 생각했다. 특히 르네상스의 인문주의 사상과 개성의 각성은 중세 말의 정신적·지적 풍토를 크게 변화시켰다.

가장 큰 파급 효과를 만들어낸 것은 루터의 만인제사장설과 직업소명론이다. 그는 만인제사장설에서 하느님께 제사하는 권한을 갖는 제사장의 직분이 가톨릭 사제들에게만 있는 것이 아니라 신자 개개인에게도 있다고 주장했다. 이를 통해 개인의 자유와 평등 의식이 강화되어 자아 발견이라는 인식의 대전환이 일어났다. 이 과정에서 1524~1526년 귀족들이 평등을 주장하는 농민 10만여 명을 살해하는 비극적인 사건이 일어나기도 했지만, 모든 시민이 평등한 권리를 갖는 민주사회의 토대가 되었다. 또한 그는 직업소명론에서 성직은 귀하고 다른 일은 천하다는 성속 이원론을 철폐하고 모든 직업이 귀중한 것이라며 노동의 가치를 강조했다. 그는 노동과 근검절약으로 얻어진 이익의 정당성을 지지하면서 상공업자들을 격려했는데 자연스럽게 개신교가 지배하는 지역에서는 상인들과 연계한 제후들이 교황의 간섭을 물리치는 데 이를 활용했다. 이러한 시대정신의 변화는 자본주의가 출현하는 바탕을 마련해줌으로써 결국 산업혁명으로 그 성과가 이어졌다. 루터의 종교개혁은 제후들의 지원에 힘입은 것이었기에 가톨릭과 루터교, 즉 교황과 제후들 간의 전쟁으로 발전하여 30년 동안이나 이어졌다. 이후 개신교는 유럽 전역으로 번지면서 가톨릭교회와 유대 관계를 유지하던 국가들에서는 많은 탄압을 받았다. 대표적인 것이 프랑스의 개신교도를 지칭하는 위그노 탄압이다.

제8장

근대성의

시작

1

우주에 대한 관찰

르네상스 시대에 과학기술은 획기적인 발전을 이루었다. 대표적인 인물로는 피렌체 출신의 레오나르도 다빈치와 폴란드 출신의 코페르니쿠스 그리고 이탈리아 수학자 타르탈리아를 들 수 있다.

레오나르도 다빈치는 「모나리자」 등 탁월한 예술 작품과 함께 여러 분야의 과학 업적을 남겼다. 그는 시체 해부를 통한 생리학 연구를 수행하여 인체의 비율을 그림으로 나타낸 '비트루비우스적 인간' 외에 자궁 안의 태아를 상세하게 그림으로 설명했다. 또 조류의 비상을 관찰하여 비행 원리를 발견하고 이를 그림으로 설명했으며 대포, 기갑전차(수동식), 기관총(총구 10개) 등의 신무기를 설계했다. 광학 연구를 통해 빛의 파동 운동 이론을 제시하고 렌즈 연삭기를 만들어 렌즈의 활용도를 넓히기도 했다. 또한 유속과 통과 면의 단면적의 곱은 일정하다는 유속-단면체 법칙을 정립했고 원통의 높이마다 뚫은 구멍을 통해 나오는 물의 궤적을 측정하여 수압이 물의 무게로 결정된다는 사실과 기압이 높이에 따라 다르다는 사실도 입증했다. 그리고 지질학과 물의 운동에 관한 연구를 통해 운하를 설계했으며 공기의 흐름, 바람과 구름과 비의 발생에 관해 이론적 설명을 시도했다. 이와 같이 그의 연구는 거의 모든 과학 분야를 망라했다. 이러한 연구의 결과로 그는 양수기와 터빈을 개발했으며 프로펠러와 낙하산, 풍향계를 만들어 실생활에 활용하게 했다.

수학자이자 천문학자인 코페르니쿠스는 무세이온의 과학 서적들을 공부하다가 고대 천문학자들이 주장한 태양중심설에 관심을 갖고 실측 천문 연구를 통해 태양중심설을 확신하게 되었다.[1] 기존의 천체 모델은 아리스토텔레스의 우주론에서 벗어나지 못하여 달과 지구의 지상계는 변화가 끊임이 없지만 천상계는 변화하지 않으며, 지구를 중심으로 행성들이 등속원운동을 하는 것이었다. 이는 지구가 창조의 중심이라는 당시의 지배적인 생각과 맞아떨어지는 것으로 이를 변경한 다른 이론은 내세우기가 어려웠다. 코페르니쿠스는 계절의 길이가 다른 것과 화성이 평균보다 때로는 훨씬 빠르거나 느리게 움직이는 문제를 설명할 수 없음을 고민하다가 1543년 『천구의 회전에 관하여』에서 태양을 중심으로 천체가 운행한다는 코페르니쿠스체계를 제시했다. 이 이론은 행성의 원운동과 등속도운동을 가정하고 있어서 완벽하지는 않았지만 제기된 문제는 해결할 수 있었다. 그러나 이는 교회의 주장에 반하는 것이어서 그는 종교재판에 넘겨질 정도로 심한 박해를 받았다.[2] 순수하게 실용적인 근거로만 판단하자면, 코페르니쿠스의 새로운 행성체계는 실패작이었다. 프톨레마이오스 같은 선배들의 것보다 더 정확하지도, 더 단순하지도 않았다. 그러나 역사적으로 그 새로운 체계는 엄청난 성공을 거두었다. 『천구의 회전에 관하여』는 코페르니쿠스의 일부 후계자들에게 태양 중심의 천문학이 행성들의 문제를 푸는 열쇠임을 확신시켰

고, 이들은 결국 코페르니쿠스가 찾던 단순하고 정확한 해법을 내놓았다.[3]

천문학 분야의 유클리드라고 부를 수 있는 프톨레마이오스는 고대 그리스의 천문학 성과들을 체계적으로 집대성했다. 그는 주전원, 이심, 동시심 등의 복잡한 수학적 장치를 도입하여 별들과 행성들의 움직임을 정확하게 예측할 수 있었다. 그런 장치들로 인해 행성의 원운동 중심은 원의 중심에서 벗어났고 균일한 원운동이라는 이상이 깨지기도 했다. 그러나 프톨레마이오스가 집대성한 천문학을 이용하면 별들과 행성들의 움직임을 정확하게 예측할 수 있었기에 이후 헬레니즘 천문학자들이나 아랍 천문학자들은 큰 문제점을 느끼지 못했다. 프톨레마이오스의 천문학체계가 그토록 오랜 시간 동안 유지될 수 있었던 또 다른 중요한 이유는 그것이 아리스토텔레스적 세계관과 단단하게 얽혀 있었기 때문이다. 아리스토텔레스적 세계관은 인간이 감각으로 경험할 수 있는 숱한 현상들을 성공적으로 설명했으며, 신이 인간을 중심으로 세계를 창조했다는 기독교의 세계관과도 조화를 이룰 수 있었다. 그렇기에 우주의 중심에 있는 지구를 하나의 행성으로 바꾸는 것은 단지 천문학만의 문제가 아니었다. 그것은 세계와 세계 속에 존재하는 인간의 의미를 바꾸는 일이었을 뿐 아니라 그야말로 대대적인 '혁명'이 필요한 일이었다. 비교적 짧은 시간에 전면적으로 사회체제를 변모시키는 정치 혁명과 달리, 코페르니쿠스가 시작한 혁명은 지극히 전문적인 영역에서 시작되어 점차 넓은 영역으로 확산되었다. 또 코페르니쿠스 자신은 혁명을 시작했음에도 불구하고 여전히 아리스토텔레스-프톨레마이오스

천문학의 전통에 속해 있었다.[4] 지구 운동을 정당화하고자 하는 그의 철학적 논변에는 아리스토텔레스 운동 이론에 근거한 개념들이 상당 부분 포함되어 있었다. 그의 새로운 천문학체계는 정성적 측면에서 행성들의 운동을 기본 주전원 없이 단순하게 설명했다. 그렇다 하더라도, 이 체계 역시 여전히 미세 주전원들을 사용하고 있었으며 정확성의 측면에서도 프톨레마이오스체계를 뛰어넘지 못했다. 즉 코페르니쿠스 혁명은 코페르니쿠스 혼자만의 힘으로는 완성될 수 없었다. 코페르니쿠스와 같이 신플라톤주의적 사고를 지녔던 요하네스 케플러의 도움으로 코페르니쿠스의 천문학체계는 단순성뿐만 아니라 정확성 측면에서 프톨레마이오스체계를 넘어설 수 있었다.[5]

르네상스 시대에는 아리스토텔레스 철학이 지배적인 분위기에 반발하여 플라톤 사상이 다시 주목받기 시작했다. 플라톤은 기하학적인 단순미를 추구하며 조화와 질서를 중시했다. 이를 본받은 신플라톤주의자들은 자연세계의 수학적 규칙성을 중시했고 태양을 우주의 원천으로 여겼다. 코페르니쿠스는 이러한 신플라톤주의의 영향을 받아 태양 중심의 우주 구조를 체계화하기 시작했다. 그는 프톨레마이오스의 이론이 지닌 결점을 해결하기 위해 일곱 개의 기본 명제를 제시함으로써 우주에 대한 새로운 관점을 확립했다.[6] 그러나 여전히 천구를 활용하고 있다는 것과 등속원운동을 고수하며 태양 중심의 우주 구조에 대해 프톨레마이오스의 주전원을 사용했다는 점에서 한계가 있었다. 당시 사람들은 코페르니쿠스의 지동설을 믿지 않았다. 심지어 프랜시스 베이컨, 파스칼, 밀턴 같은 지성인들도 코페르니쿠스의 지동설을 인정하지 않았다. 그러던 중 1572년 카시오

페이아자리에 나타난 새로운 별(초신성)을 처음 발견한 튀코 브라헤가 이 별이 사라질 때까지 485일 동안 관측하여 1573년 그 기록들을 정리한 『새로운 별』을 출간했다.[7] 브라헤는 별이 새로 생기기도 하고 소멸하기도 하는 것을 관측하여 아리스토텔레스가 제시한 '지상계는 변화하지만 천상계는 불변'이라는 개념이 잘못되었음을 증명했고 777개 이상의 항성 위치를 정확히 측정했다.

이로 인해 천문학자로서 명성을 얻게 된 튀코 브라헤는 1577년 초신성이나 혜성의 시차가 관측되지 않는다는 것을 알게 되었다. 그는 혜성의 시차를 관측하던 중 혜성과 마찬가지로 수성, 금성 등의 행성들도 태양의 주위를 돌고 있다는 사실을 알았지만 코페르니쿠스의 지동설을 인정할 수 없었다. 왜냐하면 지구가 태양 주위를 돌면서 가까워졌다가 멀어진다면 붙박이별(항성)도 각도의 차이가 나야 하지만 관측 결과는 그렇지 않았기 때문이다. 1588년 그는 이 문제를 해결하기 위해 지구를 중심으로 달과 태양이 도는 프톨레마이오스 우주 구조와 태양을 중심으로 행성들이 도는 코페르니쿠스 우주 구조를 결합했다. 지구를 우주의 중심으로 설정한 브라헤의 주장은 가톨릭교회의 이단설에 휘말리지 않았다. 이처럼 16세기에는 프톨레마이오스, 코페르니쿠스, 브라헤의 우주 구조론이 서로 경쟁하고 있었다. 가톨릭교회는 1615년 코페르니쿠스의 지동설을 정식으로 배격하고 1616년 그의 저서를 금서 목록으로 지정했다가 1757년에 최종적으로 지동설을 인정했다. 코페르니쿠스의 지동설은 결함이 있었기 때문에 17세기 과학혁명이 일어나고 나서야 제대로 확립되었다.[8]

코페르니쿠스의 우주체계론에 큰 영향을 받은 요하네스 케플러는 개신교인인 탓에 종교 탄압을 겪으며 살았던 불우한 인물이다. 1589년 독일 튀빙겐대학교에 진학한 그는 천문학과 수학을 연구하여 『우주 구조의 신비』를 출간했다. 이 책을 읽은 브라헤는 그를 프라하 천문대로 불렀다. 브라헤의 모든 연구 자료를 넘겨받은 케플러는 화성의 궤도를 연구하기 시작했다. 그리하여 마침내 행성이 태양에 가까이 갈수록 빨라지고 멀어질수록 느리게 움직인다는 사실을 발견했다. 행성은 등속원운동이 아니라 부등속 타원운동을 하고 있었던 것이다. 그는 이 연구 결과를 발표하여 코페르니쿠스를 뛰어넘는 새로운 천문학을 열었다.[9] 이는 플라톤 이래 2천 년 동안 유지되었던 천체 구조를 바꾼 혁명적인 것이었다. 그다음에 케플러는 행성이 부등속 타원운동을 하게 하는 힘이 무엇인지 알아야 했다. 그러던 중 윌리엄 길버트가 1600년 『자석에 관하여』에서 지구가 자석이라고 주장하자 이에 케플러는 자석의 자기력처럼 천체끼리 서로 작용하는 힘이 있으며 태양에서 나오는 힘이 일종의 자기력이 아닐까 하고 생각했다. 천문학 연구에 물리학을 접목하여 천체역학을 개척한 것으로, 그의 이러한 연구 성과에서 뉴턴의 만유인력 법칙이 나오게 된 것이다.[10] 케플러는 행성 운동의 3대 법칙을 제시했다. 제1법칙은 타원궤도의 법칙으로 지구 및 다른 행성들이 태양을 중심으로 원이 아닌 타원 궤적을 따라 공전한다는 것이다. 제2법칙은 면적속도 일정의 법칙으로 태양이 타원의 한쪽 초점에 위치한다면 행성은 타원궤도를 도는 동안 같은 거리를 진행하는 것이 아니라 같은 면적을 휩쓸고 지나간다는 것이다. 제3법칙은 조화의 법칙으로 행성 공전주기의 제곱은 장반경의 세제곱에 비례한다는 것이다.

앞서 설명한 바와 같이 갈릴레이는 망원경의 성능을 크게 개선하여 목성의 4개 위성, 달의 반점, 태양의 흑점을 발견했다. 그리고 금성이 태양의 주변을 돌고 있는 것을 관찰하여 코페르니쿠스의 지동설을 입증했다. 이어서 그는 달에 있는 산의 높이를 측정하여 달의 표면을 확인한 한편 은하수는 많은 별이 빽빽이 밀집되어 구름 모양으로 보인다는 것도 알아냈다. 당시 대학교에서 우주에 관한 연구는 천문학 교수가 했다면 실질적인 우주론을 규명하는 일은 철학 교수의 몫이었다. 수학 교수였던 갈릴레이는 아리스토텔레스의 운동론을 반박했다는 이유로 3년 동안 재직했던 피사대학교에서 물러나야 했다. 1592년 베네치아의 파도바대학교에서 교수직을 얻은 그는 그곳에서 18년을 지냈는데 밀물과 썰물을 보면서 지구의 자전과 공전에 대해 생각하게 되었다. 당시 베네치아에서 생산한 총과 대포는 유럽 전역으로 팔려나갔다. 갈릴레이는 선박과 병기, 도르래, 굴림대 등 기계 장치를 연구했다. 그러다가 1609년 유리를 갈아서 직접 렌즈를 제작해 군사용 망원경을 만들었다. 그가 만든 망원경은 32배율까지 높인 것이어서 베네치아 관리들에게 큰 호응을 얻었다. 이 때문에 이름을 떨친 갈릴레이는 이 망원경으로 천체를 관찰하여 『별 세계의 보고』라는 책을 출간했다. 이 책에는 지금까지 아무도 보지 못한 은하수뿐 아니라 목성 주위를 도는 위성 등이 실렸다. 그 때까지 천문학자들은 위성을 지닌 행성이 지구밖에 없다고 생각했다. 목성이 위성을 지니고 있다면 지구도 태양 주위를 도는 행성일 수 있는 것이었다. 이렇게 해서 갈릴레이는 지구가 태양 주위를 돈다는 코페르니쿠스의 지동설을 확인할 수 있었다. 천문학자로서 명성을 얻은 갈릴레이는 피렌체 토스카나 대공의 수석 수학자이자 철학자가 되었다. 그리고 망원경을 이용하여 코페르니쿠스의 지동설을 입증하는 데 성공했다.[11] 망원경은 코페르니쿠스의 지동설을 입증하는 데 가장 효과적인 도구였다. 망원경이 없었던 시대에 천문학자들은 오로지 육안으로만 하늘을 관찰해야 했다. 그렇다 보니 많은 오차가 발생할 수밖에 없어서 정확한 우주의 구조를 파악하지 못했다. 오늘날까지도 망원경은 천체를 관찰하는 데 가장 유용하고 과학적인 도구다. 갈릴레이는 망원경으로 태양이 달과 마찬가지로 표면이 울퉁불퉁할 뿐 아니라 흑점의 위치 변화를 통해 자전한다는 사실을 밝혀내어 흠이 없고 움직이지 않는다는 아리스토텔레스의 견해를 완전히 뒤엎었다.[12] 갈릴레이가 1613년 망원경으로 태양을 관측하여 펴낸 책이 『태양의 흑점에 관해 마르크 벨저에게 보내는 편지』다. 그러나 갈릴레이가 흑점 관측 자료와 흑점의 위치에 관한 수학적 논증만으로 태양 자전의 결론에 도달한 것은 아니며 이외에도 여러 자연철학적 요소를 도입하면서 태양 자전을 밝혀낼 수 있었다.[13] 갈릴레이는 16세기 말부터 아리스토텔레스-프톨레마이오스 우주체계의 대안으로 부상했던 유체우주설의 배경 아래, 태양을 지구에 비유하여 유체의 성질을 가진 대기가 흑점을 포함한 채 태양을 둘러싸고 있다고 주장했다. 나아가 고체와 유체의 구조 및 성질을 규명할 목적으로 수립한 자신의 물질 이론을 태양 자전을 논증하는 데 적용했다. 유체에는 응집성이 없으므로 흑점의 관측상 규칙적인 운동은 태양의 자전으로부터 올 수밖에 없고 태양과 대기 사이에는 친화성이 존재한다. 그래서 갈릴레이는 태양의 운동이 대기로 전달되기 때문에 태양 자전의 결론이 도출된다고 보았다.

이렇게 갈릴레이는 태양 자전을 주장하기 위해 흑점의 관측 자료와 이에 기초한 수학적 논증 이외에도 유체우주설, 태양의 대기, 물질론 등의 자연철학적 요소를 도입했다.[14] 이 때문에 아리스토텔레스주의자들과 가톨릭교회 신학자들로부터 기독교 신앙에 배치된다는 비난을 받았지만[15] 이에 대해 갈릴레이는 과학과 신학은 별개이며 과학을 신학에 맞추는 것은 옳지 않다고 주장했다. 자연은 변경할 수 없는 실재이기 때문에 과학 탐구가 신학보다 우월하다는 것이었다. 갈릴레이가 가톨릭교회와 마찰을 빚으면서도 자신의 주장을 굽히지 않자 마침내 1616년 종교재판소는 코페르니쿠스의 우주체계론을 이단으로 선포하고 코페르니쿠스의 『천구의 회전에 관하여』를 금서로 지정했다. 이제 누구도 지동설을 가르치거나 주장할수 없게 되었다. 그러나 이 같은 가톨릭교회의 탄압에도 불구하고 갈릴레이는 베네치아의 밀물과 썰물을 관찰하여 『두 우주체계에 관한 대화』를 펴냈다.[16]

당시 천문학자들은 지구가 움직이고 있다는 사실을 인정했지만, 성직자나 일반인은 이를 받아들이지 않았다. 이런 분위기에서 지동설을 설명하고 일반인들을 이해시킨 사람이 바로 갈릴레이였다. 그래서 『두 우주체계에 관한 대화』는 대화체 형식으로 라틴어가 아니라 이탈리아어로 작성되었으며, 천문학자들만 관심을 가질 수학적내용이나 기하학적 내용을 싣지 않았다.[17] 이렇듯 갈릴레이의 공헌은 코페르니쿠스의 지동설체계를 대중화시켰다는 점이다. 사실 천문학의 혁명은 케플러가 제시한 행성 운동의 3대 법칙으로 마무리되었다. 그러나 갈릴레이는 케플러의 이론을 받아들이지 않았다. 행성의 궤도는 반드시 원이어야 한다는 것이 그의 확고한 생각이었다. 갈릴레이의 『두 우주체계에 관한 대화』는 교황을 진노하게 했다. 책의 등장인물 중 교황을 상징하는 심플리치오는 한심하고 무식한 명칭이다. 갈릴레이는 신의 전능함과 인간 이성의 한계를 말하면서 심플리치오의 대사를 통해 교황을 조롱한 것이다. 이에 대해 가톨릭교회는 갈릴레이가 교회에 정면으로 도전한 것으로 인식했다. 1632년 이 책은 금서가 되어 판매가 금지됨은 물론 이미 출판된 것까지 모두 회수되고 말았다. 그리고 갈릴레이는 종교재판을 받게 되었다. 그는 고문에 못 이겨 잘못을 인정하고 교회의 가르침에 어긋나는 실수를 했다고 고백했다.[18] 한편 갈릴레이는 역학 분야에서는 현대로의 진입이 가능할 정도의 놀라운 진전을 이루어냈다. 진자의 등시성을 발견하고 진자 주기의 제곱이 진자 길이에 비례함을 입증했고 진동수와 음높이의 관계를 설명했다. 또 운동하는 물체에 대해 '낙하 물체는 등속도를 갖는다', '운동하는 물체는 외부의 힘이 작용하지 않으면 그 운동을 유지한다', 그리고 '정지 상태에서 가속운동으로 움직인 총 거리는 시간의 제곱에 비례한다'는 갈릴레이의 법칙을 만들었다. 그는 이러한 연구와 함께 맥박계와 현미경, 군용 나침반을 만들어 실용화했다. 관성 법칙은 지구에서 수평 운동을 하기 위해 갈릴레이에 의해 처음 공식화되었으며, 이후 데카르트에 의해 일반화되었다. 갈릴레이 이전에는 모든 수평 운동이 직접적인 원인을 필요로 한다고 생각되었지만, 갈릴레이는 실험에서 추력으로 인해 물체가 움직이지 않는 한 운동 중인 물체는 계속 운동할 것이라고 추론했다. 이는 뉴턴의 운동 법칙 중 첫 번째 법칙이다. 관성 원리는 고전역학의 출발점이자 기본 가정이다. 갈릴레이에게 관성 원리는 핵심 과학 과제의 기본이었다. 그는 지구가 실제로 축을 중심으로 회전하고 태양을 공전하는 경우 그 운동을 감지하지 못하는 것을 설명해야 했다. 관성 원리는 한때 과학 논쟁의 중심 문제였다.

데카르트는 운동량을 정의하면서 관성 법칙을 완성하여 '모든 물체는 외부 충격이 없으면 그 상태를 유지한다', '운동하는 물체는 직선으로 계속 운동하려 한다', '운동 물체가 자신보다 무거운 것에 부딪히면 그 운동을 잃지 않고 가벼운 것에 부딪혀서 그것을 움직이면 움직이게 한 만큼의 운동을 잃는다'로 다시 정리했다. 이렇게 제시된 운동 법칙들을 완전하게 정리해낸 사람이 바로 영국의 아이작 뉴턴이다. 뉴턴은 갈릴레이의 생각을 정리하여 제1 법칙을 만들고 관성의 법칙이라고 불렀다. 그는 『자연철학의 수학적 원리』(프린키피아)에서 이전 학자들이 제시한 역학 법칙들을 수학적으로 증명하여 정리함으로써 고전역학과 근대 천문학체계를 완성했다.[19] 이 책은 3권으로 구성되어 있는데 제1권에서는 저항이 없는 공간에서의 운동을 설명했고, 제2권에서는 저항이 있는 공간(데카르트가 가정한 공간)에서의 운동을 설명했으며, 제3권에서는 지구 밖을 저항이 없는 진공 공간으로 가정하고 1권의 내용과 만유인력의 법칙(두 물체는 거리의 제곱에 반비례하는 힘, 인력과 척력으로 상호작용한다)을 천체 운동에 적용하여 수학적으로 입증했다. 이를 통해 관성의 법칙과 가속도의 법칙($F=ma$) 그리고 작용과 반작용의 법칙으로 구성되는 운동 법칙을 완성했다. 그리하여 지상계와 천상계를 구분한 고전 천문학의 설명과 달리 동일한 물리 법칙이 지상계와 천상계에서 공히 적용됨을 입증함으로써 고전 물리학을 근대 물리학으로 전환시키는 계기를 만들었다. 또한 뉴턴은 열, 빛, 전기, 자기, 화학 현상에 관한 연구를 통해 근대 과학의 방향을 제시했으며, 직접 반사망원경을 제작하고 빛과 색깔의 관계를 연구하여 『광학』에서 백색광을 7개의 색으로 분리하는 실험을 설명했다.

네덜란드의 물리학자 하위헌스는 『빛에 관한 개론』에서 빛의 파동설(하위헌스의 원리)과 편광 실험 등을 발표함으로써 추시계의 길이와 주기 사이의 관계를 설명하는 등의 큰 업적을 남겼다. 그는 뉴턴의 입자설로 설명할 수 없었던 빛의 굴절 현상과 회절 현상 등을 빛의 파동설로 해결했다.[20] 1681년 프랑스에서 네덜란드로 돌아온 그는 6년 동안 초점거리가 30~60미터로 긴 렌즈를 높은 장대 위에 달고 접안렌즈와는 줄로 연결한 공중 망원경을 만들었다. 또 거의 완벽하게 색수차가 없는 접안렌즈(하위헌스형 접안렌즈)를 만드는 데 성공했으며 1665년에 이미 로버트 훅에 의해 받아들여진 빛의 파동설을 발전시켰다. 그는 특히 파면의 각 점에서 2차 파동이 발생하고, 새 파면들의 싸개면이 다음 파면을 형성하는 식으로 파의 진행이 일어난다고 가정했다. 이것이 잘 알려진 하위헌스의 원리다. 이를 이용하여 그는 광학의 기본 법칙들을 증명할 수 있었을 뿐만 아니라 이방성 결정에서 이상광선의 진행 방향을 정확하게 결정할 수 있었다. 이와 함께 편광에 대한 실험을 1690년 출판된 『빛에 관한 개론』에 기록했다. 하위헌스가 발견한 이 원리는 매질 속을 전파하는 광파의 파면상의 모든 점을 거기서 발하는 2차 파의 새로운 파원으로 간주할 수 있다는 것이다. 이에 의하면 어떤 시각의 파면 위치를 알면 조금 후 시각의 파면을 간단한 작도로 구할 수 있다. 하위헌스의 원리는 임의의 모양의 파면이 그다음 파면을 형성하는 형태를 추측하거나, 파의 진행 속도가 다른 지역으로 들어갈 때 굴절하는 양상, 또는 파동의 회절을 설명하는 데에 좋은 수단을 제공하는 이점이 있다. 그러나 점 파원은 사방으로 동일한 세기의 파동을 만들기 때문에 파면의 진행 방향에 반대되는 방향으로의 파동도 생겨나야 하므로 이러한 것은 관측하기 어렵다. 이렇듯 하위헌스 원리가 근사식에 불과하기는 하지만 진행 방향과 크게 벗어나지 않은 방향으로의 파동의 세기는 거의 대등하므로 굴절, 반사, 간섭, 회절 등 파동의 여러 현상을 설명하는 데 매우 유용하게 쓸 수 있다.[21]

한편 타르탈리아는 아무도 풀지 못했던 3차방정식의 해를 구했다.[22] 그는 또 대포의 탄도학에서 사거리 측정 문제를 부분적으로 해결하여 최대 사정거리는 발사각이 45도일 때 달성된다는 사실을 확인하고 포신을 떠난 탄환은 즉각 속도가 저하되기 시작하여 곡선의 궤적을 만든다는 것을 예측함으로써 가속도와 중력의 관계를 설명했다. 이러한 과학적 진전은 전쟁이 잦았던 유럽에서 새로운 신무기 개발에 응용되었을 뿐 아니라 앞으로 일어날 산업혁명의 밑거름이 되었다.

2

인체 탐구: 의사와 미술가

르네상스 시대 과학에 이어 의학 분야에서도 기존 체계를 뒤엎고 실증적인 연구를 통해 새로운 의학체계가 확립되었다. 무세이온에서 의학 연구용으로 허용되었던 인체 해부가 헬레니즘 이후 금기시됨으로써 갈레노스의 체계(소화계, 호흡계, 신경계로 구성된다는 이론)가 지배했다. 특히 손으로 작업하는 것을 천하게 여긴 당시 사회 통념 때문에 의사 역시 직접 손으로 수술하거나 치료하는 것을 기피했다. 그러나 벨기에 의학자 베살리우스가 신체 해부를 통해 '6점 해부도'를 만든 다음 1543년에 인체 구조에 관한 7권의 책 『인체의 구조』(파브리카)를 저술하여 그간의 학설을 완전히 바꾸어놓았다.[23] 그는 피는 간에서 심장으로 흐르는 것이 아니라 심장을 통해 신체 전부로 분배된다는 사실과 함께 혈액 순환의 원리와 림프관을 찾아냈다. 또 직접 인체를 해부한 장면들을 그림으로 그려 『인체의 구조』와 함께 『에피톰』을 출판했다. 베살리우스는 시신을 직접 해부하면서 강의하고 그림으로 남김으로써 기존의 인체 개념을 완전히 뒤바꾼 근대 해부학의 아버지로 추앙받고 있다.

이러한 베살리우스의 업적을 가능하게 한 중요한 요인이 바로 르네상스 시대의 예술이다. 당시 해부학자들은 해부의 결과를 그림으로 직접 기록해야 했다. 그들은 의사나 의학 연구자이지 화가가 아니었기 때문에, 그들이 그린 해부도는 아주 조잡할 수밖에 없었다. 이런 상황에서 해부학자들은 예술가의 도움이 필요했다. 한편 르네상스 시대 예술가들은 인간의 미, 즉 인체의 아름다움을 표현하는 데 많은 관심을 가질 수밖에 없었다. 특히 14세기 이래 인간의 모습이 화폭에 자주 등장하면서 점점 더 사실적인 그림을 요구받고 있었다. 제대로 된 인체 해부학 자료나 서적이 없던 시기여서 예술가들은 비밀리에 인체 해부를 감행하기도 했다. 예술가들은 사실적인 인체 묘사를 위해 인체의 골격과 근육에 집중했다. 따라서 당시 예술가들이 사진기 역할을 한 것은 아주 당연했다.[24]

　베살리우스의 저서는 같은 해에 출판된 코페르니쿠스의 『천구의 회전에 관하여』와 함께 과학혁명의 횃불 역할을 했다. 16세기 후반 파도바대학교가 해부학 연구 중심지로 떠오르면서 최고의 전성기를 맞이했다. 수많은 학생과 의사 들이 베살리우스의 『인체의 구조』로 공부하고 파도바로 왔다. 그중 한 명이 윌리엄 하비다. 그는 심장과 혈액의 관계를 연구하여 1628년 『동물의 심장과 혈액의 운동에 관한 해부학적 연구』를 발표했는데, 베살리우스의 해부학 연구에 이은 최대의 성과로서 생리학 혁명을 일으킨 것으로 평가받고 있다. 이후 팔로피오는 난자가 이동하는 경로인 난관을 발견했고 유스타키오는 귀가 이관(유스타키오관)을 통해 목과 연결된다는 것을 확인했다. 우리에게 유스타키오관으로 유명한 유스타키오가 치아의 치수와 치주인대에 대해 처음 언급한 것을 포함해 구강 해부학 발전에도 큰 기여를 한 사실이 최근에 널리 알려짐에 따라 그를 '구강 해부학의 아버지'라고 부르자는 주장이 제기되기도 한다. 유스타키오는 1563년 치아에 관한 최초의 단행본 『치아에 관한 소책자』를 발간했다.[25] 이에 따라 화학치료 요법 및 외과수술 기술이 크게 발전하면서 외과의 중요성을 인정하게 되었고 외과가 내과와 동등한 지위를 갖게 되었다. 특히 전쟁에서 다친 전상자의 상처 치료에서 끓는 기름을 바르는 열유소작법 대신에 계란 노른자, 장미유, 테레빈유의 혼합액을 바르는 방법과 사지절단을 쉽게 할 수 있는 혈관 결찰법을 프랑스의 앙브루아즈 파레가 찾아냈다.

르네상스 시대의 인본주의 사상은 이렇듯 예술뿐 아니라 종교와 과학에 이르기까지 대대적인 혁명을 일으켰다. 인문학이 인간의 사고를 변화시켜 과학이 발전하게 함으로써 인류 역사는 종교의 시대에서 과학의 시대로 나아가게 되었다. 근대 사회로의 전환과 함께 기초과학이 과거의 틀을 깨고 새로운 체계로 전환됨으로써 근대 과학의 기초가 만들어졌다. 대표적인 것이 화학과 물리학의 체계화다. 리바비우스가 1606년 『알키미아』라는 화학서를 저술함으로써 이때까지 시대를 지배하던 아리스토텔레스의 4원소설에 의존한 연금술로 대표되는 물질 변화론에서 벗어나 근대적인 의약과 화학 연구로의 전환이 이루어졌다.[26] 또 아리스토텔레스의 속도 비례 법칙을 반박하는 속도차의 법칙 등이 대두되어 정역학에 관한 관심과 연구가 활성화되었다. 즉 탄도학을 연구하던 중 투사기에서 발사된 탄환이 $F=0$ 상태에서 비행하는 것이 발견되어 이를 기반으로 구동역학이 생겨나는 등 물리학 연구가 본격화되었다. 코페르니쿠스와 함께 지동설을 주장한 영국 물리학자 길버트는 1600년에 지구가 큰 자석이라는 것을 실험으로 입증하여 대중의 큰 관심을 끌었다. 천문학과 지리학, 조선술도 크게 발전하여 네덜란드의 메르카토르가 등각도법이라는 투사법을 이용한 항해지도 제작술과 항로 계산법을 만들어냈다. 3차방정식을 푸는 방법을 찾아내고 탄도학을 일으킨 타르탈리아는 1537년 출판된 『새로운 과학』으로 떨어지는 물체의 법칙을 세우는 데 선구적인 역할을 했다. 그는 이어 측량과 축성술을 수학적으로 해결한 『질문들과 다양한 발견들』에서 돌출부를 포함하는 땅의 넓이와 경사도 등을 측정하는 방법을 제시함으로써 측량으로 발생하는 문제점을 해결했다. 그의 가장 잘 알려진 업적으로는 기초수학을 백과사전처럼 다룬 『수와 측정에 관한 논문』이 있으며 유클리드와 아르키메데스의 저서들을 번역하여 출판하기도 했다.

한편 유럽대륙에서 르네상스, 종교개혁과 함께 과학기술의 근대화가 이루어지면서 이때부터 동양과 서양의 기술력이 크게 차이 나기 시작했다. 고대 그리스와 로마의 과학 문명이 장기간의 기독교 지배로 인해 퇴보할 때 중국은 종이, 나침반, 화약 등을 만들면서 서양을 앞서고 있었지만, 원나라를 지나 명나라에 이르러 퇴보하면서 기술 발전의 역전이 생겨났다. 서양에서는 신의 섭리, 자연의 섭리, 우주의 섭리를 이해하려는 노력이 기초과학의 발전으로 이어졌으나 중국에서는 응용되지 않는 기초과학은 의미가 없다고 생각하는 경향으로 인해 기술 축적이 어려웠다. 특히 명나라가 마음의 수양이 학문 연구보다 중요하다고 주장하는 주자학을 관학으로 삼고 쇄국정책을 시행한 것이 과학기술 퇴보의 결정적 원인이 되었다. 명대 초반까지는 마카오를 중심으로 포르투갈, 에스파냐, 네덜란드 상인들과의 상거래가 활발하게 이뤄졌다. 이탈리아의 예수회 선교사인 마테오 리치는 1582년 명나라에 와서 『천주실의』(천주교와 유교의 관계를 설명), 『서국기법』(아리스토텔레스와 중세의 기억술을 소개), 『이십오언』(고대 스토아철학자 에픽테토스의 잠언집) 등을 펴냈고 유클리드의 『기하학 원론』 등을 한문으로 번역하여 소개했다. 그는 세계지도를 제작하여 중국이 세계의 중심이 아님을 깨우치게 하려 했지만, 중화사상에 젖어 있던 중국인들은 이를 받아들이지 못했다. 한편 아랍 세계도 16세기까지는 페르시아의 정치, 그리스의 철학, 실크로드를 통해 전해진 중국과 인도의 기술, 문화가 융합되면서 가장 큰 발전을 이루었다. 그러나 종교 원리주의가 득세하면서 더 이상 발전을 이루어내지 못했다.

3

과학기술과 무기

근대로의 전환이 가능하게 만든 것 중 하나가 바로 화약 무기다. 화약 무기는 송나라 시대에 본격적으로 개발되었다. 송나라의 수도인 개봉에는 화약과 화기를 제작하는 화약요자작이라는 국영 수공업장이 설치되었다. 증공량 등이 1044년에 편찬한 군사 기술서 『무경총요』는 화창과 화전, 벽력포 등 당시까지 개발된 각종 화기와 화약의 사용 및 제조 방법이 자세히 서술되어 있다. 그리고 금나라 때 몽골의 침공에 대비해 만든 비화창은 창을 멀리 보내기 위해 창 앞부분에 화약을 채운 대나무 대롱을 붙여 만든 일종의 로켓이다. 이 원리를 이용하여 화염방사기, 로켓, 지뢰 등이 만들어졌다. 우리나라에서 최초로 화약을 제조하고 이를 무기화한 사람은 최무선이다. 『고려사』에 1373년 최무선이 주도하여 화살과 화통을 시험 발사했다고 기록되어 있다. 이어 1377년에는 최무선의 건의로 화통도감이 설치되어 다양한 화약 무기가 제작되었으며 이 화약 무기들은 1380년에 벌어진 진포대첩에서 큰 위력을 발휘했다.

이와 같은 화약 무기들은 중원을 점령한 몽골이 유럽 원정에서 사용하면서 유럽에 전파되었다. 일반적으로 유럽에서는 13세기에 흑색화약이 발명된 데 이어 14세기경부터 화포가 사용된 것으로 알려져 있다. 그런데 아랍의 경우에는 유럽보다 앞서서 흑색화약과 이를 이용한 화기를 전쟁 무기로 사용하고 있었다. 아랍 지역에서 최초로 화약 무기가 사용된 것은 1219년 몽골이 중앙아시아의 호라즘을 공격했을 때였다. 그리고 1258년 몽골군이 바그다드를 침공할 때 철병이라는 진천뢰를 사용하면서 아랍권은 본격적으로 화약 병기의 위력을 경험하게 되었다. 그전까지는 유럽과 마찬가지였던 아랍 지역이 몽골과의 전쟁을 통해 비로소 화약 기술에 관한 정보를 얻은 것이다.[27] 이후 몽골군의 화기를 모방해 제조한 화약 무기들이 아랍에 전파되기 시작했다. 아랍은 화약의 발상지인 중국과 일찍부터 해상을 통해 문물 교류를 해왔으며 특히 13세기에는 남송과의 거래가 매우 활발했다. 남송의 광주와 천주 등지에 아랍인을 위한 거류지가 마련되어 있었다. 바로 이들에 의해 중국의 화약 기술과 연화가 아랍에 전파되었다. 화약의 폭발력은 정제된 초산과 황, 탄소를 4:1:1의 비율로 배합할 때 극대화되는데 화약에 불이 붙으면 고체가 기체로 전환되면서 순식간에 부피가 4천 배가 되는 원리를 이용한 것이다.[28]

아랍으로 건너온 화약은 마드파라는 최초의 화기 제작에 사용되었다. 마드파는 우묵한 나무통이나 단지에 화약을 다져 넣고 화살이나 돌을 발사체로 사용한 일종의 산탄총 형태였다. 이 기술이 유럽에 전달되면서 영국은 1346년 백년전쟁 때 처음으로 대포(cannon)를 만들어 사용했다. 대포는 포신과 외피 그리고 장약의 정도가 성능을 좌우하기 때문에 더 나은 성능의 대포를 만들기 위한 야금학과 화학이 발달하는 계기가 되었다. 이후 전쟁의 판도를 바꾸는 용도로 등장한 것이 오스만제국이 헝가리 공학자 우르반에게 의뢰하여 제작한 바실리카포다. 8.2미터 길이의 포신에 270킬로그램의 돌을 1.6 킬로미터 거리까지 발사하여 성벽을 부수는 성능을 가진 것으로 동로마제국의 수도인 콘스탄티노플 공략에 일등 공신이 되었다. 바실리카포는 기존의 청동대포와 달리 무게와 열처리 등을 고려해 질 좋은 철을 재료로 포신을 제작했고 그 구조도 가스 팽창 압력을 견딜 수 있도록 길게 설계했다. 또 포를 발사할 때의 반동 흡수와 이동할 때의 기동성을 고려해 바퀴를 이용했다. 그리고 기존 대포가 재장전에 3시간 걸렸던 것을 시간당 여러 발 발사할 수 있도록 개선했으며 발사각이 거리에 미치는 영향을 고려해 포신의 각도를 조절하는 포이(砲耳)를 사용했다. 화약을 이용한 대포와 총기의 발전은 단순히 전쟁의 승리에만 기여한 것이 아니라, 봉건사회의 주역인 영주와 기사계급이 몰락하고 중앙집권적인 절대왕권이 출현하게 된 결정적 요인 중 하나였다.[29]

말하자면 무기는 전쟁을 바꾸고, 전쟁은 국가를 바꾸고, 국가는 역사를 바꾸었다. 화기의 도입과 더불어 거대한 상비군이 전장에 등장함으로써 무기와 전술, 군대조직 등 사회 전반에 걸쳐 구조적으로 큰 변화가 일어났다.[30] 전쟁의 방식과 무기는 당대의 과학기술에 의해 결정되었다. 그리하여 전쟁에서 승리하기 위해서는 혁신적인 과학기술로 무기체계를 개선하는 것이 최우선이 되었다. 15세기 초기의 청동대포는 엄청난 덩치와 무게 때문에 기동성이 약하다는 치명적인 약점을 안고 있었다.[31] 그래서 유럽의 과학자들은 대포의 발사시 빈번하게 발생하는 폭발 사고를 예방하는 방법과 포탄의 사거리 및 정확도를 높이는 방법, 초창기 포의 육중한 무게를 줄여 기동성을 향상하는 방법에 몰두했다. 프랑스 과학자들이 기술 개발에 앞장서서 15세기 말~16세기 초엽 긴 포신을 부착하여 이전보다 훨씬 날씬한 형태의 대포가 개발되었다.[32] 이처럼 화약 무기는 전쟁의 양상을 크게 바꾸었다. 이전에는 방어가 중시되었기 때문에 공격해 오는 적을 막기 위한 무기가 주로 발달했다. 그러나 15세기 이후에는 화약 무기가 본격적으로 사용되면서 전쟁의 성격이 공격 중심으로 전환되었다. 근대적 의미의 전쟁은 1494년 봄, 샤를8세가 지휘하는 프랑스 군대가 이탈리아반도를 침공하면서 시작되었다.[33] 5만 명의 프랑스 군대가 국경선을 넘어 도시국가 나폴리의 몬테산조반니를 한나절 만에 점령했다는 소식이 전해지자 이탈리아반도 전체가 공포에 떨었다. 왜냐하면 몬테산조반니는 당시 유럽에서 가장 강력한 건축 기술로 축성된 난공불락의 요새였기 때문이다. 몇 미터에 달하는 두께의 높은 성벽을 가진 몬테산조반니 요새는 불과 여덟 시간 만에 프랑스군의 신무기인 대포 36대에 의해 완전히 파괴되고 말았다.[34] 이로써 대포가 전투의 승패를 결정짓는 무기로 등장했다.[35] 프랑스는 대포를 이용하여 부르고뉴 제후들을 굴복시킴으로써 지방 영주 세력을 약화시키고 강력한 중앙집권적 권력을 수립할 수 있는 기반을 조성했다.[36]

불로장생을 꿈꾸던 인간은 영원한 생명을 이어줄 연단을 만들다가 화약을 발견했다. 화약을 이용한 총, 대포 등의 무기는 칼과 창, 화살 등의 재래식 무기를 무력화하고 견고한 성채를 쉽게 무너뜨릴 수 있었다. 이로써 영주, 기사 등 봉건사회의 지배층이 점차 지배력을 상실하고 중앙정부의 왕에게 권력이 집중되어갔다. 또 십자군전쟁으로 인해 베네치아 등의 이탈리아 도시국가들을 중심으로 동서무역이 활발하게 전개되어 상업 도시와 시장경제가 발전하자 결국 자급자족 농업경제가 붕괴하고 말았다.

4

죽음의 문화: 흑사병

인류 역사의 발전 과정에서 역할을 하지 않은 민족은 하나도 없다. 그러나 특별한 역할을 한 민족으로 유대인을 빼놓을 수 없다. 특히 중세를 지나 근대화를 이루어가는 과정에서 유대인은 사회의 모든 분야에서 핵심적인 역할을 했다. 아브라함을 시조로 하는 유대인은 기원전 2000년경 메소포타미아 지역에서 팔레스타인을 거쳐 기원전 1800년경에는 이집트로 이동하여 살게 되었다. 그러다가 이집트의 유대인 억압이 심해지자 기원전 14세기경 이집트를 떠나 가나안으로 민족대이동을 시작하여 팔레스타인 지역을 무력으로 점령하고 이스라엘왕국을 수립했다. 기원전 970년경 솔로몬 왕은 페니키아 등과의 무역을 통해 이스라엘을 당대 최대의 국가로 성장시키기도 했다. 그러나 북부의 이스라엘왕국과 남부의 유다왕국으로 나뉘어 반목하다가 북의 이스라엘은 기원전 722년 아시리아에 의해, 남의 유다는 기원전 587년 신바빌로니아에 의해 멸망당했고 이후 계속해서 다른 민족의 지배를 받았다. 기원전 63년 로마가 이스라엘을 점령한 후 끊임없이 독립 투쟁을 벌이면서 인두세(주민세)에 저항하여 열심당을 결성하고 로마 군인들을 습격하는 자객 활동 등을 전개했다. 서기 66년 로마에 대항해 1차 독립 항쟁을 전개했지만 기독교 유대인들의 참여 거부 등의 이유로 실패함으로써 사두개파 등의 지배층이 전멸하고 바리새파만 살아남아 유대교를 재건했다. 기독교 유대인의 항쟁 불참에 원한을 갖게 된 유대인들이 기독교인의 예배 참석을 금지함과 동시에 그들을 멸절의 대상으로 선언하면서 유대교와 기독교는 완전히 적이 되어버렸다. 이후 서기 132년 다시 펼친 독립 항쟁도 실패하자 로마가 유대인을 예루살렘에서 영구히 추방하는 정책을 추진하게 되었다. 이로써 유대인들은 팔레스타인 땅에서 쫓겨나 각처로 흩어지게 되었다.

이후 세계를 지배하던 로마가 기독교를 공인하고 국교로 삼으면서 예수를 죽인 유대인은 저주의 대상이 되었다. 따라서 유대인들은 기독교의 지배가 느슨한 서유럽의 스페인과 페르시아 지역 그리고 아프리카로 뿔뿔이 흩어져 정착했다. 8세기경 스페인 남부를 점령한 이슬람 세력이 유대인에 관용적인 태도를 보이자 유대인들은 대거 스페인으로 이동하여 서유럽의 물품과 동방의 물품을 교역하는 일에 종사하며 유대교를 부흥시켰다. 유대인들은 무역을 통해 자연스럽게 봉건 영주들과 궁정 책임자들과 소통하며 부를 축적할 수 있었다. 그러나 핍박의 대상으로서 언제 그 지역에서 배척당할지 모르기 때문에 늘 화폐나 귀금속처럼 안전하고 옮기기 편한 재물을 보유했다. 이렇게 나름대로 안정을 찾아가던 유대인들에게 십자군전쟁과 흑사병이라는 악몽 같은 사건이 발생했다. 11세기 말부터 200여 년 진행된 십자군전쟁 동안 유대인은 십자군의 공격 대상이 되어 대량 학살을 당하고 거주지가 파괴되는 시련을 겪었다. 유대인은 모든 토지를 몰수당하고 개종을 강요받았다. 이리하여 궁여지책으로 유대인들은 표면적인 개종을 통해 유대교의 명맥을 이어가면서 부동산을 소유하는 것을 포기하고 고리대금업과 무역업에 집중적으로 종사했다. 그러나 이후 고리대금업도 기독교 정신에 배치된다는 이유로 12~13세기에 금지되면서 유대인들은 주로 보석 무역업을 하게 되었다. 또 다른 시련은 14세기 중반에 세계를 휩쓴 흑사병이었다. 흑사병이 발생하자 유대인이 병을 퍼뜨렸다는 소문이 퍼졌고 유대인은 마녀사냥의 대상이 되어 대량 살상을 당해야 했다.[37] 기존의 역사 해석에 따르면 유럽의 흑사병 창궐은 몽골군의 전략적인 전투 방식에 의한 것이었다. 예컨대 이탈리아 피아첸차 출신의 공증인 가브리엘레 데 무시스는 1347년 흑해 카파에서 유럽으로 전염병이 퍼져나가게 된 경위를 다음과 같이 설명했다.

타타르인들을 덮친 병은 군대 전체를 감염시켜, 매일 수천 명의 목숨을 앗아갔다. (…) 죽어가는 타타르인들은 병이 초래한 엄청난 재앙에 압도되어 대경실색하고, 이를 벗어날 희망이 없다는 사실을 깨닫고 공성전을 계속할 의지를 잃었다. 그러나 그들은 시체에서 나온 견디기 힘든 악취가 성 안에 있는 모든 사람을 죽일 것이라고 희망하면서 시체를 투석기에 넣어 도시 안으로 투척할 것을 명령했다. 산처럼 보이는 시체 더미가 성 안으로 던져졌고, 기독교인들은 가능한 한 많은 시체를 바다에 내던졌지만, 시체 더미들로부터 숨거나 도망칠 수 없었다. 곧 썩어가는 시체가 공기를 오염시키고 식수를 상하게 했고, 악취는 너무나 지독해 수천 명 중 한 명도 남아 있는 타타르 군대를 피해 도망갈 수 없었다. 게다가 감염된 사람은 다른 사람에게 독을 옮기고, 쳐다보기만 해도 사람과 장소를 감염시킬 수 있었다. 누구도 이를 막아낼 방법을 알거나 찾지 못했다. (…) 독성이 강한 병에 감염된 선원 중 소수가 배를 이용해 카파를 벗어났다. 일부 선박은 제노바로, 다른 일부는 베네치아나 다른 기독교 지역으로 향했다.[38]

그러나 중세 유럽을 죽음의 공포로 몰아넣은 흑사병은 몽골군이 흑사병으로 죽은 병사들을 성 안에 투석하여 유럽 전체로 퍼진 것이 아니라 흑해의 곡물 무역선에 의해 전파되었다는 주장이 더 설득력이 있는 것으로 보인다.[39] 중세 유럽인들은 흑사병을 하느님이 내린 징벌이라고 여겼다. 이러한 인식으로 인해 유럽인들은 교회와 성직자 그리고 신앙생활에 더욱 의존하게 되었다.[40]

이러한 위기들을 넘기고 살아남은 유대인들은 스페인 지역을 점령했던 이슬람 세력이 빠져나가면서 위기를 맞았다. 유대인들은 스페인의 대양 진출에 재정적인 지원을 통해 크게 공헌했지만 1492년 이사벨 여왕이 유대인 사회의 성장에 불안을 느끼며 개종하지 않은 유대인은 모든 재산을 남겨두고 몸만 빠져나가라는 추방령을 내렸다.[41] 이에 따라 유대인 약 26만 명이 지폐와 약속어음 등만을 지닌 채 일부는 그리스, 북아프리카, 오스만제국 등지로 이주했고 상당수는 벨기에(당시 네덜란드)로 이주했다. 이들은 벨기에에서 보석 장사를 통해 지역 경제를 크게 부흥시켰고 이렇게 얻은 재력을 이용하여 네덜란드가 스페인을 누르고 세계 무역을 장악하는 계기를 제공했다.[42] 유럽 각지에서 유대인들이 몰려들어 암스테르담이 '새로운 예루살렘'으로 알려지게 되었다. 유대인들은 자신들의 광대한 학문, 기술, 인맥을 암스테르담으로 옮겨 왔다. 그리고 이를 이용하여 새 산업을 일으키고 새 무역로 개척과 더불어 공장과 은행을 설립했다. 유대인들은 네덜란드 동인도회사의 이사직을 차지했으며 암스테르담을 세계 보석 무역의 중심지로 만드는 데 크게 기여했다.[43] 또한 영국의 명예혁명을 지원하여 그 대가로 영국에 대거 이주할 기회를 얻었다. 그러나 대부분의 유럽 지역에서는 게토라고 불리는 별도 거주지를 만들어 유대인들을 격리했다.[44]

종교개혁을 일으킨 루터는 초기에는 수도원과 수도사 들이 유대인을 탄압하는 것은 비성서적이라고 공격하면서 유대인들과 우호적인 관계를 유지했다. 그러나 유대인들이 개종을 거부하자 루터는 그들을 돼지에 비유하면서 고리대금업자라고 공격하고 영원한 추방과 탄압을 지지했다.[45] 반면 같은 종교개혁가인 칼뱅은 직업의 성스러움을 강조하며 유대인에게 관대한 입장을 취했다. 이로 인해 유대인이 많이 거주하고 있던 네덜란드는 칼뱅파가 우세하게 되었다.[46] 이와 같은 고난의 역사 속에서도 유대인들은 서로 단결하여 모든 분야에서 두각을 나타냈으며 무역과 금융 투자를 통해 얻은 부를 이용하여 세계를 주무르는 위상을 확보했다. 이들이 끈질긴 생명력으로 살아남아 지금과 같은 위상을 차지하게 된 이유로는 경전 교육과 민족 동질성 확보를 위한 노력을 꼽고 있다. 유대인들은 아이들이 12세까지 글자를 깨우치고 경전을 읽을 수 있게 교육하여 타민족보다 활발하게 정보 교환을 할 수 있는 바탕을 갖추었고 철저한 종교 교육으로 민족 동질성 확보에 성공했다. 또한 핍박받는 동족을 위한 지원을 의무화하고 동족에 '체데카'를 베풀도록 교육했다. 수혜자가 자립할 수 있게 만들라는 원칙을 실천하는 체데카는 정의와 동정심을 핵심으로 한 교육을 통해 동족 간의 불평등을 해소하기 위한 목적으로 시행되었다.

제9장

인간 이성의

힘

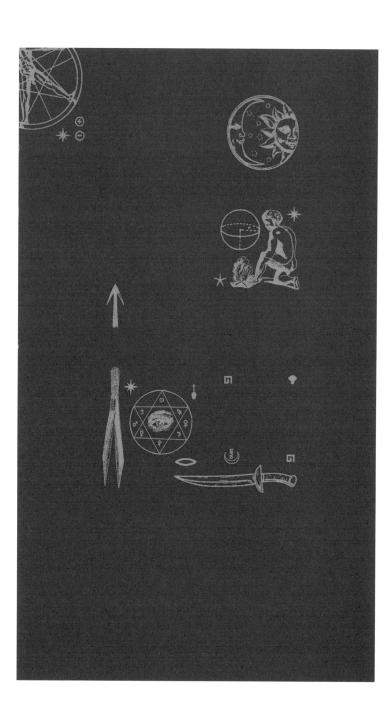

1

과학혁명의 시대

종교개혁 이후 유럽대륙에서는 상업 중심의 자본주의가 태동하고 과학기술이 체계적으로 연구되어 산업에 활용되면서 근대를 향해 나아가기 시작했다. 서기 14세기 중엽에 세계를 휩쓸고 간 흑사병은 유럽 사회구조를 근본적으로 뒤흔들 정도로 막대한 영향을 주었다.[1] 도시 인구 절반이 감소하고 농촌에는 사람이 살지 않는 폐촌이 늘어났으며 전체적으로 유럽 인구의 30%가 줄어들었다. 그후에도 흑사병이 재발하여 1400년경 유럽 인구가 흑사병 이전의 3분의 1 혹은 2분의 1로 감소했다. 아시아에서는 원나라 시대에 인구가 절반으로 격감했다.[2] 그러나 15세기 전반부터는 인구가 서서히 증가했고 13세기 수준으로 인구가 회복된 것은 17세기에 이르러서였다. 흑사병이 전 유럽을 휩쓸자 의학자들은 본격적으로 그리스와 이슬람의 의학을 수용하여 이를 질병 치료에 적용하기 시작했다. 이처럼 흑사병은 많은 생명을 앗아갔지만 유럽의 의학을 발전시키는 계기가 되었다.[3] 또 종교개혁을 거치면서 인구도 5억 명 이상으로 증가하기 시작했다. 유럽은 대항해시대를 맞아 아메리카와 인도에서 많은 물자를 들여와 부를 축적해나갔고 이렇게 얻어진 부는 생산에 필요한 과학기술의 발전에 투입되었다. 또 종교개혁을 통해 다양한 신앙의 형태가 나타나 종교의 자유를 위해 아메리카대륙으로 이주가 이루어지면서 미국이라는 새로운 국가가 탄생했다. 이렇게 서양에서 동적인 전환이 이루어지는 사이, 중국의 명나라는 주자학을 정치철학으로 내세우며 쇄국정책을 시행함으로써 상업과 과학기술 발전이 제자리에 머물렀고 결국 중원의 지배권을 북방의 만주족에게 빼앗기면서 청나라 시대로 넘어갔다.

종교개혁을 전후하여 유럽은 무대의 중심을 대서양과 인도양으로 확장하면서 역동적인 세계로 바뀌어갔다. 상업에 의존할 수밖에 없었던 포르투갈과 에스파냐에 의해 시작된 대항해시대에 새로 개척한 땅으로부터 금과 은, 향신료를 비롯한 진귀한 물자가 쏟아져 들어왔다. 이를 본 영국과 프랑스, 네덜란드가 뒤이어 대항해 경쟁에 뛰어들면서 패권을 놓고 서로 다투었다. 영국과 네덜란드는 각각 동인도회사를 설립하여 해상무역의 거점을 확보하고 경쟁하다가 결국 1652년부터 1674년까지 세 차례의 전쟁을 벌였다. 이 전쟁에서 최종적으로 승리한 영국이 제해권을 차지하면서 세계 곳곳에 식민지를 건설하여 해가 지지 않는 대영제국을 이룩했다.

바다에서 벌어지는 경쟁이어서 싸움의 승패는 누가 얼마나 좋은 성능의 배를 만들고 어떤 무기로 무장하는가에 따라 판가름되었다. 이 시대의 주력 선박은 이슬람권에서 전파된 삼각돛을 활용하여 빠른 속도를 자랑하는 카라벨라와 배에 선적할 공간이 충분하여 중간 기항지 없이 장시간 항해가 가능한 카라카였다. 카라카는 여러 개의 돛대를 사용하기 때문에 이를 고정하기 위해 배 앞부분에 설치한 바우스프릿이 특징이다. 배에서 처음 사용된 화약 무기는 화승총이었다. 1521년경에 만들어진 화승총은 유효사거리가 100미터 정도였기 때문에 배가 가까이 접근할 때 사용되었다. 배에 대포를 설치해 사용한 것은 백년전쟁 때인 1338년경 영국 해군에 의해서였다. 이때는 살상용으로서의 위력이 약했지만 1571년 유럽 동맹군과 오스만제국의 해상 전투에서 함선을 부술 목적으로 철환을 발사하는 중포를 사용함으로써 전투의 승패를 가르는 주력 무기로 등장했다. 다만 이때 사용된 함포들은 정확도가 부족하고 사거리도 짧을 뿐 아니라 방향을 바꿀 수 없는 고정식이어서 근거리에서 사용할 수밖에 없었다. 따라서 해전의 승패는 얼마나 사정거리가 먼 대포를 배에 설치하느냐에 따라 갈렸다. 이러한 문제점을 이해하고 있던 엘리자베스1세는 장거리 대포의 개발을 적극 지원했다. 그 결과 1588년 장거리 함포로 무장한 영국 함대가 에스파냐의 무적함대를 함포 사격만으로 궤멸시킬 수 있었다. 그런데 동양에서는 알다시피 이보다 훨씬 먼저 함포를 사용했다. 13세기에 몽골 연합군이 일본을 원정할 때 함포선을 사용했고 1592년 임진왜란 때에는 이순신 장군이 판옥선에 함포를 설치하여 사용했다. 그런데도 왜 동양에서는 유럽보다 대포와 총의 발전이 더디었을까. 유럽은 고대로부터 전쟁이 끊이지 않았다. 그리고 식민지를 차지하기 위해 국가의 생존을 걸고 치열한 무력 경쟁을 벌였다. 이런 까닭에 유럽은 과학기술을 무기 개발에 적극적으로 응용하여 성능 좋은 무기를 제작하는 데 국력을 집중했다. 반면 중국과 조선, 일본 등 아시아 국가들은 유럽처럼 서로 전쟁을 자주 벌이지 않았다. 전쟁 발발의 주기는 매년 전쟁을 치

렀던 유럽과 달리 수백 년에 달했다. 당연히 무기 개발이 등한시될
수밖에 없었던 것이다.

봉건제가 붕괴한 후 유럽 국가들의 영토가 지중해에서 대서양과
인도양으로 펼쳐지면서 생겨난 도시들과 여기에 모여 사는 시민들
을 중심으로 개인주의, 자유주의, 자본주의가 발전하기 시작했다. 이
에 따라 새로운 사상과 새롭게 부상한 계층들에 의해 국가주의가
생겨나고 제국주의 체제가 성립되었다. 이 시기에 근대 국가가 탄생
하고 자본주의가 성장하기 시작했는데 근대 국가는 봉건제에서 절
대왕정으로의 역사적 이행을 통해 이루어졌다.[4] 그리고 지리상의 발
견으로 인해 해외로 활발하게 진출하여 식민지 쟁탈전을 벌였다. 지
리상의 발견에 앞장섰던 포르투갈과 에스파냐가 먼저 번영을 이루
었고 이어서 네덜란드가 무역과 금융업으로 경제적 번영을 누렸다.
17세기 후반에는 루이14세 치하의 프랑스가 강대국으로 올라섰으
며 영국은 두 번에 걸쳐 혁명이 발생하여 절대왕정이 무너지고 의
회 중심의 입헌정치가 수립되었다. 이후 18세기에는 프로이센과 러
시아가 유럽의 새로운 강대국으로 등장했다.

자본주의가 발달하면서 경제력과 군사력을 갖춘 영국과 프랑스
그리고 네덜란드가 자원과 시장과 노동력을 확보하기 위해 아시아
와 아프리카, 아메리카를 분할하여 식민지화했다. 이들 유럽 국가들
은 식민지로 삼은 아프리카에서 은을 비롯하여 금과 상아를, 인도에
서는 후추 등의 향신료를 가져갔고 면화 등의 작물 재배에 필요한
노동력을 확보하기 위해 아프리카 흑인들을 납치하여 노예로 파는
노예무역을 통해 엄청난 부를 축적하기도 했다. 유럽에서 처음으로

노예무역에 나선 포르투갈인들은 아프리카 동부의 카나리아제도를 중심으로 아프리카 부족장들의 협력을 얻어 1526년부터 아메리카 대륙에 노예를 보냈다. 이후 에스파냐와 영국, 프랑스, 네덜란드도 노예무역에 경쟁적으로 뛰어들었다. 이후 400년 동안 아프리카에서 아메리카로 보내진 노예는 약 1,280만 명으로 추산되고 있다.[5] 1778년경 영국이 카리브해 일대에 보낸 노예가 매년 5만 2천 명에 이르렀고, 프랑스는 매년 1만 3천 명의 노예를 팔았다.[6]

한편 1787년 아메리카대륙에서는 거대한 이민국가인 아메리카합중국이 탄생했다. 1620년 영국의 이민자들이 건너가 살기 시작한 후 유럽 각국에서 이민자들이 아메리카대륙으로 몰려가 북미와 남미가 단기간에 세계의 중심으로 부상했다. 이 시기에 인구도 획기적으로 증가하여 1800년을 기점으로 세계 인구가 10억 명을 돌파했으며 이를 뒷받침하는 농업혁명과 산업혁명이 동시에 일어났다. 이처럼 유럽이 요동치는 사이 그 외의 지역은 아쉽게도 근대로의 전환에 성공하지 못했다. 명나라는 폐쇄적인 국가 운영으로 밖으로 눈을 돌리지 못하고, 후금과의 전쟁으로 국력을 소진하다가 이자성에 의해 1644년 멸망하고 말았다. 이듬해인 1645년 청나라가 들어섰으나 근대가 끝나는 20세기 초까지도 중국은 근대화를 이루어내지 못했다. 인도는 무굴제국이 북인도를 통일하면서 이슬람 제국이 성립되었으나 근대국가로 나아가지 못했고 비잔틴제국을 멸망시키며 동유럽까지 차지하여 중국보다 더 큰 영토를 이루었던 오스만제국도 근대화에는 실패했다. 청나라와 무굴제국, 오스만제국은 공히 자급자족형 경제와 폐쇄적인 종교 문화로 인해 근대적 기술 발전을 경원시함으로써 서양과의 경쟁에서 크게 뒤처지고 말았다.

유럽 국가들이 근대로의 전환을 이루어낼 수 있었던 원동력은 단지 갑자기 불어난 자원뿐만이 아니었다. 종교 중심의 세계관이 인간 중심으로 바뀌면서 새로운 논리학이 제시되고 이를 기반으로 과학기술이 발전하면서 산업의 발전에 활용되었다. 종교가 사고까지 지배하던 시대에 새로운 사고 방법을 제시한 대표적인 철학자는 영국의 베이컨이다.[7] 루터가 종교를 개혁하면서 노동과 경제에 대한 새로운 가치관을 갖게 해주었다면 베이컨은 '지식이 경제'라는 논리를 통해 과학의 새로운 목표와 방법론을 제시했다. 그는 아리스토텔레스의 철학에 대응하는 의미로 철학이 명상에 머물지 말아야 하고 인류의 복지를 실질적으로 증진시켜야 한다고 주장했다. 예를 들어 삼단논법에서 대전제의 검증을 통해 공리라는 일반적 진술이 필요함과 함께 검증을 위한 도구의 활용과 실험이 필요함을 강조했다. '사람은 죽는다. A는 사람이다. 그러므로 A는 죽는다.'라는 논리 전개에서 '사람은 죽는다는 것이 사실인가?'의 사례를 충분히 모아 입증해야 일반적 진실로 사용할 수 있다는 것이다. 베이컨은 이를 입증하는 과정에서 사람들이 흔히 빠지게 되는 다음의 네 가지 오류를 경계했다. 인간의 감각은 불완전하며 이성 능력에 한계가 있어서 감정과 욕망에 치우치는 경향이 있다는 함정이 첫 번째이고, 개인의 편견과 선입견으로 인한 동굴과 같은 함정이 두 번째이며, 사용하는 언어와 부호의 부정확성 및 모호성으로 인해 정보가 왜곡되는 시장과 같은 함정이 세 번째, 대본에 의해서만 경직되어 움직이는 극장과 같은 함정이 네 번째다. 베이컨은 이런 함정에 빠지지 않으려면 지혜를 모으는 협동 작업이 요구되며 이런 일이 이루어지려면 선한 관리자(정부)가 필요하다는 주장을 『새로운 아틀란티스』를 통해 설파했다. 이 소설은 토머스 모어의 『유토피아』, 캄파넬라의 『태양의 나라』, 대니얼 디포의 『로빈슨 크루소』와 더불어 가장 유명한 유토피아 소설 가운데 하나다.[8]

그의 뒤를 이어 나타난 프랑스 철학자 데카르트는 물질은 미세한 입자들로 구성되어 있으며 입자 간의 상호작용을 수학적으로 모델링하면 세상을 이해할 수 있고 인간의 이성을 통해 얻은 지식은 불완전하다고 주장했다. 그는 실증주의를 대표하는 유명한 말을 남겼다. "나는 생각한다. 고로 존재한다." 이 말은 '의심은 주체가 있어야 가능하므로 의심하기 때문에 내가 존재한다는 것을 확실히 알 수 있다'는 것을 강조한 것이다. 이처럼 데카르트는 모든 것을 의심에서 출발하여 실증적으로 입증되었을 때 믿어야 한다고 주장했다. 그는 베이컨과 달리 확실한 지식을 얻는 것을 자신의 목표로 삼았다. 스콜라철학이 제시하지 못했던 절대적이고 확실한 진리에 도달하기 위해 그는 철학에 수학적 방법을 사용했다. 특히 학문이 정신적인 활동이므로 그 대상이 다르더라도 이성을 통해 동일한 방법이 적용될 수 있다고 생각했다. 그는 인간을 이성적 동물로만 정의하는 전통 관념에서 벗어나 인간을 생각하고 행동하며 스스로 만들어가는 존재로 정의하면서 인간으로서의 삶의 가치에 역점을 두었다.

데카르트는 물질이 입자로 구성되어 있으므로 자연현상을 설명할 때 정신적인 부분을 배제해야 하고 수학적 모델이 가능할 때만 확실한 지식이 될 수 있다는 기계적 철학관을 펼쳤다. 기계적 철학의 대상은 공간(외연)을 차지하는 물질과 충격에 의해 발생하는 운동이다. 그는 이 운동을 설명할 때 성질 규명이나 원인 파악 등과 같은 불확실한 것은 배제하고 물체의 크기, 운동 방향, 속도 등과 같이 숫자로 표현 가능한 양만을 선택적으로 고려해야 한다고 주장했다. 이를 실제로 입증하기 위해 다양한 자연현상을 수학적으로 모델링하는 일에 집중하여 그 결과로『기하학』,『방법서설』등을 출판했다. 그는 『방법서설』1부에서 "나는 특히 수학에 마음이 끌렸는데, 이는 그 근거의 확실성과 명증성 때문이었다."라고 밝혔다.[9] 베이컨, 데카르트와 시대를 앞서거니 뒤서거니 하면서 이와 같은 기계적 철학을 만들어간 기라성 같은 자연철학자들이 분야별로 수도 없이 등장했다.

역학의 법칙을 수식으로 표현하는 과정에서 수학이 체계화되었다. 기하학과 대수학을 미적분학으로 통합하면서 셀 수 있는 것과 없는 것을 구분하여 수학을 산수와 기하학으로 구분했으며 자연수, 무리수, 분수 등을 동일하게 표현하는 대수학이 등장했다. 또 연산 방법이 발전하여 방정식의 구조와 해를 구하는 방식들이 제시되었다. 데카르트와 페르마는 곡선 관련 문제를 해결할 수 있는 해석기하학을, 뉴턴과 라이프니츠는 미분과 적분의 역연산 관계를 설명하는 미적분학을 만듦으로써 수학체계가 정리되었다.[10] 이후 오일러는 『무한해석 개론』과『미분학 원리』에서 미적분학의 미제였던 극한, 무한소, 연속, 미분 가능, 적분 가능 등을 정리했다. 이어서 라그랑주는『해석역학』에서 역학 문제를 미적분학으로 풀어냈으며 라플라스는『천체역학』에서 천체의 운동을 미적분학으로 정리했다.

아일랜드의 보일은 일정 온도에서 기체의 부피는 압력에 반비례한다는 것을 입증하면서 화학 연구 체계화의 길을 열었다. 그는 1661년 화학과 연금술을 분리하고 원소를 '화학 변화에 의해 무게가 증가하는 물질'이라고 설명함으로써 이후 분리 분석 기술 및 합성 방법, 원소와 구조물의 화합물이 수없이 발견되는 계기를 만들었다. 보일이 1661년에 출판한『의심 많은 화학자』는 화학에 실험적 방법과 입자 철학을 도입하여 정량적인 과학으로서의 물리와 화학이 탄생했음을 알리는 신호탄이 되었다.[11] 또 1662년『공기의 탄력과 무게에 관한 학설의 옹호』에서 일정한 온도가 전제될 때 물질의 부피와 이에 미치는 압력이 서로 반비례한다는 유명한 '보일의 법칙'을 발표했다.[12] 그는 이 책에서 2천 년 동안 이어온 아리스토텔레스의 물질관에 최초로 이의를 제기했다. 보일은 기체의 정량적인 특성에 관한 연구 외에도 화학원소에 대한 생각들을 통해 화학 발전에 중요한 역할을 했으며 원소의 수에 대해 선입관을 갖지 않았다. 그의 관점에 의하면, 어떤 물질이 두 가지 이상의 더 단순한 물질로 분해되지 않는다면 그 물질이 바로 원소였다. 원소에 대한 실험에 기초한 보일의 정의가 일반적으로 받아들여지면서 발견된 원소의 수가 증가했다.[13] 특히 보일은 불, 흙, 공기, 물은 물질의 상태를 나타낼 뿐 구성 성분은 아니라며 4원소를 대신할 새로운 화학원소 명단을 제시했다. 이로써 마침내 고대 그리스의 4원소론은 쓸모없게 되었다. 그는 자신이 제안한 새로운 원소들이 크기, 모양, 운동 방식, 구조가 각기 다른 작은 원자라고 주장했는데, 이 주장은 당시 신학자들에게 하느님의 존재를 부정하는 유물론처럼 들렸다.[14] 그러나 보일은 금속이 진정한 원소가 아니라고 주장한 연금술사들의 관점에 집착했다. 따라서 그는 언젠가는 금속을 다른 금속으로 변환시키는 방법을 발견할 수 있을 것으로 생각했다.

이어 베허와 슈탈은 1702년 연소 현상을 플로지스톤이 빠져나가면서 질량을 감소시키는 것으로 설명하면서 각종 화합물을 제조했고 수소, 질소, 일산화탄소, 암모니아, 염소, 산소의 존재를 구분해냈다. 역학 및 측정 기술이 발전하면서 공기 중의 산소와 같은 새로운 원소들이 수도 없이 새로 발견되자 라부아지에는 실험과 측정으로 기본 원소의 목록을 제시하고 이 작업을 화학으로 명명했다. 이어서 그는 프랑스대혁명이 시작된 1789년 최초의 근대적 화학 교과서인 『화학 원론』을 저술하여 화학이 연금술이 아닌 독자적 학문 영역임을 선언했다.[15] 그가 남긴 업적은 첫째, 질량 보존의 법칙 수립이다. 둘째, 산소의 발견을 통한 새로운 방식의 연소 현상 정립이다. 셋째, 전통적인 4원소설에서 벗어난 새로운 물질론체계 수립이다. 특히 그는 물이 산소와 수소로 구성됨을 밝혀냈으며 연소 현상은 플로지스톤이 빠져나가는 것이 아니라 산소에 의한 것임을 입증했다. 이처럼 한 가지 물질인 줄 알았던 공기가 여러 종류의 기체로 이뤄진 혼합체라는 것이 알려지게 되었다. 이로써 물도 서로 다른 원소, 즉 산소와 수소로 구성된 화합물이라는 사실이 밝혀졌다. 원소 및 화합물의 새로운 분류체계가 나오고 화학반응에 대한 이론에도 근본적인 변화가 생김으로써 과학혁명이 일어났다.[16] 특히 발견된 원소 및 혼합물에 이름을 붙이는 명명법체계가 완성되고 화학반응을 수식을 통해 설명하는 정량화 방법이 제시되었다. 물질의 성질과 그 변환을 대상으로 하는 화학은 인간이 볼 때 핵심 과학이었다. 다시 말해서,

화학은 인간이 직접 눈으로 보고 손으로 만질 수 있는 물질을 대상으로 하기 때문에 인간이라면 누구나 쉽게 이해할 수 있다. 근대 화학은 영국의 존 돌턴이 물질은 원자라는 작은 알갱이로 되어 있다고 생각하면 다양한 반응의 특성을 간단하게 설명할 수 있다는 사실을 깨달으면서 시작되었다. 그리고 그 직후에 러시아의 멘델레예프가 원소 주기율표를 만들면서 근대 화학이 본격적으로 성장하게 되었다. 생물체만이 만들 수 있다고 믿었던 유기화합물을 실험실에서도 만들 수 있게 되자 본격적인 유기합성이 시작되었다.[17]

이 시기에 인체해부학이 되살아나 의학 분야에서도 큰 발전이 이루어졌다. 영국의 의사 윌리엄 하비는 인체 연구를 통해 당시까지 지배적이던 '피는 지속적으로 생산되고 소모되어 없어지는 것'이라는 생각이 잘못되었으며 피는 심장에서 만들어져 신체를 한 바퀴 돈 후에 다시 심장에 모이는 것임을 입증했다. 그는 피를 돌게 하는 순환이 심장의 펌프 운동으로 가능하다는 것을 실험으로 증명해 보임으로써 기계론적 생명관이 대두되는 계기를 만들었다. 이를 통해 이성과 신앙이 분리되며 관찰과 실증을 중시하는 학문 풍조가 보편화되었다. 이후 네덜란드의 레이우엔훅이 현미경을 만들어 생리학과 생물학, 의학의 근대화를 이루는 데 크게 공헌했다. 현미경을 통해 미생물의 존재를 발견할 수 있었다. 또 케플러는 하나의 밝은 점에서 발산된 광선들이 하나의 원뿔을 형성하며 동공에서 다시 굴절하여 망막의 한 점에 맺히는 눈의 기능과 구조를 설명해냈다.

세계가 하나로 연결되기 시작하면서 새롭게 발전한 과학 분야는 자연사다. 인도, 아메리카, 아프리카 등의 식민지 개척으로 대륙 간의 항해 연결이 빈번히 이루어지면서 유럽인들은 새로운 동식물을 접하게 되었다. 이것들을 자원으로 활용할 목적으로 유럽 생물학자들은 식민지 세계의 동식물을 체계적으로 채집하고 분류, 분석하기 시작했다. 식민지에서 들여온 동식물들로 식물원과 동물원을 운영하는 한편 새로운 약재나 산업화에 필요한 내용을 찾아내기 위한 연구가 전문화되면서 자연사 연구가 활발해졌다. 린네는 식물을 수술의 수, 비율, 배열에 따라 24개의 강으로 분류하고 강은 암술의 수에 따라 목으로, 목은 열매 맺는 방식에 따라 속으로, 다시 속은 개별적인 특징에 따라 종으로 나누는 분류체계를 제시했다. 이 방법은 다른 생명체의 분류에도 적용되었다.

이로써 과학은 고대부터 이어져 온 철학, 종교의 영역에서 벗어나 점차 독자적인 학문으로 발전하기 시작했다. 이는 더 이상 우주 만물이 절대적인 신의 영역이며 자연의 법칙 역시 신의 섭리라고 인식하지 않고 인간 스스로 그 법칙을 알고 이용할 수 있는 능력을 갖추게 되었다는 것을 의미한다. 우주의 주인이 신에서 인간으로 바꿔어가는 과정이 본격적으로 시작되었다. 이전까지 인류는 인간을 신의 창조물로 동물과 달리 신성을 갖춘 인격체로 보면서 선과 악의 구분은 전적으로 신의 가르침에 의해서만 알 수 있다고 생각했다. 그러나 이제는 인간 역시 물질에 종속된 존재이며 이성으로 스스로 선과 악을 구분할 수 있는 지혜를 지녔다고 믿었다. 이러한 사상의 변화는 르네상스의 인본주의를 거쳐 계몽사상, 즉 이성의 빛이 이끌었다. 인간은 종교적인 고대인과 다른 과학적이고 합리적인 근대인으로서 이성과 과학의 시대를 열기 시작했다.[18]

2

과학과 철학의 분리

　과학기술의 발전이 급진적으로 이루어지면서 과학기술에 관한 출판과 논문을 통해 일반인에게도 널리 소개되고 과학적 사고가 모든 분야에서 대중화되었다. 과학기술의 산업적인 효과가 기대되고 전문가의 역할이 증대되면서 정부와 새로운 상업자본 세력이 문화와 예술뿐 아니라 과학기술 연구를 지원하는 것이 당연한 것으로 여겨졌다. 이에 대한 보답으로 과학기술자들이 연구 성과를 후원자에게 헌정하는 관례가 생겨났다. 과학에 대한 이러한 인식 변화는 과학자들을 국가 차원에서 육성해야 할 자원으로 우대하게 만들어 과학자들만의 공간인 왕립학회와 과학 아카데미가 설립되었다. 영국에서는 1660년 국가가 공인한 최초의 과학 단체인 왕립학회가 설립되어 과학 발전을 촉진했다. 뉴턴이 왕립학회의 회장으로 활동하면서 사물과 현상에 대한 과학적인 접근 방법을 확산시켰다. 그는 자연현상을 실험과 수학으로 설명하고 물질은 입자로 구성되었음을 가정하여 물질의 본질을 연구하는 방향을 제시했으며 관찰이나 경험에 의해 확인할 수 있는 것만 연구 대상으로 정해줌으로써 철학과 과학을 분리하는 계기를 만들었다. 이러한 그의 노력은 과학이 세상을 발전시킨다는 긍정적 확신으로 과학자뿐만 아니라 사회 전체 분위기를 변화시키는 데 크게 기여했다. 프랑스에서도 1666년 루이14세가 프랑스과학아카데미를 만들어 과학자들이 과학 연구에만 집중할 수 있도록 전폭적으로 지원했다. 다만 국가가 연구에 일일이 관여하는 부정적인 영향을 미쳤다. 이와 같은 과학의 발전은 사고방식을 근본적으로 바꾸는 철학의 변화로 이어졌다. 16세기 코페르니쿠스의 지동설에서 시작된 과학혁명은 소위 '뉴턴 과학'으로 완성되었다. 뉴턴의 만유인력 법칙은 아리스토텔레스의 천상계와 지상계를 하나로 통일하여 새로운 우주를 탄생시켰다. 그리하여 뉴턴의 고전 역학은 모든 과학을 지배했고 특히 계몽사상에 큰 영향을 미쳤다.[19]

유럽에서는 사회문제를 잘못된 사고와 행동체계에서 비롯된 것으로 보고 이를 바른 학습 과정을 통해 개선하고자 계몽주의가 나타났다. 그 대표적인 사상가가 볼테르다. 그는 뉴턴 과학의 방법론과 접근법을 계몽사상과 접목하여 과학적 사고를 유럽 전역에 전파했다. 당시 계몽주의는 살롱을 통해 여성들에게 그리고 대중 강연을 통해 일반 시민들에게 확산되었다. 자연에는 질서와 조화가 있는데 인간의 무지에 의해 사회 무질서가 비롯된 것으로 인식한 계몽주의 사상들은 신에 대한 의존에서 벗어나 이성을 통해 자연을 이해하고 삶을 개선하여 사회 진보를 이룰 수 있다고 믿었다. 과학의 영향으로 인간 역시 원자라는 관념을 갖게 된 계몽주의는 사회의 자유 경쟁과 계약을 수용하고 '최대 다수의 최대 행복'이라는 공리주의 명제에 이르게 되었다. 17세기 자연철학이 발견한 물체의 힘, 즉 중력은 이성의 힘으로 바뀌었다. 뉴턴 이후 150년 동안 자연과학자들은 역학뿐 아니라 모든 자연현상에서 정량적 공식, 즉 자료에서 산출된 수치에 어떤 의미를 부여하여 일정한 통계적 방법을 사용하는 객관적인 틀 속에서 결론을 표현하려고 했다. 계몽주의 사상가 볼테르는 초기부터 이성을 신뢰하며 이성으로 신을 이해할 수 있다는 이신론을 주장해 가톨릭계의 공격을 받았다. 이를 견디지 못한 그는 1726년 영국으로 망명하여 뉴턴 과학과 로크 철학의 영향을 받았다. 그는 뉴턴 과학 덕분에 인간의 사유가 데카르트 철학과 같은 형이상학적 독단을 벗어나 자유로워진다고 생각하고, 뉴턴 역학을 인간에게 적용한 모델을 발견했다.[20]

이처럼 뉴턴 과학은 철학, 사상과 사회, 문화에서 이성의 힘에 대한 신뢰를 널리 보급하는 계몽주의의 기반이었다. 과학 연구에 대한 국가 및 자본가들의 지원과 일반 시민들의 계몽에 힘입어 과학은 분야별로 점점 세분화되었고 전문가의 수도 획기적으로 증가했다. 1831년 영국의 요크에서 영국과학진흥협회가 창립되면서 과학의 진흥자들을 과학자(scientist)라고 처음 부르게 되었으며 과학이 자연철학에서 독립적인 분야로 발전하는 계기가 되었다. 이제 과학이 곧 문명이라는 인식이 확산된 것이다.[21] 이 시기 과학 연구의 가장 큰 특징은 빛, 전기, 열, 자기 등의 현상은 모두 입자들에 의해 발생한다는 입자론에 바탕을 두었다는 점이다. 빛 입자, 열 입자, 전기의 양극과 음극 입자, 자기의 N극과 S극 입자 등이 증명되었으며 돌턴은 『화학철학의 새 체계』에서 물질 구성의 최소 단위를 원자로 부르고 수십 가지의 원자를 찾아 정리했다.[22] 뒤이어 1811년 베르셀리우스가 화학결합을 전하 입자들이 다른 원자들과 전기적으로 결합하는 것이라고 설명하면서 모든 물리적·화학적 현상을 동일한 방법으로 해석하는 것이 가능해졌다.

이와 같은 해석 방법이 모든 과학 분야에 적용되면서 새롭게 등장한 것이 전기에 관한 연구다. 스티븐 그레이는 정전기 발생기에서 발생시킨 정전기가 인체나 사물을 통해 멀리까지 전달되는 것을 실험으로 보여주었다. 이어서 뒤페는 금속을 제외한 모든 물질을 비벼서 전기를 발생시키는 것을 확인했다. 또 유리병을 문질러 발생시킨 전기가 같은 종류에서 발생시킨 것은 밀어내고 호박을 문질러 발생시킨 것은 당기는 전기의 극성을 실험으로 확인했다. 이러한 전기 극성이 만유인력의 인력, 척력과 같으며 그 힘이 거리의 제곱에 반비례함을 수학적으로 표현한 사람이 쿨롱이다. 1752년에는 미국의 정치가이자 과학자인 벤저민 프랭클린이 연 날리는 실험을 통해 번개가 전기 작용임을 입증했다. 전기의 특성 연구는 생체전기로 이어졌다. 갈바니는 개구리 뒷다리에 전기가 흐르는 금속을 대면 움츠리는 것을 보고 동물이 전기를 발생시킨다고 생각했다. 그리고 볼타는 금속이 전해질을 사이에 두고 접촉하면 전기가 발생한다는 것을 발견하여 인공으로 전기를 발생시키는 전지를 제작할 수 있었다.

지금까지 설명한 바와 같이 새로운 과학 이론과 방법론은 실용 기술의 개발에 즉각 활용되었다.[23] 가장 대표적인 것이 동력을 생성하는 기관의 발명이다. 토머스 뉴커먼이 보일러에서 만들어진 증기를 실린더에서 응축시킨 힘으로 피스톤을 움직이는 대기압기관을 만들어냄으로써 세상을 바꾸는 신호탄을 쏘아 올렸다. 이어서 제임스 와트는 뉴커먼기관에서 실린더의 열은 그대로 유지한 채 실린더

안의 증기만 냉각시키는 분리형 응축기를 고안하여 기차와 증기선의 실용화를 가능하게 했다. 증기기관이 생겨나면서 기계화 작업에도 큰 변화가 생겼다. 방적기와 역직기가 자동화되어 산업혁명의 요인이 되었다. 증기기관의 발명과 실용화에 크게 기여한 것은 철을 생산하는 기술의 발전이었다. 철은 다른 금속에 비해 매장량이 훨씬 많지만 처리하는 방법이 어려워서 가격도 비싸고 널리 응용될 수 없었다. 그러나 1709년 에이브러햄 다비가 코크스 용선법을 만들면서 철의 대량 생산이 가능해졌다. 철의 생산은 도가니의 온도를 1,800도 이상으로 올리는 것이 관건인데 코크스 용선법은 석탄으로 철의 원광석을 녹일 때 먼지가 섞이지 않도록 석탄을 고온에 쪄서 코크스 형태로 만들어 사용하는 기술이다. 이후 1740년경 벤저민 헌츠먼이 원광석을 도가니에서 완전히 용해해 일정한 틀에 부어 응고시킨 후 다시 재가열해서 필요한 형태를 두드려 제작하는 도가니 제강법을 만들었다. 이 기술 덕분에 훨씬 저렴하고 질 좋은 철을 빠르게 생산할 수 있게 되었다. 철강 생산에서 꼭 필요한 석탄은 당시 영국에서 매년 5천만 톤을 생산할 정도로 풍부했다. 석탄을 태워 얻은 석탄가스는 도시의 가로등(런던 1807년, 볼티모어 1816년)을 밝히는 데 사용되었으며 제철소뿐 아니라 당시 대규모 사업장이었던 양조장에서도 사용되었다.

이 시기에 역사를 크게 바꿀 만한 기술 발전은 무기 분야에서도 이루어졌다. 15세기의 바실리카포 이후 부정확한 사거리와 안정성 문제를 개선하려는 노력이 큰 진전을 만들어냈다. 1756년에 시작된 7년전쟁 동안 대포 무게를 줄이고 각 대포의 포신 편차를 최소화하는 강선포 제작술이 개발되었으며 포탄을 단순한 쇠뭉치가 아닌 산탄과 포도탄으로 대체함으로써 화력이 놀라울 정도로 강해졌다.[24] 대포뿐 아니라 개인화기인 소총도 크게 발전했다. 1250년경 중국에서 최초의 개인용 총(길이 1.2미터, 연철과 강철 총신에 개머리판 부착)이 등장한 이후 사거리, 정확도, 발사 속도, 무게, 휴대성, 장약의 상시 사용성 등을 개선하려는 노력이 계속되었다. 15세기 후반에는 약 90센티미터 길이의 총신에 심지(화승)를 사용해 점화하는 화승총으로 발전했다. 이후 격발 방식이 심지가 필요 없는 휠록에서 플린트록으로 개선되었다. 이 화승총은 정확도는 떨어지지만 사거리가 200미터 정도인 보병용으로 사용되기 시작했다. 1741년경 영국에서 총신의 직경과 총알의 길이, 총알의 스핀, 총구를 떠날 때의 총알 속도와 마찰 등을 고려하여 총알을 끝이 뾰족한 장립형으로, 그리고 총신 내부에 강선을 만들어 총알을 총구가 아닌 방아쇠 쪽에 삽입하는 방식으로 설계하여 정확도가 획기적으로 개선된 총이 제작되었다. 이후 1807년 총알과 화약이 일체형인 카트리지 총알이 개발되었으며 1840년 6연발 권총이 개발됨으로써 전투의 양상이 획기적으로 바뀌었다. 이처럼 16~17세기의 과학혁명이 기술 발전을 촉진함으로써 마침내 산업혁명이 일어날 수 있었다. 과학의 발전이 없었더라면 기술 발전은 물론 인류 역사를 획기적으로 바꾼 산업혁명도 일어나지 않았을 것이다.[25]

3

산업사회와 물질문명 세계

르네상스와 종교개혁 시대에 5억 명이던 세계 인구가 1800년경에 이르러 10억 명으로 두 배 증가했다. 이러한 폭발적인 인구 증가는 흑사병과 같은 전염병의 빈도수가 줄어들고 농산물의 경작지가 확대되면서 식량 확보가 용이해져 영양 상태가 좋아졌다는 것을 보여준다. 영국의 경우 농업의 혁신을 통해 농축산물의 생산량이 크게 증가하자 1800년 1,500만 명이던 인구가 불과 50년이 지난 1850년에는 2,700만 명으로 거의 두 배 늘어났다.[26] 영국은 이미 15~16세기에 인클로저운동을 통해 농업이 양모 생산을 위한 목축업으로 바뀌는 과정에서 농업혁명을 경험했다.[27] 사람이 많이 필요한 소작농 형태에서 양모의 소비가 증가함에 따라 소득이 높은 양을 기르기 위한 목장 형태로 바뀌자 많은 농업 인구가 농경지를 떠나 도시로 이주함으로써 전통적인 농업 위주의 사회구조가 바뀌었다. 이후 18세기를 지나면서 집약 농업의 형태로 변화하고 가축 개량을 통해 농장이 대규모화되었다. 또 윤작이 보편화되면서 경작법이 크게 발전했다. 이 같은 농업 발전은 인구 증가를 감당할 정도로 충분한 곡식을 생산할 수 있게 만들었는데 당시 필요한 식량의 90%를 감당할 정도였다.

전통적인 경제사 해석에 의하면 농업혁명은 산업혁명을 가능하게 한 선행조건이었다. 즉 인클로저와 토지 소유의 집중화, 전문 차지농의 지위 상승, 새로운 작물의 도입, 새로운 경작법의 개발, 사료 작물의 사용, 농기계의 혁신 등이 결합하여 농업 생산성의 증대가 이루어졌다. 이를 바탕으로 농업 부문의 식량 및 공업 원료 공급, 노동력 배출, 공업 부문에의 자본 투여, 공산품 소비 등을 통해 산업혁명에 유리한 사회경제적 조건이 마련되었다는 것이다. 도시 노동자 자원이 풍부해지고 공산품을 생산하는 제조업 노동자에 대한 수요가 급격히 팽창했다. 인구 증가에 따라 공산품 수요가 폭발적으로 증가하면서 경공업의 혁신을 불러왔다. 증기기관을 이용한 다양한 자동화 기계가 등장하고 동력원인 석탄과 기계의 재료인 철 생산이 쉬워지면서 증가한 인구에게 필요한 공산품의 제공이 가능해졌다.

여기에 물자의 유통을 원활하게 하는 교통수단의 혁신이 이를 뒷받침했다. 1798년 트래비식 고압 증기기관이 등장한 이후 1807년에 제임스 와트와 매슈 볼턴이 제작한 외륜 혹은 차륜 구동 방식의 증기선이 상업화되면서 대규모 인원의 빠른 대륙 간 이동이 가능해졌다. 또 1814년 조지 스티븐슨이 제작한 증기기관차가 1830년에 실용화되면서 미국과 유럽에 철도산업이 생겨났다. 철도의 연결은 엄청난 사회 변화를 일으켰다. 예컨대 열차의 출발과 도착을 알리는 시간의 개념이 생겨나 시계가 모든 사람에게 필요한 것으로 보급되기 시작했다. 기차는 식민지 수탈의 도구로 사용되어 1844년 인도에서는 8천 킬로미터에 달하는 철도 부설 계획이 수립되기도 했다.

증기기관의 발전으로 인해 기계공학과 열역학 분야가 새로운 학문 분야로 발전했으며 대도시 건설과 철도 및 도로 공사의 발달로 토목공학이 탄생했다. 이러한 농업과 운송수단 및 생산 기술의 발전으로 인한 인구 증가와 농업 생산성 증대는 1780년대부터 영국의 산업화를 가속화시켰다.[28]

그런데 영국의 산업혁명에서 과학적인 학문이 절대적으로 필요한 것은 아니었다. 즉 산업혁명에 필요한 발명품인 제니 방적기, 수력 방적기 등은 매우 간단한 것들이었으며 이런 것들은 장인의 범위에서 벗어나지 않았다. 과학적 원리가 적용된 와트의 회전식 증기기관 발명도 간단한 물리학 지식 정도로 충분했다.[29] 말하자면 산업혁명은 산업자본가와 기술 혁신에 관심을 가진 과학자의 협력이 이뤄낸 결과물이었다. 과학의 존재 이유를 생산능력 확대에서 찾은 베이컨주의는 과학자들뿐 아니라 산업혁명 과정에서 기술 발전을 담당한 기술자와 수공업자에게 스며들었다. 과학적이면서 실용적인 사고로의 전환이 곧 산업혁명의 원동력인 셈이다. 과학혁명의 이론적 혁신이 산업혁명기 기술 발명의 원인이었다고 보는 것은 기술이 본질적으로 응용과학이라는 생각 때문이다. 과학은 산업화를 촉진한 계몽주의 혹은 합리적이고 실용적인 생각을 가져야 한다는 사회 분위기에 이념 역할을 했다. 그렇지만 산업혁명기 영국에 널리 퍼져 있던 화학을 비롯한 과학 지식은 주로 실험적이고 실용적인 면이 강했다. 특히 많은 기업가들도 과학 지식에 깊은 관심을 보여서 과학과 산업에 동시 관여한 과학자-기업가들도 있었다.[30] 특히 와트의 증기기관은 산업혁명기 과학과 기술의 관계를 보여주는 대표적인 사례로

꼽힌다. 와트는 조지프 블랙의 잠열 이론을 응용해 증기기관을 발명한 것으로 알려졌다. 그러나 사실은 와트가 블랙의 잠열 이론을 이용해 증기기관을 발명한 것이 아니라 자신이 발명한 증기기관이 블랙의 잠열 이론이라는 과학 지식을 통해 작동된다는 것을 이해한 것이다.[31] 그렇다 해도 산업혁명기 영국에서 과학 지식을 응용하고자 하는 노력은 산업 전반에서 이뤄지고 있었다.[32]

산업혁명은 인류가 농업과 가축 사육을 시작한 신석기혁명 이래 인류 사회에 가장 큰 변화를 일으켰다. 이러한 역사적 혁명이 유럽에서 가장 먼저 일어난 이유는 무엇일까. 첫째, 유럽은 대항해시대를 통해 아프리카, 아메리카, 아시아 등지에 식민지를 보유함으로써 이미 거대한 시장을 확보하고 있었다. 또 식민지로부터 막대한 원자재를 확보할 수 있었기 때문에 경제적으로 충분한 부를 축적하고 있었다.[33] 즉 유럽 국가들은 상품을 대량으로 생산할 수 있을 뿐 아니라 소비할 수 있는 시장도 확보하고 있었던 것이다. 한편 동인도회사 등 세계를 대상으로 한 거대 기업과 금융업이 발달하여 근대적인 자본주의가 고도 단계에 이르러 있었다. 이러한 조건에서 유럽 각국은 시장 확대와 식민지 건설을 위해 치열한 경쟁을 벌였다. 그러나 유럽이 산업혁명의 근원지가 된 데에는 무엇보다 르네상스 이후 싹튼 합리적 태도와 자연을 지배하고자 하는 욕구를 빼놓을 수 없다. 17세기 과학혁명과 18세기 계몽사상이 사회 전반에 걸쳐 큰 변화를 일으켜 인간이 자연을 지배할 수 있다는 자신감이 산업혁명의 원동력이 되었다. 산업혁명은 1800년대 초에는 인접한 벨기에, 프랑스를 거쳐 전 유럽으로 퍼져나갔다. 1850년을 지나면서는 독일

과 미국도 영향을 받아 혁신적인 변화가 시작되었다.[34]

19세기에 들어서면서 운하와 철도 등 교통과 통신이 급속하게 발전하여 신속한 대량 수송이 가능해졌다. 이전보다 장거리를 훨씬 빠르게 이동할 수 있어서 인적 교류가 빈번해지고 무역과 상업이 먼 곳까지 확대되었다. 1830년 스티븐슨이 발명한 증기기관차로 인해 운송수단이 획기적으로 발전하자 영국을 비롯해 프랑스 등 유럽 각국이 앞다퉈 철도 시대를 열었다. 이렇게 육로와 해로의 교통수단 혁신으로 원료와 상품이 쉽고 빠르게 수송됨으로써 전 세계가 하나의 시장으로 통합되기 시작했다. 이와 더불어 통신수단이 급속도로 발달했다. 1844년 미국의 새뮤얼 모스가 전신을, 1876년 미국의 알렉산더 벨이 전화를 발명함으로써 사회경제적 혹은 정치적으로 유럽과 신대륙이 마치 거대한 대륙처럼 통합되어갔다.

이처럼 교통과 통신수단, 무기의 비약적인 발전을 바탕으로 유럽은 대서양을 건너 신대륙은 물론 인도양과 태평양까지 여러 지역을 식민지화함으로써 무역과 문화 교류를 전 세계 곳곳으로 확대해나갔다. 이로써 오늘날의 글로벌 시대가 개막되기 시작한 것이다. 과거 실크로드를 통해 중국의 비단과 도자기가 유럽에서 귀한 물품으로 취급되고 십자군전쟁 이후 향신료가 유럽을 동양으로 이끌었다면 이제는 일본 문화가 유럽을 자극했다.[35] 일본 문화의 유행은 1858년 도쿠가와막부가 서방 세계에 여러 항구를 개항하고 1867년 파리 만국박람회에 사쓰마번과 사가번이 자기를 출품하면서 시작되었다. 일본의 개항 이후 무역을 통해 병풍, 부채, 접는 부채, 일본 전통의상, 도자기, 책자, 우키요에(목판화), 족자에 이르기까지 다양한 일본 물품들이 서유럽에 유입되었다. 1862년 런던 만국박람회와 1867년 파리 만국박람회 이후에는 우키요에를 중심으로 한 책과 잡지 들이 출판되어 유럽 미술가들이 새로운 일본 미술을 접할 수 있는 토대가 마련되었다. 이후 일본 미술, 특히 우키요에에 관한 관심은 단순한 이국취미를 넘어 자포니즘으로 발전했고 프랑스 인상파 화가들에게 지대한 영향을 끼쳤다.[36] 19세기 중반부터 반세기 동안 근대화와 세계화의 흐름 속에서 동서 문화는 서로 영향을 주고받았다. 당시 일본의 대표적인 우키요에 작가인 호쿠사이와 히로시게는 다양한 시도를 통해 서양의 원근법을 받아들였다. 이것은 유럽 화가들이 쉽게 우키요에를 받아들일 수 있는 요건이 되었다. 새로운 관점을 추구하고 있던 유럽 화가들은 비로소 우키요에를 통해 낡은 시각에서 벗어날 수 있었다. 에도시대의 우키요에가 대중의 관심사와 유행에 민감했던 반면, 프랑스 화가들은 개인적 예술 세계의 창조와 개성을 중요시하고 전통적 관습에서 벗어나려 했다. 따라서 프랑스 화가들은 우키요에를 받아들이는 방식에서도 그대로 모사하거나 화면 속에 배치하는 것에 멈추지 않고, 각자의 개성과 작품에 맞는 형태로 해석하여 재창조했다. 마네, 휘슬러, 모네, 고흐, 로트레크, 고갱 등의 유럽 인상파 화가들은 우키요에로부터 큰 영향을 받아 위대한 작품을 남길 수 있었다.[37]

한편 대항해시대에 신대륙을 발견한 유럽인들은 남아메리카에서 감자, 옥수수, 토마토 등을 유럽으로 가져와 비로소 식량난을 해결할 수 있었다. 약 7천 년 전 남아메리카에서 재배되기 시작한 감자는 16세기 스페인에 의해 유럽으로 전파되어 18~19세기의 기근을 해결하는 데 중요한 역할을 했다.[38] 이어 유럽에서 중국으로 전파된 감자는 1824년경 한반도에 들어온 것으로 알려져 있다. 이러한 새로운 작물들은 유럽을 거쳐 중국, 일본과 조선에도 전해져 부족한 식량 문제에 도움을 주었다.[39] 이렇듯 산업사회는 농업 중심의 경제와 사회체제를 물질적인 세계로 변화시켰다. 과거에 인류가 경험하지 못했던 새로운 사회환경이 조성되자 기존의 삶의 방식과 가치관이 크게 변하면서 많은 문제가 생겨났다.[40] 생산수단과 생산조직에 큰 변화가 일어나 다수의 노동자를 한 장소에 집중시켜 일정한 규율 속에서 협동적으로 작업에 종사하게 하는 공장제가 출현했다. 공장제공업은 농촌 인구 대부분을 도시로 흡수하여 도시화 현상을 초래했다. 또한 산업사회는 공장주, 관리인, 은행가 등 여러 종류의 기업가가 자본가와 결합된 근대적인 산업자본가 계급과 임금노동자 계급을 발생시켜 계급 갈등과 빈민 문제 등 많은 사회문제를 낳았다.[41] 지금까지 살펴본 바와 같이 과학혁명과 신이 아닌 인간 중심적인 인본주의적 사고 등이 상호 결합한 결과가 바로 산업혁명으로 나타났다.[42] 이제 인류 역사는 과거 어느 시대보다 아주 다르고 훨씬 빠르게 변화하기 시작했다.

4

봉건적인 중국과 조선

유럽이 근대화를 위한 전환기를 거치는 동안 중국에서는 명나라가 청나라로 교체되었다. 명나라가 건국되었을 때는 해군력을 강화하고 아랍과 아프리카까지 수차례 거대 함대를 파견하여 세계와의 교류에 힘쓰면서 자금성을 건축하는 등 활기찬 발전을 도모했다. 유럽과의 본격적인 교류는 유럽 선교사들이 중국에 오면서 시작되었다. 그러나 유럽 국가들이 바다로의 진출을 더욱 가속화할 때 명나라는 쇄국정책을 펼쳤고 이로 인해 상인들이 해외로 빠져나가면서 대외 무역이 급속히 위축되었다. 19세기 서세동점 시기에 영국을 중심으로 한 유럽 제국주의 국가들은 인도를 비롯한 아시아 지역을 식민지로 삼고 중국과 조선 등으로 영향력을 확대해나갔다. 특히 영국은 무역역조를 만회하기 위해 군사력을 앞세워 아편 밀매를 자행했다. 그 결과 청나라는 영국이 주도하는 세계 경제체제로 빨려 들어가서 마침내 몰락의 길에 접어들었다. 이를 지켜본 청나라 말기의 지식인 위원은 유럽이 통상을 빌미로 중국을 침탈하려 한다는 사실을 간파했다. 그는 유럽과의 평등한 교류는 유럽의 막강한 군사력에 대항할 힘을 지닐 때 가능하다고 여겼다. 따라서 그런 힘을 가지려면 정련된 군사력 및 무기체계를 갖추어야 하며 이를 위해서는 유럽을 오랑캐라고 경멸했던 시각에서 탈피해 그들의 우수한 근대화를 따라 배워야 한다고 보았다. 이것이 그의 사상의 바탕이 된 새로운 이하론(夷夏論)으로, 오늘날 중국의 부흥과 강대국 부상을 꾀하는 중국몽의 맹아가 되었다.[43]

19세기 중반을 지나면서 인구 회복과 더불어 농작물의 품종 개량이 이루어지자 경작지가 확대됨으로써 중국의 농업 생산량이 획기적으로 증가했다. 중국은 1400년에서 1850년 사이 인구가 6.6배 증가했는데 농업 생산력의 발전과 시장경제의 성장 덕분이었다.[44] 청나라 때 살충제가 사용되고 각종 유기질·무기질 비료가 다양하게 개발되었으며 시비법과 퇴비 제조법이 발전했다. 특히 아메리카대륙에서 전래된 옥수수, 감자, 고구마 등의 작물이 보급되어 쌀과 보리의 대체 식량으로 사용되었다. 이들 신대륙 작물은 산지나 구릉지 등 이전에 버려둔 땅의 이용률을 높여 식량 생산량을 크게 증가시켰다.[45] 그 결과 1400년에서 1850년 사이 경지 면적이 3.2배 증가하고 식량 생산량이 5.3배 늘어났으며 단위면적당 생산량도 75% 증가하여 6.6배나 증가한 인구를 먹여 살릴 수 있었다.[46]

이처럼 중국에서도 농업 생산량 증가와 더불어 시장경제가 성장했다. 16세기 아메리카대륙의 은광 개발로 인해 동서 교역이 확대되었다. 특히 광동, 복건, 절강 지역에는 연간 200~300만 온스의 은이 유입되어 16세기 화폐경제에 붐이 일어났다. 이에 따라 담배, 비단, 면화 등의 상업 작물 재배가 복건, 광동 연안 등의 강남 지역에서 성행했다. 농촌 시장도 발전하여 현 내의 상업과 교통 중심지에

진, 시, 점, 보 또는 부로 불리는 소도시가 생겼고 농촌에는 촌시, 초시, 허시, 집, 회, 장으로 불리는 정기시가 섰다. 이렇게 지방 경제는 물자 전체의 수급을 조절하는 현성(縣城), 그곳의 상점들이 출점하여 형성한 진시(鎭市), 농촌의 물자 수매와 판매 장소인 정기시(定期市)라고 하는 3급의 시장에 의해 계층화되었다. 평균적인 농촌의 정기시에서는 중심지에 있는 시장 거리의 주변에 있는 10개 이상 마을이 하나의 시장권을 형성하여 장날에는 현성의 순회 상인단이 각 정기시에 출장했다. 정기시를 중심으로 하는 시장권은 농민들의 사회경제 생활의 기초 단위였다. 또한 진상과 휘상을 대표로 하는 대규모 상업자본이 형성되었는데, 이들은 신용을 기초로 장거리 교역을 담당했다. 이들에 의해 상방, 회관, 공소 등과 같은 상인조직도 발달할 수 있었다.

반면에 기술, 제도, 정치가 변화하는 중에도 변화보다 안정과 조화를 더 중시하는 전통적인 사회문화가 여전히 지배적이었다. 중국의 기술은 오랜 시간 동안 세계에서 가장 발전된 형태를 가지고 있었다. 그렇지만 중국에서는 상업을 천시하는 유교적 가치관, 상하의 인간관계 중심의 사회조직과 가치관, 정부의 끊임없는 간섭과 방임 그리고 무관심, 안정적 수요로 인한 고정적인 상품 공급체계 등이 기술 발전을 저해하는 요소로 작용했다. 더구나 19세기에 이르러 노동력을 절약할 수 있는 기계를 만드는 금속 원자재가 비싸져서, 그런 것을 개발하는 것은 경제적이지도 않고 합리적이지도 않았다. 인구의 급속한 성장으로 노동력을 제외한 모든 자원이 희소해졌기 때문에, 합리적 전략은 노동력을 절약하는 기계 쪽이 아니라 자원과 고정자본을 절약하는 방향으로 기울었다. 즉 중국은 기술의 새로운 돌파구를 여는 데 필요한 집중 투자를 하기에는 인구 밀도가 너무 높았고, 이러한 높은 수준의 인구와 중간 수준의 기술이 균형을 이룬 상태에서 벗어나지 못했다. 이른바 '고도 균형의 함정'에 빠져서 중국은 근대 산업혁명으로 진전할 수 없었다.[47]

농업 생산이 전문화되자 농업 전문경영인과 농업자본가가 생겨났다. 또 인구 증가로 공산품 생산을 담당하는 수공업이 번창했으며 생활에 필요한 물품 생산을 위한 방직 기술과 장식품 등의 생산을 위한 야금술이 크게 발전했다. 이러한 농산물과 공산품을 유통하기 위한 상업과 교통이 발전하여 거래를 돕는 자본가들이 출현했다. 이는 중국도 자본주의의 기초가 만들어졌다는 것을 의미하지만 아쉽게도 이런 자본들이 유럽의 르네상스와 같이 과학과 예술의 발전에 연결되지는 못했다. 많은 학자가 그 이유를 다양하게 설명하고 있지만 제일 설득력이 있는 것은 과학기술의 발전이 중국을 지배하던 자연관과 인간관을 반영하는 것으로 받아들여지지 못했다는 설명이다. 주자학으로 사상과 학문이 고정되어버렸고 이에 반하는 생각이나 시도는 받아들여질 틈이 없었다. 서양의 암흑기 동안 인간과 자연에 대한 과학적 해석이 어려웠던 것처럼 중국의 명나라도 그런 형편에 있었다고 볼 수 있다는 것이다. 특히 중앙집권적인 거대 관료체계에서는 국가의 도움 없이 과학기술 발전이 불가능한데 관료들이 과학기술의 필요성을 그리 중요하게 생각할 이유가 별로 없었다는 점도 고려해볼 수 있을 것이다. 그러나 중국은 제도의 실패로 발전하지 못한 것이 아니라 자원 이용의 합리성 추구가 성장을 억

제한 것이었다.[48] 예컨대 명나라 말기에는 농업, 수공업, 상업이 모두 상당히 발전하여 상품경제 활동이 활발했다. 명나라 중기에 일부 지역에서는 이미 생업을 위주로 하는 자본주의가 싹트기 시작했다. 농업 방면에서는 경지 면적 확대, 농작물 품종 개량이 이루어졌다. 경제작물의 총생산량과 단위면적당 생산량이 눈에 띄게 향상되었다. 이에 따라 일부 지역에서는 농업 전문경영인이 출현했으며 수공업 방면에서는 생산품의 종류가 다양해졌다. 이뿐 아니라 상당한 규모의 생산 설비도 갖추게 되었는데, 특히 야금, 도자기, 방직 산업이 발달했다. 이처럼 농업, 수공업, 상업의 발전은 과학기술의 발전을 촉진했다. 또 이 시대에는 '사람들이 실천을 중시하는' 사회 풍조가 나타났고 학술적으로는 계몽사상적 정신을 포함하고 있었다.[49]

이와 달리 유럽의 경우에는 인구가 적은 데다 식민지 확대로 인구가 지속적으로 유출되어 인구-토지자원 비율이 동양보다 훨씬 낮았다. 이것은 고임금, 고비용 생산구조로 이어졌다. 이에 따라 유럽은 노동력을 절약하는 기계를 만들어야 할 절박한 상황에 직면했다. 이런 이유로 산업혁명의 시대가 열린 것이다. 인간의 힘에 의존하지 않고 기계로 대량 생산이 가능한 공장제에 힘입어 유럽은 마침내 동양을 제치고 경쟁력의 우위를 점하기 시작했다. 1800년경 풍부한 물자와 인구, 수준 높은 농업 기술로 무역에서 우위를 점했던 동양이 상대적으로 기술 혁신에 등한시한 반면 유럽은 그 반대였다. 유럽은 산업혁명을 통해 기술 혁신으로 경쟁력을 강화함으로써 세계의 주도권을 장악하게 되었다.[50]

어느 나라든 멸망의 징조는 항상 있다. 명나라 후기에 환관들이 엄당이라 불리는 정치집단을 만들어 전횡을 일삼자 무능한 황제들은 권좌를 지키고자 지역별로 소왕들이 다스리고 군대를 가질 수 있게 허용했다. 명나라는 처음부터 황제에게 모든 권력이 집중된 강력한 전제 국가였다. 강남 개발에 따라 인구와 부가 늘어났음에도 황제 권력 독점의 후유증이 심각하여 후반부터는 부패가 만연했다. 특히 지방 관리들의 부정부패가 심각했다. 16세기 말 전국 최대의 곡물 생산지인 강절 지역은 토지 소유자가 10명 가운데 1명에 불과했고 나머지 9명은 소작인이었다.[51] 환관들의 전횡이 극에 달하고 사회문제가 심각해지자 소위 절당, 제당, 초당, 곤당, 선당 등 여러 정치집단이 생겨났다. 이들 정치집단은 권력을 장악하기 위해 정치 현안을 두고 치열한 권력투쟁을 벌였는데 그중에서 가장 정치적 영향력이 컸던 집단이 바로 동림당이다.[52] 한편 명나라는 원나라의 몽골족을 북방으로 몰아내기는 했으나 그들을 완전히 진압하지는 못했다. 이런 상황에서 남창 지방의 영왕이 1519년 반란을 일으켜 수도인 북경 근처까지 진군했다. 그리고 1592년 명나라는 조선의 임진왜란에 참전하면서 막대한 재정을 소모했다. 임진왜란은 일본과 조선 그리고 중국까지 참여한 동아시아 국제 전쟁이었다. 이 전쟁에서 조선은 왕조를 유지할 수 있었지만 명나라는 국력이 쇠진하여 만주 여진족의 세력 확장을 견제하지 못했다. 물론 조선도 일본과의 전쟁으로 인명 손실은 물론 막대한 피해를 피하지 못했다. 이 전쟁으로 조선은 명나라를 은혜의 나라로 여기면서 더욱 사대주의가 강화되어 청나라의 침략을 피하지 못했다. 이러한 관점에서 저술된 것이 바로 『임진록』이다. 『임진록』은 조선의 전쟁 대응 실패의 원인으로 조정 신하들의 무능과 무기력, 사욕에 의한 당쟁을 들었다. 전국에서 의병이 일어났으나 왜군을 격퇴하기에는 역부족이었고 따라서 명나라만이 조선을 살릴 수 있었다는 것이 저자의 판단이었다.[53]

명나라는 북쪽의 여진족과 원나라 잔당인 몽골족의 끊임없는 괴롭힘에 시달렸다. 게다가 오랫동안 계속된 기근으로 인해 변방의 군사들에게 식량조차 배급하지 못하는 상황이 발생하자 지방의 군인이었던 이자성이 난을 일으켜 마침내 명나라는 멸망하고 말았다. 이렇게 혼란한 틈을 타 만주와 몽골까지 세력을 규합한 여진족의 금나라가 1644년 북경을 점령하여 이자성을 몰아내고 1924년까지 중국을 통치하게 되었다. 당시 인구가 300만 명에 지나지 않았던 청나라가 인구 1억 명이 넘는 중국 대륙을 큰 전쟁도 치르지 않고 정복했다는 것은 시사하는 바가 크다.

16세기 이전까지 중국은 전 세계에서 가장 부강한 나라였다. 그런데도 유럽과 달리 근대화로 나아가지 못한 근본적인 이유는 인구, 농업 생산량을 비롯하여 경제적으로 풍족했을 뿐 아니라 기술이 월등하게 발전했기 때문이다. 유럽의 산업화는 기술 발전을 바탕으로 시작된 것이지만 앞서 설명한 바와 같이 그만큼 절박한 사회경제적·정치적 이유가 있었다. 중국과 조선 등은 이러한 심각한 위기를 겪지 않았고 왕권 중심의 정치가 강하여 유럽처럼 공화정이나 민주주의 등 정치체제의 변화에 그리 큰 영향을 받지 않았다. 유교를 정치 이념으로 삼았던 중국과 조선에서 지배층은 물질적인 현실 문제를 해결하기보다 자신의 도덕적 완성을 위한 수기치인(修己治人)을 의무로 삼아 피지배층을 도덕으로 교화하며 유교 이데올로기를 구현하는 것에 치중했다.[54] 이들 지배층은 인간의 본성인 이(理)를 도덕의 근본으로 여기고 사회질서로서 예, 통치질서로서 충을 확립하기 위한 통치 이념에 따라 정치에 적극적으로 참여했다. 그래서 학문이 뛰어난 자가 관리가 되어야 한다는 원칙하에 과거 시험을 통해 유교 학문에 뛰어난 학자를 관리로 선발했다. 이러한 유교 사회에서 정치는 현실적인 문제의 해결보다는 각자 다른 유교사상에 관한 논쟁의 성격을 띠었다. 유교 정치의 목적은 정책이 아니라 유교 경전의 해석을 둘러싼 권력투쟁이었다. 이러한 정치 환경과 지식인의 경직된 사고방식이 바로 조선과 중국이 근대화로 나아가지 못한 원인이 되었다.[55]

중국에서 유럽과 같은 사회경제적 변화가 일어나지 않은 또 다른 원인으로는 중국이 군사적이고 귀족적인 유럽의 봉건제와 다른 성격을 가진 관료적 봉건제 사회였다는 점을 들 수 있다. 관료적 봉건제 사회에서는 상업을 경시하는 풍조가 팽배하여 결국 자본가계급이 성장할 수 없었다. 중국 사회에도 수준 높은 수학과 과학 지식을 지닌 학자들이 있었지만 수공업 장인들을 천시했기 때문에 과학과 실험이 결합한 새로운 과학이 발전할 수 없었다.[56] 유교를 숭상한 조선 역시 중국과 마찬가지로 상공업을 천시하고 오로지 자기 수양에 치우친 유교 경전 공부에 매달렸다. 그렇다면 중국과 조선 등 동아시아는 과학을 등한시한 것인가? 그렇지 않다. 중요한 것은 유럽과 동아시아의 자연세계에 대한 사고방식이 달랐다는 것이다. 중국인은 유럽인과 달리 자연세계에 대한 지식을 근대 과학으로 발전시키지 않고 자기 나름의 형태로 발전시켰다. 그래서 조지프 니덤은

중국 과학이 중국 문명과 긴밀하게 연결되어 있다고 보았다.[57]

유럽인은 고대 그리스 시대부터 자연세계를 자신들의 현실 삶과 연결하여 생각했기 때문에 합리적이고 이성적인 방식으로 당면한 현실 문제를 해결하려 했다. 이러한 사고방식은 유럽으로 하여금 자연과학의 체계를 수립할 수 있게 했지만, 중국과 인도 등 동양에서는 자연세계와 현실 문제를 추상적인 관념체계를 통해 이해했기 때문에 과학보다는 철학으로 해결하려 했다. 따라서 서양 문명은 원자설처럼 물질적이고 현실적이지만 동양 문명은 음양오행설처럼 철학적이고 관념적이다.[58] 이에 따라 유럽의 문명은 자연세계를 과학적으로 이해하며 정복과 획득의 대상으로 삼아 발전했으나 동양의 문명은 자연세계를 관조하며, 즉 '깨달음'을 얻어 현실 문제를 해결이 아닌, 극복하려 했다. 예컨대 동양에서 종이와 화약은 정신적인 문화에 속했기에 심오한 학문과 불꽃의 미학에 머물렀다. 그러나 유럽에서는 종이와 화약을 현실적인 문명의 이기로 여기고 종이는 지식 보급의 도구로, 화약은 전쟁의 도구로 발전시켰다. 청나라가 조선을 굴복시키고 명나라를 차지하자 많은 한족이 오랑캐 치하에서는 살 수 없다며 말레이시아, 인도네시아, 태국 등 동남아시아로 이주했다. 그 후예들은 화상(華商)을 구성하여 오늘날까지 이들 국가의 경제권을 장악하고 있다. 한편 명나라가 망한 후에도 남쪽의 복건성을 근거지로 청나라에 대항하던 정성공은 결국 당시 네덜란드인들이 살고 있던 대만으로 이주하고 말았다. 또 많은 한족이 남쪽뿐 아니라 조선으로도 이주하여 정착했다.

유교사상을 숭상한 중국과 조선의 관점에서 오랑캐에 불과했던 만주 여진족의 청나라는 이와는 전혀 다른 거대한 제국이었다. 그들은 자신들의 터전인 만주에서 북부 몽골과 티베트, 동투르키스탄 지역에 이르기까지 중국 역사상 가장 광대한 영역을 확보했다. 청나라의 국경은 다음의 세 차례 과정을 거쳐 확정되었다. 첫째, 제정러시아가 1581년부터 동방 확장 정책에 따라 우랄산맥을 넘어 아시아에 진입하기 시작했다. 이후 러시아는 시베리아를 따라 동쪽 지역을 차지했고 1630년대에 아시아 동쪽 끝에 도달하여 중국과 처음으로 경계를 접하게 되었다. 둘째, 1643년 이후 러시아가 야쿠츠크를 거점으로 중국 흑룡강 유역으로 영토를 확장해나가자 러시아와 청나라는 불가피하게 여러 차례 군사적 충돌을 겪었고 결국 1689년 네르친스크조약을 체결했다. 이는 중국이 맺은 역사상 첫 번째 조약으로 그 결과 청나라 북쪽의 국경이 설정되었다. 셋째, 청나라는 1683년 대만 복속, 1727년 티베트 관할, 1759년 위구르 평정을 통해 계속 영토를 확장해나갔다. 1762년에 확정된 국경선을 바탕으로 작성된 「건륭내부여도」가 당시 청나라 영토의 기준이 되었다.[59]

청나라 초기에는 훌륭한 제왕들(강희제, 옹정제, 건륭제)이 등장하여 '강건성세'라 불릴 만큼 나라를 크게 발전시켰지만 나라가 안정되고 번성하자 무능한 왕들이 나타나 부정부패가 만연하면서 국운이 쇠락하기 시작했다. 초기에 건륭제까지는 소수민족이 다수를 다스리기 위해 한족의 관습을 인정해주었을 뿐 아니라 하급 관리도 한족에게 허용하는 등 유화정책을 시행하면서 빠르게 정착했다. 밖으로는 새로운 세력으로 성장한 러시아의 남하를 막고 그동안 중국의 골칫거리였던 북방 민족의 침입 문제를 해결하여 중국 영토를 역사상 가장 넓게 확장했다. 이뿐만 아니라 건륭제는 명나라 후기부터 유럽에서 전파된 각종 과학기술을 받아들여 활용했다. 독일인 선교사 아담 샬은 중국에 유럽의 천문학과 대포인 홍이포 제작 방법을 알려주었는데 이는 소현세자에 의해 조선에도 전수되었다.

그러나 거기까지였다. 건륭제 통치기인 1792년에 이미 산업혁명을 성공적으로 수행하여 전 세계에 식민지를 확보한 영국의 조지 매카트니가 사신으로 청나라에 입국했다. 그는 증기기관과 면직기, 알람 시계 등을 가지고 와서 서양 과학의 발전을 설명하며 청나라와의 교류를 요청했다. 그러나 건륭제는 '청나라에는 부족한 것이 없으니 너희가 필요한 비단, 도자기, 차는 하사해주마!' 하면서 이를 거절했다. 그 정도로 청나라는 유럽대륙의 기술 발전 내용에 둔감하여 폐쇄적인 외교정책을 펼치면서 서양과의 격차를 바라만 보고 있었다. 매카트니 일행은 6개월 이상 머무르며 청나라의 상황을 자세히 파악하고 본국으로 돌아가 보고서를 작성했는데 이 보고서는 50년 후 벌어진 아편전쟁에서 중요한 참고 자료가 되었다.

그나마 당시 청나라에는 이러저러한 경로를 통해 서양의 상품들이 많이 들어와 있었지만, 조선은 여전히 유럽의 근대화에 등을 돌리고 있었다. 조선이 근대화를 외면한 까닭은 유교와 이 사상에 바탕을 둔 신분제 사회에서 찾을 수 있다. 유교의 강상(綱常) 윤리에 따라 지배층 양반은 노동해서는 안 되며 유교 경전 연구와 인격 수련에 치중한 수기치인에만 몰두해야 했다. 반면 피지배층인 농민, 노비, 백정 등 천민들이 농사와 각종 생산 활동을 전담하여 국가의 재정과 지배층 양반들의 생계를 책임져야 했다. 이러한 사회체제를 유지하게 해준 봉건국가의 근간이 왕도사상과 신분제 질서의 유교 사상이었다. 지배층은 자신들에게 유리한 이러한 신분제를 뒤엎고 백성이 주인인 근대 주권국가를 수립하기 위한 근대화 추진을 외면했던 것이다.

제10장

과학기술과

제국주의

1

자본주의와 민주주의의 발전

장원제를 중심으로 한 자급자족 농업경제와 귀족과 농노로 구분된 신분체제의 봉건제가 붕괴하자 유럽에서는 프랑스와 영국을 필두로 시장경제체제의 자본주의와 민권사상의 민주주의가 발전하기 시작했다. 공장제로 인한 산업자본의 발전과 교통·통신의 발전으로 상업과 무역이 급속도로 전 세계를 향해 확대되어갔다. 그러나 자본주의는 심각한 사회문제를 낳았는데 빈부격차와 계급 갈등이었다. 자본주의로 인한 문제점을 해결해보려는 사상이 바로 사회주의다. 19세기에 자본주의의 병폐를 극복하고자 등장한 대표적인 사회주의자가 영국의 로버트 오언과 프랑스의 푸리에, 프루동, 생시몽, 카베 등인데 이들은 주로 기독교적 공동체를 중심으로 한 이상적 사회를 구현하려고 했다. 예컨대 카베가 『이카리아 여행』에서 이카리아라는 이상적인 공동체를 상세히 묘사했듯이, 이들은 기독교적 사상과 공동체적 사고를 결합하여 생산과 분배를 중심으로 한 사회주의 국가 건설을 주창했다.[1] 자본주의의 발전으로 부르주아가 정치권력과 사회 주도권을 장악하자 노동자들은 이에 맞서 노동운동을 전개하며 자신들의 권익을 주장하기 시작했다. 노동의 신성함을 강조하면서 노동자가 산업사회에서 지배자가 되어야 한다고 역설한 생시몽이 과학자-산업자가 통치하는 새로운 사회를 꿈꾼 반면, 마르크스는 프롤레타리아가 세상을 지배하는 사회를 꿈꾼 것이 두 사상가의 가장 근본적인 차이점이다.[2]

스페인에서 네덜란드로 이어져 온 자원 유통 중심의 경제가 공산품 생산 및 시장 확보 중심의 경제로 옮겨 가면서 식민지 개척 경쟁이 벌어졌다. 근대화에 성공한 나라들은 세계 각지에 식민지를 구축하며 열강으로 등극했다. 이 과정에서 인류사에서 가장 부끄러운 노예제도가 15세기 스페인을 필두로 경제 패권의 흐름에 따라 네덜란드와 프랑스를 거쳐 영국 및 미국까지 전파되어 19세기까지 노예무역이 이루어졌다. 오늘날 유럽이 동양을 능가하는 고도의 발전을 이룩한 것은 자체의 과학적 지식 덕분이지만 이것은 동양의 과학으로부터 영향을 받은 결과다. 뿐만 아니라 경제적 부를 이룩한 것도 식민지를 통한 수탈 경제 덕분이다. 이를 바탕으로 서양의 열강들은 현대로의 진입을 위한 놀라운 과학기술의 발전을 이루어낼 수 있었다. 과학기술의 발전이 인류의 삶에 직접적이고 광범위하게 영향을 미치기 시작한 것이 바로 이 시기다. 이때에 맞춰 유럽의 과학기술이 폭발적으로 발전하고 활용되면서 일반인들도 공부하고 연구할 수 있는 공공 교육제도가 확립되었다.

특히 이 시기의 가장 특징적인 변화는 미국의 강대국으로의 부상이다. 1620년 종교의 자유를 찾아 건너온 100여 명의 청교도가 미국에 정착한 이후 유럽 각국에서 기회를 찾아 사람들이 몰려들었다. 인구가 500만 명으로 늘어난 1787년에는 '자유와 평등'이라는 이념을 내걸고 독립국가를 수립했다. 그리고 남북전쟁 이후 영토를 확장하여 풍부한 천연자원을 확보했다. 더욱이 미국은 우수한 이민자들을 수용하여 불과 100여 년이 지난 1890년경에 이르러 인구 8천만 명의 대국으로 성장했다. 이를 기반으로 과학기술의 획기적인 발전을 산업 발전(운하와 철도, 철강과 통신, 석유와 자동차 산업 등)과 연계시키면서 식민지를 확보하고 제1차 세계대전을 승리로 이끌었다. 미국은 정치 지도자를 선거로 뽑는 민주주의 정치제도를 마련하고 이어서 모든 국민이 교육을 받을 수 있는 획기적인 교육제도를 수립했으며 대학과 연구소를 국가가 지원하면서 과학기술을 세계 정상으로 올려놓았다.

유럽과 미국이 근대화에 성공하여 놀랍도록 성장하던 시기에 대부분의 다른 지역 국가들은 종교적인 이유로 쇄국주의를 고수하면서 세상의 변화를 읽지 못하고 결국 식민지의 운명을 맞았다. 중세 문명을 이끌었던 이슬람권은 몽골의 침략 후 극단적인 폐쇄정책으로 돌아서서 근본주의적 종교 중심 사회로 바뀌었다. 심지어 과학기술을 신앙에 방해가 되는 것으로 인식하여 과학기술 개발을 억제하면서 퇴보의 길을 걸었다. 1745년에는 기독교의 종교개혁운동과 비슷한 와하브운동을 통해 이슬람의 부흥을 외쳤으나 나폴레옹이 이집트를 정복하고 유럽 열강들이 아랍 국가들을 식민지화하면서 근대화의 기회를 상실하고 말았다.

한편 13세기 초에 최초로 이슬람 왕조가 들어섰던 인도에서는 16세기에 중앙아시아에서 발원한 무굴제국이 다시 북부 인도를 지배했다. 이에 끊임없이 반발하던 힌두교도들은 1674년 마라타왕국을 세웠다. 다른 이슬람 국가들처럼 폐쇄정책으로 과학기술 개발에 관심을 기울이지 않았던 무굴제국은 18세기 초부터 발생한 왕위 계승 싸움으로 약화하여 영국에게 경제권을 빼앗겼다. 영국의 차별정책과 토지정책으로 경제 수탈이 심해짐에 따라 인도인의 불만이 고조되었는데 영국에 채용된 현지 용병 세포이들이 항쟁을 일으키자 마침내 일반인들도 가세하여 대규모 반영 운동이 일어났다. 영국은 이를 계기로 군사를 동원하여 마라타왕국과 함께 무굴제국을 멸망시키고 1865년 인도 전역을 통치하게 되었다.[3]

중국에서는 청나라가 3억 명의 인구를 바탕으로 중국 역사상 가장 광대한 영토를 차지하며 경제 발전을 이루었다. 그러나 건륭제는 유럽과 북아메리카에서 일어난 산업혁명, 미국독립전쟁과 건국, 프랑스대혁명, 나폴레옹의 등장 등 세계사의 흐름을 제대로 인지하지 못하고 폐쇄정책을 고수하며 과학기술 발전과 근대화를 등한시했다. 결국 백련교도의 난, 태평천국의 난, 아편전쟁과 청일전쟁, 의화단운동 등 계속된 국내외 혼란으로 청나라는 멸망하고 말았다. 특히 영국에 두 차례나 패한 아편전쟁으로 중화사상이 뿌리까지 흔들림과 동시에 유럽의 서세동점이 본격화했다. 청나라는 호문조약으로 치외법권, 관세 자주권 포기, 최혜국 대우 조항 승인 등의 굴욕적인 수모를 당했다. 영국과 맺은 불평등 조약으로 청나라는 관세 자주권을 상실했을 뿐 아니라 프랑스, 독일, 미국 등의 열강들에게도 영사재판권과 최혜국 대우를 인정해줘야 했다. 당시 청나라는 사실상 영국 등 유럽으로부터 수입할 만한 상품이 시계나 망원경 등 부유층을 대상으로 한 물품뿐이어서 영국은 항상 수입 초과로 인해 막대한 은을 중국으로 유출해야 했다.[4] 청나라는 유럽처럼 근대화를 이루지 못했지만 일상적인 필수품은 다른 나라로부터 수입하지 않아도 될 만큼 풍족했다. 이런 점은 조선도 마찬가지였다. 반면에 일본은 중국이나 조선과는 다른 배경을 갖고 있었다.

당시 조선과 일본은 청나라가 세계에서 가장 강력한 국가라고 믿고 있었다.[5] 이러한 대국 청나라가 영국, 프랑스 등 유럽 국가들과의 전쟁에서 연이은 패배로 굴욕을 당하자 조선과 일본은 각기 다른 방향으로 나아갔다. 일본은 근대화만이 국가를 보전하는 길이라 여기고 강력한 근대화를 추진했다. 일본은 일찍부터 네덜란드와의 교류를 통해 서양의 변화를 잘 알고 있었다. 그래서 동양적인 사고로는 열강의 침략을 견뎌낼 수 없다는 것을 자각하고 1868년 메이지유신을 단행했다. 아편전쟁을 목격한 막부는 양학 연구기관, 군사훈련소를 설치하여 전국의 하급 무사와 서민 인재를 수용했다. 존왕양이파의 웅번에서도 서양 사정의 파악과 번정(藩政) 개혁에 주력했다. 1877년 근대와 반근대의 결전으로 해석되는 일본 최후의 내전인 세이난전쟁에서 약 8개월간의 전투 끝에 정부군이 승리하자 사초번벌 독재에 반대하며 의회 설립을 요구하는 자유민권운동과 아시아주의가 확대되었다. 이어서 1890년 헌법체제가 확립되고 제국의회가 수립된 후 청일전쟁과 삼국간섭을 계기로 민권론이 국권론에 통합되면서 일본은 제국주의 국가로 변모해나갔다.[6] 일본 막부는 영주 소유의 토지를 몰수하고 조세법을 통한 토지개혁에 이어 도지사 임명제를 단행함으로써 통일된 국가 관리체계를 갖추는 한편 징병제를 채택하여 사무라이 계급을 해체했다. 또 조선과 무기, 철도와 해운 산업을 국가가 주도하여 발전시키면서 20년 만에 아시아 최강 국가로 도약하는 혁명적 발전을 이뤄냈다. 이를 기반으로 청일전쟁과 러일전쟁에서 승리함으로써 동아시아에서 미국, 러시아, 유럽 열강들과 대등하게 경쟁하며 조선과 만주 등을 식민지로 확보했다. 반면 조선은 유럽 열강들의 침략을 저지하고자 쇄국정책을 더욱 강화했다. 일본이 근대화에 성공하여 유럽 국가들과 마찬가지로 제국주의의 길을 걸었던 반면, 조선은 끝내 봉건왕조 중심의 신분사회를 극복하지 못한 채 일본의 식민지로 전락했다. 한편 중국의 청나라는 유럽 열강들의 침략으로 점점 쇠퇴해가는 가운데 양무운동과 변법자강운동으로 나라를 개방하고 군비를 개선하고 공업 증진에 힘썼으나 모두 실패하고 결국 1912년 막을 내리고 말았다. 중국은 이렇듯 근대화에 실패하여 반식민지 국가로 전락했으나 일본은 메이지유신으로 근대화에 성공하여 제국주의 국가로 발전했다. 그 이유는 어디에 있는가. 아편전쟁, 태평천국의 난, 무술변법 등 중국에서 일어난 사건들에서 교훈을 얻은 일본이 유럽 열강들의 침탈에 중국과 다르게 대응했기 때문이다.[7]

지금까지 살펴본 바와 같이 역동적인 19세기를 보내고 나서 세계역사는 20세기 초 제1차 세계대전과 공산주의 혁명이라는 격동의 시기에 직면했다. 제1차 세계대전은 근본적으로 식민지를 확장하기 위한 열강들 사이의 이해 충돌이 원인이었다. 뒤늦게 식민지 개척에 뛰어든 독일이 아프리카에서 성과를 거두지 못하자 새로운 지역을 찾아 나서면서 영국, 프랑스, 러시아 등과 경쟁하게 되었다. 독일을 위시한 게르만계 국가들은 발칸반도로의 침투를 끊임없이 시도하고 있었다. 또 동로마제국 멸망 이후 오랫동안 오스만제국의 지배를 받아온 슬라브족은 독립운동으로 발칸반도를 화약고로 만들고 있었다. 이러한 상황에서 1911년 이탈리아가, 그리고 1912년에는 발칸동맹이 오스만제국과 전쟁을 벌였다. 그 와중에 1913년 발칸동맹 내에서 영토 배분 문제로 불가리아와 다른 국가들 사이에 전쟁이 벌어지자 게르만계 국가들은 슬라브족 국가들에 대한 러시아의 영향력 확대를 막기 위해 오스만제국을 지원했다. 이런 복잡한 정세 속에서 보스니아를 강제 합병한 오스트리아의 황태자가 보스니아 사라예보에서 세르비아인에게 암살당하자 1914년 오스트리아가 세르비아까지 점령하려고 침략을 강행했다. 이때 독일과 오스만제국이 오스트리아를 지원하고 주변 국가들이 연합국으로 전쟁에 참여함으로써 유럽 전체가 전쟁에 휩쓸리고 말았다.[8] 한편 1917년 러시아는 자국에서 벌어진 볼셰비키혁명으로 내전에 돌입했다. 1918년까지 4년 동안 계속된 제1차 세계대전은 미국이 참전하면서 연합국의 승리로 종료되었다. 이 전쟁은 유럽 전체와 미국까지 참전한 세계 전쟁으로서 피해 규모가 상상할 수 없을 정도로 컸다. 산업혁명 이후 발전한 과학기술이 총동원되었는데 잠수함, 항공기, 탱크, 대공포, 독가스, 기관총 등 각종 신무기가 전쟁터에서 선을 보였다. 전쟁이 끝난 뒤에도 전후 처리 방식이 또 다른 분쟁의 불씨를 남겼다. 세계 각국의 이해관계를 조정하기 위해 국제연맹이 탄생했지만 뒤이어 발발한 제2차 세계대전을 막지는 못했다. 제2차 세계대전을 통해 미국은 세계 최강국으로 부상했으며 공산주의 국가 소련도 이에 맞서 군사 대국으로 성장했다.

제1차 세계대전은 화학자들의 전쟁이라 불릴 만큼 독가스가 무기로 사용되어 엄청난 사상자를 낳았으며 비행기, 유보트 등 당시 과학기술이 총집결된 신무기들이 등장했다. 이어서 몇십 년 후 다시 발발한 제2차 세계대전은 물리학자들의 전쟁이라 불릴 만큼 원자폭탄과 레이더가 전쟁을 새로운 국면으로 이끌었다. 제1차 세계대전과 함께 고전 물리학의 시대는 가고, 전쟁 속에서 자란 젊은 과학자들이 양자역학과 상대론의 새로운 시대를 열어나갔다. 16세기 과학혁명부터 이어져 내려오던 유럽의 주도권은 두 차례의 세계대전을 거치면서 이제 미국으로 넘어갔다. 특히 유럽 과학계를 신뢰할 수 없다는 미국 과학자들의 자각과 자신감, 독일 유대인 과학자들의 미국으로의 이주 등은 과학 발전뿐만 아니라 국제 판세 형성에 많은 영향을 미쳤다. 독일의 첨단 과학은 미국 외에 소련에도 전수되어 냉전시대 과학기술 연구에 큰 변화를 일으켰다. 정부의 과학기술에 관한 관심과 지원이 대폭 확대되었다. 이제 과학의 수준이 국가 경쟁에서 승패를 결정짓는다는 인식이 미국과 소련을 비롯해 전 세계로 확산되었다. 그러나 이러한 전쟁과 과학의 상호 관계에 대한 인식이 맞는 것일까? 원래 과학은 고대부터 철학과 인문학에서 시작하고 발전해왔다. 즉 합리적인 사고와 비판, 인본주의 등이 과학 연구의 동기이자 영감의 원천이었다. 예컨대 계몽주의를 통해 프랑스대혁명으로까지 이어진 뉴턴주의가 바로 산업혁명의 원인이었다.[9]

산업혁명 과정에서 탄생한 마르크스주의는 제1차 세계대전 중에 러시아에서 볼셰비키혁명을 통해 현실로 구현되었다. 러시아는 유럽에서 가장 경제적으로 뒤처진 나라로서 농업 개혁과 산업화에 실패하자 농민들의 불만을 막을 수 없게 되었다. 그리하여 정부가 농촌 공동체가 집단농장 운영을 담당하게 하는 등의 개혁정책을 시행했으나 귀족 소유의 토지를 농민들에게 분배해야 한다는 요구가 높았다. 또 도시에서는 철도 건설과 중공업 육성을 위해 몰려든 노동자들이 열악한 노동조건, 물가 상승, 주택난 등으로 인해 끊임없이 불만을 표출하면서 국가 전체가 혼란에 빠졌다. 이러한 상황에서 의사, 변호사, 교수 등 사회 지도자들이 마르크스주의를 받아들여 근대적 정당을 만들고 왕정을 대신할 정치개혁을 요구하기에 이르렀다. 이에 따라 민중이 봉기를 일으키자 레닌이 사회 혼란을 이용해 볼셰비키혁명을 일으키고 세계 최초의 공산주의 국가인 소비에트공화국을 수립했다.

2

생각의 변화, 인간이 동물이 되다

　기독교가 유럽의 정신세계를 지배하던 근세까지 자연철학의 대전제는 6천 년 전에 신이 만든 자연 운행의 법칙을 탐구하여 자연과 인간에 대한 하느님의 창조 계획을 아는 것이었다. 이러한 자연철학은 뉴턴 이후 '이성의 시대'로 불리던 18세기에도 계속되었다. 생물학의 토대를 마련한 린네의 동식물 분류체계는 신의 창조 질서를 전제로 만든 것이었다. 그러나 생물학에서 가장 중요한 업적은 바로 찰스 다윈의 진화론이다. 다윈은 『자연선택의 방법에 의한 종의 기원』에서 생물이 장기간에 걸쳐 단순한 것으로부터 복잡한 것으로 진화한다고 주장하고 그 과정을 설명하기 위해 생존경쟁 및 자연도태라는 개념을 제시했다. 다윈의 생물학적 개념들은 사회과학과 인문학에도 적용되어 소위 사회적 다윈주의를 낳았다. 생존경쟁이란 개념은 사회적으로 성공한 부르주아와 자본가 들에게 큰 감명을 주었다. 예컨대 영국의 허버트 스펜서는 이기적인 도덕 감정이 인간 사회에서 최고로 진화된 업적이라고 주장했다.[10]

　전통적인 자연철학의 대전제에 의문이 생기기 시작한 것은 대항해시대 이후 세계화 과정에서였다. 각 대륙에서 다양한 동식물들이 유입되자 약제나 향료 또는 관상 용도로 사용할 수 있는 것들을 찾다가 각 대륙 동식물의 분포를 보면서 종 사이의 경계에 대한 의문이 생겨났다. 당시에는 지질학이 발전하면서 지구의 나이에 대한 과학적 분석 방법이 제시되어 지구의 나이가 6천 년보다는 훨씬 길다는 것을 거부하기 어려워졌다. 그리고 1809년 동종의 동식물이 시대마다, 지역마다 다른 것을 설명하는 라마르크의 용불용설이 등장했다. 자주 사용하는 형질이 오랜 기간 용도에 맞게 훈련되면서 발생한 변화로 종이 바뀐다는 주장이었다. 당시로서는 파격적인 것이었는데 얼마 지나지 않아 이를 입증한 사람이 찰스 다윈이다. 그는 1831년 비글호를 타고 남아메리카대륙에서 1천 킬로미터 떨어진 적도 주변의 갈라파고스제도를 여행하면서 동식물의 표본을 수집했다. 그는 분석을 통해 같은 종이 장소에 따라 적합하게 진화하여 다른 종이 되었다는 사실을 알아내어 용불용설을 확인했다. 그리고 종 내에서뿐 아니라 종 간의 생존투쟁을 거쳐 자연선택이 이루어지면서 진화한다는 자연선택론을 제시했다. 그는 이러한 연구를 집대성하여 1859년 『종의 기원』을 출간했는데 그 책에서 모든 생물은 하나의 근원에서 출발하여 적응과 진화를 통해 가지를 이룬다고 설명한 '생명의 나무' 그림을 제시했다. 다윈의 뒤를 이어 멘델은 다윈이 풀지 못한 형질의 다음 세대 유전 문제를 식물 잡종에 관한 실험을 통해 해결했다. 그는 모든 형질이 우열의 법칙, 독립의 법칙, 분리의 법칙에 따라 유전된다는 것을 입증했다. 그렇다면 다윈의 『종의 기원』의 핵심 이론은 무엇인가. 첫째, 생물은 진화한다. 둘째, 모든 생물은 공통 조상에서 유래했다. 셋째, 생물은 점진적으로 변화한다.

넷째, 생물 종은 지속적으로 생겨나며 증가한다. 다섯째, 진화는 자연선택을 통해 일어난다.[11]

다윈의 주장은 기독교 세계관에 젖어 있던 유럽인의 사고를 무너뜨린 충격적인 것이었다. 모든 생물체는 시간이 지나면서 진화한 것이라는 주장은 전통적인 기독교 이데올로기에 커다란 변화를 일으켰다.[12] 16세기에 코페르니쿠스가 지동설을 주장하여 지구가 우주의 중심이 아니라는 점을 입증했다면, 다윈은 인간이 자연계의 중심이 아니라는 것을 입증한 셈이다. 특히 다윈이 스펜서의 의견을 참고해 『종의 기원』 제5판(1869)부터 사용한 '적자생존'이란 용어는 사회주의자와 무정부주의자에서 파시스트, 자본주의자까지 자신들의 이데올로기의 근거로 활용했고 심지어 우생학과 인종차별의 근거로 이용되기도 했다.[13] 그리고 진화 과정에서 중요한 유전에 대해서는 오스트리아 수도승 멘델의 법칙이 유명하다. 이처럼 생물학이 발전하면서 현대 과학에서는 지동설이나 만유인력 법칙과 같거나 그 이상의 수준으로 인정되는 과학 이론이 되었다.[14]

성경에 근거하여 지구의 나이를 최대 1억 년 정도로 보던 당시에는 진화론을 받아들이기 어려웠으나 다윈 사후 1900년경 방사능연대측정법의 발달로 지구의 나이를 정확히 측정함으로써 진화론이 학계 정설로 자리 잡게 되었다. 다윈의 진화론은 사회의 구조 변화를 해석하는 방법으로도 사용되면서 소위 사회적 다윈주의가 등장했다. 1900년도를 기점으로 세계 인구가 16억 5천만 명을 넘고 열강들의 식민지 확보 경쟁이 치열해진 시대 상황과 맞물려 적자생존과 무한경쟁 이론을 내세워 자본주의와 식민주의를 옹호하는 사조가 생겨났다. 심지어 빈민 구제 등과 같은 인도주의적 지원조차 사회주의적 정책이라며 반대하는 경제적 자유방임주의가 출현했다. 이에 더하여 동식물 연구에 적용되던 우생학마저 정치에 활용되면서 발전적 사회 형성에 도움이 되는 사람만 살아남아야 한다는 주장까지 제기되었다. 이는 실제로 미국과 호주의 이민정책에 영향을 끼쳤다. 한참 후에 등장한 나치 독일에서는 홀로코스트 같은 인종청소의 이론적 근거로 활용되었다.

다윈의 진화론, 마르크스의 유물론, 프로이트의 정신분석학 등이 등장한 19세기는 유럽에서 오랜 세월 유지되어온 기독교적 인간관이 무너지고 새로운 인간상이 정립된 시기였다. 이러한 인식의 변화는 철학에도 영향을 주어 니체는 『차라투스트라는 이렇게 말했다』에서 '신은 죽었다'라는 말로 절대적인 진리를 부정하기에 이르렀다.[15] 다윈의 진화론은 인간이 신에 의해 창조된 영적 존재라는 전통적인 인식을 인간도 결국 동물의 하나라는 사고로 전환시켰다. 이는 동물과 달리 인간은 신성을 닮은 존엄한 존재이기 때문에 숭고한 삶의 가치를 잃지 않아야 한다는 신념을 여지없이 무너뜨렸다. 마르크스 유물론은 만물의 근원을 물질로 인식하고 모든 정신 현상도 물질의 작용이나 그 산물이라고 주장하는 이론이다.[16] 예컨대 기계론적 유물론자 포이어바흐는 『기독교의 본질』에서 기독교의 본질은 인간 심정의 본질에 불과하며 그러므로 신학의 본질은 인간학이라고 주장했다. 저서 전체를 관철하고 있는 이러한 이념을 포이어바흐는 크게 두 부분으로 나누어 전개했다. 하나는 종교를 인간의 본질과 일치시키는 관점에서이고, 다른 하나는 두 범주의 모순을 지적하는 방향에서다. 동시에 포이어바흐는 기독교를 옹호하는 관념론 철학, 특히 헤겔 철학의 오류를 밝히고 정신이나 신 대신 자연, 존재, 물질을 근원적인 존재로 설정하는 유물론 철학의 정당성을 다음과 같이 규명했다.

> 신은 인간이 갖는 가치 이상을 갖고 있지 않다. 신에 대한 의식은 인간의 자의식이며 신의 인식은 인간의 자기인식이다. 그대는 신으로부터 인간을 인식하며 그리고 다시 인간으로부터 신을 인식한다. 인간과 신은 동일하다. 인간에게 신인 것은 인간의 정신이고 영혼이며, 인간의 정신·영혼·마음은 인간의 신이다.[17]

프로이트는 인간의 행동은 무의식적 동기와 생물학적 욕구 및 충동과 생활 경험 등 무의식의 작용으로 결정된다고 보았다. 즉 인간은 이성 혹은 숭고한 신의 가르침에 의해 사고하고 행동하는 것이 아니라 동물과 마찬가지로 무의식 속에 담긴 본성과 욕망에 따라 결정된다는 것이다. 그는 '인간은 강력한 공격 본능을 타고난 동물'이라고 규정하고 이성에 의해 본능을 억제해야 한다고 주장했다.[18] 마찬가지로 절대적인 신의 존재를 부인한 니체는 실존적 인간을 힘에의 의지로 이해하고 그것은 폭력적이면서 동시에 창조적이므로 상호 보완적인 관계를 강화해야 한다고 강조했다. 예컨대 인간은 자유로이 동물적인 본능을 분출하는 삶을 영위하지만 사회의 테두리로 들어오면서 본능의 자유로운 분출을 금지당한다. 이로 인해 인간의 공격적인 자연 본능이 자기 자신에게 향하며, 그러한 본능을 가진 자기 자신을 비난하게 된다. 니체에 따르면 원래 인간은 외부 존재에 대해 공격 본능을 갖고 있어서 이 본능의 거리낌 없는 분출에 양심의 가책을 느끼지 않는다. 그렇기에 인간 자신의 안에서도 외부 존재를 향한 공격적 본능과 똑같은 폭력적인 힘이 작용한다.[19] 니체는 이러한 인간의 공격적인 본성을 억제할 힘이 이성에서 나온다는 명제 아래 스스로 '초인'이 될 것을 강조했다.[20] 인간은 절대자인 신의 은총으로 존재하는 것이 아니라 적자생존이란 자연의 법칙에 따라야 하므로 스스로 초인이 되어야 한다는 것이다. 니체의 유물론은 이원론적 대립을 가정하여 내세, 변하지 않는 본질, 불멸하는 영혼을 추구하는 기독교적 형이상학을 부정한다. 그의 유물론은 디오니소스의 가르침에 따라 현세의 삶을 정당화하고자 하는 실천적 유물론이다. 그리하여 니체는 신 대신 '초인', 신의 은총 대신 '힘에의 의지', 영원한 삶 대신 '영원회귀'를 내세웠다. 결국 이 개념들은 모두 다원주의적 자연주의의 관점에서 설명된 것들이다. 말하자면 세상에는 절대적인 기준이 없기에 자신의 이성에 의한 가치판단만이 절대성을 갖는다.[21] 이처럼 인간은 자연 상태의 모든 생명체처럼 적자생존의 법칙에 따라야 할 존재가 되었다. 다윈의 생물학, 프로이트의 정신분석학, 마르크스의 유물론 그리고 니체의 초인 사상은 당시 유럽인들의 인간의 본질에 관한 이해를 크게 바꿔놓았고 이로써 인류의 역사를 바라보는 관점이 천국의 이상에서 지상의 현실로 전환되었다. 이제 인류 역사의 주체는 절대적 존재인 신이 아니라 인간이기에 인간은 '초인'이 되어야 했다. 그리하여 인간은 과학을 통해 신의 초월적 힘에 도전하기 시작했다.

과학기술이 종교적인 제약에서 풀려나면서 원자의 속성과 전자파에 관한 연구가 활기를 띠었다. 특히 물리학과 화학의 응용은 인간 생활 및 산업과 직접적인 관계가 있다. 독일의 마이어와 헬름홀츠는 에너지 불변의 법칙을 확립했고 영국의 패러데이는 전동기와 발전기의 기초 이론을 세웠다. 이러한 전기학의 발전에 힘입어 1837년 미국의 모스가 전신기를 발명했다. 이어 1876년에 벨이 전화기를, 1896년에 마르코니가 무선전신기를 발명함으로써 통신의 혁명이 일어났다. 전신은 멀리 있는 사람들과 생각을 서로 주고받으며 뜻을 같이할 수 있어서 인류애가 돈독해지고 잘못된 편견과 적대감이 해소될 것이라는 희망이 생겨났다.[22] 전화 역시 사람들 간의 공개적이고 민주적인 형태의 소통을 가능하게 하여 인류 사회를 긍정적으로 발전시킬 것으로 여겨졌다. 한편으로는 전화라는 새로운 매체에 의한 정보 흐름의 변화가 기존 질서를 위협하고 기존 사회통제 방식에 위기를 초래할 것이라며 부정적으로 생각하는 사람들도 있었다.[23] 어쨌든 전화는 시간이 지나면서 일상적인 도구로 익숙해졌다. 이 일상적인 도구를 사용하는 사람은 무의식적으로 기존의 인간관계, 삶의 방식, 삶을 보는 관점 등에서 많은 영향을 받았다. 이는 타인의 삶이나 사고방식을 받아들이고 이용함으로써 이전과 전혀 다른 사회적·경제적·문화적 영향이 발생하기 때문이다.[24]

　또 미국의 에디슨은 축음기, 백열전구, 영사기 등을 발명했다. 증기력과 더불어 전력이 동력으로 이용되기 시작했으며 19세기 말에는 내연기관이 등장했다. 화학에서 독일의 리비히가 유기화학을 확립하는 등 급속히 발전한 화학은 근대 산업 발전의 기초가 되었다.

산업혁명 이후 과학과 더불어 많은 기술이 발전함으로써 인간 사회는 그 이전보다 훨씬 복잡하고 다양한 삶의 양상을 띠게 되었다. 전화기의 등장은 인간의 생활공간을 확장시켰으며 전기는 낮과 밤을 연결하여 하루의 시간을 늘려주었다. 인간이 공간과 시간을 정복한다는 것은 어떤 의미를 지니고 있는가. 과거에는 자신들이 사는 한정된 공간에 삶이 제한되고 구속되었다. 그 공간을 벗어나려면 많은 시간과 물자 그리고 육체적인 힘을 소비해야 했다. 이러한 조건을 갖춘 사람만이 자기 지역에서 벗어나 먼 곳까지 여행하고 풍부한 삶의 경험을 획득할 수 있었다. 그 때문에 각 지역 문명과 문화의 교류가 더디게 진행됨으로써 인류 역사 발전에 오랜 세월이 걸릴 수밖에 없었던 것이다.

3

과학이 변화시킨 사회

　인류의 문명과 문화는 기본적으로 교류와 충돌의 산물이다. 물적 교류는 동시에 인적 교류를 동반한다. 물건과 물건의 만남, 사람과 사람의 만남은 물질문명을 증진시키고 새로운 정신문화 양식을 낳는다. 세계 곳곳의 문명과 문화가 각자 독특한 양식과 다양한 색깔을 띠고 있는 것은 각 문명권 간의 교류 덕분이었다. 인류의 역사는 이러한 과정을 통해 형성되었다. 예컨대 이슬람 문명은 메소포타미아문명, 이집트문명, 그리스 문명, 로마 문명, 비잔틴 문명, 사산조페르시아 문명, 인도 문명, 중국 문명 등을 배경으로 중세 지중해 문명의 발전을 중재했으며 게르만족의 침입으로 침체해 있던 중세 유럽을 깨운 르네상스의 원동력이었다. 이렇게 다양한 문명과 문화가 근대에 이르러서는 유럽이 과학을 선도하고 물질문명을 크게 진척할 수 있게 한 절대적인 요인으로 작용한 것이다.[25] 이슬람은 주변의 이질적인 문명 요소들을 통섭과 접변의 과정을 통해 정련하여 새로운 기틀을 마련했다. 세계 4대 문명, 즉 고대 이집트인, 메소포타미아인, 인도인, 중국인의 지적 활동과 업적이 고스란히 이슬람 세계를 통해 전수되었다.

실크로드는 고대에 중국과 유럽의 교류 통로였다. 이 무역로를 통해 동서양의 문명과 문화가 서로 교류하고 충돌하며 발전해나갔다. 통신수단, 전기, 동력장치, 교통수단 등 산업혁명 이후의 과학적 성과들은 세계의 여러 지역 간의 활발한 교류를 촉진했다. 아울러 지리상의 발견은 미지의 세계에 대한 모험심을 새롭게 자극했다. 그리하여 많은 탐험가들이 아프리카 내륙과 북극, 남극 등을 탐험하고 이때까지 가보지 못한 지역들에 관한 정보를 세상에 알렸다. 이제 인류의 역사는 고립되고 단절된 지역 문명과 문화가 아니라 지구 전체의 통합된 문명과 문화의 길로 나아가게 되었다.[26] 과학과 기술의 진보에 힘입어 교통수단과 통신수단이 급속도로 발달함으로써 지역 간 간극은 더욱 좁혀졌다. 이로써 인류의 문명과 문화는 점점 더 획일적이고 보편적인 양상을 띠기 시작했다. 오랜 세월 이어져 온 각자 다른 고유의 건축양식이나 의복 등은 과거의 역사 유물이 되고 말았다. 어느 나라를 가든 도시는 동서양을 구분할 수 없을 정도로 획일적이다. 19세기 유럽 제국주의의 식민정책으로 물질문명은 말할 것도 없고 정신문화도 근대성이라는 보편적인 양상이 더욱 가속화했다.[27]

20세기는 과학과 기술 발전의 질풍노도 같은 시기였다. 20세기 직전에 발견된 X선과 방사능이 바로 20세기 과학 발전의 기초였다.[28] 1895년 뢴트겐은 진공관에 고압을 걸어서 고에너지 복사가 일어나는 것을 발견하고 이 비가시광선을 X선이라 불렀다. X선의 발견은 뉴턴의 고전역학과 아인슈타인의 상대성이론처럼 사고방식의 패러다임을 변화시켰으며 원자핵물리학의 새로운 장을 여는 결정적인 계기를 제공했다. X선은 기초과학뿐 아니라 의학, 건축, 무기 등 여러 분야에서 응용되어 인류의 삶을 획기적으로 개선했다. 그리고 감마선이라 불리는 X선 밖 고에너지의 전자기파는 1900년 폴 빌라르가 발견했다. 이로써 빛의 스펙트럼이 알려지게 되었고 스펙트럼별 특징을 주파수, 즉 복사선의 진동수(초당 반복 횟수, Hz)를 기준으로 구분하게 되었다. 예를 들어 적외선은 10만Hz, 마이크로파는 1천~10만MHz 대역으로 구분했는데 주파수가 높을수록 직진성이 강하고 짧을수록 매질 속에서 멀리 전파된다는 것을 알게 되었다. 특히 X선보다 주파수가 높은 영역에 존재하는 방사선은 방사능을 가진 물질이 배출하는 광선으로 알파선, 베타선, 감마선으로 구분되며 주파수가 높아질수록 투과력이 좋아진다는 것이 발견되었다. 이러한 방사선의 특성을 이용하여 의료기기를 만들어 사용할 수 있게 되었다. 방사능은 원자의 양성자와 중성자, 전자가 불안정한 상태여서 높은 에너지의 방사선을 방출하는 것을 말한다. 1896년 앙투안 앙리 베크렐은 우라늄 화합물이 감광 현상을 갖는 자연 방사선을 만드는 것을 확인했으며 이의 투과성, 감광성 그리고 이온화 성질을 규명했다. 그리고 1897년 마리 퀴리는 이 같은 방사선을 내는 성질을 방사능이라 명명하고 1898년 우라늄 광산의 돌을 정련하는 과정에서 플루토늄을, 1899년 바륨과 유사한 라듐을 추출했다.[29] 라듐의 방사선은 라듐의 원자핵이 스스로 붕괴하면서 입자 또는 전자기파를 방출하는 것인데 이때 방출되는 입자에는 라돈과 헬륨같이 낮은 원자량의 원소들이 포함되어 있다는 사실이 밝혀졌다. 이는 이전까지 물질의 기본 구성단위로 인식되었던 분자보다 더 작은 원자 단위에서 과학 현상이 일어날 수 있다는 사실을 시사하는 것이었으며, 원자는 변하지 않는다는 통념을 깨부순 혁명적인 결과였다. 또 1902년 러더퍼드는 방사선이 얇은 물질 막에도 막히는 알파선, 음극선과 유사하고 매우 빠르게 움직이는 베타선, 투과력이 매우 강하고 자장의 영향을 거의 받지 않는 감마선으로 구성됨을 확인했다. 1913년에는 프레더릭 소디가 핵의 전하량은 같으나 원자량이 다른 동위원소 개념을 제시했다. X선과 방사능물질은 여러 과학 분야는 물론 의학 분야에서 질병 치료에 획기적인 전환점을 가져왔다.

한편 1796년 영국의 제너가 종두법을 발명하여 우두 예방접종이 가능해졌고 프랑스의 파스퇴르는 세균설을 주장하며 광견병의 치료에 성공했다. 또 독일의 코흐가 결핵균을 발견함으로써 세균학이 발전하게 되었다. 세균학의 발전으로 예방의학과 보건위생이 한층 진전되어 질병의 위험을 줄여주었다. 질병 치료는 인간 수명을 늘리는 데 결정적인 과학이다. 질병은 역사적으로 수많은 사람의 생명을 앗아갔다. 과거 인간의 평균 수명이 짧았던 것은 거친 자연환경을 극복하지 못한 점도 있으나 대개 질병 때문이었다.[30] 대표적인 질병이 중세 유럽 인구 3분의 1의 목숨을 앗아간 흑사병, 남아메리카의 아즈텍왕국과 잉카제국을 멸망시킨 천연두 그리고 과거부터 지금까지 인류의 생명을 가장 많이 앗아간 말라리아다. 이처럼 인류 역사에서 질병은 전쟁보다 더 무서운 것이었다.[31] 그러나 꾸준한 위생 개선과 의학 발전 그리고 충분한 식량 덕분에 면역력이 강화되어 질병을 이겨내고 수명도 늘어났다. 인간 수명은 인구 증가와 밀접한 관계가 있다. 인구 증가는 역사 변혁의 요인 중 하나다. 이 모든 결과는 의학과 생물학의 발전 덕분이었다.

특히 20세기 물리학은 세상뿐 아니라 인간 삶의 근본을 바꾸어놓았다. 새로운 물리학은 인류에게 컴퓨터, 인터넷, 태양전지, 달 착륙, 핵무기, 게놈의 해독, 빅뱅 등에 관한 여러 가지 지식을 제공했다. 17세기 중반 보일이 '공기는 입자이고 그사이에 공간이 존재한다'고 주장한 이래 돌턴이 '모든 물체는 독특한 원자를 가지며 구성비에 의해 물질의 성질이 결정된다'는 원자설을 주장했다. 이런 주장을 뒷받침해준 것이 방전관 실험이다. 밀폐된 공간에 있는 낮은 압력의 기체에 전류를 가하면 기체가 이온화(전기분해)하면서 발광하는 것을 발견했다. 이 실험을 발전시켜 고진공 상태의 방전관 안에 음전극을 넣어두고 고전압을 가하면 음전극에서 광선이 나와 직진하여 유리벽에 닿으면서 빛으로 바뀌는 현상을 관찰했고 여기에 자장을 가하면 광선이 휘어지는 특성이 있는 것도 알아냈다. 이 광선을 음극선이라 불렀다. 이후 뢴트겐은 1895년 이 음극선을 연구하다가 X선을 발견하여 노벨물리학상의 첫 수상자가 되었다. 이후 1897년 조지프 톰슨이 음극선이 수소 원자의 1천 분의 1 정도의 질량을 갖는 미립자(전자)라는 것과 원자를 구성하는 요소임을 알아냈으며 1913년 로버트 밀리컨이 전자의 무게를 정확히 측정함으로써 오늘날의 전자 시대를 열었다. 원자가 전자로 구성되어 있음을 확인하면서 원자의 모형이 제시되기 시작했다. 1909년 톰슨은 둥근 원자구 껍질에 양전하가 균일하게 분포되어 있으며 이 안에서 음의 전자가 움직이는 모델을 제시했다. 이어서 1911년 러더퍼드는 원자의 중심에 양의 성질을 갖는 작은 핵이 있고 그 주변을 전자들이 도는 모델을 제시했다. 이후 1913년 보어가 원자의 주변에 전자가 놓일 수 있는 궤도가 여러 개 존재하며, 궤도를 이동할 때는 에너지를 방출 혹은 흡수한다는 모델을 제시하여 양자역학의 문을 열었다. 양자역학은 아인슈타인에 의해 극적인 발전이 이루어졌다. 대학 졸업후 특허청 직원으로 일하던 26세의 아인슈타인은 광양자가설을 발표하여 빛이 파동이자 입자임을 증명했으며 고체에 빛을 비추어 전자가 방출될 수 있음을 설명했다. 아인슈타인과 드브로이는 빛이 파동이자 입자이며 물질 역시 입자이자 파동으로 보아야 한다고 주장했다.[32] 아인슈타인은 시공간이 뒤틀릴 때 발생하는 파동, 즉 중력파의 존재를 제시한 일반상대성이론을 발표했다. 이와 더불어 특수상대성이론을 통하여 모든 좌표계에서 빛의 속도가 일정하고 자연법칙이 같다면 시간과 물체의 운동은 관찰자에 따라 상대적이라는 것을 설명하면서 질량과 에너지는 등가이고 변환 가능($E=mc^2$)함을 제시했다. 또 물에 작은 입자를 넣으면 외부의 간섭 없이 자유로이 움직이는 브라운운동(랜덤워크)의 이론적 원리를 입증하기도 했다.

자연의 구조에 대한 새로운 이론은 독일의 하이젠베르크와 오스트리아 출신의 슈뢰딩거가 제시했다. 어떤 연관에서 관찰하느냐에 따라 빛과 물질은 파동으로 보이기도 하고 입자로 보이기도 한다. 실제로 빛과 물질은 입자와 파동 가운데 하나가 아니다. 하이젠베르크와 슈뢰딩거는 빛과 물질을 상태로 부르며 수학적으로 표현했다. 물질은 존재하거나 존재하지 않는다. 입자는 물질화가 되기도 하고 복사파로 변할 수도 있으며 벽을 통과하기도 한다. 이렇듯 양자역학은 기존 역학과 전혀 다른 감각적 경험으로 이해할 수 있다. 아인슈타인 등의 물리학자들은 양자이론으로 자연세계를 이해하고자 했지 세상을 바꾸려 하지는 않았다. 그러나 지금 양자역학은 우리 인간에게 엄청난 영향을 끼치고 있다. 양자역학은 상상의 존재이며 영역이다. 즉 물질은 인간의 생각으로 결정될 수 있다는 가능성을 열었다. 양자역학은 물질의 구조를 변화시켜 전자기기, 컴퓨터, 인터넷, 인공지능의 프로그래밍화 등 인간의 두뇌를 돕는 도구를 만들어주었다.

역사적으로 과학은 인간 사회와의 관계 속에서 발전해왔다. 근대 과학은 어려운 전문 지식이어서 과학자가 대중에게 가르치고 계몽해야 했다. 그러다가 과학과 사회가 더욱 밀접하게 연결되면서 일상 속에 과학이 스며들어 문화와 사회의 핵심으로 자리 잡았다. 일상의 모든 부분에 과학이 접목되고, 과학과 기술은 인간 생활 속의 핵심적인 문화가 되었다. 인간이 문화와 문명을 창조하는 것이 아니라 과학과 기술이 새로운 가치관과 물질문명을 만들어가게 된 것이다.[33] 과거의 인류 역사는 진보의 속도가 아주 느렸다. 그러나 과학 기술이 고도로 발전하기 시작한 20세기에 이르러 그 속도가 매우 빨라졌다.

과학은 고대부터 18세기까지만 해도 철학의 영역이었다.[34] 과학이 실생활과 밀접한 관계를 맺게 된 것은 19세기에 이르러서였다. 1870년 이후 과학에 기반을 둔 기술을 토대로 일어난 2차 산업혁명은 상품의 생산과 소비 방식뿐 아니라 산업사회 자체를 변화시켰다. 산업자본가는 더 우수한 신상품을 끊임없이 경쟁적으로 개발해야 했다. 새로운 기술을 개발하기 위해서는 그 기초인 과학이 발달해야 했다. 그리하여 과학을 위한 투자가 더욱 증가하게 되었다. 이제 전통 속에서 문명이 발생하고 독자적으로 발전해나가는 시대는 지나갔다. 19세기부터 자본주의와 과학기술이 지배하는 시대에 인류 문명은 과학기술 문명으로 하나로 통합되어갔다.[35] 과학과 기술의 융합은 자본주의를 더욱 발전시킴으로써 공산주의를 몰락시키고 물질문명을 더욱 강화했다.[36] 그리하여 세계는 독립적인 문명의 상실과 함께 통합된 보편적 물질문명의 광풍에서 어떻게 살아가야 하는가에 직면하게 되었다. 궁극적으로 보면 17세기 과학혁명을 거쳐 산업혁명 그리고 19세기 과학기술의 발달은 인류 역사를 물질에 가둬두었을 뿐 아니라 이에 따라 정신문화까지 대대적으로 변화시켰다. 이로 인해 발생한 인류 역사의 불안은 과거 자연상태의 문명시대보다 더욱 심화했다. 20세기에는 상대성이론과 불확정성원리 등이 인간의 과학관에 혁명을 불러일으켰다. 뉴턴 과학이 절대적인 것으로 생각했던 시간과 공간도 절대적이지 않으며 인간의 인식 범위도 무한하지 않다는 것이다. 과학 발달로 인해 미지의 세계인 우주의 신비를 밝힐수록 인류는 그 무한함에 절망하지 않을 수 없다. 산업혁명은 사람들에게 인류 문명이 무한 진보할 수 있다는 신념을 심어주었다. 신의 전능함을 인간도 갖고 있다는 자신감이 넘쳤다. 성스러운 정신보다 세속적인 물질을 더 중시하는 가치관이 세상을 지배하게 되었다.[37] 과거에는 적어도 물질과 현세보다 내세와 영적인 삶을 더 중시했다. 이렇다 보니 종교는 점점 쇠퇴하고 산업과 자본이 더 활기를 띠었다. '돈만 있으면 무엇이든 다 할 수 있다'는 생각, 즉 물질 숭배 사상은 산업사회에서 신적인 의미로 통했다. 이러한 세속적인 인간 욕망을 무엇으로 통제해야 하는가.

과거 사회질서는 신분제와 종교의 가르침에 의해 유지되어왔다. 법은 지배자를 위한 피지배자 통제의 역할을 했을 뿐이었다. 사회가 복잡할수록 법체계도 정교하게 제정되었다. 전통 관습이 법을 대신하던 시대에는 인간적인 관용이 더 강하게 작용했다. 그러나 산업사회에서 법은 표준화되고 기계적인 틀 속에서 작동한다. 정교한 기계 부품처럼 교육, 직업, 가족 형태 등 인간의 모든 행위의 과정도 표준화되어 있다.[38] 계몽시대 이후 인간은 이성의 빛을 신봉하며 신과의 결별을 선언했다. 그리고 물질문명의 발달에 온 힘을 쏟으며 인간 능력을 신의 전능함과 비견했다. 그러나 두 차례의 세계대전을 겪으며 인간 이성에 대한 신뢰는 여지없이 무너져버렸다. 이후로 인간은 회의론에 빠져 근대성을 비판하며 새로운 삶의 희망을 이성이 아니라 실존에서 찾으려 했다.[39] 산업사회가 파괴한 인간성 회복만이 인간의 미래를 보장한다는 신념은 탈근대성이라는 새로운 이념을 낳았다.[40] 이제 과학이 역사의 주인인가, 아니면 역사가 과학을 지배할 수 있는가. 이 문제에 대해서는 다음 장에서 살펴보도록 하겠다.

4

산업기술과 사회의 변화

산업혁명과 함께 사람들의 일상생활과 가장 밀접한 관계를 갖고 발전한 분야가 바로 화학이다. 1828년 유기물인 요소를 사이안산 암모늄과 같은 무기물에서 추출할 수 있다는 것이 발견되면서 시작된 유기화학은 활발하게 연구되어 마침내 탄소와 수소를 포함하는 화합물이 만들어졌다. 1845년 호프만이 석탄의 부산물인 콜타르에서 벤젠을 추출했으며 이어 1856년 퍼킨이 알코올과 섞어서 최초의 합성염료인 보라색의 모브를 제조했다. 이후 푹신이라는 붉은 염료와 푸른색 염료 등이 생산되면서 다양한 색상의 옷감이 만들어졌다. 염료산업 발전에 힘입어 화학 분야는 비약적으로 발전했다. 케쿨레가 벤젠이 육각형 구조를 하고 있다는 것을 밝혀내서 화학물질의 유기화학 구조론을 확립했다. 이러한 노력의 성과로 다양한 조합을 통해 원하는 색상의 염료를 만드는 방법들이 만들어졌다. 이때 염료를 만들었던 바이엘, 회호스트 등과 같은 회사들은 오늘날 세계적인 제약회사가 되었다. 이렇게 다양한 원소들이 발견되고 만들어지면서 1869년에는 멘델레예프가 원소 주기율표를 만들어 화학 연구에 공헌했으며 물리학과의 결합으로 물리화학이라는 분야가 생겨났다.

마리 퀴리가 라듐을, 러더퍼드가 방사성원소가 일정 주기로 반감되는 것을 찾아냈고, 톰슨의 전자 발견에 이어 보어의 원자 모델이 제시되기에 이르렀다. 이와 같은 과정을 거쳐 전자를 생성하고 활용하는 방법이 연구되기 시작하여 진공관 트랜지스터와 TV가 발명되는 등 반도체 등장의 시발점이 되었다.

이 시기에 획기적인 교통수단의 변화를 만들어낸 것은 기관을 구동하는 동력원의 개발이다. 당시 방직과 주조 산업에 크게 활용되고 있던 증기를 이용한 기관은 운송수단으로도 개발되고 있었다. 그러나 증기기관은 물을 끓이는 데 오랜 시간 걸리고 열효율이 매우 낮다는 문제가 있었다. 1860년 벨기에 출신의 르누아르가 휘발유를 주입, 폭발시켜 실린더 안 피스톤의 움직임을 직선운동과 회전운동으로 바꾸는 기계를 만들었다. 그리고 드디어 1862년 독일의 오토가 등유를 이용하는 내연기관을 제작했다. 오토는 이를 이용하여 1876년 크랭크축이 2회전하는 동안 4행정(흡입-압축-폭발-배기)을 하는 엔진을 제작, 보급했다. 이어서 1884년 기화기와 전기점화기를 발명하여 가솔린엔진을 쉽게 사용할 수 있도록 만들었다. 이제 석유가 에너지원의 중심을 차지하게 되었다. 석유는 탄화수소 혼합물로 유기물의 퇴적으로 생성되는 것으로 추정되며 탄소가 83~87%, 수소가 10~14%, 그리고 질소, 산소, 황 등이 미량으로 포함되어 있다. 이를 증류하고 정제하면 일상에서 활용할 수 있는 기름이 만들어지는데 증류하는 온도에 따라 40~70도에서 벤젠, 120~150도에서 나프타라고 불리는 휘발유, 150~300도에서 석유발동기나 제트엔진에 사용되는 경유, 350도 이상에서는 중유가 만들어진다.

석유와 함께 동력원으로 떠오른 것이 전기에너지다. 전기가 물체를 움직일 수 있다는 것을 처음 증명한 사람은 외르스테드다. 그는 실험을 통해 전기의 흐름이 자석의 움직임에 영향을 미친다는 것을 보여주었다. 앙페르는 전류가 흐르는 두 선 사이에 작용하는 자기력(척력과 인력)을 수식으로 표현했으며 모든 자연의 힘은 같은 성질을 갖기에 상호 변환이 가능하다는 것을 입증했다. 이를 실제로 활용한 사람이 패러데이다. 그는 전류가 흐르는 전선에 의해 나침반이 움직이는 것을 관찰하고 자기를 이용하여 전기를 생산하는 발전기를 제작했으며 전자기유도 현상을 발견하여 변압기도 만들었다. 또 쇠막대에 구리선을 감아 전기를 흘리면 전자석이 된다는 것을 발견했다. 헨리는 이를 이용하여 1831년 전자석으로 1톤의 쇳덩어리를 들어 올리는 실험에 성공했다. 전자석은 지금도 산업현장 곳곳에서 활용되고 있다. 이를 계기로 패러데이는 1831년에 최초의 발전기(패러데이 디스크)를 제작하여 전기를 생산하는 법칙이 동작함을 입증했다. 또 1873년에는 발전기의 원리를 뒤집으면 전동기를 만들 수 있다는 것을 실험으로 확인하여 산업용 원동기로도 사용할 수 있게 했다. 같은 원리로 1878년 프랑스에서는 소규모의 수력발전소를 만들어 전기를 생산했다.

전기를 이용한 기술의 진전에 따라 1896년 마르코니가 무선전신을 발명했는데 이는 라디오의 원천 기술로 활용되었다. 라디오의 제작이 실제로 가능해진 것은 1904년 플레밍이 무선신호를 검출하는 전극 2개(원통과 필라멘트)를 가진 진공관 형태의 다이오드를 개발하면서부터였다. 이후 1906년 디포리스트가 필라멘트와 플레이트, 그리드로 구성된 증폭용 3극 진공관을 만들어 정류와 증폭 등 자동 전류 제어를 가능하게 했다. 이를 이용하여 원거리에서 무선 전송된 신호에서 주파수에 맞는 신호를 찾아내고 증폭하여 음성신호를 재생할 수 있는 라디오가 탄생하게 된 것이다. 이어서 미국에서 진폭 변조 방식의 라디오 방송을 시작하면서 전 세계에 라디오가 보급되기 시작했다. 라디오의 등장은 인류의 삶을 크게 바꾸는 계기가 되었다. 정보의 유통이 실시간으로 광역으로 가능해졌기 때문이다. 과거에는 소식과 정보를 얻으려면 인쇄물이나 사람과 사람을 통해서만 가능했는데, 라디오는 정보와 소식을 시간에 구애받지 않고 빠른 시간에 광범위한 지역으로 전파할 수 있었다. 또 음악이나 재미있는 이야깃거리를 제공함으로써 많은 사람에게 즐거움을 주었다. 즉 라디오의 출현으로 사람들의 삶과 사고방식을 변화시킨 것이다.[41]

이처럼 일상생활에 유용한 전기용품들이 개발되면서 전기에 대한 수요가 급격하게 늘어났다. 그리하여 대규모 전기 공급이 가능한 공급체계(발전, 송전, 배전)가 만들어졌다. 이때까지는 직류전기를 사용할 것인지, 교류전기를 사용할 것인지가 결정되지 않았다. 에디슨이 직류체계를, 테슬라가 다상 교류체계를 제안하여 경쟁하다가 최종적으로 교류체계가 채택되어 오늘에 이르고 있다. 전기의 공급체계는 발전과 배전 기술이 핵심인데 이후 수력발전 터빈의 제작으로 값싼 전기의 공급이 가능해져서 전기가 에너지원으로 자리 잡게 되었다. 기초과학 기술이 계속 개발되고 에너지원이 확보되면서 일상에 필요한 자재 생산 기법도 획기적으로 발전하여 급격히 늘어나는 인구의 인프라 구축 문제를 해결했다. 특히 철은 다른 금속에 비해

용도가 다양하고 매장량도 많지만 양질의 철을 생산하기 위해 철에 포함된 탄소를 제거하는 기술이 없어서 대량 생산이 어려웠다. 그런데 1856년 베서머가 철 내부의 규소와 탄소에서 발생하는 열을 이용하여 선철 내에 공기를 주입함으로써 탄소를 완전히 제거하는 새로운 정련 기술을 개발했다. 이로써 양질의 철 생산이 가능해졌다. 이에 더해 시드니 토머스가 1879년 인과 규소가 다량 함유된 낮은 품질의 철광석에서도 양질의 강철을 만들 수 있는 염기성 제강법을 발명했다. 철과 함께 유리도 대량 생산되어 각종 인프라 구축에 널리 사용되었다. 유리의 생산은 로마시대에 본격적으로 시작되었다. 로마시대에는 핸드블로잉 기법으로 만든 유리를 창에 사용했고 4세기경에는 돌판에 판유리를 만들어 사용했지만 대형 유리의 제작은 어려웠다. 그러다가 1665년에 4m²의 거울이 생산되면서 유리가 건축에 사용되기 시작했다. 산업혁명기인 1789년에 프랑스의 르블랑이 소다회(탄산나트륨)를 이용하여 규사의 융용점을 낮추는 새로운 제조법으로 유리 원료를 개선했다. 그리고 1857년에 지멘스 형제가 용해로의 축열식 가열법을 개발함으로써 유리의 대량 생산이 가능해졌다. 이렇게 철과 유리의 대량 생산이 가능해지면서 1781년 영국에서 37미터 길이의 다리를 철교로 만들었다. 또 1851년 런던에서는 철골조에 한 변이 49인치인 정사각형 유리판 30만 장을 끼워 넣은 수정궁을 건축했다. 1889년에는 파리 만국박람회를 기념하기 위해 300미터 높이의 에펠탑이 세워졌으며 1885년에는 시카고에 세계 최초의 고층 빌딩인 10층짜리 홈 인슈어런스 빌딩이 철골조로 건축됨으로써 모더니즘 시대의 시작을 알렸다.[42] 철의 등장은 교통수단에도 큰 변화를 만들어냈다. 1804년 최초의 증기기관차에 철이 이용되었으며 이후 스티븐슨에 의해 기차와 철로 모두 철이 사용되었다. 또 1885년 벤츠가 철을 사용하여 자신이 만든 4행정 엔진을 장착한 최초의 자동차를 만들었다. 자동차가 보편화되면서 철의 생산량은 그 나라의 국력 지표가 되었다.

많은 물품의 제작에 철로 만든 기계를 사용하면서 노동집약적 대량 생산 방식에도 큰 변화가 생겼다. 1차 산업혁명기에는 공산품을 대량으로 생산하기 위해 많은 작업자가 완제품을 만드는 작업을 동시에 같은 공간에서 진행했는데 이로 인해 노동환경 문제와 함께 개인별 노동 숙련도 차이에 따라 제품의 질이 달라지는 문제가 발생했다. 이를 해결하는 방법으로 제시된 것이 작업을 여러 단계로 나누어 단계별로 하나의 공정만을 처리하고 다음 단계로 넘겨주는 방식이다. 이렇게 각 단계에서 완료된 부품이 다음 단계로 넘어가는 것을 자동화한 것이 컨베이어시스템이다. 컨베이어시스템은 여러 단계의 작업 공정이 필요한 자동차 생산에 처음으로 적용되었다. 1912년 미국의 포드 자동차 공장에서 컨베이어를 설치하고 조립 과정을 단계별로 나누어 하나의 조립 단계가 끝나면 다음 작업 단계로 이동시킴으로써 차 1대당 조립 시간을 5시간 55분에서 1시간 33분으로 단축할 수 있었다. 또 작업과 제품의 단순화, 부품의 표준화, 근로자와 공구의 전문화를 이루어내어 생산 가격을 낮추면서도 제품의 질을 높일 수 있었다.

또 다른 새로운 산업은 사진과 영화다. 사진은 1826년 니엡스가 바늘구멍 렌즈를 통해 들어온 빛을 유대 비투멘을 바른 백랍판에 비춰서 빛이 닿은 부분은 굳고 닿지 않은 부분은 녹아 없어지는 방식으로 영상을 기록하는 헬리오그래프를 만들면서 시작되었다. 1851년 아처가 감광판을 개선하여 콜로디온습판법을 도입했고 1880년 건판을 도입하여 사진 영상의 안정성을 확보했다. 1861년에 맥스웰이 컬러사진의 원리를 개발하자 1884년 이스트먼이 젤라틴 유제를 바른 롤필름을 개발하여 100장의 롤필름이 장착된 코닥 카메라가 생산되었다. 사진의 발명은 회화에 엄청난 변화를 가져왔다. 과거 그림은 자연이나 인물을 사실대로 그려서 자료로 보존하려는 성격이 강했다. 예컨대 예전의 미술가들은 왕족이나 귀족의 초상화를 그리는 것이 주된 직업이었다. 그런데 사진기가 등장하자 이러한 사실적인 회화는 더 이상 의미가 없어졌다. 그리하여 등장한 새로운 화풍이 바로 인상주의다. 이제 화가들은 전통적인 기법에서 벗어나 순간의 색채와 질감, 빛에 초점을 맞추면서 원하는 장소에 가서 자유롭게 작업할 수 있었다. 마네, 모네, 고흐 등이 대표적인 인상파 거장들로, 바로 현대 미술의 시작이었다.[43] 과거 예술이 사실적인 것에 중점을 두었다면 이제 새로운 형식, 예컨대 사물과 자연에 관한 과학적 분석에 따른 표현법이 등장한 것이다.

이러한 경향은 인간이 추구해온 예술 감각이 변했다는 것을 의미한다. 회화를 비롯한 근대 예술은 무엇이 아름다운가, 무엇을 표현해야 하는가, 무엇보다 보이는 것 혹은 보이지 않는 것을 어떻게 표현할 것인가에 중점을 두게 되었다. 이는 시선만 바뀐 것이 아니라 미의 관점과 가치관이 달라진 것이다. 인상파의 그림들은 인간이 자연과 사물을 바라보는 관점에 큰 변화가 생겼다는 것을 보여준다.

결국 사진의 발명은 사물의 사실적 재현을 넘어 인간과 자연의 관계, 자연에 관한 생각과 미의 기준을 획기적으로 변화시켰다고 할 수 있다.

한편 1895년 뤼미에르 형제가 에디슨의 키네토스코프에서 아이디어를 얻어, 손으로 핸들을 돌릴 때 연속으로 셔터가 동작하면서 필름을 회전시키는 기계장치인 시네마토그래프를 발명했다. 이는 촬영과 영사가 가능한 기계로 이후 1904년 컬러가 가능한 오토크롬 기법이 개발되었다. 촬영기와 영사기가 만들어지면서 영화가 제작되어 상용화되기 시작했다. 1895년 파리에서 최초로 상영된 상업영화 「기차의 도착」을 시작으로 1900년 이후 미국에서 영화산업이 활성화되면서 LA의 할리우드가 영화산업의 전성기를 이끌었다. 이와 함께 1897년 브라운이 전자총에서 나온 전자가 형광물질이 발라진 유리면에 순차적으로 부딪쳐 영상이 생성되는 CRT(브라운관)를 만들었다. 이 브라운관을 활용하여 1925년 베어드가 '텔레바이저'라는 기계장치를 발명했는데 이것이 바로 텔레비전의 시초였다.[44]

과거 농경사회에서 보통 시간은 씨를 뿌리거나 추수하기 위한 날씨, 절기에 맞춰졌다. 따라서 사람들의 활동도 이에 맞춰졌다. 노동과 여가는 시간상으로 분리되지 않았으며 모든 활동이 농경을 중심으로 행해졌다. 그러나 산업혁명 이후 교통수단과 통신수단이 발달함으로써 시간과 공간을 분배할 수 있게 되었다. 시간과 공간을 절약하거나 낭비하거나 배분하는 개념으로 인식하기 시작한 것이다. 이러한 인식 변화는 전화, 전신 그리고 TV 같은 영상매체의 등장으로 생겨났다. 사람들은 시간과 공간의 제한 없이 어느 때나 서로 정보를 교환할 수 있게 되었으며, 업무 처리도 통신수단을 통해 빠르게 처리할 수 있게 되었다. 사람들의 삶의 패턴과 사고방식, 그리고 사회현상이 점점 보편화되어갔다.[45] 라디오와 텔레비전의 소리와 영상으로 전달되는 뉴스와 정보는 종이를 매개로 한 인쇄물, 예컨대 신문이나 서적 등에서 얻는 뉴스와 정보보다 훨씬 파급력이 크다. 시간과 공간의 경계를 뛰어넘어 광범위하게, 그리고 빨리 많은 사람에게 전달되기 때문이다. 또 시각적으로 현장에서 시청자가 직접 보고 듣는 것과 다름없는 영상은 충분히 신뢰감을 주며 즐거운 오락도 제공하면서 시대의 유행, 가치관, 생활 방식 등 다양한 시대성을 주도하고 있다. 이렇게 오늘날에는 스마트폰과 컴퓨터 등 다양한 실용적인 전자제품들이 현대인의 일상생활에 깊숙이 침투하여 사고방식과 생활 양상에 엄청난 영향력을 발휘하면서 인류 역사를 새롭게 창조해나가고 있다.

제11장

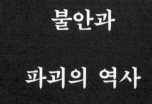

불안과

파괴의 역사

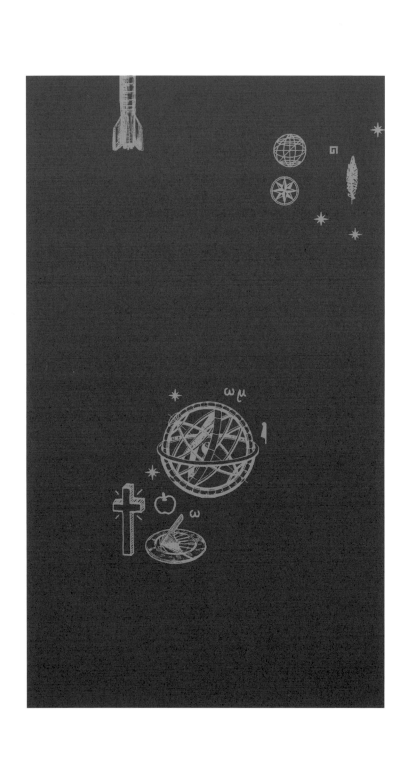

1

새로운 힘, 전쟁 무기

전쟁과 과학기술은 공생관계를 맺고 있다. 예컨대 제1차 세계대전은 화학자들의 전쟁, 제2차 세계대전은 물리학자들의 전쟁으로 알려져 있다. 과학기술은 전쟁의 승패를 가르는 기준이었다. 제1차 세계대전에서는 비행기와 독가스, 유보트가 전쟁을 이끈 새로운 군사 무기였다면 제2차 세계대전에서는 원자폭탄과 레이더가 전쟁을 새로운 국면으로 이끌었다.[1] 제1차 세계대전으로 구시대의 유물인 고전물리학이 사라지고, 이후 양자역학과 상대성이론의 새로운 과학 세계가 등장했다. 전쟁은 과학 발전에 엄청난 영향을 미쳤다. 과학혁명으로부터 이어온 유럽의 과학 주도권은 양차 대전을 거치면서 미국으로 넘어갔다. 전쟁을 통해 유럽 과학계를 신뢰하지 못하게 된 미국 과학계의 자각과 더불어 독일의 유대인 과학자들이 미국으로 이주함으로써 미국의 과학 진흥 정책에 가속도가 붙었다. 특히 공산국가 소련과 대치하며 군사적으로 경쟁해야 했던 냉전시대에 미국의 과학 연구 방식과 정부의 과학기술 정책은 큰 변화를 겪게 되었다.[2] 현대 과학기술의 발전이 가장 먼저 영향을 준 것은 무기의 개발이다. 육상과 해상, 공중으로 이동이 가능한 무기 그리고 과거에는 상상하기 어려웠던 여러 종류의 대량살상무기가 등장했다. 무기 개발은 양차 대전을 거치면서 더욱 활기를 띠었다. 정부, 산업계, 군부의 지원을 받아 핵폭탄, 항공기, 컴퓨터 등이 출현했다. 이런 것들은 인간의 편리한 일상생활을 위해서가 아니라 우수한 첨단 무기를 개발하기 위해 그동안 발전된 과학과 기술로 만들어진 것들이다. 그러나 이렇게 과학기술로 개발된 무기들은 일상생활용품에도 응용되어 아주 편리한 생활 도구로 활용되고 있다.

무기 개발에서 가장 획기적인 것 중 하나가 바로 현대 사회를 하나로 통합한 교통수단인 비행기다. 1810년 영국의 케일리가 비행체에 작용하는 힘이 양력, 항력, 추력과 중량이라는 것을 이론적으로 정리하고 베르누이정리에 따라 날개 윗면을 곡면으로 설계하면 양력을 증가시킬 수 있음을 입증했다. 이후 1903년 라이트 형제가 제동과 회전 그리고 고도 변환 제어장치를 갖춘 최초의 동력 비행기인 플라이어1호를 제작했다. 비록 12초 동안 36.5미터밖에 날지 못했지만 프로펠러를 돌려서 추진력을 만들어낸 동력 비행이었다. 초기 비행기는 날개 끝을 구부리는 방법으로 좌우 날개의 양력을 조정하여 회전할 수 있게 제작되었고 꼬리날개를 부착하여 방향타로 사용되었다. 그리고 추력을 얻기 위해 알루미늄 주물로 만든 엔진으로 비행기 뒷면에 설치된 프로펠러를 돌리는 후면 추진식으로 제작되었다. 이후 1911년 미국의 커티스가 날개 끝을 구부리는 대신 보조날개를 부착하여 제어하는 방법을 고안했는데 지금까지도 비행기의 기본 구조로 사용되고 있다. 날개 앞에서 구부러져 양력을 증가시키거나 속도를 늦추는 기능의 슬랫, 날개 뒤편에 덧댄 경첩으로 아래로 내리면 양력을 증가시켜 이륙을 용이하게 하고 착륙할 때는 위로 올려 저항력을 증가시키는 기능의 플랩, 수평 안전을 제어하는 꼬리날개의 방향타가 그것이다. 1917년경에는 프로펠러를 비행기 앞에 부착하여 프로펠러 길이를 줄이는 방법이 개발됨과 동시에 수랭식 병렬엔진을 사용하여 추진력을 키움으로써 항공기의 시대를 열었다. 이렇게 만들어진 비행기는 하늘을 날아 1909년 도버해협 횡단(루이 블레리오)에 성공한 이래 정찰용으로 사용되다가 1915년 기관총으로 무장한 영국 비행기(비커스 F.B.5)가 독일의 정찰 비행기를 격추하면서 전투기의 시대가 열렸다. 비행기는 새처럼 하늘을 날고 싶은 인간의 꿈을 실현시켜주었다. 그러나 비행기가 단지 인간의 욕망만 충족시켜준 것은 아니다. 땅과 바다로 이동하던 방식이 이제 하늘로 확장된 것이다. 고대부터 인간은 먼 거리를 오가려면 오랜 시간과 위험을 감수해야 했다. 그러나 비행기는 속도가 빨라 단 하루에 세계 어느 곳이든 갈 수 있다. 인류는 이동수단의 혁신이 일어날 때마다 커다란 변혁의 시대를 맞이했다. 이동수단은 말과 마차, 증기기관차, 자동차 그리고 비행기로 발전했다. 비행기라는 운송수단은 시간과 거리를 단축하여 하나의 지구촌 세계를 만들었다.

철은 고대부터 무기의 핵심 소재였다. 현대에서도 철은 거의 모든 무기에 사용된다. 전함의 경우, 1859년에 프랑스 해군이 증기기관으로 추진하고 상부에 철장갑판으로 보호되는 유탄포를 장착한 군선을 제작하여 실전에 사용하자 영국 해군도 철갑선 제작에 뛰어들었다. 영국 해군은 목재 골조에 4.5인치 장갑판을 두르고 스크루프로펠러로 항진하는 전함을 제작하여 1862년 남북전쟁에서 사용했다.

자동차가 등장한 이후에는 이를 전쟁에 활용할 목적으로 장갑차가 만들어졌다. 1898년 영국의 심스가 4륜 자전거의 전방을 두께 1센티미터의 철판으로 가리고 기관총을 설치한 것이 그 시초였다. 1905년 독일의 다임러는 자동차 전체에 장갑을 씌우고 운전자 후면에 회전 가능한 기관총을 설치한 장갑차를 생산했다. 뒤이어 1915년에는 영국에서 타이어 대신 무한궤도를 단 철갑차량을 개발하여 이듬해 실전에 배치했는데 시속 6.5킬로미터 이상 달리면서 1.2미터 깊이의 참호와 1.5미터 높이의 장애물을 통과하여 사람들에게 괴물로 비쳐졌다. 잠수함의 경우, 1775년 미국독립전쟁 때 부시넬이 핸들로 프로펠러를 회전시켜 이동하는 달걀 형태의 잠수정을 제작한 이래 1862년에 역시 미국에서 수동식 잠수정에 어뢰 발사 장치를 설치하여 전쟁에 활용할 수 있도록 만들었다. 이후 1863년 프랑스에서 압축공기를 이용하여 추진력을 만드는 세계 최초의 기계식 잠수함이 건조되었고, 1897년에 아일랜드 출신의 홀랜드가 전기모터와 가솔린엔진으로 구동하는 잠수함을 건조함으로써 본격적인 전쟁 무기로 잠수함이 등장했다.

기존의 화력에 기동력을 부여하는 이동수단뿐 아니라 이에 장착할 무기도 새롭게 만들어졌다. 1862년 여러 개의 총신을 달고 이를 회전시키면 아래의 탄약통이 왕복운동을 하면서 장전되는 개틀링포(분당 200발 발사)가 제작되었는데, 이후 이를 개선한 벌컨포 등의 대공포와 항공기 탑재 기관포가 지금까지 사용되고 있다. 어뢰는 1864년 미국 남북전쟁 때 배의 앞 활대에 장착된 폭탄이 부딪쳐 물체를 파괴하는 활대기뢰와 함께 물에 뜨는 기뢰가 사용된 것이 그 시초다. 1866년 오스트리아군이 기뢰에 추진체를 붙인 어뢰를 처음 만들었고 1877년 러시아군이 오스만제국 증기선을 격침하면서 핵심적인 해군 무기로 부상했다. 획기적인 신무기들이 등장함과 동시에 기존 무기들의 성능도 크게 발전했다. 특히 탄도학의 발전으로 개인용 소총과 기관총 그리고 대포의 성능이 놀랍도록 개선되었다. 탄도학은 총기 안에 장착한 탄환이 총구를 탈출하여 목표물에 도착할 때까지의 현상을 설명하는 것으로 정밀 무기를 만드는 기초가 된다. 탄도학은 4가지로 구분된다. 먼저 강내탄도학은 총신 내의 탄환이 총구를 벗어나기 전의 현상을 설명하는 것으로, 이를 통해 화약의 폭발과 기체의 팽창력 그리고 반발력을 분석하여 총알의 무게와 화약의 양, 총신의 길이 등을 설계한다. 전이탄도학은 총구를 떠난 발사체 뒤의 압력이 기압과 같아지는 때까지의 현상을 설명하는 것으로, 총신 끝의 기압과 바깥의 기압 차로 인해 큰 굉음이 발생하는 이유를 알 수 있다. 이를 없애주는 소음기는 총구 끝을 냉각해 기압 차를 없애는 방식이다. 강외탄도학은 총구를 탈출한 탄환이 비행시간 동안 중력과 대기 저항의 영향을 받으며 나타나는 현상을 설명하는 것으로, 최대사거리와 유효사거리를 결정하는 데 중요하게 사용된다. 최종탄도학은 목표물에 맞은 후의 현상을 설명하는 것으로, 맞는 순간의 힘과 재질에 따른 침투력을 결정한다. 총신 내부에 만들어진 강선은 탄환의 속도를 증가시키고 비행 중 흔들림을 최소화해준다. 이러한 탄도학을 기초로 해서 미국의 루이스가 1884년에 만들어진 맥심기관총을 개량하여 1911년 유효사거리 800미터에 분당 500발까지 발사 가능한 루이스경기관총을 만들었다. 1900년경에는 무연 장약 포탄을 포신 뒤쪽에서 장전하고 반동을 흡수해 포신이 발사 후 원래 위치로 돌아오게 하는 장치인 주퇴복좌기가 개발되어 곡사포의 발사 속도와 정확도를 높일 수 있었다.

더불어 이때까지 보지 못한 신무기들도 등장했는데 수류탄과 화학무기 등이 그것이다. 수류탄은 투척에 의한 충격으로 폭발하는 형태와 투척 후에 시간을 지연시키는 신관을 사용하는 형태의 두 가지가 개발되어 파괴적인 근거리 살상력을 선보이면서 보편적인 개인 무기가 되었다. 안전핀을 사용해 사용의 안전도를 높였을 뿐 아니라 총기에 부착해 발사하는 라이플 수류탄으로 폭발력을 증가시켜 장갑차 파괴 등의 용도로도 활용되었다. 화염방사기도 이 시기에 등장했다. 화염방사기는 석유, 중유, 휘발유 등의 혼합 액체를 압축 가스로 분사하여 점화하는 무기로, 사거리가 80미터까지 늘어나서 전쟁에서 가장 무서운 무기 중 하나가 되었다. 이와 함께 새롭게 선보인 살상 기구가 화학무기다. 제1차 세계대전 때인 1915년 독일의 하버가 염소 가스를 송풍기로 살포한 것이 그 시초였다. 하버는 이를 개선하여 포스겐을 넣은 포탄과 인체 내외부에 수포를 만드는 겨자탄을 실전에 사용했다. 이렇게 과학기술의 발전으로 각종 대량 살상무기가 제1차 세계대전부터 등장하기 시작했다. 첨단 무기들이 계속 발명되어 현대의 전쟁 양상이 사람 중심보다 무기 중심으로 변화하게 되었다. 그리하여 제2차 세계대전 중에 개발된 핵무기는 지금까지 개발된 모든 전쟁 무기를 무력화하고 말았다.

제1차에 이어 제2차 세계대전으로 유럽 세계는 모든 물질적·정신적 구축물이 파괴되고 말았다. 참혹한 전쟁은 유럽인들을 고통에 빠뜨렸다. 많은 사상자의 발생보다 인간성 파괴는 유럽인들에게 인간에 관한 근원적인 질문을 하기 시작했다. '인간은 무엇인가'라는 이 질문의 명제는 계몽시대부터 신봉해온 이성의 불확실성이다. 가장 새로운 기술들은 그저 인간을 죽이기 위해 사용되었다. '그 당시 최고의 과학기술은 무기, 군사 목적 기술과 밀접하다'라는 말이 있듯이, 믿을 수 없지만 그 당시 사람들에게는 현실로 일어났다.³

계몽주의 사상이 강조한 인간 이성을 통해 인류는 무한히 발전할 수 있을 것으로 믿었다. 그러나 인간 이성을 믿은 결과는 바로 전쟁, 잔인함, 처참함, 살인 등이었다. 인간 이성이 마비된 전쟁의 참혹함을 보고 유럽인들은 큰 충격을 받았다. 특히 과학과 기술이 인간을 죽이는 대량살상무기에 사용되고 있다는 사실에 경악했다.⁴ 그리하여 유럽인들은 이성과 합리성으로 무장한 현실 세계에 강하게 반발하기 시작했다. 다다이즘 운동이 일어났고 이 다다이즘의 영향을 받아 초현실주의가 등장하게 되었다. 초현실주의는 인간의 무의식 등 불분명한 존재들을 끌어내 인간 정신에 내재한 비합리적인 세계를 추구했다. 말하자면 지금까지 유럽인의 정신세계를 지배해온 합리주의에 정면으로 반기를 든 것이다.

제1차 세계대전은 인간이 과학기술로 만들어낼 수 있는 인간 파멸의 잠재력을 보여주었다. 가공할 파괴의 힘은 제1차 세계대전으로부터 제2차 세계대전을 거쳐 현대까지 계속 진행 중인 무기 개발에서 알 수 있듯이 그 끝이 보이지 않을 만큼 증폭되고 있다. 제2차 세계대전을 연합국의 승리로 끝낼 수 있게 해준 미국은 이후 최첨단 무기를 앞세워 세계 최강국으로 군림하게 되었다. 이로써 세계

질서는 미국을 중심으로 재편되었다. 거의 폐허가 된 유럽이 미국의 공산품 공급에 의존할 수밖에 없는 상황에서 미국이 세계 경제의 주도권을 잡으며 초호황을 누렸다. 패전국이 된 독일은 식민지를 모두 연합국에 빼앗기고 영토도 축소되는 과정에서 민족주의가 드세지기 시작했고 같은 게르만족 국가들을 통합하자는 움직임이 일어났다. 같은 연합국이었지만 이탈리아는 별다른 이득을 챙기지 못하고 경제 상황마저 악화하여 전체주의가 싹트기 시작했다.

이처럼 유럽대륙 국가들이 전쟁의 후유증으로 어려움을 겪고 있는 동안 그 외의 지역에서도 큰 변화가 일어나고 있었다. 러시아는 시민혁명으로 왕조가 무너지고 공산당이 어부지리로 정권을 잡은 후 스탈린이 추진한 근대화를 통해 국력을 키워가기 시작했다. 반면 중국은 두 차례의 아편전쟁과 중일전쟁에서 패하고 신해혁명으로 중화민국을 설립했으나 국민당과 공산당의 다툼 등 혼란이 이어지면서 일본까지를 포함한 세계 열강들의 싸움판이 되고 말았다. 중국과 달리 근대화에 성공한 일본은 청일전쟁과 러일전쟁에서 승리하면서 한반도를 복속시켰다. 일본은 이어서 중국 내의 독일 조차지인 산동 지역과 태평양 섬들을 차지하고 시베리아와 러시아 동부의 블라디보스토크까지 점령하면서 아시아 최강국으로 세력을 키워갔다.

산업혁명 후 소득 불균형, 과잉투자, 저소득층의 구매력 상실과 같은 자본주의의 폐해가 나타나면서 국가적으로 경제가 공황 상태에 빠지는 상황이 반복되었다. 제1차 세계대전 후 세계 경제를 주도하며 초유의 호황을 누리던 미국에서도 1929년 과잉생산에 대한 우려로 주식 붐이 하루아침에 꺼지면서 대공황이 시작되었다. 미국은 호황기에 남는 돈으로 융자를 통해 다른 나라들의 경제를 예속시켜 놓은 상태에서 자국이 공황에 빠지자 보호무역을 시행함으로써 타국 경제가 마비되게 만들었다. 이는 역으로 미국의 경제를 더욱 악화시켜 결과적으로 전 세계가 공황에 빠지는 결과를 초래했다. 상황이 이렇게 되자 가장 힘들어진 나라는 전쟁에 패한 후 온갖 제재를 받게 된 독일이었다. 독일은 경제공황으로 실업자가 1929년 80만 명에서 1932년 600만 명에 이르는 등 실업률이 35%에 달했으며 산업 생산은 50%가 감소했다. 식민지와 영토를 빼앗기고 경제마저 심한 불황에 빠지자 민족주의를 내세운 나치당의 히틀러가 부상하게 되었다. 히틀러의 나치당은 1933년 정권을 잡고 건설사업과 민군 복합 군수 생산체제를 추진하여 민간 경기를 활성화함과 동시에 재무장을 위한 자원을 확보하기 시작했다. 마침내 독일은 1935년 재무장을 선언했고 1938년에는 거의 완전고용에 이를 정도로 국가 경제가 살아났다. 대공황의 여파로 경제가 어려워진 틈을 타서 이탈리아에는 무솔리니의 파시즘, 스페인에는 프랑코의 독재가 생겨났다. 이들은 인종주의와 반유대주의를 내세우면서 새로운 식민지 경쟁을 시도했다. 재무장한 독일이 오스트리아를 합병하고 체코를 병합한 후 1939년 폴란드를 침공하자 영국과 프랑스가 독일에 선전포고를 하면서 다시 유럽대륙은 세계대전에 휩쓸리고 말았다.[5]

이와 별개로 동양에서는 일본의 군국주의가 세력을 확대하면서 또 다른 전쟁을 일으켰다. 제1차 세계대전에 연합국으로 참전하여 독일의 식민지인 남양군도와 중국 청도를 확보했던 일본은 세계 경제공황이 닥치자 독일처럼 군수산업으로 경기를 살리려고 시도하면서 군부가 정권을 잡게 되었다. 일본은 내수시장 보호를 위해 쇄국 정책을 시행하면서 식민지 수탈로 물자를 조달하며 버텼다. 과잉 생산된 군수물자를 해소하고 시장을 확보하기 위해 넓은 영토가 필요했던 일본은 만주를 식민지화하면서 1937년 중일전쟁을 일으켰다. 중국 대륙을 침략하여 남경대학살을 저지르고 러시아를 공격했으나 소득이 없자 1940년에는 인도차이나를 점령했다. 만주 침략에 대해 국제연합이 이의 철회를 요구하자 일본은 국제연맹을 탈퇴하고 독일과 동맹을 맺었다. 이에 대한 징벌로 미국, 영국, 중국, 네덜란드가 ABCD 포위망을 형성하여 일본과의 통상을 금지하자 일본이 미국에 대한 보복으로 1941년 진주만을 공격함으로써 지루한 태평양전쟁이 시작되었다.

결국 제2차 세계대전은 제1차 때와 마찬가지로 미국이 개입하여 연합국의 승리로 끝났다. 이 전쟁에서 전사자를 포함한 사망자는 6천만 명이 넘었다. 가장 많은 인명 피해를 입은 나라는 러시아(구소련)와 중국이었다. 러시아는 민간인과 군인을 합쳐 2,500만 명 이상 사망했다. 중국도 대략 1,500만 명의 인명 피해를 입었다.[6] 새로운 무기의 등장으로 전쟁의 방식도 바뀌었다. 독일의 V-2 로켓을 이용한 원거리 공격과 연합군의 장거리 폭격기에 의한 무차별 공습, 게다가 원자폭탄의 등장은 대량 살상의 시대를 열며 전쟁의 근본적인 개념을 바꾸어놓았다. 태평양전쟁에서도 미국이 승리하여 세계는 다시 미국이 주도하는 질서에 따라 재편되었다. 그러나 러시아에 이어 중국이 공산화되면서 세계는 자본주의 진영과 공산주의 진영으로 동서가 양분되었고, 이후 40년 동안 이어지는 냉전시대가 도래하게 되었다.

　제2차 세계대전을 종식시킨 결정적인 무기는 바로 핵폭탄이었다. 인류 역사상 가장 강력한 무기인 핵폭탄은 과학이 낳은 가장 큰 부작용일 것이다. 원자 형태의 연구는 톰슨, 러더포드, 보어로 이어지면서 더욱 체계화되었다. 원자핵의 성질을 규명하기 위한 연구에도 큰 진전이 이루어졌다. 원자핵이 원자의 무게를 거의 결정하고 양성자와 중성자(1932년 채드윅이 발견)로 구성되어 있다는 것이 확인되었으며, 양성자의 수는 같으나 중성자의 수가 다른 것이 발견되자 이를 동위원소라고 정의했다. 현대에 들어서는 전자의 분포를 보어가 설명한 오비탈에 전자가 놓일 확률로 설명하고 있어서 전자들이 원자핵 주변에 구름처럼 퍼져 있는 것으로 이해하고 있다. 원자핵의 성질을 규명하면서 방사성원소의 성질도 하나씩 밝혀졌다. 대부분 물질의 원소는 대부분 안정적(산소, 수소, 금, 철, 구리 등)이지만 불안정한 원자핵(칼륨이나 탄소 등)은 다른 원자핵으로 변환하면서 방사선을 방출한다. 방사선은 방출하는 방식에 따라 세 종류로 구분되는데 알파선은 2개의 양성자와 2개의 중성자로 이루어진 원자핵의 흐름을 말하고 베타선은 중성자가 양성자로 변환할 때 방출되는 전자선을 말한다. 감마선은 알파선이나 베타선이 방출될 때 혹은 중성자를 흡수한 원자핵이 변환할 때 생기는 여분의 에너지 선이다. 방사성원소의 특징 중 하나는 원소별로 고유한 반감기를 갖는다는 것이다. 반감기는 방사성원소가 붕괴하거나 다른 원소로 변하는 과정에서 방출하는 방사선의 양이 반절이 되는 데 걸리는 시간으로 수백만 분의 1초에서 수십억 년까지 다양하다.

원자핵의 특성을 확인하기 위한 다양한 실험이 진행되었다. 원자핵이 어떤 성질을 가지는지 확인하기 위해 방사능물질의 중성자에 전자를 충돌시켜보기도 했다. 1938년 독일의 오토 한은 우라늄에 중성자를 쏘면 우라늄이 바륨과 크립톤으로 쪼개지면서 두세 개의 중성자가 튀어나와 주변의 다른 핵을 다시 분열시키는 연쇄반응을 발견했다. 이어서 1940년 미국의 맥밀런과 시보그는 우라늄에 중수소를 충돌시키면 새로운 핵분열물질인 플루토늄이 되는 것을 발견했다. 이러한 방사성원소의 핵분열 과정에서 발생하는 에너지를 순간적으로 생성하면 엄청난 폭발력을 가진 원자탄이 되고, 시간을 충분히 갖고 천천히 생성하면 전력과 같은 에너지원이 된다. 분열 속도를 늦추는 방법은 중성자가 원자핵에 부딪칠 때 튀어나오는 중성자의 속도를 경수와 같은 감속재로 줄이는 것이다. 중성자가 경수를 통과하면서 운동 속도가 느려지고 다른 원자핵과의 충돌이 지연되면 핵분열로 인해 발생한 에너지의 양을 조절할 수 있게 된다. 이러한 원리를 이용하여 제2차 세계대전이 끝난 후 1951년 미국 아이다호주에 발전을 위한 실험용 원자로가, 그리고 1957년에는 상업용 원자력발전소가 건설되었다.

방사능물질을 에너지원으로 사용하는 방법과 함께 방사능물질에서 나오는 방사선을 의학과 생물학에서 널리 사용하게 되었다. 1914년 라우에가 X선의 (진행 방향의 방해물을 우회하는) 회절현상을 이용하여 분자 구조를 분석해냈다. 결정체가 일정한 각도로 교차하는 면을 따라 쪼개진다는 결정구조 이론은 1784년 광물학자인 르네 쥐스트 아위가 처음 제기했는데, 라우에가 결정체에 X선을 쏘면 X선이

격자의 구멍을 통과하면서 산란이 일어나는 것을 영상으로 확인한 것이다. 이후 1913년 헤베시가 라듐 D와 납을 섞어 생체에 주입한 후 X선을 통해 방사성을 추적하는 '방사성 추적자' 기술을 고안했으며, 1917년 브래그는 X선 회절 영상의 수학적 분석 방법을 제시하고 단백질과 핵산의 구조를 밝히는 실험을 진행했다. X선은 유전학 발전에도 크게 공헌했다. 1869년 미셰르가 핵산을 발견했지만, 당시에는 핵산이 유전물질이라는 것을 알지 못했다. 이후 1909년 개로드가 유전을 생화학적 문제라고 제시했으나 이를 입증할 방법은 없었고, 한참 지난 1937년 비들이 붉은빵곰팡이(세대 기간이 짧고 배양이 용이하며 변이의 관찰이 쉬움)에 X선을 쏘아 유전자가 효소 생성에 미치는 영향을 밝혀냄으로써 그 가능성을 확인했다. 실제 실험으로 이를 확인한 사람은 에이버리였다. 그는 1944년 박테리아의 무독성 형질이 유독물질에 의해 유독성으로 전환되는 것을 관찰하고 형질 변환에 관여하는 물질을 추출했는데 이것이 DNA라는 것을 밝혀냈다. 그리고 왓슨과 크릭이 1953년 DNA의 이중나선 구조를 발견함으로써 생명의 근원을 밝히는 작업이 시작되었다.

2

현실과 가상의 세계

현대인에게 가장 큰 영향력을 발휘하는 것이 영상매체다. 이 가운데 텔레비전은 매일 쏟아지는 각종 정보와 지구촌에서 일어나고 있는 모든 소식을 시시각각 전 세계에 전파하며 인류 사회를 주도하고 있다. 영상은 현실 속에서 인간이 상상한 모든 것을 보여줄 수 있다. 과거와 현재 그리고 미래의 세계까지 인간의 상상의 세계를 단숨에 만들어낼 수 있을 정도로 전자 영상은 고도의 발전을 이룩했다. 이제 인간은 전자 영상매체의 지배를 받게 된 것이다. 19세기 말에 개발된 통신과 전자공학 기술은 제1차 세계대전을 전후로 일상생활에 폭넓게 활용되기 시작했다. 가장 확실하게 인류의 삶에 변화를 만들어낸 것은 TV 방송이다. 영상을 전기신호로 저장하고 재생하기 위한 기계적 장치는 1884년 닙코가 처음 만들었다. 1925년 영국의 베어드가 이 닙코디스크를 개량하여 세계 최초의 기계식 TV를 개발하는 데 성공하자 1929년 BBC가 최초로 시험 방송을 시작했다. 이후 1928년 베어드가 세 개의 닙코디스크로 삼원색을 이용한 컬러를 재생하는 기계식 컬러 TV를 제작했으며, 1938년 영국에서 120선의 컬러 이미지를 전자총으로 쏘는 컬러 TV 방송이 시연

되었다. 이와 동시에 전자식 TV도 등장했다. 1927년 미국의 판즈워스가 브라운이 만든 음극선관을 이용하여 전자를 순차적으로 발광액이 칠해진 스크린에 투영시키는 데 성공했다. 독일은 1935년 최초의 전자식 TV 방송을 시작했고 1936년 베를린올림픽을 생중계함으로써 TV 방송의 힘을 과시했다. 미국에서는 1939년 RCA가 전자식 TV 방송을 시작했다. 이후 3개의 전자총으로 삼원색을 적당한 비율로 발광시킴으로써 원하는 색상을 만드는 컬러 브라운관이 만들어졌으며 1950년 CBS가 시범방송을 시작하면서 컬러 TV 방송의 시대를 열었다. TV 방송이 상업화에 성공하면서 방송 방식을 통일하여 여러 방송을 한 개의 수상기로 볼 수 있도록 표준화 작업이 진행되었는데 미국은 NTSC, 독일은 PAL 그리고 프랑스는 SECAM 방식을 적용했다. 이렇게 전자식 TV 방송이 가능해진 것은 전자기파의 송수신이 가능한 안테나 기술 덕분이었다. 1895년 마르코니가 다이폴안테나로 무선전신 실험에 성공했는데, 다이폴안테나는 전기신호를 전자기파로 바꾸어 송신하거나 전자기파를 수신하는 전도체 막대기로 값싸고 쉽게 제작할 수 있었다.

비행기가 많아지고 운송용으로 활용되기 시작하면서 비행체의 위치를 파악하기 위한 레이더가 개발되었다. 레이더는 어두운 곳을 날아다니는 박쥐가 초음파를 발사해 그 반사음으로 부딪히지 않고 비행하는 것에서 힌트를 얻어 만들어졌다. 적 전투기의 위치를 알아내기 위해 1930년부터 본격적으로 개발되었다. 그러다가 1940년 영국이 독일 공군기의 탐지에 성공함으로써 전쟁에서 유용한 도구가 되었다. 그리고 비행기가 보편적인 운송수단이 되면서부터는 교통

관제 목적으로 더 유용하게 사용되고 있을 뿐 아니라 무인 자동차 개발에도 활용되고 있다. 레이더는 전자파를 발사하고 물체에 반사되어 돌아오는 반사파를 분석(메아리와 도플러효과를 이용)하여 물체의 거리나 형상을 측정하는 장치다. 도플러효과는 정지 상태의 자동차 경적보다 달려오는 자동차의 것이 크고 높은 음으로 들리는 현상(음파의 압착 효과)을 말하는데, 공기의 저항이나 주변 신호에 영향을 받지 않는 고주파를 송출하고 반사되어 돌아오는 신호의 도착 시각을 측정하는 방법으로 거리를 계산한다. 비행체가 작은 경우 물체보다 파장이 짧아야 반사할 수 있어서 파장이 짧은 마이크로파를 생성하는 기술이 핵심이다. 마이크로파를 만드는 마그네트론은 1920년 미국의 앨버트 헐이 발명했고 1940년 부트와 랜들이 파장이 10센티미터에 불과한 공진기형 마그네트론을 발명함으로써 정밀 측정이 가능한 레이더를 만들 수 있게 되었다.

이 시기에 만들어져서 인류의 삶에 가장 큰 변화를 일으킨 것 중 하나가 컴퓨터다. 계산을 자동으로 해보려는 시도는 이전에도 있었지만, 알고리즘의 개념을 가진 기계장치를 처음으로 고안해낸 사람은 영국의 앨런 튜링이다. 튜링은 1936년 입력과 연산, 출력과 기억을 연속적이고 반복적으로 수행할 수 있는 튜링기계의 개념을 정립했다. 입력장치로는 테이프의 구간을 일정하게 나누어 명령어를 기록하고 헤드를 이용하여 현 위치의 명령어를 읽으면 테이프를 다음 위치로 이동하게 만들어서 명령문을 순차적으로 읽을 수 있게 했다. 그리고 현재 기계의 상태(중간 계산값)를 기록할 수 있는 상태 기록기를 만들고 현재 상태에서 입력되는 명령에 따라 어떤 상태로 가야 하는지를 기록해놓은 행동 지시표, 즉 프로그램을 고안했다. 튜링의 기계장치는 이후 전자식 컴퓨터를 만드는 기본 원리로 사용되었다.

튜링머신을 응용한 최초의 전자식 컴퓨터는 1939년 아이오와주립대학교의 아타나소프와 베리가 만든 ABC다. 280개의 진공관을 이용하여 튜링기계를 구현한 것으로, 테이프의 명령어는 디지털(2진수) 방식으로 기록하고 기계식이 아닌 전자식으로 연산하며 연산부와 저장부가 분리된 형태로 제작하여 1942년 완제품을 완성했으나 상용화에는 실패했다. 이후 1944년 영국의 플라워스가 전자식 컴퓨터(콜로서스)를 개발하여 독일과의 전쟁 중에 수신한 암호의 해독에 사용하면서 컴퓨터의 위력이 인정받기 시작했다. 1946년 미국의 에커트와 모클리는 초당 5천 번의 연산이 가능한 에니악(ENIAC)을 1만 8,000여 개의 진공관과 7만 개의 저항기를 사용하여 제작했다. 노이만은 컴퓨터 내부의 기억장치에 프로그램을 내장하는 소프트웨어 방식을 만들었고 1949년 이를 실용화한 에드삭(EDSAC)과 그 개량형인 에드박(EDVAC)이 생산되어 오늘날도 이와 같은 방식을 유지하고 있다. 원래 컴퓨터를 개발한 목적은 인간의 생각을 자동화하기 위해서였다. 미래에 인간의 두뇌보다 더 뛰어난 컴퓨터가 나온다면 「터미네이터」 같은 SF영화에 나올 법한 컴퓨터가 인간을 지배하는 세상이 올지도 모른다.

오늘날 현대인은 인간이 지닌 능력의 한계를 극복하기 위해 과학기술의 힘을 빌려 소위 '포스트 휴먼'을 탄생시키고 있다.[7] 예컨대 유전공학과 바이오공학을 통해 죽음을 면할 수 없는 인간의 본질적 한계를 극복하고 스스로 신처럼 불멸의 존재가 되고자 부단히 노력하고 있다. 과학기술의 발전으로 초월적인 신의 능력을 인간도 가질 수 있다는 믿음을 갖게 되어 이에 대한 상상이 SF영화에 반영, 재현되고 있다. SF영화는 과학을 이용한 인간의 창조 행위가 초래할 문제들도 다양하게 제기하고 있다. 그럼에도 불구하고 생명과 무생물이 합쳐진 사이보그공학 등 신의 세계에 도달하기 위한 인간의 도전은 현실화되고 있다. 과학기술의 발전으로 현대인은 인간을 신에게 종속된 존재에서 자유의지를 지닌 주체적이고 창조적인 존재로 인식하게 되었다.[8] 이제 인간은 신의 영역에 도전하면서 과학의 힘으로 신이 되고자 하는 꿈을 차근차근 실현해나가고 있다.

이러한 과학 발전은 인간의 탐구력보다는 역사적 상황에서 비롯되었다. 즉 오늘날 현대 사회의 최첨단 과학과 기술의 발전은 세계대전이란 전쟁이 만들어낸 결과물이라 할 수 있다. 양차 세계대전을 겪으면서 인류는 과학적 무기가 전쟁의 승패를 결정하고 그것이 곧 강국의 조건이라는 것을 경험했다. 19세기 말부터 시작된 과학기술의 발전은 제2차 세계대전을 신무기들의 전시장으로 만들었다. 특히 태평양을 사이에 두고 벌어진 태평양전쟁에서는 대륙 간 이동이 가능한 비행기와 항공모함 그리고 잠수함이 큰 역할을 했으며 핵폭탄은 미래의 전쟁 양상을 예측하게 했다. 바다 건너 공격이 가능한 무기들이 등장했는데 바로 제트엔진을 장착한 로켓이다. 최초의 로켓은 1914년 미국의 고더드가 고체연료로 만들었으나 이후 1926년에는 액체연료를 이용하여 제작했다. 공기가 없는 높은 곳에서 비행하기 때문에 산소 없이 연소하는 액체산소로 연료를 만드는 것이 핵심 기술이었다. 또 로켓은 고속으로 안정되게 비행하기 위해서는 발사할 때 요동을 방지하고 추진 중에 무게중심을 유지하는 것이 중요하다. 이를 위해 자이로스코프와 동력 구동 연료펌프, 엔진 냉각장치 등을 장착하고 날개의 방향을 조정하는 기술이 필요했다. 독일은 1944년 영국을 공격하기 위해 로켓을 최초로 실전에 사용하여 전쟁 초반에 승기를 잡을 수 있었다. 로켓을 만드는 기술은 바로 제트비행기를 생산하는 데 적용되었다. 1937년 영국의 휘틀이 개발한 터보제트엔진은 앞부분으로 흡입된 공기를 좁은 공간에 압축하여 연소실에 주입하면 압력이 상승하면서 공기 온도가 수백 도로 상승하게 된다. 이때 연료를 분사하고 압축공기와 연료가 섞인 후에 불을 붙이면 1,600도 이상의 열이 발생한다. 이로 인해 발생한 큰 압력의 기체를 엔진 뒤로 분사하면 추진력이 발생한다. 1943년 독일은 터보제트엔진을 메서슈미트 전투기에 부착하여 시속 800킬로미터 이상 비행할 수 있게 제작했다. 당시 가장 빠른 전투기인 미국 P-38(라이트닝)의 최대 속도가 시속 666킬로미터인 것에 비교하면 엄청난 속도임을 알 수 있다.

방사능물질의 핵분열 현상을 발견한 이후에 예상되었던 원자탄도 이 시기에 제조되었다. 제일 먼저 핵에너지를 활용하려는 계획은 독일에서 시작되었다. 독일은 우라늄을 확보하고 하이젠베르크를 위시한 과학자들로 우라늄 클럽을 만들어 핵분열에 관한 연구에 돌입하여 1940년 최초의 원자로를 건설하고 실험을 시작했다. 그런데 레오 실라드가 독일이 핵폭탄을 제조할 가능성이 있다는 정보를 아인슈타인을 통해 1939년 루스벨트 대통령에게 전달했다. 영국 모드

위원회의 보고서를 통해 그 심각성을 인지한 미국은 우라늄 자문위원회를 구성하여 1941년 핵폭탄 생산을 위한 프로젝트를 승인했다. 영국 모드위원회는 오토 프리시가 U-235를 11.5킬로그램 농축시키면 TNT 1,800톤의 폭발력을 만들 수 있다고 계산하고 나서 핵폭탄 연구를 위해 만들어진 조직이다. 당시 핵폭탄을 제조하기 위해서는 많은 기술적인 문제들을 해결해야 했다. 최우선의 과제는 핵분열의 속도를 늦추는 것이었다. 그리고 많은 양의 농축우라늄(폭탄에 사용할 수 있는 U-235의 임계치는 15킬로그램, 플루토늄의 경우 5킬로그램)을 확보해야 했다. 또한 핵폭탄은 초속 990미터 이상의 충돌 속도가 필요했다. 돌발적인 폭발을 방지하기 위해서는 핵분열을 유발하는 외부 중성자들을 차단하는 기술도 확보해야 했다. 이러한 문제들이 해결되자 본격적으로 핵폭탄 제조에 들어간 미국은 태평양전쟁을 빨리 종식하기 위해 1945년 일본에 핵폭탄을 투하했고 그 위력에 전 세계가 경악을 금치 못했다.

이와 같은 첨단 무기들 외에 기존 재래식 무기들도 놀라울 정도로 성능이 개선되어 전투에 활용되었다. 1922년 일본은 비행기 이착륙이 가능한 최초의 항공모함 호쇼를 제작했다. 호쇼는 15대의 전투기를 탑재하고 최대속도 25노트로 최대 1만 6천 킬로미터까지 항해할 수 있는 성능을 선보였다. 독일에서는 잠수함 유보트 편대를 운용하여 바다의 통로를 장악했다. 유보트는 전기추진식 어뢰를 사용하고 음향추적기를 부착하여 목표를 추적하게 했다. 또 자이로스코프를 이용하여 자함의 위치 좌표를 계산할 수 있는 관성항법장치를 장착하여 당시 최고의 전투력을 갖추었다. 이어서 제1차 세계대전 이후 등장한 전차를 파괴하기 위한 무기로 철갑탄이 개발되었다. 전차의 철갑을 뚫을 수 있는 포탄을 바주카포를 사용해 발사하는 방식인데 2가지 종류가 사용되었다. 하나는 먼로효과(탄두에 빈 공간을 두어서 추진 방향으로 강력한 폭파 에너지가 발생하게 하는 것)를 이용하여 음속의 25배로 철갑을 관통하는 대전차고폭탄(HEAT)이고, 다른 하나는 목표물을 타격하면 피모가 파열되면서 작약이 찰흙처럼 넓게 퍼진 후 폭발을 일으키는 점착유탄(HESH)이다. 이 두 무기는 모두 근접신관을 이용하여 목표물과의 일정 범위 내에서 폭발하게 함으로써 살상용으로도 활용되었다. 재래식 무기의 성능을 개선한 또 다른 무기는 유도탄이다. 독일의 공대함탄 프리츠X는 항공기의 송신기와 포탄의 수신기 사이의 무선 링크를 통해 원격으로 제어하여 포탄을 원하는 위치에 떨어지게 하는 방식으로 제2차 세계대전 때 사용되었다. 당시 비행기에서 투하되는 포탄의 오차는 360미터로 매우 부정확했다. 그리하여 자이로스코프, 모터, 기어, 거울, 수준기와 망원경을 모두 아날로그 컴퓨터에 연결해 투하 지점의 오차 범위를 30미터 이내로 줄일 수 있는 노든 폭격 조준기가 개발되었다. 이외에도 보병들이 사용하는 개인화기인 소총도 성능이 크게 개선되었다. 미국의 M1 반자동소총과 독일의 MP-18 기관단총은 명중률이 낮고 사거리가 짧지만 발사 속도를 빠르게 개선하여 근접전에 유리하도록 제작되었다. 전쟁 후에 이 무기들을 한층 개선하여 미국은 M16을, 러시아는 AK-47을 제조했다. 한편 무선전신이 전쟁에 사용되자 교신 내용이 적에게 노출되는 문제가 발생했다. 그래서 교신 내용을 암호화하여 상대방이 이를 해독할 수 없도록 했다.

각국은 이 암호를 해독하기 위해 많은 노력을 기울였다. 이때 컴퓨터가 진가를 발휘했다. 독일에서는 교신 전문을 암호화하는 기계인 에니그마를 만들어서 전문을 입력하면 회전자를 이용해 글자를 마구 섞는 방법을 여러 번 적용함으로써 그 의미를 알 수 없게 했다. 그러자 영국의 앨런 튜링이 '봄브'라는 해독 장치를 만들어 독일 암호를 해독하는 데 성공했다. 이번에는 독일이 다시 12개의 바퀴를 이용해 암호화한 로렌츠암호를 만들었다. 그러나 결국 이 암호도 1944년 콜로서스 마크 1을 이용해 해독해냄으로써 전쟁에서 승리할 수 있었다.

고대 무세이온에서 정립되기 시작한 과학기술은 17세기 뉴턴의 시대를 지나면서 근대 과학의 꽃을 피웠고 19세기를 거치면서 현대 물리학, 화학, 생명과학의 기틀을 다지기 시작했다. 그리고 20세기 중반 이후 현대 과학은 인구 80억 명의 시대를 감당하기에 충분한 수준으로 발전하면서 도약을 멈추지 않고 있다. 물리학은 원자를 찾아내고 이를 쪼개 소립자인 중성자와 전자의 속성을 알아냄으로써 오늘날 전자 시대를 열었다. 그리고 다시 이들을 구성하는 기본입자를 찾는 작업을 진행하여 소립자가 그런 속성을 갖는 이유를 밝히는 데 노력을 기울이고 있다. 소립자의 속성을 알아내기 위해서는 입자가속기를 이용해 소립자에 중력, 약력, 전자기력, 강력 등을 가하고 이로 인해 발생하는 전화, 낙하, 베타 붕괴, 화학반응, 핵 작용 등을 측정하여 분석하는 기법이 사용된다. 이러한 실험을 통해 소립자가 쿼크, 렙톤과 보손(게이지보손, 힉스보손)으로 구성된다는 것이 밝혀졌다.

쿼크는 양성자와 중성자를 구성하는 것으로 1995년에 6종이 모두 발견되었다. 업/다운, 참/스트레인지, 톱/보텀의 3개 쌍으로 분류된다. 쿼크의 전하량은 전자의 전하량을 기준으로 분수로 나타낸다. 양성자는 전하량이 2/3인 업쿼크 2개와 전하량이 -1/3인 다운쿼크 1개로 구성되고 중성자는 다운쿼크 2개와 업쿼크 1개로 구성된다. 렙톤은 쿼크와 함께 물질을 구성하는 입자로 전자, 뮤온, 타우온과 이에 대응하는 중성미자인 전자중성미자, 뮤온중성미자, 타우온중성미자로 구분된다. 렙톤은 전자/전자중성미자, 뮤온/뮤온중성미자, 타우온/타우온중성미자로 짝을 이루나 상호작용은 약하다. 뮤온은 전자보다 무겁고 붕괴하는 경우 전자와 양전자, 뮤온중성미자가 되고 타우온은 쿼크보다 매우 빠르게 붕괴하여 뮤온과 중성미자가 된다.

게이지보손은 우주의 4가지 기본 상호작용의 매개가 되는 입자다. 글루온은 강력, 광자는 전자기력, W보손과 Z보손은 약력을 일으키게 한다. 힉스보손은 1964년 힉스가 존재를 주장한 이후 2013년 그 존재가 확인되었는데, 게이지보손과 다른 속성을 갖는 스칼라보손으로 질량과 관성을 만들어내는 입자다.

한편 현대 화학은 근대 화학과 물리학이 결합하면서 더욱 발전했다. 아보가드로가 기체 실험에서 분자의 개념을 정리하면서 정량적인 화학 실험이 가능해졌다. 이로 인해 발전한 근대 화학이 입자를 찾아낸 물리학과 결합하면서 모든 물질이 분자의 공유결합, 이온결합, 금속결합으로 이루어진 것으로 설명하는 현대 화학이 시작되었다. 유기화학도 발전하여 생명현상을 화학적으로 설명할 수 있게 되었다. 애초에 유기화학은 탄소화합물을 다루었으나 생명체의 생성물을 다루는 영역으로 확대되어 생화학과 신소재 화학 분야를 탄생시켰다. 생화학은 생명체 내에서 일어나는 자기복제와 분자복제를 다룬다. 자기복제는 유전정보의 전달과정에서 DNA의 나선 구조가 풀리고 다른 염기와 수소 결합이 일어나 새로운 분자가 되는 것을, 그리고 분자복제는 분자에 자외선을 쏘아 돌연변이를 일으켜 새로운 분자를 만드는 것을 말한다. 현대 화학에서 생화학과 함께 발전한 것이 초전도체와 전도성 플라스틱, 그래핀과 같은 신소재를 다루는 분야다. 초전도체는 금속에서 전자의 흐름을 방해하는 저항이 없는 물질로 전기·전력 분야뿐 아니라 모든 전자기기의 성능을 획기적으로 개선할 수 있는 소재다. 문제는 초전도체가 극히 낮은 온도에서 얻어진다는 것인데 수은은 4.2K, 주석은 3.7K, 납은 7.2K에서 초전도체가 된다. 여기에서 K는 절대온도로 0K는 영하 273도에 해당한다. 1986년 세라믹(란탄, 바륨, 구리의 산화물)은 35K, 이트륨 바륨 구리 산화물은 93K(영하 180도)에서 저항이 사라짐이 확인되었다. 이는 가장 높은 온도에 해당하지만, 일반적으로 사용하는 것은 불가능할 정도로 낮은 온도다. 전도성 플라스틱은 고분자들이 공유결합 형태를 가지고 있어서 전하를 가진 입자가 없는 일반 플라스틱과 달리 전자들이 중첩되어 전자 띠를 형성하는 플라스틱이다. 전자 띠에서는 에너지 준위 사이를 자유로이 이동하는 자유전자가 발생하여 전류가 흐르는 특성을 갖는다. 일반 금속과 달리 플라스틱에 전류가 흐르면 다양한 형태의 전자제품을 만드는 데 사용할 수 있다. 그래핀은 탄소 원자가 벌집 구조를 형성하는 형태를 지닌 물질로 매우 얇고(두께 0.2밀리미터) 투명하며 상온에서 구리보다 100배 많은 전류를 흐르게 할 뿐 아니라 실리콘보다 100배 빨리 전류가 흐르게 한다. 열 전도성이 다이아몬드보다 2배 이상 높고 강도는 강철보다 200배 이상 강하며 늘이거나 접어도 전기 전도성을 유지하기 때문에 플렉서블 디스플레이와 투명 디스플레이, 웨어러블 컴퓨터에 적용되기도 한다.

생화학이 발전하면서 생물학 분야에서도 엄청난 발전이 이루어졌다. 특히 유전학은 생명체의 신비를 벗겨내는 수준으로 발전했다. 핵산이 유전물질임을 확인하고 1953년 DNA가 이중나선 구조를 가진 것을 찾아낸 이후 유전자 연구를 통해 DNA 1그램에 염기(A, T, G, C)가 10^{21}개 있어서 10억 테라바이트의 정보가 담겨 있다는 것을 밝혀냈다. DNA의 유전정보가 어떻게 단백질 정보(아미노산 서열)로 바뀌는지에 대해서는 1958년 크릭이 세운 가설, 즉 복제, 전사, 번역의 과정을 거친다는 센트럴 도그마(Central Dogma)가 입증되었다. 이와 함께 DNA의 염기서열을 분석하는 기술도 크게 발전했다. 1953년 프레더릭 생어가 인슐린이 아미노산 51개로 이루어진 구조라는 것을 밝혀냈다. 이는 더 많은 아미노산을 가진 큰 단백질의 염기서열을 밝히는 것이 불가능함을 확인시켜주었다. 이로 인해 염기서열을 밝히는 것보다는 DNA의 구조를 분석하는 쪽으로 연구 방향이 전환되었다. 이후 생어가 다이데옥시법(DNA 염기서열 분석법)을 개발하여 1978년 DNA 염기서열 5,386개로 이루어진 바이러스인 박테리오파지(φX174)의 게놈을 해독했다. 1981년에는 인간의 미토콘드리아 게놈이 해독됨으로써 인간 게놈을 분석하는 길을 열었다. 이후 컴퓨터 기술이 발전함에 따라 인간 게놈을 수많은 작은 조각으로 쪼개고 각 조각의 염기서열을 분석한 뒤 컴퓨터가 이것들을 짜깁기로 분석하는 샷건 방식을 활용하여 2003년 드디어 인간 게놈이 해독되었다. 그 결과, 모든 인간의 염기서열은 99%가 같으나 단일염기다형성(SNP)이 얼굴, 외모, 성격, 질병의 취약성을 결정한다는 사실이 확인되었다.

현대 과학은 과거처럼 개인 혹은 소규모 연구 집단이 수행하지 않고 국가 차원에서 대규모 과학자들이 참여하여 진행되고 있다.[9] 제2차 세계대전 이후 정부와 기업의 막대한 연구 지원으로 현대 과학은 비약적인 발전을 거듭해왔다. 이렇게 과학이 발달하자 현대인은 이제 우주에 관심을 돌리기 시작했다. 달과 별과 태양은 고대부터 신비한 존재로 여겨져서 숭배의 대상이 되었고 인간의 상상력을 자극하는 수많은 이야기가 만들어졌다. 이러한 우주의 신비가 과학의 발전으로 점점 벗겨지면서 미국, 러시아, 유럽 등 과학 선진국들은 우주 탐사에 경쟁적으로 도전했다. 무한대의 에너지를 품고 있던 아주 작은 덩어리가 어느 순간 대폭발을 일으켜 계속해서 퍼져나가고 있다는 가설에서 출발한 것이 대폭발이론, 즉 빅뱅이론이다.[10] 빅뱅에 의해 만들어진 우주가 계속해서 점점 더 빠른 속도로 팽창하고 있다면 과연 미래에는 어떻게 될 것인가? 이에 대해 여러 가설이 제기되고 있는데 그중 하나가 우주가 가진 에너지가 완전히 소모될 때까지 끝없이 팽창할 것이라는 가설이다.[11] 그렇다면 기독교에서 주장하고 있는 종말이 현실화되는 것인가? 이것이 곧 인류가 우주에 눈을 돌린 이유다. 지구 종말을 피하기 위해 현대인은 우주에서 또 다른 지구를 찾아야 한다. 현대 과학자들은 이것을 목적으로 삼아 끊임없이 매진하고 있다.

인간은 고대부터 우주를 신의 영역으로 신성하게 생각하고 오로지 상상의 세계로만 여겨왔다. 그러나 이제 우주로 갈 수 있게 되자 미국과 유럽 등 여러 강국이 서로 경쟁적으로 우주 개발에 박차를 가하고 있다. 그러면서 한편으로는 신처럼 불멸의 존재가 되고자 생명체 복제뿐 아니라 반인 반기계인 사이보그까지 만들 수 있게 되었다. 더 나아가 신과 마찬가지로 새로운 생명체도 탄생시키려 하고 있다. 이제 인간은 동물에서 벗어나 점차 신이 되고자 하는 욕망으로 치닫고 있다.

신이 되고자 하는 인간

인류는 갈등과 분쟁 속에서도 경제 발전을 이루면서 진보해왔다. 지금도 세계 각국은 곳곳에서 발생하는 다양한 갈등을 대화로 해결하기 위해 국제연합을 통해 협력하고 있다. 그러나 갈등의 종류가 다양하고 각국의 이해관계가 역사성을 가지고 있을 뿐 아니라 특히 미국, 러시아, 중국 등 몇몇 국가가 주도하면서 국제연합이 자국의 이익 중심으로 움직이는 경향이 강하여 역할의 한계를 드러내기도 한다. 인류가 평화로운 발전을 이어가기 위해서는 지금 벌어지고 있는 종교 분쟁, 인종 분쟁, 영토 분쟁, 대량 난민 사태, 경제 대립 등 산적한 문제를 해결할 시대정신을 세우는 것이 급선무다.

인류는 인지혁명을 통해 생명의 법칙을 바꿀 만큼 현대 과학기술을 발전시켜 신적인 존재가 되어가고 있다. 인류가 오늘날의 현대 문명을 만들어낸 것은 불과 200여 년에 지나지 않는다. 수천 년 동안 자연경제에 의존하며 고작해야 연 1% 미만의 경제성장을 해왔던 인류가 지난 200여 년 동안 엄청난 진보를 이룬 것은 과학 발전 덕분이다. 인간은 과연 무엇을 위해 과학기술을 연구하고 개발했을까? 그 대답은 인간이 어떤 생활을 소망하면서 살아왔는지를 살펴보면 찾을 수 있다. 인류는 시대에 따라 과학을 탐구하기도 하고 필요에 따라 과학을 이용한 기술을 개발해왔다. 인류가 이룩한 이러한 과학과 역사의 여정은 다음과 같다.

첫째, 안전과 평화다. 인류가 출현한 이래 의식주 문제를 해결하기 위해서는 다양한 위험에 노출될 수밖에 없었다. 가장 중요한 것은 자연환경과 외부의 공격으로부터 자신의 안전을 지키는 것이었다. 따라서 위험을 미리 감지하고 경고하는 기술, 외부의 공격을 막아낼 장비를 만드는 기술, 상대방을 공격하는 기술이 발전하게 되었다. 위험을 사전에 알아내어 경고하는 방법은 전기·전자 기술이 발전하기 전까지는 주로 사람에 의해 이루어졌다. 그러다가 전자와 통신 그리고 컴퓨터와 위성 기술이 발전한 최근 100년 사이에 보안, 감시, 안보 기술과 함께 재해 및 전쟁을 방지하기 위한 기술이 놀랍도록 발전했다. 특히 위성 계측 시스템은 구름의 이동이나 해양의 온도 등을 정확히 측정하여 광역의 기후변화를 예측할 수 있게 해주었다. 그리고 레이더 기술을 통해 인간은 지역 날씨도 시간 단위로 정확히 예측할 수 있다. 또 개인의 안전을 위한 보안 기술과 카메라를 이용한 감시 시스템의 발전은 군사용으로도 개발되어 전반적인 안전 문제 해결에 도움을 주고 있다. 이러한 기술 발전 덕분에 인류는 지구상에 출현한 이후 가장 높은 수준의 안전과 평화를 누리고 있다고 할 수 있다.

둘째, 인류가 가장 큰 관심을 기울였던 것은 건강과 무병장수의 꿈이다. 자연 채집이나 수렵의 과정에서 사고를 당한다든지 환경에 견디지 못해 병이 생겼을 경우 자연에서 약을 얻거나 무속신앙, 연금술에 의존하는 등 경험적으로 체득한 방법에 의지할 수밖에 없었다. 그러나 중세 이후 신체 해부를 통해 각 부위의 구조와 역할을 이해하게 되면서 기계적인 생명관이 생겨났다. 특히 현미경의 발명으로 눈에 보이지 않던 미생물과 병원균을 직접 관찰하게 되면서 생명과학이 눈부시게 발전했다. 이후 X선을 이용한 CT, MRI 등 신체 내부를 밀리미터 이하까지 관찰할 수 있는 진단 장치들이 개발되어 생명과학은 또 다른 발전 단계로 도약했다. 그리고 컴퓨터의 등장은 인간이 생명에 관해 가지고 있던 거의 모든 궁금증을 해소시켜주면서 새로운 생명 창조의 길까지 열어주고 있다. 컴퓨터의 발전으로 분자생물학과 유전학의 한계를 뛰어넘어 인간의 게놈 분석이 가능해졌고 불치병 치료, 동물 복제, 유전자조작을 통한 우생종 선택에도 컴퓨터가 활용되고 있다. 실험에 의존할 수밖에 없었던 제약 기술은 이제 컴퓨터 분자 합성을 통해 시뮬레이션만으로도 신약을 개발할 수 있는 단계까지 이르렀다. 이뿐 아니라 컴퓨터와 연계된 신경 신호 연결 기술로 인공사지와 인공장기도 가능해졌다. 팔다리를 대신하는 인공사지는 인간의 신경 신호를 읽어서 기계장치에 연결하는 기술이 개발되면서 보편화하고 있으며 심지어 다섯 손가락을 마디까지 움직일 수 있는 수준이다. 인공장기 기술도 놀라우리만큼 발전했다. 뇌와 위, 내분비기관을 제외하고 치아, 달팽이관, 고관절, 심장, 폐, 신장, 간장, 호흡기, 안구 등과 같은 거의 모든 장기가 대체 가능하며 줄기세포를 시험관 배양 후 이식하는 방법으로 췌장, 방광, 난소 등을 인공 배양하여 이식하는 것도 가능한 상태다. 그리고 인류의 마지막 적인 암과 치매도 나노 기술을 이용하여 암과 치매를 일으키는 세포들을 직접 치료하는 방식이 개발되고 있어 이를 극복할 날도 멀지 않았다고 전망하고 있다.

셋째, 의식주 걱정 없이 살아가는 것이다. 인간 생활의 기본인 의식주 문제를 해결하기 위한 자원의 확보는 인류가 존재하는 한 영원한 숙제일 수밖에 없다. 수렵채집시대를 지나 농경시대에 접어들면서 농업 생산량을 늘리기 위한 노력이 끊임없이 계속되었다. 천체 연구도, 기하학도, 수리 관계 기술도 모두 이를 위한 것이었다. 영토 확보를 위한 끊임없는 전쟁 또한 농업 생산량을 늘리고 농업에 필요한 인적자원을 확보하기 위한 것이 주된 목적 중 하나였다. 인구가 증가하면서 이를 수용하기 위한 의복 생산 기술, 주거 확보를 위한 건축 기술과 함께 식량 문제를 해결하기 위한 품종 개량과 농지 개간 기술이 발전했다. 이뿐 아니라 식량 확보의 다원화를 위해 해산물 양식 기술이 개발되었다. 이어서 부족한 물 문제의 해결을 위해 해수의 음용수 활용 기술도 크게 발전했다. 현재 지구의 식량 총생산량은 대량 생산 기술의 발전으로 인해 인구가 필요로 하는 식량의 총량을 넘어서고 있다. 또한 19세기에 접어들면서 인구가 급증하자 면직산업과 염색산업이 번창했다. 많은 사람이 입을 옷을 만들기 위해 직물의 대량 생산을 위한 기계들이 개발되었다. 그리고 다양한 의복이 신분을 표시하는 도구였기 때문에 옷감을 염색하고 수를 놓는 기술이 발전했다. 인류 역사의 초기에는 단순히 몸을 보호하는 것이 의복의 목적이었지만 현대에는 첨단 기능성 소재를 이용한 옷감들이 개발되어 우주 탐사나 화재 진압 등 극한 작업도 가능한 의복이 생산되고 있다. 한편 인구 증가로 인한 도시 집중 문제는 4대강 유역에서 문명이 발생하면서 시작되었다. 살기 편하고 안전한 곳에 모여 살려는 것이 인간의 본능이기에 거주용 건축물이 도시에 집중되고 도시계획 기술이 발전했다. 19세기에 인구가 급증하면서 이들을 수용하는 방법은 고층 건물을 건설하는 것뿐이었는데 기존의 건축 기법으로는 고층 건물 건축이 불가능했다. 이를 가능하게 한 건축자재가 바로 철과 유리 그리고 콘크리트다. 의식주 해결을 위한 이러한 발전들은 1970년대에 인구 폭발로 인해 인류가 굶주림과 자원 고갈로 멸망할 것이라고 걱정했던 것이 기우에 지나지 않았음을 확인시켜주고 있다.

넷째, 최소한의 노동으로 편하게 사는 것이다. 인류는 지구상에 출현하면서부터 험난한 자연환경과 싸워야 했다. 특히 의식주를 해결하기 위해서는 목숨을 건 노동을 해야 하는 경우도 허다했다. 그리하여 육체노동을 대신할 도구를 만들고 생산 활동을 대신할 기계를 만들었으며 컴퓨터와 기계의 발전으로 전쟁을 대신할 로봇까지 만들었다. 이제 다양한 제품 생산이 가능한 자동화 설비들이 사람을 대신하고 있으며 생산 자동화뿐만 아니라 생산공정 전체를 최적화하여 관리해주는 AI를 활용한 스마트공장 시대를 맞고 있다. 이 같은 생산 자동화 기술은 일상생활에 도움을 주는 생활형 로봇을 만드는 데에도 적용되고 있다. 가사·요리·청소 등을 대신하는 생활 지원 로봇, 수술·환자 관리·상담·오물 처리 등을 담당하는 의료용 로봇, 상담·언어 번역·학생 지도 등에 사용되는 교육용 로봇이 실용화되어 있다. 게다가 전투용 로봇, 탐사 로봇과 함께 최근에는 신체 일부의 기능을 증강하는 용도로 만들어지는 소머즈형 로봇이 큰 관심을 끌고 있다. 이와 같이 인간은 험한 작업에서 벗어나 기계를 활용하고 더 안전한 상태에서 짧은 시간의 노동만으로도 원하는 생산성을 확보할 수 있는 시대를 살게 되었다.

다섯째, 의사소통과 교류다. 호모사피엔스가 출현한 이래 인구가 증가하면서 인류는 전 지구상으로 퍼져나가 살게 되었는데 수천수만 년의 세월이 흐르면서 언어가 달라지고 삶의 방식이 크게 달라졌다. 빙하기가 끝나면서 대륙 간 이동이 어려워졌고 지리적으로도 서로 교류하기에는 너무 멀어서 소통이 거의 불가능했다. 다른 지역에 사는 사람들에 대한 정보도 없고 언어도 달라서 서로를 이해한다는 것은 매우 어려웠다. 이미 기원전 3000~기원전 2000년경에도 대륙 간을 이동하며 물물을 교환한 흔적이 남아 있지만, 실질적인 대륙 간 교류는 14세기에 항해술이 발전하고 대항해시대가 열리면서 시작되었다. 이때부터 식민지 개척이 이루어지고 물품이 대량으로 교환되고 사람들의 이동이 많아지기 시작했다. 본격적인 인구 이동이 생겨난 것은 18세기에 엔진으로 구동되는 동력선이 만들어지면서였다. 본토와 식민지 간의 정보 교환을 위한 통신수단도 발달하여 수개월씩 인편으로 전달해야 했던 정보가 실시간으로 전송될 수 있게 되었다. 교통수단과 통신수단의 발전은 지구를 일일생활권으로 만들어놓았고 더 빨리 이동하고 더 많이 보낼 수 있는 교통과 통신 기술은 지금도 어디까지가 한계인지 모를 정도로 진보해가고 있다. 지상에서는 자기부상열차가 시속 1천 킬로미터 속도로 이동하는 단계에 접어들었다. 그리고 항공기는 시속 5천 킬로미터로 이동하는 단계에 이르렀다. 통신 분야에서는 5G를 넘어 6G 기술이 개발되고 있는데 시속 500킬로미터 이상의 속도로 이동하는 물체에서 최하 1Gbps에서 최대 10Gbps(사용자당 300Mbps) 속도로 전송할 수 있으며 두 시간짜리 영화를 1초 만에 전송할 수 있다.

여섯째, 지식이다. 인간은 생활에 필요한 지식을 알고 싶어 하는 본능이 있다. 인류가 자연환경에 던져졌을 때 무엇을 먹을 수 있는지, 추위와 더위는 어떻게 견딜 수 있는지, 커다란 짐승은 어떻게 잡을 수 있는지, 서로 다른 언어를 사용하는 부족과 어떻게 소통할 수 있는지 등의 지식은 곧 그 사회에서 권력이었다. 따라서 경험 많은 원로들과 지식을 쌓기 위해 공부한 학자들이 사회를 이끌었으며, 각 분야에서 오랫동안 기술을 연마한 사람들이 산업을 일으키고 어느 곳에 어떤 물품이 필요한지를 아는 사람들이 상업을 통해 재물을 쌓았다. 이러한 경험과 지식은 구전으로 전달되거나 도제식 교육을 통해 전수되었기 때문에 널리 공유되지는 못했다. 그러나 출판이 가능해지면서 지식이 놀라운 속도로 생성되고 전파되고 그 양도 놀랍도록 증가했다. 지식, 정보의 생성과 전파, 축적이 오늘날과 같이 획기적으로 빨라지고 증가하는 계기를 만들어준 것은 컴퓨터 기술이다. 1946년 진공관으로 구성된 전자식 컴퓨터 에니악이 제작된 이후 반도체 트랜지스터의 등장으로 컴퓨터를 소형화하면서 성능을 혁명적으로 개선할 수 있었다. 1971년 손톱 크기의 반도체에 트랜지스터 2천 개를 집어넣었는데 2020년에는 2천억 개를 넣을 수 있을 만큼 기술이 발전했다. 계산 속도는 1971년 500KHz에서 2020년 10GHz로 2만 배 이상 빨라졌다. 이러한 반도체 기술의 발전으로 인해 1971년 컨테이너 2개의 공간을 차지했던 컴퓨터의 성능을 지금은 우리 손에 있는 스마트폰이 갖게 되었고 방 한 면의 책장을 채웠던 백과사전을 손톱만 한 USB 하나에 담아 가지고 다닐 수 있게 되었다. 또한 컴퓨터는 네트워크를 통해 세계 어느 곳에 있는 컴퓨터와도 정보 교환이 가능하며 필요한 정보를 눈 깜빡할 사이에 검색할 수 있다. 100년 전 사람들과 지금의 우리를 비교하면 100배 이상의 정보량을 사용하면서 세상을 살아가고 있다고 할 수 있다. 컴퓨터는 저장 능력과 계산 속도가 엄청나게 향상되면서 사람처럼 사물을 인지하고 학습하며 추론할 수 있는 인공지능을 구현할 정도가 되었다. 인공지능을 처음 구현한 것은 다양한 전문가의 경험 자료를 기반으로 주어진 환경에 가장 가까운 대응 방법을 알려주는 전문가 시스템이었는데, 여기에 주어진 환경에 대한 최적의 답을 만들어주는 추론 기능이 더해지면서 알파고와 같은 완전한 인공지능 시스템이 만들어지고 있다.

일곱째, 즐거움이다. 인간은 태어나면서부터 즐거움을 추구한다. 아무리 위험하고 힘든 과정에 있더라도 그 긴장감을 해소하기 위해 즐거움을 찾는다. 즐거움은 일이 아니라 정신적 혹은 육체적인 만족감을 얻기 위한 행위를 통해 얻어진다. 컴퓨터 기술이 발전하기 전까지는 주로 문화와 예술, 여행이나 오락, 체육을 통해 즐거움을 추구했다. 그러다가 교통수단이 발전하고 전자기기가 등장하면서 즐거움을 추구하는 방법 또한 변화하기 시작했다. 새로운 지역을 여행하며 색다른 문물을 경험하게 하는 기술, 가상세계에서 자신이 좋아하는 게임을 현실감 있게 즐길 수 있도록 하는 기술, 가상의 스포츠나 예술을 체험하게 하는 기술 등이 큰 산업을 이룰 정도로 발전하고 있다. 이런 기술들을 가상현실 혹은 증강현실이라고 하는데 어떤 행위이든 컴퓨터를 통해 거의 현실과 똑같은 느낌이 들도록 만드는 기술을 말한다.

이처럼 인류는 과학 없이 존재할 수 없게 되었다. 인류 역사가 어떻게 변화되든 과학이 계속 발전해야 인간이 생존할 수 있다. 그렇다면 인류가 지구상에 등장한 이후 과연 어떤 조건을 가진 민족과 국가가 역사를 이끌어왔을까. 이 질문에 관한 답은 미래에 인류가 어떻게 역사를 만들어갈 것인가에 대한 길을 찾을 수 있는 좋은 기준이 될 것이다.

첫 번째 조건은 인구수다. 문명은 사람이 모여 살면서 생겨났다. 사람들은 먹을 것을 얻기 위해, 큰 동물이나 다른 집단의 공격을 막아내기 위해 서로 힘을 합쳐야 했다. 사람이 많은 것이 힘이었고 사람이 많은 집단에 속하는 것이 생명을 유지하기 쉬웠다. 한 사람의 힘보다 두 사람이 강했고 두 사람의 생각보다 세 사람의 생각이 더 좋았다. 모여 사는 사람의 수가 곧 그 집단의 힘이었다. 4대강 유역에 문명이 탄생할 때의 세계 인구는 3천만 명 정도였다. 그중에서 4대 문명이 일어난 나일강, 유프라테스강, 황하, 인더스강 유역에 모여 산 인구는 얼추 2천만 명쯤 될 것이다. 아프리카, 중남미, 동남아시아에도 사람들이 살면서 나름의 문명을 이루었지만, 세상을 주도할 만큼 인구수가 많지는 않았다. 사람들은 모여 살면서 역할을 나누고 질서를 만들었다. 질서는 의복과 주거지 그리고 가지고 있는 땅의 면적으로 표현되었다. 이러한 질서의 표현 방식은 지금까지도 변함이 없다.

역사적으로 보면 인구수가 많은 나라가 그 지역을 지배했다. 이집트가 번성하던 기원전 2000~1500년경의 이집트 인구는 400~500만 명이었고 기원전 1600년경 중국의 상나라는 인구가 1천만 명에 육박했다. 감히 누가 나서서 대적할 수 없는 숫자였다. 로마가 지중해 일대를 제패했던 기원전 100~서기 100년 사이 세계 인구는 2억여 명에 달했다. 군사의 수를 이겨낼 특별한 무기가 없던 시대에 인구수는 곧 군사력이었다. 나라가 분열되지 않는 이상 감히 넘볼 세력이 없었다. 로마의 멸망은 로마가 동서로 나누어졌을 때 발생했다. 용병으로 국경을 지키던 게르만족이 수적으로 우세해지자 로마를 한 방에 쓰러뜨렸다. 한번 나누어진 나라는 다시 합치기 위해 무수한 대가를 치러야 했다. 인구수로는 서쪽의 유럽을 넘보고도 남았지만, 중국은 기원전 221년 통일된 이후 나뉘고 합치기를 반복하면서 중원을 벗어나지 못했다. 2천 년 동안 10개도 넘는 왕조가 세워졌다가 망했으며 300년 동안은 통일을 이루기 위한 전쟁으로 시간을 보냈다. 무수한 영웅들의 이야기만 남겼을 뿐이다.

중세 이후 유럽을 지배해온 영국과 프랑스, 독일은 모두 유럽에서 인구수로 다섯 손가락 안에 드는 국가들이다. 고대부터 현대까지 아시아의 패권을 주도해온 중국은 세계 인구 1위를 놓쳐본 적이 없다. 일본이 인구수 1억 4천만 명이던 미국을 상대로 태평양전쟁을 일으켰을 때 일본의 인구수는 1억 명에 육박했다. 국력은 미국의 60%도

못 되었지만 전쟁을 일으켜 이길 수도 있다고 생각할 근거가 나름대로 있었다. 물론 인구수가 절대적인 기준은 아니다. 겨우 100만명의 몽골이 1억 명의 유럽을 상대로 싸워 이기기도 했고 나라도 없는 1,500만 명의 유대인이 세계를 주무르기도 했다. 그러나 일반적으로 인구수가 적은 나라가 세상을 이끌 수는 없다. 우리나라도 북한과 외국에 나가 있는 재외국민까지 합하면 8,300만 명을 넘어 세계 20위 안에 든다. 우리의 경제력이 세계 10위권 안에 드는 것이 전혀 이상하지 않다.

두 번째는 시대를 이끄는 철학, 시대정신이다. 단순히 안전을 위해 사람들이 모여 문명을 만들어냈던 시대에는 절대권력이 지배했다. 백성의 안전을 담보로 지배층은 피지배층의 생살여탈권을 가졌다. 특별한 철학이 필요하지 않았다. 순종과 복종만이 필요했다. 종교가 동원되었다. 왕권이 신에 의해 부여받은 것이어야 가능했다. 대부분의 나라가 이러한 수직적인 정치체계를 유지하던 기원전 7세기에 그리스에서는 시민들이 정치에 참여하는 민주주의가 생겨났다. 노예 수준의 백성이 아닌 정치참여가 가능한 시민들로 구성된 나라들이 등장했다. 이들은 지배자의 명령에 복종해서가 아니라 자신의 권리와 명예를 위해 싸웠다. 고대 그리스의 민주주의는 강력했다. 정치 영역뿐 아니라 신의 영역인 만물의 근원에 대한 호기심을 자제할 필요가 없었다. 다양한 지배체계에 대한 논의도 가능했고 자신의 주장을 논리적으로 설명하기 위한 논리학이 발전했다. 인체의 구조에 대해서도, 생명의 근원에 대해서도 거침없이 파헤쳐볼 수 있었다. 자신의 재산을 지키기 위한 측량학뿐 아니라 기초 수학 연구까지 궁금증을 해결하기 위한 노력에 제한이 없었다. 다양한 철학적 주장과 과학의 발전이 이루어졌다. 알렉산드로스는 이러한 자유로움에서 생겨난 문명을 다른 세계에도 알려주고 싶었다. 그는 기원전 327년경 이집트와 페르시아를 넘어 인도 북부까지 정복하고 그리스 문명을 전파하기 위해 알렉산드리아라는 도시를 건설했다.

뒤를 이은 로마도 시민의 자유와 권리를 인정하는 데서 충성심을 끌어냈다. 로마 시민은 의원 선거권과 피선거권, 자산을 소유할 권리, 로마 시민과 합법적으로 결혼하고 자녀를 낳아 시민의 권리를 물려줄 권리, 상업의 권리, 이주의 권리뿐 아니라 로마에서 재판을 받을 권리, 고문을 당하지 않을 권리, 반역의 죄를 지어도 십자가형은 피할 권리를 가졌다. 당대 어느 나라의 국민도 이런 권리를 누리지 못했다. 민주시민으로서의 자부심을 가진 자들과 이런 권리를 갖고 싶어 하는 자들이 모인 군대는 누구도 감당하지 못했다. 로마는 로마에 충성하는 다른 국가와 민족에게도 시민의 권리를 부여하고 실제로 권리를 지켜주었다.

중세 이후 유럽에 불어닥친 실증주의는 근대 과학의 문을 열어주었다. 르네상스와 종교개혁은 로마가톨릭교회가 만들어놓은 우주와 만물 탐구에 대한 제약을 없애버렸다. 인체 해부를 통해 사람의 몸을 이해하기 시작했고 사물의 운동이 이루어지는 법칙을 찾아냈다. 지구가 태양의 주위를 도는 행성이라는 것을 입증했고 만유인력의 법칙이 천상계와 지상계 모두에서 적용된다는 것을 알아냈다. 인류가 그토록 오랫동안 알고 싶었던 우주의 운행 법칙과 생명의 원리를 알아냈다. 유럽은 이후 세상을 지배하는 세력으로 자리 잡았다.

근대 이후 미국의 자유민주주의와 시장경제는 인류 역사에서 처음 시도해보는 것이었지만 가장 성공적인 모델이 되어 있다. 인간의 평등함을 기반으로 개개인의 생명과 자유와 행복을 추구할 권리를 최고의 가치로 선언했다. 수많은 사람이 몰려들어 나라를 성장시켰고 그 가치를 지켜냈다. 그 가치를 지키기 위해 죽는 것을 두려워하지 않고 세계 어디든지 나섰다. 개인의 창의력을 발휘할, 그리고 그를 통해 자신의 행복을 추구할 권리를 보장해주는 것을 시대정신으로 삼는 나라의 힘을 미국은 보여주고 있다. 반대로 인간의 자유 본성과 창의적 사고를 억제하는 사상과 체계를 가진 국가와 민족은 세계를 이끌지 못했다.

세 번째는 다른 것을 포용하는 개방성이다. 사람들이 모여 살면서 부족을 이루고 부족 안에서 자손을 낳고 번성하면서 세력을 키웠다. 항상 부족이 먼저였고 서로 우호적인 부족들이 합쳐서 나라를 만들었다. 그러다 보니 이해관계가 걸려 있는 이웃 부족이나 국가와는 항상 긴장이 발생했으며 어느 한쪽의 힘이 강성해지면 다른 한쪽을 침략하여 굴종시키는 것이 상식이었다. 정복자는 자신들의 문화를 이식하기 위해 피정복자의 전통과 관습을 말살했다. 그래서 피정복자가 힘이 생기면 같은 행위를 상대에게 되돌려줬다. 이런 유형의 나라들은 성공하지 못했다. 고대 중동을 지배했던 아시리아와 바빌로니아는 이웃 나라들을 정복하고 무거운 세금을 부과하고 가혹하게 핍박했다. 영토 확장과 노동 인력 확보가 목적이었기 때문이다. 목적은 달성했지만 나라가 지속하지는 못했다. 그러나 페르시아는 피정복 국가의 종교를 존중하고 그들의 문화를 인정하는 포용정책을 펼치면서 근대까지 패권을 유지했다. 로마는 피정복민에게 군대에 봉사할 기회를 주고 군 복무를 마치면 로마 시민권을 부여했으며 식민지 국가들의 종교와 문화를 인정해주면서 세계 인구의 20%를 끌어안았다. 그리고 가톨릭교회를 통해 기독교로 유럽을 통합하여 유럽이 오랫동안 세계를 이끄는 데 원동력이 되었다. 중국에서도 소수 북방 민족이 다수인 한족을 다스리는 일들이 있었다. 원나라와 청나라였다. 원나라는 한족을 철저히 차별했다. 결국 100년을 유지하지 못하고 북방으로 철수했다. 잠시 한족에게 넘겨주었던 중원에 다시 돌아와 세운 청나라도 한때 한족에게 벼슬길을 열어 그들을 참여시켰지만 결국은 억압정책을 계속했고 중국의 마지막 왕조가 되었다.

근대에 들어 포용 국가의 대표적인 나라는 미국이다. 인류 역사에 없던 자유민주주의와 시장경제를 기반으로 출발한 미국은 모든 민족에게 문호를 개방하고 그들이 가져온 종교와 문화를 하나로 통합했다. 그야말로 '용광로(melting pot)'처럼 무엇이든 들어오면 하나로 섞어내는 역사를 250년 동안 이어오고 있다. 세계의 과학자들이 가장 일하고 싶은 나라로 손꼽을 만큼 각국의 인재들을 끊임없이 받아들이면서 젊은 나라, 기회의 나라를 유지해가고 있다. 중세와 근대 그리고 현대에 이르기까지 세계를 선두에서 이끌었던 유럽의 주요 국가들도 자신들이 식민지로 복속시켰던 나라들의 국민을 받아들여 타민족의 비율이 상당한 수준이다. 프랑스의 경우 미국과 달리 민족별 인구 비율의 통계를 내고 있지 않아서 정확하지는 않지만 전체 인구의 20%가 비프랑스계인 것으로 추정하고 있다. 이와 반대로 나라가 종교적인 이유나 이념적인 이유 혹은 다민족 불화로 인해 서로 갈등하며 국력을 소진한 경우도 있다. 많은 나라가 단일 인종이나 민족으로 구성되어 있지 않다. 처음부터 많은 부족이 연합하여 나라를 구성한 경우가 더 많다. 중앙아시아의 대부분 국가가 그렇다. 아프리카의 상당수 국가들도 이와 같은 형편이다. 이들 국가에서는 다른 민족이나 종파 혹은 이념을 통합해내지 못하고 다양성의 장점을 살리지 못하는 경우가 많다.

네 번째는 기술력이다. 기술력에서 가장 우선시되는 것은 전쟁 무기 기술이다. 고대 히타이트는 최초로 철기를 사용했고 말이 끄는 전차를 만들어 전쟁 무기로 사용했다. 당시 철로 만든 창과 칼을 상대할 수 있는 무기는 없었다. 지금의 탱크에 해당하는 전차를 만들어낸 기술 또한 전쟁의 역사를 바꾸었다. 히타이트는 이를 이용하여 아나톨리아 전역을 지배했다. 뿐만 아니라 히타이트는 철기를 이용하여 최고 문명의 하나인 수메르를 멸망시키는 한편 당대 최대의 국가인 이집트와 자웅을 겨루었다. 로마의 등장 시기와 비슷하게 중국에서 춘추전국시대를 마무리하고 전국을 통일한 진시황은 철제 화살을 빠르게 발사할 수 있는 노궁을 무기로 사용했다. 사거리가 약 400미터로 지금의 소총과 비슷한 위력을 발휘했다. 또 청동기를 잘 다뤄서 철보다 강한 창검을 만들었고 전차를 사용하여 전국을 통일할 수 있었다. 100만 명의 인구로 1억 명 인구를 제압한 몽골의 주무기는 말이었다. 몽골의 말은 작아서 다루기 쉽고 영하 40도의 저온도 견딜 뿐 아니라 지구력이 빼어났다. 또한 가벼운 철갑편을 갑옷으로 착용했고 최초로 화약을 전쟁에 선보였다. 중세 이후에는 총이 등장하면서 대포와 소총이 주무기로 전쟁의 승패를 결정지었다.

세계를 지배한 또 다른 중요 기술은 항해술과 상업 기술이다. 히타이트가 내륙에서 강력한 힘을 발휘하던 시기에 작은 나라임에도 지중해 연안의 상권을 장악한 나라는 페니키아였다. 페니키아는 빼어난 조선술과 항해술로 메소포타미아와 이집트, 아프리카 북부 및 에게해 주변의 도시들 사이에서 무역 거래를 주도하면서 강력한 도시국가를 만들었다. 영어의 근간이 되는 표음문자를 최초로 만들었고 화폐도 만들어 통용시켰다. 이들은 작은 영토로 인해 주변 강대국들의 위협에 시달렸지만 1천 년 동안 기술력으로 번영을 누렸다. 기독교 성경에 나오는 솔로몬의 영화도 페니키아의 덕을 본 것이었다. 페니키아의 항해술과 조선술은 카르타고와 로마 등 지중해 연안 국가들에게 전해졌고 로마가 그 뒤를 이어 지중해를 장악했다. 조선술과 항해술로 로마에 이어 지중해를 장악한 나라는 바그다드를 중심으로 한 이슬람 제국이다. 이슬람 제국은 알렉산드리아의 무세이온에서 가져온 고대 그리스 문헌의 연구를 통해 의학과 천문학을 놀랍도록 발전시켰다. 그리고 육로와 해로를 장악하여 오랫동안 유럽을 능가하는 세력을 유지했다. 중세에 이르러 척박한 땅에서 힘을 발휘하지 못하던 포르투갈은 엔히크 왕자의 주도하에 항해가와 지도업자 들을 모아 조선술과 항해술을 연구했으며 이를 활용하여 인도 항로를 찾아냈다. 이에 따라 포르투갈은 대항해시대를 열고 무역 대국으로 도약했다. 뒤이어 스페인이 무적함대를 창설하고 해상권을 장악하면서 지중해를 넘어 세계 최강국으로서 위세를 떨쳤다. 이후 네덜란드와 영국도 항해술을 발전시켜 대서양 시대를 이끌었고, 영국은 함선에 강력한 함포를 설치하여 무적함대를 격파함으로써 해가 지지 않는 나라를 만들었다.

건축과 토목 기술은 강성한 나라가 되는 데 필요한 또 다른 기술력이다. 로마의 건축과 토목 기술은 압권이었다. 로마 황제는 수만 명이 모일 수 있는 야외 경기장을 건설하여 로마 시민들에게 제국 시민으로서의 풍요로움과 생활의 즐거움을 제공했다. 게다가 4,500톤이 넘는 콘크리트를 부어 만든 돔을 머리에 얹은 판테온신전은 지금까지도 놀라운 기술로 받아들여지고 있다. 수십 킬로미터에 달하는 수로를 건설해서 상수도로 사용했으며 정복한 지역들을 연결하는 수백 킬로미터의 도로망을 구축해서 신속한 이동이 가능하게 했다. 동양의 중국은 넓은 땅에서 물류를 원활하게 하기 위해 모든 왕조가 운하를 건설하는 일에 집중했다. 황하와 회수와 장강을 연결하는 운하들을 만들어 지금의 고속도로와 같이 사용했다. 이는 많은 왕조를 거치면서 근대에 이르기까지 통합을 이루는 힘이 되었다.

근대 이후에는 과학기술의 발전이 국력을 좌우하고 있다. 증기기관을 이용하여 대량 생산 기계와 기차와 자동차를 만들어낸 영국은 산업혁명으로 세계를 주도했다. 로켓과 잠수함 등 신기술을 개발한 독일은 두 차례의 세계대전에서 패배했음에도 자유 진영의 선두 주자로서 유럽을 이끌어가고 있다. 과학기술이 주도하는 시대가 되면서 전통적인 강국의 개념도 바뀌었다. 세계의 변방에 머물던 일본은 메이지유신을 시작으로 수십 년 만에 기술력만으로 세계 열강의 반열에 오를 수 있었다. 현대에 들어서는 누가 핵기술과 컴퓨터, 로켓

기술을 선도하느냐에 따라 세계를 이끌 수 있는지가 결정된다. 가장 역사가 짧은 미국이 건국 이후 대학과 연구소를 산업과 연계시키며 기술력을 선도했던 것이 세계 전체의 5%도 되지 않는 인구로 세계 경제의 30%를 좌지우지하며 지금까지 세계를 이끌 수 있는 이유다. 이에 맞서 과학기술이 오랫동안 뒤처져 있던 중국이 AI와 5G 통신 기반의 컴퓨터 기술을 무기로 미국과 경쟁을 벌이고 있다. 과학기술 경쟁이 경제와 군사 분야까지 넓혀지면서, 과거 냉전시대와 마찬가지로 세계를 다시 나누는 일이 벌어지고 있다. 과학기술을 이끄는 나라가 인류 역사를 이끄는 시대가 도래한 것이다.

고대 사회부터 인류의 역사와 과학을 살피면서 역사가 과학을 발전시켰는지, 아니면 과학이 역사의 진보를 이끌었는지 그 해답을 구하는 것은 불필요하다. 인류가 지구상에 존재할 때부터 과학은 신화 혹은 종교 형태로 존재하면서 끊임없이 자연의 섭리와 우주 법칙을 인간에게 말해주었다. 말하자면 역사와 과학은 인류의 자취이며 긴 세월 동안 상호작용을 통해 인류의 진보를 이끌어왔다. 자연과 우주를 관장하는 전능한 신을 알고자 하는 지적 호기심이 과학 탐구의 길을 열어간 것이다. 과학이 발달했다고 해서 역사가 진보했다고 말할 수는 없다. 과학은 인간에게 이로움을 주기도 하지만 반대로 인류의 멸망과 파괴를 초래할 수도 있다. 과학의 혜택으로 안락한 생활을 영위할 수 있으나 이에 비례하여 스스로 과학의 힘에 의해 멸망당할 수 있다는 두려움도 공존하고 있다. 이미 합리성과 이성의 빛으로 진보의 역사를 이룰 수 있다는 믿음이 두 차례의 세계대전을 통해 무너져버린 경험을 하지 않았던가. 과거 역사가 보여주듯이 인간은 절대로 이성에만 의존하지 못한다. 알 수 없는 무의식이 인간을 지배할 때 인류는 언제든지 예상치 못한 파멸의 길로 갈 수 있다. 과학이 역사를 진보시켰는가? 아니면 역사가 과학 발전을 촉진했는가? 이 문제에 대한 답은 자연과 우주의 주인이 누구인가를 이해할 때 가능하다.

과학의 진보가 시작된 르네상스 시대 사람들은 인간을 우주의 주인으로 인식했다. 이어서 계몽시대와 과학혁명 그리고 산업혁명을 거쳐 과거 수천 년 동안 정체되었던 과학과 물질문명이 급속히 발달하기 시작했다. 이 모든 진전은 인간이 세상을 보는 인식의 변화에서 비롯되었다. 인간과 자연에 관한 이해가 변화한 것은 봉건시대에서 자본주의로 이행하는 과정에서였다. 자본주의는 인간 역사를 물질의 발전 과정으로 설명하면서 고대부터 내려온 인간 정신문화의 주체인 신의 존재를 부정했다. 이제 인간은 스스로 신적인 존재가 되어야 했다. 인간은 그 전능한 힘을 과학에서 찾았다. 그 결과가 인류의 멸망이든 혹은 신의 경지에 오르는 것이든 현대 과학은 끊임없이 진보할 것이며 인류 역사는 그 흐름 속에서 무한히 변천할 것이다. 궁극적으로 역사의 진보와 퇴보는 인간이 과학을 어떻게 이용하느냐에 달려 있다.

제1장 신화와 종교

1   굴원은 중국 전국시대 초나라의 시인(기원전 343?~기원전 277?)으로 간신의 모략을 받고 추방당한 뒤 장강 일대를 방랑하며 많은 시를 남겼다. 시가집 『초사(楚辭)』에 실린 「천문(天問)」에서 굴원은 우주의 혼돈 상태에 대한 회의에서 시작하여 우주의 형성, 천지의 개벽, 해와 달의 운행, 신화와 전설, 역사의 흥망성쇠를 비롯한 자연현상에 대해 하늘에 묻고 있다.

2   학자들의 관점과 연구 방법에 따라 신화에 대한 해석이 다르기 때문에 신화의 개념과 의미를 한마디로 정의하기란 어렵다. 신화, 전설, 사담, 민담, 그리고 동화로 분류하는 일반적인 개념 구분은 주로 문학적 기준에 따른 것이다. 특히 신화의 역사적 사실을 구분하는 방법론적 기준은 이를 사실로 믿을 만한 가치가 있다고 보기에는 다소 의문이 따른다. 신화를 문학적 혹은 역사적 기준보다 기능적 관점에서 연구하는 것이 바람직할 것이다. 신화는 구체적인 역사 상황 속에서 출현한 인간 상상력의 산물이며 특정한 사실과 관련하여 어떤 의도를 갖고 만들어졌다. 그러므로 신화에 대한 물음은 '이것이 사실인가?'가 아니라 '이 신화가 의도하는 바가 무엇인가?'가 되어야 한다. Samuel Henry Hooke, *Middle Eastern Mythology: From the Assyrians to the Hebrews*(New York: Penguin Books, 1963), p. 11. 이 책에서 혹은 고대인이 남긴 문헌들이 일련의 정교한 종교적 행동 양식을 통해 만들어진 것으로 보고 이를 '제의'라는 개념으로 정의하고 있다. 신화의 유형으로는 제의 신화, 기원 신화, 의례 신화, 영웅 신화, 종말론 신화 등이 있다. 이에 대해서는 다음 책을 볼 것. Samuel Henry Hooke, ed., *Myth, Ritual, and Kingship: Essays on the Theory and Practice of Kingship in the Ancient Near East and in Israel*(Oxford: Clarendon Press, 1960), pp. 11-17.

3   정재서, 『이야기 동양신화: 중국편』(김영사, 2010), 27쪽.

4   Hans Christian Von Baeyer, *Taming the Atom: The Emergence of the Visible Microworld*(New York: Random House, 1992). 빌 브라이슨, 이덕환 옮

김, 『거의 모든 것의 역사』(까치, 2003), 9쪽에서 인용함.

5 『회남자(淮南子)』 제3편 「천문훈(天文訓)」. "천지가 아직 형체조차 갖추지 못했을 때(天墜未形) 풍익으로 표류하고(馮馮翼翼) 공허하며 형체가 없었으니(洞洞灟灟) 이것을 태초라 한다(故曰太昭). 태시는 허확을 낳고(太始生虛廓) 허확은 우주를 낳고(虛廓生宇宙) 우주는 기를 낳았다(宇宙生氣). 기에는 물가와 지경의 구별이 있어서(氣有涯垠) 맑고 밝은 기는(淸陽者) 희미하게 뻗치어 하늘이 되고(薄靡而 爲天) 무겁고 탁한 기는(重濁者) 응고되어 대지가 되었다(凝滯而爲地)."

6 바빌로니아 창조 신화는 '에누마 엘리시'라는 시 혹은 송가 형태로 만들어진 제의 문집에 구체적으로 묘사되어 있다. 이 서사시에 등장하는 마르두크는 바빌로니아 최고신으로서 바빌로니아 창조 신화의 주인공이다. 마르두크는 혼돈의 용 티아마트를 죽이고 운명의 서판을 손에 넣은 후 다양한 창조 행위를 한다. 이러한 내용은 일곱 장으로 구성된 점토판에 기록되어 있다. 영국 고고학 연구팀이 이라크 니네베에서 발굴한 이 점토판은 1876년 조지 스미스에 의해 번역, 소개되었다. 「에누마 엘리시」에 실려 있는 신화 내용에 대해서는 다음 책을 볼 것. Henri Frankfort, H. A. Frankfort, John A. Wilson, Thorkild Jacobsen, and William A. Irwin, *The Intellectual Adventure of Ancient Man: An Essay of Speculative Thought in the Ancient Near East*(Chicago: University of Chicago Press, 2013).

7 헨드릭 빌럼 판론, 이철범 옮김, 『예술의 역사』(동서문화사, 2017), 18쪽.

8 카오스(chaos)는 그리스신화에서 설명하는 '텅 빈 공간'이다. 카오스는 무(無), 즉 우주가 들어갈 공간이며 태초에는 카오스만 존재했다. 헤시오도스의 『신들의 계보』에 따르면 카오스 다음에 가이아(대지)가 생겨났고 이어서 타르타로스(지하세계)와 에로스(사랑)가 생겨났다. 그리고 카오스로부터 암흑의 신 에레보스와 밤의 여신 닉스가 태어났으며 이 둘의 사랑으로 대기의 신 아이테르와 낮의 여신 헤메라가 태어났다. 또 대지의 여신 가이아로부터 하늘의 신 우라노스가 생겨났다. 가이아와 우라노스의 결합으로 티탄이 태어나면서 신들의 시대가 열리게 되었다. 카오스이론은 상대성이론, 양자역학과 더불어 20세기 과학의 3대 혁명으로 일컬어지고 있다. 어떤 시스템은 일정한 법칙에 따라 변화하고 있으나 그 변화하는 양상이 매우 복잡하고 불규칙하여 예측할 수 없다는 것이 카오스이론이다. 이에 대해서는 다음 책을 참조할 것. Ilya Prigogine and Isabelle Stengers, *Order Out of Chaos: Man's New Dialogue with Nature*(London: Verso, 2018).

9 이집트의 창조 신화는 여러 가지 복합적인 전승 층으로 구성되어 있으며 다양한 상징적 암시가 포함되어 있다. 모든 이집트 신화의 근저에는 나일강의 범람과 강물이 빠진 후 땅 위에 작열하는 태양의 위력을 일상적으로 경험했던 이집트인의 세계관이 깔려 있다. 이집트 초기 문명 단계의 신화들은 후에 헬리오폴리스 신화와 멤피스 신화에 의해 변형되고 수정되는 단계를 거친다. 아툼(혹은 라)은 태초의 원시 흙

더미 위에 좌정해 있으면서 자신을 추종하는 신들을 출현시키는 이미지로 등장한다. 아툼은 실재하는 모든 것이 생겨나게 한, 그 존재의 근원을 알 수 없는 신성한 영이다. 이집트 신화는 신전이 있는 도시별로 그리고 시대별로 각기 다른 창조 신화가 다양하게 존재한다. 이 가운데 헬리오폴리스 신화가 널리 알려져 있다. 헬리오폴리스는 고대 이집트에서 '이우누'라고 불렸는데 그리스에서는 이 도시를 가리켜 '태양의 도시'라는 의미의 헬리오폴리스라고 불렀다. 이 도시에는 태양의 신 라를 비롯해 여러 주신을 모신 신전이 있었다. Samuel Henry Hooke, *Middle Eastern Mythology*, 위의 책, pp. 65-78.

10 둘이 짝을 이루어 총 4쌍으로 이뤄진 여덟 신을 지칭하는 개념이다. 각각의 이름은 누, 나우네트, 헤후, 헤후트, 케쿠이, 케쿠이트, 아문, 아무네트다.

11 이집트 신화에서는 인간 창조에 관한 이야기가 비교적 미약하다. 셈족, 즉 유대인처럼 신과 인간을 구분하는 경계가 명확하게 나타나지 않는다. 이에 대하여 다음 책들을 참조할 것. James B. Pritchard ed., *The Ancient Near East in Pictures Relating to the Old Testament*(Princeton: Princeton University Press, 1954), pp. 59, 569 ; William H. Stiebing Jr. and Susan N. Helft, *Ancient Near Eastern History and Culture*(Routledge, 2017).

12 베다는 베다 시대 브라만교의 신화적, 종교적, 철학적 경전이자 문헌이다. 베다 문헌들은 산스크리트 문학에서 가장 오래된 것으로 또한 힌두교의 가장 오래된 경전들이기도 하다. 베다는 삼히타, 브라마나, 아라냐카, 우파니샤드의 4부문으로 분류된다. 이 가운데 삼히타는 『리그베다』, 『야주르베다』, 『사마베다』, 『아타르바베다』를 말하는데 이 4종을 힌두교의 정경, 즉 투리야라고 부른다. 베다는 투리야를 중심으로 형성되었고 투리야는 그중에서 『리그베다』를 기초로 하고 있다. 흔히 베다라고 할 때는 이들 투리야만을 의미하는 경우가 많다. Sarvepalli Radhakrishnan and Charles A. Moore, eds., *A Sourcebook in Indian Philosophy*(Princeton: Princeton University Press, 2014), p. 3 ; Michael Witzel, "Vedas and Upaniṣads," Gavin Flood, ed., *The Blackwell Companion to Hinduism*(New Jersey: Wiley-Blackwell, 2003), p. 68 ; Arthur Anthony Macdonell, *A History of Sanskrit Literature*(Omaha NE: Patristic Publishing, 2019), pp. 29-39.

13 신화가 발생한 지역의 자연적, 우주론적 상황에 따라 각기 다른 창조 신화가 존재한다. 인도에서는 초월적 영성을 중시한 베다 신화, 중국에서는 중국인의 정신세계가 잘 반영된 반고 신화, 북유럽에서는 열악한 자연 조건을 극복하기 위한 천지 창조 신화, 남아메리카의 마야인에게는 우주와 교감하는 창조 신화, 아프리카 거인족에게는 자연과 더불어 살아야 하는 원주민의 창조 신화가 각각 신화의 존재 이유를 그들만의 방식으로 해석하고 있다. 신화는 현대인들에게도 예술, 문학, 언어, 종

교, 역사 등 여러 분야에서 많은 영향을 끼치고 있다. 이러한 세계 각 민족의 창조 신화에 대하여 다음 책을 참조할 것. 최희성 엮음, 『신화를 알면 역사가 보인다』(아이템하우스, 2019).

14 최병일, 「『포폴 부』에 수록된 마야 신화 읽기」, 『외국문학연구』 제22호, 한국외국어대학교 외국문학연구소, 2006, 277~294쪽. 더 자세한 내용은 다음 책을 참조할 것. 고혜선 엮음, 『마야인의 성서 포폴 부』(여름언덕, 2005).

15 인간의 불을 사용할 줄 아는 능력은 모든 기술을 다룰 줄 아는 지혜(entechnossophia)로 발전했다.

16 장장식, 「불과 민속-불: 문명의 상징에서 욕망의 집적까지」, 『방재와 보험』 No. 110, 한국화재보험협회, 2005, 38~41쪽. 인류 역사는 불과 함께 진화해왔다. 불을 손에 넣음으로써 음식다운 음식을 먹을 수 있었고, 거친 환경에서 자신과 가족을 보호할 수 있었다. 자동차를 움직이거나 원자력발전소를 돌리는 힘도 실은 불의 힘이다. 결국 인류는 불과 함께 진화한 호모 이그니스(Homo ignis)이며, 최초의 발견 이래 불은 여전히 인류 문명의 원천이다. 이에 대해서는 다음 책을 참조할 것. 오쓰카 노부카즈, 송태욱 옮김, 『호모 이그니스, 불을 찾아서』(사계절, 2012).

17 『황금가지』의 저자로 유명한 인류학자 제임스 조지 프레이저는 불의 기원에 관한 여러 신화를 수집한 『불의 기원 신화』를 펴낸 바 있다. 1890년 처음 출간된 『황금가지』는 신학 관점이 아닌 문화 관점에서 접근해 미개인의 신앙과 풍습을 비교하고 연구한 것으로, 프레이저는 인간의 문명이 미신과 주술에서 종교로, 종교에서 과학으로 진행되어왔다고 역설했다. 이에 대해서는 다음 책을 참조할 것. 제임스 조지 프레이저, 박규태 옮김, 『황금가지 1, 2』(을유문화사, 2005).

18 헤파이토스에 대해서는 다음 책을 참조할 것. 호메로스, 천병희 옮김, 『일리아스』(숲, 2015).

19 에피메테우스(Epimetheus)의 뜻은 '나중에 생각하는 자', 그리고 프로메테우스(Prometheus)의 뜻은 '미리 생각하는 자'다.

20 장 피에르 베르낭은 불의 신화에 새로운 상징과 의미를 부여하여 독특한 해석으로 그리스신화를 재구성했다. 특히 베르낭은 판도라가 인간에게 온갖 재앙과 불행을 가져다주었다는 것에 대해 달리 해석하고 있다. 그에 따르면 판도라는 번식력과 파괴력을 동시에 상징하는 인물이다. 이는 곧 탄생이 있으면 죽음이 있고 행복이 있으면 불행도 있기 마련인 인간의 이중성을 의미한다는 것이다. 다음 책에서 베르낭은 카오스로부터의 지구의 탄생, 올림포스 신들과 티탄 사이의 전쟁, 우라노스의 거세, 프로메테우스의 교활한 계략과 제우스 그리고 최초의 여자 판도라의 창조 등에 관한 이야기를 재해석하면서 신화가 그리스 역사와 문화의 기원과 깊은 관련이 있다고 설명한다. Jean-Pierre Vernant, *The Universe, the Gods, and Men: Ancient Greek Myths*(New York: Harper Perennial; Reprint edition, 2002), pp. viii-xi. 국내 번역서는 장 피에르 베르낭, 문신원 옮김, 『베르낭의 그리스 신화: 우주·신·인간의 기원에 관하여』(성우, 2004)가 있다.

21 이에 대해서는 다음 책들을 볼 것. Jean-Pierre Vernant, *L'univers, les dieux, les hommes: Récits grecs des origines*(Paris: Seuil, 1999) ; Jean-Pierre Vernant, *Mythe et société en Grèce ancienne*(Paris: La Découverte, 2020).

22 Gaston Bachelard, *Fragments of a Poetics of Fire*(Dallas: Dallas Inst Humanities & Culture, 1990), pp. 65-90. 그리고 『공간의 시학』(국내 번역서: 곽광수 옮김, 『공간의 시학』, 동문선, 2003)에서 바슐라르는 다음과 같이 설명한다. "첫째는 상상력의 독자적인 작용이 어떻게 외계의 대상의 이미지를 변화시키는가를 밝히는 사원소론이고, 둘째는 상상력의 그 독자적인 작용 자체를 밝히는 이미지의 현상학이며, 셋째는 상상력의 궁극성을 밝히는 원형론이다."(10쪽). 그리고 "정신분석은 자체의 해석을 확고하게 하기 위하여 총체적인 상징체계를 필요로 하기 때문에 몽상과 추억의 뒤섞임의 복잡성에 거의 주목하지 않는 데 반하여, 몽상의 현상학은 기억과 상상의 복합체를 풀어서 분간할 수 있다."(106쪽).

23 판도라(Pandora)는 '모든 선물을 받은 여인'이라는 뜻이다.

24 한국의 고대 천문 관측은 왕립 천문대의 직제하에 여러 전문 관측자에 의해 이루어졌다. 조선시대에 천문학자 성주덕이 펴낸 『서운관지』에서 설명하고 있는 서운관의 조직과 업무, 제도 등을 통해 과거 천문학이 국가 전통 과학에서 핵심적인 역할을 했음을 알 수 있다. 조선의 천문 관측 일지인 「성변측후단자」에 의하면 특별한 천문 현상이 나타날 경우 전문 관측자 여러 명이 오랫동안 천체를 관측하고 기록했다. 고대의 천문 관측 기록은 일식과 월식, 혜성, 행성의 운동, 별 폭발 기록 외에 오로라나 태양광, 햇무리 등 여러 기상 관련 기록도 포함하고 있다. 한국 역사서에 보이는 천문 관측 기록은 대부분 관측 사실만 객관적으로 적은 것이며 천문 현상에 대한 정치적이거나 점성술적인 해석을 기술한 내용은 매우 적다. 한국의 고대 천문 기록을 분석한 결과 일식과 태양흑점, 객성과 혜성 등 많은 천문 기록이 실제 천문 현상을 반영한 것이었다. 양홍진·최고은, 「고대 천문기록과 정치적 환경과의 상관관계 연구-유성과 유성우 기록을 중심으로」, 『천문학논총』 제27권 5호, 한국천문학회, 2012, 412쪽.

25 아스트롤라베(astrolabe)는 고대부터 발전되어온 정교한 천문 도구로 태양, 달, 행성, 별의 위치를 예측하는 데 사용되었다. 실용적인 목적의 도구여서 천문학자뿐만 아니라 항해하는 뱃사람들도 널리 사용했다. 처음 천문관측의가 발명되었을 당시에는 해와 달, 별의 높이를 측정하는 것이 목적이었으나 천문학과 수학의 발달로 더 많은 정보가 천문관측의에 입력되면서 그 기능이 더 많아졌다. 천문관측의의 투영법에 가장 많은 영향을 준 사람은 기원전 2세기의 그리스 천문학자 히파르코스다. 그는 3차원 구면상에 나타낼 수 있는 천구의 모습을 평면에 투영하는 평사도법을

개발하여 복잡한 천구의 모습을 하나의 원 안에 담아낼 수 있게 했다. 이로써 복잡한 삼각함수 없이도 간단히 별에 대한 좌표 체계를 성립시킬 수 있게 되었다. 프톨레마이오스는 『천문학 집대성』(알마게스트)에서 평사도법을 사용하면 별의 위치를 쉽게 나타낼 수 있다고 설명했다. 실제로 평사도법을 적용한 사례로는 기원전 1세기의 로마 건축가인 비트루비우스의 해시계 등이 있다. 서기 4세기 이후 천문 관측의에 관한 지식과 기술이 이슬람권으로 넘어가면서 천문관측의는 기능이 추가되고 더 정교해졌다. 각의 눈금을 천문관측의에 추가함으로써 방위각, 남중고도, 특정 별의 위치 관측을 통해 날짜와 시간을 정확하게 알 수 있었다. 수학적 이론도 평사도법에서 더 발전했는데, 9세기의 수학자 바타니는 삼각함수 공식들을 정립하여 삼각법을 더욱 체계화했다. 또 기존의 천문관측의는 위도에 맞게 눈금을 조절하는 것이 매우 힘들었지만, 11세기에 이븐 칼라프 알무라디가 원판에 다양한 크기의 위도선을 새겨 넣음으로써 위도에 따라 여러 부속품을 끼워야 했던 옛날 것에 비해 훨씬 휴대하기가 편해졌다. 12세기에는 샤라프 알딘 알투시가 나무막대에 정교한 눈금이 새겨진 '알투시의 지팡이'를 만들었고, 13세기에는 무함마드 이븐 아비 바크르가 기어가 달린 천문관측의를 만들었다. 13세기가 지나서도 이슬람권에서는 계속 천문관측의가 발전되었다.

26 갈릴레이식 망원경은 볼록 대물렌즈와 오목 접안렌즈로 구성된 것으로, 볼록렌즈로 빛을 모으고 오목렌즈로 상을 확대하는 방식으로 사물을 볼 수 있다. 상을 바로 볼 수 있으나 시야가 좁아서 지금은 쌍안경 등에 적용된다.

27 고대 중국, 이집트, 메소포타미아, 그리스-로마 시대를 거쳐 중세까지 과학과 역사의 관계 속에서 문명을 이룬 고대 인류의 발명과 시행착오 및 경험을 설명한 연구서로는 다음 책을 볼 것. Robert E. Krebs and Carolyn A. Krebs, *Groundbreaking Scientific Experiments, Inventions, and Discoveries of the Ancient World* (Santa Barbara: Greenwood Press, 2003).

28 Glen Van Brummelen, *The Mathematics of the Heavens and the Earth* (Princeton: Princeton University Press, 2009), p. 187.

29 천문학의 역사에 관해서는 James Evans, *The History and Practice of Ancient Astronomy* (Oxford: Oxford University Press, 1998)를 볼 것.

30 그 사례로 신약성서에 예수그리스도 탄생과 관련된 별의 현상을 연구한 동방박사 이야기가 있다. 「마태복음」, 제2장 1~11절.

31 이 점에 관하여 다음의 책이 유용하다. Anthony Lo Bello, *Gerard of Cremona's Translation of the Commentary of Al-Nayrizi on Book I of Euclid's Elements of Geometry* (Leiden: Brill, 2003).

32 Thomas Coomans, 「중세 유럽의 교육 유산: 수도원 학교에서 대학교까지」, 서원 국제학술회의 『국외 교육 유산의 이해와 한국 서원과의 비교』, 2014, 53~73쪽. 중

세 전반기 학문과 교육의 중심은 수도원이었고 이곳 수도사들이 학문의 등불을 유지했다. 그러나 12세기 초에 학문의 주도권이 수도사로부터 일반 성직자들에게, 그리고 수도원으로부터 주교성당의 부속학교로 옮겨 가기 시작했다. 12세기 후반부터는 대학이 설립되어 학문 연구와 교육의 중심으로 발달했다. 박승찬, 「중세 대학의 설립과 발전-학문의 자유를 지키기 위한 보루」, 『가톨릭철학』 제26호, 한국가톨릭철학회, 2016, 5~56쪽. 중세의 수도원 지식인들을 '중세의 기초자'라고 부른다. 이 가운데 7세기의 수도사 베다는 성서의 주석과 교회의 역산법에 관한 필요성 때문에 천문학과 우주학의 새로운 방향을 제시했다. 자크 르 고프, 유희수 옮김, 『서양 중세 문명』(문학과지성사, 2004), 151~152쪽.

33 헨드릭 빌럼 판론, 『예술의 역사』, 위의 책, 31~84쪽.

34 에드윈 허블은 아인슈타인보다 10년 늦은 1889년 미국 미주리주의 작은 마을에서 태어나 시카고 외곽에 있는 휘튼에서 성장했다. 시카고대학교를 졸업하고 옥스퍼드 대학교의 로즈장학생으로 선발되어 공부한 후 1919년부터 로스앤젤레스 인근의 윌슨산천문대에서 근무하면서 20세기의 가장 뛰어난 천문학자가 되었다.

35 19세기 말 과학자들은 신비로운 자연현상을 대부분 알아냈다고 생각했다. 예컨대 전기, 자기, 기체, 광학, 음향학, 속도론, 통계역학 등이 모두 정리되었고 X선, 음극선, 전자, 방사선 등을 발견했으며 옴, 와트, 캘빈, 줄과 에르그, 암페어 등의 단위를 만들어냈다. 또 이들 과학자들은 물체를 진동하게 만들거나, 가속 혹은 섭동을 주거나, 증류하거나, 결합하거나, 질량 측정, 기화시키는 일 등을 할 수 있었고 그 과정에서 여러 가지 보편적인 법칙들을 알아냈다. 빛의 전자기파 이론, 리히터의 상호비례 법칙, 샤를의 법칙, 기체 반응의 법칙, 열역학 제0법칙, 질량 작용의 법칙 등 많은 법칙이 이 시기에 발견되어 이제 과학에서는 더 이상 알아낼 것이 없다고 믿었다. 빌 브라이슨, 『거의 모든 것의 역사』, 위의 책, 129쪽.

36 17세기 대항해시대를 말한다. 15세기부터 16세기에 걸쳐 유럽인들은 새로운 삶, 새로운 땅, 새로운 바다를 찾아 나섰고 새로운 항로와 신대륙의 발견은 유럽이 전 세계로 팽창해나가는 계기가 되었다. 유럽의 대항해시대에 대해서는 다음 책을 볼 것. J. H. Parry, *The Establishment of the European Hegemony, 1415-1715: Trade and Exploration in the Age of the Renaissance*(Whitefish: Kessinger Publishing, 2010).

37 Richard P. Feynman, *Six Easy Pieces*(London: Penguin Books, 1998), p. 4.

38 Paul Davies, *The Fifth Miracle: The Search for the Origin of Life*(London: Penguin Books, 1999), p. 127.

39 이 단계에 이르기까지 무려 800만 번 환생하는 윤회를 거쳐야 한다.

40 베다는 '지식'을 의미하며 영어의 기지(wit), 지혜(wisdom)와 어원이 같다.

41 신이 세상 창조 후에 인간과 마찬가지로 만들어졌다는 것은 인간과 신이 시간의

순환에 묶여 있다는 것을 의미한다. 리처드 할러웨이, 이용주 옮김, 『세계 종교의 역사』(소소의책, 2018), 34쪽.

42 오늘날 세페이드 변광성들이 천문학 용어로 '주계열상'을 지나서 적색 거성으로 발전하는 늙은 별이기 때문에 그렇게 진동하고 있다는 사실이 밝혀졌다. Kitty Ferguson, *Measuring the Universe: The Historical Quest to Quantify Space*(London: Headline, 1999), pp. 166-167.

43 리비트가 사용한 '표준 촛불'이라는 용어는 지금도 널리 사용되고 있다. Kitty Ferguson, *Measuring the Universe*, 위의 책, p. 166.

44 스티븐 호킹 이전에는 누구도 우주가 팽창한다고 생각하지 못했다. Stephen Hawking, *The Universe in a Nutshell*(London: Bantam Press, 2001), pp. 71-72.

45 이에 대해서는 다음 책을 참조할 것. Stephen Hawking, *A Brief History of Time: From the Big Bang to Black Holes*(London: Bantam Press, 1988).

46 초신성은 태양보다 훨씬 거대한 별이 수축했다가 극적으로 폭발하면서 1천억 개의 태양이 가진 에너지를 한순간에 방출하여 한동안 은하의 모든 별을 합친 것보다 더 밝게 빛나는 상태를 말한다. Timothy Ferris, *The Whole Shebang: A State-of-the-Universe(s) Report*(New York: Simon & Schuster, 1997), p. 37.

47 이 대륙이동설을 정립한 저서가 알프레트 베게너의 『대륙과 대양의 기원』(국내 번역서: 김인수 옮김, 『대륙과 대양의 기원』, 나남, 2010)이다. 베게너는 측지학, 지구물리학, 지질학, 고생물학, 고기후학을 망라한 여러 영역의 증거들을 제시하고 논의했다. 1912년 과학계에 처음 발표된 베게너의 이론이 널리 인정받기까지는 50년이라는 세월이 필요했다. 베게너는 당시에 거의 기정사실로 받아들여졌던 육교설 등의 이론을 파헤쳐 검토하고 취약점이나 불일치성이 나타나면 전혀 새로운 시각을 택하는 자유로움과 대담함을 보였다. 또 그는 넓은 지식의 폭을 가지고 자신의 이론을 지지하는 여러 방면의 증거들을 찾아내어 지각 있게 평가할 줄 알았다.

48 George Gaylord Simpson, *Fossils and the History of Life*(New York: Scientific American, 1983), p. 98.

49 아서 홈스는 1944년에 출간한 『지질학의 원리』에서 맨틀대류설을 주장했다.

50 사실 아서 홈스도 자신의 이론을 확신하지 못했다. James Lawrence Powell, *Mysteries of Terra Firma: The Age and Evolution of the Earth*(New York: Free Press, 2001), p. 147. 대부분의 미국 학자들은 대륙이 처음부터 제자리에 있었다고 믿고 있었다. 빌 브라이슨, 『거의 모든 것의 역사』, 위의 책, 197쪽. 1970년대에도 여전히 판구조론은 물리학적으로 불가능한 것으로 인식되고 있었으며 1980년대에 들어서도 미국 지질학자 대다수가 판구조론을 인정하지 않았다. John McPhee, *Basin and Range*(New York: Farrar, Straus and Giroux, 1980), p. 198.

51 George Gaylord Simpson, *Fossils and the History of Life*, 위의 책, p. 113.

52 백악기-팔레오기 대량절멸(또는 백악기-제3기 대량절멸)은 약 6,600만 년 전 백악기 마스트리흐트절 말엽에 일어나, 지질학적으로 짧은 기간에 동식물이 대량 절멸한 사건을 가리킨다. 백악기와 팔레오기를 가리키는 약자 K와 Pg를 써서 K-Pg 멸종, 또는 제3기를 가리키는 약자 T를 써서 K-T 대량 절멸 등으로도 불린다.

53 이런 주장을 한 과학자는 1942년 천체물리학자 랠프 볼드윈, 1956년 M. W. 드 로벤펠스, 1970년 듀이 맥라렌 등이다. 빌 브라이슨, 『거의 모든 것의 역사』, 위의 책, 213~214쪽.

54 *Arizona Republic*, "Impact Theory Gains Supporters"(March 3, 2001).

55 Frances Ashcroft, *Life at the Extremes*(Berkeley: University of California Press, 2000), p. 275.

56 *New York Times Book Review*, "Where Leviathan lives"(April 20, 1997).

57 Paul Davies, *The Fifth Miracle*, 위의 책, p. 126. 인체를 구성하는 원자는 200개 중 126개가 수소이고 51개는 산소이며 탄소는 겨우 19개로 이뤄져 있다. Carl H. Snyder, *The Extraordinary Chemistry of Ordinary Things, 4th Edition*(New York: John Wiley & Sons, 2002), p. 24.

58 빌 브라이슨, 『거의 모든 것의 역사』, 위의 책, 269쪽.

59 이 점에 대해서는 물리학자 리처드 파인만의 말처럼 운명적인 우연성의 특별함이라 할 수 있다. Richard P. Feynman, *Six Easy Pieces*, 위의 책, p. xix.

60 Sherwin B. Nuland, *How We Live: The Wisdom of the Body*(London: Vintage, 1998), p. 121.

61 Stephen Jay Gould, *Eight Little Piggies: Reflections in Natural History*(New York: W. W. Norton & Company; Reprint edition, 2010), p. 328.

62 이는 지구의 생명체가 외계에서 왔다는 외계 기원설의 뒷받침이 되었다. 우주 자체는 살아 있는 유일한 존재라기보다 영원한 존재로 인식되어야 한다는 천체물리학자 존 그리빈의 주장은 시공 속에서 우주들 사이에 서로 생존경쟁을 벌인다는 다윈의 이론을 채택하고 있다. 그의 설명에 따르면 지구의 모든 생명체는 하나의 살아 있는 유기체가 아니라 서로 맞물린 직물의 형태를 띠고 있다는 것이다. John Gribbin, *In the Beginning: The Birth of the Living Universe*(London: Lume Books, 2019).

63 살아 있는 모든 동식물 생명체는 똑같은 사전의 코드를 가지고 있다. 이것을 게놈 또는 유전체라고 한다. 한 개체의 유전자와 유전자가 아닌 부분(반복 서열 등을 포함)을 모두 포함한 총 염기서열이며, 한 생물종의 완전한 유전정보의 총합이다. 게놈은 보통 DNA에 저장되어 있으며 일부 바이러스는 RNA에 있다. Matt Ridley, *Genome: The Autobiography of a Species in 23 Chapters*(New York: Harper Perennial; Reprint edition, 2013), p. 21.

64 이 새로운 세포를 진핵세포라고 부른다. 지금까지 가장 오래된 진핵세포생물은 그리파니아이며 단 한 번 발견되었다. 이를 원생생물이라고 하며 하나의 세포로 되어 있고 이에 속하는 아메바는 DNA 속에 4억 개의 유전정보를 지니고 있다. Carl Sagan, *Cosmos*(New York: Ballantine Books, 1985), p. 227.

65 지구에서 인간이 살 수 있는 곳은 전체 육지 면적의 12퍼센트이며 바다를 포함한 지구 전체 면적의 4퍼센트에 불과하다. Anthony Smith, *The Weather: The Truth about the Health of Our Planet*(London: Hutchinson, 2000), p. 40.

66 빌 브라이슨,『거의 모든 것의 역사』, 위의 책, 353~354쪽에서 인용함.

67 이러한 인간 삶의 경험이 반영된 것이 곧 신화다. 조지프 캠벨에 의하면 신화와 종교는 항상 어떤 인간 정신 내부에 존재하는 조상들이 경험한 흔적들을 보여주고 한 민족이나 지역에서만 적용되는 것이 아니다. 그렇기 때문에 우리는 이러한 보편적인 인류의 공통분모를 이해하고 이 지식을 어디에서나 인간의 잠재력을 발휘할 수 있도록 활용해야 한다고 캠벨은 강조한다. 조지프 캠벨, 권영주 옮김, 『다시, 신화를 읽는 시간』(더퀘스트, 2020), 31쪽.

68 Stephen Jay Gould, *Eight Little Piggies*, 위의 책, p. 46.

69 리처드 리키와 로저 르윈은 호모사피엔스는 미리 정해진 진화의 발전에서 정점이라기보다 많은 우연의 결과이며, 이는 불행하게도 남획과 서식지 파괴로 지구 생명체들의 6번째 사멸을 일으키는 이상한 재능을 갖게 했다고 강조한다. Richard Leakey and Roger Lewin, *The Sixth Extinction: Patterns of Life and the Future of Humankind*(New York: Doubleday, 1995), p. 38.

70 Richard Fortey, *Life: An Unauthorised Biography*(London: HarperCollins, 1998), p. 235.

71 이 점에 대해서는 위의 책『다시, 신화를 읽는 시간』을 볼 것.

72 리처드 할러웨이,『세계 종교의 역사』, 위의 책, 11~12쪽.

73 이런 관습은 약 10만 년 전 만들어진 세계에서 가장 오래된 무덤인 이스라엘 카프제 동굴 유적에서 발견되었다. 이와 비슷한 관습이 6만 2천 년 전에 만들어진 오스트레일리아 문고호수 매장지에서도 발견되었다.

74 리처드 할러웨이,『세계 종교의 역사』, 위의 책, 14~15쪽.

75 「호모사피엔스의 특징과 문화」,『두산백과』.

76 에덴(Eden)은 히브리어로 기쁨의 장소를 뜻하며 영어의 'paradise'는 페르시아어 pairi(주위), daeza(담장)에서 나온 말이다. 말하자면 담장으로 둘러싸인 곳이다.

77 도시학자 에드워드 소자는 신과 인간의 상호 협력관계(synekism)라는 개념으로 도시의 기원이 인구의 집중이나 집단의 응집이라는 주장을 강조한다. 이러한 주장은 구석기시대(수렵채집 생활)에서 신석기시대(농경 생활)로의 이행이 인구 정착과 인구 증가를 일으킨 농업혁명 이후에 발생했다는 기존의 도시 출현과 문명 발달에

관한 전통적 관점을 부인하는 것이다. 소자는 인간과 신의 협력관계에 의한 도시 건설과 정치가 인구를 증가시켰으며 이것이 곧 농업의 본질적인 기초가 되었다고 강조한다. Edward W. Soja, *Postmetropolis: Critical Studies of Cities and Regions*(Malden: Wiley-Blackwell, 2000), pp. 20-24. 이에 대해서는 아라 노렌자얏, 홍지수 옮김,『거대한 신, 우리는 무엇을 믿는가』(김영사, 2013), 제7장을 참조할 것. 괴베클리 테페 유적을 발굴한 클라우스 슈미트는 사원이 도시보다 먼저 지어졌다고 주장한다. Karl W. Luckert and Klaus Schmidt, *Stone Age Religion at Göbekli Tepe*(Portland: Triplehood, 2013).

78   재레드 다이아몬드, 김진준 옮김,『총, 균, 쇠』(문학사상, 2013), 119쪽. 원본은 Jared Diamond, *Guns, Germs, and Steel: The Fates of Human Societies*(New York: W. W. Norton, 1997).

79   재레드 다이아몬드,『총, 균, 쇠』, 위의 책, 169쪽.

80   유발 하라리, 조현욱 옮김,『사피엔스』(김영사, 2015), 123~124쪽.

81   재레드 다이아몬드,『총, 균, 쇠』, 위의 책에서 제2부 '식량 생산의 기원과 문명의 교차로'를 볼 것.

82   Angus Maddison, *The World Economy, Vol. 2 Historical Statistics*(Paris: OECD, 2007), p. 636.

83   유발 하라리,『사피엔스』, 위의 책, 134쪽.

84   이기일원론과 이기이원론은 서양에서는 플라톤(이기이원론)과 아리스토텔레스(이기일원론), 동양에서는 유교의 주자학(이기이원론)과 양명학(이기일원론)이 대표적이다. 이는 물질과 정신이 분리할 수 없는 하나인가, 아니면 각기 분리되는 별개 속성인가의 문제다. 이에 대해서는 다음 논문들을 볼 것. 이병덕,「플라톤의 이데아설과 아리스토텔레스의 실체관」,『철학논집』제4호, 서강대학교 철학연구소, 1985, 125~144쪽. 그리고 이상익,「이기일원론과 이기이원론의 철학적 특성: 퇴계 율곡의 경우를 중심으로」,『퇴계학보』제91권, 퇴계학연구원, 1996, 43~102쪽.

85   예컨대 이러한 사례로서 유발 하라리는 괴베클리 테페의 놀라운 비밀을 언급한다. 이 유적에서 발견된 작물화된 밀의 변종 중 하나인 외알밀은 30킬로미터 떨어진 카라시다그 언덕이 발상지였다. 괴베클리 테페라는 문화적 중심지는 인류에 의한 밀의 작물화, 밀에 의한 인간 길들이기와 연관성이 높았다. 기념물을 건설하고 이용한 사람들을 먹여 살리기 위해서는 많은 식량이 필요했다. 수렵채집인들이 야생 밀 채취에서 집약적인 밀 경작으로 전환한 목적은 정상적인 식량 공급을 늘리기 위해서가 아니라 사원의 건설과 운영에 필요한 식량을 공급하기 위해서였다. 말하자면 사원이 세워지고 나중에 그 주위에 마을이 형성된 것이다. 유발 하라리,『사피엔스』, 위의 책, 137~140쪽.

86   Martha T. Roth, *Law Collections from Mesopotamia and Asia Minor, 2nd*

Edition(Atlanta: Scholars Press, 1997), pp. 133-134. 그리고 리처드슨은 다음 책에서 다양한 사본들이 합쳐진 고대 메소포타미아 문헌에 관한 새로운 해석과 문헌에 사용된 모든 언어의 사전적인 분석을 통해 성경과 고대 근동 지역의 법과 셈어, 아카드어 등의 연구에 절대적으로 필요한 참고 문헌을 제공하고 있다. M. E. J. Richardson, *Hammurabi's Laws: Text, Translation and Glossary*(London: T & T Clark International, 2005).

87   현재 인간의 두뇌는 50테라바이트(1테라바이트는 1조 바이트에 해당한다) 이상이다. 스튜어트 로스, 강순이 옮김, 『모든 것의 처음: 도구부터 과학, 예술, 제도까지 갖가지 발명의 첫 순간』(홍시, 2020), 25쪽.

88   현존하는 가장 오래된 굴뚝은 프랑스 퐁트브로 수도원에 있다.

89   권해욱, 「주철의 역사」, 『한국주조공학회지』 제27권 7호, 한국주조공학회, 2007, 33~36쪽.

90   최윤철, 「그리스의 적화 도기와 흑화 도기 유래에 대한 연구」, 『한국도자학연구』 제11권 1호, 한국도자학회, 2014, 203~221쪽.

91   금속 용기는 주로 기원전 5250년경부터 구리로 만들어졌다가 기원전 4500년경에 구리와 주석 합금인 청동, 그리고 기원전 2100년경 구리와 아연 합금인 황동이 사용되었다.

92   서양에서는 도자기를 차이나(china)라고 부른다. 본차이나는 1748년 영국의 토머스 프라이가 처음으로 만들었다. 이후 1760년대에 프랑스 세브르자기가 본격적으로 등장하여 널리 퍼졌다.

93   최초의 피클은 기원전 2030년경에 등장했다. 스튜어트 로스, 『모든 것의 처음』, 위의 책, 28쪽.

94   기원전 800년경 메소포타미아에서 맷돌이 발명되어 고운 밀가루가 생산되었다.

95   바늘은 시베리아와 남아프리카에서 약 5만 년 전부터 쓰였고 가장 오래된 실은 조지아에서 3만 4천 년 전 개아마 섬유를 꼬아 만든 것이다. 스튜어트 로스, 『모든 것의 처음』, 위의 책, 52쪽.

제2장 문명의 시대

1   유발 하라리, 『사피엔스』, 위의 책, 140쪽.

2   김영식 편저, 『과학사 개론』(다산출판사, 1986), 7~27쪽. 그리고 G. E. R. Lloyd, *Early Greek Science: Thales to Aristotle*(New York: W. W. Norton & Company, 1974). 국내 번역서는 조지 E. R. 로이드, 이광래 옮김, 『그리스 과학사 상사』(지성의샘, 1996).

3   예컨대 1620년 베이컨은 '과학의 새로운 도구'라는 의미의 『노붐 오르가눔(Novum Organum)』에서 사물이나 현상의 본질을 찾아내기 위해 귀납법을 사용할 것을 주장하며 인간과 자연을 망라한 새로운 학문체계를 세우고자 했다. 과학자 뉴턴 역시 역학뿐 아니라 철학과 신학에 관한 저작을 남겼다. 데카르트도 철학자이자 물리학자였으며, 철학이란 앎의 추구이고 그 앎은 과학을 바탕으로 이뤄진다고 보았다.

4   EBS 통찰 제작팀, 『EBS특별기획 통찰』(베가북스, 2017), 70쪽.

5   문명이란 문자 사용, 도시 생활 등 일정한 사회 내에서 관찰되는 정치적, 사회적, 경제적, 종교적, 문화적 현상들의 총체를 말한다. 문화는 특정 공동체 또는 집단의 생활양식으로서 언어, 전통, 관습, 제도, 신앙체계, 가치관 등의 총체다. 프레데리크 들루슈 엮음, 윤승준 옮김, 『새 유럽의 역사』(까치, 2000), 13쪽. 보통 역사에서 정신적인 요소를 문화, 물질적인 요소를 문명으로 정의한다. 문명과 문화의 개념 연구에 대해서는 다음 책을 볼 것. 외르크 피쉬, 오토 브루너·베르너 콘체·라인하르트 코젤렉 엮음, 안삼환 옮김, 『코젤렉의 개념사 사전 1: 문명과 문화』(푸른역사, 2010).

6   하왕조의 범위는 후기 신석기 씨족의 앙소문화와 초기 청동기시대 이리두문화의 화하족의 성읍들을 포함한다. Li Liu and Chen XXingcan Chen, *The Archaeology of China: From the Late Paleolithic to the Early Bronze Age*(Cambridge: Cambridge University Press, 2012), p. 257. 중국 내의 하가점 하층문화 연구는 문화의 연대, 분포 범위 연구와 더불어 사회 형태 및 국가 기원 등의 문제를 인식하는 데 큰 성과를 거두었다고 할 수 있다. 그 결과 대부분의 연구자들은 하가점 하층문화가 원시적인 형태를 벗어난 국가를 형성했으며, 그 지위는 중원의 하왕조를 둘러싼 방국(方國)에 해당했던 것으로 추정한다. 경제 형태는 발달한 농업 생산력을 바탕으로 비교적 긴 시간 동안 안정적인 정착 생활을 하면서 가축 사육을 보조 생산수단으로 삼았던 것으로 보인다. 박진호, 「중국 내 하가점하층문화 연구 동향과 문제점-연구사 검토를 중심으로」, 『한국학연구』 제59집, 인하대학교 한국학연구소, 2020, 343~372쪽.

7   이에 대해서는 사무엘 헨리 후크, 박화중 옮김, 『중동 신화』(범우사, 2001), 19~27쪽을 볼 것.

8   함무라비법전은 바빌로니아의 사회질서가 보편적이고 영원한 정의의 원칙에 뿌리를 두고 있으며 이 원칙은 신들이 가르쳐준 것이라고 강조한다. 유발 하라리, 『사피엔스』, 위의 책, 161쪽.

9   인류 4대 문명에 대해서는 다음의 연구서들을 참고할 것. Jack M. Sasson, ed., *Civilization of the Ancient Near East*(New York: Charles Scribner's Sons, 1995); Susan Pollock, *Ancient Mesopotamia*(Cambridge: Cambridge University Press, 1999); Marc Van De Mieroop, *A History of Ancient Egypt*(Hoboken: Wiley-Blackwell, 2021).

10 Samuel Noah Kramer, *Sumerian Mytholigy* (Philadelphia: University of Pennsylvania Press; Revised edition, 1998), p. 61. 특히 이에 대해서는 Samuel Noah Kramer, *L'Histoire commence à Sumer* (Paris: Flammarion, 2017)를 볼 것.

11 독일의 상인인 안톤 올리히가 1851년 접이식 자를 발명했고 미국의 프랭크 헌트는 1902년 구부러지는 자를 고안했다.

12 중국 화폐의 5천 년 역사에 대해서는 다음 책을 볼 것. 루지아빈·창후아, 이재연 옮김, 『중국 화폐의 역사』 (다른생각, 2016).

13 히타이트 문명은 지리적, 시대적으로 트로이에 많은 영향을 끼친 것으로 추정되고 있다. 차하순, 『서양사 총론 1』 (탐구당, 2000), 66쪽. 히타이트 문화에 대한 가장 고전적인 연구서로는 다음 책을 볼 것. J. G. Macqueen, *The Hittites and Their Contemporaries in Asia Minor* (London: Thames & Hudson; Revised edition, 1996). 그리고 최근 연구에 대해서는 William Wright, *The Empire of the Hittites* (San Francisco: Blurb, 2021)를 참조할 것.

14 가장 오래된 도로는 기원전 4000년경 고대 메소포타미아 도시의 도로다. 최초의 포장도로는 기원전 2500년경 고대 이집트인이 건설했다.

15 수레의 역사에 관해서는 다음 책을 참조할 것. 김용만, 『세상을 바꾼 수레』 (다른, 2010).

16 지중해를 중심으로 한 그리스인의 활동은 호메로스의 『오디세이아』를 통해 잘 알 수 있다. 이에 대해서는 M. I. Finley, *The World of Odysseus* (New York: NYRB Classics, 2002) 그리고 로마제국에 대해서는 다음 책을 볼 것. Edward Gibbon, *The History of the Decline and Fall of the Rome Empire* (New York: Penguin Classics, 2001).

17 수렵채집인의 평균 수명은 30~40년에 불과했고 출생 1년 이내의 영아 사망률이 가장 높았다. Nicholas G. Blurton Jones, et al., "Antiquity of Prostreproductive Life: Are There Modern Impacts on Hunter-Gatherer Prostreproductive Life Spans?," *American Journal of Human Biology*, Vol. 14, 2002, pp. 184-205.

18 그러나 유발 하라리는 농업시대가 인간의 삶을 더 윤택하게 했다는 주장에 이의를 제기한다. 오히려 농업으로 인해 수렵채집 생활 때보다 더 혹독한 노동에 시달리고 더 열악한 식사를 하는 등 농업혁명은 역사상 최대 사기였다고 주장한다. 유발 하라리, 『사피엔스』, 위의 책, 124쪽. 이러한 논리에 대해서는 재레드 다이아몬드, 『총, 균, 쇠』, 위의 책을 볼 것.

19 유발 하라리, 『사피엔스』, 위의 책, 134쪽에서 인용함.

20 재레드 다이아몬드는 『총, 균, 쇠』에서 이러한 과학과 문명의 발전에 대해 심도 있게 설명해주고 있다.

21 이외에 최초의 선박으로는 기원전 700년경 갤리선, 16세기 스페인의 대형 범선인

갈레온, 1790년 구명보트, 1840년 여객선, 1878년 유조선, 1900년 유람선, 1906년 드레드노트 전함, 1922년 항공모함, 1955년 컨테이너선 등이 있다.

22 대항해시대는 르네상스의 신기술과 사상의 영향을 깊게 받았다. 대항해시대를 직접적으로 열어준 것은 도학, 항해, 화력, 조선술의 발전이다. 특히 포르투갈과 스페인에서 개발된 카라벨라와 카라카는 중세 유럽의 범선을 기초로 하여 지중해, 북유럽 선박의 혁신적인 점과 아랍적인 부분을 추가했다. 이 함선들이 지중해를 떠나 대서양으로 안전하게 항해할 수 있도록 해준 최초의 배들이었다. 대항해시대 인류 역사의 변동에 대해서는 주경철, 『대항해 시대』(서울대학교 출판부, 2008)를 참조할 것.

23 세레스(Seres) 혹은 세라(Sera)라는 명칭은 '비단 국민' 혹은 '비단 나라'를 의미한다. W. 프랑케, 김원모 옮김, 『동서문화교류사』(단국대학교 출판부, 1982), 1쪽.

24 서기 1세기 전에 이미 시나(Cina)라는 명칭으로 인도를 거쳐 로마에까지 전파된 것으로 추정된다. W. 프랑케, 『동서문화교류사』, 위의 책, 3쪽.

25 중국에서는 농업 생산력을 높이기 위한 영농 기술을 기원전 6세기부터 사용했다. 이러한 중국의 영농법이 유럽에 도입된 것은 1700년대였다. 중국에서는 주철로 제조한 괭이나 여러 가지 쇠쟁기가 농경에 사용되었다. 특히 가축을 마차에 연결하는 마구가 발달했는데, 소나 말에게 무리를 주지 않으면서 가축의 힘을 마차에 효과적으로 전달하는 마구의 역할은 아주 중요했다. 이 밖에 중국에서는 파종기와 탈곡기 등 농기구도 일찍부터 사용되었다. 곽영직, 『과학기술의 역사』(북스힐, 2009), 18쪽.

26 메소포타미아문명의 주역인 수메르인은 기원전 4500년부터 기원전 4세기 후반까지 10여 개의 독립된 도시국가를 수립했다. 이들은 점토판에 갈대로 만든 첨필로 쐐기문자(설형문자)를 사용했다. 수메르어의 토판은 기원전 3200년경에 쓴 장부가 남아 있으며 수메르인은 기원전 2000년경까지 점토판이나 건물 기둥 등에 구전되어온 문학 창작물을 새겨 넣기도 했다. 줄리아 크리스테바, 김인환·이수미 옮김, 『언어, 그 미지의 것』(민음사, 1997), 84~94쪽.

27 인더스문명은 하라파와 모헨조다로를 중심으로 고도의 청동기 문화가 발전했다. 기원전 2000년경을 전후해서 1천 년 동안 계속된 인더스문명은 메소포타미아문명과 교류가 있었던 것으로 추정되고 있다. 곽영직, 『과학기술의 역사』, 위의 책, 20~21쪽.

28 강판권, 「숲과 문명: 인문학자의 시선」, 『한국학논집』 제33집, 계명대학교 한국학연구원, 2006, 5~48쪽.

29 자크 르 고프, 『서양 중세 문명』, 위의 책, 155쪽.

30 지금까지 인류가 일군 문명은 대부분 숲의 산물이다. 구석기시대와 신석기시대 사람들은 숲을 자신의 존재를 설명하는 주요 대상으로 바라보았다. 그래서 그 시대의 숲은 수많은 신화를 낳은 어머니였다. 그러나 인류는 문자와 청동기를 발명하면서 숲을 신화의 대상이 아니라 인간 생존의 수단으로 인식하기 시작했다. 특히 인류 역사에서 나무는 국가와 인간의 존재 조건이었다. 강판권, 「숲과 문명: 인문학자의

시선」, 위의 논문, 5~48쪽.

31 중국에서는 기원전 5세기경 유리가 출현했는데 당시에는 유리를 야광(夜光)이라고 불렀다. 그러나 질적으로 이집트에서 만든 것보다 못해서 이집트 유리 제품이 인도를 경유하여 중국으로 수입되었다. 무함마드 깐수, 『신라·서역 교류사』(단국대학교 출판부, 1992), 50~54쪽.

32 스페인이 남아메리카를 정복하고 통치할 때 키푸를 활용했으나 이를 쓰거나 읽지 못해 현지인에 의존했다. 그리하여 스페인은 점차 키푸를 폐지하고 라틴문자와 숫자만 사용했다. 이에 대해서는 다음 책을 볼 것. Gary Urton, *Signs of the Inka Khipu*(Austin: University of Texas Press, 2003).

33 서기 500년경 인도의 아리아바타가 쓴 『아리아바티야』는 현재 우리가 사용하는 수 체계를 이용한 사칙계산 방법이 소개되어 있으며 제곱근과 세제곱근을 구하는 방법도 설명하고 있다. 특히 7세기 수학자 브라마굽타는 양수와 함께 음수도 사용했는데, 그는 음수를 이용하여 0이란 두 개의 값이 같고 부호가 다른 수의 합이라고 정의했다. 그리고 12세기 수학자 바스카라차리아2세는 나눗셈에서 0으로 나누면 무한대가 된다는 것과 무한대는 아무리 큰 유리수로 나누어도 무한대가 된다는 것을 입증했다.

34 구약성서는 이스라엘 민족의 신정정치와 제정일치 사회의 전형을 보여준다.

35 공자의 유교사상은 예(禮)를 바탕으로 한 사회질서와 인의(仁義)를 실천하는 통치의 근본을 중시한 사상이다. 특히 현세를 도덕의 경지로 승화하는 것을 목적으로 삼았는데 이는 궁극적으로 정치를 통해 이뤄질 수 있다고 보았다. 팡둥메이, 정인재 옮김, 『중국인의 인생철학』(탐구당, 1989), 238~239쪽.

36 우파니샤드가 뜻하는 것은 인간이 물질 가까이, 물질 아래에 앉는 것이다. 즉 우파니샤드는 한 사물을 다른 사물 아래에 종속시키는 것을 의미한다. 사물의 상관관계가 성립하려면 사물 사이에 계급 서열이 있어야 한다. 따라서 우파니샤드는 계급 서열 위에 세워진 사상체계다. 모든 사물은 상관관계를 가지며 사물 간의 관계는 상호 의존의 지배를 받는다. 김세현 역해, 『우파니샤드』(동서문화사, 2016), 12쪽.

37 리처드 할러웨이, 『세계 종교의 역사』, 위의 책, 162~163쪽.

38 헨드릭 빌럼 판론, 『예술의 역사』, 위의 책, 52쪽.

39 길가메시 서사시에 대해서는 김산해, 『최초의 신화 길가메쉬 서사시』(휴머니스트, 2005)를 참조할 것.

40 불교적 세계관은 이 우주를 욕계, 색계, 무색계의 삼계로 나누고 있다. 역시 서양 사상의 두 기둥인 그리스 사상과 기독교 사상에서도 이러한 우주의 계층이 공통적으로 발견된다. 특히 이 같은 종교적·신화적 우주론의 참 의미는 현대의 수학적·과학적 우주론의 정수 속에서 찾아볼 수 있다. 조현학, 「삼계(三界)Ⅱ-우주론 속에서 만나는 수학·과학과 철학·종교 그리고 자아」, 『한국정신과학회 학술대회논문집』, 한

국정신과학학회, 2014, 27~55쪽.

41 예를 들면 수메르, 이집트, 중국 등 주로 농업으로 식량 생산이 많았던 지역에서 문자가 태어났다. 재레드 다이아몬드, 『총, 균, 쇠』, 위의 책, 327~359쪽.

제3장 동서양의 정신문화

1 이 두 문명의 교류는 간다라 문화를 발생시켰다. 그리고 동양의 인도 문명을 접한 그리스 문명은 비약적인 발전의 계기를 마련하게 된다.

2 발터 부르케르트, 남경태 옮김, 『그리스 문명의 오리엔트 전통』(사계절, 2008), 14~16쪽. 그리스 문명의 탄생에 대해서는 다음 책을 볼 것. History Brought Alive, *Greek, Mesopotamia, Egypt & Rome: Fascinating Insights, Mythology, Stories, History & Knowledge From The World's Most Interesting Civilizations & Empire*(Chicago: Independently Published, 2021).

3 플라톤이 '대화편'에서 그리스인을 "연못가의 개미와 개구리"로 비유했듯이 지중해 주변에는 그리스인과 로마인의 정착지가 널리 퍼져 있었다. 그리스에 관한 최근 연구는 다음과 같다. Simon Hornblower, *The Greek World 479-323 BC, 4th Edition* (London: Routledge, 2011) ; Roderick Beaton, *The Greeks: A Global History*(New York: Basic Books, 2021).

4 지중해 세계라는 개념은 그리스·로마의 역사를 동질성과 연속성을 지닌 하나의 역사 단위로 보는 시각이 반영된 것이다. 김경현, 「고대 지중해 세계」, 배영수 엮음, 『서양사 강의』(한울, 2000), 19~20쪽.

5 주로 알렉산드로스대왕이 사망한 기원전 323년부터 로마제국 옥타비아누스가 악티움해전에서 승리한 기원전 31년까지를 헬레니즘 시대라고 부른다. 이에 대해서는 다음 책들을 볼 것. Graham Shipley, *The Greek World After Alexander 323-30 BC*(London: Routledge, 2013) ; W. W. Tarn, *Hellenistic Civilisation*(New York: The World Publishing Co, 1969).

6 1900년 영국 고고학자 아서 에번스가 크노소스궁전을 발굴하다가 3종류의 문자 점토판을 발견했다. 이 선형문자 A는 크레타섬 전역에서 발견된 것으로 보아 공용문자로 사용된 것으로 추정된다. 이 문자 기록은 고대 그리스어 외에 다른 언어가 섞여 있어서 아직 해독되지 못하고 있으며 이를 사용한 언어를 미노스어라고 부른다. 선형문자 A는 고대 그리스어를 표기하는 데 사용된 음절문자인 선형문자 B로 발전했고 이 문자는 1950년대에 미케네 그리스어로 해독되었다. 고대 문자에 대해서는 앤드류 로빈슨, 박재욱 옮김, 『문자 이야기』(사계절, 2003)를 볼 것.

7 오흥식, 「고대 그리스와 동지중해권-마틴 버널의 『블랙 아테나 Ⅱ: 고고학적 증거와

문헌 증거』」,『서양사론』제109호, 한국서양사학회, 2011, 289~317쪽. 특히 다음 책을 볼 것. Michael C. Astour, *Hellenosemitica: An Ethnic and Cultural Study in West Semitic Impact on Mycenaean Greece*(London: Brill, 1967), pp. 357-358.

8 그리스 문화는 오리엔트 그리고 이집트 문화와의 활발한 교류를 통해 발전했고 소크라테스, 피타고라스, 플라톤 등의 그리스 철학자들은 이집트 종교의 영향을 많이 받았다. 마틴 버널, 오홍식 옮김,『블랙 아테나 1: 날조된 고대 그리스 1785~1985』(소나무, 2006), 117~118쪽.

9 그리스가 페니키아의 알파벳 문자를 이용하여 독자적인 문자를 만든 것은 기원전 9세기 말경이며 호메로스의 작품은 이 문자를 사용한 것으로 알려져 있다. 호메로스의 존재에 관해 많은 논란이 있었으나 오늘날에는 그를 실존 인물로 여기고 있다.

10 헨드릭 빌럼 판론,『예술의 역사』, 위의 책, 85~95쪽.

11 Immanuel Geiss, *Die Geschichte griffbereit: Epochen*(Dortmund: Harenberg Lexikon-Verlag, 1993), p. 124.

12 André Aymard, *Études d'histoire ancienne*(Paris: PUF, 1967), p. 275. 이에 대해서는 다음 책을 참고할 것. André Aymard et Jeannine Auboyer, *L'Orient et la Grèce antique*(Paris: PUF, 1985).

13 폴리스는 고전기에 본토에만 200개가 넘었고 소아시아로부터 에게해와 지중해 일대에 건설된 식민도시까지 합치면 1천 개가 넘었다. M. I. Finley, *The Ancient Greeks*(New York: Viking Adult, 1963), p. 22.

14 Herbert Heaton, *Economic History of Europe*(New York: Harper & Row; Revised edition, 1969), pp. 31-33.

15 이 '달리는 중장보병'과 마라톤전투에서의 활약에 대해서는 Anthony M. Snodgrass, *Arms and Armour of the Greeks*(Washington D.C.: NCROL, 1967), pp. 91-92에 잘 설명되어 있다.

16 아테네의 시민 수는 노예와 외국인 거주자를 제외하고 남녀 16만 8천 명 정도로 추산된다. Crane Brinton, John B. Christopher, Robert Lee Wolff, *A History of Civilization, 9th Edition*(Hoboken: Prentice Hall, 1995), p. 51. 그리스와 페르시아의 전쟁을 탐구한 최초의 역사서는 헤로도토스의『역사』다. 이 저서의 주제는 그리스인과 이방인들 사이에서 이뤄진 행적에 초점이 맞춰져 있다. 따라서 고대 이집트, 페르시아, 리비아, 바빌론, 스키타이 등에 관한 풍부한 정보를 제공한다. 헤로도토스의『역사』에 대해서는 다음 논문을 참조할 것. 김봉철,「지중해 세계 최초의 역사서, 헤로도토스의『역사』」,『서양사론』제109호, 한국서양사학회, 2011, 319~340쪽.

17 투키디데스의『펠로폰네소스 전쟁사』에 따르면 전쟁 초기에는 페리클레스가 아테네

의 풍부한 재정과 병력을 자랑했다고 한다. 투키디데스와 펠로폰네소스전쟁에 대해서는 다음 논문을 참조할 것. 오흥식, 「투키디데스의 『펠로폰네소스 전쟁사』」, 『서양사론』 제107호, 한국서양사학회, 2010, 255~277쪽.

18 마케도니아인의 기원은 확실하지 않으나 그리스계이거나 그리스 및 트라키아, 일리리아와의 혼혈 민족으로 추정된다.

19 그리스의 영광과 몰락에 관한 국내 연구서로는 다음 책을 볼 것. 김진경, 『고대 그리스의 영광과 몰락: 트로이 전쟁부터 마케도니아의 정복까지』(인티쿠스, 2009).

20 Herbert Butterfield, *The Origins of Modern Science 1300~1800, 2nd Edition*(London: Bell & Hyman, 1957), pp. vii-viii. 국내 번역서는 허버트 버터필드, 차하순 옮김, 『근대과학의 기원: 1300년부터 1800년에 이르기까지』(탐구당, 1986), 3~4쪽. 이러한 관점에서 문학과 예술에 바탕을 둔 과거 인문학을 대체하여 과학을 중심으로 한 '새로운 휴머니즘'과 '과학적 휴머니즘'이 제시되었다. George Sarton, *The History of Science and the New Humanism*(London: Routledge; New edition, 1987) ; Julian Huxley, "Scientific Humanism," *What Dare I Think? The Challenge of Modern Science to Human Action and Belief*(New York: Harper & Bros, 1931), pp. 149-177. 국내 논문으로는 다음을 볼 것. 성영곤, 「과학혁명의 역사: 개념의 기원과 전개」, 『서양사론』 제94호, 한국서양사학회, 2007, 199~228쪽.

21 버트런드 러셀은 이러한 그리스 문화의 대조적인 성격이 위대한 예술과 철학 그리고 과학을 탄생시켰다고 말한다. Bertrand Russell, *History of Western Philosophy*(London: Allen & Unwin, 1961), p. 41.

22 Bertrand Russell, *History of Western Philosophy*, 위의 책, p. 39.

23 피타고라스학파와 이집트의 신성문자 기수법과 대수학 그리고 메소포타미아의 수 개념 등의 관련성에 대해서는 다음 책을 참조할 것. 칼 B. 보이어·유타 C. 메르츠바흐, 양영오·조윤동 옮김, 『수학의 역사 (상)』(경문사, 2000).

24 이후 유클리드가 모든 완전수를 $2^n \times (2^{n+1}-1)$과 같은 식으로 나타낼 수 있다는 것을 밝혀냈다.

25 피타고라스학파는 무리수를 신의 저주라고 여기고 무리수를 발견한 사람을 죽였다고 전해진다. 곽영직, 『과학기술의 역사』, 위의 책, 37쪽. 특히 더크 스트뢱, 장경윤·강문봉·박경미 옮김, 『간추린 수학사: 인간, 문명, 수학의 만남』(경문사, 2002), 52쪽에서 무리수 발견에 관해 자세히 설명해주고 있다.

26 이 모순을 해결하기 위한 아리스토텔레스의 증명은 다음과 같다. 대각선의 비를 서로 소인 두 수 p와 q에 대하여 $p:q$라고 하자. 그러면 $p^2=2q^2$이므로 p^2는 짝수이고 따라서 p도 짝수다. 이때 $p=2r$이라고 하자. 그러면 q는 홀수여야 한다. 그러나 $q^2=2r^2$이므로 q는 짝수가 되기 때문에 모순이다. 이 모순은 르네상스 시대까지 수

개념의 확장으로 해결되지 않았으며 이런 경우 수론을 부정하고 기하학에서 그 해결책을 찾으려 했다. 더크 스트뤽, 『간추린 수학사: 인간, 문명, 수학의 만남』, 위의 책, 52쪽.

27 장혜원, 「무리수 개념의 역사적 발생과 역사 발생적 원리에 따른 무리수 지도」, 『한국수학사학회지』 제16권 4호, 한국수학사학회, 2003, 81쪽. 이 점에 대해서는 다음 책을 참조할 것. Howard Eves, *An Introduction to the History Mathematics, 6th Edition*(Boston: Cengage Learning, 1990).

28 숫자의 기원에서부터 피타고라스의 정리, 아르키메데스의 원리, 피보나치의 수열, 로그의 발명, 미적분의 탄생, 페르마 대정리에 이르기까지 수학의 생성 원리 및 그 속에 깃든 역사와 문화 등에 관한 내용은 다음 책에서 볼 수 있다. 지즈강, 권수철 옮김, 『수학의 역사』(더숲, 2011).

29 박종현, 「플라톤의 자연법 사상」, 『서양고전학연구』 제6권, 한국서양고전학회, 1992, 1~24쪽.

30 자연철학은 19세기 중반까지 서양에서 사용된 용어로, 지금의 과학과 비슷한 의미를 지니고 있었다.

31 동굴의 비유가 담긴 『국가론』에서 플라톤은 철인 왕을 정점으로 한 소수의 지적 선량에 의해 통치되는 이상 국가를 논했는데, 그의 이상 국가는 스파르타의 체제를 연상하게 하는 계급제적이고 전체주의적인 국가였다. 이는 스승 소크라테스를 죽인 아테네의 민중 지배에 대한 실망, 좌절감 등과 관련 있는 것으로 파악된다. 민석홍, 『서양사 개론』(삼영사, 1984), 94쪽.

32 『티마이오스』에 세계 창조에 관한 이야기가 나오는데 1부에서는 천문학적 설명, 2부에서는 4원소 이론과 그 이론을 응용한 화학이 나오고, 3부에서는 생물학적인 설명이 나온다. 데미우르고스는 완전한 모델인 이데아를 보고 세계를 제작한다.

33 플라톤, 박종현·김영균 역주, 『플라톤의 티마이오스』(서광사, 2000), 89쪽.

34 데미우르고스는 기독교의 하느님처럼 초월적 존재 또는 세계영혼으로, 그리고 초월적 이데아나 초월적 이성으로 해석되기도 한다. 이경직, 「플라톤과 데미우르고스-세계 설명과 세계 제작」, 『서양고전학연구』 제16권, 한국서양고전학회, 2001, 63~64쪽.

35 김영균, 「플라톤의 4원소에 대한 구조적 설명」, 『서양고전학연구』 제6권, 한국서양고전학회, 1992, 239~260쪽.

36 플라톤은 이러한 우주를 살아 있는 신으로 명명하고 개인과 국가가 선한 '지성(nous)'의 통치와 지배 아래 있을 때 신의 목적과 계획이 실현된다고 생각했다. 김윤동, 「플라톤의 'nous' 개념-티마이오스편을 중심으로」, 『철학연구』 제137권, 철학연구회, 2016, 109~130쪽.

37 박민아·선유정·정원, 『과학, 인문학으로 탐구하다』(한국문학사, 2015), 279~282쪽.

38 김봉현, 「과학을 대신하는 신화적 상상력: 브랜드 내러티브와 신화적 원형의 적용

가능성」,『광고PR실학연구』제9권 4호, 한국광고PR실학회, 2016, 62~96쪽. 종교는 고대 이래로 과학 지식의 원인과 동기였고 과학 발전의 원동력이었다. 양승훈, 「종교와 과학-신화시대로부터 15세기까지」,『과학교육연구지』제16권, 경북대학교 과학교육연구소, 1992, 83~93쪽. 특히 신화와 과학에 대해서는 다음 책을 볼 것. 브루스 왓슨, 이수영 옮김,『빛: 신화와 과학, 문명 오디세이』(삼천리, 2020).

39   Marshall Clagett, *Greek Science in Antiquity*(Princeton Junction, NJ: Scholar Bookshelf, 1955), pp. 17-18.

40   양승훈, 「종교와 과학-신화시대로부터 15세기까지」, 위의 논문, 83쪽.

41   이에 관한 대표적인 연구서로는 다음 책을 볼 것. Joseph Needham, *Science and Civilisation in China, Vol. Ⅱ: History of Scientific Thought*(Cambridge: Cambridge University Press, 1962). 이 책에서 니덤은 중국 노자의 유기적 자연주의 및 법가, 묵가, 유가 등 제자백가의 자연철학을 설명하고 있다. 이 책의 국내 번역서로는 조셉 니덤, 이면우 옮김,『중국의 과학과 문명: 수학, 하늘과 땅의 과학, 물리학』(까치, 2000)이 있다.

42   예컨대 동양에서 'Science'를 과학으로 번역한 사람은 일본의 사상가 니시 아마네다. 네덜란드에서 서양 학문을 배우고 돌아온 그는 서양 학문의 용어들을 대부분 한자로 바꾸어 일본에 소개했다. 니시가 번역한 과학은 과(科)로 나누어진 학문이라는 뜻이다. 이는 동양인이 서양 과학을 어떻게 이해했는지를 잘 보여주는 사례다. 즉 서양의 'Science'는 동양과 달리 인간과 결합한 것이 아닌 분절된 학문의 집합이었다. 이에 대해서는 「西周,『百學連環』データベース 説明」(京都: 京都大學人文科學研究所, 2009)에 자세히 설명되어 있다. 이 글은 일본 교토대학 인문과학연구소의 '近代東アジアにおける翻訳概念の展開(근대 아시아에서 번역 개념의 전개)' 연구회가 2008년부터 2011년까지 수행한 연구 성과물 중 하나다.

43   『주역』에서 천지자연의 운행 질서는 천지의 법칙(天道)이며 또한 인간의 법칙(人道)이 된다. 따라서 중국인들은 일찍부터 우리가 삶을 기탁하고 있는 이 세계가 어떻게 되어 있고, 그 속에서 '우리는 어떻게 살아가야 하는가'라는 우주와 인생의 문제에 집중했다. 김학권, 「『주역』의 우주관」,『공자학』제25권, 한국공자학회, 2013, 119~150쪽. 주역은 본래 중국 신화에 나오는 복희씨가 만들었다고 전해진다. 그는 양(陽)을 상징하는 효를 겹쳐 팔괘를 정립했으며 소성괘인 팔괘를 겹쳐 위아래로 이중으로 된 새로운 괘를 만들어 64괘의 원칙을 세웠다. 한편 서양 수학자 라이프니츠는 팔괘를 이진법으로 해석한 바 있다. 주역의 기본 원리에 대해서는 다음 책을 볼 것. 한국주역학회 엮음,『주역의 근본 원리』(철학과현실사, 2004).

44   음양은 자연현상을 탐구하면서 얻어진 개념이다. 이러한 음양 개념이 처음 나타난 문헌은『시경』이나 단지 자연현상을 나타냈을 뿐이고 본격적으로 철학적 개념화가 이뤄진 것은『노자』를 통해서였다. 김기, 「음양오행설의 주자학적 적용 양상에 관한

연구』, 성균관대학교 박사학위논문, 2012, 13쪽.

45 상(象)과 수(數)는 주역에서 근본을 이루는 요소이기 때문에 상수를 제외하고는 아무것도 논할 수가 없다. 신영대, 「『주역』의 응용역학 연구」, 부산대학교 박사학위 논문, 2012, 60쪽.

46 이러한 관점에서 중국 고대 과학을 분석한 책이 조지프 니덤의『중국의 과학과 문명』이다. 그는 과학과 기술을 각기 사용하고 있지만, 과학을 문명과 연결함으로써 중국 과학을 지칭할 때 과학이란 용어를 때로는 기술을 포함하는 개념으로 사용하곤 한다. 중국에서의 과학 용어의 개념에 대해서는 Joseph Needham, *Science and Civilisation in China, Vol. 1: Introductory Orientations*(Cambridge: Cambridge University Press, 1954)를 참조할 것.

47 조지프 니덤은『중국의 과학과 문명』에서 중국에서 먼저 발견되거나 발명되어 서양으로 전해진 기술이 250여 가지가 넘는다고 지적하고 있다. 김영식 엮음, 『중국 전통문화와 과학』(창작과비평사, 1986), 33~36쪽. Joseph Needham, *Science and Civilization in China, Vol. VII, Part 2*(Cambridge: Cambridge University Press, 2004), p. 215.

48 대표적인 로마시대 건축물인 콜로세움, 수도교, 판테온, 도로망은 현대인이 감탄할 만큼 고도의 공학 기술로 건축되었다. 로마인들은 화산재나 석회로 만든 시멘트에 물을 섞은 후 벽돌 조각이나 돌을 넣는 콘크리트를 발명했고 넓은 공간을 만들 수 있는 아치 공법을 도입하여 건축 및 토목 기술의 혁신을 일으켰다. 이종호, 「로마제국의 공학과 기술」, 『과학과 기술』 제36권 9호, 한국과학기술단체총연합회, 2003, 78~85쪽.

49 윤성호, 「고대 로마건축의 석축기법에 관한 연구」, 『한국산학기술학회논문지』 제11권 10호, 한국산학기술학회, 2010, 4031~4040쪽. 로마 건축에 대해서는 다음 책을 볼 것. J. B. Ward-Perkins, *Roman Imperial Architecture*(Boston: Yale University Press, 1992).

50 문화는 그 시대의 산물로서 과학, 기술, 의학에 관한 새로운 관점을 제공하는 것들을 생산한다. 따라서 과학적 전통은 바로 이러한 문화와 불가분하게 얽혀 있다. 이에 관해서는 다음 책을 참조할 것. Georgia L. Irby, *A Companion to Science, Technology, and Medicine in Ancient Greece and Rome*(New Jersey: Wiley-Blackwell, 2019).

51 고전학자 굿이어는 플리니우스가 허풍이 심하고 감상적이고 다른 사람의 말에 잘 속아 넘어가는 사람이며『박물지』는 잡다한 지식을 모은 글에 불과하다고 혹평했다. F. R. D. Goodyear, "Technical Writing," in E. J. Kenney and W. V. Clausen, eds., *The Cambridge History of Classical Literature, Vol. 2: Latin Literature*(Cambridge: Cambridge University Press, 1982), pp. 174-175. 특히

17세기 말에 이르러 『박물지』는 더 이상 과학 지식으로서의 권위를 인정받지 못했다. 안희돈, 「로마 문화 혁명'과 노 플리니우스의 『자연사』」, 『서양사론』 제102권, 한국서양사학회, 2009, 44쪽.

52   Trevor Murphy, *Pliny the Elder's Natural History: The Empire in the Encyclopedia*(Oxford: Oxford University Press, 2004), p. 2.

53   *Naturalis Historia*, pref. pp. 13-14. 안희돈, 「로마 문화 혁명'과 노 플리니우스의 『자연사』」, 위의 논문, 55쪽에서 인용함.

54   Roger French, *Ancient Natural History: Histories of Nature*(London: Routledge, 1994), p. 207.

55   로마시대에 상류층은 그리스 과학에 많은 관심과 존경심을 갖고 있었다. 그러나 과학의 실용적인 측면만 중시하고 기독교를 국교로 정함으로써 과학이 쇠퇴하고 말았다. 김성원·최경희·허명, 『과학, 삶, 미래』(이화여자대학교 출판부, 2009), 37~39쪽. 로마시대의 과학에 대해서는 다음 책을 참조할 것. Jacqueline L. Harris, *Science in Ancient Rome*(London: Frankin Watts; Revised edition, 1998).

제4장 충돌과 교류

1   로마에서 비단은 이를 생산하는 미지의 국민을 가리키는 말로 사용되었으며 그 국민이 살고 있는 나라의 정확한 위치나 종족의 의미를 나타내는 말은 아니었다. W. 프랑케, 『동서문화교류사』, 위의 책, 1쪽.

2   실크로드라는 용어는 19세기 독일의 지리학자 리히트호펜이 만들어낸 것이다. 그는 19세기 후반 중국 각지를 답사하여 『중국』을 펴냈는데 이 저서에서 동서 교역로를 영어로 실크로드라고 불렀다. Ferdinand von Richthofen, *Tagebücher aus China I*(Berlin: Dietrich Reimer, 1907), p. 454.

3   오아시스에 관해 헤로도토스는 『역사』에서 서아시아의 '왕도(王道)'와 관련해 기술했고 그리스 지리학자 이시도로스는 기원전 1세기 후반 『파르티아 도정기』에서 언급했다. 그리고 서아시아로부터 중국에 이르는 오아시스 길에 대해서는 서기 2세기의 로마 지리학자 클라우디오스 프톨레마이오스가 『지리학 입문』에서 서술했다. 그러나 아프가니스탄 북부로부터 파미르고원과 타림분지를 거쳐 장안에 이르는 길에 대한 그의 설명은 모호하고 정확하지 않다. 長澤和俊, 『ソルクロードの文化と日本』(東京: 雄山閣, 1983), pp. 88-92.

4   이에 대해서는 이경신, 현재열·최낙민 옮김, 『동아시아 바다를 중심으로 한 해양실크로드의 역사』(선인, 2018), 특히 한반도의 신라와 서역의 교류에 관해서는 무함마드 깐수, 『신라·서역 교류사』, 위의 책을 볼 것.

5 이탈리아반도에 인도·유럽어족이 나타난 것은 기원전 2000년 중엽으로 추정되며 이들은 신석기시대부터 원주민과 혼합하면서 북부의 포강 계곡 일대에 청동기 문명의 유적을 남겼다. 이를 테라마레 문화라고 한다. 그리고 그리스에서 도리아인이 남하할 무렵인 기원전 1200~기원전 1000년경 또 다른 인도·유럽어족이 이동하여 볼로냐 부근의 빌라노바에 철기 문화 유적을 남겼다. 후에 로마를 세운 라틴족은 티베리스강 남쪽의 라티움에 자리를 잡았다. 여러 민족의 이주에 뒤이어 기원전 8세기에 또 다른 종족이 들어왔는데 그리스인과 에트루리아인이었다. 에트루리아인은 소아시아로부터 이동해 온 것으로 추정되는데, 이들이 사용한 문자는 그리스문자를 바탕으로 한 것이나 언어는 인도·유럽어족에 속하지 않고 기록도 단편적이어서 아직까지 해독하지 못하고 있다. 에트루리아인은 독자적인 문화를 유지하면서 한편으로 그리스 문화를 받아들였고 도시국가 연맹체를 구성하고 있었다. 이들은 점차 세력을 확대하여 기원전 6세기에 로마까지 지배했다. 기원전 8세기와 7세기에 로마는 티베리스강 언덕에 산재한 빈약한 강촌에 지나지 않았고 도시 모습을 갖추게 된 것은 기원전 6세기경에 이르러서였다. 그리스의 폴리스와 마찬가지로 집단 거주 형태였다. Immanuel Geiss, *Die Geschichte griffbereit : Epochen. Die universale Dimension der Weltgeschichte*(Hamburg: Rowohlt TB-V., Rnb, 1994), p. 138.

6 로마에는 세 부족이 있었는데 각 부족은 10개의 쿠리아를 가졌고 쿠리아에는 여러 씨족이 속했다. 쿠리아는 종교·군사 집단으로서 노예를 제외한 모든 시민이 이에 각각 소속되었다. M. Rostovtzeff, *Rome*(Oxford: Oxford University Press, 1960), p. 17.

7 Theodor Mommsen, *Römische Geschichte, Vol. 1*(München: Deutscher Taschenbuch Verlag, 1976), p. 333. 이 저서는 총 8권으로 출간되었다.

8 옥타비아누스는 명문 귀족 출신이 아니어서 로마 시민에게 잘 알려지지 않은 가문의 표시인 옥타비아누스라는 본명을 좋아하지 않았다. 그래서 개선장군에게 바치는 임페라토르라는 칭호를 받아들이고 신격화된 카이사르의 아들임을 과시하려 했다. 이렇게 해서 이름이 '임페라토르 카이사르 신의 아들(Imperator Caesar Divi Filius)'이 되었다. M. Rostovtzeff, *Rome*, 위의 책, p. 16.

9 Theodor Mommsen, *Römische Geschichte, Vol. 1*, 위의 책, p. 294.

10 김덕수, 「키케로의 「국가론」과 아우구스투스의 「업적록」의 공화주의」, 『서양사연구』 제40권, 한국서양사연구회, 2009, 25쪽. 로마 제정기는 프린키파투스 체제와 도미나투스 체제로 세분된다. 로마가 공화정기에서 제정기로 이행한 과정은 기원전 133년 시작되어 기원전 31년에 끝난 내란 과정과 일치한다. 포에니전쟁의 결과로 나타난 내란은 로마제국을 위협했다. 이 혼란기를 안정시킨 체제가 곧 아우구스투스 황제의 제정기로, 안정적인 체제 확립과 평화로운 분위기가 조성되어 로마시가 인구

100만 명에 육박하는 거대 도시로 성장했다. 또한 기원전 44년 초 카이사르 암살로 시작된 정치적 혼란과 갈등은 기원전 30년 아우구스투스에게 패한 안토니우스와 클레오파트라의 자살로 종결되었다. 안정과 평화 시대를 연 아우구스투스의 업적은 『아우구스투스 업적록』에 자세히 기록되어 있다.

11 예컨대 아우구스투스는 곡물 징발권을 행사하여 곡물을 원활하게 공급함으로써 로마 시민의 식량난을 해결했다. Cornelius Tacitus, *The Annals of Imperial Rome* (New York: Penguin, 1973), pp. 32-33. 또 내란으로 인한 로마 시민의 정신적 상실감을 회복시키기 위해 종합적인 문화 프로그램을 20여 년 동안 시행했는데 그중 하나가 공공건물 건립이었다. D. Favro, "Pater urbis: Augustus as City Father of Rome," *Journal of the Society of Architectural Historians, Vol. 51* (University of California Press, 1992), p. 72. 그리고 로마 시민에게 공적인 구경거리를 제공하기 위해 마르켈루스극장과 폼페이우스극장을 세우고 아프리카산 짐승을 시내로 들여오는 등 로마 시민들을 즐겁게 해주었다. John Coulston and Hazel Dodge, eds., *Ancient Rome: The Archaeology of the Eternal City* (Oxford: Oxford University School of Archeology, 2000), pp. 62-63.

12 황위 계승의 해법을 찾는 것은 황제 개인과 황실의 안전뿐만 아니라 로마 정치체제의 존속과도 긴밀히 연결된 문제였다. 그 과정에서 황실의 구성원뿐만 아니라 원로원과 기사 계층에 속한 지배 엘리트, 군대가 매우 중요한 역할을 담당했다. 율리우스-클라우디우스 왕조, 플라비우스 왕조는 혈연과 입양, 결혼으로 맺어진 가문의 일원들을 권력 계승의 핵심 세력으로 규정했다. 그러나 도미티아누스 암살 이후 네르바에서 트라야누스로 이어진 황위 계승에서는 황가의 혈통이 아니라 능력과 자격이 계승의 핵심 기준이 되었고 이를 보장하는 것이 입양이라는 계승 방식이었다. 이는 로마 제정기 가운데 가장 평화롭고 안정된 통치체제가 확립된 시기가 이어지는 데 중요한 요소 중 하나로 인식되었다. 그러나 네르바와 트라야누스로부터 마르쿠스 아우렐리우스까지 이어진 입양을 통한 황위 계승은 이미 갈바 황제에 의해 시도된 선례가 있었다. 이지은, 「트라야누스의 황위 계승과 로마제국의 정치 문화」, 『서양고대사연구』 제62권, 한국서양고대역사문화학회, 2021, 175~203쪽.

13 스토아학파에 따르면 인간의 자연은 이성(Logos)이다. 따라서 자연에 따르는 삶은 이성에 따르는 삶이다. 만약 인간이 본능적이고 이기적인 욕망만을 추구한다면 결국 자기 자신을 파괴하게 된다. 그러므로 스토아학파의 핵심 개념은 아파테이아(apatheia)다. 이 개념은 파토스(pathos)가 없는 상태, 곧 정념이 없는 상태를 가리킨다. 김진아, 「스토아철학 행복론의 철학상담적 함의: hegemonikon을 중심으로」, 『생명연구』 제57권, 서강대학교 생명문화연구소, 2020, 1~5쪽.

14 사유의 본성에서 출발하여(논리학) 자연과 우주의 기원과 구조를 거쳐(자연학) 삶의 목적과 가치에 이르기까지(윤리학), 스토아철학의 각 분야는 서로 치밀하게 이어

져 하나의 거대한 체계를 형성한다. 스토아학파에 대해서는 다음 책을 참조할 것. 장바티스트 구리나, 김유석 옮김, 『스토아주의: 500년의 역사와 주요 개념에 대하여』(글항아리, 2016).

15 기원전 8세기부터 형성된 로마법은 관습법 중심으로 이뤄져 있었다. 기원전 449년에 제정된 12표법은 로마 최초의 성문법으로 로마 시민에게만 적용된 시민법이었으나 이후 속주민들에게도 적용되는 만민법으로 발전했다. 오늘날 민법과 사법은 대개 로마법에 기초하고 있다. 공법과 사법으로 구성된 로마법에 의한 로마인의 다양한 활동에 초점을 두고 로마를 연구한 저서가 테오도어 몸젠의 『로마법(Römisches Staatsrecht)』(1871~1888)이다. 국내의 로마법 연구서로는 현승종, 『로마법』(일조각, 1997)이 있다. 법 교의상의 차이에도 불구하고 유럽의 법 통일이 가능한 것은 기본적으로 로마법의 전통 속에서 발전해왔기 때문이다. Christian Starck, "Die Bedeutung der Rechtsphilosophie für das positive Recht," in Robert Alexy, Ralf Dreier, Ulfrid Neumann, eds., *Rechts-und Sozialphilosophie in Deutschland heute Beiträge zur Standortbestimmung* (Sttutgart: Franz Steiner Verlag, 1991), pp. 376-379 ; Andreas Wacke, "Sprichwörtliche Rechtsprinzipien und europäische Rechtsangleichung," in Orbis Iuris Romani, sv. 5(1999), p. 174 ; Franz Wieacker, *A History of Private Law in Europe: with particular reference to Germany*, trans., by Tony Weir(Oxford: Clarendon Press, 1996) ; K. Luig, "The History of Roman Private Law and the Unification of European Law," *ZEuP*, 407 y ss. Jan., 1997, p. 405.

16 예컨대 『페리에게시스 헬라도스(Periegesis Hellados)』는 서기 2세기경 파우사니아스가 그리스를 여행하며 수집한 자료를 총 10권으로 정리한 책이다. 파우사니아스는 20여 년에 걸친 그리스 여행에서 직접 눈으로 보고 정보를 수집했다. 그는 방문한 지역의 신화, 역사, 종교와 관련된 문헌과 구전으로 된 전승을 조사하고, 종교 건축물과 기념물, 조각과 회화를 포함하여 볼 만한 가치가 있는 것들을 설명과 함께 제시했다. 파우사니아스는 종교와 신화, 역사에 두루 관심을 보였는데 주로 성소와 같은 종교적인 공간이었다. 그리스의 성소는 신전, 극장, 스타디온과 같은 다양한 용도의 건축물과 최고 예술가의 작품을 비롯하여 그리스 곳곳에서 온 봉헌물이 가득한 곳으로 그리스 문화의 물적 증거들이 집약된 장소였다. 파우사니아스는 성소에 있던 동시대 황제들의 기념물과 조형물보다 수백 년 전 고대 그리스의 문화 경관에 관심을 두었다. 그는 담담한 어조로 과거 그리스의 위대한 예술가와 건축물, 조형물의 아름다움을 묘사하며 '그리스의 경관'을 선택적으로 제시했다. 현지 조사를 통해 집필한 파우사니아스의 『페리에게시스 헬라도스』는 그리스 지역에 전해지는 신화와 역사, 조형물과 기념물을 장소와 결합했다는 점에서 고유성을 지니며, 고대 그리스의 문화 경관을 다룬 유일무이한 길잡이로 평가받고 있다. Christian

Habicht, *Pausanias' Guide to Ancient Greece, Vol. 50*(Berkeley: University of California Press, 1999), pp. 28-30.

17 역사가는 이 시기의 로마에 대해 "한때 제국의 봉사자였던 군대가 이제 제국의 주인이 되어 아무런 이유도 없이 변덕스럽게 황제를 갈아치웠다."라고 개탄했다. M. Rostovtzeff, *Rome*, 위의 책, p. 206.

18 최고권을 가진 디오클레티아누스가 로마를 떠나 동방에 자리 잡은 것은 중요한 의미를 갖는 것이었다. 그는 점차 동방의 신적인 존재로 행세하며 옷차림이나 궁정 예식도 이에 맞추게 했고 신하들이 알현할 때 무릎 꿇고 예배를 드리는 듯이 하게 했다. 특히 군대의 정치 개입을 원천 봉쇄하기 위해 문관과 무관의 직책을 명확히 구분하여 속주의 총독이 행정권과 군대 지휘권을 겸직하지 못하도록 했다.

19 이 제도는 중세 시대 농노제의 기원이 되었다. 지주는 노예에게도 토지를 주어 소작료를 내게 했는데 이를 노예망스(mansus servilis), 신분이 자유민인 경우에는 자유민망스(mansus ingenulis)라고 불렀다. Perry Anderson, *Passages from Antiquity to Feudalism*(London: New Left Books, 1974), pp. 93-94. 로마제국 말기에 거듭된 토지 조치로 말미암아 자유민 소작농은 거주 이전의 자유를 상실하고 토지에 매이게 됨으로써 외거노비 비슷한 신분으로 전락했다. C. E. Stevens, "Agricultural and Rural Life in the Later Roman Empire," M. M. Postan, ed., *The Cambridge Economic History of Europe, Vol. 1: The Agrarian Life of the Middle Ages, 2nd Edition*(Cambridge: Cambridge University Press, 1966), pp. 115-122 ; Marc Bloch, "Rise of Dependant Cultivation and Seigneurial Institution," M. M. Postan, ed., *The Cambridge Economic History of Europe, Vol. 1*, 위의 책, pp. 256-260.

20 기원전 70년대의 로마 지배층의 위기는 스파르타쿠스 반란이 잘 보여준다. 한니발과의 전쟁 이후 처음으로 제국의 땅 이탈리아반도에서 치른 전쟁이었을 뿐 아니라 외국 군대가 아닌 도주 노예들을 상대로 한 수치스러운 전쟁이었다. 그리하여 이후 황제 권력 그리고 지배층의 존립을 심각하게 위협하는 반란이 일어날 때마다 스파르타쿠스 반란의 악몽이 되살아나곤 했다. Cornelius Tacitus, *Annales*, 3.73; Synesios, De Regno 24. a-c; Claudianus, *Bellum Gothicum*, 154-159행.

21 6세기 중반에 요르다네스가 서술한 고트족 역사의 영어판으로 Jordanes, *Jordanes: The Origin and Deeds of the Goths*(Washington: Palala Press, 2015)가 있다. 고트족의 역사에 대한 해설서로는 다음 책이 있다. Charles Christopher Mierow, *The Gothic History of Jordanes*(Whitefish: Kessinger Publishing, LLC, 2010).

22 고유 문자가 없어서 자체 기록을 남기지 못한 흉노족은 중국 문헌들에 의해 오랑캐의 이미지로 알려졌으나, 칭기즈칸의 제국이 세계를 제패하기 훨씬 전인 기원전 4

세기부터 초원을 지배하는 강대한 제국을 건설하고 찬란한 문화를 보유하고 있었다는 사실이 100여 년 전부터 시작된 고고학 연구로 밝혀지고 있다. 중앙문화재연구원 엮음, 『흉노고고학 개론』(진인진, 2018)은 2천 년 전 유라시아대륙을 지배한 대표적 유목민족인 흉노족에 관한 고고학 연구 성과를 집대성한 개론서로 중앙문화재연구원 학술총서 제42권으로 발간되었다. 지난 20여 년간 흉노고고학 분야에서 발굴 조사 및 연구 활동에 직접 참가해온 한국과 몽골 연구자 12명의 논문으로 구성되어 있다. 중앙문화재연구원은 2017년에도 동서문물연구원과 함께 흉노고고학의 주요 내용을 소개한 연구서 『흉노』를 발간한 바 있다.

23 자크 르 고프, 『서양 중세 문명』, 위의 책, 32쪽에서 인용함. 암미아누스 마르켈리누스가 남긴 『사건 연대기(Rerum Gestarum libri qui supersunt)』는 서기 96년 네르바 황제 치세부터 378년 발렌스 황제가 아드리아노플전투에서 전사하기까지를 다룬 연대기 형식의 역사서다. 콘스탄티누스대제의 기독교 공인 정책을 무마하기 위해 율리아누스 황제가 추진한 반기독교, 이교 부흥 정책의 실패에 관한 서술은 사료적 가치가 매우 크다. 특히 이 연대기는 초기 기독교의 아리우스파와 아타나시우스파의 갈등 그리고 도나투스파와 아타나시우스파의 갈등을 다른 역사가들과 달리 객관적으로 서술하고 있다.

24 Edward Gibbon, *The History of the Decline and Fall of the Rome Empire*, 위의 책.

25 자크 르 고프, 『서양 중세 문명』, 위의 책, 32쪽에서 인용함.

26 민석홍, 『서양사 개론』, 위의 책, 157~158쪽.

27 자크 르 고프, 『서양 중세 문명』, 위의 책, 34쪽에서 인용함. 살비아누스, 『신정론(De gubernatione Dei)』의 영어 번역본으로는 다음 책이 있다. Salvian, *The Writings of Salvian, the Presbyter*, trans., by Jeremiah F. O'Sullivan(London: CIMA Publishing Co, 1947).

28 자크 르 고프, 『서양 중세 문명』, 위의 책, 41쪽에서 인용함. 히다티우스 연대기의 영어 번역본으로는 다음 책이 있다. Richard W. Burgess, ed. and trans., *The Chronicle of Hydatius and the Consularia Constantinopolitana*(Oxford: Oxford University Press, 1993).

29 유럽 봉건사회의 성립에 대해서는 다음 책을 볼 것. Marc Bloch, *La societé féodale*(Paris: Albin Michel, 1968). 국내 번역서는 마르크 블로크, 한정숙 옮김, 『봉건사회 1, 2』(한길사, 2001).

30 서기 800년경부터 갑자기 나타나 1세기 반 동안 서유럽을 고통의 바다 속으로 몰아넣었던 북방의 이교도들이 바로 노르만족이었다. 마르크 블로크, 『봉건사회 1』, 위의 책, 41~80쪽.

31 마르크 블로크, 『봉건사회 1』, 위의 책, 23쪽에서 인용함.

32 마르크 블로크, 『봉건사회 1』, 위의 책, 104쪽.

33 예수는 자신의 본모습에 대해 말하지 않았고 초기 복음서 저자들이 예수의 입으로 말하게 한 유일한 호칭은 '사람의 아들'이었다. 이것은 예언자 다니엘 이후 이스라엘 민족이 하늘의 구름 속에서 오시길 기대하던 사람을 부르는 오래된 호칭이었다. 알랭 코르뱅 외, 주명철 옮김, 『역사 속의 기독교: 태초부터 21세기까지 기독교가 걸어온 길』(도서출판 길, 2008), 24쪽.

34 콘스탄티누스대제는 로마제국에서 숭배한 '불패의 태양신(Sol invictus)' 상징을 자신이 발행한 주화에 그려 넣게 하는 등 최고의 창조자인 어떤 신을 믿었던 일신교 신자로 추측된다. 그 뒤 그는 스스로 쓴 글에서 기독교에 찬성하는 뜻을 분명히 표현하면서 기독교인임을 표명했다. 특히 그는 기독교를 승인하면서 자신이 개인적으로 하느님에게 선택받은 도구라고 생각하는 등 개인적인 믿음을 정치적인 의미와 결부하기도 했다. 피에르 마라발, 「로마제국이 기독교를 믿을 때」, 알랭 코르뱅 외, 『역사 속의 기독교』, 위의 책, 66쪽. 이에 따라 콘스탄티누스대제는 기독교인에 대한 박해를 종식한다는 칙령을 발표하고 기독교인에게 박해 이전의 사회적 신분과 특권을 회복시켜주었다. 콘스탄티누스대제가 이러한 친기독교 정책을 단행한 것은 디오클레티아누스 황제의 기독교인 박해를 지켜보면서 그것이 오히려 기독교인들을 더욱 강하게 단련시켜준다는 사실을 알고 있었고 당시 대부분의 로마 군인들 사이에 태양의 신 미트라(Mithra) 숭배가 널리 퍼져 있었을 뿐 아니라 특히 갈리아 지역 교양 계층의 지지를 확보하려는 정치적 의도, 그리고 태양신 솔 인빅투스와 동일시되던 아폴론 신 숭배와 기독교 유일신 신앙 사이의 혼합 세력에 의한 압력 등 여러 정치적 상황 때문인 것으로 분석되고 있다. Timothy D. Barnes, *Constatine and Eusebius*(Massachusetts: Harvard University Press, 1981), p. 36.

35 콘스탄티누스대제는 아들 셋을 두었는데 콘스탄티누스2세, 콘스탄티우스2세, 콘스탄스1세다. 이들은 아버지 뒤를 이어 로마제국을 나누어 다스렸다.

36 기독교 황제의 모범은 교회사의 아버지로 불리는 에우세비우스가 쓴 『콘스탄티누스 치세 30년』 그리고 『콘스탄티누스의 생애』에서 제시되었다. 에우세비우스는 황제의 의무에 다신교와 싸워야 할 의무도 포함시켰다.

37 예컨대 아리우스파를 이단으로 규정하고 탄압에 앞장선 자는 알렉산드리아의 주교 아타나시우스와 푸아티에의 주교 힐라리우스 등이다. 이들의 주장이 곧 기독교 정통파 교리가 되었다.

38 피에르 마라발, 「콘스탄티누스부터 데오도시우스까지: 황제의 개종부터 제국의 개종까지」, 알랭 코르뱅 외, 『역사 속의 기독교』, 위의 책, 69쪽에서 인용함.

39 이러한 타종교 금지법은 391년 2월 24일의 법은 로마에, 6월 16일의 법은 이집트에, 392년 11월 8일의 법은 제국 전체에 적용되었다.

40 콘스탄티누스대제 때 기독교 시간이 법으로 제정되어 321년부터 해의 날인 일요일

이 시민들이 교회에 갈 수 있는 휴일이 되었다(테오도시우스법전 제2권 8장 1절, 유스티니아누스법전 제3권 12장 2절). 그리고 389년에 로마 건국 기념일 1월 1일, 콘스탄티노플 천도 기념일 5월 11일, 부활절 전 1주일, 부활절 후 1주일, 황제의 생일과 즉위 기념일(테오도시우스법전 제2권 8장 19절), 기독교 예식을 지키는 시간이 휴일에 포함되었으며 4세기 중엽부터는 순교자 축일도 공휴일이 되었다.

41 로마 교황을 뜻하는 pope는 그리스어 papa(아버지)에서 유래되었다.

42 자크 르 고프의 말처럼 "중세 서양은 로마 세계 폐허 위에서 탄생했다". 자크 르 고프, 『서양 중세 문명』, 위의 책, 27쪽.

43 게르만족의 원래 거주지는 확실하게 알려져 있지 않다. 대개 발트해 연안과 스칸디나비아반도에 거주하다가 남하하여 로마 국경선인 라인강과 다뉴브강 이북에 자리를 잡았다. 타키투스에 따르면 로마제국 시대에 게르만족은 부족사회를 형성하고 있었고 촌락에 거주하며 농경, 목축, 사냥에 종사했고 약간의 금속기 제작 기술을 가지고 있었으나 문자는 없었다. 정치제도가 발전하지 못하여 국가라고 할 만한 통치기구가 없었으며 수장이나 족장은 전사인 자유민의 민회에서 선출되었다. 4세기 문헌에 의하면 프랑크족, 색슨족 등은 부족국가를 지칭하는 것이 아니라 언어와 풍습이 서로 유사한 집단을 가리키는 것이었다. 이들 게르만족의 인적 연대 관계를 보여주는 것이 종사제(Comitatus)다. 수장들은 무기와 식량 등을 공급받는 대신 싸움터에서 충성을 다해 싸울 종사단을 거느리고 있었다. 이 제도는 후에 유럽 봉건사회에서 주종제도의 주요한 기원이 되었다. 게르만족은 로마제국에서 이단으로 정죄된 아리우스파 기독교를 받아들이고 있었다. 게르만족의 침입이 5세기 로마 세계에서는 새로운 것이 아니었다. 마르쿠스 아우렐리우스 치세기인 161~180년 이래 게르만족의 위협이 지속적으로 가해졌다. 276년 갈리아, 스페인, 북이탈리아를 휩쓴 알라만족과 프랑크족 그리고 다른 게르만족의 잦은 침입은 5세기 게르만족 대이동의 예고였다. 자크 르 고프, 『서양 중세 문명』, 위의 책, 30쪽.

44 알렉산드리아의 사제 아리우스는 예수그리스도의 신성을 부정했다. 그는 아들이 아버지로 인해 태어나기 때문에, 아버지인 성부만이 영원하다고 주장했다. 이 주장은 예수그리스도 강생의 의미를 축소했기 때문에 결국 325년 니케아공의회에서 파문을 당했다.

45 Brian Tierney and Sidney Painter, *Western Europe in the Middle Ages, 300-1475: Formerly entitled a History of the Middle Ages, 284-1500, 4th Edition* (New York: Knopf, 1983), p. 110.

46 로마제국 멸망 이후 기독교는 유럽의 지배적 종교의 지위를 공고히 다질 수 있는 여러 과정을 거쳤다. 중세 천 년 동안 가톨릭교회는 보편적 종교 질서 아래에서 안정만을 구가하지 않고 내부 혁신을 끊임없이 경험했다. 계속된 정복과 개종의 노력으로 옛 이교도의 땅이었던 프랑크, 브리튼, 작센, 스칸디나비아, 중부 유럽에 이르

기까지 그들 모두를 통치하기에 이르렀다. 거대한 기독교 세계의 중심지로 우뚝 선 교황청은 새로운 시대의 지배자가 되었다. 그레고리우스7세의 개혁 이후 교회는 황제와 왕을 능가하는 지배권을 주장하여 "세속으로부터 자유로워진 교회"이자 "그 자체로 하나의 국가"를 구축하기에 이른다. 톰 홀랜드, 이종인 옮김, 『도미니언: 기독교는 어떻게 서양의 세계관을 지배하게 되었는가』(책과함께, 2020), 301~322쪽.

47 Helmold, *Chronica Slavorum*, I, p. 55. 이 『슬라브 연대기』는 800년부터 1170년까지 엘베강 저지대의 역사를 기술한 저서로 1172년에 완성되었다. 라틴어로 쓰인 원본은 2010년 Kessinger Publishing, LLC에서 출판되었다. 당시 유럽인들은 이 시기를 종말이라고 믿었다. 마르크 블로크, 『봉건사회 1』, 위의 책, 147~150쪽.

48 카롤루스대제의 이베리아반도 이슬람 세력에 대한 정복 전쟁은 후에 유명한 무훈시 「롤랑의 노래」의 소재가 되었다.

49 카롤루스대제(샤를마뉴)는 자신이 '하느님의 은총에 의해' 통치한다고 확신한 신정주의적 군주였으며, 세속적인 통치권과 함께 교회를 통치할 권리와 의무도 함께 지니고 있다고 생각했다. 794년에서 804년 사이에 궁정 학자들에 의해 쓰인 산문과 시는 고전적인 문학과 교부신학에 관련된 내용으로, 그것은 '카리타스(caritas)'에 대한 애정으로 맺어진 학술원의 우정 어린 성격을 보여주고 있다. 학술원을 이끌었던 앨퀸은 학술원의 존재 필요성을 다음과 같이 제시했다. 첫째, 학술원 학자와 철학자의 왕인 카롤루스대제가 프랑크에서 '새로운 아테네'를 세워야 한다는 것이다. 앨퀸은 프랑크왕국의 수도인 엑스라샤펠이 고전적 이성주의의 상징인 플라톤의 아테네를 능가할 것이라고 자부했다. 왜냐하면 그리스도의 가르침으로 프랑크족을 교화시켜왔기 때문이다. 둘째, 앨퀸은 학술원을 신앙과 행동의 표준 규범에 근거를 둔 충실한 조직체로 생각했다. 794~796년경에 앨퀸은 카롤루스대제의 정복 사업과 교회에 대한 그의 조례를 정당화하고 이론적 토대의 초안을 작성했다. 카롤링거왕조의 교회는 왕권과 동반자적인 사회 세력을 형성했고 중개자이자 권위 부여자였으며, 서방 문화유산의 보존자로서 당시 다른 어떤 기관보다도 훌륭한 업무를 수행했다. 앨퀸은 신성한 다윗 왕권의 모델을 이론적 토대로 삼았다. 최고의 판관이자 군통수권자인 카롤루스대제의 의무는 천년왕국설에 의한 비기독교 인민의 개종, 교회 성직자단에 대한 통제, 그리고 이교도들에 대한 정통 기독교 수호라고 여겼다. 앨퀸을 중심으로 한 학술원 회원들은 798년경에 이러한 권력을 완전하게 재조직했다. 그러면서 카롤루스대제의 왕권에 대한 성직자로서의 기본 자세를 강조했다. 특히 800년에 교황 레오3세가 카롤루스대제에게 제위를 줄 수밖에 없게 한 로마의 위기는 카롤루스대제만이 왕국과 교회를 적당히 조화시킬 수 있는 결정권을 갖고 있다는 학술원의 믿음을 촉진했다. 799년에 쓰인 「카롤루스대제와 교황 레오」와 같은 시문에 나타난 카롤루스대제는 신로마 황제의 모습 그 자체였다. 서양 세계의 영웅적 지도자인 카롤루스대제는 종교적이며 세속적인 수장이 되었으며, 그의 신앙

심은 하느님의 뜻에 따라 유럽을 지배하는 제왕의 지위를 보장했다. 실제로 그는 경건하게 신의 율법을 집행했고, 서유럽에 평화를 부여한 위대한 인물로 평가받고 있다. 배옥남, 「샤를마뉴의 제국사상에 관한 연구-궁정학술원을 중심으로」, 『서양사론』 제41권, 한국서양사학회, 1993, 206쪽.

50   중세의 많은 수도원이 도서관을 설치하여 지식을 탐구하게 했는데, 이 도서관들은 중세 암흑기에 자료를 보존하고 복사해서 후세에 남기는 데 큰 역할을 했다. 최초의 수도원은 로마 출신 카시오도루스가 서기 530년경 남부 이탈리아에 세운 비바리움 수도원으로 알려져 있으며 그후 유럽 여러 나라에 수도원이 우후죽순처럼 번져나갔다. 이 가운데 특히 아일랜드 베네딕트회 수도원의 수도사들이 책에 관심을 가지고 고전의 필사와 전승을 위해 노력했다. 그들은 유명한 베네딕트 수도원 규칙에서 최소한 성도 1인당 1권의 책을 확보해야 한다는 수도원 도서관의 장서 수집 기준을 세웠다. 수도원 도서관은 규모는 작았으나 유럽 각지에서 종교 문헌뿐 아니라 세속의 문헌도 수집하고 보존하면서 사명감을 가지고 필사, 전승함으로써 고대 문화의 맥을 이었다는 점에서 높이 평가되고 있다. 이언 F. 맥닐리·리사 울버턴, 채세진 옮김, 『지식의 재탄생』(살림, 2009), 제2장.

51   아라비아반도에서는 셈어족에 속하는 아랍인이 대부분 가축을 거느리고 오아시스를 찾아다니는 유목 생활을 하고 있었다. 홍해 연안이 일찍부터 대상 무역로로 이용되어 메카와 메디나 같은 도시들이 세워졌는데 무함마드가 아랍을 통합하기 전까지는 정치적 통일을 이루지 못했으며 종교는 다신교였다.

52   이슬람은 신에 대한 복종을 의미하며 무슬림은 신에게 몸을 바친다는 뜻이다.

53   무함마드 후계자(칼리파)의 계승은 따로 정해진 법이 없었고 부족 관습에 따라 3대까지 무함마드 가족 밖에서 선출되었다. 이에 대해 무함마드 가족은 무함마드의 사위인 알리를 중심으로 단결하여 코란에 관한 주석을 배격하고 따로 시아파를 형성했다. 이와 달리 다수파인 수니파는 칼리파의 선출을 지지하고 주석으로 코란을 보완하는 것을 인정했다. 수니파는 현재 이슬람교도의 약 90퍼센트를 차지하고 있다. 그러나 칼리파의 선출은 초기뿐이었고, 3대 이후 661년 우마이야왕조가 성립되어 다마스쿠스에 도읍을 정한 뒤 선출에서 세습으로 바뀌었다. 우마이야왕조는 대제국을 건설하고 이슬람 문화의 기반을 다졌다.

54   코란이란 말 자체가 아랍어로 '읽어야 하는 것'이라는 뜻이다. 코란은 3대 칼리파인 오스만 때 최종적으로 완성되었다. 총 30편 114장 6,342구절로 되어 있으며 내용은 설화, 봉찬, 계율, 교리, 훈계, 논쟁 등이다.

55   문화 활동을 장려한 대표적인 칼리파가 8세기의 하룬 알라시드와 9세기의 알마문이다. 『아라비안나이트』의 등장인물로도 유명한 하룬 알라시드는 번역 학교를 설립하고 콘스탄티노플을 비롯해 여러 곳에서 그리스와 헬레니즘 시대의 고전 작품을 수집하게 했다.

56 중국 문화권과 이슬람 문화권 간의 교류는 일찍부터 시작되었다. 특히 7세기 중엽 아라비아반도에서 이슬람교가 흥기하여 강력한 이슬람 제국이 건설되자 동서 교류가 더욱 증진되었다. 대체로 당나라 이전에는 아랍을 대익(大益) 또는 조지(條支)라고 불렀는데 당나라 이후 이슬람 세력이 대거 동쪽으로 진출함에 따라 대식(大食)으로 개칭되었다. 한반도의 경우, 신라의 혜초가 남긴 『왕오천축국전』이 아랍에 관한 최초의 기록이다. 아랍과 신라 간 교류의 증거는 「처용가」라든지 경주에 있는 신라 원성왕릉의 호위무사상에서 찾을 수 있으나 문헌은 아직 발견되지 않고 있다. 무함마드 깐수, 『신라·서역 교류사』, 위의 책, 165쪽. 고려 시대에 이르러 아랍 상인들이 고려에 왔다는 기록을 『고려사』 권5, 「현종세가」에서 찾을 수 있다.

57 10세기 페르시아의 의사·철학자인 이븐시나가 당시에 알려진 모든 의학 지식을 체계화했다.

58 유럽에서 '0'의 개념을 이해하게 된 것은 1천 년이 지난 뉴턴과 라이프니츠 때에 이르러서였다. 0을 포함해 모두 열 개의 기호를 이용하는 인도의 기수법은 11세기경에 이베리아반도로 전해졌다. 변화를 싫어하는 유럽인들은 처음에 이 숫자들을 쉽게 받아들이지 못했다. 그러나 인도의 십진 기수법은 상인이나 무역업자가 매매, 부기 등에 편리하게 이용할 수 있었기 때문에 점차 유럽에 전파되기 시작했다. 0에 관한 연구를 문서로 남긴 최초의 인물은 7세기의 인도 수학자 브라마굽타다. 628년 그는 『브라마스푸타시단타』에서 "0은 같은 두 수를 뺄셈하면 얻어지는 수"라고 정의하고 이를 방정식에 처음 도입했다. 그는 아무것도 남지 않은 상태, 즉 무의 상태를 0이라 부르고 0이 실제 수라고 주장했다. 이를 증명하기 위해 "어떤 수에 0을 더하거나 빼도 그 수는 변하지 않는다. 하지만 0을 곱하면 어떤 수도 0이 된다."라며 0이 어떻게 작용하는지를 설명했다. 숫자 0을 뜻하는 'zero'라는 명칭은 그로부터 1세기가 흐른 뒤 이탈리아에서 붙여진 것이다. zero에 관해서는 다음 책을 볼 것. Robert Kaplan, *The Nothing that Is: A Natural History of Zero* (Oxford: Oxford University Press, 1999).

59 8세기 중엽 무함마드 일가의 후손인 아불 아바스가 반란 세력과 손잡고 우마이야 왕조를 무너뜨린 뒤 아바스왕조를 열고 바그다드로 수도를 옮겼다.

제5장 동양이 서양을 깨우다

1 나침반은 기원전 2세기에서 서기 1세기 사이에 중국 한나라에서 발명되었으나 오늘날 같은 나침반은 1300년대에 중세 유럽에서 사용되었다. 이후 20세기에 액체를 이용한 자기나침반이 등장했다. 나침반이 항해에 이용된 것은 유럽과 중국에서 거의 비슷한 시기였다. 동서양 문명권에서 항해자들이 나침반을 항해에 이용하기까지

비슷한 과정을 거쳤다. 즉 표침, 축침, 컴퍼스 카드 순으로 항해용 나침반이 개발되었고 11세기경에 이르러 본격적으로 항해에 이용되었다. 중국인이 세계 최초로 나침반을 항해에 이용했다는 기존 주장과 달리, 중국인과 유럽인은 거의 비슷한 시기에 독자적으로 나침반을 항해에 이용한 것으로 추정된다. 김성준·허일·최운봉, 「항해 나침반의 사용 시점에 관한 동서양 비교 연구」, 『한국항만항해학회지』 제27권, 한국항해항만학회, 2003, 413~425쪽.

2 목판 인쇄술의 탄생과 발전은 사회문화적 요구와 밀접하게 연결되어 있었다. 조판 인쇄술의 탄생에는 두 가지 기본 조건이 있다. 하나는 기술적 조건이며 또 하나는 사회문화적 조건이다. 기원전 3세기 중국 진·서한 때에 이미 금속, 대나무, 벽돌에 새겨서 탁본하는 숙련된 기술이 있었다. 그리고 후한 때에 이르러 문자 기록 매체로 부드러우면서도 편리한 종이가 발명되었다. 이로써 목판 인쇄술이 탄생하는 데 필요한 기술적 조건은 기본적으로 갖추어졌다. 그러나 기술적 조건만으로 새로운 기술이 탄생할 수는 없다. 반드시 상응하는 사회문화적 조건이 있어야 한다. 즉 대량의 지식 수요와 상대적으로 광범위한 독서 인구, 그리고 많은 지식을 저장할 수 있는 도서의 필요성 등 이러한 사회적 요구를 충족시켜주기 위해 목판 인쇄술이 발명된 것이다. 사회문화적 요구는 기술 혁신과 발전을 가져왔고 기술 혁신과 발전은 사회문화적 요구를 충족시켜주었다. 목판 인쇄술이 동아시아 문화에 미친 영향으로는 첫째 한자 보급 확산, 둘째 불교문화 전파 촉진, 셋째 유교문화의 영향력 확대, 넷째 사상과 문화 교류 촉진, 다섯째 동양 예술의 특징 부각 등이다. 동아시아 문화권, 서구 기독교 문화권, 그리스정교 문화권, 이슬람 문화권, 인도 문화권의 5대 문화권 중에서도 동아시아 문화권의 목판 인쇄술은 지역·인종·문화 등 여러 가지 이유로 인해 동아시아 문화 형성과 발전 과정에서 간과할 수 없는 중요한 역할을 했다. 목판 인쇄술은 탄생-발전-성숙-정점-쇠락에 이르기까지 1,500여 년이라는 세월을 거쳤다. 이 시기는 곧 동아시아 문화의 중요한 발전기이기도 했다. 그 무엇으로도 대체할 수 없는 목판 인쇄술 고유의 사회적 기능은 동양 문화 전파, 문화 통합, 문화적 동질감, 문화 자정(資政)의 네 가지 방면에서 커다란 작용을 발휘하여 동아시아 문화권의 탄생과 발전에 직접적인 영향을 주었다. Huai Yuan, 「목판 인쇄술이 동아시아 문화에 미친 영향」, 『석당논총』 제58권, 동아대학교 석당학술원, 2014, 107~121쪽.

3 재레드 다이아몬드, 『총, 균, 쇠』, 위의 책, 375쪽.

4 재레드 다이아몬드, 『총, 균, 쇠』, 위의 책, 327~359쪽.

5 예컨대 기독교 성경 한 권을 만드는 데 송아지가죽 170장 내지 양가죽 300장이 소요되었다. Eugine F. Rice Jr. and Anthony Grafton, *The Foundations of Early Modern Europe, 1460~1559, 2nd Edition*(New York: W. W. Norton & Company, 1994), p. 3.

6   서기 105년 후한의 채륜이 발명한 종이가 유럽에 처음 전해진 것은 8세기에 들어
      서였다. 고구려 유민 출신인 당나라 장수 고선지의 군대에 종이 기술자가 있었는데
      751년 중앙아시아 탈라스에서 벌어진 이슬람 군대와의 전투에서 포로가 되었다.
      이후 종이는 이슬람 세계를 거쳐 12세기경에 무어인이 스페인에 도입했고 1180년
      프랑스 에로, 1276년 이탈리아 몬테파노, 1391년 독일 뉘른베르크, 1494년 영국 등
      으로 전래되었으며 제지술이 스페인에서 영국까지 도달하기까지는 무려 344년이
      걸렸다.

7   조선시대 양반과 상민의 계층 간 교육 불평등은 철저한 신분 구별에서 기인한 것이
      다. 유수원, 「총론사민」, 『우서』 권1.

8   Josef Benzing, *Lutherbibliographie*(Baden-Baden: Verlag Librairie Heitz,
      1966), pp. 82-83.

9   Helmut Hiller & Wolfgang Strauss, eds., *Der deutsche Buchhandel: Wesen,
      Gestalt, Aufgabe*(Hamburg: Buchmarkt-Forschung, 1968), pp. 97-99.

10 Steven Ozment, "Pamphlet Literature of the German Reformation," in
      Reformation Europe: A Guide to Research(St. Louis: Center for Reformation
      Research, 1982), pp. 85-106. 그리고 다음 책을 참조할 것. Elizabeth L.
      Eisenstein, *The Printing Press as an Agent of Change, Vol. 1: Communications
      and Cultural Transformations in Early-Modern Europe*(Cambridge:
      Cambridge University Press, 1978).

11 예컨대 마르틴 루터가 "기독교인들은 신체기관 가운데 오직 귀만 가지고 있다"라고
      말한 바와 같이 당시 지식과 정보는 입에서 입으로만 전해졌다. S. 오즈맹, 박은구
      옮김, 『프로테스탄티즘: 혁명의 태동』(혜안, 2004), 98쪽.

12 15세기 말 인쇄기는 200곳 이상의 도시에 보급되었다. 약 600만 권이 인쇄된 것으
      로 추정되며 3만 권의 책 제목 중 절반이 종교에 관한 것이었다. 1460년에서 1500
      년 사이 40년 동안 간행된 책이 중세 전에 필경사와 수도사가 만든 책보다 많았다.
      Rudolf Hirsch, *Printing, Selling and Reading 1450-1550*(Wiesbaden:
      Harrassowitz, 1967), pp. 128-129.

13 인도 아리아인과 유럽인 및 슬라브족은 문화, 언어 면에서 동질 계통으로 추측되고
      있다. 김형섭, 「슬라브족과 인도-아리안족의 동질문화: 슬라브 신화와 언어학적 유
      사성을 중심으로」, 『러시아어문학연구논집』 제66호, 한국러시아문학회, 2019,
      65~86쪽. 아리아인종론의 발상지는 영국령 인도 캘커타였다. 윌리엄 존스, 헨리 콜
      브룩을 비롯한 영국 동양학자들은 비교언어학과 인류학 연구를 통해 아리아인종론
      을 창안하고 정교하게 다듬었다. 아리아인종 개념은 19세기 말과 20세기 초 인류학
      과 역사학에서 핵심 개념으로, 유럽 각 민족이 자신들의 정체성을 정초하는 발견의
      도구이자 해석의 장치였다. 아리아민족주의는 비교언어학 및 인류학과 조합되는 과

정을 거쳐 유럽 각국이 '민족'이라는 '상상의 공동체'를 재구성하는 과정에 함께 직조되었다. 아리아민족주의는 인종주의를 구성하는 핵심 요소인 백인우월주의가 주조되는 데 결정적인 영향을 미쳤다. 고대 그리스를 근대 유럽 문명의 직접적인 조상으로 신격화하는 '아리아 모델'의 부상은 18세기 말에야 등장한 현상이다. '순백'의 헬라스가 유럽 문명의 원류가 되고 '검은 피부'의 이집트인이 배제되는 과정에 아리아민족주의가 공헌했다. 염운옥, 「식민주의와 인종주의: 아리안 인종론과 영국, 인도, 그리스」, 『역사학연구』 제71권, 호남사학회, 2018, 195~223쪽.

14 아리아인은 산스크리트어와 페르시아어에서 '고귀한 자'를 뜻하는 아리아(arya)라는 말에서 비롯되었다.

15 고대의 인도 수학은 산스크리트어로 쓰여 있고, 수학의 법칙이나 문제들은 구전되었거나 필사본의 형태로 경전 속에 포함되어 있으며, 학생들이 암기를 쉽게 할 수 있도록 아주 간결하게 정리되어 있다. 고대 인도의 많은 수학자가 일찍이 십진법, 계산법, 방정식, 대수학, 기하학, 삼각법 등의 연구에 공헌했다. 김종명, 「고대 인도수학의 특징」, 『한국수학사학회지』 제23권 1호, 한국수학사학회, 2010, 41~52쪽.

16 기원전 800~기원전 600년경의 최초 베다 문헌은 종교 의례에 관한 것으로서 수학에 관련된 내용은 베다의 부록인 베당가에 포함되어 있다. 베당가는 기억하기 쉬운 짧은 시적 경구 형태로 핵심 내용을 전달한다. 천문학에 관한 것은 지오티수트라스, 의례 규칙에 관한 것은 칼파수트라스, 그리고 성스러운 제단을 다루는 부분은 술바수트라스라고 한다. 술바수트라스는 '끈(자)의 법칙'으로 알려진 지식체계인데 '술바'는 측정용 끈을 의미하며 '수트라'는 종교 의식과 과학 지식에 관한 법칙이나 격언을 적은 책을 뜻한다. 노끈을 사용하는 법은 이집트 기하학의 기원이었다. 인도에서도 기하학은 베다 경전에 전해지는 사원의 설계, 제단의 크기, 형태, 방향을 끈으로 정확히 측량하여 경전의 규정을 지켜야 할 필요성 때문에 발달했다. 김종명, 「고대 인도수학의 특징」, 위의 논문, 42쪽. 이에 대해서는 다음 책을 볼 것. 칼 B. 보이어 · 유타 C. 메르츠바흐, 양영오 · 조윤동 옮김, 『수학의 역사 상, 하』(경문사, 2000).

17 술바수트라스는 베다 시대(기원전 1500~기원전 600)와 서사시 시대(기원전 600~서기 200)의 문서들이다. 술바수트라스 경전 속에 있는 기하학은 성스러운 제단과 사원을 설계하고 건축하기 위해 연구된 것으로, 간단하고 명백한 평면 도형의 명제부터 도형의 작도법, 제단의 작도법과 같은 기하학적 내용뿐 아니라 피타고라스 정리와 활용, 도형의 변형, 분수와 무리수, 연립방정식, 부정방정식 등과 같은 대수적 내용을 포함하고 있다. 김종명 · 허혜자, 「고대 인도의 술바수트라스 기하학」, 『한국수학사학지』 제24권 1호, 한국수학사학회, 2011, 15~29쪽.

18 김종명, 「고대 인도수학의 특징」, 위의 논문, 42쪽에서 인용함.

19 F. Staal, "Greek and Vedic Geometry," *Journal of Indian Philosophy,* Vol. 27, No. 1-2(1999), pp. 105-127.

20 아리아바타(476~550)는 그 시대까지 발전해온 수학과 천문학을 요약하여 집대성한 『아리아바티야』를 저술했다. 그리스의 『기하학 원론』이나 중국의 『구장산술』과 같이 인도의 대표적인 수학서로, 수학의 중요한 내용과 법칙을 외우기 쉽도록 시의 형태로 썼다. 전체 4장에 121연의 운문으로 된 서사집 형식으로 천문학과 구적법에 이용되는 계산 방법을 설명했으며, 이 가운데 33연의 운문은 수학 공식에 관한 것이다. 독특한 기호를 사용하고, 십진법과 위치 기수법으로 계산하고 있으며, 역산법, 10의 거듭제곱의 열 번째 자리까지 이름을 나열하고, 정수의 제곱근과 세제곱근을 구하는 방법도 있다. 필산법에서 십진법과 위치 기수법으로 큰 수들을 계산하고 제곱근까지 계산하려면 저자는 자릿수 개념으로 '0'도 알았을 것으로 추정된다. 김종명, 「고대 인도수학의 특징」, 위의 논문, 44~45쪽.

21 바스카라차리아2세(1114~1185)의 저술들은 번역되어 중동과 유럽에 전해졌다고 한다. 그의 저작에는 다음과 같은 내용들이 있다. 산술에서는 이자 계산, 등차 및 등비수열, 평면 및 공간 기하학, 피타고라스 정리, 순열 조합 등이 있고, 0으로 나누면 무한이 됨을 증명했다. 대수학 분야에서는 두 제곱근을 갖는 양수를 알았고 무리수, 여러 개의 미지수 계산, 고차방정식, 일반적인 펠 방정식의 해를 구했다. 또 미지수가 많은 2차방정식, 일반적인 부정 2차방정식, 부정 고차방정식의 해를 구했으며, 피타고라스의 정리를 증명했다. 김종명, 「고대 인도수학의 특징」, 위의 논문, 47쪽.

22 자이나교의 마지막 수학자로 기초 수학을 저술한 마하비라(800~870)는 영, 제곱, 세제곱, 제곱근, 세제곱근, 급수, 평면과 입체 기하학, 원의 내부에 접하는 사각형과 타원의 넓이를 계산하는 공식, 고차방정식의 해, 부정 2차 및 3차와 고차방정식의 해 등을 연구한 수학자로 알려졌으며 특히 음수의 제곱근은 존재하지 않는다고 주장했다. 방정식의 연구로 잘 알려진 수학자 프리투다카(830~890)는 기호로 부정방정식을 표현하여 해를 구했다. 예컨대 $10x+8=x^2+1$을 'yava 0 ya 10 ru 8 / yava 1 ya 0 ru 1'로 표현했다. 여기서 'yava'는 미지양의 제곱을 의미하고, 'ya'는 미지양이고 'ru'는 상수항을 의미하는 단어의 약자다. 김종명, 「고대 인도수학의 특징」, 위의 논문, 46쪽.

23 구자라트 지방의 한 비문은 595년에 만들어진 것으로 346이라는 날짜가 십진법의 위치 기수법으로 표기되어 있다. 이는 그들이 0의 개념을 분명히 알고 있었다는 것을 입증하는 증거가 된다. 기호 0을 표기한 바크샬리 필사본의 제작 시기는 7세기로 추정되며, 이때 0의 표기법이 따로 있어 수체계가 확립되었다. 인도숫자가 서방에서 언급된 것은 662년 시리아의 주교 세베루스 세보크트의 책인데, 캄보디아의 크메르 비문에서도 683년 0의 표기가 발견되었다. 플로리안 캐조리, 정지호 옮김, 『수학의 역사』(창원사, 1983)를 참조할 것.

24 예컨대 기원전 300년경 수학을 집대성한 유클리드의 『기하학 원론』과 기원전 250년경 중국의 『구장산술』 및 기원전 100년경 『주비산경』에 기록된 수학 이론과 원리

들은 각기 대조적인 형태로 발전하면서 본질적으로 다른 수학의 특성을 보여준다. 김종명, 「고대 그리스 수학과 동양 수학」, 『한국수학사학회지』 제20권 2호, 한국수학사학회, 2007, 47~58쪽.

25 고대 문명부터 현대의 컴퓨터와 인터넷 시대에 이르기까지 수학이 끼친 영향에 대해서는 다음 책을 볼 것. 차이텐신, 정유희 옮김, 『수학과 문화 그리고 예술』(오아시스, 2019).

26 육예의 수를 구수(九數)라고 했는데 구수란 9가지 산술법을 말한다. 즉 방전(方田), 속미(粟米), 차분(差分), 소광(少廣), 상공(商功), 균수(均輸), 영부족(盈不足), 방정(方程), 방요(旁要)를 가리키며 당시 수학의 내용을 9개의 장으로 분류하여 가르쳤기에 9장이라 했고 이것이 한나라 말기의 수학 교육과정이었다. 서주 시대의 구수의 명칭 및 내용은 후에 『구장산술(九章算術)』의 토대가 되었다. 『구장산술』은 동양 산학의 구조를 형성하는 데 가장 큰 영향을 주었으며 이후 거의 모든 중국 수학서의 기본이 되었다. Man Keung Siu, "Official Curriculum in Mathematics in Ancient China," in Fan Lianghuo, et al(eds.), How Chinese Learn Mathematics(Singapore: World Scientific, 2004), pp. 157–185.

27 Joseph Needham, Science and Civilization in China(Cambridge: Cambridge University Press, 1959), pp. 1–886.

28 『구장산술』은 "옛날에 포희씨는 처음으로 팔괘를 그려, 신명스러운 덕을 체득하고 만물의 실정을 헤아렸으며(昔在包犧氏始畫八卦, 以通神明之德, 以類萬物之情)"라고 하여 수학이 만물을 연구하고 그 구조를 알아내는 것이라고 말하고 있으며, 『주비산경』에서 제자가 수학 문제를 풀 수 없어 묻자 스승은 이렇게 답한다. "너는 수학에서 그 분석과 종합의 구조를 통달하지 못하였다. 이는 바로 한계가 있는 지식과 불충분한 정신 때문이다. 무릇 도라는 것은 간결하나, 그 응용이 넓다는 것이 수학의 구조임을 제대로 이해해야 한다. 한 가지 구조를 연구하면서 그것을 만사에 적용할 수 있으면 마땅히 도를 안다고 할 수 있다(子之於數未能通類, 是智有所不及而神有所窮, 夫道術言約而用博者智類之明, 問一類之明, 問一類而以萬事達者爲之知道)." 김종명, 「고대 그리스 수학과 동양 수학」, 위의 논문, 52~53쪽.

29 명나라 말기에 이지조와 마테오 리치가 함께 번역하여 1614년에 출간한 『동문산지(同文算指)』 서문에서 서광계는 주나라 시대에 수학을 가르치는 체계적인 틀이 마련되었다고 밝히고 있다.

30 김성숙·강미경, 「중국 수학교육의 역사(주나라에서 송나라까지)」, 『한국수학사학회지』 제31권 5호, 한국수학사학회, 2018, 223~234쪽.

31 이경자, 「중국 고대의 육예 교육」, 『윤리교육연구』 제22권, 한국윤리교육학회, 2010, 157~176쪽.

32 유우근·강윤수, 「중국 수학이 한국 수학교육에 미친 영향」, 『순천대학교논문집』 제

15권, 순천대학교, 1996, 263~284쪽.

33 『주비산경(周髀算經)』 상권의 1부에서는 주공(周公)이 질문하고 상고가 답하며 2
    부에서는 영방이 질문하고 진자가 답하는 형식의 대화가 나온다. 대화 내용을 보면
    당시 자연현상과 천문을 이해하기 위해 수학이 얼마나 중요했는지를 알 수 있다.

34 이 점에 대해 서광계는 『동문산지』 서문에서 다음과 같이 비판하고 있다. "수학이
    란 학문은 단지 최근 수백 년 동안 폐지된 것일 따름이다. 폐지된 원인은 두 가지
    가 있다. 첫째는 명분과 이치를 중시하는 유가가 천하의 실용적인 학문을 천시했기
    때문이다. 둘째는 수학을 요망한 학술로 여겨 수에는 신묘한 이치가 있어 미래를
    분명히 예측할 수 있으며, 그대로 이루어지지 않는 것이 없다고 거짓으로 말했기
    때문이다. 결국, 신묘한 것들은 하나도 성취되지 않았고, 실용적인 것들은 남아 있
    지 않다. 옛 성인이 세상 사람들이 이용할 수 있는 위대한 원리를 만들어낸 것을
    사대부들 사이에서 배우지 않게 되면서, 학술과 정치적인 업적도 태고 시대에 훨씬
    못 미치게 되었다." 서광계, 최형섭 옮김, 『서광계 문집』(지만지, 2010).

35 이 점은 『구장산술』의 주석을 쓴 유휘의 서문에서 나타난다. 차종천 엮음, 『산수서·
    산경십서 상』(교우사, 2006).

36 이런 점에서 15세기까지를 지중해 시대로 분류한 것은 잘못이며 인도양 시대라고
    말하는 것이 옳다. 지중해는 동서양 거점인 이스탄불을 통해 중국과 인도 등 동양
    으로부터 온 문물을 유럽 각지에 전달하는 통로 역할만 했을 뿐이다. 최재수, 「8-9
    세기 동서문화 교류에 있어서 한중일 삼국간의 황해 해상 교역의 의의」, 『한국해운
    물류학회 춘계학술발표논문집』, 한국해운물류학회, 1998, 48쪽.

37 지중해를 중심으로 물적·인적 교류가 활발하게 펼쳐졌던 펠리페2세 통치기의 지중
    해 세계를 재구성한 연구서로는 다음 책을 볼 것. 페르낭 브로델, 주경철·조준희 옮
    김, 『지중해: 펠리페 2세 시대의 지중해 세계』(까치, 2017).

38 조원일·김종규, 「고대 중국의 항해 선구자 문제에 대한 소고」, 『중국학논총』 제28권,
    한국중국문화학회, 2009, 29~46쪽. 고대 중국에서는 주로 황하와 양자강 등의 강
    이나 호수, 연안 해역을 이용한 수운이 발전했다. 특히 한나라 무제 때 한나라 사절
    이 황지국(인도 동남부)과 이정부국(실론)을 방문했다는 기록이 있다. 당시 한나라
    상선이 인도차이나반도를 따라 남하하여 믈라카해협을 지나 미얀마에 도착한 후
    이들과 교역을 했다. 또 서기 166년 로마제국 사신이 후한 궁정에 상아 등을 진상
    하기도 하는 등 로마와 중국 간의 교역이 해양 실크로드를 통해 이뤄졌다. 寺田隆
    信, 『中國の大航海者 鄭和』(東京: 淸水書院, 1984), p. 14.

39 유럽 인구는 15세기부터 18세기까지 늘어나기도 하고 줄어들기도 했다. 인구 증가
    는 생활수준의 하락을 초래하고 이에 따라 빈곤계층이 늘어나 많은 사회문제가 일
    어난다. 유럽 인구는 1100~1350년 증가한 데 이어 1450~1650년 그리고 1750년
    이후 다시 증가했으며 중국과 인도 등 아시아 역시 이 시기에 인구가 늘어났다. 전

체적으로 1680년경 세계 인구는 아프리카 3,500만~5천만, 아시아 2억 4천만~3억 6천만, 유럽 1억, 아메리카 1천만, 오세아니아 200만 명이었던 것으로 추정된다. 페르낭 브로델, 주경철 옮김, 『물질문명과 자본주의 1-1: 일상생활의 구조-상』(까치, 1995), 27, 45~46쪽.

40 인도 벵골 지역에 있는 마을에서 벌어진 플라시전투를 말한다. 이 전투에서 영국이 승리하면서 인도는 영국의 지배를 받게 되는데 이는 식민지라는 불평등의 세기가 시작되었음을 의미한다. 페르낭 브로델, 『물질문명과 자본주의 1-1: 일상생활의 구조-상』, 위의 책, 132쪽.

41 Henri Pirenne, *Les villes du Moyen Age. Essai d'histoire économique et sociale*(Bruxelles: M. Lamertin, 1927), p. 118. 중세 도시의 기원에 대해서는 여러 학설이 있으나 중세 유럽의 전반적인 사회경제적 맥락에서 앙리 피렌의 견해가 여전히 정당성을 인정받고 있다. Georges Espinas, "Pirenne(H.), *Les villes du Moyen Age. Essai d'histoire économique et sociale*, 1927(compte-rendue)," *Revue du Nord*, tome 16, n°64, novembre 1930, pp. 295-303.

42 상인의 기원은 복잡하고 다양하지만, 그 주류는 봉건사회의 주변인이다. 이들은 경작할 토지가 없어서 여기저기 유랑하면서 수도원의 시주를 받아 하루하루 연명했다. 그리고 이들 상인은 수확 때가 되면 토지 경작자에게 고용되기도 하고 전쟁이 일어나면 병사로 활동하면서 기회가 있으면 약탈과 강탈을 주저하지 않았다. Henri Pirenne, "The Stages in the Social History of Capitalism," *The American Historical Review*, Vol. 19, Issue 3(1914), p. 502.

43 Max Weber, ed., by Don Martindale and Trans., by Gertrud Neuwirth, *The City*(New York: Free Press, 1958), pp. 80-81. 중세 도시는 오늘날의 도시에 비해 인구가 매우 적었다. 인구 5천 명이 표준이었고 2만~4만 명 정도면 국제적인 도시에 속했다. 14세기 런던이 약 4만 명 정도였고 상업 중심지인 플랑드르 및 한자 동맹 도시들과 제노바, 밀라노, 바르셀로나 등이 2만~4만 명이었으며 베네치아, 피렌체, 파리 등은 10만 명 수준이었다. 중세 도시 인구에 대해서는 다음 책을 참조할 것. Rodney Howard Hilton, *English and French Towns in Feudal Society*(Cambridge: Cambridge University Press, 1992).

44 인본주의를 가장 잘 보여준 인물은 그리스의 자연철학자 피타고라스다. 그는 '인간은 만물의 척도'라고 정의함으로써 인간이 우주 만물의 중심이라는 점을 강조했다. 그리스의 철학과 인본주의는 비잔틴제국 멸망 후 인문학자들에 의해 대거 유럽에 수용되어 기독교 보편세계의 신본주의를 무너뜨리고 이성과 과학이 지배하는 르네상스 시대를 열었다. 이러한 역사적 분석에 대해서는 다음 책을 볼 것. Hans Baron, "Fifteenth-Century Civilisation and Renaissance," *The New Cambridge Modern History*, Vol. 1(Cambridge University Press, 1957), pp.

50-75. 근대 한국에서는 '인간이 곧 하늘'이라는 동학의 인내천 사상을 들 수 있다. 동학의 신과 인간에 대한 이해는 시종일관 신과 인간의 질적인 유사성, 한 걸음 더 나아가 질적인 동일성을 기초로 해서만 이해될 수 있다. 새로운 인본주의 휴머니즘의 온상인 동학이 신본주의의 속성을 지니고 있다고 한다면, 이는 어디까지나 인간과의 질적 상이성이 아닌 인간과의 질적 유사성에 의거하여 이해될 수 있는 신의 모습이다. 말하자면 인간과 신을 별개의 세계로 분리하여 이해하지 않고, 신을 인간과의 긴밀한 관계 맺음을 통해 이 땅 위에서의 궁극적인 행복을 추구하는 데 협력하는 동등한 조력자로서 보는 것이 동학의 신본주의에 대한 이해라고 할 수 있다. 홍경실, 「동학의 인본주의에 관한 고찰」, 『동학학보』 제23호, 동학학회, 2011, 175~200쪽.

45 정인경, 『모든 이의 과학사 강의: 역사와 문화로 이해하는 과학 인문학』(여문책, 2020), 95쪽.

46 이슬람 통치자 칼리파와 지식인들은 아리스토텔레스의 『논리학』, 유클리드의 『기하학 원론』, 프톨레마이오스의 『천문학 집대성』 등을 연구하여 지적인 토대를 쌓았으며, 아바스왕조는 수많은 학자를 불러 모아 그리스 과학을 아랍어로 번역하고 의학, 응용수학, 천문학, 점성술, 논리학 등 여러 분야를 연구하도록 후원했다. 예컨대 서기 900년경 이슬람 세계에서는 갈레노스의 저술을 129편 소장했으나 유럽에는 단 3편밖에 없었다. 400여 권의 의학서와 철학서를 남긴 갈레노스는 고대 의학의 집대성자로서, 히포크라테스를 비롯해 앞서 활동했던 많은 의학자의 이론을 비판적으로 수용하여 이를 바탕으로 새로운 의학 이론을 발전시켰다. 또 그는 히포크라테스와 헬레니즘 시대 의학자들의 질병 개념을 비판적으로 수용하여 종합적인 질병 개념을 제시했다. 여인석, 「갈레노스의 질병 개념」, 『의사학』 제12권 1호, 대한의사학회, 2003, 54~65쪽.

47 '지혜의 집(Bayt al-Hikmah)'은 서기 828년 이라크 바그다드에 설립된 번역 전문 기관을 말한다. 이때 번역에 참여한 사람들은 이집트에서 박해를 피해 아랍 세계로 망명해 온 네스토리우스파로, '지혜의 집' 책임자는 네스토리우스파 아랍인인 후나인 이븐 이스하크였다. 후나인의 초기 번역 사업은 주로 공동 작업으로 이루어졌는데, 이들은 3개 국어에 능통해 그리스어를 시리아어로 옮긴 다음, 이를 다시 아랍어로 중역했다. 임경순, 『과학사의 이해』(다산출판사, 2014), 43~44쪽.

48 이슬람 천문표 가운데 알콰리즈미(780?~850?)가 만든 것이 가장 유명하다. 이슬람의 대표적인 천문학자이자 수학자인 그의 천문표는 수백 년 동안 사용되었고 나중에 라틴어로 번역되어 유럽에서도 사용되었다.

49 알콰리즈미의 업적에 대해서는 다음 책을 볼 것. 마이클 J. 브래들리, 황선희 옮김, 『달콤한 수학사 2: 알카시의 소수값부터 배네커의 책력까지』(일출봉, 2007), 제8장.

50 오리야크의 제르베르는 훗날 최초의 프랑스인 교황 실베스테르2세가 되었다.

51   이슬람 의학은 서양 근대 의학의 발전에 큰 영향을 미쳤다. 이슬람 학자들의 이론 연구와 임상시험 결과는 의학 개설서와 전서에 빠짐없이 수록되었는데, 그것이 번역되어 유럽의 의과대학 교과서로 채택되고 임상 치료에 직접 활용되었다. 정수일, 『이슬람 문명』(창비, 2002), 226~231, 329~337쪽.

52   이븐시나는 평생 276권의 책과 논문집을 저술했다. 대부분의 책을 아랍어로 썼고, 일부 책은 페르시아어로 저술했다. 의학 43권, 철학 24권, 물리학 26권, 신학 31권, 심리학 23권, 수학 15권, 논리학 22권, 코란 해석서 5권을 펴냈으며 이외에 금욕주의, 사랑, 음악에 관한 저서들도 남아 있다. 대부분이 소실되어 현재 68권의 책과 논문집이 전해지고 있다. Abdul Nasser KAADAN, "Child Health as Viewed by Ibn-Sina," *Journal of the International Society for the History of Islamic Medicine*, Vol. 2(2003), pp. 37-41.

53   William Osler, *The Evolution of Modern Medicine*(New Haven: Yale University Press, 1921), p. 98 ; John R. Hayes, *The Genius of Arab Civilization*(New York: New York University Press, 1992), p. 226.

54   이븐시나는 단테가 『신곡』에서 히포크라테스, 갈레노스와 함께 위대한 의사로 찬양했을 만큼 이슬람 의학에서 가장 중요한 인물이다. '의사들의 왕자', '이슬람의 갈레노스', '아랍의 아리스토텔레스'로 알려지면서 전 세계 의학 발전에 핵심적인 역할을 했다. 최효재·신길조, 「이븐시나를 중심으로 고찰한 이슬람 의학의 이해」, 『대한한방내과학회지』 제36권 3호, 대한한방내과학회, 2015, 255쪽.

55   유럽 중세를 '이슬람 의학의 시대'라고 할 만큼 이슬람 의학은 서양 의학에 큰 영향을 끼쳤다. 당시 의학의 중심지였던 살레르노가 아랍의 의학서들을 번역해 유럽에 소개하는 중요한 역할을 했다. 이재담, 『서양 의학의 역사』(살림, 2007), 7~25쪽.

56   르네상스 시대 학교 교육에 대해서는 다음 책을 참조할 것. Paul F. Grendler, *Schooling in Renaissance Italy*(Baltimore: The Johns Hopkins University Press, 1989).

57   중세 후기에는 탁자 위에서 주판을 이용하여 계산했다. 카를 메닝거, 김량국 옮김, 『수의 문화사: 동서양의 수 언어와 수 상징』(열린책들, 2005).

58   결과적으로 유럽에서 처음으로 독자들에게 인도-아라비아숫자를 어떻게 사용하고 어떻게 효과적으로 기록하는지를 가르쳐주는 책이 만들어진 것이다. 이 『산반서』를 이용하여 가르치는 사람들을 아바키스트(maestri d'abbaco)라고 칭했다. 그들의 교수법의 정수는 주판을 전혀 사용하지 않는 계산법이었다. Alan Sangster and Giovanna Scataglinibelghitar, "Luca Pacioli: The Father of Accounting Education," *Accounting Education: An International Journal*, Vol. 19, Issue 4(2010), pp. 423-438. 14세기 이탈리아의 아바키스트들은 상인들을 가르칠 때 '새로운' 인도-아라비아 십진수체계를 사용했다. 대부분의 경우 오래된 전통을 새로운

체계로 바꾸려면 커다란 저항이 있기 마련이다. 오랫동안 회계장부는 여전히 로마 수체계를 고수했다. 인도-아라비아 수체계는 변조가 쉬우니 상업 활동에서 인도-아라비아 수체계만 사용하는 것은 위험하다고 생각했기 때문이다.(지금도 수표의 액수를 말로 쓰는 관행은 여기서 유래했다.) 이를 놓고 산판파와 필산파 사이에 몇 세기 동안 치열한 싸움이 벌어졌으며 16세기가 되어서야 필산파가 완전한 승리를 거두었다. 이에 대해서는 다음 책들을 볼 것. Victor J. Katz, *A History of Mathematics*(HarperCollins College Div, 1993). 칼 B. 보이어·유타 C. 메르츠바흐, 『수학의 역사 상, 하』, 위의 책.

59 이슬람 대수는 수사학적이었다. 미지수를 나타내는 기호뿐만 아니라 연산 기호도 없었다. 모든 것이 말로 적혀 있었다. 이는 초기 아바키스트들의 저서와 피보나치의 저서에서도 마찬가지였다. 그러나 15세기 초 일부 아바키스트들이 미지수에 약자를 쓰기 시작했다. 15세기 말에 루카 파치올리(1445~1517)가 플러스(più)와 마이너스(meno)를 나타내는 기호로 $\bar{p}$와 $\bar{m}$을 소개했다.(이런 특정한 약자는 문자가 생략되었음을 표시하기 위해 글자 위에 바[bar]를 붙여주는 일반적인 사용법에서 유래된 것으로 여겨진다.) 다른 분야의 혁신과 마찬가지로 변화는 느리게 진행되었다. 새로운 기호들은 15~16세기에 나타났으며 현대적인 대수 기호는 17세기 중반까지도 충분히 형성되지 못했다. 강미경, 「아바쿠스 학교에 대한 연구」, 『한국수학사학회지』 제31권 4호, 한국수학사학회, 2018, 203~205쪽.

60 이에 관한 가장 쉬운 설명으로는 다음 책을 볼 것. 슈테판 클라인, 유영미 옮김, 『창조적 사고의 놀라운 역사』(어크로스, 2022).

제6장 봉건에서 근대로의 발전

1 병력 규모는 당시 기록에 따르면 기사 10만 명, 보병 60만 명이었다고 하나 실제로는 기사 2천~3천 명과 보병 8천~1만 2천 명 정도였고 그 외에 순례자들을 포함하여 많은 비전투원이 참여했다. Brian Tierney and Sidney Painter, *Western Europe in the Middle Ages, 300-1475: Formerly entitled a History of the Middle Ages, 284-1500, 4th Edition*(New York: Knopf, 1983), pp. 232-233.

2 칭기즈칸의 뒤를 이은 오고타이~몽케칸의 통치기(1229~1259)에 몽골제국은 계속된 정복 전쟁과 영향력 확대로 인해 주변 정주 지역과의 교류가 더욱 활발해졌다. 이에 따라 더 다양한 외래 물품이 수도인 카라코룸으로 대량 유입되었다. 특히 새로 건설한 카라코룸 도성과 그 주변은 오고타이의 중앙집권 통치와 성공적인 정복 전쟁으로 명실상부한 몽골의 수도권으로 자리 잡았다. 이후 정주 지역으로부터 다양한 식량을 비롯해 고급 비단인 나시즈 등의 직물류, 금·은·산호·루비·진주 등의

보석류, 곡주·포도주 등의 음료가 카라코룸으로 계속 유입되어 성문 밖에 곡식과 동물, 수레 등을 사고파는 시장이 형성될 정도였다. 게다가 사신, 기술자와 농민, 노예 등 다양한 이방인들도 카라코룸으로 모여들거나 끌려왔다. 칭기즈칸이 정주 지역에 대한 약탈 전쟁을 통해 필요한 외래 물품들을 대량으로 획득했다면, 그의 후계자들은 정복 전쟁을 통해 더 많은 장거리 무역 상인들과 더 다양한 외래 물품을 몽골고원으로 유입시킬 수 있었다. 김장구, 「대몽골국 초기 몽골고원으로 유입된 외래 물품의 변화상 - 우구데이~뭉케 카안 시기(1229~1259년)를 중심으로」, 『몽골학』 제68권 1호, 한국몽골학회, 2022, 101~137쪽.

3   김호동, 『몽골제국과 세계사의 탄생』(돌베개, 2010), 66쪽.

4   『동방견문록』의 원래 제목은 '세계에 관한 서술'이다. 몽골제국 시대에는 이전의 어떤 시대보다도 많은 인적·물적 자원과 정보가 소통되었는데, 이는 마르코 폴로가 '그야말로 나무랄 데 없는 방법'이라고 칭송해 마지않았던 역참제라는 획기적인 시스템 덕분이었다. 방대한 규모의 포괄적 운송체제로서 전문적인 역참 관리인인 잠치뿐 아니라 문서 전달을 전담하는 기관인 급체포도 설치되었다. 몽골의 역참제는 유럽과 서아시아 각지에 영향을 주었다. 김호동, 『몽골제국과 세계사의 탄생』, 위의 책, 156~157쪽.

5   칭기즈칸의 대외 원정의 목적은 응징과 약탈에 있었기에 그는 '유목 세계의 군주'였다. 그의 후계자들 시대부터 약탈 전쟁이 정복 전쟁으로 전환되었는데, 그것은 칸(qan, khan)과 달리 복수형이 없는 카안(qa'an), 즉 '칸 중의 칸'이라는 호칭의 채택에서 상징적으로 드러나듯 초원지대와 농경지대를 모두 아울러 지배하는 '세계제국'의 탄생을 의미한다. 몽골제국은 1260년 이후 4개 나라로 분열된 것이 아니라 일종의 '느슨한 울루스들의 연맹'이 되었고, 이를 배경으로 소위 팍스 몽골리카가 탄생하게 된 것이다. 김호동, 『몽골제국과 세계사의 탄생』, 위의 책, 123~129쪽.

6   쿠빌라이가 지폐를 선택한 데에는 중앙아시아와 서아시아 무역의 결제 수단으로 지폐가 비교적 유리한 측면도 있었다. 岩村忍, 「元時代に於ける紙幣のインフレ_ション-經濟史的硏究」, 『東洋學報』 34, 1964, pp. 479-482.

7   '다민족·다언어'의 제국 내에는 필연적으로 상당수의 통역원(켈레메치)과 번역원(비체치)이 존재했으며 전례 없는 육상·해상 교역의 증대와 더불어 최초로 지폐(鈔)가 광범위한 범위 내에서 통용되고, 은본위제도에 입각한 거대한 통상권이 형성되었다. 김호동, 『몽골제국과 세계사의 탄생』, 위의 책, 174쪽.

8   특히 일한국의 라시드 앗 딘이 저술한 『집사(集史)』는 몽골제국의 출현과 함께 단일의 세계사가 처음으로 가능하게 된 것을 보여주는 서술방식, 그 속에 포함된 시공간적 범위에서 전대미문의 저작이다.

9   김호동, 『몽골제국과 세계사의 탄생』, 위의 책, 242쪽.

10 주경철, 『대항해 시대』, 위의 책, 21쪽.

11 정화 제독은 1405년부터 1433년까지 7차에 걸쳐 3만여 명이 탑승한 300여 척의 대함대를 이끌고 인도네시아, 스리랑카, 인도, 페르시아만, 홍해, 동아프리카의 케냐까지 항해했다. Robert B. Marks, *The Origins of the Modern World: A Global and Ecological Narrative*(Lanham, MD: Rowman & Littlefield Publishers, 2002), p. 46. 1492년 콜럼버스의 항해에는 세 척의 작은 배에 120명의 선원이 타고 있었다. Kirkpatrick Sale, *Christopher Columbus and the Conquest of Paradise*(London: Tauris Parke Paperbacks, 2006), pp. 7-13.

12 팍스 몽골리카는 몽골의 지배를 받지 않은 유럽이 더 큰 이득을 보게 되는 결과를 낳았다. 잭 웨더포드, 정영목 옮김, 『칭기스칸, 잠든 유럽을 깨우다』(사계절, 2005), 33쪽.

13 이에 대해 김호동은 위의 책 『몽골제국과 세계사의 탄생』에서 몽골제국 시대에 남겨준 세계관의 변화, 유럽의 아시아에 대한 새로운 지식과 더불어 "내륙과 해양에 관하여 중국과 유럽의 관점의 차이(의지)" 및 "몽골의 시대가 남긴 명암"을 지적하며 그 결과 "몽골의 직접 지배를 받은 적이 없던 유럽이 가장 큰 이득을 보게 된 것"이라고 설명한다.

14 콜럼버스의 대항해는 단순히 돈을 벌기 위해서만이 아니라 기독교적인 의미가 담겨 있었다. 그의 지리는 인류 구원과 연결된 세계사적 의미를 띠고 있었다. 즉 그는 신성한 종교적 사명과 세속적 지위에 대한 욕심을 모두 갖고 있었다. 주경철, 『크리스토퍼 콜럼버스: 종말론적 신비주의자』(서울대학교 출판문화원, 2013), 139, 146쪽.

15 콜럼버스가 페르난도 왕과 이사벨 여왕을 설득하여 대항해를 함으로써 아메리카를 발견한 결과, 스페인은 아메리카를 정복할 수 있었다. 스페인은 아메리카에서 금광과 은광을 개발하고 사탕수수와 담배를 재배할 대농장을 건설하여 스페인 왕과 은행가, 상인 들을 상상도 하지 못할 만큼의 부자로 만들어주었다. 유발 하라리, 『사피엔스』, 위의 책, 448쪽.

16 르네상스를 근대 문화의 창조로 파악한 역사가는 쥘 미슐레다. Herbert Butterfield, *Man on his Past: The Study of the History of Historical Scholarship*(Boston: Beacon Press, 1960), pp. 131-132. 특히 르네상스를 중세로부터 근대로의 이행으로 파악한 견해로는 다음 책이 있다. Wallace K. Ferguson, *Renaissance in Historical Thought: Five Centuries of Interpretation*(Boston: Houghton Mifflin Company, 1948).

17 에너지가 인류 문명의 발전에 미친 영향에 대해서는 다음 책을 볼 것. 바츨라프 스밀, 윤순진 옮김, 『에너지란 무엇인가』(삼천리, 2011).

18 특히 중국은 내륙 수로의 발달로 조선술과 항해술이 발전하여 대항해에 용이한 조건을 갖추고 있었다. 최재수, 「원명시대의 해운과 정화의 하서양(下西洋)」, 『해양문화연구』 제2호, 해양문화연구소, 1997, 89~90쪽.

19 1621년 모원의가 편찬한 군사백과전서 『무비지(武備志)』 권240에 수록되어 있다.

20 카말은 정화로부터 약 100년 후 중국 문헌에 견성판(牽星板)이라는 이름으로 기록되었다.

21 최재수, 「원명시대의 해운과 정화의 하서양(下西洋)」, 위의 논문, 112쪽.

22 콜럼버스가 아메리카대륙에 도착했을 때 과학적인 항해법을 알지 못하여 대충 눈짐작으로 방향을 찾아 항해했다. 최재수, 「원명시대의 해운과 정화의 하서양(下西洋)」, 위의 논문, 113쪽.

23 조지프 니덤은 『중국의 과학과 문명』에서 중국의 전통 과학이 세계의 어느 문명권보다 훨씬 뛰어났다는 점을 밝히고 왜 16~17세기에 이르러 중국이 서구 과학에 뒤처지게 되었는가에 대해 의문을 제기했다. 중국의 지식인들조차 20세기 초반까지 중국에는 과학이 없었다고 생각하고 있었다. 그러나 이제는 대부분의 사람이 중국의 역사에 아주 놀라운 과학기술 성과가 풍부하게 존재했다는 사실을 크게 의심하지 않는다. 중국 과학에 대한 이와 같은 인식 변화를 가져오는 데 결정적인 역할을 한 인물이 바로 조지프 니덤이다. 이제는 중국의 과학사학자들이 세계 과학기술의 발달에 중국이 크게 기여했다고 당당하게 주장할 수 있는 정도에 이르렀다. 盧嘉錫, "總序" 杜石然 主編, 『中國科學技術史: 通史卷』(北京: 科學出版社, 2003), pp. i-ii.

24 엔히크 왕자는 포르투갈이 대항해시대를 여는 데 결정적인 역할을 했기 때문에 '항해왕자'라고 불리며 영어권에서는 '헨리 항해왕자'라고 부른다. W. G. L. Randles, "The Alleged Nautical School Founded in the Fifteenth Century at Sagres by Prince Henry of Portugal, Called the 'Navigator'," *Imago Mundi*, Vol. 45(1993), pp. 20-28.

25 영국과 프랑스는 어느 정도 지중해 무역과 북해 무역의 혜택을 받아 새로운 항로를 찾아야 할 절박한 이유나 필요성이 없었다. 그러나 포르투갈과 에스파냐는 지중해 무역으로부터 소외되어 있었고 이슬람에 강한 적개심을 가지고 있었으며, 새로운 항로의 발견에 따른 경제적 이득을 갈망하고 있었다. 뿐만 아니라 이들 두 나라는 대서양 연안에 위치해 있었다.

26 이 같은 주장은 "중국에는 땅이 넓고 물산이 풍족해 해양 진출의 동기가 적었다"는 기존 논의를 일부 뒷받침하기도 한다. 물산의 남북 이동이 가능해지는 등 대운하가 중국 내부에서 '균형 발전'을 유도하는 바람에 해양 진출에 대한 필요성이 적어졌을 수 있다는 얘기다. 이 점에 대해서는 다음 책을 볼 것. 조영헌, 『대운하 시대 1415~1784: 중국은 왜 해양 진출을 '주저'했는가?』(민음사, 2021).

27 J. L. Hammond and B. Hammond, *The Rise of Modern Industry*(London: Methuen & Co., 1925), pp. 21-23. 애덤 스미스는 『국부론』(1776)에서 이를 가리켜 "인류 역사상 가장 거대하고 중요한 사건"이라고 평가했다. Adam Smith, *The*

Wealth of Nations(New York: Modern Library, 1994), pp. 590-591.

28 성리학은 집대성한 주자(주희)의 이름을 따서 주자학이라 하고, 송나라 시대 유학이라는 뜻에서 송학(宋學), 송나라와 명나라에 걸친 학문이라 해서 송명이학(宋明理學), 송나라 시대 이전 유학의 가르침을 집대성한 새로운 기풍의 유학이라는 뜻에서 신유학(新儒學)이라고도 한다. 정호와 정이에서 주희로 이어지는 학통이라는 뜻에서 정주학(程朱學), 정주성리학(程朱性理學), 정주이학(程朱理學)으로도 불리고 이학(理學) 또는 도학(道學)이라고도 한다. 유가사상가들이 도덕과 지식의 측면에서 최고의 이상적 인간형으로 설정한 성인(聖人)은 "선천적으로 신비한 능력을 타고나는 것인가, 아니면 후천적으로 노력을 통해 그런 경지에 도달할 수 있는가?". 이 문제에 대해 논리적 정합성을 제시하는 것이야말로 맹자 이후 유학자들의 주요 이슈였으며, 많은 사상가가 다양한 답변을 시도했다. 일반적으로 성인은 선천적으로 타고난다는 학설과, 배움을 통해 성인의 경지에 이를 수 있다는 학설이 존재한다. 유학은 그 어떤 학문체계보다 인간의 배움과 지식을 중요시한다. 사실 『논어』에는 윤리적·도덕적 가치의 집합인 인(仁)에 관한 표현보다 공자가 꾸준히 강조하고 제자들을 칭찬하는 용어인 배움(學)에 관한 표현이 더 많이 등장한다. 유가사상사의 측면에서 볼 때 배움과 지식을 통해 성인이 될 수 있다는 견해는 공자 이후 맹자와 순자에 이르기까지 절대적 지지를 받은 학설로 보인다. 그러나 한당 시대에 이르러 인간의 내면에 대한 세분화된 견해를 시도하게 되었는데, 한유와 왕충 등의 사상가들은 '성인은 이미 선천적으로 결정된 것이지, 인간의 노력으로 도달할 수 없다'라는 견해를 피력했다. 그러다가 송대에 정이천이 이 문제에 대해 깊이 있는 논의를 제시하고 자세한 설명 구조를 확립했다. 그는 선진 시대 사상가들의 견해를 계승하여 '배움과 지식을 통해, 그리고 인간의 노력으로 성인이 될 수 있다'라는 사유를 제시했다. 성인에 대한 이러한 이해 방식은 송대 성리학의 주류를 형성하게 되었으며, 주자 이후 유가사상의 핵심 이론으로 자리매김했다. 김상래, 「정이(程頤) 성인론(聖人論)의 특징에 관한 고찰」, 『한국철학논집』 제56권, 한국철학사연구회, 2018, 151~180쪽.

29 송대는 선진 시대의 백가쟁명 이후 중국 사상·문화의 제2 황금기였다. 전대의 풍부하고 다양한 학술과 사상을 종합하여 정밀하고 완전한 체계를 갖춘 송학 사상체계가 형성되었다. 송대의 문화는 위로는 한당을 계승하고, 아래로는 명청 시대를 예비하는 특징을 갖추고 있었다. 당말 오대의 전란과 분쟁은 기존의 사회질서에 엄중한 충격을 주었고, 당대 중엽부터 시작된 사회구조의 변천은 송대에 이르러 새로운 국면을 조성했다. 사회 변화는 문화 발전에 강력한 활력을 주었으며 서민층을 중심으로 한 서민 문화가 크게 발전했다. 서민 문화의 실용성과 생동감이 풍부한 문화는 점차 송대 문화의 특징으로 발전했다. 사회 생산력의 증가와 더불어 출판 인쇄술의 진전으로 서적 보급이 확대되었으며, 학문의 보편화가 조성됨으로써 자연스럽

게 학술 진흥의 분위기가 형성되었다. 이러한 특징은 북방 유목민족과 동아시아 유학 문화권에서 주도적으로 작용했으며, 송대 이후 중국 문화의 발전에 깊은 영향을 미쳤다. 강길중, 「송대 문화 형성과 인문학의 발전」, 『역사문화연구』 제35호, 한국외국어대학교 역사문화연구소, 2010, 127~162쪽.

30 이런 점에서 니덤의 질문은 '동아시아에서 근대 과학은 언제, 어떤 양상으로 전개되었는가?'와 같은 형식으로 바뀌어야 할 것이다. 이문규, 「동아시아 전통 과학의 발견과 그 영향: 조지프 니덤의 『중국의 과학과 문명』」, 『인간·환경·미래』 제19호, 인제대학교 인간환경미래연구원, 2017, 83~109쪽.

31 『천공개물(天工開物)』은 명나라 말기인 숭정 10년(1637) 강서성 봉신현의 학자 송응성이 저술한 산업기술서다. 전 3권 18부로 구성되어 있다. 전문가·기술자가 아닌 일반 교양인을 대상으로 당시의 산업기술 전반에 대해 실증적으로 상술한 점이 가장 큰 특징이다. 간행 후 유독 일본에 큰 영향을 미쳤는데, 20세기에 들어 중국에서 재발견되어 그 과학성이 높이 평가되었다.

제7장 르네상스: 천상에서 지상으로

1 Franklin Le Van Baumer, ed., *Main Currents of Western Thought: Readings in Western European Intellectual History from the Middle Ages to the Present, 4th Edition* (Boston: Yale University Press, 1978), p. 128에서 인용함.

2 토마스 아퀴나스, 『이단 논박 대전』, 제1권 7장. 4권으로 된 이 작품은 전체적으로 신학적 관점에 따라 다음과 같이 구성되어 있다. 우리가 만약 인간 이성이 신에 대해 탐구할 수 있는 것을 이성의 길에서 추구하려 한다면 무엇보다 먼저 신에게 적합한 것에 대해 고찰하고(1권) 둘째, 신으로부터 피조물이 생성된 것에 대해(2권) 셋째, 피조물이 자신의 목적인 신에게 향해 있는 것에 대해 고찰한다(3권). 아퀴나스는 이에 대해 더욱 상세히 다음과 같이 언급한다. 1권에서는 신의 실존, 본질 그리고 내적인 행위에 대해, 그리고 외부로 향해 있는 신의 행위와 나머지 전체 존재가 2권과 3권에서 논의된다. 2권에서는 다음과 같은 순서로 논의된다. 첫째 사물이 존재에로 생성(2권 6-38), 둘째 사물들의 구분(2권 39-45), 마지막으로 이것이 신앙의 진리에 속하는 한 생산된 사물들과 구분되는 사물들의 본성이 다뤄진다(2권 46-101). 이 작품의 신학적인 인간학의 특징이 3권을 규정하며 특히 3권의 25-63장에서는 행복에 대한 문제가 상세히 논의된다. 3권은 세 단락으로 구분된다. 첫 단락은 신이 모든 사물의 목적인 한에서 신 자체를 다루며, 둘째 단락은 신이 모든 피조물을 이끈다는 점에서 신의 포괄적인 세계 지배를 다루며, 마지막 단락에서는 신이 이성적인 피조물에게 특별히 부여한 통솔권에 대해 논의된다. 4권에서는 이성

의 도움으로 이성을 넘어가는 신앙의 대상에 대해 논의된다. 첫째, 이성의 위에 있는 신앙의 대상이, 예를 들면 삼위일체에 대한 고백이 논의된다(2-26장). 둘째, 육화의 작업과 육화의 결과 등과 같이 이성을 넘어서는 신의 작업이 논의된다(27-78장). 마지막으로 이성을 넘어서고 인간의 종말에서 기대되는 것들이, 예를 들면 부활과 영혼의 영원한 행복, 그리고 이런 것들과 관계되는 것들이 79-97장에서 다루어진다. 토마스 아퀴나스의 『이단 논박 대전』은 '아퀴나스 대이교 대전'이라는 제목으로 박경숙에 의해 『철학사상』 별책 제7권 11호(서울대학교 철학사상연구소, 2006)로 번역, 출간되었다. 원어 표준본: Thomas von Aquin, Summa Contra Gentiles(Sancti Thomae Aquinatis Opera omnia, iussu Leonis XIII P.M. edita, Tomus XIII-XV Summa Contra Gentiles cum Commentariis Francisci de Sylvestris Ferrariensis, cura et studio Fratrum Praedicatorum, Romae 1918-1930). 독일어 표준본: Thomas von Aquin, Summa contra Gentiles, Darmstadt, 2001.

3 토마스 아퀴나스, 이재룡 옮김, 『신학대전 18: 도덕성의 원리』(바오로딸, 2019). 『신학대전』은 다음과 같이 구성되어 있다. 제1부: 하느님의 존재와 본성, 속성 등의 신론과 천사, 인간 등의 피조물 그리고 하느님의 섭리. 제2부의 1: 인간의 궁극목적과 행복론, 인간 행위론, 윤리학, 덕, 법론, 은총론 등. 제2부의 2: 믿음, 소망, 사랑 등 신학적 삼덕과 사추덕 그리고 수도 생활과 신비 생활 등. 제3부: 육화된 말씀과 그리스도론, 마리아론, 성사론. 원어 표준본: Thomas von Aquin, *Summa theologiae*(Sancti Thomae Aquinatis Opera omnia), iussu Leonis XIII P.M. edita, Tomus IV-XII Summa theologiae cum Commentariis Thomae de Vio Cajetani, cura et studio Fratrum Praedicatorum(Romae, 1888-1905). 영어 표준본: Thomas von Aquin, *Summa Theologiae*(London: Eyre & Spottiswoode/New York: McGraw-HillBook Company, 1964-1980).

4 Jacob Burckhardt, *Die Kultur der Renaissance in Italien*, 12te Auflage, 1st Bd(Leipzig: Alfred Kröner Verlag, 1919), p. 111.

5 이탈리아 르네상스는 16세기에 알프스를 넘어 북유럽으로 전파되었다. 그러나 북유럽 르네상스는 이탈리아와 달랐다. 이탈리아 르네상스는 도시적이고 시민적이며 15세기 후반 전제군주의 궁정이 중심이 되긴 했지만 그 기본 성격에는 변함이 없었다. 알프스 이북에서도 도시가 발전하고 봉건사회가 붕괴하고 있었으나 정치의 중심은 절대군주였다. 독일은 이탈리아와 같은 도시국가의 분립이 아니라 봉건적인 영주 국가의 분열로 절대군주화로 나아가고 있었다. 더구나 알프스 이북의 경우 그리스-로마 고전문화 밖의 야만 상태에 놓여 있었다. 그렇기 때문에 이탈리아 인문주의자들이 고전에 열광한 반면, 북방의 인문주의자들은 고전에 대해 냉정한 태도 속에서 비판적으로 생각했다. 특히 북유럽 인문주의자들은 기독교와 성경 원전에 더 많은

관심을 두어서 기독교적 인문주의의 길을 걷게 되었다. 그 대표적인 인물이 로테르담 출신의 에라스무스(1466~1536)다. 에라스무스는 하느님의 은혜와 별도로 인간을 이성과 자유의지를 바탕으로 스스로를 실현할 수 있는, 현대적 관점과 유사한 인격적 존재로 파악했다. 카를로스5세 치하의 스페인은 에라스무스 사상으로 충만해 있었으며, 대문호 세르반테스의 문학 성향도 에라스무스의 인본주의 사상에 의해 형성된 면을 드러내고 있다. 에라스무스의 인문주의 사상에 대해서는 다음 책을 볼 것. 안톤 J. 가일, 정초일 옮김, 『에라스무스』(한길사, 1998).

6   『데카메론』은 시대사적으로는 당대의 온갖 인간 삶들의 기록이고, 문학사적으로는 후대의 무한한 예술적 상상력의 보고이자 유럽 산문 소설의 모범이라는 평가를 받는다. 『데카메론』속 이야기들은 보카치오가 새롭게 만들어낸 것이 아니라, 이전부터 전해 오던 고전들을 탐구해 차용한 후 문학적 상상력을 통해 당대적 의미를 '새롭게' 부여한 것이다. 고대 그리스-로마 문화의 기본 관심은 인간에 있지만 그 묘사 방식에서 그리스는 이상적 성향을, 로마는 이와 대비되게 사실적, 현실적, 실용적, 오락적 성향을 띠는데, 『데카메론』에는 이 두 문화의 요소가 어우러져 나타난다. 따라서 작품의 시선은 인간을 향하고, 묘사 면에서는 다양성의 인정, 현실적인 실리 추구, 기독교 세력의 타락상과 위선 풍자, 여성들의 성적 욕망 추구 등 세속적인 현실의 천태만상을 희극적으로 드러내고 있다. 이는 중세의 경건하고 신성하고 엄숙함을 강조하던 신 중심적 시각과는 매우 차별화된다. 장지연, 「『데카메론』속 문학적 상상력과 르네상스」, 『이탈리아어문학』 제63권, 한국이탈리아어문학회, 2021, 29~59쪽.

7   『칸초니에레(Canzoniere)』는 페트라르카가 젊었을 때 만난 라우라라는 여인에 대한 사랑의 노래를 담은 서정시집이다. 그는 이탈리아어로 인간과 자연의 아름다움을 있는 그대로 새롭게 노래하여 최초의 '근대인'으로 불리게 되었다. 로잔나 베타리니는 "서양 시문학을 통틀어 수세기 동안 끊임없이 이야기된 한 권의 시집이 있다면 그것은 바로 페트라르카의 『칸초니에레』"라고 평가했다. Rosanna Bettarini, *Antologia della poesia italiana : dirreta da Cesacre Segre e Carlo Ossola* (Torino: Einaudi, 1993), p. 3.

8   복음의 순수성과 초대 교회의 청빈을 회복하고자 했던 왈도는 순종적 태도보다는 저항 정신을 드러냄으로써 이단시되고 역사 속에서 주변인으로 취급되었다. 왈도의 개혁의 근거와 배경은 무엇보다 신약성서 복음서의 말씀이다. 그는 「누가복음」 10장 4~5절의 말씀처럼 자신의 재산을 가난한 이들에게 나누어주고 복음 전도에 치중하는 삶을 살았다. 이곳저곳 옮겨 다니면서 복음서의 말씀을 간단명료하게 전하는 것은 왈도파에게 중요한 전통이 되었다. 왈도파는 읽기와 쓰기, 복음서와 바울 서신을 가르쳤다. Gabriel Audisio, *Preachers by Night : The Waldensian Barbes(15th-16th Centuries)*, trans„ by Claire Davison(Leiden: Brill, 2007), p.

101.

9   독일어권의 종교개혁 이전에 기독교 개혁의 토대를 놓은 이탈리아 왈도파의 종교개혁을 '제1의 종교개혁' 운동으로 규정하기도 한다. 이는 체코의 교회사학자 아메데오 몰나르의 주장에 근거한다. 한편 마르크바르트는 독일 신학이 실천과 연결되지 못하고 사변적으로 흘러온 것과 더불어 루터 신학의 제반 문제점을 비판하면서 체코 종교개혁이 '제1의 종교개혁'이라고 강조한다. Friedrich-Wilhelm Marquardt, *Von Elend und Heimsuchung der Theologie: Prolegomena zur Dogmatik* (Gütersloh: Gütersloher Verlagshaus, 1992), p. 9.

10 교황권이 프랑스 아비뇽에 정착하게 된 계기는 1303년 필리프4세 일파가 교황 보니파키우스8세에게 폭력을 가한 일명 '아나니 따귀 사건'이다. 13세기 동안 교황은 왕과 같은 중앙집권적 권력자들을 파문으로 위협하며 자신의 '영적 권위'를 보편적으로 확립할 수 있었다. 교황의 파문은 지방분권 세력들에게 반란의 빌미와 봉기의 정당성을 적극적으로 제공하는 것이었기 때문이다. 그러나 14세기 초 프랑스는 신성성을 내세우는 왕권을 중심으로 비교적 견고하게 통합되어 있었다. 교황의 파문장은 별 영향력을 발휘하지 못했고, 필리프4세는 프랑스 인민의 대표들을 소집하여 단결력을 과시하는 한편 교황 정책의 이단적 성격을 고발했다. 한편 교황직을 자신들의 전유물로 생각하던 이탈리아인들은 로마에 압력을 가하여 새 교황으로 나폴리 출신의 우르바누스6세(재위 1378~1389)를 선출하게 했다. 그러나 기존의 프랑스인 추기경들은 그의 자질과 자격을 문제 삼으면서 아비뇽으로 철수하여 새 교황으로 클레멘스7세(재위 1378~1394)를 선출했다. 이렇게 해서 아비뇽과 로마에 두 명의 대립 교황이 들어서게 되어 결국 교회 대분열이 발생하고 말았다. 이들은 서로에게 각종 비난과 파문을 가하며 교황권의 지위를 더욱 떨어뜨렸고 나아가 백년전쟁과 맞물려 교황권 자체를 각 국가 사이의 정치적 내깃거리가 되게 했다. 친프랑스 세력의 지지를 받는 아비뇽 교황과 친영국 세력의 지지를 받는 로마 교황은 서로 치열한 투쟁을 벌였다.

제8장 근대성의 시작

1   프톨레마이오스1세가 알렉산드리아에 설립한 무세이온(Museion)은 헬레니즘 시대부터 5세기에 이르기까지 고대 학문의 중심지였다. 75만 권을 소장한 무세이온은 도서관, 동물원, 식물원, 천문대, 실험실, 해부실을 갖추고 있었으며 약 100여 명의 학자가 활발한 연구 활동을 벌였다. 기원전 3세기에 국립 연구기관으로 설립된 무세이온은 처음에 이집트 왕, 그리고 후에 로마 황제의 후원으로 기원전 140년부터 서기 80년까지 크게 발전했다. 그후 실용적인 기술의 중시로 인해 기초과학 연구는

다소 침체했으나 헬레니즘 시대에 이르러 그리스 과학을 전승하여 발전하기 시작했고 많은 학자가 몰려들어 헬레니즘 시대 과학의 중심지가 되었다. 무세이온 출신의 대표적인 학자로는 에우클레이데스, 아폴로니우스, 아리스타르코스, 에라토스테네스, 아르키메데스, 헤론, 헤로필로스 등이 있다. 무세이온에 대해서는 다음 책을 볼 것. 홍대길, 『과학관의 탄생: 자연과 과학을 모은 지식창고의 역사』(지식의날개, 2021), 37~57쪽.

2   1543년 코페르니쿠스의 『천구의 회전에 관하여』가 출판되자, 자연에 대한 인간의 이해 방식에서 다른 근본적인 변화들도 빠르게 나타났다. 이러한 혁신들 가운데 대다수는 코페르니쿠스의 천문학 이론에 따른 예기치 않은 부산물로, 이는 한 세기 반 뒤 뉴턴의 우주 관념에서 정점에 도달했다. 토머스 쿤, 정동욱 옮김, 『코페르니쿠스 혁명』(지만지, 2016), 4쪽.

3   토머스 쿤, 『코페르니쿠스 혁명』, 위의 책, 333~334쪽.

4   아리스토텔레스의 지구 중심 우주체계는 곧 결함을 드러냈다. 예를 들면, 달의 크기는 관측 시기에 따라 8~10퍼센트의 변동을 보인다. 마찬가지로 행성들도 밝기의 변화를 나타내는데 이러한 현상은 지구에서 행성까지의 거리 또는 지구에서 달까지의 거리가 변한다는 것을 의미한다. 그러나 이것은 아리스토텔레스의 지구 중심 우주체계에서는 일어날 수 없는 일이었다. 별이 일정한 크기의 천구에 붙어 있다면 밝기나 크기의 변화를 보일 수 없기 때문이다. 게다가 당시 그리스 사람들은 알렉산드로스대왕의 정복 덕분에 바빌로니아인이 축적해놓은 수많은 천문학 자료를 접할 수 있었다. 그들은 아리스토텔레스의 지구 중심 우주체계가 이들 자료와 일치하지 않는다는 사실을 발견했다. 당연히 아리스토텔레스 체계를 수정할 필요성이 제기되어 수백 년에 걸쳐 수정 작업이 이뤄졌다. 아리스토텔레스 우주 모형에 대한 수정 작업은 프톨레마이오스에 의해 절정을 이루었다. 이집트 알렉산드리아에 살며 고대 그리스 문화를 연구한 천문학자 프톨레마이오스는 태양, 달, 행성의 운동을 계산한 결과를 실은 『천문학 집대성』을 저술했으나 로마제국의 몰락과 함께 세속적인 학문이 쇠퇴하면서 유럽에서 잠시 사라졌다. 그후 아랍에 전해졌던 그 책이 아랍어로 번역되었고, 후에 '가장 위대한 것'이라는 뜻의 '알마게스트(Almagest)'라는 제목으로 유럽에 역수입되었다. 조송현, 「프톨레마이오스, 아리스토텔레스 우주론을 수정하다」, 『인저리타임』, 2017년 2월 4일자.

5   코페르니쿠스 혁명이 천문학에서 세계관 전체로 확장되기 위해서는 갈릴레이, 데카르트, 뉴턴이 필요했다. 뉴턴에 이르러 지상계와 천상계가 분리된 유한한 우주가 지상계와 천상계가 동일한 원리를 따르는 무한한 우주로 변모했다. 강형구, 「토머스 쿤, 정동욱 옮김, 『코페르니쿠스 혁명』(지만지, 2016) 서평」, 『한국과학사학회지』 제39권 1호, 한국과학사학회, 2017, 203~208쪽.

6   오언 깅그리치·제임스 맥라클란, 이무현 옮김, 『지동설과 코페르니쿠스』(바다출판사,

2006), 118~119쪽.

7 　데이비드 우튼은 근대 과학이 튀코 브라헤가 신성, 즉 새로운 별을 관찰했던 1572
년과 뉴턴이 『광학』을 출간한 1704년 사이에 발명되었다고 주장한다. 데이비드 우
튼, 정태훈 옮김, 『과학이라는 발명: 1572년에서 1704년 사이에 태어나 오늘의 세계
를 만든 과학에 관하여』(김영사, 2020).

8 　기존의 과학사학자들은 코페르니쿠스에서 뉴턴에 이르기까지 과학혁명의 신화에
대해 비판적으로 보며 혁명이 아니라고 지적해왔다. 그러나 역사학자 데이비드 우
튼은 이에 이의를 제기하며 17세기 과학혁명을 신대륙 발견과 같은 것으로 평가했
다. 그는 근대 과학은 튀코 브라헤가 신성을 관찰한 1572년과 뉴턴이 『광학』을 출
간한 1704년 사이에 발명되었으며, 이 시기 과학은 이전의 과학에 없던 힘을 갖고
있었다고 주장했다. 그의 주장에 따르면 1572년부터 1704년 사이에 이미 근대 과
학의 본질이 결정된 셈이다. 우튼은 콜럼버스, 코페르니쿠스, 튀코 브라헤, 갈릴레
이, 케플러, 데카르트, 뉴턴, 파스칼 등 주요 인물들의 흥미로운 활동을 소개하면서
사실, 증거, 자연법칙, 실험, 관찰, 이론 등 우리가 오늘날 사용하는 과학 용어들이
언제 어떻게 정립되었는지를 분석한다. 개념의 혁명은 언어의 혁명이 있었는지를 살
펴봄으로써 쉽게 검증할 수 있다는 것이다. 언어의 혁명은 실제로 과학의 혁명이 있
었는지에 대한 최상의 증거이기 때문이다. 데이비드 우튼, 『과학이라는 발명』, 위의
책, 75~76쪽.

9 　케플러는 1609년에 『새로운 천문학(Astronomia nova)』, 그리고 1619년에 『우주
의 조화(Harmonices mundi)』를 출간했다.

10 　케플러가 쓴 『새로운 천문학』의 부제는 '튀코 브라헤 경의 관측과 화성의 운동을
고찰한 결과 얻어진 인과율 또는 천계의 물리학에 의거한 천문학'이다.

11 　갈릴레이는 망원경으로 확인한 태양흑점의 위치를 통해 태양이 자전한다는 사실을
알아내고 1613년 『태양의 흑점에 관해 마르크 벨저에게 보내는 편지』를 발간했다.
이 책에서 그는 코페르니쿠스의 『천구의 회전에 관하여』를 입증했다.

12 　갈릴레이가 태양 자전에 관심을 집중하게 된 계기는 독일의 예수회 천문학자 크리
스토프 샤이너와 태양에서 관측된 흑점의 위치, 운동, 본질 등을 주제로 벌인 논쟁
이었다. 갈릴레이는 1612년 1월 말 흑점에 관한 견해가 담긴 샤이너의 편지 세 통
을 받은 뒤 망원경을 사용하여 흑점을 본격적으로 관측하기 시작했다. 그리고 다
음 해 3월 자신의 연구 결과를 담은 『태양의 흑점에 관해 마르크 벨저에게 보내는
편지』를 출간하여 태양이 자전함으로써 흑점을 움직인다는 견해를 피력했다. 흑점
논쟁의 발생 및 진행 양상에 대한 논의와 편지 전문의 영문판은 다음 책을 볼 것.
Galileo Galilei and Christoph Scheiner, *On Sunspots*, trans. and intro., by
Eileen Reeves and Albert van Helden(Chicago: University of Chicago
Press, 2010).

13 갈릴레이는 유체우주설의 배경 아래 지구와의 비유를 통해 태양 주위에 유체 대기를 도입하여 태양을 유체로 둘러싸인 고체로 개념화하고 고체와 유체에 관한 학설을 확장함으로써 태양을 둘러싼 대기의 운동 그리고 태양 본체와 대기 사이의 관계에 대해 논의했다. 이를 통해 태양 자전을 증명하기 위해 갈릴레이는 흑점 관측 및 수학 논증과는 다른 여러 자연철학적 요소를 동원해야 했다. 조장현, 「갈릴레오의 흑점 연구와 태양 자전 논증」, 『한국과학사학회지』 제42권 1호, 한국과학사학회, 2020, 1~27쪽. 그러나 존 헤일브론 등 기존의 갈릴레이 연구자들은 태양 자전에 관한 갈릴레이의 논증이 유체우주설과 물질론에 주목한 바를 보여주고 있지만, 태양 자전을 입증하기 위한 자연철학적 요소는 단지 자신의 설득력을 높이기 위한 것에 불과하다고 주장했다. John Heilbron, *Galileo* (Oxford: Oxford University Press, 2010), pp. 187-190.

14 갈릴레이는 크리스티나 대공비에게 보낸 편지에서 자신은 "태양이 자전한다"고 생각하며 이를 "흑점에 대한 편지에서 확정적으로 증명했다"라고 단언했다. 이는 갈릴레이가 수리과학적 요소와 우주설 및 물질 이론과 같은 자연철학적 이론을 융합하여 밝혀낸 성과다. "Galileo's Letter to the Grand Duchess Christina(1615)," in Maurice A. Finocchiaro, ed., *The Galileo Affair* (Berkeley: University of California Press, 1989), pp. 87-118.

15 갈릴레이는 1616년 로마교황청의 로베르토 벨라르미노 추기경으로부터 더 이상 코페르니쿠스주의를 참된 우주체계로 주장하지 말라는 경고를 받았다. 이는 1633년 그가 태양중심설을 철회해야 했던 종교재판의 계기가 되었다.

16 『두 우주체계에 관한 대화』는 "4일 동안 프톨레마이오스와 코페르니쿠스의 체계에 관하여 철학적 및 자연적 원인을 어느 한쪽에 치우치지 않고 공정하게 논하다"라는 판정을 받고 1632년에 출판되었다.

17 이 책은 당시 전문 학술 서적의 양식을 따르지 않고 이탈리아 일반 독자를 염두에 두고 작성되었다. 세 명의 화자(살비아티, 심플리치오, 사그레도)가 등장하며, 그들 사이의 대화를 통해 두 우주체계를 비교한다. 이에 대해서는 다음 책을 참조할 것. 오철우, 『갈릴레오의 두 우주 체계에 관한 대화: 태양계의 그림을 그리다』(사계절, 2009).

18 1882년에 이르러 지동설을 주장해도 처벌을 받지 않게 되었고 1835년 코페르니쿠스, 케플러, 갈릴레이의 책들이 금서 목록에서 해제되었다. 1992년 교황 바오로2세는 갈릴레이 재판에 대해 가톨릭교회의 잘못을 공식적으로 인정했다.

19 『자연철학의 수학적 원리』는 서양의 과학혁명을 집대성한 책 가운데 하나로, 1687년 총 3권으로 출간되었으며 라틴어로 쓰였다. 이 책에서 뉴턴은 고전역학의 바탕을 이루는 뉴턴의 운동 법칙과 만유인력의 법칙을 기술했다. 당시 케플러가 천체의 운동에 대한 자료를 바탕으로 알아낸 행성 운동 법칙을 뉴턴은 자신의 두 법칙으

로 증명해냈다. 이러한 일련의 작업은 코페르니쿠스에서 시작되어 케플러, 갈릴레이를 거쳐 이뤄져온 천문학 혁명을 완성하는 한편, 갈릴레이 이후 데카르트, 하위헌스 등을 통해 이뤄진 근대 역학의 바탕이 되었다. 이 저작의 첫 영어판은 *The Mathematical Principles of Natural Philosophy*, trans., by Andrew Motte(New York: Adee, 1864)이며, 국내에서는 라틴어 원본으로도 출판되었다. 『자연철학의 수학적 원리, 이삭 뉴턴 저. 라틴어』(뉴가 출판사, 2019).

20 1704년 뉴턴이 빛은 운동하는 입자로 구성되어 있다는 내용을 이론적으로 기술한 『광학』을 출간한 이후, 빛의 입자설은 1세기 이상 과학계를 지배하며 하위헌스의 이론을 완전히 압도하고 있었다. 이에 대해서는 다음 책을 볼 것. Stephen F. Mason, *A History of the Sciences*(New York: Collier Books, 1962).

21 그후 하위헌스 원리는 프레넬에 의해 확장되었다. 프레넬은 2차 파가 간섭한 결과라는 생각을 보충하여 하위헌스 원리를 완성했다. 따라서 이것을 '하위헌스-프레넬 원리'라고도 한다.

22 3차방정식의 해법을 처음 발견한 사람은 스키피오네 델 페로다(1500년경). 당시에는 새로운 것을 발견해도 논문으로 발표하던 시대가 아니어서 한동안 알려지지 않았다. 그후 타르탈리아가 1539년 3차방정식의 해법을 발견하고 카르다노에게 전했다. 카르다노는 페로와 타르탈리아의 방법이 똑같다는 것을 알게 되었다. 그는 페로와 타르탈리아의 해법을 자신의 방식으로 설명했는데, 그의 설명은 수체계가 정립되지 않던 시기에 만들어져서 상당히 난해했다. 이 해법이 깔끔하게 정리된 것은 1732년 오일러에 의해서였다. Morris Kline, *Mathematical Thought from Ancient to Modern Times, Vol. 1*(Oxford: Oxford University Press, 1972).

23 『인체의 구조』(파브리카)의 제1권은 두개골과 골격, 제2권은 근육, 제3권은 순환계, 제4권은 신경계, 제5권은 복부의 장기들, 제6권은 심장과 폐, 제7권은 뇌와 안구의 구조를 보여준다. 베살리우스는 벨기에 브뤼셀의 의사 집안에서 태어나 루뱅에서 공부했다. 1533년 그는 의사가 되기 위해 파리대학교에 진학하여 실비우스 등에게서 갈레노스 해부학을 배운 후 마침내 1537년 파도바대학교의 의사가 되었다.

24 베살리우스의 해부학에서 늘 티치아노, 얀 스테판 반 칼카르와 같은 저명한 예술가가 거론되는 이유다. 베살리우스의 해부학 관련 자료에 수록된 다양하고 정교한 인체 구조도는 화가들의 도움으로 가능했다. 르네상스 예술가들의 해부학에 대한 적극적인 관심은 레오나르도 다빈치의 인체 해부도에서 볼 수 있다. 물론 다빈치는 의학적인 관심에서라기보다는 사실적인 그림을 위해 인체에 대한 지식이 필요했다. 다빈치의 유명한 인체 해부도는 밀라노 남쪽에 위치한 파비아대학교의 해부학 교수가 해부학 교재를 함께 만들자고 제안함에 따라 제작되었다. 다빈치의 역할은 인체 해부 과정에서 해부도를 그리는 것에 한정되었는데, 해부학 교수가 교재 완성 전에 사망하는 바람에 다양한 종류의 인체 해부도만 남겨졌다. 바로 이 점 때문에 다빈

치가 분명 해부학에 큰 기여를 했지만 그를 해부학자로 보기에는 어려움이 있다.

25 구강 해부학에 관한 유스타키오의 업적에 대해서는 다음 논문을 볼 것. 이영훈·박
    병건, 「구강 해부학에 관한 Bartolomeo Eustachio의 업적: "Libellus de
    Dentibus"의 주요 내용」, 『대한구강해부학회지』 제39권 1호, 대한구강해부학회,
    2018, 61~71쪽.

26 『알키미아(Alchymia)』에서 리바비우스는 화학 기법과 실행을 총망라하여 명확하
    게 보여주고 있다. 또 리바비우스는 화학을 숙련자들의 비밀주의에서 벗어나 과학
    의 영역으로 확립했다. 즉 화학의 기교에 관한 축적된 문헌들로부터 사람들을 지적
    으로 납득시킬 수 있는 화학 기법 및 처방의 변증적 논리를 창안해냈다. Owen
    Hannaway, *The Chemists and the Word: The Didactic Origins of
    Chemistry*(Baltimore: Johns Hopkins University Press, 1975), pp. 117-151.
    『알키미아』의 복잡한 서지 목록에 관한 해설은 다음의 책을 참조할 것. J. R.
    Partington, *A History of Chemistry, Vol. 2*(London: Macmillan, 1961), pp.
    247-250.

27 이슬람 화학자·기술자인 이븐 알바이타르는 1280년경 『기마술과 병기』라는 병서에
    서 흑색화약의 주원료인 초석을 '중국의 눈[雪]'이라고 소개하고 제조법을 상세히
    설명했다.

28 화약은 중국의 연단술사들이 불로장생의 단약(丹藥)을 제조하는 과정에서 우연히
    발명되었다. 화약이 처음 발명된 시기는 대략 7세기로 알려져 있다. 당나라의 연단
    술사이자 의사인 손사막은 『단경내복유황법』에서 "유황과 초석이 각각 2량씩 든
    항아리에 조각자(쥐엄나무 열매의 씨) 3개를 넣고 불을 지펴 불꽃이 일어날 때 목
    탄 3근을 넣는다. 목탄이 3분의 1쯤 탔을 때 불을 끄고 혼합물을 꺼내는데, 그것이
    바로 복화(伏火)다."라고 상술했다. 여기서 유황, 초석, 목탄은 화약과 같은 성분이
    어서 복화가 곧 화약의 시초로 여겨지고 있다. 화약이란 단어는 도교의 경전을 집
    대성하여 1445년에 발간된 『도장』에 등장한다. 화약은 오랫동안 약재의 일종이었다.
    1596년 이시진이 편찬한 『본초강목』에 "화약은 창선과 살충에 주효하며 습기와 온
    역을 제거하기도 한다."라고 소개되어 있다. 또 화약은 중국에서 명절에 액운과 재
    앙이 물러가도록 기원하는 불꽃놀이에도 사용되었다. 중국의 과학기술 연구와 과학
    발명의 근원을 크게 수리 공사, 농업, 수학, 천문, 제지와 인쇄술, 화약, 기계, 건축 등
    9개 분야로 나눠 체계 있게 소개한 저서는 다음과 같다. 치엔웨이창, 오일환 옮김,
    『중국역사 속의 과학발명』(전파과학사, 1998).

29 서유럽의 군사 과학기술이 발전시킨 위대한 걸작품이 바로 화약 발사 무기인 대포
    와 소화기다. 화승총으로 봉건 기사계급을 무너뜨린 최초의 전쟁은 1525년 이탈리
    아 북부에서 신성로마제국 카를5세와 프랑스 프랑수아1세가 벌인 파비아전투다.

30 이러한 변화를 군사 혁명이라 한다. Michael Roberts, "The Military Revolution

1560-1660," in Clifford J. Rogers, ed., *The Military Revolution Debate: Readings on the Military Transformation of Early Modern Europe*(London: Routledge, 1995), pp. 13-35. 그리고 Geoffrey Parker, *The Military Revolution: Military Innovation and the Rise of the West, 1500~1800*(Cambridge: Cambridge University Press, 1988), pp. 6-44. 이에 대해 다음 책을 볼 것. 크리스터 외르겐첸 외, 최파일 옮김, 『근대 전쟁의 탄생: 1500~1763년 유럽의 무기, 전투, 전술』(미지북스, 2011).

31 예컨대 1472년 밀라노에서 18문의 사석포(bombard)를 이동, 설치하는 데 522쌍의 황소와 227대의 마차가 동원되었다. Michael Howard, *War in European History*(Oxford: Oxford University Press, 1975), pp. 30-31.

32 프랑스인들은 기존의 조잡한 화포와 구분하기 위해 '카논(cannon)'이라는 용어를 만들었는데, 이는 '원통'을 뜻하는 라틴어 칸나(canna)에서 비롯되었다.

33 Michael Howard, *War in European History*, 위의 책, p. 21.

34 어니스트 볼크먼, 석기용 옮김, 『전쟁과 과학, 그 야합의 역사』(이마고, 2003), 134쪽.

35 유럽을 경악하게 한 프랑스의 신무기, 대포는 백년전쟁(1337~1453) 때 개발된 것으로 알려져 있다. 영국의 비장의 무기인 장궁의 장거리 공격으로 중무장 기사단이 패배하자 큰 충격을 받은 프랑스 왕 샤를7세는 결정적인 신무기를 개발하기 위해 당대 유럽 최고의 수학자, 과학자, 공학자를 프랑스로 불러들였다. Science, Technology, and Warfare: The Proceedings of the Third Military History Symposium United States Air Force Academy 8-9 May 1969, pp. 33-36.

36 이에 관해 다음 책을 볼 것. William H. McNeill, *The Pursuit of Power: Technology, Armed Force, and Society since A.D. 1000*(Chicago: Chicago University Press, 1982).

37 Rosemary Horrox, *The Black Death*(Manchester and New York: Manchester University Press, 1994), p. 207. 최근 연구에 따르면 1348년부터 1350년까지 서유럽 기독교 세계에서 유대인 공동체에 대한 학살이 광범위하게 자행되었다. Samuel K. Cohn Jr., "The Black Death and the Burning of Jews," *Past and Present*, Vol. 196(2007), pp. 3-36. 14세기 중반 서유럽 사회는 흑사병이라는 미증유의 재난에 직면하여 공포와 불안에 휩싸였다. 이는 유대인이 기독교도를 살해하기 위해 우물에 독을 푼다는 음모론의 생산과 유통으로 이어져 유대인 대량 학살의 명분을 제공했다. 이 음모론의 이유는 다음과 같다. 첫째, 유대인이 자백을 통해 죄를 인정했기 때문이다. 둘째, 사회적으로 어려운 상황에서 사회 구성원들은 소수자를 타자로 만들고 희생양으로 삼는 경향이 있다. 셋째, 종교적·심성적인 면에서 기독교 사회에 내재되어 있던 반유대인 정서 역시 유대인 음모론이 실재한다고 믿게 했다. 음모론 및 유대인을 대하는 태도는 계급과 계층에 따라 달랐다. 각자의 이

해관계 및 입장에 따른 것이었다. 민중은 종교적·심성적 맥락과 정치적·경제적 상황에 따라 유대인 학살을 자행했다. 도시 엘리트 계층은 경제적·사회적 이유에서 유대인을 보호하고자 했다. 교회 당국은 교리적 전통에 따라 유대인을 보호하고자 했으나 실패로 끝났다. 이상동, 「흑사병 창궐과 유대인 학살(pogrom): 1348~51년 유대인 음모론과 사회적 대응」, 『서양중세사연구』 제47권, 한국서양중세사학회, 2021, 153~186쪽.

38 가브리엘레 데 무시스 이야기의 원제목은 '1348년에 있었던 병, 즉 죽음의 역사'다. A. G. Tononi, "La Peste dell'anno 1348," *Giornale ligustico di Archeologia, storia et letteratura 11*(1884), pp. 144-152 ; Rosemary Horrox, *The Black Death*, 위의 책, pp. 14-26. 인용문은 남종국, 「흑사병의 서유럽 전파에 관한 오해와 왜곡: 무시스의 기록을 중심으로」, 『의사학』 제30권 3호, 대한의사학회, 2021, 467쪽에서 인용함.

39 Hannah Barker, "Laying the Corpses to Rest: Grain, Embargoes, and Yersinia pestis in the Black Sea, 1346-48," *Speculum*, Vol. 96, No. 1(2021), pp. 98-126. 그런버그도 카파 공성전이 끝나고 평화가 다시 찾아오면서 재개된 곡물 무역이 흑사병의 확산에 결정적인 역할을 했다고 말한다. Moshe Grinberg, "Janibeg's Last Siege of Caffa (1346-1347) and the Black Death: The Evidence and Chronology Revisited," *Turkological Studies*, Vol. 1, No. 2(2018), pp. 19-32.

40 이에 대해서는 다음 책을 볼 것. 마르크 블로크, 「생활조건과 정신적 분위기」, 『봉건사회 1』, 위의 책. 흑사병이 신의 징벌이라는 것은 중세 기독교인뿐만 아니라 지중해의 무슬림에게도 널리 퍼져 있던 일반적인 인식이었다. 전염병에 직면한 무슬림들은 이러한 재앙이 신의 뜻이라고 생각했고, 대다수 학자와 법률가 들은 이 전염병을 신학적 관점에서 설명하려고 했다. 의사들조차 종교적 관점에서 이를 이해하려고 했다. Michael Walters Dols, *The Black Death in the Middle East*(Princeton: Princeton University Press, 1977), pp. 109-121.

41 카스티야의 이사벨1세와 아라곤의 페르난도2세는 1492년 3월 31일 알함브라 칙령을 선포하고 유대인들을 7월 31일까지 모두 추방했다. 알람브라 칙령과 이전 박해의 결과로 20만 명 이상의 유대인이 가톨릭으로 개종했으며 4만~10만 명이 추방되었다. Robert Rinehart and Jo Ann Browning Seeley, "Spain: A Country Study, Chapter 1-Hispania," Library of Congress County Series(1998). 이에 대해서는 다음 책들을 참고할 것. John Edwards, *Ferdinand and Isabella*(New York: Pearson, 2004) ; Joseph Pérez, *History of a Tragedy: The Expulsion of the Jews from Spain*(Urbana: University of Illinois Press, 2007).

42 유대인들의 보석 거래 가운데서도 다이아몬드가 가장 이윤이 많이 남았다. 그러자 유대인 보석 상인들은 인도에 있는 유대인 공동체와 협력해 직접 다이아몬드 원석

을 들여와서 이를 가공해 팔았다. 기원전 3세기부터 2천 년간 인도는 세계에서 유일한 다이아몬드 생산국이었다. 이후 17세기 말 베네치아의 유대인 페루치가 '브릴리언트 커팅'을 개발하면서 다이아몬드가 명실상부한 최고의 보석이 되었다. 안트베르펜의 유대인들은 보석 물량이 점차 많아지자 이번에는 가공한 물건을 외국에 있는 유대인 공동체와 손잡고 수출하기 시작했다. 다이아몬드 산업은 이렇게 유대인이 '수입-가공-수출-유통' 과정을 모두 장악함으로써 유대인 공동체의 독점 산업이 되었다. 독점이다 보니 부르는 게 값이었고, 유대인들은 이 시장을 확고히 지배했다. 홍익희, 「제2부 유대인 세계 경제사의 주역으로 우뚝 서다」, 『유대인 이야기: 그들은 어떻게 부의 역사를 만들었는가』(행성:B잎새, 2013).

43 17세기 말 암스테르담에 1만 명에 달하는 유대인이 살고 있었다. 맥스 I. 디몬트, 「새로운 예루살렘 '암스테르담'」, 김구원 옮김, 『책의 민족: 유대인 디아스포라 4천 년의 역사』(교양인, 2019).

44 게토(ghetto)라는 단어는 1516년 베네치아에 설치된 유대인 거주 지역에 처음 사용된 것으로, 1555년 로마에 게토가 설치된 이후 일반화되었다. 게토에서는 유대인 공동체로서 어느 정도의 자치를 허용했으나 시민권은 절대 주지 않았다. 게다가 게토를 나갈 때는 유대인임을 증명하는 노란색 옷과 챙 달린 뾰족 모자를 걸치고 마크까지 달아야 했다. 해가 진 후에는 게토 밖으로 나가는 것이 완전히 금지되었으며 기독교인들이 보초를 서며 게토를 감시했다. 베네치아에서 보초를 세우는 데 드는 비용은 유대인들이 부담해야 했다. Benjamin Ravid, "Curfew Time in the Ghetti of Venice," in Ellen Kittell and Thomas F. Madden, eds., *Medieval and Renaissance Venice*(Urbana: University of Illinois Press, 1999), pp. 237-275.

45 Martin Luther, "The Jews & their Lies," in *Luther's Works, Volume 47: The Christian in Society IV*(Philadelphia: Fortress Press, 1971), pp. 268-293.

46 종교개혁과 유대인에 관한 최근 연구로는 다음 책을 볼 것. Kenneth Austin, *The Jews and the Reformation*(New Haven: Yale University Press, 2020).

제9장 인간 이성의 힘

1 에곤 프리델은 흑사병이 발발한 1348년을 "근대 인간을 수태한 해"라고 평가하며 그 참혹한 전염병으로 인해 근대가 탄생했다고 분석한다. Egon Friedell, *Kulturgeschichte der Neuzeit*(München: Dt. Taschenbuch-Verlag, 1984), p. 64.

2 윌리엄 맥닐, 허정 옮김, 『전염병과 인류의 역사』(한울, 1998), 178~179쪽. 이 밖에

이집트를 비롯한 중동 지역의 흑사병 피해도 결코 작은 규모가 아니었다. 중동 지역에 관해서는 다음 책을 참조할 것. Michael Walters Dols, *The Black Death in the Middle East*, 위의 책.

3   11세기 후반부터 고대 그리스와 아랍의 많은 의학서가 번역, 소개되어 유럽 의학이 이론적으로 크게 발전하기 시작했다. 중세 말까지 유럽의 각 대학이 가르친 의학 지식은 대부분 그리스와 아랍 의학서의 내용이었다. 1405년 볼로냐대학교의 의학 커리큘럼을 살펴보면 주로 히포크라테스, 갈레노스, 아비센나(이븐시나)의 저서들이었다. 이 가운데 아비센나의 『의학 전범』이 이탈리아 대학교에서 가장 영향력이 컸다. Nancy G. Siraisi, "Changing Concepts of the Organization of Medical Knowledge in the Italian Universities: Fourteenth to Sixteenth Centuries," Fondazione Leone Caetani, ed., *La diffusione delle scienze islamiche nel medio evo europeo*(Roma: Accademia dei Lincei, 1987), p. 291.

4   절대왕정이란 군사조직과 관료조직을 통해 전 영토를 영주나 봉건귀족이 아니라 왕이 직접 통치하는 정치체제를 말한다. 관리는 귀족이 아닌 중산층이나 시민계급 출신이었으며 녹봉을 받았다. 따라서 관료제는 국가 재정 지출을 증대시켰다. 절대주의 국가는 진정한 의미의 근대적인 국민국가가 아니라 민족주의의 선행 조건이었다. 절대왕정은 시민계급과 귀족계급의 대립 관계의 산물이었다. Immanuel Wallerstein, *The Modern World-System 1: Capitalist Agriculture and the Origins of the European World-Economy in the Sixteenth Century*(New York: Academic Press, 1974), pp. 145-160. 절대주의에 대해서는 다음 책을 볼 것. 페리 앤더슨, 김현일 옮김, 『절대주의 국가의 계보』(현실문화, 2014).

5   그중 약 18퍼센트 이상의 노예가 승선 과정, 항해 중간, 하역 과정에서 사망했다. Herbert S. Klein, Stanley L. Engerman, Robin Haines and Ralph Shlomowitz, "Transoceanic Mortality: The Slave Trade in Comparative Perspective," *The William and Mary Quarterly*, Vol. 58, No. 1(2001), pp. 93-118.

6   노예무역은 18세기의 마지막 20년 동안 정점에 달했다. 영국의 경우 18세기 초중반 서인도제도 식민지에서 노예무역 및 노예 농장제를 추진했다. 이는 유럽의 설탕 수요 증가로 사탕수수 재배가 가능한 이 지역의 경제적·전략적 중요성이 높아진 데 따른 것이었다. Patrick O'Brien, "European Economic Development: The Contribution of the Periphery," *The Economic History Review*, Vol. 35, No. 1(1982), pp. 1-18 ; Hugh Thomas, *The Slave Trade. The History of the Atlantic Slave Trade, 1440-1870*(New York: Simon & Schuster, 1998), pp. 494-495.

7   경험주의의 아버지로 불리는 프랜시스 베이컨은 철저히 무력했던 기존 학문을 비판

하며 지식이 힘이 되기 위해 지금까지 외면했던 외적 자연에 대한 인간의 관심을 촉구했다. 이를 위해 새로운 학문 방법론으로 개별적 사실을 중시하는 귀납법을 주장했고, 효과적인 자연 연구를 위해 실험의 중요성을 강조했다. 베이컨은 학문과 기술 진보를 통해 지식이 인류에게 실질적으로 도움이 될 수 있다고 믿는 낙관주의적 공리주의 학문관의 주창자로 평가받는다. 김시형, 「아는 것이 힘이다: 베이컨의 새로운 학문 이상」, 『철학연구』 제136권, 대한철학회, 2015, 113~137쪽.

8 18세기 초 영국 작가 디포의 『로빈슨 크루소』는 무인도라는 이상적 공간을 설정하여 영국의 산업화를 주도한 시민계급의 생활양식을 유토피아적으로 묘사한 소설이다. 디포 시대의 영국 시민계급은 철저한 경제적·정치적 자유주의와 개인주의를 실현하고자 했는데, 『로빈슨 크루소』는 당대 시민계급의 이러한 소망을 표현했다. 그러나 시민적 자본주의 사회 전개에 무한한 신뢰를 보냈던 디포와 달리, 18세기 후반의 많은 시민 지식인들은 사회체제가 지닌 모순과 억압을 의식하기 시작했다. 18세기 말 부갱빌의 여행기에서 이상적으로 묘사된 타히티섬은 루소주의적 자연 유토피아 사상과 맞물려 유럽 사회에 타히티 열풍을 일으켰다. 그러나 유토피아적으로 묘사된 타히티 상은 시민계급의 상실된 과거와 결부된 이상 상태라는 점에서 이미 한계를 지닌 것이었다. 18세기 말 이후로 서양의 유토피아 관념과 기획은 시간-유토피아로 이행한다. 박민수, 「로빈슨 크루소의 무인도와 유토피아 타이티」, 『코기토』 제75호, 부산대학교 인문학연구소, 2014, 99~126쪽. 유럽의 유토피아 사상에 대해서는 다음 책을 볼 것. Frank E. Manuel and Fritzie P. Manuel, *Utopia Thought in the Western World*(Massachusetts: Belknap Press, 1979).

9 『방법서설』은 데카르트가 1636년에 쓴 『이성을 잘 인도하고, 학문에서 진리를 탐구하기 위한 방법서설, 그리고 이 방법에 관한 에세이들인 굴절광학, 기상학 및 기하학』이라는 다소 긴 제목이 붙은 책의 첫 번째 부분이다. 수학에서 데카르트의 주된 업적은 해석기하학과 와동설에 관한 것이다. 이 가운데 전자는 기하학과 대수학을 종합한 것으로 수와 크기를 구별했던 아리스토텔레스적 전통에서 보면 혁명적인 변화였다. 갈릴레이, 데자르그 등과 같은 시대에 살았던 데카르트는 1637년에 『방법서설』을 출간했는데 이 책은 세 권의 부록(굴절광학, 기상학, 기하학)을 포함하고 있으며, 이 가운데 「기하학」은 그 자체로 세 권으로 나뉘어 있다. 「기하학」의 제1권에서는 해석기하학의 방법을 도입하여 주어진 축과 이 축에 고정된 각도의 모서리 사이에 만족하는 점을 표시하려 했다. 제2권에는 곡선의 접선을 작도하는 방법이 포함되어 있고, 마지막 권에서는 방정식의 해법을 다루고 있다. 또 알파벳의 앞글자들로 상수를 나타내고 뒷글자들로 미지수를 표시하는 오늘날 관례를 확립한 것도 「기하학」에서였다. 해석기하학이 가지는 의미는 기하의 대수화라고 할 수 있다. 수학의 대수화 경향은 17세기 중반에 이미 수학자와 철학자에게 문젯거리를 제공했지만, 수학적 대상보다는 관계를 중시하고 '존재론적 개입'으로부터 자유로움을 추구

하는 패러다임의 전환으로 평가된다. 데카르트의 『방법서설』에 관한 해석은 다음 논문을 볼 것. 윤선구, 「데카르트 『방법서설』」, 『철학사상』 별책 제2권 3호(서울대학교 철학사상연구소, 2003).

10   미적분학의 기본 정리는 미분과 적분의 가교 역할을 하는 매우 중요한 정리다. 미적분학의 기본 정리를 통해 서로 독립적인 문제와 해결 방식을 가진 분야인 미분학과 적분학이 하나의 체계적인 분야로 통합될 수 있다. 다시 말해 접선, 법선, 최댓값, 최솟값 등을 구하는 이론과 넓이, 부피, 호의 길이 등을 구하는 이론을 통일성 있게 묶어주는 정리가 바로 미적분학의 기본 정리다. 미적분학의 기본 정리는 미분방정식의 해를 찾는 데 기여하며, 이 정리를 2, 3차원으로 확장한 보존장의 잠재함수를 이용한 선적분, 그린의 정리, 발산 정리, 스토크스의 정리 등 전자기학과 유체역학 등 공학의 기초에서도 매우 중요한 역할을 한다. 강정기, 「미적분학 기본정리에 대한 Newton과 Leibniz의 직관 및 발견적 교수법 탐색」, 『수학교육연구』 제29권 4호, 대한수학교육학회, 2019, 526쪽. 뉴턴과 라이프니츠의 관점에서 보면 뉴턴은 넓이 증분의 관점, 라이프니츠는 기호 조작의 관점에서 미적분학의 기본 정리에 대한 직관을 형성한 것으로 파악된다. 뉴턴은 미적분학 기본 정리를 당연한 것으로 인식하고 미적분의 역과정을 이용하여 넓이를 구한 최초의 인물이다. Victor J. Katz, *A History of Mathematics*(New York: Harper Collins College Publishers, 1993), p. 470. 또 그는 무한소나 무한급수를 이용한 해석학으로 미적분의 기본 정리를 탐구했다. Carl B. Boyer, *A History of Mathematics*(Hoboken: J. Wiley & Sons, 1968), p. 434.

11   『의심 많은 화학자』는 연금술을 타파하고 근대 화학의 발전에 한 획을 그은 저서로 평가받는다. Michael Hunter, *Boyle: Between God and Science*(New Haven: Yale University Press, 2009), p. 119.

12   로버트 보일은 1662년 온도가 일정한 조건에서 기체의 부피(V)가 압력(P)에 반비례한다는 것을 발견했다. 즉 기체의 부피와 압력을 곱한 값은 동일한 기체에 대해 상숫값을 갖게 되고 이 관계를 보일의 법칙이라 한다. 한편, 이로부터 100년도 더 지난 1800년경에 자크 샤를이 압력이 일정할 때 기체의 부피가 온도에 따라 선형으로 증가하는 것을 발견했다. 즉 기체는 온도가 1℃ 오를 때 0℃의 부피에 비하여 237.15분의 1만큼 부피가 증가한다는 것으로 만일 온도를 -237.15℃로 내린다면 그 부피가 0이 되는 것도 예측할 수 있었다. 이를 샤를의 법칙이라 하는데, 이는 모든 기체의 부피가 0으로 줄어들게 되는 절대적인 온도의 하한이 있다는 것을 말해 준다. 이 온도의 하한을 새로운 온도 눈금의 기준으로 삼아 0K로 삼고 섭씨온도와 같은 간격의 눈금을 매긴 것으로 절대온도를 정하게 되었다. 압력과 부피 그리고 온도의 세 거시적인 물리량들 사이에서 보일의 법칙은 온도가, 샤를의 법칙은 압력이 일정할 때 남은 둘의 관계를 설명한다. 한편 게이뤼삭은 부피가 일정할 때 압력

과 온도가 서로 비례한다는 것을 밝혔다. 이를 게이뤼삭의 법칙이라 한다. 이렇게 기체의 압력과 부피 그리고 온도가 만족하는 관계는 온도가 극히 낮지 않고 또한 기체의 밀도가 희박한 경우에는 기체의 종류와 관계없이 잘 성립한다. 따라서 이는 보편적인 물리법칙으로 볼 수 있다. 엄밀한 의미에서 이 법칙을 그대로 따르는 기체를 이상기체라고 한다. 이상기체는 분자의 크기가 거의 0이어서 용기 속의 공간을 점유하지 않고, 또한 분자끼리의 상호작용이 미치는 거리도 분자들 사이의 평균 거리보다 훨씬 적어서 거의 언제나 독립적으로 자유롭게 움직일 수 있는 가공의 기체다. 이렇게 기체의 압력(P)과 부피(V) 그리고 온도(T)가 가지고 있는 관계를 보일-샤를의 법칙이라 한다. 이 법칙의 두 개의 예로서 보일의 법칙과 샤를의 법칙이 있는 것이다.

13 보일은 여러 저서에서 '셀 수 없는 입자'와 '수없이 많은 원자'가 물질에 존재한다는 표현을 사용했다. Michael Hunter and Edward B. Davis, eds., *The Works of Robert Boyle, Vol. 3*(London: Pickering & Chatto, 1999-2000), p. 48.

14 이 때문에 당시 사람들은 보일을 가리켜 '화학계의 갈릴레이'라고 부르기도 했다. 그는 화학이라는 학문의 실질적이며 긍정적인 필요성과 유용성을 철학적인 차원에서 제시하지 못한 가운데 단지 스콜라철학의 문제점만을 지적하는 차원에 머물렀다. 그 결과 글 전체가 사실상 부정적인 성격을 지니고 있다는 비판을 받게 되었다. Rose-Mary Sargent, *The Diffident Naturalist: Robert Boyle and the Philosophy of Experiment*(Chicago: University of Chicago Press, 1995), p. 73. 그의 입자론적 철학 또는 기계론적 철학은 데카르트와 가상디를 위시한 당대의 중요한 철학자들의 자연철학 이해와도 깊이 연관된 자연철학의 진면목을 보여준다. 이 점에 대해서는 다음 책을 볼 것. Margaret J. Osler, *Divine Will and the Mechanical Philosophy: Gassendi and Descartes on Contingency and Necessity in the Created World*(Cambridge: Cambridge University Press, 1994).

15 『화학 원론』에는 산소, 질소, 수소, 인, 수은, 아연, 황 등 더 쪼개지지 않는 물질, 즉 원소의 목록이 담겨 있다. 특히 라부아지에는 빛과 열소도 물질로 보고 목록에 포함했다.

16 근대 과학의 기원과 발전에 관한 과학사적 연구를 소개한 글은 다음과 같다. John R. R. Christie, "The Development of the Historiography of Science," R. C. Olby, et al., eds., *Companion to the History of Modern Science*(London: Routledge, 1990).

17 화학은 고대부터 중요시되었다. 기념물이나 무기 제조에 필요한 금속을 생산하기 위한 야금술과 시신을 보존하기 위한 방부제 사용은 기원전 1000년 이전에도 이미 화학 현상이 응용되고 있었음을 보여주는 예들이다. 화학변화가 일어나는 이유를

설명하려고 최초로 시도한 것은 그리스인들이었다. 기원전 400년경에 그들은 모든 물질이 네 가지 기본 물질, 즉 불, 흙, 물, 공기로 이루어져 있다고 제안했다. 또 물질이 연속적이어서 한없이 쪼개질 수 있는지, 아니면 쪼개질 수 없는 작은 입자가 모여 된 것인지에 대한 의문을 제기했다. 후자의 입장을 지지한 사람들로는 데모크리토스와 레우키포스 등을 들 수 있는데, 이들은 이 궁극적인 입자를 아토모스(atomos)라고 명명했다. 그러나 그리스인들은 자신들의 생각을 검증할 실험을 할 수 없었으므로 물질이 쪼개질 수 있는지에 대해 확실한 결론을 낼 수 없었다. 그후 2천 년간 화학의 역사는 연금술이라는 유사 과학이 지배했다. 일부 연금술사들은 값싼 금속을 금으로 변화시킬 수 있다는 생각에 사로잡힌 신비주의자이거나 사기꾼이었다. 그러나 많은 연금술사는 진지한 과학자였으며 몇 가지 원소를 발견하고 무기산을 합성하는 등 중요한 진보를 이루었다. 현대 화학의 기초는 16세기에 이르러 형성되었다고 할 수 있다. 사료를 바탕으로 데모크리토스와 레우키포스의 사상을 명확하게 설명한 연구서로는 다음 책을 볼 것. C. C. W. Taylor, *The Atomists: Leucippus and Democritus*(Toronto: University of Toronto Presss; Reprint edition, 2010).

18 과학혁명이 일어난 16~17세기 과학자와 지식인 들은 자연의 실체에 관한 연구에서 새롭고 아주 중요한 변화가 일어나고 있다는 사실을 명확하게 인식하고 있었다. Richard Foster Jones, *Ancients and Moderns: A Study of the Rise of the Scientific Movement in Seventeenth-Century England*(St. Louis: Washington University Press, 1961).

19 예컨대 과학혁명을 집대성한 뉴턴의 『자연철학의 수학적 원리』 초판에 에드먼드 핼리가 쓴 서문 가운데 "이성의 빛 속에서 무지의 구름, 마침내 과학으로 걷혔다."라는 글귀가 계몽사상가들을 고무시켰다. 흔히 '프린키피아'라고 불리는 이 저서는 3권의 책으로 구성되었는데, '물체들의 움직임'이라는 이름이 붙은 제1권은 저항이 없는 상태에서의 운동을, 제2권은 저항이 있는 공간에서의 운동, 즉 매질 속 물체의 운동을 다룬다. 그리고 '태양계의 구조'라는 부제가 붙은 제3권은 하늘의 운동을 다루고 있다. 특히 제3권 말미에 그 유명한 "나는 아무런 가설도 세우지 않는다(Hypotheses non fingo)."라는 구절이 등장한다. 즉 뉴턴은 현상들로부터 중력 법칙이 도출되며 그것으로 만족해야 한다고 말한다. 여기서 가설이란 현상을 관찰해서 파악할 수 없다는 것이다. 18세기 자연철학자들은 수학적 사유 모형과 실험을 통해 자연 세계를 설명하는 한편, 과학 단체를 결성하여 새로운 자연철학의 토대를 마련하고 탈마법화된 세계를 건설하려 했다. 이러한 이성의 원리는 과학의 영역에 그치지 않고 사회·정치 영역, 인간의 자유의지, 신의 존재 문제로까지 확장되어 사회 전반을 지배했다. 신의 계시가 아닌 인간의 이성과 경험으로 눈앞의 세계를 파악했던 자연철학자들은 이성을 자연에 부여된 질서로, 상식을 의미하는 분별력의

개념으로, 논리적으로 타당한 논증의 틀로 사용했다. 따라서 이 시대의 자연철학은 자연현상에 대한 예측으로 전개되었고, 수학이 그러한 예측의 중심에 서게 되었다. 또 계몽주의 시대의 실험 과학은 수많은 시행착오를 거치면서 정확한 조건을 찾아냈으며, 이로써 우연적·우발적 사건에 불과했던 자연현상은 필연적 인과의 연쇄 속에서 '재현성'이라는 특징을 갖게 되었다. 이러한 자연철학은 계몽사상의 근본이 되었다. 결국 계몽사상과 과학이 서로 결합하여 역사의 흐름을 바꾸어갔다. 이와 같은 과학과 계몽사상의 관계에 대해서는 다음 책을 볼 것. 토머스 핸킨스, 양유성 옮김, 『과학과 계몽주의: 빛의 18세기, 과학혁명의 완성』(글항아리, 2011).

20 볼테르에게 뉴턴의 과학을 가르치고 『프린키피아』에 풍부한 주석을 달아 번역하여 프랑스에 보급했으며 뉴턴과 라이프니츠 사이의 논쟁에 종지부를 찍고 에너지 보존 가설로 역학 연구에 지대한 공헌을 한 인물이 바로 근대 최초의 여성 과학자로 이름을 남긴 에밀리 뒤 샤틀레다. 그녀는 볼테르와 함께 라이프니츠와 뉴턴의 과학을 프랑스에 소개하고 보급하는 데 앞장섰다. 에밀리가 이룩한 과학적 성취와 다양한 과학 연구 활동에 관해서는 다음 논문을 참조할 것. 문지영, 「18세기 프랑스 여성 과학자 에밀리 뒤 샤틀레(Emilie du Châtelet)의 삶과 연구활동」, 『프랑스사연구』 제42호, 한국프랑스사학회, 2020, 191~228쪽.

21 이 같은 주장은 인간 문명의 핵심이 곧 과학이라는 관점을 말한다. 이에 대해서는 다음 책을 참조할 것. Arnold Thackray, "The Pre-History of an Academic Discipline: The study of the History of Science in the United States, 1891~1941," Everett Mendelsohn, ed., *Transformation and Tradition in the Sciences*(Cambridge: Cambridge University Press, 1984), pp. 401~408.

22 돌턴의 원자론의 주요 조항은 첫째, 물질은 생성되지도 파괴되지도 않는 가장 작은 입자인 쪼갤 수 없는 원자로 구성된다. 둘째, 한 원소의 모든 원자는 크기와 질량(무게)이 동일하다. 셋째, 다른 원소의 원자는 질량과 크기가 다르다. 넷째, 복합 입자(복합 원자)는 이 물질에 포함된 특정 수의 서로 다른 원자로 구성된다. 다섯째, 복합 입자의 질량은 원소의 구성 원자 질량의 합에 의해 결정된다.

23 과학과 기술의 관계는 과학사, 기술사에서 가장 열띤 논쟁을 불러일으켜온 주제다. 이 문제에 대해 아직 학자들 사이에 완전한 합의가 이루어지지 않고 있다. 이러한 논쟁 속에서 두 가지의 극단적인 입장이 명확하게 표명되었다. 첫 번째 입장은 과학과 기술이 오랫동안 밀접한 관련을 맺어왔고 오늘날에는 거의 하나로 합쳐진 상태로 존재하므로 둘 사이의 어떠한 구분도 이제 무의미하다는 것이다. 이러한 입장을 가진 이들은 심지어 과학과 기술이라고 분리되어 사용되는 용어가 이제 '기술과학(technoscience)'이라는 하나의 용어로 대체되어야 한다고까지 주장한다. 이와 대조적으로 두 번째 입장에서는 과학과 기술이 각기 고유한 규칙과 방법 및 공동체를 가지고 있으면서 서로 명확히 구별되는 활동이었으며 지금도 그러하다고 파악한

다. 마르크스주의 과학사학자들과 과학철학자들은 대체로 과학과 기술이 밀접한 관계를 맺고 있다는 생각을 지지해왔다. 일례로 마르크스주의 철학자 벤저민 패링턴은 탈레스, 아낙시만드로스, 아낙시메네스 등 기술·육체 노동에 종사했던 소크라테스 이전의 철학자들에게서 고대 그리스 과학의 시작이 물질 생산과 밀접하게 연관되어 있었음을 볼 수 있다고 주장했다. 과학과 기술의 관계는 플라톤과 아리스토텔레스의 관념론적 자연철학이 시작되면서 멀어지게 되었는데, 이 둘이 다시 결합된 것이 바로 16세기와 17세기의 과학혁명이라는 것이다. 패링턴에 따르면 이러한 재결합의 철학적인 기반은 프랜시스 베이컨의 '산업적 과학관'에 가장 잘 나타나 있다. 다른 마르크스주의자들도 이와 비슷한 견해를 가지고 있었다. 구소련의 보리스 헤센은 큰 영향력을 가졌던 자신의 논문에서 항해술, 탄도술 등 17세기 유럽 사회의 기술적·경제적 요구가 뉴턴의 『프린키피아』에 담긴 새로운 역학이 등장하는 원인으로 작용했다고 주장했다. 마르크스주의 결정학자이자 과학사가인 존 버널의 『과학의 역사』와 『19세기의 과학과 산업』 또한 전 역사에 걸친 과학과 기술의 밀접한 관계를 강조하고 있다. 그에 따르면 특히 산업혁명 이후로 기술 발전에 대한 과학의 공헌 및 과학의 진보에 관한 기술의 공헌이 증가했고, 이를 통해 과학은 한 사회의 생산력의 중요한 부분이 되었다. Sungook Hong, "Historiographical Layers in the Relationship between Science and Technology," *History and Technology*, Vol. 15, Issue 4(1999), pp. 289-311.

24   탄도학은 17세기의 가장 중요한 군사 기술 가운데 하나였다. 그러나 갈릴레이와 뉴턴의 역학은 다음의 두 가지 이유로 탄도학에 큰 영향을 미치지 못했다. 첫째, 갈릴레이와 뉴턴의 역학은 공기 중의 마찰이 큰 영향을 미치는 실제 대포와 포탄의 상황보다는 이상화된 상황을 주로 다루었다. 둘째, 대포와 포탄의 움직임은 추상적이고 수학적인 이론과 잘 맞아떨어지지 않았다. 모든 대포는 수작업으로 만들어졌기 때문에 개개의 특성이 다 달랐다. 가령 대포를 20년 동안 취급한 기술자는 역학 이론에 능통한 어떤 과학자보다도 대포에 대해 더 잘 알았다. 탄도학에서의 혁명은 복잡한 수학적 기법을 사용하기에 충분할 정도로 대포 제작이 정밀해진 18세기가 되어서야 일어났다. A. Rupert Hall, *Ballistics in the Seventeenth Century*(Cambridge: Cambridge University Press, 1952) ; Brett D. Steele, "Muskets and Pendulums: Benjamin Robins, Leonhard Euler, and the Ballistics Revolution," *Technology and Culture*, Vol. 35, No. 2(1994), pp. 348-382.

25   산업혁명기 과학과 기술의 밀접한 관계에 대해서는 다음 글들을 볼 것. Robert E. Schofield, "The Industrial Orientation of Science in the Lunar Society of Birmingham," *Isis*, Vol. 48, No. 4(1957), pp. 408-415 ; Neil McKendrick, "The Role of Science in the Industrial Revolution: A Study of Josiah Wedgewood as a Scientist and Industrial Chemist," in Mikuláš Teich and

Robert Young, eds., *Changing Perspectives in the History of Science: essays in honour of Joseph Needham*(London: Heinemann Educational, 1973), pp. 279–318.

26 18세기 인클로저와 인구 변화에 대해서는 다음 글을 참조할 것. Gordon Philpot, "Enclosure and population growth in eighteenth-century England," *Explorations Economic History*, Vol. 12, Issue 1(1975), pp. 29–46.

27 18세기 말부터 19세기 초까지 영국 농업의 생산 증가는 여러 추계치를 통해 확인된다. 필리스 딘과 W. A. 콜은 다음 책에서 영국 농지의 산출 증가율이 1705~1775년에 연평균 0.40퍼센트였다가 1775~1845년에 1.80퍼센트로 급속하게 증가했다고 주장하면서 18세기 영국 인구 변화와 산업화의 관계에서 해결되지 못한 의문을 추적하여 인구 증가와 산업 확장이 밀접한 관계가 있다는 사실을 밝히고 있다. Phyllis Deane and W. A. Cole, *British Economic Growth 1688~1959: Trends and Structure*(Cambridge: Cambridge University Press, 1962), p. 122. 18세기 후반에서 19세기 전반까지 기술 진보가 농업 생산을 증대시켰고 자본주의 생산 체제의 대두로 농업 부문에서 노동력이 감소했다. 자발적이 아니라 강제적인 의회 인클로저가 이 시기에 변화를 이끈 핵심적인 제도적 추동력이었다. 송병건, 「농업혁명, 의회 인클로저와 농촌사회의 변화, 1750~1850」, 『영국연구』 제23권, 영국사학회, 2010, 91~124쪽.

28 산업혁명이란 기술적 창조성에 의해 추진된 생산기술의 급속한 변화를 의미한다. Joel Mokyr, "The New Economic History and the Industrial Revolution," in Joel Mokyr, ed., *The British Industrial Revolution: An Economic Perspective*(Boulder: Westview Press, 1993), p. 17. 특히 기술 진보설의 주창자들은 석탄을 비롯한 에너지 사용에서의 혁신, 각종 기계의 발달 및 합성 자재의 등장, 공장 생산을 포함한 넓은 의미의 복잡한 기술 진보를 산업혁명의 본질로 파악하고 있다. 이에 대해서는 다음 책을 볼 것. David S. Landes, *The Unbound Prometheus: Technological Change and Industrial Development in Western Europe from 1750 to the Present*(Cambridge: Cambridge University Press, 1969).

29 에릭 홉스봄, 박현채·차명수 옮김, 『혁명의 시대: 시민혁명과 산업혁명』(한길사, 1984), 50쪽.

30 Albert Edward Musson and Eric Robinson, *Science and Technology in the Industrial Revolution*(Manchester: Manchester University Press, 1969), pp. 60–189.

31 Donald Fleming, "Latent Heat and Invention of the Watt Engine," Otto Mayr, ed., *Philosophers and Machines*(New York: Science History Publications, 1976), pp. 121–123.

32 Larry Stewart, "Public Lectures and Private Patronage in Newtonian England," *Isis*, Vol. 77(1986), pp. 47-58. 특히 산업혁명기 과학과 기술의 연관성을 경제적 관점에서 분석한 것은 다음 책을 볼 것. Joel Mokyr, *The Gifts of Athena : Historical Origins of the Knowledge Economy*(Princeton: Princeton University Press, 2002).

33 David S. Landes, *The Unbound Prometheus*, 위의 책, p. 12.

34 유럽 각국 산업혁명의 연대는 다음 책을 참조할 것. Walt Whitman Rostow, *The Stages of Economic Growth*(Cambridge: Cambridge University Press, 1959). 국내 번역서는 W. W. 로스토오, 이상구·강명규 옮김, 『경제성장의 제단계-반 맑스주의 사관』(법문사, 1961).

35 자포니즘(Japonism)이라는 말은 19세기 중후반 유럽 사회에서 유행하던 일본 문화에 대한 열광을 뜻한다. 처음에는 프랑스에서 발전한 일본의 예술과 천재성에 관한 연구를 의미했다. Philippe Burty, "Japonism," *The Academy*, August 7, 1875, p. 150.

36 이러한 분위기는 19세기 유럽에서 30여 년 이상 지속한 일본 문화 심취에서 비롯되었다. 자포니즘(또는 야포니즘)이라는 말이 사용되기 시작한 것은 19세기 후반으로 유럽인들이 부채, 병풍, 옻칠, 칠보, 비단, 도자기 그리고 우키요에(목판화) 등의 일본 공예품을 보고 광적으로 환호하게 된 것을 말한다. 최정환, 「19세기 유럽미술의 자포니즘(Japonism)과 영향」, 『역사와사회』 제30권, 국제문화학회, 2003, 119~140쪽.

37 김경식, 「19세기 후반 유럽 도자에 나타난 일본 미술에 대한 인식과 수용」, 『한국도자학연구』 제15권 3호, 한국도자학회, 2018, 7~24쪽.

38 인류가 만들어낸 재배식물은 아메리카대륙에서 기원한 것이 많은데, 대부분 우수한 작물들이다. 옥수수, 호박, 토마토, 고추, 강낭콩, 파인애플, 버지니아 딸기, 카사바, 초콜릿, 코코아, 고구마, 감자가 그 대표적인 작물이다. 감자가 식용으로 사용되기 시작한 것은 감자가 들어온 지 100여 년이 지난 17세기 중반 이후부터라고 보고 있다. 감자를 식량으로 생각하고 재배를 시작하자 감자의 특성상 저온에서도 잘 자라고 단기간에 많은 수확이 가능했기 때문에 감자는 순식간에 전 유럽으로 보급되었다. 독일의 프리드리히2세는 7년전쟁을 하면서 감자가 군사들의 식량에 큰 보탬이 되자 이것을 독일로 가져가 적극적으로 재배하기를 장려했다. 김승일, 「'땅속의 사과' 감자」, 『한맛한얼』 제4권 2호, 한국식품연구원, 2011, 174~175쪽.

39 아메리카대륙과의 해상무역을 통해 옥수수, 감자, 카사바, 호박, 땅콩, 해바라기, 고추, 토마토, 강낭콩, 라이머빈, 파인애플, 슈거애플, 구아바, 캐슈너트, 카카오, 서양 인삼, 파파야, 육지면과 같은 30여 종의 작물이 유럽을 거쳐 중국으로 들어왔는데 이 가운데 한국에는 옥수수, 감자, 고구마, 호박, 땅콩, 해바라기, 토마토, 강낭콩, 고추

등이 전해졌다. 특히 옥수수, 고구마, 감자는 구황작물로서 인구성장을 통해 자본주의 공업 생산을 위한 대량의 노동력과 소비시장을 제공했다는 점에서 매우 중요한 의미가 있다. 김인회, 「고구마의 이동을 통해 본 16-18세기 동아시아 각국의 해양인식」, 『아태연구』 제21권 2호, 경희대학교 국제지역연구원, 2014, 71쪽.

40 각종 공업에서의 기술 혁신과 조직 혁신, 농업상의 변화, 교통수단의 변천, 국내외 시장의 성장, 산업자본의 발달, 노동력의 공급과 노동자 지위, 인구 증가와 도시화 등 산업혁명의 주요 주제를 다룬 연구서로는 다음 책을 볼 것. Peter Mathias & John A. Davis, eds., *The First Industrial Revolutions: The Nature of Industrialization*(London: Blackwell, 1990).

41 1851년 인구조사에 의하면 영국 면직물 공업 노동자가 50만 명을 넘었다. David S. Landes, *The Unbound Prometheus*, 위의 책, pp. 41-42. 에드워드 톰슨은 노동계급의 형성은 공장 프롤레타리아가 아니라 산업혁명으로 몰락한 수공업 장인들과 노동자들이 주도했으며 이들은 산업화 과정에서 함께 겪은 경험을 통해 스스로 계급을 형성해갔다고 설명한다. Edward Thompson, "Revolution Again," *New left Review*, No. 6(1960), p. 24. 영국의 노동계급 형성에 대해서는 에드워드 파머 톰슨, 나종일 외 옮김, 『영국 노동계급의 형성 상, 하』(창비, 2000), 그리고 영국, 프랑스, 독일 등 유럽 주요 산업국가의 노동계급 형성과 노동운동에 대해서는 안병직 외, 『유럽의 산업화와 노동계급』(까치, 1997)을 볼 것.

42 월트 로스토는 『경제성장의 제 단계』에서 단지 과학 지식의 진보가 아니라 인간이 조직적으로 인위적인 작용을 가할 수 있다는 믿음이나 태도에 의해 세계가 일정한 법칙하에 움직이고 있다고 말한다. W. W. 로스토오, 『경제성장의 제단계-반 맑스주의 사관』, 위의 책, 20~23쪽.

43 이러한 유럽의 해양 진출에 대한 중국의 시각은 위원의 『해국도지(海國圖志)』에 실린 유럽 관련 기록에 유럽이 어떻게 해상으로 진출하게 되었는지, 그 과정에서 중국과 어떤 관계를 맺고 있는지, 이를 바라보는 중국의 시각은 어떤지가 잘 나타나 있다. 오랑캐를 제압(制夷)하기 위해서는 오랑캐를 알아야(悉夷) 하고 오랑캐를 알기 위해 오랑캐를 따라 배워야(師夷) 한다는 것이 『해국도지』의 저술 동기였다. 여기서 위원의 애국주의와 더불어 금문경학파의 이하론(夷夏論)을 확인할 수 있고, 이것이 이후 펼쳐질 중국의 근대화 운동에 연결되는 소위 중국 민족 부흥 및 강대국으로의 부상을 이상으로 삼는 '중국몽'의 맹아라고 여겨진다. 김태만, 「『해국도지』에 나타난 위원의 세계인식 연구」, 『중국학』 제51권, 대한중국학회, 2015, 161~183쪽.

44 중국 인구는 1683년과 1700년 사이에 인구성장 속도가 빨라져서 1700년에 1억 5천만 명 수준으로 회복되었고, 1794년에는 3억 1,300만 명으로 추정되고 있다. 18세기 동안 인구가 2배 이상 증가한 것이다. 1770년 이후 증가율이 완화되었지만 1850년경 중국의 인구는 4억 3천만 명으로 늘어났다. 14세기 말에서 1850년까지

450년 동안 약 6.6배 증가한 셈이다. 이처럼 급속한 인구 증가는 19세기 후반 이후 중국 사회를 더욱 빈곤하게 만들었다. 허핑티, 정철웅 옮김, 『중국의 인구』(책세상, 1994), 317~332쪽.

45 곡물 중에서 미곡이 차지하는 비중은 명나라 말기에 70퍼센트였으나 1930년대에는 36퍼센트로 낮아졌다. 이준갑, 「인구」, 오금성 외, 『명청시대 사회경제사』(이산, 2007), 183~185쪽.

46 대개 많은 학자들은 중국의 농업이 기본적으로 송원 시대 이후, 특히 명청 시대에 정체되는 추세를 보였다고 생각한다. 그러나 실제 상황은 그렇지 않았다. 14세기부터 20세기 중반까지는 농업이 가장 빠른 성장을 보인 시기였고, 이 시기의 전국 인구와 식량 생산은 각각 6배씩 증가했다. 19세기 초에도 중국의 경제 총액은 여전히 전 세계 경제 총액의 3분의 1을 차지했다. 중국 농민들은 인력자원과 경제 환경의 변화에 따라 정확한 판단과 현명한 선택을 했고, 이를 통해 중국 농업은 오랫동안 높은 생산성을 유지할 수 있었다. 왕쓰밍, 「유발적 기술과 제도의 변천-16세기 이후 중국의 농업발전」, 『농업사연구』 제2권 2호, 한국농업사학회, 2003, 149~162쪽.

47 이에 대해서는 마크 엘빈, 이춘식·김정희·임중혁 옮김, 『중국역사의 발전형태』(신서원, 1989)의 제3장을 볼 것. 이 저서는 '전근대 시기에 눈부신 고도 경제성장을 이룩했던 중국이 어째서 근대적 산업혁명으로 나아가지 못했는가'라는 저자의 일관된 학문적 관심사의 최종 결과물이라고 할 수 있다. 이 책은 중국의 정체를 이른바 '고도균형 함정이론'으로 설명하고 있다. 전근대 시기의 중국 경제는 높은 수준에 도달했으나 어느 순간부터 기술 발전이 정체되기 시작하여 내재적 요소를 통해서는 변화할 수 없는 '고도 균형의 함정'에 빠지게 되었다. 그리하여 질적 발전 없는 양적 성장만이 되풀이되는 상태가 19세기 서구와의 접촉 이전까지 이어졌다는 것이다.

48 예컨대 명나라 말기 국력 피폐와 서세동점의 시대에는 정치적으로 '왕업을 이룩한 자는 오랑캐의 일에 관여하지 않는다'는 보수적인 관념이 주류를 형성하게 되어 남중국해의 여러 나라에 대한 명나라의 정치적 영향력을 쇠퇴시키는 결과를 초래했다. 조원일·김종규, 「명대 후기의 해상무역 정책에 관한 연구-남중국해를 중심으로」, 『동양문화연구』 제18권, 영산대학교 동양문화연구원, 2014, 131~152쪽.

49 이러한 상황에서 송응성의 『천공개물』이 나타났다. 이 책이 저술될 때는 명대 말기로 농업, 수공업, 상업이 모두 상당히 발전한 시기였으므로 상품경제 활동이 활발했다. 명대 중기에 일부 지역에서는 이미 생업을 위주로 하는 자본주의가 싹트기 시작했다. 『천공개물』은 농업과 수공업 생산기술과 관련된 일종의 백과사전으로서, 중국 과학기술에 관한 역사적 자료를 가장 풍부하게 포함하고 있다. 특히 수공업에 더 많이 착안하여 명나라 말기에 출현한 중국 자본주의 태동기의 생산 상황을 반영하고 있다. 강성호 역주, 「중국 명저 60부 중 과학기술 관련 서적 15종 소개(14);

천공개물(天工開物)」, *News & Information for Chemical Engineers*, 제33권 4호, 한국화학공학회, 2015, 490~493쪽.

50 이러한 설명의 사례는 안드레 프랑크의 학설을 들 수 있다. 안드레 군더 프랑크, 이희재 옮김, 『리오리엔트』(이산, 2003). 프랑크는 이 저서에서 유럽 중심주의에 함몰된 '세계의 시각'을 궤도 수정해야 한다고 주장한다. 서양은 아시아를 중심으로 돌아가던 세계에서 반짝 부상했을 뿐이고, 이제 세계는 다시 아시아 중심으로 복귀하고 있다는 것이다. 그는 현재 우리가 알고 있는 세계사는 19세기 이전에는 존재하지도 않았던 유럽 중심주의적 관점에 의해 쓰였으며, 우리가 추구하는 보편적 사회과학이라는 것 역시 단순히 유럽 중심적 발명으로 새롭게 탄생했다고 지적한다. 프랑크는 『리오리엔트』를 통해 단순히 아시아의 재부상을 알리기보다는 모든 종류의 인종 중심주의와 자민족중심주의에 통렬한 비판을 가하며, 세계의 모든 지역이 평등하게 교류하는 보편적 이상을 추구하고 있다.

51 오금성 외, 『명청시대 사회경제사』, 위의 책, 98쪽.

52 동림당(東林黨)은 정치와 정책에 대해 담론하면서 조정을 풍자하고 여론을 이끈 사대부 집단이다. 동림당은 기본적으로 성리학의 계승자들로서 1594년 동림회약을 제정하고 동림 대회를 소집하여 천하의 지식인들을 초청했다. 산림에 은거하며 수신에 열중하던 재야인사와 관직에서 파면된 사람 들이 중앙정부 내각 대신 및 환관 들과 대립각을 세웠다. 결국 동림당은 명 희종 천계 5년(1625), 환관 위충현 일파와의 정치투쟁에서 패배하여 잔혹하게 진압되었다. 장현근, 「충군(忠君) 관념과 명대 동림당인(東林黨人)의 정치 심리: 강요된 복종인가 자발적 의지인가?」, 『아태연구』 제23권 4호, 경희대학교 국제지역연구원, 2016, 140~142쪽.

53 정길수, 「전쟁의 기억과 〈임진록〉-〈임진록〉 '역사계열' 한문본을 중심으로」, 『국문학연구』 제29호, 국문학회, 2014, 7~35쪽.

54 성리학적 관점에서 치인(治人)은 수기(修己)의 자연적·외부적 표현으로 규정될 수 있다. 이 경우 치인의 의미가 수기와 별도로 규정되지 않는 것은 치인은 수기에 의존하는 개념이며, 수기는 '존재 수준의 도덕'으로 이해되기 때문이다. 이처럼 성리학의 수기치인은 본질상 도덕적 인간의 형성을 목적으로 하고 있기에 다산 정약용과 같은 유명론의 관점에서 보면 현실과 동떨어진 것이다. 김광민, 「수기와 치인」, 『도덕교육연구』 제28권 1호, 한국도덕교육학회, 2016, 1~20쪽.

55 민귀식, 「중국 전통지식인과 정치사회권력 관계에 대한 역사적 고찰」, 『중소연구』 제36권 2호, 한양대학교 아태지역연구센터, 2012, 43~84쪽. 20세기 초반 중국에서 진행되었던 이른바 '과학과 인생관' 논쟁에 참여한 량치차오, 장쥔마이, 딩원장, 후스 등의 지식인들 역시 중국에는 과학이 없었다는 생각을 공유하고 있었다. 중국의 과학에 대한 이런 생각은 아인슈타인 등 서양 과학자들에게서 더 쉽게 찾아볼 수 있다. 그리고 미국의 저명한 과학사학자 찰스 길리스피는 "과학은 세상의 그 모든

문명 가운데 오로지 유럽 문명만의 창조물"이라고 주장했다. 이문규, 「동아시아 전통 과학의 발견과 그 영향: 조지프 니덤의 『중국의 과학과 문명』」, 위의 논문, 84~85쪽에서 인용함.

56 Joseph Needham, "Science and Society in East and West," *Science and Society*, Vol. 28, No. 4(1964), pp. 385-408.

57 Joseph Needham, "Foreword," *Science and Civilisation in China*, Vol. 7, Part 2(Cambridge: Cambridge University Press, 2004), p. xlix.

58 서양에서는 자연을 규칙적이고 합리적인 것으로 바라보며 입자론적·기계론적 관점을 취한다. 반면 동아시아에서는 자연과 인간이 상호작용하며 타협적 관용성을 지닌 것으로 생각하여 자연을 계속 변화하는 존재로 보며 파동론적으로 인식한다. 서양 자연관의 특징은 자연을 규칙성을 지닌 존재로 보고, 인간 중심의 입장에서 자연을 바라본다는 것이다. 그리고 사물의 구성 요소가 되는 원자나 입자 사이의 관계를 규명하고 인과율적인 법칙을 찾아 자연을 설명하고자 한다. 동아시아 자연관의 첫 번째 특징은 논리적인 서양의 자연관과 달리 서정적이라는 것이다. 천지와 만물, 인간이 서로 조화롭게 연관된 유기체적 자연관은 동아시아 철학의 기본인 음양이원론과 오행설의 바탕이 된다. 이유미·손연아, 「동아시아·서양의 자연의 의미와 자연관 비교 분석」, 『한국과학교육학회지』 제36권 3호, 한국과학교육학회, 2016, 485~498쪽.

59 장화, 「근대 이래 중국 국경의 변천과 영토 인식」, 『역사와 교육』 제20호, 역사와교육학회, 2015, 7~47쪽.

제10장 과학기술과 제국주의

1 Ruth Eaton, *Ideal Cities: Utopianism and the (Un)Built Environment*(London: Thames & Hudson, 2002), pp. 136-139. 이들의 사상을 마르크스주의자들은 공상적 사회주의라고 부른다. 박혜숙, 「조르쥬 상드의 기독교적 코뮤니즘과 19세기 유토피아 사상 비교」, 『유럽사회문화』 제15호, 연세대학교 유럽사회문화연구소, 2015, 189~215쪽.

2 소비에트 과학아카데미 철학연구소 엮음, 이을호 편역, 『세계 철학사 III』(중원문화, 1978), 222쪽.

3 Percival Spear, *A History of India, Vol. 2: From the 16th Century to the 20th Century*(New York: Penguin Books, 1956), pp. 147-148. 세포이 항쟁에 대해 인도 역사에서는 영국인 축출과 민족 독립의 회복이라는 목표를 위해 인도인 모두가 뭉친 위대한 국민 봉기였으며 민족주의적 반항의 씨앗이 되었다고 평가하고

있다. 인도의 사바르카르는 1907년 『1857년의 인도 독립전쟁』에서 이 사건을 반란으로 규정한 영국의 편파적 평가에 반론을 제기했다. 이를 계기로 일부 인도인 학자들이 위대한 인도 국민 봉기로 평가하게 되었다. 이에 관해서는 조길태, 『인도사』(민음사, 1994), 특히 정병조, 『인도사』(대한교과서주식회사, 1992)의 제5장을 참조할 것.

4   영국의 주요 수출품이었던 면직물에 대한 수요는 거의 없었다. 반면, 청나라는 1810년부터 1820년까지 2,600만 달러의 무역흑자를 기록했다. ポ_ル·ジョンソン(Paul Johnson), 『近代の誕生(The Birth of the Modern) 第Ⅲ卷: 民衆の時代へ』(東京: 共同通信社, 1995), p. 113.

5   임오군란 이후 중국의 군제 개혁을 조사한 일본의 보고서는 청의 군사력이 서양 제국과 겨룰 만큼 강하다고 판단했다. 大山梓 編, 『山県有朋意見書』(東京: 原書房, 1966), p. 137.

6   일본 근대화에 대해서는 다음 책을 참조할 것. 박훈, 『메이지유신은 어떻게 가능했는가』(민음사, 2014).

7   이러한 역사 과정과 평가에 대해서는 다음 책을 볼 것. 왕효추, 신승하 옮김, 『근대 중국과 일본: 타산지석의 역사』(고려대학교 출판부, 2002).

8   제1차 세계대전이 일어나기 이전 1756년의 7년전쟁, 1789년의 프랑스대혁명, 1813년의 반나폴레옹 해방 전쟁, 1870년의 보불전쟁이라는 역사적 사건들과 그와 관련된 문화 행위들에 대한 기억이 중첩되어 나타난 '1914년 독일의 이념'은 배타적 민족주의의 대두 및 제1차 세계대전과 직결되어 있다. 과거의 이 역사적 사건들은 당시 독일인들이 전쟁을 지지하고 참여하는 데 강력한 영향력을 발휘했다. 또 1914년의 전쟁과 독일제국 황제에 대한 충성을 위한 수단으로 동원되었다. 이 과정에서 독일 민족과 민족 공동체와 관련된 역사와 문화는 미화되거나 과장된 반면, 프랑스와 영국 등의 서방 국가에 대해서는 적대 의식이 나타났다. 이는 독일인들의 전쟁에 대한 부정적인 인식을 불식시키고 전쟁 참여를 정당화하는 데 중요한 역할을 했다. 박상욱, 「1차대전 시기 독일의 '1914년의 이념들'에 나타나는 역사 해석과 정체성」, 『코기토』 제91호, 부산대학교 인문학연구소, 2020, 147~174쪽. 이러한 의미에서 제1차 세계대전은 독일제국에서 '정신의 전쟁' 또는 '문화 전쟁'으로 불렸다. Wolfgang Kruse, Der Erste Weltkrieg (Darmstadt: Wissenschaftliche Buchgesellschaft, 2009), pp. 84-86.

9   과학과 인문학에 대한 고전적인 통찰은 1733년 볼테르가 발표한 『영국에 관한 편지』(국내 번역서: 이봉지 옮김, 『철학편지』, 문학동네, 2019)에서 볼 수 있다. 뉴턴주의의 사회적 의미를 중심으로 과학과 민주주의, 산업혁명 등의 관계를 조망한 대표적인 연구서로는 다음 책을 볼 것. Margaret C. Jacob, The Cultural Meaning of the Scientific Revolution (New York: McGraw-Hill, 1988).

10 스펜서는 스스로 가장 훌륭한 저작으로 여긴 말년의 대작 『윤리학 원리』(1879-1892)에서 이러한 주장을 펼쳤다.

11 많은 과학자가 다윈의 『종의 기원』을 분석했지만, 그 가운데 하버드대학교 교수를 지낸 에른스트 마이어의 분석이 가장 신뢰를 받고 있다. Ernst Mayr, *What Evolution Is*(New York: Basic Books, 1940).

12 Jay Phelan, *What Is Life?: A Guide to Biology with Physiology, 2nd Edition*(New York: W. H. Freeman, 2013), Chapter 8.

13 이에 대해서는 다음 책을 참조할 것. James D. Watson with Andrew Berry and Kevin Davies, *DNA: The Story of the Genetic Revolution, Newly Revised and Updated*(New York: Knopf, 2017).

14 이러한 평가에 대해서는 다음 책을 볼 것. Stephen Jay Gould, *Ever Since Darwin: Reflection on Natural History*(New York: W. W. Norton, 1977).

15 하이데거는 이런 이유에서 '신은 죽었다'라는 "니체의 말은 2천 년에 걸친 서양 역사의 숙명을 말해주고 있다는 점을 우리는 다시 유념해야 할 것"이라고 말한 바 있다. 마르틴 하이데거, 신상희 옮김, 『숲길』(나남, 2010), 317쪽.

16 유물론은 기계론적 유물론과 역사적 유물론이 있다. 기계론적 유물론은 인간을 순수한 물리적 실체로 보고 인간이 최초 우주의 물질 작용으로 탄생하여 진화해온 계통발생과 난자와 정자가 수정하여 탄생한 개체발생으로 증명된다고 말한다. 그러므로 인간의 의식 활동은 물질적 운동에 불과하다는 것이다. 그리고 역사적 유물론은 인류 역사가 사회계급과 물질적 경제구조에 의해 전개되기 때문에 인간은 전적으로 물질에 얽매여 있는 존재라고 주장한다. 빅토르 아파나셰프, 김성환 옮김, 『변증법적 유물론』(백두, 1988), 89~134쪽. 특히 마르크스는 『1844년 경제학-철학 수고』에서 대중의 물질적 삶의 조건에 대한 경제학적 분석을 시도했다. 국내 번역서로는 칼 마르크스, 김태경 옮김, 『경제학-철학 수고』(이론과실천, 1987)가 있다. 이에 대한 설명은 다음 책을 참조할 것. 강성화, 『마르크스 『경제학-철학 수고』』, 『철학사상』 별책 제5권 8호(서울대학교 철학사상연구소, 2005), 1~109쪽.

17 Ludwig Feuerbach, *Das Wesen des Christentums*(Stuttgart: Reclam, 1984), p. 38. 국내 번역서는 루트비히 포이어바흐, 강대석 옮김, 『기독교의 본질』(한길사, 2008).

18 Sigmund Freud, *Studienausgabe*(Frankfurt am main: S. Fischer, 1974), Bd. IX, p. 240.

19 Friedrich Nietzsche, *Kritische Studiensausgabe in 15 Bänden*, (Hg.) Giorgio Colli und Mazzino Montinari(Berlin: De Gruyter; New edition, 1999), pp. 5, 321.

20 김종기, 「큰 이성으로서의 몸과 니체의 유물론: 『차라투스트라는 이렇게 말했다』를 중심으로」, 『코기토』 제68호, 부산대학교 인문학연구소, 341~375쪽.

21 권위와 가치가 상실되고 기독교 신앙이 삶의 가치와 의미를 제공하지 못하게 된 상황에서, 니체는 계몽주의가 확신했던 과학적·도덕적 진보의 가치를 해체한다. 진리란 관점에 따라 다르다고 확신한 니체는 인생에 의미를 주는 것은 스스로 삶을 적극적으로 창조하려는 '힘에의 의지'라고 보았다. 데리다, 푸코, 로티와 같은 포스트모더니즘 철학자들은 니체를 포스트모더니즘 사상의 선구자로 여기고 있다. 데이브 로빈슨, 박미선 옮김, 『니체와 포스트모더니즘』(이제이북스, 2002).

22 전신의 발명은 통신 기술이 일으킨 문화변동을 설명하는 구체적 사례를 제공한다. Carolyn Marvin, *When Old Technologies were New: Thinking About Electric Communication in the Late Nineteenth Century*(New York: Oxford University Press, 1988), pp. 199-200 ; Daniel J. Czitrom, *Media and the American Mind: From Morse to McLuhan*(Chapel Hill, NC: Univerity of North Carolina Press, 1982), p. 7.

23 전화의 발명으로 인해 인간이 신의 전지전능함을 갖게 되었다고까지 표현되기도 했다. Ithiel de Sola Pool, *Forecasting the Telephone: A Retrospective Technology Assessment of the Telephone*(Westport, MA: Praeger, 1982), p. 151.

24 예컨대 유선전화나 텔레비전과 달리 모바일폰은 기술적인 측면에서 혁명적이지도, 선구적이지도 않다. 기존의 전화가 지닌 속성을 재생산할 뿐이다. 그러나 그것은 사회의 모든 것을 전혀 새로운 국면으로, 이전에는 가능하지 않았던 상황으로 몰아가고 있다. Chantal de Gournay, "Pretense of intimacy in France," in James Katz, Mark Aakhus, eds., *Perpetual Contact: Mobile Communication, Private Talk, Public Performance*(New York: Cambridge University, 2002), pp. 193-205.

25 이슬람권인 아라비아반도와 중동 지역에서는 다양한 문화권에 속한 사람들이 유입, 통합되어 이슬람 문명과 과학이 발전할 수 있는 토대가 되었다. 김능우, 「이슬람의 과학과 문화: 중세 과학의 세계 중심지 중동」, 『과학사상』 제39호, 범양사, 2001, 131쪽.

26 서양에서는 문화를 'culture/culture/kultur', 문명을 'civilization/civilisation/zivilisation' 등으로 표기한다. 이 두 용어를 우리말로 번역한 문화와 문명은 정신문화와 물질문명의 대칭구도를 띠고 있다. 한글학회가 1991년에 펴낸 『우리말 큰사전』(어문각)에도 다음과 같이 기술되어 있다. "문화: ③사람이 본래 가지고 있는 이상을 실현하려는 인간 활동의 과정 또는 성과. 특히 예술·도덕·종교·제도 따위 인간의 내면적, 정신적 활동의 소산을 일컫는다.", "문명: ①사회의 기술적, 물질적 여러 요소 발전에 의해 이루어진 소산. 또는 그렇게 하여 인간 활동이 발전된 상태." 즉 문화란 무엇보다도 인간의 활동 및 행위이자 그 소산물을 말한다. 문화에 정신

적 가치를 부여한 것에 대해서는 다음 글을 참조할 것. Lucien Febvre, "Civilisation: Evolution of a Word and a Group of Ideas"(1930), *A New Kind of History and Other Essays*, ed., by Peter Burke and trans., by K. Folca(New York: Harper & Row, 1973), pp. 244-245.

27 자본주의와 근대성에 관해서는 다음 책을 참조할 것. Arif Dirlik, *Global Modernity: Modernity in the Age of Global Capitalism*(London: Routledge, 2006).

28 이러한 평가에 대해서는 다음 글을 볼 것. Thomas S. Kuhn, "Historical Structure of Scientific Discovery," *Science*, Vol. 136, Issue 3518(1962), pp. 762-763. 그리고 Thomas S. Kuhn, The *Structure of Scientific Revolutions*(Chicago: University of Chicago Press, 1962), 제IX장 'The Nature and Necessity of Scientific Revolution'. 국내 번역서는 토머스 S. 쿤, 김명자 옮김, 『과학혁명의 구조』(까치, 2002).

29 라듐은 알칼리토금속(2족)에 속하는 은백색의 금속으로, 공기 중에서 질화·산화되어 피막을 형성하고 물에서 분해반응이 일어나 수소 기체를 발생시키는 물질이다($Ra+2H_2O \rightarrow Ra(OH)_2+2H_2$). 모든 동위원소가 방사성을 가지고 있는 것이 특징이다. 자연계에서 라듐은 우라늄과 토륨의 붕괴로 생성되며, 방사성 비활성 기체(18족)인 라돈을 거쳐 최종적으로는 안정된 납으로 붕괴한다.

30 어윈 W. 셔먼, 장철훈 옮김, 『세상을 바꾼 12가지 질병』(부산대학교 출판부, 2019). 이 책에서 저자는 포르피린증, 혈우병, 감자 마름병, 콜레라, 천연두, 흑사병, 매독, 결핵, 말라리아, 황열병, 인플루엔자, 후천성 면역결핍 증후군 질병을 사회성의 관점에서 다루고 있다.

31 인류 역사상 크게 유행하여 사람들을 괴롭혀왔던 질병과 당시 문명, 사회의 밀접한 관계에 대해서는 다음 책을 볼 것. 황상익 엮음, 『문명과 질병으로 보는 인간의 역사』(한울림, 1998).

32 전자를 입자로 생각하는 대신 모든 물질을 파동으로 보아야 한다고 주장한 사람은 프랑스 귀족 가문 출신의 루이 드브로이였다. Louis Victor de Broglie, "Recherches sur la théorie des Quanta," *Annales de Physique*, 10e Série, Tome III(Janvier-Fébrier, 1925).

33 말하자면 과학기술은 사회를 변화시키는 추상적인 힘이다. Thomas J. Misa, "The Compelling and Technology," Thomas J. Misa, et al., eds., *Modernity and Technology*(Cambridge: MIT Press, 2003), pp. 1-30.

34 예컨대 1687년 뉴턴이 만유인력의 법칙을 발견하여 책을 펴낼 때 그 제목이 '자연철학의 수학적 원리'였다. 이처럼 19세기 초까지 과학은 자연철학의 분야에 속했다.

35 아널드 토인비는 기념비적 저서 『역사의 연구』에서 이 시대를 장악한 물질과 산업

주의, 민주와 자본주의, 진화와 과학주의라는 조류 속에 세계화된 인류 문명을 분석하고 있다.

36 마르크스는 생산양식을 사회적 발전 단계로 인식하고 자본주의는 과학기술의 발달 없이 존속할 수 없다고 말했다. Karl Marx, Ökonomische Manuskripte 1857/1858, MEGA, Abt. Ⅱ., Bd. Ⅰ. S. 22. 그러나 이 결과가 인간을 더욱 피폐하게 한다고 지적했다. Karl Marx, Das Elend der Philosophie in MEW, Bd. 4, S. 155.

37 로널드 잉글하트는 전통사회에서 근대사회로 변화하는 소위 근대화 과정에서, 사회의 변동을 전통사회에서 산업사회로의 변화, 산업사회에서 후기산업사회로의 변화의 두 단계로 나누고, 각 단계에서 가치관은 전통적 가치관에서 세속적·합리적 가치관으로, 생존 가치관에서 자기표현을 중시하는 가치관으로 변화한다고 주장한다. 이에 대해 다음 책을 참조할 것. Ronald Inglehart and Christian Welzel, *Modernization, Cultural Change, and Democracy: The Human Development Sequence*(Cambridge: Cambridge University Press, 2005).

38 농업사회와 달리 근대 산업자본주의사회에서 개인 생애 과정의 제도화와 개인화는 표준화 과정을 밟았다. 즉 의무교육 도입, 아동노동 금지, 은퇴연령 법제화 등으로 아동기, 청소년기, 성인기, 노년기로 분화하면서 개인의 생애 과정은 철저하게 표준화되었다. 교육-노동-결혼으로 이어지는 보편적이고 동질적인 생애 과정이 확립되었다. 따라서 인간의 생애 과정은 근대화, 탈산업화, 지구화 등 장기적인 사회변동에 따라 변화해왔다는 점에서 총체적이고 역사적인 관점에서 살펴야 한다. Linda K. George, "Life Course Research: Achievements and Potential," in Jeylan T. Mortimer and Michael J. Shanahan, eds., *Handbook of the Life Course*(New York: Springer, 2004), pp. 671-680. 특히 카를 마이어는 사회유형을 전 산업사회, 초기 산업사회 그리고 산업사회, 탈산업사회로 구분하여 생애 과정의 특징을 이론적으로 구축하고 있다. Karl Ulrich Mayer, "Whose lives? How History, Societies and Institutions Define and Shape Life Courses," *Research in Human Development*, Vol. 1, Issue 3(2004), pp. 161-187.

39 프랑크푸르트학파의 호르크하이머와 아도르노는 "역사의 진보에 대한 초기의 신화를 성공적으로 파괴해버렸기 때문에 미래가 매우 의심스러운 것이 되어버렸다"라고 비판했다. Paul Piccone, "General Introduction," *The Essential Frankfurt Reader*, eds., by Andrew Arato, Eike Gebhardt(New York: Bloomsbury Academic, 1982), p. ⅩⅤ. 또 이들은 물질문명화된 현실 전체가 야만에 빠져 있다며 사회를 총체적인 억압적 질서로 파악했다. 이에 대해 Axel Honneth, *The Critique of Power: Reflective Stages in a Critical Social Theory*, trans., by Kenneth Baynes(Cambridge: MIT Press, 1991), p. 72 이하를 볼 것.

40 사르트르는 『실존주의는 휴머니즘이다』에서 "인간을 목적으로 삼으며 최상의 가치로 삼는 이론"이라는 전통적인 의미의 르네상스적 휴머니즘을 비판하고 휴머니즘에 대한 새로운 정의를 제시했다. 그는 인간이 자신을 초월해 있는 가치에 복종하는 것은 불가능하고 인간은 스스로 초월할 수 있다면서 새로운 휴머니즘은 "초월성과 주체성 간의 연결인 실존주의적 휴머니즘"이라고 규정했다. 장 폴 사르트르, 박정태 옮김, 『실존주의는 휴머니즘이다』(이학사, 2008), 84~86쪽.

41 Alfred Schutz, *Collected Papers 1: The Problem of Social Reality*, ed., by M. A. Natanson(The Hague, Netherlands: Martinus Nijhoff, 1962), pp. 3-47. 미디어 테크놀로지의 발달은 자연언어로서의 구술 언어와 문자 언어 그리고 영상 언어의 본질과 위상을 바꾸고, 나아가 인간 삶의 문화적 양상에 근본적인 변화를 준다. 미디어가 미치는 특정한 신체 감각은 특정한 언어 국면과 관련을 맺고 있다. 언어는 인간의 특정한 신체기관, 즉 특정한 감각의 활용에 기반을 두고 형성되었다. 그러므로 한 시대의 지배적 미디어는 그 시대를 사는 사람들에게 특정한 감각적 경험을 제공한다. 이 경험은 신체의 특정 감각만이 아니라 감각에 대한 인식에까지 영향을 끼친다. 미디어의 이러한 영향에 대해서는 다음 책을 볼 것. Andre Leroi-Gourhan, *Gesture and Speech*, trans., by A. B. Berger(Cambridge, MA: MIT Press, 1993).

42 근대사회의 모더니즘 문화는 바로 건축가에게서 시작되었다. 모더니즘은 근대 기술 사회의 필연성을 반영하는 발전 양식으로 표방되었다. 전반적인 디자인 혹은 건축 등 모더니즘 표현은 기술 발달로 인한 대량 생산을 토대로 한다. 이러한 흐름은 문화를 바꾸는 기술이다. 토머스 J. 미사, 소하영 옮김, 『다빈치에서 인터넷까지: 기술은 어떻게 사회와 역사를 변화시켜 왔는가』(글램북스, 2015), 259~276쪽. 1929년 독일 건축가 브루노 타우트는 모더니즘 건축을 "평평한 지붕, 커다란 유리, 기둥이 있는 전천후 수평 띠창, 그리고 검은 유리나 어두운 색상 때문에 크게 눈에 띄지는 않더라도 실용성을 위해 콘크리트를 많이 쓴 건축물"이라고 정의했다. Bruno Taut, *Modern Achitecture*(London: The Studio Limited, 1929), p. 6.

43 인상파 화가들은 빛에 따라 시시각각 변하는 사물의 모습을 포착해내기 위해 야외에서 그림을 그렸다. 특히 이들은 색채 표현에서 착시효과를 이용한 색채분할법을 사용했다. 이는 회화에서 사실적 묘사가 이제 의미 없게 되었다는 것을 알았기 때문이다. 사진술 발명 초기를 함께한 인상주의는 르네상스 이래 서양 회화를 지배해 온 원칙과 문법을 허물어뜨렸다. 원근법의 해체, 색채와 평면감의 강조, 회화 제재의 혁신이 전복의 구체적 내용물이다. 그리고 인상주의 이후 불과 한 세대가 지나기도 전에 서양 회화는 무수한 유파들이 나타나 형태 파괴와 색채 혁명을 추구하면서 매체의 본질인 평면성에 고착되었다. 인상주의가 불러온 서양 회화의 변화는 사진과의 상호작용에서 배태된 것이며, 모든 변화의 촉발점은 바로 사진술의 발명이었

다. 장철균·양종훈, 「인상주의 회화에 대한 사진의 영향력 연구: 인상주의 인물화를 중심으로」, 『한국사진학회지』 제27호, 한국사진학회, 2012, 113~129쪽. 인상파에 관해서는 다음 책을 볼 것. 제임스 H. 루빈, 김석희 옮김, 『인상주의』(한길아트, 2001).

44 크라카우어, 벌라주, 베냐민 등의 매체 이론가들은 사진과 영화의 사회문화적·미학적 기능을 설명하는 방식에 관해 "인간이 역사적 존재인 것처럼, 인간의 시선도 역사적, 기술적, 사회문화적 조건에 따라 그 가능성과 역할이 달라진다"면서 "사진기와 영상은 인간 시선의 존재 방식과 기능 방식을 혁명적으로 변화시켰다"고 강조했다. 하선규, 「영상매체와 시선의 역사적 구성에 관한 고찰-크라카우어, 발라쉬, 벤야민의 이론을 중심으로」, 『철학·사상·문화』 제35호, 동국대학교 동서사상연구소, 2021, 168~200쪽.

45 예컨대 오늘날 슈퍼마켓과 은행, 편의점 등은 24시간 서비스를 제공하고 있다. 테크놀로지의 발전으로 변화된 현대 사회와 사람들의 생활 변화에 대해서는 다음 책을 볼 것. Leon Kreitzman, *The 24 Hour Society* (London: Profile Books, 1999).

제11장 불안과 파괴의 역사

1 제1차 세계대전이 끝난 후 독가스를 만든 독일 과학자 프리츠 하버가 전범재판에 회부되려 하자 많은 과학자가 나서서 하버를 적극 옹호했다. 이들은 살상 무기를 만든 과학자가 사악한 것이 아니라 전쟁이 사악한 것이라고 주장했다. 정인경, 『모든 이의 과학사 강의』, 위의 책, 354쪽.

2 1950~1980년대 냉전시대에 미국의 과학기술은 주로 군사 무기를 중심으로 발전했다. 예컨대 군의 지원을 받아 첨단 기술을 개발한 군수산업체는 IBM, 보잉, 록히드, 레이시언, 제너럴다이내믹스 등이다. 제1, 2차 세계대전과 냉전시대를 보내는 동안 미국, 소련, 프랑스 등은 살상 무기 개발에 최우선을 두었고 영국, 독일, 중국도 신무기 개발에 박차를 가했다. 이렇게 하여 정부와 군대, 과학자, 기술자, 기업 간에 형성된 군산복합체라는 새로운 체제가 등장했다. 토머스 J. 미사, 『다빈치에서 인터넷까지』, 위의 책, 291~331쪽.

3 에릭 홉스봄에 따르면 '극단의 시대'는 1914년 제1차 세계대전의 개막으로부터 1991년 소비에트 시대의 종말까지의 역사 과정이었다. 그는 이 시기를 새의 시각이라는 틀에서 고찰하고 '삼중의 역사 샌드위치'라고 독특하게 개념화했다. 삼중 샌드위치의 첫 수준은 1914년 시작된 재앙의 시대로부터 제2차 세계대전 직후까지의 기간을 말한다. Eric Hobsbawm, *Age of Extremes: The Short Twentieth Century 1914-1991* (London: Abacus, 1994), pp. 1-6.

4   유럽인들은 제1차 세계대전을 서구 문명을 "전면적으로 붕괴시킨 20세기의 원초적 재앙"으로 인식했다. Aribert Reimann, "Der Erste Weltkrieg-Urkatastrophe oder Katalysator?," *Aus Politik und Zeitgeschichte. Bd. 29/30*(München: APuZ, 2004), pp. 30-38.

5   기존 연구에서는 제2차 세계대전 발발의 근본 원인이 히틀러라는 점을 강조하고 있다. 그러나 최근 연구에서는 히틀러 외에 제1차 세계대전 이후 겪은 독일과 유럽 사회의 역사적 경험도 중요한 전쟁 발발의 요인으로 재인식되고 있다. 예컨대 전쟁을 일으킨 자는 히틀러였지만 이를 막지 못한 영국과 프랑스의 책임도 있다는 것이다. 특히 제2차 세계대전은 독일과의 마찰이 전쟁으로 발전할 것에 대한 안일한 판단과 독일의 라인란트 진출의 의미를 파악하지 못한 이들 국가의 전략적 오판에서 빚어진 결과라는 것이다. B. H. Liddell Hart, *History of the Second World War*(New York: G. P. Putnam's Sons, 1970), p. 701. 특히 최근 연구에 따르면 히틀러는 전쟁을 일으킬 의도가 전혀 없었으며 전쟁을 준비하지도 않았고 전쟁을 일으킨 것은 오랫동안 준비한 결과가 아니라 우발적인 '실수'였다는 것이다. A. J. P. Taylor, *The Origins of the Second World War*(New York: Simon & Schuster, 1961), p. xxi. 전쟁의 성격을 근본적으로 바꾼 것은 일본의 진주만 기습이었다. 유럽의 국지전이 세계 전쟁으로 발전한 것이다. Gerhard L. Weinberg, *A World at Arms: A Global History of World War II, 2nd Edition*(New York: Cambridge University Press, 2005). 냉전 종식 이후 제2차 세계대전 연구에서 주목할 만한 새로운 경향은 민족주의적 혹은 국가주의적 해석을 극복하고 초국가적 시각에서 세계대전을 연구하려는 시도가 증가하고 있다는 것이다. 이에 따라 승전국이나 패전국의 시각을 초월하여 인류의 보편적 가치에 바탕을 둔 연구들이 등장하고 있다. 러시아의 학살이 새로 주목받는 것이나 승전국의 공습과 같은 것에 대한 비판적 접근도 이러한 변화의 일부분이다. 제2차 세계대전의 해석을 둘러싼 논쟁에 대해서는 다음 책을 볼 것. John Keegan, *The Battle for History: Refighting World War II*(New York: Vintage Books, 1995), pp. 9-29.

6   독일에서는 400만 명 이상, 일본에서도 200만 명 이상의 사망자가 발생했다. 제2차 세계대전의 인명 피해에 대해서는 다음 책을 참조할 것. Gerhard L. Weinberg, *A World At Arms*, 위의 책, p. 984.

7   포스트 휴먼이란 "인간과 기술(또는 기계)의 융합으로 나타나는 미래의 인간상을 일컫는 말로 정보통신기술, 인지과학, 나노기술, 바이오공학의 발달로 인간과 기계가 합쳐짐으로써 인간과 기계의 경계가 사라지는 것"을 일컫는 용어다. 포스트 휴먼은 트랜스 휴먼, 인공지능, 인공생명, 사이보그, 냉동인간, 마음의 아이들, 사이버자아 등 다양한 용어와 개념으로 설명되고 있다. 이 용어들의 공통점은 인간의 한계와 조건을 넘어서려는 인간의 욕망을 반영하고 있다는 것이다. 심우운, 『스마트 생태계』

(커뮤니케이션북스, 2015), 76쪽.

8 고대 인류는 자신들의 불완전함을 극복하기 위해 전능하고 초월적인 존재인 신을 상상했다. 말하자면 인간이 희망하는 가상의 완전한 세계를 창조한 것이다. 고대 인류는 이러한 가상의 세계를 상상으로 만들어냈으나 오늘날 현대인은 과학의 힘으로 초월적 세계를 창조해가고 있다. 유발 하라리, 『사피엔스』, 위의 책, 59쪽.

9 이를 거대과학(Big Science)이라고 한다. 거대과학은 제2차 세계대전 때 미국 정부가 핵무기 개발에 착수하면서 시작되었으며 냉전시대에 군사적 우위를 차지하기 위해 미국과 소련이 앞장서서 수행했다. 이후 거대과학은 우주 개발, 인간 게놈 등 국가 전략이 되어 국가 기간산업을 활성화하고 국가 경제 발전에 크게 이바지했다. 이러한 의미에서 거대과학은 군대, 정부, 기업이 합작한 소위 군관산학(軍官産學)이라는 성격을 띤다. 존 피터 디킨슨, 황정남 옮김, 『현대사회와 과학연구』(나남, 1989), 118쪽.

10 Simon Singh, *Big Bang: The Origin of the Universe* (New York: Fourth Estate, 2004), p. 560.

11 미국 다트머스대학교와 캘리포니아공과대학교의 공동 연구진은 최근 논문 발표를 통해 이러한 우주 종말론을 제시했다. 공동 연구 책임자인 다트머스대학교의 로버트 콜드웰은 우주 팽창이 멈추게 되면 은하는 해체되고 행성은 태양계에서 떨어져 나가며 마지막 순간에 원자까지 사라질 것이라고 주장했다. 그러나 우주가 급격하게 찢어지는 특이점은 불확실한 물리적 성질을 가진 가상의 물질, 즉 팬텀 에너지를 도입해야 성립할 수 있다. George F. R. Ellis, Roy Maartens and Malcolm A. H. MacCallum, *Relativistic Cosmology* (Cambridge: Cambridge University Press, 2012), pp. 146-147.

참고문헌

Albert Edward Musson and Eric Robinson, *Science and Technology in the Industrial Revolution*(Manchester: Manchester University Press, 1969).

Brian Tierney and Sidney Painter, *Western Europe in the Middle Ages, 300-1475, 4th Edition*(New York: Knopf, 1983).

Clifford J. Rogers, ed., *The Military Revolution Debate*(London: Routledge, 1995).

Crane Brinton, John B. Christopher, Robert Lee Wolff, *A History of Civilization, 9th Edition*(Hoboken: Prentice Hall, 1995).

Davis S. Landes, *The Unbound Prometheus*(Cambridge: Cambridge University Press, 1969).

Eric Hobsbawm, *Age of Extremes: The Short Twentieth Century 1914-1991*(London: Abacus, 1994).

Eugine F. Rice Jr. and Anthony Grafton, *The Foundations of Early Modern Europe, 1460~1559, 2nd Edition*(New York: W. W. Norton & Company, 1994).

Everett Mendelsohn, ed., *Transformation and Tradition in the Sciences*(Cambridge: Cambridge University Press, 1984).

G. E. R. Lloyd, *Early Greek Science: Thales to Aristotle*(New York: W. W. Norton & Company, 1974).

George Sarton, *The History of Science and the New Humanism*(London: Routledge; New edition, 1987).

Herbert Butterfield, *The Origins of Modern Science 1300~1800, 2nd Edition*(London: Bell & Hyman, 1957).

Herbert Heaton, *Economic History of Europe*(New York: Harper & Row; Revised edition, 1969).

Ilya Prigogine and Isabelle Stengers, *Order Out of Chaos: Man's New Dialogue with Nature*(London: Verso, 2018).

Isaac Asimov, *The Universe: From Flat Earth to Quasar*(New York: Avon Books, 1968).

J. H. Parry, *The Establishment of the European Hegemony, 1415-1715*(Whitefish: Kessinger Publishing, 2010).

J. L. Hammond and B. Hammond, *The Rise of Modern Industry*(London: Methuen & Co., 1925).

Jean-Pierre Vernant, *The Universe, the Gods, and Men: Ancient Greek Myths*(New York: Harper Perennial; Reprint edition, 2002).

John Gribbin, *In the Beginning: The Birth of the Living Universe*(London: Lume Books, 2019).

John R. Hayes, *The Genius of Arab Civilization*(New York: New York University Press, 1992).

Joseph Needham, *Science and Civilisation in China, Vol. I : Introductory Orientations* (Cambridge: Cambridge University Press, 1954).

Karl W. Luckert and Klaus Schmidt, *Stone Age Religion at Göbekli Tepe*(Portland: Triplehood, 2013).

Kitty Ferguson, *Measuring the Universe*(London: Headline, 1999).

Li Liu and Chen XXingcan Chen, *The Archaeology of China: From the Late Paleolithic to the Early Bronze Age*(Cambridge: Cambridge University Press, 2012).

Margaret C. Jacob, *The Cultural Meaning of the Scientific Revolution*(New York: McGraw-Hill, 1988).

Paul Davies, *The Fifth Miracle: The Search for the Origin of Life*(London: Penguin Books, 1999).

Richard Leakey and Roger Lewin, *The Sixth Extinction: Patterns of Life and the Future of Humankind*(New York: Doubleday, 1995).

Robert B. Marks, *The Origins of the Modern World: A Global and Ecological Narrative*(Lanham, MD: Rowman & Littlefield Publishers, 2002).

Roger French, *Ancient Natural History: Histories of Nature*(London: Routledge, 1994).

Ronald Inglehart and Christian Welzel, *Modernization, Cultural Change, and Democracy*(Cambridge: Cambridge University Press. 2005).

Samuel Henry Hooke, *Middle Eastern Mythology: From the Assyrians to the Hebrews*(New York: Penguin Books, 1963).

Thomas J. Misa, et al., eds., *Modernity and Technology*(Cambridge: MIT Press, 2003).

Thomas S. Kuhn, *The Structure of Scientific Revolutions*(Chicago: University of Chicago Press, 1962).

Victor J. Katz, *A History of Mathematics*(HarperCollins College Div, 1993).

Wallace K. Ferguson, *Renaissance in Historical Thought: Five Centuries of Interpretation*(Boston: Houghton Mifflin Company, 1948).

William H. McNeill, *The Pursuit of Power: Technology, Armed Force, and Society since A.D. 1000*(Chicago: Chicago University Press, 1982).

杜石然 主編, 『中國科學技術史: 通史卷』(北京: 科學出版社, 2003).

寺田隆信, 『中國の大航海者 鄭和』(東京: 清水書院, 1984).

찾아보기

ㅎ ————————————

역사와 과학
인간 정신문화와 물질문명은 어떻게 상호작용해왔는가

초판 1쇄 펴낸 날 2023. 1. 20.

지은이　　한헌수, 임종권
발행인　　양진호
책임편집　황인석
디자인　　김민정
발행처　　도서출판 인문서원

등　록　　2013년 5월 21일(제2014-000039호)
주　소　　(07207) 서울시 영등포구 양평로21가길 19, 우림라이온스밸리
　　　　　B동 512호
전　화　　(02) 338-5951~2
팩　스　　(02) 338-5953
이메일　　inmunbook@hanmail.net

ISBN　　979-11-86542-76-7 (93900)

이 책은 재단법인 마음동행의 지원으로 제작되었습니다.

값은 뒤표지에 있습니다.
잘못 만들어진 책은 구입하신 서점에서 바꾸어 드립니다.